HEINRICH BRELOER

BRECHT

HEINRICH BRELOER

BRECHT

ROMAN SEINES LEBENS

Kiepenheuer & Witsch

Mitarbeit: Rainer Zimmer

MIX
Papier aus verantwortungsvollen Quellen
FSC® C013736

Verlag Kiepenheuer & Witsch, FSC® N001512

1. Auflage 2019

Umschlaggestaltung: Rudolf Linn, Köln
Umschlagmotiv: © Setfotografie: Stefan Falke, Michael Praun
Autorenfoto: © WDR/Warner Bros. Pictures 2008/
Bavaria Film/Detlef Overmann
Gesetzt aus der Stone serif und der Myriad
Satz: Buch-Werkstatt, Bad Aibling
Druck und Bindung: Kösel GmbH & Co. KG, Krugzell
ISBN 978-3-462-05198-8

Die Widersprüche sind die Hoffnungen.
Bertolt Brecht, Motto zu *Der Dreigroschenprozeß*

Ihre Hände sind befleckt, sagten wir –
Sie sagen: Besser befleckt als leer.
Bertolt Brecht, *Leben des Galilei*

Brecht gebrauchen, ohne ihn zu kritisieren, ist Verrat.
Heiner Müller

Er hat gespielt und wir durften mitspielen.
B. K. Tragelehn zur Probenarbeit mit Brecht

Er hat mich gekannt, und zwar sehr gut. –
Ihn konnte man nicht kennen.
Regine Lutz über Bertolt Brecht

Es gibt da auch nach meinem Tode
noch gewisse Möglichkeiten.
Bertolt Brecht zum Pfarrer Karl Kleinschmidt

Inhalt

Unterwegs zu Bertolt Brecht

Die Nazis hatten ihn ausgebürgert und seine Bücher verbrannt. Wenn ihm auch die Flucht im letzten Augenblick gelungen war: Der Mann schien erledigt. In zwanzig bis dreißig Jahren sollte sich niemand mehr an ihn oder seine Werke erinnern, in Deutschland würde er für immer vergessen sein. 1945, nach zwölf Jahren, waren die Nazis weg und er kurz darauf wieder da: zunächst als Gerücht, als eine schwache Erinnerung, eine Hoffnung. Dann trat Brecht persönlich auf.

Überall gab es nach Kriegsende kleine Glutnester der Erinnerung. Jemand hatte eine Erstausgabe der *Hauspostille* über die ›finstere Zeit‹ gerettet, ein anderer hatte eine alte Platte mit den Songs der *Dreigroschenoper* aufgehoben und jetzt wieder aufgelegt. Sofort war die Kraft wieder da, die von Bertolt Brecht und seiner Sprache ausging. Zwischen den Ruinen wurden die ersten Stücke von ihm wieder aufgeführt. Und die Menschen bemerkten, was sie mit ihm und seinen Werken verloren hatten. Manch einer verfolgte den Weg des Vertriebenen aus Amerika über die Schweiz zurück nach Berlin. Vor dem Mann kam das Gerücht. Als er dann kam und man ihn und die Weigel bei den Aufführungen der *Mutter Courage* im Winter 1949 im Deutschen Theater in Berlin erleben konnte, waren viele zutiefst beeindruckt. »Ein Realitätsschock«, sagt der spätere Brecht-Assistent B. K. Tragelehn, »plötzlich konnten die Leute sehen, wie sie ein paar Jahre vorher ausgesehen hatten.« Für die junge Generation war das etwas völlig Neues. Noch während der Vorstellung fiel für den Regieschüler Egon Monk

eine Lebensentscheidung. »Alle meine Gesichtspunkte veränderten sich. Ganz abgesehen davon, dass diese Aufführung an bestimmten Stellen so durch und durch ging bis auf die Knochen, wie ich es vordem auf dem Theater noch nie erlebt hatte. Und da sagte ich mir persönlich: Zu dem musst du!«

Und wie ist er zu mir, dem Nachgeborenen in der Bundesrepublik um 1960, gekommen? – »Brecht ist ein Schwein. Dass solche Stücke gespielt werden!« – So oder so ähnlich empörte sich die bigotte Deutschlehrerin in der Oberstufe. Es ging bestimmt um die *Dreigroschenoper.* 1958 war eine viel beachtete Schallplattenaufnahme mit Lotte Lenya und populärer Westberliner Besetzung erschienen. Eine dermaßen wütende Verachtung war für mich damals, in dieser erzkatholischen Internatsschule auf meinem Weg von der katholischen Tabernakellaus zum Menschen, ein Qualitätsmerkmal. Der Index, das Verzeichnis der vom Vatikan verbotenen Bücher, war für die kleine Gruppe von Außenseitern – meine Freunde, die Freidenker – die Bestenliste. Wer für diese Lehrerin ein *Schwein* war – dessen Werke musste man in die Finger bekommen. Der erste Band erreichte mich dann in Gestalt eines Geburtstagsgeschenks. Die *Hauspostille* war das erste Schweine-Buch. Es war genau die richtige Medizin. Schon allein die Frechheit, das als religiöse Erbauungsschrift mit *Exerzitien, Bittgängen* und *Chroniken* auszugeben! Und die Anleitung des Autors, das *Lied vom ertrunkenen Mädchen* »mit geflüsterten Lippenlauten zu lesen« – das war das ideale Erziehungsprogramm für einen Klosterschüler, für einen eingeschüchterten, im Herzen religiös erpressten Primaner mit Hunger auf Leben und Wirklichkeit. Durfte man so etwas überhaupt aussprechen, wenn auch nur hingeflüstert? »Als ihr bleicher Leib im Wasser verfaulet war / Geschah es (sehr langsam), dass Gott sie allmählich vergaß …«

Aber welches Gedicht, welches Lied aus dieser Sammlung hätte man überhaupt laut singen dürfen? Es war doch alles eine grässliche Gotteslästerung. Dafür aber mit dramatischen Ermutigungen. »Laßt euch nicht verführen! / Es gibt keine Wiederkehr. (…) Ihr sterbt mit allen Tieren / Und es kommt nichts nachher.«

Das alles war ein Riss in den katholischen Himmel, in diese festgefügte Welt aus Himmelskuppel und tief unten brennendem Höllenpfuhl mit den Marterwerkzeugen der vielen Teufel, die auf uns warteten. »Oh, show us the way to the next whisky-bar« half schon mal darüber weg.

Als ich am Hamburger Studententheater, der *Studiobühne,* mitarbeiten konnte, merkte ich schnell, dass ich in der richtigen Stadt in guter schlechter Gesellschaft angekommen war. Ich war dabei, als der Kommilitone Claus Peymann Brechts *Antigone*-Bearbeitung nach dem *Antigonemodell 1948* inszenierte. Das war im Sommer 1963, Brecht war sieben Jahre tot. Bei den Proben mit Peymann konnte ich lernen, welch ein Gewinn die Verfremdung und das gestische Spielen und Sprechen für das Theater sein können. Dass hier eine Distanz zwischen den Darstellern in ihren Rollen und den Zuschauern aufgebaut wurde, machte die Probleme auf der Bühne sichtbarer, vorzeigbarer. Und auch diskutierbarer, weil es eben kein auf Illusion und Einfühlung ausgerichtetes Spiel war.

Schon ein Jahr vorher hatte Peymann mit der *Studiobühne Der Tag des großen Gelehrten Wu* inszeniert. Das war ein Stücklein aus der Brecht-Werkstatt; die Bearbeitung eines chinesischen Volksstücks durch Brechts Assistenten Peter Palitzsch und Carl M. Weber, entstanden unter Brechts Oberaufsicht. Das Programmheft hebt die Produktion im Kollektiv schon bei der Entstehung des Werks hervor. Und eigentlich war es auch bei den Proben mit Peymann ähnlich wie bei Brecht. Wir Assistenten und die Darsteller konnten jederzeit Vorschläge machen, die dann daraufhin abgeklopft wurden, ob sie praktikabel waren oder nicht.

Bei den Aufführungen im Hamburger Audimax haben wir direkt nach der Vorstellung ganz in Brechts Sinn mit dem Publikum die Inszenierung diskutiert. Wie hatten die Zuschauer das Spiel verstanden? Was konnte, was sollte die Regie verbessern?

Heinrich Breloer 2018 und 1963

Nachdem sich die DDR 1961 eingemauert hatte, gab es bei den Künstlern dort die Hoffnung, dass nun, da man ja nicht mehr in den Westen fliehen konnte, vom Staat mehr Freiheiten gewährt würden. Diese Hoffnung erfüllte sich auf Dauer nicht, Kontrolle und Zensur wurden vielmehr noch verschärft. Trotzdem bekamen wir aus der DDR eine Einladung, Peymanns Inszenierung der *Antigone* in Leipzig zu zeigen.

Der Kontakt mit den Studenten in der DDR – »DDR«: das durfte man damals in Hamburg auf den Plakaten keinesfalls ohne Anführungszeichen schreiben – führte auch zu persönlicheren Beziehungen. Mit einem jungen Schriftsteller habe ich über Jahre einen inoffiziellen Austausch West- gegen Ostbücher arrangiert. In der DDR nicht erhältliche oder, riskanter, nicht erlaubte Bücher aus dem Westen gingen von Hamburg aus an das Literaturwissenschaftliche Institut der Universität Rostock. Ich bekam dafür von meinem Partner die – wenn man den brechtisch unscheinbaren graugelben Schutzumschlag entfernt hatte – schönen, in rotes Leinen gebundenen Bände der Brechtausgabe des Aufbau-Verlags.

Meine erste persönliche Begegnung mit dem Berliner Ensemble, das war Helene Weigel. Sie kam zum ersten Mal im Januar 1969 zu uns. Begleitet von einigen Mitgliedern des Ensembles, las sie im Audimax der Hamburger Universität Gedichte von Brecht. Ich hatte mich in eine der vorderen Reihen gesetzt, um das Schauspiel so nah wie möglich zu erleben.

Was über die Jahre bei mir blieb, ist das Bild der überaus disziplinierten alten Dame – 69 Jahre alt war sie damals –, die sich auf der großen, leeren Bühne an einem kleinen Tisch in einen Sessel setzte, einen Gedichtband aufschlug und darin scheinbar

suchend blätterte. Dann hatte sie wohl eine Stelle gefunden, die sie sich genauer ansah, und schließlich las sie das Gedicht so vor, als ob sie es seit langer Zeit zum ersten Mal lesen würde. Das war erstaunlich. Wir fragten sie nachher, warum sie das gemacht hätte. Sie konnte doch sicher diese Gedichte alle längst auswendig vortragen. Aber genau das wollte sie nicht. Sie wollte sich frisch und neugierig auf diese Zeilen konzentrieren, sie gewissermaßen auf-lesen. Diese Stimme, die Haltung, das Buch in der Hand – ein Eindruck, der sich mir eingeprägt hat.

Helene Weigel

—

Was am Studium der Literaturwissenschaft an der Universität zu Beginn so ermüdend und einschüchternd war: diese endlosen Reihen mit den Büchern der Sekundärliteratur. Das Sekundäre schob sich vor das Primäre. Ich wollte aber von Anfang an wissen, wer diese Dichter waren, wie sie gelebt hatten, wie sie in ihren Werken wiederzuerkennen waren. Wie ein Jagdhund war ich in diesem staubtrockenen Bücherwald unterwegs auf der Blutspur des Lebens. Und vor allem war da die »unwissenschaftliche« Frage: Könnte ich hier dem Leben begegnen? Wie sich diese Außenseiter ihren Weg in die Gesellschaft erkämpft hatten oder auch gescheitert waren? Und wie das ihre Literatur geprägt hatte? Eine verpönte Angelegenheit war das damals: Biografismus! Nach dem Verrat an der Literatur im Dritten Reich hatte sich die Germanistik vom Bündnis mit Volk und Rasse, Blut und Boden gelöst und sich vorübergehend eine »werkimmanente Betrachtungsweise« zugelegt: Nur der Text sollte zählen, sonst nichts.

Mit der Studentenbewegung wurde die Literatur zwar in größere Zusammenhänge gestellt, die Autorenbiografik gehörte aber nicht unbedingt dazu. Von großen Persönlichkeiten hatte man erst einmal die Nase voll. Wir interessierten uns jetzt für die gesellschaftliche Funktion der Literatur, wir eigneten uns historische und soziologische Fragestellungen und Begriffe an. So wurde es für mich wieder spannend, in den Werken auf die Suche nach den Spuren des Lebens der Autoren und ihrer Zeit zu gehen.

Außerdem beschäftigten sich die Vorlesungen und Seminare mittlerweile auch mit Autoren, die nicht zum klassischen Kanon gehörten. Die neuer waren, frischer, widerständiger. Auch solche, die der Nationalsozialismus aus der Literaturgeschichte getilgt hatte oder die von ihm ins Exil getrieben worden waren. Heinrich Heine, Thomas Mann, Heinrich Mann. Und schließlich sogar Bertolt Brecht, der Kommunist von der anderen Seite des Eisernen Vorhangs.

»Persönliche Erfahrung und ästhetische Abstraktion«, so lautete nun der wissenschaftliche Ausdruck für *Leben und Werk*. Alltagsfantasie und dichterische Fantasie – die Fragen der Kunstproduktion wurden für mich die spannenden Fragen. »Sich in schwierigen Situationen sämtliche Möglichkeiten aufschreiben und dann durchdenken. Im Anfang mit Punkten, die die Annehmbarkeit bezeichnen. (Vorschläge zur Bekämpfung von Gefühlsverschwommenheiten)«. Das hatte sich der junge Brecht als *Maxime* in sein Tagebuch geschrieben. Machen es nicht alle Menschen so, dass sie ihre Probleme in Fantasien durchspielen, sehr schnell oft und ungeordnet Bilder und Szenen von möglichen Situationen sehen, in die sie geraten können? Und ist die Besonderheit von Schriftstellern darin zu sehen, dass sie beim Schreiben mithilfe der Sprache eine besondere Phase zwischen Fantasie und Handeln eröffnen, eine Phase, in der sie vom Handlungsdruck des Lebens freigestellt sind? Und könnte es sein, dass etwa die Dramen des jungen Brecht eine Abfolge solcher Problemlösungsspiele darstellen? Probt er im *Baal* die

Möglichkeit, ob und wie man in dieser Gesellschaft als Künstler überlebt? Unterstellt er probeweise dieser Figur auch Anteile seiner eigenen Persönlichkeit? Wie ergeht es einem wie Baal, der keine Kompromisse macht und bereit ist, dafür zu zahlen? Welche Konsequenzen hat das im Leben und im Werk, wenn Baal systematisch die soziale Treppe herabgestoßen wird, bis er elend im Wald verreckt? Solche Fragen habe ich dann von der Universität ins Fernsehen getragen. In zwei Sendungen für den NDR unter dem Titel *Die Ausforschung des Glücks* habe ich ein Seminar mit dem Hamburger Literaturwissenschaftler Heinz Hillmann über Brechts Problemlösungsspiele gefilmt.

—

Kann man in das Leben eines Dichters nicht auch hineinfahren? Lebten vielleicht in Augsburg noch Freunde oder Verwandte von Bertolt Brecht?

Werner Frisch und K. W. Obermeier haben 1975 eine äußerst reichhaltige Materialiensammlung über Brecht in Augsburg vorgelegt. Mit diesem Buch im Gepäck bin ich in Brechts Heimatstadt aufgebrochen.

So sitze ich 1977 in einem Augsburger Hotel und wähle eine Nummer im Stadtgebiet. Paula Gross – so hieß die alte Dame nun, die Brecht einst »die Bi« genannt hatte, »Bi« für »Bittersweet«, seine erste große Liebe. Ja, ich könne herüberkommen und sie besuchen. Fürs Fernsehen ein Gespräch vor der Kamera – ja, das würde sie mitmachen.

In der Fernseh-Dokumentation dieser Reise, *Bi und Bidi in Augsburg,* war dann nicht nur Brecht – der Bidi – das Ereignis, sondern auch die Bi, Paula Banholzer.

Im August 1977 saß ich also der Bi gegenüber in ihrem gutbürgerlichen Wohnzimmer im einfachen Reihenhaus. Paula Gross, eine ältere Dame, weißhaarig, freundlich, ganz offen für alle Fragen nach der lange zurückliegenden Zeit. Eine Kamera und ein Tonband durften dabei sein und die Augenblicke festhalten, in denen er wieder zu ihr sprach. Soeben waren die Tagebücher des jungen Brecht erschienen. Aber niemand hatte Paula darauf aufmerksam gemacht, dass gerade sie dort eine große Rolle spielte. Und nun las sie zum ersten Mal überrascht und verwundert, was der Schüler und Student Berthold Eugen Brecht vor sechzig Jahren über seine Liebe und sein Leben mit ihr aufgeschrieben hatte.

Paula Gross-Banholzer 1977 und 1919

Bald fand ich noch andere ehemalige Freunde Brechts, die in Augsburg lebten. Walter Groos, der Klassenkamerad. Otto Bezold aus der »Clique der Verworfenen«, die der Schüler und spätere Student Brecht um sich versammelt hatte. Die Jugendfreundin Ernestine Müller, Mitglied eines vom Jüngling Brecht angeführten Puppen- und Laientheaters, eine Art erstes Berliner Ensemble. Oder Marietta Neher, die Schwester seines Lebensfreundes, des Bühnenbildners Caspar Neher. Auch Aja Hartmann lebte noch, die erste Frau vom vertrauten Jugendfreund Otto Müllereisert, den Brecht von Augsburg nach Berlin gelockt hatte und der schließlich als Arzt an sein Totenbett gerufen wurde. Männer und Frauen aus der Nachbarschaft, die noch Erinnerungen an die Auftritte des so besonderen Sohnes vom Direktor Brecht hatten, dem kaufmännischen Leiter der bedeutenden Papierfabrik Haindl. Manche hatten in deren Firmensiedlung in der Augsburger Vorstadt gewohnt. Gymnasiasten wie Müllereisert, Bezold oder Neher lebten eher in der bürgerlichen Mitte der Fuggerstadt.

Otto Bezold zeigt mir ein altes Foto. Der Schüler Brecht, der viele Stunden mit dem Reclam-Heft oben im Rang auf den Stehplätzen des Augsburger Stadttheaters verbringt, hat sich für die Aufnahme in einer leeren Nische der Theaterfront aufgebaut. In der Nische über ihm steht die Statue von Schiller. »Ich bin der Nächste. Ich werde da eines Tages stehen!« Und Bezold drückt auf den Auslöser.

Ich frage den alten Herrn: »Haben Sie ihm das geglaubt?« – Otto Bezold: »Ja, absolut! Er hat immer gesagt: Ich bin der letzte Dichter der deutschen Sprache. Das letzte deutsche Genie!« Das alles war für die Freunde nicht nur so hingesprochen. Sie glaubten es, weil Brecht für sie glaubhaft war. Bezold: »Eine Unterhaltung mit Bert Brecht war natürlich ein nicht endendes Feuerwerk von Geist, Kenntnissen auf dem Gebiet der Literatur und Klugheit, es war ein Vergnügen. Er war ein völlig anderer Mensch als alle Menschen und alle Kameraden aus der Schule, mit denen ich früher zusammen war. Wenn jemand ein Gefühl für Geist und Bedeutung hatte, für die Tatsache, dass hier ein Mensch auftritt, der weit aus den herkömmlichen Gesprächen herausragt, der musste ja merken: Hier ist etwas Produktives. Wer ist schon produktiv in dem Sinne, wie es Brecht war?«

Nach und nach wurde mir in diesen Gesprächen klar, wie intensiv sich Brecht in das Leben seiner Freunde hineingeschrieben hatte und wie ich im Abglanz ihrer Erzählungen dem jungen Brecht selbst näherkommen konnte.

»Ich habe ihn sehr gern gemocht«, sagt Bezold. »Er war sehr stark, aber er musste ja irgendein Bassin haben, in dem er schwimmen konnte. Einen Teil seiner Lebensführung und auch seiner Kraft hat er aus der Tatsache gezogen, von Menschen umgeben zu sein, die mit ihm harmonieren, die ihn auch bewundern. Das ist sicher.«

Es war nicht nur das schützende Band der Liebe und Ergebenheit seiner Freunde, es war noch etwas anderes.

»Er war also schon ein Gott, der seinen Tribut holte. Das war er zweifellos.« Meine Frage: »Haben Sie mal erlebt, was passiert, wenn man ihm den verweigert, den Tribut?«

Antwort: »Na ja, das ist ja dann die allmähliche Erkaltung gewesen.«

Wie kam es, dass sich ein Bewunderer wie der Bez, so hatte Brecht ihn getauft, dann trotzdem von ihm lösen konnte? – »In dem Maße, wie mir Brecht die Tür geöffnet hat in die große bestehende viel weitere Welt der Literatur, ging natürlich der Einfluss der Enge dieses Kreises verloren. Man kam in eine Sicht hinein, die man vorher nicht hatte, in der aber der Mann Bert Brecht, der einem zunächst mal als unendlicher Geistesriese und Dichterriese erschienen war, natürlich etwas relativiert wurde.«

Das waren für Brecht seltene, aber besonders schmerzhafte Erfahrungen, wenn es jemanden aus dem Kreis gab, der ihn verlassen wollte. Er hat das als Verrat erlebt und sich, wenn möglich, mit allen Mitteln gewehrt. Die Entfremdung konnte aber auch von Brecht ausgehen, auch das hat Bezold sensibel registriert. »Das Offene, was er mir gegenüber hatte, (...) wurde meinem Gefühl nach reservierter in dem Maße, als er an Bedeutung und Anerkennung zunahm.« Wenn Brecht glaubte, einer Beziehung entwachsen zu sein, wenn sie ihm nicht mehr nützlich schien, konnte er sie auch brüsk beenden. Bezold ist ein Beispiel für die Freunde, die genug Kraft hatten, auch ohne Anleitung ihres Lehrers Brecht einen eigenen Weg zu gehen. Nach dem Studium war er Staatsanwalt in München. Da er sich den Nazis nicht anbiederte, wurde er zwölf Jahre nicht befördert, nach dem Krieg aber Senatspräsident am Oberlandesgericht in München, FDP-Landtagsabgeordneter und bayerischer Wirtschafts- und Innenminister.

Brecht war wohl ein Mensch, der wirklich effektiv und vor allem mit dem unbedingt notwendigen »Spaß« nur im Kollektiv arbeiten konnte. Er brauchte das Gegenüber, den Dialog, das Echo der Freunde und Mitarbeiter.

Er musste produktiv sein, schrieb ununterbrochen. Und hielt die anderen dazu an. So wurde er auch in ihnen produktiv, brachte sie dazu, ihr Leben zu ändern, sich mit ihm auf den Weg zu machen.

Schon beim ersten Puppenspiel hatte der zehnjährige Brecht sein eigenes Ensemble, dann beim richtigen Laientheaterspiel die Nachbarn, Freunde und Verwandten und schließlich

Otto Bezold

die »Clique der Verworfenen«. Während der Weimarer Republik hatte er Freunde, Lehrer, Weggefährten und Mitarbeiter wie Lion Feuchtwanger, Arnolt Bronnen, Günther Weisenborn, Walter Benjamin, wieder Caspar Neher, die Komponisten Kurt Weill und Hanns Eisler. Selbst in der Abgeschiedenheit des skandinavischen Exils holten ihm Helene Weigel und seine Freundinnen Grete Steffin und Ruth Berlau, allen Widrigkeiten zum Trotz, immer wieder Gesprächspartner ins Haus. Und nach der Rückkehr aus dem Exil hatte er von Beginn an eine große Gruppe von Mitarbeitern und Schülern um sich versammelt. Denn ein Lehrer, das war er auch und wollte es sein.

Von den Augsburger Jugendtagen an führte er die Freunde, wollte sie weiterentwickeln. Brachte sie dazu, Tagebuch zu schreiben. Gab ihnen Aufgaben, schlug ihnen vor, welche Bücher sie lesen sollten. Auch für die Meisterschüler am Berliner Ensemble gab es noch Leselisten mit Lektürevorschlägen.

Später nannte er dieses Ziel: andere Menschen produktiv machen, verändernd in ihr Leben eingreifen, damit auch sie andere verändern können. Was das bedeuten konnte, wenn es sich um die Entwicklung einer geliebten Frau handelte, einer neuen Spielweise auf dem Theater oder gar um den Aufbau einer sozialistischen Gesellschaft, auch das wollte ich auf meiner Reise zu Bertolt Brecht herausfinden.

Und dann stehe ich doch noch vor einer Haustür mit dem Namensschild »Brecht« neben der Klingel. Das Haus liegt im Darmstädter *Tintenviertel* – so genannt nach seiner traditionellen Bewohnerschaft, Akademikern und höheren Beamten. Brecht – einmal die Klingel drücken, und 1978 ist konfrontiert mit dem ersten Viertel des Jahrhunderts. Aber gleich mit der Begrüßung gibt es einen Abschied: »Kein Fernsehinterview – niemals! Ist nicht persönlich gemeint. Ein Prinzip!« Und einen Satz, den ich nie vergessen habe: »Mein Bruder im Himmel würde lachen, wenn er mich hier über ihn reden sähe!« Es hörte sich fast an, als ob hier Bert Brecht sprechen würde. Genau dieser Augsburger Dialekt, wie wir ihn von den wenigen Originalaufnahmen der Lieder oder Gedichte Brechts kennen. Dann führte Professor Dr.-Ing. Walter Brecht mich durch einen schmalen Zugang in den Flur. Und dort oben auf einem alten Eichenschrank sah ich schon den anderen. Eine schöne Bronzebüste lächelte herab – Bertolt Brecht war auch da. Beim Tee lernte ich den Bruder kennen.

Der um zwei Jahre jüngere Walter durfte manchmal dabei sein, wenn Eugen mit den Freunden Pfanzelt und Müllereisert im Kinderzimmer oder sommers auf dem Freigelände des Gartens groß angelegte Schlachten mit Zinnsoldaten und Pulverkracker-Kanonen aufführte. »Eugen war der Feldherr, der immer gewann.« Walter hatte den älteren Bruder aber auch erlebt, als der sich vor der Nacht fürchtete, wenn die Gespenster wieder auftraten, als der ein Öllicht am Bett haben musste und manchmal zur Mutter ins Bett durfte, um sich zu beruhigen. Gemeinsame Bubenstreiche, das erste Staunen über das Anderssein des anderen. Dann die Distanz – zwei Jahre Abstand können in diesem Alter ein Abgrund sein. Der rebellische Bert wurde in der Familie mehr und mehr zum »verlorenen Sohn«, der den Eltern Sorgen

Alle Augen auf Brecht: von links: Otto Müllereisert, Otto Bezold. Stehend: Georg Pfanzelt

und Schmerzen bereitete. Walter dagegen mauserte sich zum »Mustersohn«, der den Eltern Liebe und Dankbarkeit bewies und die in ihn gesetzten Erwartungen freudig erfüllte. Er hatte sich noch kurz vor Kriegsende freiwillig an die Front gemeldet und ging dann den geradlinigen, vom Vater gebahnten bürgerlichen Berufsweg, als Ingenieur für Papierherstellung zunächst, schließlich als Professor an der Technischen Hochschule in Darmstadt. Dort blieb er vierzig Jahre. In Fachkreisen war er international anerkannt, und er hatte einige für die Papierproduktion wichtige Patente erlangt.

Warum kannten wir diesen Bruder nicht?

Professor Walter Brecht wollte keinesfalls nur der kleine Bruder des großen Bert Brecht sein, diese Sichtweise war ihm entsetzlich. Er wollte auch nicht Gefahr laufen, für einen Hochstapler gehalten zu werden, für jemanden, der sein eigenes Ansehen auf der Berühmtheit eines anderen aufbauen will. So war er all die Jahre stumm geblieben, hat, wenn möglich, darüber geschwiegen, dass es diesen Bruder gab. Später sagte er mir: »Ich habe mein eigenes Leben geführt. Ich betrachte mich nicht als Nebenprodukt, als einen Mann, der dazu da ist, über den anderen zu berichten.« Er tat es dennoch, einige Zeit nach unserem Gespräch. Seine Jugenderinnerungen nannte er *Unser Leben in Augsburg, damals.* Nicht etwa *Mein Bruder Bertolt Brecht.*

—

Berlin, Chausseestraße 125, Seitenflügel, erster Stock. Als ich das erste Mal mit Brechts ehemaligem Assistenten Peter Voigt durch die Räume der jetzigen Brecht-Weigel-Gedenkstätte ging, kam schnell die Warnung: »Achtung, Museum! So hat das hier nie ausgesehen. Du musst dir das ganz anders vorstellen.« Zu Brechts Zeit lagen überall auf dem Boden Stapel von Zeitungen, auch die aus dem Westen, und internationale Presse – Brecht konnte sich diese in der DDR verbotene Lektüre täglich anliefern lassen. Das war sein Privileg – wie vieles andere auch. Neben der Schreibmaschine: Texte auf dünnstem Papier – vierter und fünfter Durchschlag. Aschenbecher voll mit Zigarrenresten. Teetassen und Reste von einem Imbiss für die Gäste, mit denen diskutiert worden ist. Bücher aufgeschlagen auf den Ablagen. Brecht hatte zeitlebens solche Arbeitshöhlen. Zuerst in Augsburg die Mansarde über der Wohnung seiner Eltern. Dann in Berlin das von Helene Weigel übernommene Atelier in der Spichernstraße und auf den weiteren Lebensstationen – mit Ausnahme der letzten in der Chausseestraße – ebenfalls von der Weigel bereitgestellte bequeme, praktische Arbeitsräume.

Walter und Eugen Berthold Brecht

Bertolt Brechts letzte Wohnung (von 1953 bis 1956) hat zwei Arbeitszimmer, ein kleineres mit Kachelofen und zwei Tischen für den Besuch sowie der Bibliothek und ein großes Zimmer, in dem mehrere Tische und ein Stehpult aufgestellt wurden. So konnte Brecht an verschiedenen Projekten gleichzeitig arbeiten. Überall Bücher, auch in Nischenregalen und Schränken. Verbunden sind diese beiden Räume durch eine weite Tür. Stahlschränke für die zahlreichen Manuskripte, für veröffentlichte und unveröffentlichte Texte. Auch für das Material aus dem Exil: Wertpapiere für die Zeit danach. Dazu ein großer Eichenschrank für die Kleidung. Eine Tür zu dem kleinen, schmalen Schlafzimmer mit Fenstern zum Hof. Ein kleines Bett an der Wand, ein Telefon auf dem Tischchen daneben mit einer Liste der wichtigsten persönlichen Telefonnummern. Direkt darunter die Garage für sein Cabriolet. Durch einen schmalen Gang geht es vom Schlafzimmer in ein ebenso schmales enges Badezimmer mit Wanne und Dusche. Direkt neben dem Fenster die Toilette. Vor dem Spiegel und auf dem Lokus täglich der Blick auf die Gräber der Großen: Hegel, Fichte, Schadow. Heute liegt dort das halbe Berliner Ensemble. Weit und grün ist es vor den Fenstern. Sogar einen kleinen Garten hat das Haus, nur durch eine Mauer von den Gräbern getrennt.

Eine großzügig gebaute Altbauwohnung ist das, gedacht für ihn allein. Helene Weigel hatte, nachdem sie aus der seit 1949 gemeinsam bewohnten Villa in Weißensee ausgezogen war, zunächst eine eigene Wohnung in der Nähe des Deutschen Theaters bezogen, dann war sie aber bald auch in die Chausseestraße 125 übersiedelt. In die Wohnung direkt über Brecht.

Nachdem er 1953 in dieses Arbeitsparadies mit angeschlossenem eigenen Theater und Ensemble eingezogen war, blieben ihm nur noch drei Jahre, bis sie ihn schließlich hinausgetragen haben auf den Friedhof gegenüber. Dabei hatte er sich in den sieben Jahren seit seiner Rückkehr aus dem Exil fast alles zurückgeholt, was ihm die Nazis gestohlen hatten: sein Publikum im Theater, seine Leser und sein Cabriolet. Außerdem war wenigstens in einem Teil Deutschlands eine Partei an der Macht, die behauptete, eine sozialistische Gesellschaft in seinem Sinn aufzubauen.

Wenn man an diesem Fenster in Brechts Badezimmer steht und auf den Friedhof blickt, wird einem bewusst, wie viele seiner Geliebten, seiner Mitarbeiter und Freunde, auch von den Menschen aus der eigenen Familie ihm dorthin gefolgt sind. Helene Weigel wollte sogar quer zu seinen Füßen beerdigt werden, wie sie ihm, dem Genie, ihr Leben lang gedient hatte. Man hat sie aber doch neben ihn zur Ruhe gebettet, mit eigenem Stein. Werner Hecht, der intime Kenner von Brechts Lebensläufen, hat es mir vor Jahren erzählt. Lange Zeit war er Leiter des Brecht-Zentrums der DDR, ist wie ein Kartograf durch Brechts Leben gegangen und hat es in einer großen Chronik anhand der Dokumente als Lebensbild aufgezeichnet, fast Tag für Tag. Er ist mit mir durch die Archive gegangen, er wusste, wo das interessante Material zu finden war. Jetzt liegt auch er auf dem Dorotheenstädtischen Friedhof. Wie auch ein beträchtlicher Teil der Menschen, die in meinem Brecht-Lebensfilm wichtige Rollen spielen, ohne

Die Steadycam hängt am Operator. Michael Praun blickt auf das Bild oben im kleinen Monitor. Er sieht dort, was Brecht in den Fingern hält: Tagebuch und Stift. Genau diesen Ausschnitt markiere ich Michael gerade noch einmal. Gleich wird er einige Schritte rückwärts in den Raum gehen, das Bild öffnen und mehr und mehr vom Dachzimmer des jungen Brecht zeigen. Die Steadycam hat so die Schienenfahrt mit dem Dolly ersetzt.

dass ich sie persönlich kennenlernen konnte: Elisabeth Hauptmann, Ruth Berlau, Isot Kilian haben hier ihre letzte Ruhestätte gefunden, ebenso Brechts Tochter Hanne (Hiob) aus seiner ersten Ehe, Hanns Eisler, Erich Engel, sogar Arnolt Bronnen. Alle, nun auch die Tochter Barbara, um Brecht versammelt auf dem Friedhof an der Chausseestraße. Käthe Reichel, die ich noch kurz vor ihrem Tod sprechen konnte, liegt gleich nebenan auf dem Französischen Friedhof.

Eine große Menge Material, Texte, Fotos und Filme, liegt in den Archiven.

Es ist bewegend, die Originalpapiere, die durch Brechts Hand gegangen sind, selber zu berühren, in ihnen bisher unveröffentlichte Texte zu lesen. Oder seine Stimme auf alten Tonbändern zu hören, die während seiner Proben aufgenommen wurden. Ihm immer wieder auf den vielen Fotos ins Gesicht zu schauen, mit der Frage: Was ist dir in diesem Augenblick durch den Kopf gegangen, als dich Ruth Berlau fotografierte? Warum hast du die Augen niedergeschlagen, wenn es eine nicht vertraute Person war? Ist das der Liebesblick auf Gerda Goedhart? Direkt in die Kamera, weil du ihr vertrauen konntest?

Als ich ein Fernsehinterview mit ihm machte, hat mir Max Frisch einmal geraten, bei der Suche nach einem Thema nicht die Tageszeitungen zu befragen. Das, was da stünde, sei morgen vorbei. Man solle bei sich selber in die Tiefe gehen. Dann fände man etwas Allgemeines. Darin würden sich dann auch die Leser wiederfinden, als hätte der Autor gerade ihre Geschichte erzählt. So hat es Max Frisch selber gehalten. Auch Thomas Mann hat eigentlich immer wieder nur von sich selber erzählt, von dem, was er beim Gang in seine Tiefen gefunden hat. Bertolt Brecht dagegen wollte genau das nicht. Abgesehen von den frühen Jahren war er, was sein Privatleben betraf, ein verschwiegener Mensch. In den späteren Tagebüchern kaum ein Wort über sich selbst, das meiste nur Arbeitsberichte. Er hat es meist entschieden abgelehnt, von sich zu erzählen. Für seine Figuren beharrte er darauf, dass deren soziale Lage das

Entscheidende sei. Die Probleme der Charaktere entstünden aus der Gesellschaft, und nur von der Gesellschaft her seien sie zu verstehen und zu verändern. Wir dürfen, wenn wir unsererseits den Charakter Brecht verstehen wollen, einen anderen Weg gehen.

Wie kann ich das biografische Material lebendig werden lassen, damit ich eine Vorstellung von ihm gewinne, Szenen finde und erfinde, in denen er zu sprechen beginnt? Ich muss am Ende *meine* Vorstellung von Brecht gestalten, seine hat er ja nicht veröffentlicht. Das war die Entscheidung, mit der ich von dem festen Grund all dieser Materialien abgesprungen bin, in das andere, fremde Leben hinein.

Und die Laterna magica, der Film, ermöglicht das auf eine seltsam zauberische Weise: Ich konnte direkt in Brechts Mansarde hineintreten, in seinen Büchern stöbern und an seinem Schreibtisch sitzen. So war es auch in der Chausseestraße 125, die der Filmarchitekt Christoph Kanter in den Prager Barrandov-Studios eins zu eins nachgebaut hatte, inklusive aller Möbel, Bilder und Masken an den Wänden. Und wenn man dann vor dem Monitor sitzt und sieht, wie die Schauspieler in Kostüm und Maske sich unterhalten, als ob es das Jahr 1955 wäre, und niemand sonst im Zimmer ist und alles stimmt und klingt, dann hat man das Gefühl, für einen Moment in diesem Leben dabei gewesen zu sein. Burghart Klaußner, der Darsteller des alten Brecht, sagte einmal: »Du veranstaltest das Ganze nur, um all die Toten noch einmal ins Leben zurückzuholen.« Vielleicht hat er recht.

Im Film habe ich mir die Freiheit genommen, ausgehend von den Fakten und Dokumenten dieses Biografie-Spiel mit den Figuren in Gang zu setzen. Das Filmbuch ist um weiteres Material ergänzt worden. Szenen tauchen hier auf, die im Film aus unterschiedlichen Gründen nicht realisiert werden konnten, und im Ablauf der Szenen nutzt der Erzähler öfter die Gelegenheit, interpretierende Einordnungen vorzunehmen. So versucht das Filmbuch auf seine Weise, die produktive Spannung zwischen Spiel und Dokument zu bewahren.

Eine romaneske Erzählung von Brechts Leben auf der Basis der Recherche und der biografischen Quellen, ohne an ihnen zu kleben: Diese Freiheit des Erzählers bietet vielleicht eine Möglichkeit, trotz der Vielfalt, der Lücken und auch der Widersprüche in den Berichten und Lebensdokumenten dem Menschen Brecht etwas näherzukommen.

Schon die Zeitgenossen, die Freunde und Geliebten des Dichters hatten ihre Schwierigkeiten, den Mann zu verstehen. Er war einfach nicht zu fassen. Natürlich hat er gelogen, vielleicht sogar in seinem Tagebuch, wenn er die Geschichten vom Tage scheinbar dokumentarisch notierte. »Da ist schon eine gehörige Portion dichterischer Fantasie dabei«, sagt seine Jugendgeliebte Paula Banholzer, als sie zum ersten Mal eine Tagebucheintragung von ihm über einen Sommertag am See mit ihr zu lesen bekommt.

Eine gewisse Laxheit im Umgang mit der Wahrheit ist auch seiner ersten Frau Marianne Zoff aufgefallen. In einer Notiz schreibt sie: »Ein großer Mann darf auch lügen – immer lügen, warum auch nicht? Macht das vielleicht den Menschen arm. Überhaupt, wenn man so lügt, so daß man selbst alles glaubt, was man sagt – das ist auch Kunst.«

Vielleicht hat Brecht es also nicht als Lüge gesehen, sondern als Erfindung seiner Person, wenn er Szenen seines Lebens umschreibt. Damit verhält er sich zu sich selbst wie ein Erzähler zu einer literarischen Figur. Ein Autor, der am Roman seines Lebens schreibt.

Auch Brechts Lebensabschnitts-Freund Arnolt Bronnen konnte das Problem von Brechts unergründlicher Vielfalt nicht übersehen: »Indessen war Brecht ein Lebewesen besonderer Art. Er vervielfachte sich dauernd, und selbst wenn man ihn allein in ein Zimmer sperrte, so konnte man sicher sein, beim Wiederaufsperren einen bis zum Rande mit Brechts angefüllten Raum vorzufinden.«

Als ich mich im Jahr 2010 auf eine zweite Reise zu Brecht gemacht habe, kam ich gerade noch rechtzeitig, um authentische Auskünfte und Einblicke in dieses geheimnisvolle Leben – nun vor allem aus der Zeit nach seiner Rückkehr aus dem Exil – zu bekommen.

Jung waren sie noch und nicht verseucht vom Gift der Nazis, die meisten Männer und Frauen, die Brecht nach seiner Ankunft in Ostberlin als Assistenten an sich zog. Mit ihnen wollte ich sprechen. Ein besonders angenehmer, anregender Gesprächspartner war B. K. Tragelehn, Brechts hochbegabter Regieschüler. Er hatte sich 1945 aus den brennenden Trümmern von Dresden gerettet und war seit 1954 an Brechts Seite. Wie bei vielen anderen veränderte die erste Begegnung mit Brecht auch sein Leben grundlegend. »Der Wiedereintritt Brechts in die deutsche Literatur und ins deutsche Theater in der Nachkriegssituation – das ist, wie wenn man einen Stein ins Wasser wirft: Es zieht Kreise. Und ich bin tief davon bewegt worden.«

So haben es viele Menschen erlebt, die in das Kraftfeld, in den Lebensbereich Bertolt Brechts hineingeraten sind. Nachher waren sie andere Menschen. Wer Brecht begreifen will, sollte auch mit denen sprechen, die ihm so intensiv begegnet sind wie Tragelehn. In diesem lebendigen Spiegel kann man ihn selbst erblicken, wenn man Glück hat.

Es waren interessante Stunden, wenn Tragelehn mit seiner Brecht-Zigarre seinen Denk- und Vorstellungsapparat in Schwung brachte und dabei die Probleme neu sortierte und denkend entwickelte. Wenn er mit Freude und Vergnügen am Denken abwägend und probierend die passenden Worte fand, hatte ich das Gefühl, Brecht beim Spielen zuschauen zu können. »Brecht war kein Belehrmich, kein Besserwisser, überhaupt nicht, was unter Lehrer verstanden war. Bei seiner Art zu probieren kam ungeheuer viel vor. Er konnte sonst was ranziehen, er konnte was improvisieren, da war ein ungeheurer Fundus, der ihm zur Verfügung stand. Das heißt, eigentlich hat er gespielt, und wir durften mitspielen.«

Von dieser Stimmung, dem heiteren Spiel mit den ernsten Fragen des Lebens in diesem freien Raum einer Probenbühne für eine neue Gesellschaft, haben mir andere, die dabei waren, ebenfalls berichtet, Mitarbeiter wie Zuschauer. Carl »Charlie« Weber erzählte mir von einem Probenbesuch: »Und da ging ich also rein und Brecht saß in seinem Sessel und lachte ganz schrecklich, also ganz laut und vergnügt. Und die Schauspieler, die standen da so rum und stiegen alle auf den Tisch und fielen wieder runter vom Tisch. Und dann machten sie noch mal so irgendwas, was ich für Dummheiten hielt, mit dem Tisch. Und Brecht lachte, und dann quatschte er wieder mit seinen Assistenten. Und ich dachte: Die haben Pause. Nach einer halber Stunde überlegte ich, das kann doch wohl nicht mehr Pause sein? Und da realisierte ich: Das war Probe. Und das war für Brecht ungeheuer wichtig, dass die Probe amüsant war, dass die Probe Spaß machte. Und dass die Schauspieler produktiv waren – aber nicht, indem sie quatschten über das, was sie machten. ›Erzählen Sie es mir nicht, zeigen Sie es mir.‹ Und dann hat der Schauspieler eben gezeigt, was er im Kopf hatte. Und wenn Brecht es mochte, lachte er.«

Eine Insel war dieses Berliner Ensemble, befreites Land. Erst als es zu Ende ging, merkten seine Bewohner, mit welchen Privilegien sie dort gelebt und gearbeitet hatten.

Heute sehe ich, dass wir in den ersten Jahren der dritten Programme ähnlich frei und unbeschwert gearbeitet und gelebt haben. Damals, als das Fernsehen noch jung war und wir auch. Mein Partner Horst Königstein und ich konnten uns im dritten Programm ungewöhnliche, neue Aufgaben stellen. Damals hatten wir uns einen Exilroman vorgenommen, Arnold Zweigs *Das Beil von Wandsbek*. Das Buch spielte in Hamburg, im »Dritten Reich«, und es ging von einem Zeitungsausschnitt aus. Könnte man nicht,wenn man nach den historischen Wahrheiten hinter dieser Fiktion fragte, die Recherche mitdrehen und gleichzeitig einige Schlüsselszenen des Romans als Spiel inszenieren? Am Ende musste im Schneideraum dafür eine neue Form gefunden werden. Wir waren sicher genauso aufgeregt, fröhlich und gespannt wie die Gesellschaft auf Brechts Probenbühne, wenn wir erlebten, wie durch den kalkulierten Zusammenprall von Dokumentation und Spiel etwas Drittes, Neues entstand, das wir vorher so nicht gesehen hatten. Man blickte mit anderen Augen auf die Spielszenen, wenn man zuvor die dokumentarischen Figuren erlebt hatte. Es war eine Art Verfremdung möglich, wie sie Brecht in seinem Theater erreichen wollte. Ein Fernsehspiel als Spiel mit den Mitteln des Fernsehens. Die Spannung der Fiktion wird gebrochen durch das Dokument, der Zuschauer im halbdunklen Zimmer kann anfangen zu denken.

All das stand auch unter dem Eindruck der Fernsehspiele vom Brechtschüler Egon Monk, die wir mit Begeisterung gesehen hatten. Als ich über sein *Ein Tag,* den ersten deutschen Fernsehfilm über ein KZ, einen längeren Bericht machen konnte, habe ich Monk persönlich kennengelernt. Er hat das, was wir in den Jahren danach gemacht haben, auch als ein fernes Fortwirken von Brecht in einem anderen Medium wiedererkannt.

Der Schlag der Klappe war früher für den Schnitt das notwendige Signal, um den Ton, der separat aufgezeichnet wurde, synchron zum Bild anlegen zu können. Heutzutage synchronisiert die elektronische Kamera automatisch. Trotzdem kracht auch heute noch die Klappe zur Sicherheit vor jedem Take – manchmal auch dicht vor dem Gesicht des Schauspielers, der sich gerade für die Aufnahme konzentrieren will.

'BRECHT'
SCENE
2-10212
TAKE
1
P.t
www.filmklappen.de
Director:
H. BRELOE
Camera:
GERNOT ROL

TEIL 1

Die Liebe dauert oder dauert nicht

Frühjahr 1956. Kalte Morgendämmerung in Brechts Wohnung: Berlin, Chausseestraße 125. Aus dem großen Arbeitszimmer blicken wir durch die offen stehende Tür ins Schlafzimmer. Zeitungen liegen auf dem Boden, auf den flachen Tischen sieht man Manuskripte, ausgeschnittene Fotos und Artikel aus Zeitungen und Illustrierten, West und Ost, deutsch- und englischsprachig. Brecht sitzt auf der Bettkante, in eine helle Decke gehüllt. Durch einen Spalt im Vorhang fällt ein Streifen Licht auf sein Gesicht. Die erste Orientierung nach dem Erwachen. Der frühe Morgen, das ist seine Zeit. Noch ist es ruhig im Haus. Nur eine frühe Straßenbahn rollt auf den Schienen durch die Stille. Die Vogelstimmen durchs offene Fenster. Die Amsel, ihr Lied am Morgen, sie singt über den Gräbern. Das Haus liegt direkt am Dorotheenstädtischen Friedhof, berühmte Tote ruhen dort wie der von Brecht wegen seiner Dialektik verehrte Philosoph Hegel oder dessen Berufskollege Fichte. Der Bildhauer Schadow, der Architekt Stüler. Alles preußische Beamte. Die Amsel wird dort, über den Gräbern, auch dann weiter singen, wenn Brecht ihr Lied nicht mehr hören kann. Erst kürzlich hat er sich in einem Gedicht selbst versichert, dass ihn der Gedanke an die eigene Sterblichkeit nicht mehr ängstigt. »Als ich in weissem Krankenzimmer der Charité / Aufwachte gegen Morgen zu / Und eine Amsel hörte, wußte ich / Es besser. Schon seit geraumer Zeit / Hatte ich keine Todesfurcht mehr, da ja nichts / Mir je fehlen kann, vorausgesetzt / Ich selber fehle. Jetzt / Gelang es mir, mich zu freuen / Alles Amselgesanges nach mir auch.« – Na ja, »gelang es mir« – so völlig unangestrengt

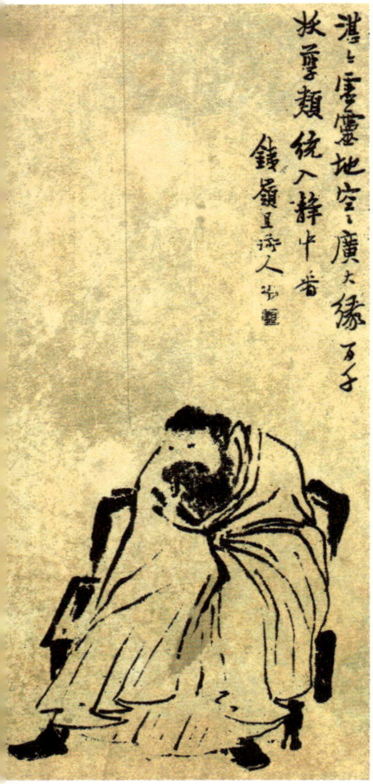

klingt diese Freude über ein Weiterleben aller anderen nach dem eigenen Tod noch nicht.

Er blickt hoch zu einem chinesischen Rollbild, das ihn auf allen Etappen seines Exils begleitet hat. Es heißt *Der Zweifler.* Ein alter, allem Anschein nach weiser Mann sitzt gebeugt auf einer Bank. Was er dabei denken könnte (oder sollte), hat Brecht schon vor fast zwanzig Jahren in einem Gedicht festgehalten, eine Art Checkliste zur Qualitätskontrolle für die eigene literarische Produktion und die seiner Mitarbeiter. »Ich zweifle, ob / Die Arbeit gelungen ist, die eure Tage verschlungen hat. / Ob, was ihr gesagt, auch schlechter gesagt, noch für einige Wert hätte. / Ob ihr es aber gut gesagt und euch nicht etwa / Auf die Wahrheit verlassen habt, dessen, was ihr gesagt habt. / Ob es nicht vieldeutig ist, für jeden möglichen Irrtum / Tragt ihr die Schuld. Es kann auch eindeutig sein / Und den Widerspruch aus den Dingen entfernen; ist es zu eindeutig? / Dann ist es unbrauchbar, was ihr sagt.« So hat sich Brecht die Haltung des Alten auf dem Rollbild für den eigenen Gebrauch zurechtgelegt.

Das beständige kritische Befragen der eigenen Arbeit hat Brecht sein ganzes Leben über praktiziert. Von denen, die schnell Bescheid wissen und keine Fragen mehr zulassen wollten, gab es immer schon zu viele. Auch jetzt und hier in der DDR. Und von Jahr zu Jahr scheinen es mehr zu werden.

Diese Mischung aus Angst, Größenwahn und Dummheit, die sich ganz oben in Regierung und Parteispitze ausbreitet, wo er es mit Menschen wie diesem unsäglichen Bürokraten Ulbricht und diesem bornierten Erich Honecker zu tun hat. Diese Murxisten! Was hat er da neulich dieser Person von der Kunstkommission – nein, neuerdings gehört das ja zum Kulturministerium! – ins Telefon gebrüllt: »Ich kann meine Texte selber verantworten. Ich bin ein weltbekannter Schriftsteller!« Sie mussten schon mal den Hörer weit vom Ohr weghalten, so laut ist er geworden. Schließlich wollte er sich ja nicht von Ulbricht sagen lassen, wie man Gedichte schreibt! Der Ulbricht sollte sich vielmehr mal anhören, was der Brecht ihm über eine vernünftige Staatsführung erzählen kann!

Brecht blickt auf die Stahlschränke im großen Arbeitszimmer. Sie sind voller Manuskripte. Böse Worte, böse Szenen sind darunter, Worte, die der Regierung der DDR nicht gefallen würden. Brecht empfindet immer eine Art tröstlicher Genugtuung, wenn er auf die Schränke blickt.

Die wissen nicht so genau, wie sie mit ihm umgehen sollen. Er ist kein Parteimitglied und war nie eins, damit war und ist er keiner Parteidisziplin unterworfen. So kann man ihm auch nicht aus irgendwelchen »Abweichungen« vom Parteikurs in der Vergangenheit einen Strick drehen. Sie haben ja nicht mal eine Parteiakte von ihm, mit der sie ihn erpressen könnten. Und als *Ultima Ratio* haben Helene Weigel und er ja auch noch die österreichische Staatsbürgerschaft. Ihn kann man nicht so ohne Weiteres demütigen, zu Sündenbekenntnissen zwingen und degradieren wie Wolfgang Langhoff, den Intendanten des Deutschen Theaters, seinen Hausherrn der ersten Jahre hier.

Allerdings, wenn sie ihm das Theater nehmen würden? Noch einmal einpacken, noch einmal von vorn anfangen, womöglich gar als Renegat im Westen? Bloß nicht dran denken. Der wohlbeleibte, grauhaarige, scheinbar so gemütliche Staatspräsident Pieck oder Ministerpräsident Grotewohl sitzen schon mal in der Loge seines Theaters. Das hilft. Aber vor allem schützt ihn der Stalin- oder jetzt besser Lenin-Preis, der ihm letztes Jahr in Moskau verliehen wurde. Seitdem fällt es deutlich schwerer, ihn in seiner Arbeit zu behindern oder ihn über die staatstreuen Zeitungen anzupöbeln. Und wenn die Volkspolizei ihn bei seinen Fahrten zum Landhaus in Buckow an der Sperrgrenze um Berlin anhält und verdächtige Gegenstände wie etwa

seine Schreibmaschine findet, dann genügt sein Ausweis, und jedermann weiß: Das ist ein anständiger Kommunist. Keine weitere Durchsuchung nötig, bitte weiterfahren!

Brecht greift nach einem Zigarrenstummel aus dem Aschenbecher und zündet ihn an. Ein erster Zug – belebend und beruhigend. Er hustet und spürt das Herz, es klopft jetzt nicht mehr so schnell wie gerade noch im Augenblick des Erwachens. Noch lebe ich. Wo bin ich gerade gewesen? Wer ist mir da im Traum begegnet? War das Paula, die Bi damals in Augsburg? Bi, das stand für Bittersweet, bitter, herb und süß zugleich, und er, er war der Bidi. Immer hat er den Frauen neue Namen gegeben. Sie getauft, wenn sie zu ihm gehören sollten, hat sie sich so angeeignet. Ein Spiel, und doch auch mehr. Die Bi, die He, dann die Mar, die Bess, die Grete – ach ja, die Margarete Steffin; Helli sowieso, die Käthe, Kathrin, die eigentlich Waltraut heißt. Und jetzt die Ise. Sie wird vielleicht die Letzte sein. Sie tut ihm gut. Sie erinnert ihn an die erste, Paula, die Bi. Beide sind sie natürlich, unkompliziert, kein betrügerisches Herz. Im rechten Augenblick auch schamlos, wenn man mit ihnen zusammen ist. Aber liebt sie mich, die Ise?

Einen Sohn hatten sie zusammen gehabt, Bi und er, den Frank. Sie hat dafür büßen müssen, unter den katholischen Bauern da unten im Allgäu. Das Kind wuchs bei einem Wegmacher auf. In Pflege gegeben. Manchmal hat er ihm später kleine Geschenke geschickt, dann hat sich das Kind auch brav bedankt. Wollte der Bub nicht auch mal Schauspieler werden? Na ja. Irgendwelchen Streit um den Unterhalt gab es da doch auch noch? Erst nach dem Krieg hat er erfahren, wie es mit dem Frank weitergegangen ist. Als Soldat der faschistischen Wehrmacht, mit dem Hakenkreuz an der Uniform, ist er hinter der Ostfront ums Leben gekommen, irgendwo zwischen Moskau und Leningrad soll's gewesen sein. Ausgerechnet in einem Kino hat es ihn erwischt, Partisanen haben das Gebäude mit den Besatzern drinnen gesprengt.

Das Telefon steht am Bett. Ein Blick auf die Liste der wichtigen Rufnummern auf seinem Nachttisch: die Namen der Frauen, die Helli, Isot, Käthe, Kathrin, Ruth; das Theater, die Probebühne, der West-Verleger Suhrkamp. Neuerdings Walter, der Bruder.

Ein paar Schritte um die Ecke, und er steht im Bad. Das Fenster hat er sich eigens in die Wand brechen lassen. Von hier aus schaut er direkt auf den Friedhof. Er setzt seine Brille auf. Jetzt erkennt er das zarte Grün des Frühlings über den Gräbern. Ja, an den Augen spürt man es, das Alter. So wie damals wird er den Frühling nicht mehr sehen. Die ersten Blüten, wie das leuchtete! In Augsburg, da waren seine Augen noch jung. Jetzt pisst er über die Gräber.

Er nimmt sein Gebiss aus dem Wasserglas, schiebt sich die Zähne über den Kiefer und blickt grimmig in sein Gesicht. Er hatte sich nach und nach alle Zähne ziehen lassen. Das war doch vernünftig. Besonders schön waren sie ja nie gewesen. Vernünftig war auch der Cäsarenschnitt, einfach und kurz. Passt zu den praktischen Jacken, die er sich hat schneidern lassen, mit den vielen Taschen für Bleistifte, Kugelschreiber und Merkhefte. Es sind die Kleider des Stückeschreibers. So kennt man ihn. Die Lieblingsfarbe: Grau. Und natürlich immer nur das beste Material – auch für die feinen Hemden und die Schuhe. Das hält wenigstens. Am teuersten lebt stets der arme Mann. Und so lässt sich's arbeiten, ist etwas da. Gleich wird er anfangen.

Nachher wird das Mädchen kommen und im Wohnzimmer die Spuren der Sitzung mit seinen Assistenten gestern abräumen. Dann wird sie ihm ein wenig Haferschleim anrichten. Noch gehört der Morgen ihm allein.

Jetzt will Brecht etwas festhalten von der Fracht der Nacht. Er geht zum kleinen Schreibtisch im großen Arbeitszimmer. Der Gang eines vor der Zeit gealterten Mannes. Er hustet. Auf dem Weg dahin hat er an der Tür zum Badezimmer seine Mütze vom Haken genommen und aufgesetzt. Er öffnet den Fenstervorhang einen Spalt. Etwas Licht fällt auf das Papier.

Dann sitzt er mit Brille und Zigarre vor dem weißen Blatt und notiert die erste Zeile. »Bidi in Peking/Bi …« – »Bi in Augsburg?« – Langweilig, dieselbe Reihenfolge. Prosa. Er streicht das »Bi« durch. Jawohl, »In Augsburg Bi« klingt viel besser, und das »Bi« ergibt ja auch gleich noch einen Reim, wenn wir die beiden voneinander so weit Entfernten im Morgengruß zusammenführen. »Guten, sagt er/Morgen, sagt sie.« Schön, diese freundliche Verschränkung. Obwohl – natürlich liegen immer noch Welten zwischen China und Augsburg. So soll es sein.

Brecht schaut auf die Zeilen. Es ist in seinem Leben viel zerrissen. Das mit Paula ist eigentlich eher versandet, entglitten. Da kam ja bald die Marianne, und dann auch noch die Helli dazu …

Das Gedicht jedenfalls ist ihm gelungen, der Gleichklang des Getrennten über die Distanz hinweg. Meilenweit entfernt von jedem Gefühlskitsch. Und ganz ohne Erklärungen kommt es aus. Erklären müssen sich die Leute das schon selbst.

Augsburg, eine Gasse in der Nacht. Wir blicken auf eine hohe Mauer. Ein Lampion erscheint, wie ein Ton auf einer Notenlinie. Ein zweiter Lampion und ein dritter, vierter. Rot, Grün, Blau, Gelb. Der Gymnasiast Eugen Berthold Brecht und seine Freunde Bezold, der Müllereisert, der Georg Pfanzelt, der Hartmann tragen, an Stäben befestigt, bunte Lampions, in denen Kerzen brennen. Brecht hat eine Gitarre umgehängt und will seine selbst gedichtete und komponierte *Serenade* vortragen. Die Gruppe gelangt, Brecht vorneweg, zum Haus des Dr. med. Banholzer. Dort wohnt dessen Tochter, eine sechzehnjährige Schülerin, der Brecht auf dem Schulweg begegnet ist und an der er Gefallen gefunden hat. An die Mädchen vom Lyzeum kommt man nur schwer heran, und Mädchen ansprechen, das kann der Eugen nicht. Er ist scheu. Er fürchtet sich davor abzublitzen, fürchtet die Niederlage, bevor er noch ein Wort gesagt hat. Gerade bei einem so hübschen Mädchen, wie es die Paula ist, mit vielen Verehrern. Vielleicht kann da ein Ständchen helfen?

Mit den Freunden im Rücken, mit der Gitarre in der Hand und mit seinem Lied, da ist seine Schüchternheit wie verflogen. »Jetzt wachen nur noch Mond und Katz, / Die Menschen alle schlafen schon / Da trottet übern Rathausplatz …« – Kleine dramatische Pause, in der die Freunde geheimnisvoll flüstern: »Bert Brecht, Bert Brecht«, dann übernimmt Brecht wieder: »Bert Brecht mit seinem Lampion.«

Paula Banholzer öffnet das Fenster ihres Schlafzimmers und schaut auf die Sänger unten vor dem Haus. Eine Serenade, eigens für sie geschrieben und dann in der Nacht vor ihrem Fenster vorgetragen – das ist doch was, so romantisch. Der Paula gefällt das, sie findet es hübsch und zum Lachen. Das ist gut! Noch eine Strophe.

»Wenn schon der junge Mai erwacht / Die Blüten sprossen für und für, / Dann taumelt trunken durch die Nacht …« – wieder die Freunde: »Bert Brecht, Bert Brecht«, und der Vorsänger: »Bert Brecht mit seinem Klampfentier.«

Hinter Paula ist inzwischen Dr. Banholzer ans Fenster getreten, ihr Vater. Er schüttelt den Kopf. »›Klampfentier‹ – spinnerter Uhu!«

Leise geflüstert, wie in einer Verschwörung, wird die letzte Strophe gesungen. »Und wenn Ihr einst in Frieden ruht / Beseligt ganz vom Himmelslohn / Dann stolpert durch die Höllenglut / Bert Brecht mit seinem Lampion.«

Dr. Banholzer ist immer für einen guten Scherz zu haben, das geht aber dann doch zu weit. Ein ganz Gescheiter soll das sein, der Älteste vom Direktor Brecht. Da muss man wohl ein Auge drauf haben, die Paula darf keinesfalls ins Gerede kommen. Und mit so einem schon gar nicht. Aber die ist ja eh noch ein Kind.

Nachbarn kommen vorbei. Sie lupfen den Hut und lächeln freundlich. Dr. Banholzer nickt ihnen zu und wendet sich dann energisch zu den Musikanten: »Gute Nacht, meine Herren!« Damit schließt er das Fenster und beendet die Vorstellung. Paula schaut noch einmal an der Gardine vorbei auf den Otto Müllereisert. Der Mitschüler Brechts, hübsch und groß gewachsen, wie er ist, der gefällt ihr schon. Mit dem ist sie sogar schon mal spazieren gegangen. Und im Winter waren sie zusammen rodeln. Sie winkt ihm mit einer kleinen verstohlenen Handbewegung zu. Müllereisert macht eine elegante Verbeugung. Brecht hat es nicht bemerkt.

»Der Müllereisert war eigentlich meine erste Liebe, na ja, ich bin mit ihm gerodelt und auf dem Schulweg habe ich ihn getroffen«, erzählte Paula Gross-Banholzer 1977. »Und da bin ich auch mal mit ihm gegangen, und da kam ein anderer Herr, ein Junge, auf der anderen Straßenseite. Und der hat nur so gemacht …« Paula hat diese Begegnung, diese Geste auch nach sechs Jahrzehnten noch genau im Gedächtnis. Sie spielt mir Brechts herrischen Wink mit dem gekrümmten Zeigefinger in Richtung seines Freundes vor. Wie mit einem Haken hat er ihn zu sich herübergezogen und ihm gesagt: »›Das Mädchen will ich haben. Die lässt du gehen!‹ – Ja, so war das. Und es hat noch lange gedauert, bis er mit mir sprechen konnte. Aus dem hab ich mir ja gar nichts gemacht.«

Lange Zeit hat Brecht es so eingerichtet, dass er Paula auf der Straße begegnet, hat sie aus der Entfernung gegrüßt. Aber Paula und ihre Freundin sind ihm aus dem Weg gegangen. Es ist schon fast ein Spiel. Auch beim Eislaufen im Winter ist er ihnen nicht nähergekommen. Gerade auf Schlittschuhen war sie schneller. So hat es Paula immer vermieden, mit ihm allein zu sein.

Erst im Frühling des Jahres 1917 nimmt Paula Banholzer endlich doch eine Einladung zu einem Spaziergang mit Brecht an. Sie laufen auf schmalem Spazierweg am Lech entlang. Brecht ist von Paulas Natürlichkeit, von ihrer gutartigen Herzlichkeit angezogen. Er hat seine *Serenade* für sie abgeschrieben und sie ihr geschenkt. Ein Original aus der Hand des Dichters. Das muss doch wohl Eindruck machen. Doch sie scheint eher skeptisch.

»Warum sagen Sie so was?«

»Was meinen Sie?«

Paula hält ihm das Blatt hin. »Dann stolpert durch die Höllenglut …«

Brecht versteht, dass er damit das naiv fromme katholische Herz des Mädchens betrübt hat. »Ist doch nur ein Lied, Fräulein Paula, ein Spiel …«

Aber er hat es doch nun einmal geschrieben und vor ihrem Haus gesungen, vor ihrem Vater! »Höllenglut – damit spottet man nicht. Habens denn keine Angst, dass Sie einmal wirklich mit den Sündern in der Hölle …«

»… ewig brennen, meinen Sie?«

»Jetzt lachens wieder. Aber glaubens denn nicht an die Hölle?«

»Doch, doch, und an den Himmel sowieso …« Brecht merkt, dass er sich jetzt vorsichtig bewegen muss im Porzellanladen von Paulas katholischer Gläubigkeit.

»In jedem Fall … der Himmel wär vorzuziehen.«

Was sind das nun wieder für Redensarten. Alle Menschen glauben doch an Gott, selbst die Protestanten wie Eugen, so viel weiß sie schon. Paula ist verwirrt, und dabei kann sie noch nicht ahnen, dass gerade das Überraschende, das Verblüffende, das Irritierende zu Brechts Selbstinszenierung gehören und einen großen Teil

seiner Überzeugungskraft ausmachen. Gerade auch dann, wenn er dabei ist, ein Mädchen zu erobern.

»Obwohl, beim Herrn Luzifer, die Sünder in der Hölle, das wär sicherlich die interessantere Gesellschaft.«

»Ist Ihnen denn gar nichts heilig?« Paula ist stehen geblieben, erschrocken über diese dreiste Frivolität.

Brecht schaut sie an. Er sieht: Unschuld und Schönheit, direkt und unverstellt.

»Sie und ich!« Das hat er jetzt ganz ernst gesprochen, denn das meint er auch so. Heilig – das bedeutet eben, wenn man den Himmel mit dem ganzen Geflügel der Engel mal wegnimmt, für ihn »ganz ungeheuer wichtig«. Und das sind sie beide nun wirklich, schon gar, wenn sie zusammenkommen. Paula dagegen mit ihrer katholischen Erziehung weiß, dass die Heiligen nur da oben im Himmel bei Gott sind, weit über den Menschen. Sie schauen auf uns herab. Sie hören unsere Gebete.

»Heilig? Wir …?« Sie lacht. Dann erschrickt sie etwas.

»Wichtig, was Besonderes!«, versucht er es ihr zu übersetzen.

»Ich bin gar nichts Besonderes – ich bin gar nichts.« Das war ganz ehrlich dahingesprochen. Gerade das kann der Brecht aber nicht dulden, dieses Sichkleinmachen vor falschen Autoritäten. Vom Himmel hoch da kommt's ja her, dieses angst- und dummmachende Ducken vor all denen da oben. »Das kann sich ändern!«

Das war für Paula nun ganz das falsche Wort. Was würden sie zu Hause denken, wenn sie wüssten, dass sie in so einer unheimlichen Gesellschaft spazieren geht und sich so seltsame Reden anhört! Das ist doch fast Gotteslästerung. Paula geht einige

Schritte voraus auf dem Weg, der jetzt hinunter zum Kiesbett am Lech führt. »Mir san katholisch ... dass Sie's nur wissen. Und Sie?«

»Ich les viel in der Bibel. Ein schönes Buch, ein starkes Buch ...« Brecht ist ihr gefolgt, steht jetzt dicht hinter ihr. »... aber auch ein böses Buch.«

»Die Heilige Schrift!« Böse – die Bibel? So etwas konnte man doch gar nicht denken! Entsetzt dreht sie sich zu ihm um. Ihr kräftiges braunes Haar unter dem Sommerhütchen, ihre schönen dunklen Augen, ihr weicher Mund ganz nah.

»Ja!« Und mit seiner Antwort küsst er sie direkt auf den Mund.

— *»Da bin ich so erschrocken, dass ich weggelaufen bin, ich konnt' ja springen wie eine ... Er wär mir gar nicht nachgekommen. Da war ich entsetzt über das, was er sich da gewagt hat.«*

Er hat es getan. Gut so. Brecht schaut ihr nach, sein Herz schlägt wild. Wie weich ihre Lippen sind! Erst jetzt spürt er die Angst vor dem, was er sich da getraut hat. Er verdreht den Kopf kurz nach links, es sieht fast aus wie eine verneinende Geste. Ein Tick, der früher noch viel ausgeprägter war und ihn auch in der Schule heimsuchte. Jetzt passiert es ihm nur noch in Momenten großer innerer Erregung.

In einer Mansarde, Bleichstraße Nr. 2 in Augsburg, hat sich Brecht sein eigenes Reich eingerichtet. Ein Ort zum Schlafen, Dichten, für Gespräche mit Gleichgesinnten, ein Labor für eine andere, bessere Lebensform als das bürgerliche Leben im Stockwerk darunter. Dort ist die Wohnung der Eltern. Der Vater ist vom Handlungsgehilfen zum kaufmännischen Direktor der Papierfabrik Haindl aufgestiegen, er verwaltet die Firmenstiftungs-Häuser. Unten leben auch die schon vor ein paar Jahren an Krebs erkrankte Mutter und der zwei Jahre jüngere Bruder Walter, ein strebsamer Schüler, die Freude der Eltern.

Jetzt ist es noch ganz dunkel in der Mansarde. Auf dem Tisch Manuskripte, einige liegen auch auf dem Boden. An den Wänden Porträtbilder und -fotos, die dem Besucher gleich zeigen, welche Ahnenreihe Brecht für sich beansprucht. Allerdings wechseln die Porträts im Lauf der Zeit immer wieder, dem Wechsel der Vorbilder entsprechend. Napoleon hängt da noch, schon wegen der Größe, ebenso Goethe. Schiller ist schon ein Zweifelsfall; sein *Wallensteins Lager:* »Oktoberfest mit Bockbierausschank«, hat Brecht erst kürzlich den Freunden erklärt, als sie mal wieder alle gemeinsam mit Reclam-Heften ausgerüstet auf dem obersten Rang des Stadttheaters standen. Rimbaud, Verlaine – ja, und vor allem der über alles geschätzte Frank Wedekind, die dürfen weiter dem Treiben zuschauen, das sich hier im »Kraal«, in der »Wolfshöhle« tagsüber abspielt. Über dem Schreibtisch ist der große Einflüsterer Nietzsche zu sehen. Auch ein Totenschädel schaut vom Regal ins Zimmer, der schönere von den beiden, die ihm Bezold aus dem Beinhaus besorgt hat. Draußen ist Sturm. Ein Windzug lässt die Tür leicht schlagen. Einzelne Blätter von den Manuskripten am Boden heben sich leicht im Luftzug.

Wir hören Brechts Herzschlag, der allmählich schneller wird, immer rasender. Ein Aufstöhnen. Dann schreckt er hoch in seinem Bett. Seine Augen, der schnelle Atem. Die Nachtseite des Verstandesmenschen: die Angst. Plötzlich wird der Herzschlag langsamer, gefährlich langsam, bis er ganz auszusetzen scheint.

Brecht öffnet den Mund, versucht Luft zu bekommen, wie ein Erstickender sinkt er vor dem Bett zu Boden, kriecht ein Stück, zieht sich vorwärts. Er fällt zur Seite.

Aus den frühen Tagebüchern Bertolt Brechts: »19.10.1916, Immer geht Sturm. Gestern und vorgestern. Ich sitze in meiner Kammer. Wegen meiner Herzkrämpfe sagt der Doktor, ich muß ins Bett. Dort wird man krank. Ich sitze am Schreibtisch, morgens, mittags, abends (...)« – »21.10.1916. Der Sturm geht immer noch, aber ich lasse mich nimmer unterkriegen. Ich kommandiere mein Herz. Ich verhänge den Belagerungszustand über mein Herz. Es ist schön, zu leben.« – »22.10.1916. Nein. Es ist sinnlos, zu leben. Heute Nacht habe ich einen Herzkrampf bekommen, daß ich staunte, diesmal leistete der Teufel erstklassige Arbeit.«

Wir hören den Schlag von Brechts Gitarre. Ein Akkord nur – es antwortet der Herzton. Noch ein Schlag, der regelmäßige Herzton kommt allmählich zurück. Wir sehen Brecht auf dem Fußboden, angelehnt an einen Stuhl, die Gitarre auf dem Schoß. Ton für Ton holt er sich den Schlag seines Herzens zurück. Es entsteht eine Melodie, nur sehr vorsichtig zuerst, dann immer klarer. Das Leben kehrt wieder, Schlag um Schlag. »Hat ein Weib, hat ein Weib, hat ein Weib ...« Es ist der Anfang von *Baals Lied.*

»Die Herzneurose ist eine mit akutem (sympathikovasalen) Herzanfall beginnende, als akuter Angstzustand erlebte neurotische Erkrankung, eine Angstneurose, die gewöhnlich von innerer Unruhe, Schwindelgefühlen, Zittern, Kopfschmerzen und Schlafstörungen begleitet wird. Der Kranke leidet während des Anfalls häufig an Erstickungsgefühlen, seine Angst ist zumeist Todesangst, öfters Angst, sein Herz bleibe stehen.«

So die Diagnose des Literaturwissenschaftlers Carl Pietzcker. Vielleicht führte aber auch, wie Stephen Parker meint, eine mangelhaft behandelte bakterielle Halsentzündung aus Kindertagen mit nachfolgendem rheumatischen Fieber zu Herzentzündung und Herzerweiterung. So oder so: »Der Teufel leistet erstklassige Arbeit.« Brecht weiß ihm nichts entgegenzusetzen als Arbeit, Kunstproduktion, Ton für Ton. So kommandiert er sein Herz.

In Brechts Mansarde ist es jetzt helllichter Tag. Brecht sitzt auf der Kante seiner Schreibkommode am Fenster und singt zur Gitarre seinem Freund Caspar Neher sein neues Lied vor. Er hat Neher schon davon erzählt, dass er gerade ein Stück über den Abstieg eines Dichters schreibt. Eines Dichters, der im Kabarett Lieder singt, der dichtend, singend, saufend und hurend durchs Leben zieht. Einer, der überall rausfliegt, den die Gesellschaft ausspuckt. Einer, der keine Kompromisse macht,

der es wissen will und bereit ist, dafür zu zahlen. Am Ende mit dem Leben. »Hat ein Weib fette Hüften, tu ich sie ins grüne Gras / Rock und Hose tu ich lüften …«

Aber Neher ist heute nicht so recht bei der Sache, er ist bedrückt, grüblerisch. Er steht auf und geht ans Fenster. »Merkwürdig, wenn man nächste Woche nicht mehr leben würde …« Neher hat das so nebenbei gesagt, aber es ist ihm sehr ernst damit. Es kann ihn jederzeit erwischen da draußen. Wir schreiben das zweite Kriegsjahr, und Neher ist schon ein Jahr dabei. Die Siegesmeldungen von der Front sind weniger geworden, dafür werden die Seiten mit den Todesanzeigen in den Zeitungen immer voller. Auch Freunde und Nachbarn sind schon unter den Toten. Cas, seinen besten Freund, da draußen im Grauen des Stellungskriegs zu verlieren – für Brecht ist das unvorstellbar.

»Cas, ich hab Pläne mit dir!«

Aber Cas ist gerade nicht ansprechbar.

»Ich war ein wenig neugierig, was das ist, der Krieg. Deshalb hab ich mich freiwillig gemeldet.«

Brecht will den Freund zurückholen aus seiner trüben Stimmung. »Jetzt wissen wir's besser.«

Doch Neher ist in den schrecklichen Erinnerungsbildern des Kriegs gefangen. Was da an der Front geschieht, kann man sich zu Hause in Augsburg überhaupt nicht vorstellen.

»Da wohnt der Tod. Du kannst ihn sehen. Jeden Tag. Es zerreißt die Menschen in Stücke. Die Toten werden in den Schlamm getreten.«

»Maler Neher, gib acht auf deine Hände!«

»Und wie soll ich dann schießen?«

»Gar nicht. Geh in Deckung!« Und Brecht fängt an, die zweite Strophe von *Baals Lied* zu singen. »Beißt das Weib vor Ekstase, wisch ich ab mit grünem Gras / Mund und Biß und Schoß und Nase: sauber – denn ich liebe das.« Währenddessen geht er einige Schritte in den Raum, wendet sich zurück zu Neher und nickt ihm zu, als wolle er ihn auffordern, sich ihm anzuschließen. Komm mit auf diesen Weg, den Weg ins Leben!

Neher lässt sich mitreißen. Was für ein Mensch, der Baal! So eine Figur hat es auf dem Theater lang nicht mehr gegeben. Wie der spricht, was der sich herausnimmt! Ein rücksichtsloser Vitalbolzen. »Der grast die Weiber schmatzend ab …«

»Auch die Männer!«, ergänzt Brecht sofort.

»Und wirft sie weg, wenn sie verdaut sind.« Neher setzt sich an den Tisch und arbeitet mit dem Bleistift weiter an seinem Bild des Baal.

»Nur wie das Leben, Cas. Das kennt keine Moral.«

Neher schaut kurz von seiner Arbeit auf. Er weiß, woher solche Sätze kommen. Oben auf der Schreibkommode stehen einige Bände Nietzsche. Der *Zarathustra* ist darunter, auch *Jenseits von Gut und Böse*. Brecht hat ihm von der Lektüre erzählt und manchmal auch etwas daraus vorgelesen. Brecht probiert diese Wahrheiten wie neue Kleider an und macht sie für sich passend. Er nimmt sich heraus, was er für sich selbst und für seine Figuren gebrauchen kann. »Gott ist tot!«, hat Nietzsche gesagt, und damit ist der Begriff der Sünde hinfällig. Man darf, man soll das Leben genießen, es ist geradezu ein Verbrechen, es nicht zu tun.

Neher zeigt Brecht seine Zeichnung. Baal: ein Urvieh von einem Menschen, ein Liebhaber der grobsinnlichen Genüsse, ausgestattet mit unersättlicher Lebensgier. Neher hat den Dichter Baal mit Gitarre gezeichnet, als Sänger, als Vaganten. Baal und Brecht haben eine gewisse Ähnlichkeit in der Geste: Baal hält seine Gitarre mit dem Kopf leicht nach unten, so, wie der Brecht es auch macht. Dabei haben die beiden doch sonst in der Erscheinung nicht so viel gemein: die massige, vitale, erdverwurzelte Figur des Baal und ihr kleiner, etwas schmächtiger, scheuer, manchmal frecher Erfinder, der seine Fantasien durch ihn sprechen lässt.

Brecht sieht sich verstanden. »Ja, das ist mein Baal!«

Neher kennt seit Langem die Wünsche und Ziele seines Freundes. »Mit dem Baal könntest du berühmt werden!«

Einmal berühmt werden – gewiss, das wollen sie beide. Es ist wie ein Spiel, für beide steckt aber auch existenzieller Ernst dahinter. »Und du auch, Cas! Ich brauch dich.«

Schon der erste Blick ins Klassenzimmer des Augsburger Königlich Bayerischen Realgymnasiums im Jahr 1916 zeigt: Viele Bänke sind leer. Elf Plätze sind frei, nur noch fünfzehn Schüler sitzen in der Klasse. Die anderen sind draußen »im Felde«. Der Klassenlehrer Dr. Gebhard gibt den Deutschaufsatz zurück. Das Thema steht noch an der Tafel. »Dulce et decorum est pro patria mori.«

Dr. Gebhard nickt jedem Schüler freundlich zu, wenn er das Heft vor ihm auf das Pult legt. »Elf Klassenkameraden sind einberufen, sind bereit, ihr Leben fürs Vaterland zu opfern. Und andere, ältere Mitschüler stehen in diesem Augenblick schon im Feld, sind jede Minute bereit zu sterben, damit Deutschland leben kann.« Dabei dreht er sich zur Tafel und liest noch einmal das Thema vor. »›Dulce et decorum est pro patria mori‹ – ›Es ist süß und ehrenhaft, für das Vaterland zu sterben‹. Der Spruch des edlen Horaz – alle haben Sie, meine Herren, uns diese Worte in Ihrem Aufsatz zur Besinnung sehr gut erläutert. So steht das deutsche Vaterland zusammen. An der Front und hier in der Heimat.«

Am Unterprimaner Brecht geht er blicklos vorbei und schreitet gleich nach vorn auf den Schüler Wiedemann zu. Er schlägt das Heft auf und liest: »Das höchste Glück wäre mir, meine Pflicht zu erfüllen und an der Front den Heldentod zu sterben.« Dann legt Gebhard das Heft auf Wiedemanns Pult und nickt zustimmend. »Wiedemann. Ja!«

Wie auf ein Kommando stehen im nächsten Augenblick die Schüler mit einem Ruck auf. Der Konrektor ist hereingekommen, eilig, streng. Er bleibt vor der Klasse stehen und mustert die Zöglinge. »Setzen!« Brecht ahnt schon, was ihm bevorsteht. Er hat etwas gewagt, was er wohl besser hätte lassen sollen. Aber er musste es doch schreiben, wie hohl, lebensfern und lebensverachtend dieser gerade offiziell so hoch geschätzte Spruch war, wenn man nur ein wenig darüber nachdachte; und schon gar, wenn man, wie er, herausgefunden hatte, wie feig der edle Horaz sich in Wirklichkeit auf dem Schlachtfeld gezeigt hat. Der Konrektor marschiert nun durch die Mittelreihe der Bänke direkt auf Brecht zu. »Brecht! Stehen Sie auf!« Er gibt Brecht das Heft zurück. »Lesen Sie – hier!« Etwas zögerlich und leise liest Brecht seinen Aufsatz vor. »Der Ausspruch, daß es süß und ehrenvoll sei, für das Vaterland zu sterben, kann nur als Zweckpropaganda gewertet werden. Der Abschied vom Leben fällt immer schwer, im Bett wie auf dem Schlachtfeld, am meisten gewiß jungen Menschen in der Blüte ihrer Jahre.«

Der Konrektor steht nun ganz dicht vor ihm. Es hat ihn entsetzt und erbost, dass so etwas an seiner Anstalt möglich ist. Wie ein Mensch so denken kann! »Was für ein schäbiges, materialistisches Menschenbild, ohne Ideale! Weiter!« Der Konrektor ist inzwischen vorn ans Pult getreten. Brecht liest beiläufig leise seinen Text weiter, immer noch sehr zurückgenommen, ohne jeden Stolz, ohne Pathos. Er weiß, dass jetzt die besonders heiklen Sätze kommen, deren Bosheit auch all die Lehrer treffen muss, die ihre Schüler an die Front gejubelt haben – auch die aus dieser Klasse. »Nur Hohlköpfe können die Eitelkeit so weit treiben …« Der Konrektor hält in gespielter Taubheit die Hand hinters Ohr. »Ich höre nichts!«

Brecht wird nun lauter. »Nur Hohlköpfe können die Eitelkeit so weit treiben, von einem leichten Sprung durchs dunkle Tor zu reden, und auch dies nur, solange sie sich weitab von der letzten Stunde glauben. Tritt der Knochenmann aber an sie selbst heran, nehmen sie den Schild auf den Rücken und entwetzen.«

Das ist genug. Das sind gefährliche, ja beinahe aufwieglerische Sätze. Der Konrektor beendet die Vorstellung: »Schweigen Sie! Das ist eine niederträchtige Verhöhnung des Opfertods Ihrer Schulkameraden. Sie haben sich damit alles verdorben! Die Schulkonferenz wird jetzt entscheiden, ob Sie an dieser Schule bleiben können. Brecht, Sie sind eine Enttäuschung. Jetzt helfe Ihnen Gott!«

Der Konrektor ist zur Tür gegangen. Wir hören, wie sie ins Schloss knallt.

— *1977 fragte ich in Augsburg Walter Groos, einen Mitschüler Brechts, nach der Stimmung in der Klasse. Groos war der damals dabei, als Brecht vom Konrektor vor allen zusammengedonnert wurde. »Hat er etwas ausgesprochen, was viele gedacht haben?« Groos antwortete: »Das ist wohl zu viel gesagt, dass es viele gedacht haben, weil es vom Empfinden bis zum Aussprechen, bis zum klar Durchdenken bei den meisten natürlich nicht gereicht hat. Aber das hat er geleistet, das ist nun der Unterschied. Da war er einen Schritt weiter, dass er das auch ausgesprochen hat.«*

Tief erschrocken und in Sorge um die Zukunft seines Sohnes stellt Berthold Friedrich Brecht den Eugen zur Rede. Er ist mit ihm hinauf in die Mansarde gegangen, er möchte die Auseinandersetzung nicht unten in der Wohnung vor seiner kranken Ehefrau austragen. Sophie Brecht ist bereits seit mehreren Jahren leidend, Brustkrebs, und sie sorgt sich ohnehin schon mehr als genug um diesen so besonderen Sohn. Und nun – was für ein Leichtsinn! »Die wollen dich von der Schule verweisen. Wir können's der Mama gar nicht sagen. Wo sie doch eh schon immer kränker wird.« Vater Brecht redet sich in Rage; diese Begabung hat er an seine beiden Söhne vererbt. Er ist ein national gesinnter Mann, dabei aber auch liberal, er hat seinem Sohn schon so manchen frechen Auftritt, manch vorwitzige Bemerkung nachgesehen. Aber nun, nach diesem Eklat? »Eugen – was hast du dir dabei gedacht? Um Himmels willen!«

Bert schaut ganz unschuldig drein. »Es ist die Wahrheit. *Philippos et celerem fugam/sensi relicta non bene parmula* ... – der Horaz ist bei Philippi geflüchtet, unter Zurücklassung seines kleinen Rundschilds.« Da ist sie wieder, diese störrische Rechthaberei, die auch der Vater nicht gut ertragen kann. »Die Wahrheit«, wie er ihm das mit biblischem Pathos hinwirft, und dabei geht es doch nur um spitzfindige Besserwisserei. »Man kann nicht alles aussprechen, was man denkt! Lass dir das von deinem Vater gesagt sein.« Und dann hält der Bub den Eltern auch noch ihre eigenen Erziehungssätze vor. »Wenn man sie nicht sagen darf, die Wahrheit ...«

Brecht senior tritt nah an den Sohn heran. Intensiv, zuerst leise und eindringlich, dann immer lauter werdend, redet er auf ihn ein. »Was weißt denn du schon? Zu Beginn des Krieges hast du ganz andere Wahrheiten geschrieben.« Und dann hält er ihm diese anderen Wahrheiten vor, Sätze aus patriotisch hochgestimmten Aufsätzen, die der Oberschüler Eugen Berthold kurz nach Kriegsbeginn geschrieben und sogar im Feuilleton der Lokalzeitung veröffentlicht hat. »Das Große, was wir Deutschen wollen, ist einzig und allein: Unsere Ehre wahren. Unsere Freiheit wahren, unser Selbst wahren. Und das ist aller Opfer wert.« Wie er das große Gefühl der Gemeinschaft gefeiert hat. »Deutsche Männer, Deutsche Helden im Kämpfen und im Leiden!« ›Berthold Eugen‹ stand unter den Artikeln und Gedichten. Aber natürlich wussten die Freunde und jeder in der Familie Bescheid.

»Da war ich einmal stolz auf dich. Weißt du, was das jetzt heißt, deine neue Wahrheit? Kein Abitur, kein Studium der Medizin, keine Rückstellung vom Militär. Eingezogen wirst du, und dann ab an die Front!« Er will diesen Sohn nicht verlieren, der seinem ganzen Wesen nach im Krieg nur untergehen kann, und er ist außer sich darüber, wie leichtfertig der für ein paar schlaue, freche Formulierungen in einem Schulaufsatz sein Leben riskiert. Aber der kluge Herr Sohn hat schon wieder eine Antwort parat. »Ein Attest wegen meinem Herzen – dann nehmen sie mich nicht bei der Musterung.« – »Nein, nein! Nach der Dismittierung von der Schule wirst du sofort eingezogen. Und dann kommst du an die Front. Was sollen jetzt die anderen denken, die im Feld stehen, bereit, ihr Leben zu opfern fürs Vaterland?! Dein Bruder wird sich im nächsten Jahr freiwillig melden, man tut seine Pflicht! Und was tust du hier?« – »Ich schreibe.« Der Vater hebt ein paar der beschriebenen Seiten Papier hoch. »Ja, du schreibst und schreibst und fühlst dich dabei uns allen überlegen. Ein Dichterling! Aber was soll das werden?«

Wütend wirft er die Seiten hoch in die Luft. Berthold schaut ihnen nach, wie sie durchs Zimmer segeln. Er hört, wie die Tür krachend hinter dem Vater ins Schloss fällt. Sein Blick geht nach oben an die Wand. Seine Galerie der großen Genies. Sie alle haben das gesagt, was sie sagen mussten. Was soll aus ihm werden, wenn er sie nicht sagen darf, die Wahrheit?

»›Ich werde der Welt zeigen, wie sie ist. Aber wie sie wirklich ist.‹ Das hat er oft gesagt.« So erzählte es mir Brechts Jugendfreundin Ernestine Müller.

Auf dem Plärrer, dem Augsburger Jahrmarkt, streunt Brecht mit seinen Freunden zwischen den Schaubuden, Karussells, Zirkuswagen herum. Die »Clique der Verworfenen«, wie er sie nennt, das sind Otto Bezold, der Bez, Sohn eines Gerichtspräsidenten, Georg Pfanzelt, von Brecht Orge getauft, sein ältester Freund aus Vorschulzeiten und der einzige aus einfacheren Verhältnissen, mit einem Klumpfuß, sarkastisch und mitunter vulgär, sowie Otto Müller, der sich bald auf Brechts Veranlassung Müllereisert nennt statt Müller-Eisert wie ein banaler Doppelnamenträger. Der Plärrer ist einer ihrer Lieblingsorte. Man taucht ein in eine andere Welt. Von Weitem schon tönt es heran, das Orchestrion mit dem mechanischen Klang der Melodien, die Ausrufer an den Schaubuden, die Kirmesmusikanten und das Geschrei aus Lust und Angst von den Menschen auf den Karussellen und Schiffschaukeln.

Schlangenbeschwörer, Schwertschlucker, Riesenweiber, die Gewichte stemmen, mit Brüsten, dass es den Primanern schwindelig wird. Ein Ort der Freiheit gegen die Alltagszwänge des Bürgertums und der Arbeitswelt, gegen die Schule selbstverständlich auch. Das fahrende Volk lebt in seinen Wohnwagen hinter den Buden. Brecht hat hineingesehen. Eine Frau im Kostüm einer Tänzerin säugt ein Kind an ihrer Brust, ein Clown, vielleicht ihr Mann, schminkt sich die Lippen rot, in der Pfanne auf dem Ofen brutzeln Spiegeleier, ein Bett, das ganze Haus auf Rädern. Heute hier, morgen da. Von Stadt zu Stadt durchs ganze Land. Was für ein Leben!

Zwischen den hellen Lichtern des Jahrmarkts ein Dunkel, unheimlich und vielverheißend, in dem man sich fast unerkannt bewegen kann. Dann die Schaubuden selbst mit ihren Darbietungen. Hereinspaziert, ruft der Kommandeur. Seiltänzer, Zwerge, sogar eine Sirene, ein Mischwesen aus Fisch und Weib, das in einem Wasser schwimmt, zeigen sich den Besuchern.

Auch ein Panoptikum gibt es, Schaukästen, die dramatische Szenen darbieten – ein zähnefletschender Orang-Utan ringt mit einer zarten Schönheit, mit seiner brachialen Kraft hält er das Mädchen im leichten weißen Kleid. »Gorilla raubt Farmerstochter«, steht darunter.

Sittlich gefestigte Herren lassen sich in die Geheimnisse des Harems locken. Wenn man eine Münze in den Schlitz unterhalb der Pappmaché-Felsen wirft, leuchtet das Licht auf, und eine Frauensperson auf dem Felsen singt »Ich weiß nicht, was soll es bedeuten«. Und darunter glitzert der deutsche Rhein. Im Spiegelkabinett kann man sich selbst verzaubern, ungeheuer in die Länge ziehen, zum Kloß stauchen, breiter als hoch, zum grotesk verbogenen Monster verzerren. Es ist eine reine Lust, man kann sich gar nicht sattsehen. Lachend schubst und trollt sich die Clique der Verworfenen durch ihre verrückten Spiegelbilder.

Noch viel mehr Monstrositäten und Wunder versprechen die Ausrufer. Die Freunde stehen vor Schichtls Theater. Vor der Bude ein Laufsteg mit Geländer, darauf ein Mann mit Zylinder, Stehkragen und schwarzem Frack, vor dem Gesicht eine Halbmaske. Brecht ist fasziniert: Soll das ein Henker sein? In der Tat, der strenge, hagere Mann mit dem fahlen Gesicht beginnt seine Ansprache. »Hier sehen Sie die Hinrichtung einer lebenden Person mittels einer Guillotine auf offener, hell erleuchteter Bühne! Damen und Herren. Treten Sie näher. Jedermann kann sich von mir hinrichten lassen.« Dabei wird er pantomimisch von einem Clown begleitet, der um ihn herumspringt. Brecht geht an die Seite der Bude und hebt eine Plane hoch, sodass er schon mal einen Blick auf die Bühne werfen kann. Dort steht tatsächlich eine Guillotine. Der finstere Mann erläutert sein makabres Vorhaben: »Der Kopf und der abgetrennte Rumpf des Enthaupteten werden noch warm und mit echtem Blut versehen den Besuchern meiner Hinrichtung vorgezeigt. Sachverständige, Metzger oder Ärzte, können sich zwanglos zu mir aufs Schafott begeben und sich mit Kennerblick von der Echtheit überzeugen. Hereinspaziert! Hereinspaziert!« Brecht amüsiert sich königlich, er lacht lauthals sein meckerndes Lachen. Auch einen Zirkus gibt es, mit Raubtierschau.

»Hereinspaziert in die Menagerie,/Ihr stolzen Herrn, ihr lebenslust'gen Frauen,/Mit heißer Wollust und mit kaltem Grauen/Die unbeseelte Kreatur zu schauen,/Gebändigt durch das menschliche Genie …« – mit diesen Worten hat der Dichter Frank Wedekind, kostümiert als Tierbändiger und ausgestattet mit Hetzpeitsche und Revolver, seine Lulu-Tragödie eingeleitet. Wie auf dem Plärrer. Brecht hat gefallen, wie der Dompteur im Voraus dem verehrten Publikum die Figuren des Dramas erklärte. »He, Aujust! Bring mir unsre Schlange her!« – die Heldin Lulu, die »Urgestalt des Weibes«. Distanz, verehrtes Publikum, es ist alles nur Theater, aber nicht die angestrengte Heiligkeit des Stadttheaters. Und der Dompteur gibt der Lulu-Darstellerin gleich noch ganz unverblümt Regieanweisungen mit auf den Weg. »Mein süßes Tier, sei ja nur nicht g e z i e r t ! /Nicht a l b e r n , nicht g e k ü n s t e l t , nicht v e r s c h r o b e n . //Du sollst n a t ü r l i c h sprechen und nicht unnatürlich!/Denn erstes Grundgesetz seit frühster Zeit/In jeder Kunst war S e l b s t v e r s t ä n d l i c h k e i t ! « So will Brecht auch einmal sein Theater machen. Ein Theater, in dem ein Ansager direkt das Publikum ansprechen kann, so wie es der Direktor mit der Hetzpeitsche getan hat.

»Rings bebt die Kreatur; ich bleibe kalt – /D e r M e n s c h bleibt kalt! – Sie ehrfurchtsvoll zu grüßen.«

Brecht hat Wedekind auch als Bänkelsänger erlebt, Wedekinds Lautenlieder gehörten zu seinem Standardrepertoire, in der Mansarde, in Kneipen, mit der Clique am Lech. Wedekinds Foto hängt in Brechts Mansarde, seinen ersten Sohn nannte er Frank.

Die Dame ohne Unterleib haben Brecht und seine Freunde sich schon bei einem früheren Besuch angesehen, deswegen wenden sie sich jetzt dem Moritatensänger zu, der in seiner in sehr ernstem Tonfall vorgetragenen Eingangsstrophe seine Zuhörer auf die schrecklichen Begebenheiten vorbereitet, von denen er ihnen gleich erzählen wird, Lug, Trug, Mord und Totschlag, alles selbstverständlich nur zu ihrem moralischen Nutzen. »Menschen, höret die Geschichte, / Die erst kürzlich ist gescheh'n, / Die ich treulich euch berichte. / Lasst uns dran ein Beispiel seh'n.« Eine alte, abgehärmte Frau dreht die Drehorgel dazu, der Sänger steht auf einer kleinen Bank und zeigt mit dem Stock auf die naiv gemalten Schaubilder, die vom Glück und Unglück der Menschen erzählen. »Lasst uns redlich hier nur handeln, / Treu erfüllen unsere Pflicht, / Stets den Tugendpfad nur wandeln ...« Man kennt schon den wohlmeinend erzieherischen Refrain, und die Freunde singen ihn lachend mit: »Tugend gibt uns reines Licht.«

Brecht hat etwas gesehen, das sich ihm einprägt. »So müsst es im Theater zugehen. Ein Moritatensänger eröffnet die Handlung, oder eine Art Ansager kommentiert sie zwischendurch. ›Achten Sie mal auf Hamlet, in der nächsten Runde macht er einen schweren Fehler!‹« Pfanzelt: »Und dann geht er k. o.!« Er markiert einen Schwinger auf das Kinn von Müllereisert, der prompt umfällt, dann aber im letzten Moment von den Freunden aufgefangen wird. Die Schaubude ist schon dabei, die Schaubühne zu verändern.

Dann schlendern sie zu den Schiffschaukeln und steigen ein. Das ist viel schöner, als sich drüben auf dem Kettenkarussell im Kreis herumschleudern zu lassen. Hier kann man allein oder zu zweit den Schwung selbst bestimmen und sich höher und höher schaukeln, bis unter das blaue Tuch ganz oben, auf das golden und silbern glänzend Sonne, Mond und Sterne gemalt sind. Vielleicht, ja vielleicht kann man sich sogar so hoch aufschwingen, dass man sich oben mit der Gondel überschlägt, einen Moment kopfunter? Dann geht es aber wieder hinunter zur Erde, da hilft nichts.

Die Freunde sausen gegenläufig mit ihren Schiffen wie Sicheln aneinander vorbei. Brecht versucht, ebenso hoch zu fliegen wie die anderen, aber er ist nicht gänzlich flugsicher. Ein mulmiges Gefühl in der Magengegend. Dafür schreibt er umso schönere Gedichte über das Schiffschaukeln. »Und purpurne Todesstürze in den nackten Himmel und man fliegt nach oben, bald mit dem Steiß, bald mit dem vorderen Gesicht (...) Man fliegt in den Himmel, man fliegt über die Erde, Schwester Luft, Schwester, Bruder Wind! (...) Nachts um 11 Uhr werden die Schaukeln geschlossen, damit der liebe Gott weiterschaukeln kann.«

Inmitten des Lärms von Musik, Jahrmarktschreiern und entfesselten Gästen auf dem Aeroplan-Kettenkarussell rufen sich die Freunde von Schaukel zu Schaukel die Erklärung für Brechts Rettung vorm drohenden Schulverweis zu. Man macht sich ein wenig darüber lustig, obwohl es ja eine arge Geschichte war. »Sei froh, dass sie dich doch noch das Kriegsabitur machen lassen!« Otto Müllereisert, in Brechts Namensgebung der Heigei, fliegt an seinem Freund vorbei. Und auch der Bez weiß, welcher Gefahr Brecht entgangen ist: »Bist grad noch mal davongekommen!« Orge ruft die offizielle Begründung für die Nachsicht der Schulautorität in den dunklen Himmel über dem Rummelplatz: »›Es war die Handlung eines durch den Krieg verwirrten jungen Menschen‹, haben's gesagt.« – »Dafür sind Leute schon ins Narrenhaus gegangen!«, lacht Bezold. Brecht hat Glück gehabt. Ein weltoffener, liberaler Jesuitenpater, ganz in der Nähe der Brechtwohnung aufgewachsen, mit der Familie bekannt und nun aushilfsweise als Lehrer an Brechts Schule tätig, hat sich in der prekären Angelegenheit für ihn eingesetzt. Pater Sauer hat das Lehrerkollegium überzeugt, von ihm stammt das Wort vom »verwirrten Schülergehirn«. Brecht kam mit einem Tadel davon. Das sagt er jetzt aber nicht. Für ihn gibt es eine andere, eine höhere Begründung, und die ruft er selbstbewusst in die Nacht: »Ich werd noch gebraucht!«

Das wissen sie alle in der »Clique der Verworfenen«. Mit gut gefüllten Maßkrügen stehen sie jetzt an den Schiffschaukeln und schauen dem Treiben der anderen Jahrmarktgäste zu. Brecht zeigt auf einen dicken, kräftigen Mann, der sich mit einem Mädchen immer höher hinaufschaukelt. Wie sein Knie sich ihrem Knie nähert, wie ihre Knie den seinen antworten, Druck und Gegendruck. Immer höher geht es hinauf. Ein erregender Anblick, wie er dabei immer wieder zwischen ihre Schenkel gerät. Ein Biedermann und vor ihm, an ihm, das dralle Dirndl. Sie halten sich an den Stangen der Schaukel fest, und fast liegen sie in der Luft aufeinander. Orge, in gespielter moralischer Entrüstung: »Schau dir den Dicken an. Wo bleiben da die Ideale?« Sie lachen über den Spaß, auch Heigei spielt mit. »Der bläht es den Rock! Die treiben's auf der Schaukel!« Wie immer findet Brecht den treffenderen Satz: »Zwei Zentner, und fliegt wie ne Taube!«

Wie der Plärrer die Leut doch verändert. Er wird es sich merken. Dieses kurze Glück im Spiel mit der Schwerkraft auf der Schaukel, wie in diesem Moment der Mensch ein anderer wird. Wie

Wo das Schilf nicht wächst, tragen wir es hin. Haargenau vor die Kamera. Der Blick durchs wehende Schilf auf Brechts Sommerhaus in einer späteren Szene hilft der Illusion. Vor allem dann, wenn vom Wochenendhaus nur ein gut eingerichtetes Zimmer vorhanden ist, das frei in der Luft auf Stelzen steht. Damit wirkt der Gegenschuss mit Brechts Blick durchs Fenster auf den See ganz natürlich.

dann die Masken abplatzen und die Ablösung von der bürgerlichen Welt beginnt. Feierabend vom alten Dasein! So könnte ein Stück anfangen, mit einem Mann, der – vielleicht auf dem Plärrer – aus dieser Erfahrung nicht mehr herauskommt und umgebaut wird.

Am Lech, eine eher einsame Gegend. Brecht und Paula gehen unter einem hellen Sonnenschirm. Der Schirm hat etwas von einem Versteck, er erlaubt eine gewisse Intimität. Da kann es vielleicht geschehen? Noch einmal versucht er, sie zu küssen. Diesmal wehrt sie sich nicht mehr. Sie hat die Augen geschlossen. Aber Brecht hält die Augen offen. Er kontrolliert die Situation. So genießt er Paulas Hingabe. Endlich.

— *Von allzu großer Hingerissenheit ist in der Erzählung von Paula Gross-Banholzer allerdings nichts zu spüren. »Und ich weiß noch, da haben wir einen Schirm aufgemacht. Und da war er selig, weil da hat er mich küssen können. Da war er zufrieden. Da sind wir lange Zeit unter dem Schirm gegangen.«*

Diese Stunde am Lech wird ein Wendepunkt im Verhältnis zwischen Bert und Paula. »Wollen wir nicht Du zueinander sagen?« Paula ist einverstanden. Wo man sich doch schon geküsst hat. »Ja. Also Eugen?« Sie spricht das, wie es in Augsburg üblich ist: Aigin. Zufrieden ist Brecht mit diesem Vornamen schon eine ganze Weile nicht. Auch darauf ist er vorbereitet. »Nein, nein! Nicht Eugen. Bidi! Und du bist jetzt die Bi. Das passt.« – »Warum Bi?« – Brecht erklärt es ihr: »Das kommt von Bittersweet!«

— *»Das kommt aus dem Englischen – Bittersweet.« So erläutert es mir Paula Gross-Banholzer sechzig Jahre später. »So war ich, teils bitter, teils süß. Das hat er sich ausgedacht. Vielleicht stimmts ja. Bitter war es, weil ich so herb, so wenig geneigt war, mit ihm intim zu werden. Das war das Bittere für ihn.«*

Paula und Bert setzen ihren Spaziergang am Lechufer fort. Während er ihr höflich und sogar mit übertriebener Sorgfalt über das Geröll am Flussufer hinweghilft, möchte er die neue Bindung gleich festklopfen. »Ich will, dass du zu mir gehörst. Sie sollen es alle wissen. Aber du darfst jetzt mit keinem andern gehen, hörst du?!«

— *Paula Gross-Banholzer bekam sie schon sehr früh zu spüren, Brechts Eifersucht. »Ich glaub, da hat er sich wegen meinen anderen Verehrern natürlich wahnsinnig geärgert. Und hat mich da auf sein Zimmer bestellt, auf die Bude da drüben. Da bin ich ganz verschüchtert in der Ecke gesessen, und er hat gesprochen, über eine Stunde einen Vortrag gehalten. Und dann hat er später gesagt, innerlich hat er dauernd gezittert, ich könnte davongehen.«*

Von nun an schreibt er sie ein in seinen Lebensroman, Bi und Bidi. Wobei sie die Bi bleibt – aber ihn Bidi zu nennen, kann sie sich nicht angewöhnen. Paula spürt sehr schnell den Zaun, der da von ihm um sie herum gebaut wird. Aber was Eifersucht wirklich bedeutet, die leidenschaftlich ausgelebte Eifersucht, das wird ihr erst allmählich klar. Wenn er fürchtet, dass er seinen Besitz an einen anderen verlieren könnte und seine Fantasie Kapriolen schlägt. Wenn schließlich der Tag kommt, an dem er sie um keinen Preis gehen lassen will, obwohl er längst eine zweite und eine dritte Frau hat.

An der Westfront. Granatlöcher, Bombenkrater – eine Mondoberfläche. Wie Hasen bei der Treibjagd huschen die Soldaten durch die Landschaft, hilflos den Einschlägen der Artilleriegeschosse ausgesetzt. Alle Romantik, jegliche Begeisterung, mit der die Soldaten auf beiden Seiten in diesen Krieg gezogen waren, ist seit Langem verflogen. Es ist ein ekliger, zäher Kampf um kleinste Geländegewinne geworden, der aus befestigten Schützengräben und Unterständen heraus geführt wird.

Caspar Neher, mit Stahlhelm, blickt durch ein Periskop über den Rand eines solchen Grabens, um die Entfernung und den Standort der gegnerischen Geschütze abzuschätzen und an die Feuerleitstelle der eigenen Artillerie weiterzugeben. Im nächsten Augenblick schlagen die Granaten dicht vor ihm ein und explodieren, sodass es die Kameraden umreißt und in den Boden presst. Neher duckt sich instinktiv zusammen und rennt gebückt die paar Schritte hinüber zum Unterstand. Noch eine Granate schlägt ein, viel näher. Die Szenerie verschwindet in einer dunklen Wolke aus aufstiebendem Staub, Dreck und Geröll. Der Unterstand – ein in den Boden gegrabener, mit rohen Holzstreben abgestützter Bunker – kracht zusammen. Die Menschen werden unter den Trümmern begraben.

Viele Gewässer, Gräben, Kanäle fließen durch die Stadt Augsburg, dieser Wasserreichtum ist eine der Grundlagen für die hiesige Industrie, für die Textilwirtschaft, für die Papierherstellung. Über eine dieser Brücken geht jetzt ein Soldat, er stützt sich auf einen Krückstock, unter den anderen Arm hat er eine Zeichenmappe geklemmt. Es ist Caspar Neher auf Genesungsurlaub in seiner Heimatstadt. Durch eine enge Gasse geht er hinaus über den Stadtgraben in die Klaucke-Vorstadt, zur Wohnung der Familie Brecht in der Bleichstraße. An der Tür öffnet ihm Fräulein Röcker, die Hausdame. Vor Jahren war sie, munkelt man, wegen allzu enger Nähe zum Herrn des Hauses entlassen worden, nun hat man sie aus Not wieder eingestellt. Sie legt den Finger beschwörend auf den Mund. Nur nicht die kranke

Frau Brecht erschrecken! Von drinnen hört man leises Klavierspiel. »Fräulein Röcker, sans jetzt doch wieder da bei der Familie Brecht?« Sie flüstert dem Herrn Neher den Stand der Dinge zu. »Es ist schon arg mit der Frau Brecht. Sie kann sich halt gar nicht mehr kümmern um den Haushalt.« Dann führt sie ihn vorsichtig über den Flur ins Wohnzimmer.

Zarte, sentimentale Melodien füllen den kleinen Raum. Brechts Bruder Walter spielt, wie jetzt eigentlich jeden Nachmittag, für seine Mutter auf dem Klavier. Man hat ihren Sessel ans Fenster in die Maisonne gerückt. Neher hat den Eindruck, dass Sophie Brecht etwas eingenickt ist. Oder sie träumt, ihre Schmerzen vergessend, einen Augenblick vor sich hin. Neher nickt Walter zu, Fräulein Röcker nimmt wieder bei der Mutter Platz. Walter unterbricht sein Spiel, Frau Brecht schlägt die Augen auf. »Ja, der Herr Neher! Der Eugen hat ja gar nichts mehr g'hört von Ihnen von der Front. Wo sans dann gewesen?« Cas Neher steht etwas verstört da. »Frau Brecht – also, ja …« Sophie Brecht winkt ihn zu sich heran. »Na, setzens sich daher zu mir. Der Eugen geht ja im Herbst ins Medizin-Studium nach München.« Walter weiß noch mehr: »Dann wird mein Bruder vom Militär zurückgestellt. Mich nehmen sie dann hoffentlich im nächsten Jahr, da werd ich achtzehn.« Neher rückt seinen Stuhl nah an Sophie Brechts Sessel heran, zögernd kommt er mit seiner Geschichte heraus. »Komme direkt aus dem Lazarett. Genesungsurlaub habens mir gegeben. Wissens, ich bin verschüttet gewesen ein paar Tag, der Unterstand ist unter Beschuss eingebrochen.«

»Mensch, Neher!« Walter Brecht wird geradezu laut vor Bewunderung. »Du bist ja a Held, a richtiger!« Neher kennt Walters Kriegsbegeisterung schon von früher, er weiß, mit welch brennendem Interesse der Junge die Siegesmeldungen verfolgt, die Heldengeschichten verschlungen hat, Langemarck oder der Untergang der »Victoria Luise«. Der Eugen hatte einen Artikel darüber geschrieben, er hatte den vorrückenden Frontverlauf in einem eigens dafür angelegten Heft festgehalten. Wenigstens solange der deutsche Vormarsch noch nicht auf diese unerklärliche, geradezu lähmende Art und Weise ins Stocken geraten war. Neher wehrt diesen heldenpathetischen Tonfall sofort ab, er kann ihn nicht mehr ertragen.

»A geh! Mit dem Held, da sei mal vorsichtig!«

Walter hat noch die romantische Vorstellung vom Krieg. Doch die lange Zeit des Friedens seit dem deutsch-französischen Krieg von 1870/71 hatten die Industrien genutzt, furchtbare Waffen zu entwickeln: weittragende Kanonen oder ein mörderisches Gewehr, das 600 Schuss in der Minute abfeuern und binnen Sekunden ganze Reihen anstürmender Infanteristen niedermähen konnte, Giftgas … Es war eine gänzlich neue Art, Krieg zu führen: entpersonalisiert, industrialisiert, apokalyptisch.

Doch Walter brennt drauf, an die Front zu kommen. »Aber wennsd gut ausgebildet bist, als Soldat. Du hast doch auch überlebt.«

»Walter, da brauchst viel Glück, wenn du da heil rauskommen willst.«

Sophie Brecht hört nicht gern von den Absichten ihres Jüngsten; es wäre unvorstellbar schrecklich, ihren Walter-Bub an diesen Krieg zu verlieren. Sie wird beten und beten, wenn er an die Front geht. Nun aber soll Neher weiter berichten. Er macht allerdings nur einige hilflose Handbewegungen, wie das nach der Explosion alles auf ihn eingestürzt ist, als er sich beim Artilleriebeschuss in den Unterstand geflüchtet hatte. Für das, was dann folgte, für die drei Tage im Dunkel, den Berg auf seiner Brust, dafür fehlen ihm die Worte. Nach einer kurzen Verlegenheitspause, während die anderen noch auf seine Schilderung warten, wechselt er das Thema. »Wo ist denn der Eugen?«

Walter korrigiert sofort: »Nicht Eugen. Er will jetzt, dass die anderen ihn nur noch Bert heißen.«

Neher lächelt. »Weiß schon, Bert Brecht – klingt eh besser für einen Schriftsteller.«

Die Mutter hat kein Verständnis dafür. Ja, wenn aus dem Eugen tatsächlich so etwas werden tät wie der Ludwig Ganghofer … Aber muss man dazu seinen Namen verleugnen und Bert heißen? Sie weiß schon seit Langem, dass sie da einen besonderen Jungen mit einer eigentümlichen Begabung zur Welt gebracht hat. Für seine Mutter hat er kaum noch Zeit, das muss sie auch seinem Freund klagen. »Immer ist er unterwegs. Oder er hockt da oben in seiner Dachstuben.«

»Begabt is er halt, sehr begabt.«

»Aber das sind Sie doch auch!« Sophie Brecht greift nach Nehers Zeichenmappe, die er auf dem Tisch abgelegt hat. Sie schaut sich einige der Kriegsbilder an, die Neher mit Bleistift und Wasserfarben in ein paar ruhigen Minuten hinter der Front gemacht hat. Gegen einen blutroten Horizont zieht ein Pferdegespann eine Kanone über die Brücke. Doch sie klappt die Mappe sehr schnell wieder zu. »Ja, es geschehen furchtbare Dinge da draußen. Die vielen Todesanzeigen … ich hab auch für Sie gebetet.«

Neher ist das eher peinlich. Er verschnürt seine Mappe wieder. »Und wie geht's Ihnen?«

Sophie Brecht lächelt schmerzlich müde. Es freut sie, dass sich jemand nach ihr erkundigt. »Da so in der Sonne, da kommt noch mal etwas Kraft. Das hilft gegen die Schmerzen. Ich bin eh nur mehr ein Zaungast des Lebens.« Neher nickt ihr zu. So sieht er seinen Besuch in der Heimat auch, ein Zaungast des Lebens. Mehr ist er jetzt auch nicht.

— *»Wir sind verbrannt von Tatsachen, wir kennen Unterschiede wie Händler und Notwendigkeiten wie Schlächter. Wir sind nicht mehr unbekümmert – wir sind fürchterlich gleichgültig. Wir sind verlassen wie Kinder und erfahren wie alte Leute, wir sind roh und traurig und oberflächlich – ich glaube, wir sind verloren«, sagt in Erich Maria Remarques Roman* Im Westen nichts Neues *ein Fronturlauber.*

In diesem Moment steht Bert Brecht im Türrahmen. »Da schau her, auferstanden von den Toten!« Er grinst vor Begeisterung, und in Nehers trübem Gesicht regt sich ein Lächeln.

Brecht hat noch rasch im Wäschezimmer auf dem Dachboden einen Stapel mit seinen gebügelten Hemden vom Bügelbrett gegriffen, jetzt legt er ihn in seiner Mansarde ab.

»Die Ärzte haben mich untersucht: k.v.« Neher muss das gleich mal klarmachen. Brecht schmeckt das furchtbare, schicksalsschwere Kürzel ab. »Kriegsverwendungsfähig!« – »So steht's im Marschbefehl.« Diesen Fatalismus, das Sichfügen ins Unvermeidliche, das kann er dem Freund nicht durchgehen lassen. »Zu deiner Beerdigung komm ich keinesfalls.« Neher weiß natürlich, wie das gemeint ist. Er kann auf das Spiel aber nicht eingehen. »Wenn's das Schicksal so will.« Das geht nun aber wirklich zu weit. »Schicksal?! Cas, dieser Krieg – das Blutbad da draußen – das ist alles ein großer Schwindel!«

Neher legt seine Zeichenmappe auf dem Tisch ab und setzt sich mit den vorsichtigen Bewegungen eines Genesenden auf das Bett an der Wand. »Ich glaub, das ganze Leben ist ein Schwindel. Eugen, neulich habe ich eine Spinne gesehen. Sie wirft ihren Faden von einem Punkt zum anderen. Sie klettert rauf und runter. Wunderschön war das, wie sie webt. Sie hat diesen Faden in ihrem Körper, einen Faden, der sie überall hinbringt.« Brecht hat inzwischen Nehers Mappe aufgeschlagen und sich eine Zeichnung angesehen. Er hat zugehört und versteht, was da aus dem Freund spricht. »So ein Faden war früher mein Geist. Der hat mich überall hingetragen, wohin ich wollte. Jetzt wird er hart

Die Steadycam hat die Kamera befreit. Die kleinste Bewegung kann aus jeder denkbaren Position erschütterungsfrei gedreht werden. Der Operator hält dabei ein Gewicht von gut 40 Kilo, manchmal muss auch er gehalten werden. Und die beiden Freunde auf dem Bett müssen alles Zutrauen der Welt haben, wenn sie so dicht unter diesem drohenden Gewicht in den Abendhimmel über Augsburg träumen. »Uldrafioledd«, sagt Brecht gerade.

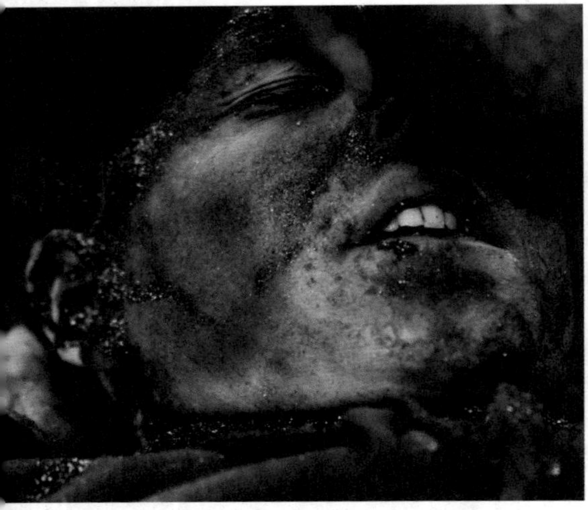

und fest, er kann nichts mehr und will nichts mehr.« Cas ist in ernster Gefahr. Brecht geht zu Neher hinüber und setzt sich neben ihn auf die Bettkante. »Cas, hör mir zu: Du hast es noch.« Aber wie können zwei Freunde einander noch erreichen, wenn der eine nicht einmal von ferne das mörderische Grauen an der Front erlebt hat, dem der andere gerade um Haaresbreite entronnen ist? In das er gleich wieder zurückgeworfen wird? Eigentlich ist er ja schon wieder dort. Neher versucht, Worte dafür zu finden. »Nein, ich bin ein toter Klotz. Ich bin schon im Grab gelegen. Eingeklemmt unter den Balken.« Für Brecht eine der schauerlichsten Vorstellungen überhaupt: lebendig begraben zu werden. Davon hatte er gelesen. Bei der Öffnung mittelalterlicher Gräber hatte man sie gefunden, die verkrümmten Leichen von Scheintoten. Sie waren im Grab aufgewacht und hatten verzweifelt versucht, sich noch bemerkbar zu machen, sich aus der Erde herauszukratzen, schließlich waren sie qualvoll erstickt. Grauenhaft! – »Konnt mich kaum bewegen. Ganz finster war's. Wusst' nicht, wie viele Tage, wie viele Nächte.« Brecht fühlt die Dunkelheit, riecht die Erde, spürt die drückenden Balken und die furchtbare Enge. »Und wennsd dann verreckt bist, kommen die Würmer.« – »Zuerst kommen die Ratten.« Es sind Tausende und Abertausende, die sich da draußen in den Gräben von den Toten ernähren. Die Soldaten stellen den riesigen Viechern mit starken Schlagfallen nach, doch sind die Ratten so kräftig geworden vom Leichenfraß, dass sie mitsamt den Fallen unter lautem Gequiek flüchten wollen. Dann stürzt alles aus den Unterständen und erschlägt sie mit Knüppeln.

Neher lässt sich aufs Bett fallen. »Manchmal überfällt's mich in der Nacht. Da lieg ich im Loch – in Schlamm und Dreck und Dunkelheit ... dann schreck ich auf und schrei und werf das Bett, das Kopfkissen, einfach alles aus dem Fenster. Weg damit, dass ich Luft krieg.«

Brecht greift nach seiner Gitarre, die neben dem Bett steht. Er lässt sich neben Neher fallen. Schulter an Schulter liegen sie nun. Und Brecht spielt eine Melodie auf der Gitarre an, improvisiert vor sich hin: »Wir liegen am Lech in der Sonne ... lassen uns im Wasser treiben – schauen in den nackten, hungrigen Himmel – am Abend ist er uldrafioledd ...« Hier betont er den augsburgischen Tonfall so sehr, dass sich Nehers Gesicht allmählich aufhellt. Cas beginnt, vorsichtig mitzuspielen. »... und die Spießerei liegt brav im Bett und schnarcht.« Wie es mit der Paula steht, will er dann wissen. Das gefällt dem Brecht. »Du neugieriger Pfaff, grausliger. Sie wird bald zur Beichte müssen.« Unter Gelächter stimmt Brecht jetzt Baals Lied an, sein Lied des Lebens. »Hat ein Weib fette Hüften ...« Die Melodie erwischt nun doch auch den Cas, der sich hineinziehen lässt in den Gesang. »Tu ich sie ins grüne Gras ...« So holt Brecht den Cas langsam weg von den düsteren Gedanken, zurück ins Leben. Hofft er wenigstens.

Nachts, am Lech. Vor einigen quer liegenden angeschwemmten Baumstämmen am Kiesbett des Flusses sitzen die Freunde im Kreis um ein Feuer. Der Lech rauscht, das Feuer lodert über die jungen Gesichter. Der Himmel ist hoch und weit – schon dunkelblau und dann bald ultraviolett. Zwischen den Bäumen hinten am Horizont steht schwarz die Silhouette der Fuggerstadt. Münsterer schreibt sich die Stichworte dieser Stimmung ins Tagebuch. Brecht sagt, das Schreiben schärft den Blick. Außerdem schafft es Distanz!

Eine Flasche mit Schnaps macht die Runde. Brecht spielt und singt Baals Lied, und die Freunde singen begeistert mit. Was sie da als ihren Anteil am Wechselgesang mitsingen, spricht ihnen aus dem Herzen. Es sind ja schönste Vorstellungen von gewissen

Weibern, die hier angesungen werden. Brecht beginnt: »Beißt das Weib vor Ekstase ...« Der Chor der Freunde stimmt ein: »Wisch ich ab mit grünem Gras ...« Brecht: »Mund und Biss ...«, die Freunde: »Und Schoß und Nase ...« Brecht: »Sauber ...«, der Chor, übermütig: »Denn ich liebe das!«

Doch bald kippt die Stimmung. Das ist doch alles unernst, nur ein Spiel, Kindereien angesichts der existenziellen Erfahrungen von Tod und Krieg, die nun – man ist schon bald im vierten Kriegsjahr – auch in der Heimat immer spürbarer werden. Den jungen Männern hier – mit Ausnahme von Pfanzelt mit seinem Klumpfuß – steht die Verschickung ins Massensterben an der Front unmittelbar bevor. Neher hatte gerade noch laut und begeistert mitgesungen, aber jetzt kommen die Gedanken an die Front zurück. »Das ist grausam!« Müllereisert, auch ein Freiwilliger, will es genauer wissen. »Grausam?« Neher erklärt es ihm.

»Ich muss schließlich wieder hin. Wie du auch. Der Bert ist ja vorläufig freigestellt als Medizinstudent.« – »Aber das ist doch normal«, sagt Müllereisert. »Fürs Studium. Die Armee braucht uns Medizinmänner. Damit's euch wieder zusammenflicken, wenn's einen derwischt hat.« Brecht greift nach Nehers Hand. »Maler Neher, wir zwei haben noch was vor. Denk dran! Noch einmal werden's dich nicht ausgraben!« Und er versucht, noch einmal die unbeschwerte Stimmung zurückzuholen. »Treibt das Weib die schöne Sache / Feurig, doch im Übermaß ...«

Später stehen Brecht und Hanns Otto Münsterer etwas abseits einträchtig nebeneinander und schiffen im hohen Bogen in den nächtlichen Fluss. »Herr Münsterer«, wie man ihn wegen seiner überaus korrekten, gepflegten und eleganten Aufmachung nennt, gehört noch nicht lange zur Brecht-Clique. Er ist zwei Jahre jünger als Brecht und ihm in leidenschaftlicher Bewunderung zugetan. Er wäre für ihn durchs Feuer gegangen, schreibt er einmal. Brecht hat ihm auch bald das Du angeboten.

Jetzt möchte Hanns Otto vom Freund, der sich in solchen Dingen ja offenbar bestens auskennt, kompetente Ratschläge in praktischen Liebesdingen. »Aber was macht man, wenn sie neben dir auf dem Bett sitzt?« Brecht, mit der Miene des Wissenden: »Dann musst du es tun. Sonst verachtet sie dich.« Münsterer, unsicher: »Das erste Mal – es steht nichts darüber im Lexikon.« Brecht versucht, ihm seine Unsicherheit zu nehmen. »Wenn sie dich liebt, hilft sie dir.« Münsterer, während er seine Hose zuknöpft: »Oder sie lacht mich aus.« Aber da kann Brecht ihn beruhigen: »Wenn sie noch unberührt ist, merkt sie den Unterschied nicht. Und wenn nicht, ist sie's eh nicht wert.«

Während sie langsam zur Gruppe zurückgehen, die letzte, entscheidende Frage: »Du meinst also, ich soll's tun?« Brecht nickt heftig, und er ist sich dabei seiner Weisheit ganz sicher. »Da gibt es etwas, das sie dir nicht vergibt: wenn sie sich anbietet, und du nimmst sie dann nicht.«

So sind die Frauen. Man muss es nur wissen. Wo immer er das gelesen oder gehört hat – Brecht weiß, dass es so ist. Und dass er mit seiner Freundin Bi über das Küssen eigentlich längst hinaus ist und »es« bald passieren muss. Sonst verachtet sie ihn. Und dann tut's ein anderer mit ihr, und dem gehört sie dann. Aber das darf nicht geschehen, keinesfalls. Sie soll nur ihm gehören.

Und jetzt hat er sie eingeladen in seine Wolfshöhle. Seine Eltern kontrollieren nicht, wer da oben bei ihm ein- und ausgeht, eine sturmfreie Bude sozusagen. Und ihre Eltern, vor allem der Dr. Banholzer, brauchen's ja nun wirklich nicht zu erfahren. Er wird ihr aus seinem *Baal* vorlesen. Da kommt ja so einiges zur Sprache, Sätze, die man nie direkt zu einem jungen, unschuldigen Mädchen wie der Paula sagen dürfte.

Paula sitzt auf dem Sofa und schaut aus ihrer Sofaloge Brechts Vorstellung zu. Der geht mit dem Manuskript in der Hand durchs Zimmer. Er liest beide Rollen und die Regieanweisungen noch dazu. Es ist die Szene, in der Baal ein junges Mädchen in seine Dachstube entführt.

»Der Baal haust in einer Mansarde, fast wie die hier. Jetzt schleppt er auf beiden Armen die Sophie herein, als hätt' er sie von der Straße geraubt.« Wenn er die Rollen anspielt, verändert Brecht leicht die Stimme und die Stellung. »Sophie: ›Ich werde doch davongejagt, wenn ich zu spät heimkomme.‹ – Baal: ›Besonders so.‹ – Sophie: ›Wie?‹ – Baal: ›Wie man aussieht, wenn man von mir geliebt wurde.‹« – Paula hört erstaunt, was der Mann Baal da zu einem Mädchen sagt. Sie weiß gar nicht, was das Wort »lieben« hier heißen soll. Brecht liest weiter: »Sophie atmet schwer, Baal sagt gleichmütig: ›Bekommen Sie nicht recht Atem?‹ – Sophie: ›Ich weiß nicht, was ich hab!‹ Sie lehnt sich gegen die Wand. Baal: ›Ich weiß es. Es ist der Frühling. Es wird dunkel, und du riechst mich. So ist es bei den Tieren.‹« – Das Mädchen vom Lyzeum ist ganz und gar nicht aufgeklärt. Dr. Banholzer und seine Frau haben sich darum nicht bemüht. Sie ist doch noch ein Kind. »Wie bei den Tieren?« Paula versteht nicht so recht, worum es da eigentlich geht, aber sie merkt sehr wohl, dass es sich um etwas ganz und gar Ungehöriges handeln muss, etwas, woran man gar nicht denken darf, geschweige denn drüber reden. Vielleicht hat sie schon mal auf der Straße zwei Hunde gesehen, die sich so komisch aufführten. Da musste sie lachen, ohne so recht zu wissen, warum. Aber was sollte das mit ihr oder ihresgleichen zu tun haben?

»Und das soll vor allen Leuten im Theater …« Brecht möchte sich jetzt in seiner Vorstellung nicht unterbrechen lassen. »Hör die Szene zu Ende, das ist gut. Jetzt wieder Baal: ›Und jetzt gehörst du dem Wind, weiße Wolke.‹ Baal geht rasch zu ihr, reißt die Tür zu, nimmt Sophie in die Arme. Sophie, atemlos: ›Laß mich! – du bist so häßlich, so häßlich, daß man erschrickt. Aber dann …‹ Baal: ›Hm?‹« Bert blickt Paula kurz fragend ins Gesicht. – »›Dann macht es nichts.‹ – Baal küsst sie. Sophie: ›Nicht … nicht … weißt du, daß mich noch nie einer … so …‹ – ›Da war noch nie was, wo ich bin. Komm!‹« Warum sagt der bloß solche Sachen? Warum benimmt das Mädchen sich so komisch? Wie kann man so was den Leuten vorspielen? Brecht will die Szene jetzt zu Ende bringen. »Baal führt Sophie nach hinten zum Bett. Sie setzen sich.« Mit diesem Satz ist er zu Paula gegangen und versucht, sie in sein Spiel hineinzuziehen. Er führt sie von der Couch zum Bett und wiederholt: »Sie setzen sich.« Paula folgt, wenn auch etwas zögernd, der Regieanweisung und setzt sich neben Brecht auf die Bettkante. Brecht schaut sie an, dann liest er weiter mit Baals Stimme: »Du musst mich lieb haben. Dazu hab ich dich geholt.« Sein Blick, der Versuch, ihr noch näher zu kommen. Sein Atem streift ihr Gesicht. Nun wird ihr die Situation ganz und gar unheimlich. Paula steht auf und macht sich auf den Weg zur Tür: »Ich muss jetzt heim. Zu Haus wartet man auf mich.«

»Ja, du musst jetzt gehen.« Brecht hat verstanden, dass er für sein Vorhaben eine andere, bessere, besondere Gelegenheit arrangieren muss; dem Kairos, dem geeigneten Moment, muss man nachhelfen. Möglichst weit weg von Augsburg muss das sein und ganz weit weg von Paulas Eltern. »Wenn's dich wieder mal aufs Land schicken …« – »Zum Hamstern.« Paula weiß sofort, was er meint: Die Ernährungslage hat sich rapide verschlechtert im mittlerweile vierten Kriegsjahr, besonders in der Stadt. Wenn man jemanden auf dem Land kennt, sieht es besser aus, da bekommt man manchmal ein paar Eier, Speck, wenn man Glück hat, sogar ein wenig Butter …

»Ja, das mein ich.« Brecht hilft seiner Freundin in den Mantel. So versucht er, aus ihrem Abgang noch einen Teil seiner Inszenierung zu machen. Paula knöpft den Mantel zu und dreht sich zu ihm um. »Ja, und was ist dann?«

Hotel Reichsadler, München. Brecht hat einigen logistischen Aufwand für die entscheidende Nacht in München getrieben. Der zuverlässige Freund Bezold wird, wenn Paula sich angeblich der knappen Lebensmittel wegen auf den Weg in die ländliche Umgebung Augsburgs macht, am Bahnhof ihren leeren Rucksack in Verwahrung nehmen. Wenn sie dann von ihrem geheimen Treffen mit Brecht aus München zurückkommt, wird er ihn ihr, glaubhaft mit Hamstergut gefüllt, wieder zurückgeben. Dann werden ihre Eltern keinen Verdacht schöpfen. Hoffentlich.

So hat Brecht das Schulmädchen Paula Banholzer, mittlerweile 17 Jahre alt, also im Hotel Reichsadler in einem Einzelzimmer untergebracht. Der Student der Medizin Berthold Eugen Brecht, 20, hat sich nebenan einquartiert. Vorerst.

— *In einem Brief an die Front hat Brecht den Freund Caspar Neher über den Stand der Dinge in Kenntnis gesetzt. »Lieber Cas, der Fall Bittersweet nähert sich irgendeiner Katharsis, die vorüber sein muß, bis Du dieses liest. Das wühlt mich ziemlich tief um. Sie scheint ›es‹ nun zu wollen. Helfe ihr Gott und ich!«*

Paula hat sich für die Nacht umgezogen. Sie trägt ein Nachthemd. Ihre Wäsche hat sie ordentlich über einen Stuhl gelegt, ihr Kleid hängt auf einem Kleiderbügel am Schrank. Sie legt sich ins Bett. Eine Nachttischlampe brennt noch. Brecht öffnet langsam die Tür und tritt ins Zimmer. »Ich komm doch noch auf einen Moment zu dir rein.« Dann setzt er sich auf einen Stuhl dicht an ihr Bett. Pause. Bi lächelt. Bert lächelt verlegen. Dann zieht er sich die Schuhe aus und reibt sich besorgt die Füße. »Meine Füße brennen. So lang bin ich noch nie durch München gelaufen.« Quer durch die Stadt, dann noch in den Englischen Garten bis zum Monopteros. Auch Paula hat sich müde gelaufen. Brecht steckt kurz entschlossen seine Füße unter die Bettdecke. Eine erste Intimität, unter der Decke berühren sich ihre Füße. Wieder eine Pause. Dann der Blick zu Paula und der Entschluss: »Es ist doch zu kühl. Ich leg mich zu dir da rein.« Und damit schlüpft er unter die Bettdecke. Er schaut auf den Stuhl am Bett: Da hängt die Unterwäsche. Der Hüftgürtel, die Strümpfe und noch mehr. Paula sieht, wohin Brecht schaut. »Meine Eltern ... Jesssasmaria! Wenn die wüssten, dass ich in München in einem Hotel mit dem Brecht ...« Weiter kommt sie nicht. Brecht hat die Lampe ausgemacht. »Sie werden's nie erfahren! Und morgen auf der Nacht bist wieder in Augschburg.«

Brecht hat es geschafft. Paula liegt neben ihm im Hotelbett. Endlich. Der Augenblick höchster Intimität – umgeben von all den Mitarbeitern am Set. Gleich werden die Darsteller Brechts und Paulas geheime Zweisamkeit spielen – ganz so, als ob all die Leute am Bett gar nicht vorhanden wären.

Zeitsprung. Etwas später hat sich Paula im Bett hochgesetzt, sie lehnt jetzt mit dem Rücken am Bettgitter. Die Bettdecke hat sie bis zum Kinn hochgezogen, ihre Arme sind nackt. Brecht kommt allmählich auch hoch. Er fasst ihre Hand, sie zieht sie etwas erschrocken weg.

»Dein Vater ist doch Arzt.«

Paula nickt.

»Hat er dir denn gar nicht …?«

»Was denn?« Kann es denn sein, dass sie tatsächlich keine Ahnung … »Na, wie es zugeht zwischen Mann und Frau.«

Paula schüttelt beschämt den Kopf.

Dann muss er wohl, obwohl ihm der Sinn gerade nach anderem steht, in die Lehrerrolle schlüpfen. »Jetzt hör amal zu …«

— *In Paula Gross-Banholzers Erinnerung hört sich – sechzig Jahre später – diese Szene so an: »Ich hab mir schon nichts sagen trauen. Da hat er mit der Zeit gemerkt, dass ich überhaupt ein ganz dummes Ding bin, die gar nichts weiß. Und dann hat er angefangen – hat mir nichts getan natürlich – hat mich aufgeklärt, wie es überhaupt im Leben zugeht. Er war so liebevoll, zärtlich, rücksichtsvoll, und das hat mir doch imponiert. Ist ja auch gar nichts passiert.«*

So liegen sie beieinander im Bett. Nur die Funken von der Oberleitung der Tram drunten auf der Straße erleuchten für Sekunden das dunkle Zimmer. Brecht ist dann eingeschlafen. Aber wie ging es weiter?

— *»Er hatte ja ein Zimmer in München, ich glaub, in Schwabing war das. Und dadurch, dass ich die ganze Nacht nicht geschlafen hab, hab ich kolossale Kopfschmerzen bekommen. Und da hat er gesagt, ich soll mich in sein Zimmer hinlegen. Er muss auf die Universität in die Vorlesung gehen. Er holt mich dann ab zum Mittagessen. Und da ist er gekommen und hat mich geholt.«*

Brecht kommt leise in seine Schwabinger Studentenbude. Paula liegt schlafend in seinem Bett. Brecht schließt die Tür und zieht sich aus, die Hose, das Hemd, auch die Unterwäsche. Dabei behält er Paula fest im Blick. Sie hat etwas gehört. »Bidi?« Sein Herz schlägt wild. Er geht zu ihr hinüber und legt sich vorsichtig zu ihr unter die Bettdecke. Als er sich auf sie legt, wehrt sich Paula. »Naa, Aigin, net!« Dann hält er ihre Hände fest, drückt sie hoch gegen das Gitter am Kopfende.

Brecht tat so, wie er es Münsterer geraten hatte. Und wie er dachte, dass es richtig war. Er wollte schließlich nicht von ihr verachtet werden. Und vor allem: Sie gehören einem dann.

— *Paula Banholzer sagt: »Von diesem Tag an wurde ich ein gewisses Schuldbewußtsein nicht mehr los. Andererseits hielt ich jetzt noch viel inniger zu Brecht. Von nun an begann unsere schönste Zeit.«*

An der Westfront in Frankreich steckt Caspar Neher immer noch im endlosen Grabenkrieg fest. Vor Kurzem ist er zum Offiziersanwärter befördert worden. Das Elend des Unterstands: Wasser unter den Bohlen, an den Balken aufgehängt Lebensmittel. Die dreckigen, mit Schlamm beschmierten Stiefel der Kameraden, die auf Pritschen schlafen. Neher sitzt an einem grob zusammengehämmerten Tischchen und liest beim Licht einer trüben Funzel den Brief seines Freundes Bert. Man hört und spürt die Erschütterungen durch den Artilleriebeschuss, manchmal rieselt etwas Erde von oben durch die Bohlen. »Lieber Cas, hier ist alles herrlich. Blaue, schöne, heiße Sonne! Himmel! Nachts! Jasmin riecht. Linden, in ihrem Wipfel schaukelt sich der Große Bär! (…) Bittersweet! Die ich jetzt *ganz* habe. (…) Du *musst* sie malen! (…) Ihre Periode ist ausgeblieben. (…) Ich war natürlich nicht vorsichtig, kein bißchen, es hätte der Heiterkeit geschadet, es wäre unästhetisch gewesen und dann: es ist nicht gegangen. Ich bin doch kein Tarockspieler. Ich kann meine Trümpfe nicht so zurückhalten.« Neher liest den Brief, der so verlockend von einem ganz anderen Leben erzählt als diesem hier, wo man ständig den Tod vor Augen hat unter dem feindlichen Feuer, im Schlamm des Schützengrabens. Ja, jetzt wäre er natürlich gern zu Haus. Er ist fest entschlossen. Er will in dieser Hölle am Leben bleiben. Wenn er noch dazu imstande wäre, würde Neher jetzt ein wenig grinsen. »Noch ganz der Alte, der Bert. Na, Hauptsache, er hat immer seine Heiterkeit!« Er faltet den Brief zusammen, steckt ihn in die Tasche seiner Uniformjacke, zieht sich den schweren Mantel an, schnallt das Koppel um, setzt den Stahlhelm auf, nimmt sein Fernglas und eine wasserdichte Kartentasche vom Tisch und verschwindet durch die Türplane in den strömenden Regen.

In der Augsburger Bleichstraße will zwei Monate später, im September 1918, ein anderer junger Mann unbedingt an die Front. Er hat nur sehr unklare Vorstellungen davon, was da auf ihn zukommt. Er will kämpfen, seine Pflicht tun fürs Vaterland. Selbstverständlich weiß er, dass er dabei sein Leben aufs Spiel setzt; er ist aber von Herzen bereit, dieses Opfer zu bringen. Bevor er sich zum Abtransport auf dem Augsburger Bahnhof einfinden muss, verabschiedet sich Walter Brecht zu Hause vom Vater, dem älteren Bruder und der Mutter. Sophie Brecht kann kaum mehr aufstehen. Sie hält seine Hand, während sie leise und eindringlich zu ihm spricht. »Du warst mir immer ein so guter Bub. Wenn ich so allein hier lieg in meiner Einsamkeit, da werd ich für dich beten. Dass d' mir nur wiederkommst!«

Bert Brecht sieht der Szene zusammen mit dem Vater vom Wohnzimmer aus zu. Die beiden wollen nicht stören. Es könnten die letzten Worte sein, die Mutter und Sohn miteinander sprechen. Auch Bert ist jetzt in Uniform. Seit Kurzem ist er Sanitätssoldat, er gehört nicht zu den Kampftruppen und darf seinen Lazarettdienst in der Heimat tun. Walter kommt, nachdem er der Mutter noch einige liebevolle Worte ins Ohr geflüstert hat, zu ihnen heraus. Er erscheint ernst, gefasst, positiv gestimmt. »Ich will kämpfen. Dass der Krieg nicht zu euch nach Deutschland kommt!« Der Vater kennt und schätzt den hochgestimmten Idealismus seines Sohns, er hat ihn ja so erzogen: Man tut seine Pflicht! Das ändert aber nichts daran, dass er sich größte

Sorgen um seinen Walter macht. Selbst aus dem engeren Bekanntenkreis sind jetzt, da das fünfte Kriegsjahr gerade begonnen hat, schon zu viele nicht zurückgekommen. »Gib acht auf dich!« Walter fühlt sich sicher – oder redet er sich nur selbst Mut zu? »Meine Ausbilder sagen, ich wär der beste Soldat im Rekruten-Depot.« Ob die Granaten darauf Rücksicht nehmen, denkt der Vater insgeheim. Und von wegen guter Ausbildung! Die paar Wochen Exerzieren-, Grüßen- und Marschierenlernen hier auf dem Kasernenhof. Es sind ja doch noch halbe Kinder! Das behält er aber besser für sich. »Ein guter Soldat erkennt die Gefahr.« Mehr sagt er jetzt nicht. Und er ist ja auch nicht unbedingt eine Autorität in Militärdingen, beim letzten deutsch-französischen Krieg war er gerade mal drei Jahre alt.

Walter Brecht hat als vorbildlicher Sohn auch das Schlimmste bedacht. Er holt einen Umschlag aus der Jacke und steckt ihn dem Vater zu.

»Wenn's denn sein soll. Ein Brief für dich und einer für Mutter. Ich dank euch für alles.«

Walter Brechts vorsorgliche Abschiedsbriefe für den Fall, dass er nicht wiederkommt, haben sich erhalten. Seine Tochter Britta hat sie mir 2013 vorgelesen, fast ein Jahrhundert, nachdem ihr Vater sie als Achtzehnjähriger geschrieben hat. »Vor meinem Auszug ins Feld am 13. September 1918.«

»Lieber teurer Vater!
Meine allerliebste einzige Mutter!
Es wird mir der Abschied von all dem, was zusammengefasst den Begriff ›meine Heimat‹ gibt, schwer, der Abschied von allem, was mein war, und was um mich war und mir Persönlichkeit verlieh. Nach außen will ich ja hart sein.

Wenn ich gehe, so gehe ich nicht fürs ›Vaterland‹ zu kämpfen. Ich gehe für Euch, für die, die mir lieb sind, ins Feld. Ich will mithelfen verhüten, daß Ihr und alle, die ich lieb habe, den Krieg von Angesicht zu Angesicht seht. Das will ich verhüten helfen. In allen Mühen und Härten, durch die ich durchmuß, lebt tief in mir das Streben nach dem Ideal und wenn ich sterben soll, falle ich für den idealen Gedanken.
Es soll Euer Trost sein, daß Euer Sohn ein Aufrechter ist, der still für sich seine Pflicht tun wird, der in der großen Pflichterfüllung seine Vollendung sieht.
Meine Jugend war ideal. Wenn ich zurückdenke in die vergangenen Zeiten, wirken sie mir wie ein verhangenes süßes Traumbild, dessen matter Schleier seine Härten mir verbergen will. Aber er hat wenig Härten zu verhüllen. Diese herrliche Jugend, diese blanke Reihe von ununterbrochen freuderfüllten, schönheits- und freiheitserfüllten Jahren hat mir meine innere Kraft gegeben, von der ich jetzt zehren werde, eine moralische, ethische Kraft. Ich danke alles alles Euch.
(…)
Nun lebt wohl. Betet für mich, wenn ich durch harte Stunden gehe und nehmt meinen Dank für alles, was Ihr mir gegeben habt.
Euer Walter.«

Während dieses Abschieds ins Ungewisse steht Walter Brecht im Mittelpunkt, nicht wie sonst üblich der ältere Bruder, der den Eltern so viele Sorgen macht. Der Begabte, den man sich als Kämpfer an der Front überhaupt nicht vorstellen kann. Der sich so absolut nicht zum Helden eignet. Walter fühlt sich ihm ein wenig überlegen – zum ersten Mal.

Bert gibt dem Bruder die Hand. »Sei vorsichtig!« Walter lächelt milde. »Ich werd dir von der Front schreiben!«

Im Flur an der Wohnungstür dreht er sich noch einmal um und grüßt knapp militärisch. Dann geht er die Treppe hinunter, zum Zug, der ihn in den Krieg fahren wird.

Vater und Bruder schauen ihm nach. Dem Bert ist dieses frohgemute Lächeln Walters unheimlich. »Ich hab Angst um ihn – er schwimmt so in seiner Heldenwonne dahin …«

Der Vater geht an den Tisch. Dort steht eine Flasche Korn, drei Gläser daneben. Er schüttet zwei Gläser voll und kippt einen kräftigen Schluck sofort hinunter. Seine fest verwurzelte nationale Einstellung kämpft gegen die Sorge des Vaters, der seinen Sohn nicht verlieren will. Dieser innere Zwiespalt verwirrt ihn, und er lässt seinen Ärger am Ältesten aus. »Wie du das sagst, gefällt mir nicht! Noch steht der Feind nicht auf deutschem Boden. Es geht jetzt um einen ehrenhaften Frieden.« Bert Brecht kann das nicht mehr hören. All diese Worte, die doch nur eine Tatsache zudecken wollen: den absolut sinnlosen Tod in diesem grauenhaften Krieg. Millionen sind schon krepiert. Und Leute wie sein Vater wollen die Schlächterei immer noch nicht beenden. »Ehre, Pflicht, Vaterland. Und dann: Heldentod.«

Berthold Friedrich Brecht schaut sich seinen Sohn genauer an. »Wie du schon wieder aussiehst. Nicht mal ein Koppel hast umgeschnallt.«

»Hab's verlegt.«

»Und was sollen das für Schuhe sein?!« Der Vater zeigt auf Berts seltsam gelbe weiche Schuhe, die so gar nicht zur Uniform passen wollen. Bert tritt den Rückzug an, er geht in den Flur und dreht sich noch einmal um. »Bin ja nur Sanitätssoldat und pflege meine Geschlechtskranken. Die haben ihre Wunden von einem ganz anderen Schlachtfeld.«

— *Wie bedrohlich die Lage für die jungen Rekruten war, die noch in letzter Minute in die Schlacht geworfen werden sollten, zeigt eine Notiz von Walter Brecht. Er hat die Ansprache aufgeschrieben, die ein kriegsversehrter Oberleutnant ihm und den anderen jungen Soldaten zur Begrüßung am Ausbildungsstandort gehalten hat.*

> *»Eure Jugend und das Leben der Heimat liegen nun unwiderruflich hinter euch. Alle Brücken sind abgebrochen. Vor uns liegt die Front, die auf euch wartet. Hier werdet ihr frontreif gemacht. Frontreif, das heißt: reif zum Sterben. Und gestorben sind die meisten, die hier durch meine Hand und dann nach vorn gegangen sind. Was von euch jetzt*

verlangt und mit letzter Härte gefordert wird, ist eine Haltung, die euch aufrecht ins Sterben ziehen lässt.«

Brecht kommt eilig in seine Mansarde, setzt sich an den Tisch, zieht einen Brief aus der Jackentasche und sieht sich den Stempel an. Wirklich erstaunlich, wie schnell und vergleichsweise regelmäßig das mit der Feldpost aus dem besetzten Frankreich geht, auch jetzt noch! Er reißt den Umschlag auf.

»Lieber Bruder! Heut Mittag erreichte mich Dein Brief, der mich mit Freude erfüllte. Unser Leben ist nicht so furchtbar, wie Du es vielleicht meinst, jedenfalls sind wir so hineingewachsen, daß wir das Elend nimmer neu spüren. (…) Gestern war Gefechtsschießen. Wir gehen gefechtsmäßig vor. Minenwerfer, Gewehrgranatwerfer, Granatwerfer, schwere und leichte Maschinengewehre – alles feuert scharf. Eine schwer erdrückende Wolke von Grauen, sich bewusst werden des Todes, stieg da plötzlich in mir auf.«

Armes Schwein, denkt Bert und liest stirnrunzelnd weiter. »Aber ich kämpfte es nieder, was mir die Kehle drosseln wollte, und richtete mich hoch auf, allem zum Trotz, und schrie und sprang vor, von hier mitten im Tod, im pfeifenden Sirpen der Gefahr hier draußen. Es war herrlich!«

Bert ist bedient. Dieser heroische Kitsch, diese bornierte Blindheit für die Wirklichkeit! »Mitten im Tod: es war herrlich!« Selbstmörderischer Schwachsinn ist das! Dieser Idiot! Das hat er zwar, halb im Scherz, schon öfter über den Jüngeren gesagt, jetzt aber ist es Ernst. Blutiger Ernst.

Später sitzt Brecht am selben Tisch und schreibt auf, was er mit der Gitarre probiert hat – Noten und Text. Dazu spricht er, Probe singend, leise die Verse vor sich hin. Was er gerade dichtet und komponiert:

»Und als der Krieg im vierten Lenz / Keinen Ausblick auf Frieden bot / Da zog der Soldat seine Konsequenz / Und starb den Heldentod. (…)

Es zog die ärztliche Kommission / Zum Gottesacker hinaus … / Und grub mit geweihtem Spaten den / Gefallnen Soldaten aus.«

Das Ausgraben – dabei dachte er natürlich auch an seinen Freund Caspar Neher. Wie man den mehr tot als lebendig aus seinem zusammengekrachten Unterstand hervorgezerrt hatte.

»Mit Tschingdrara und Wiedersehn! / Und Weib und Hund und Pfaff! / Und mittendrin der tote Soldat / Wie ein besoffner Aff.«

Brechts Angst der letzten vier Jahre, die Trauer über die verlorenen Freunde, sein ganzer Hass auf diejenigen, die er für all das Leid, all den Schrecken verantwortlich macht, kristallisieren sich in den grell-grotesken Bildern dieses bitteren, kalten, zynischen Gedichts. Und die vage Verheißung am Ende nützt auch nichts. »Die Sterne sind nicht immer da, / Es kommt ein Morgenrot. / Doch der Soldat, so wie er's gelernt / Zieht in den Heldentod.«

— *Im September 1918 muss die deutsche Oberste Heeresleitung eingestehen, dass der Krieg verloren ist. Die Bilanz ist verheerend: über zwei Millionen tote deutsche Soldaten an der Front. Über zwei Millionen Kriegskrüppel. Und dazu 426 000 Hungertote in der Heimat. Der Kaiser und sein Militär haben das Land in eine gigantische Katastrophe geführt.*

Im November 1918 bricht das Kaiserreich zusammen. Matrosen hatten vor Wilhelmshaven den Auslaufbefehl für die Flotte verweigert, weil sie nicht einsehen wollten, warum sie für eine heroische Geste einen sinnlosen Heldentod sterben sollten. In Kiel verbündeten sich Arbeiter, die für den schnellen Friedensschluss kämpften, mit ihnen, und die revolutionäre Bewegung ergriff ganz Deutschland.

Am 9. November ruft der Sozialdemokrat Philipp Scheidemann von einem Balkon des Reichstags in Berlin die Republik aus. »Das deutsche Volk hat auf der ganzen Linie gesiegt. Das alte Morsche ist zusammengebrochen; der Militarismus ist erledigt! Die Hohenzollern haben abgedankt! Es lebe die deutsche Republik!«

Kurze Zeit darauf proklamiert von einem Lastwagen am Stadtschloss aus der Spartakist Karl Liebknecht seine – ganz anders gemeinte – Republik. »Parteigenossen, ich proklamiere die freie sozialistische Republik Deutschland. (...) Die Herrschaft des Kapitalismus, der Europa in ein Leichenfeld verwandelt hat, ist gebrochen.«

Die als linke Bewegung von der SPD abgespaltete Unabhängige Sozialdemokratische Partei Deutschlands (USPD), ihr linker Flügel, der Spartakusbund, und ab Januar 1919 die neu gegründete KPD stehen mit ihrer Forderung nach einer neuen sozialistischen Gesellschaftsordnung gegen die Sozialdemokratie, die eine Weiterführung der Revolution und den Bürgerkrieg vermeiden will und eine Versöhnung der alten Mächte mit der Republik anstrebt.

Im Januar 1919 kommt es im Berliner Zeitungsviertel zu Kämpfen zwischen der Reichswehr und den Revolutionären im Spartakus. Die junge Republik, geführt von den Sozialdemokraten, hat die alten Gewalten zu Hilfe gerufen. Am 15. Januar 1919 werden in Berlin die Führer der KPD Karl Liebknecht und Rosa Luxemburg verhaftet und anschließend von den Militärs ermordet.

Brecht ist in die Praxis von Dr. med. Banholzer gekommen, zu Paulas Vater. Er ist zwar selbst kurze Zeit Soldatenrat für sein Geschlechtskranken-Lazarett gewesen, hat sich sonst aber nicht weiter revolutionär hervorgetan. Zu Beginn des Jahres 1919 gibt es für ihn ein Problem, das ihn unmittelbarer in Anspruch nimmt als die deutsche Revolution.

Er hat warten müssen, bis der Doktor, praktischer Arzt und Facharzt für Beinleiden, seine Sprechstunde beendet hat. Dr.

Banholzer ist streng und distanziert, aber durchaus gefasst. »Wissen Sie denn überhaupt, was Sie da angerichtet haben? Was für eine Schande das ist, nicht nur für meine unreife Tochter, sondern für uns alle.« Brecht möchte seine Geliebte in Schutz nehmen. »Bitte machen Sie der Paula keine Vorwürfe, sie ist unschuldig …« Bei dem Wort kommt er schon, ganz gegen seine sonstige Gewohnheit, ins Stolpern. »Unschuld« passt hier wohl nicht so ganz, die hat er ihr nach Auffassung dieser Bürger ja gerade ›geraubt‹. Dr. Banholzer fährt ernst und leise, viel eher traurig als wütend, mit seiner Anklage fort. »Sie sollte Sportlehrerin werden, das wollte sie selber auch. Jetzt muss sie die Schule verlassen und weiß Gott, wo sie später eine Anstellung bekommen kann. Und wie es einmal mit einer Verheiratung aussehen wird, weiß man auch nicht. Alle unsere Hoffnungen für ihr Leben haben Sie zerstört. Und ihre auch.« – »Heiraten könnten wir aber doch …« Aber das kommt für Dr. Banholzer überhaupt nicht infrage. »Heiraten?! Wie denn? Was denn? Sie sind nichts, Sie haben nichts!« Langsam kommt ihm seine Gelassenheit abhanden. Brecht, etwas hilflos: »Ich studier Medizin in München … im vierten Semester.« Das kann Dr. Banholzer nun schon gar nicht überzeugen, über Brechts Studiererei hat er wenig Erfreuliches gehört. »Und haben Sie Erfolge vorzuweisen? Scheine, Prüfungen, das Vorphysikum?« Brecht verteidigt sich und merkt dabei selber, wie lahm das hier wirken muss. »Ich schreib gerade ein Theaterstück. Wenn das Erfolg hat …« Dr. Banholzer lacht laut auf. »Ein Theaterstück! Herr Studiosus Brecht, meinen Sie, ich lege das Schicksal meiner Tochter in die Hand eines Literaten?! Nein! Niemals. Paula ist jetzt 18 Jahre alt. Bis zur Volljährigkeit – in drei Jahren – steht sie in meiner Obhut und Verantwortung. Ich sage: Nein!« Brecht zögert kurz, dann riskiert er es doch, die medizinische Lösung anzusprechen. »Es gäbe da ja vielleicht noch eine andere …« Dr. Banholzer fällt ihm, nun wirklich empört, ins Wort. »Schweigen Sie! Ich weiß, Sie waren hinter meinem Rücken beim Dr. Hämmerle, um Paula … nun ja, ›helfen‹ zu lassen. Der Kollege hat mich Gott sei Dank vorher konsultiert. Nein! Paula wird das Kind austragen. Aber nicht hier, nicht in Augsburg. Wir wollen kein Gerede.«

Paula sitzt oben in der Wohnung, während unten in der Praxis die Männer ihr Schicksal verhandeln.

— *1977 sagt Paula dazu: »Ich bin nicht gefragt worden. Ich bin eine gewesen, die jetzt fortmusste.«*

Kimratshofen, ein kleines Dorf im Allgäu. Auf der höchsten Stelle im Ort überragt die viel zu große Kirche das kleine Bauerndorf. Der Wind wirbelt den Schnee auf, es ist ein kleines Schneegestöber. Ein Bus fährt den verschneiten Weg hoch zur Kirche. Neben der Gastwirtschaft Fässle steht das kleine Haus der Hebamme Frick.

Brecht ist von München aus über Kempten zu Besuch gekommen. Er ist ziemlich hungrig, und Paula schmiert ihm ein Schmalzbrot. Ein Glas Milch steht auf dem Tisch bereit. Brecht schaut aus dem Fenster. »Der Bus fährt nur einmal am Tag.« Es ist mühsam herzukommen, es kostet jedes Mal Geld, und man kann nicht weg, wenn man möchte.

»Ja, man hängt hier richtig fest.« Für Paula ist es natürlich noch viel ärger. Sie ist eine Gefangene hier im Allgäu, weit weg von Augsburg oder München. Keine Anregungen, kaum Gesprächspartner. Die Erzkatholischen hier, die natürlich alle wissen, was mit ihr los ist, für die ist sie eine große Sünderin, so sehen sie sie an. Jetzt im Winter ist es besonders schlimm hier. Da hilft es auch kaum, wenn der Bert ihr Lesestoff mitbringt. Noch dazu solchen. Ausgerechnet der »Faust« – was er

sich wohl dabei gedacht hat! Die verführte Unschuld, die zur Kindsmörderin wird und schließlich gar noch narrisch? Auch ein zweites Gespräch mit dem Vater hat nichts bewirkt. Er verbietet die Hochzeit, basta. Paula bleibt nichts anderes übrig, als sich dreinzufügen.

»Da werd ich in dem Haus hier unser Kind zur Welt bringen. Auch danach darf ich mich in Augsburg nicht blicken lassen. Die Schande!« Brecht hat sich zu Paula auf die Bettkante gesetzt. »Und das Kind?«

Auch das hat ihr Vater natürlich schon bedacht: »Später werden wir hier Pflegeeltern suchen. Vielleicht darf ich nach einem Jahr wieder heim.«

Die Bi, so tapfer sie auch ist, möchte sich am liebsten bei Brecht anlehnen und ausheulen. Es tut zu weh. Sie greift vorsichtig nach seinem Arm. Sie hat schon gelernt, dass er Gefühls-

ausbrüche nicht ertragen kann. Brecht beißt die Zähne zusammen, er wird sich keinesfalls von den Gefühlen überschwemmen lassen, von ihrem nicht und von seinem schon gar nicht. Eine bessere Lösung für das Problem weiß er auch nicht. Das Kind bei ihm in der Mansarde? Lachhaft. Im Übrigen braucht er all seine Kraft und die Ellenbogen für seine Arbeit, für den Kampf, sich in München einen Namen zu machen. Das käme dann ja auch der Bi zugute. Und dem Kind. Außerdem, diesen Gedanken hat er aber eigentlich zu Hause gelassen, weil er gerade nicht hierhergehört – nebenbei gibt es in München ja auch noch die Hedda Kuhn. Er hat sie inzwischen ein paarmal in die Bleichstraße mitgebracht und sie sogar den Eltern gezeigt. Die waren von ihr sehr angetan: Eine richtige Medizinstudentin, so zielstrebig, die könnte doch vielleicht eine gewisse Ordnung und Stetigkeit in das Bohemeleben ihres Sohnes bringen.

Im Versammlungssaal einer Augsburger Gaststätte sitzen Brecht und Neher im Publikum einer politischen Versammlung der USPD. Die beiden pendeln als Studenten zwischen Augsburg und dem Studium in München hin und her. Im Februar 1919 sind sie gemeinsam im großen Trauerzug von Kurt Eisner mitgegangen. Der erste Ministerpräsident des Freistaats Bayern, USPD-Mitglied, war auf der Straße von einem politischen Gegner erschossen worden. Im April haben sie als Zuschauer die Gründung der Räterepublik in Bayern erlebt. Viele Dichter sind anfangs dabei gewesen. Sie glauben an eine völlig neu zu errichtende freie menschliche Gesellschaft in Brüderlichkeit.

Gerade hat Georg Prem seine Rede beendet, ein führendes Mitglied des Augsburger revolutionären Arbeiter- und Soldatenrats. Nun wird seine Frau angekündigt, die Genossin Lilly Prem.

Wir sehen Brecht auch hier, wie sonst stets, mit einem Notizbuch. Er notiert Eindrücke, Einfälle. Immer wieder zückt er so ein Heftchen. Lilly, eine junge, hübsche Frau, kommt aus dem

Lilly und Georg Prem inmitten einer Schutzwache des Augsburger Arbeiter- und Soldatenrates

Saal hinauf auf die Bühne. Als sie an Brecht vorbeikommt, tippt sie ihm kurz auf die Schulter und lächelt ihm vertraut zu. Schon 1916 hat er ihr ein Gedicht in ihr Poesiealbum – jawohl, auch Revolutionärinnen hatten mal so etwas! – geschrieben. Kurz, aber prägnant, literarisch allerdings ausbaufähig. »Kalt oder heiß – / Nur nit Lau! / Schwarz oder Weiß – / Nur nit Grau!« Jetzt ist sie allerdings nur sehr rot. Ganz ohne Schwarz-Weiß dabei.

»Frauen Augsburgs! Bürgerinnen der freien Räterepublik! Nach langer, dunkler Nacht erscheint die ersehnte Morgenröte einer neuen Zeit. Genossinnen, Schwestern! Reichen wir uns die Hände zu einem freudigen Zusammenarbeiten. Wollen wir wieder unter die Geißel des Kapitalismus kommen, sollen unsere Kinder Sklaven desselben werden? Niemals! Schon haben wir Frauen im Arbeiterrat mit Sitz und Stimme. Also schließt die Reihen und laßt uns geschlossen an der Seite unserer Männer für die heilige Sache kämpfen! Seid einig und treu.«

Das ist der hohe Ton in diesen Tagen.

Draußen an der frischen Luft verständigen sich Brecht und Neher kurz über das Gehörte. Im Großen und Ganzen zustimmend, aber doch mit einer gehörigen Portion Skepsis. Das sind doch schon auch Phrasen. »Heilige Sache – schön und gut. Aber was nützt dir das, wenn du dafür totgeschossen wirst?« – »Freiwillig werden sich Leute wie mein Vater denen nicht ergeben«, meint Neher. Sein Vater ist Volksschullehrer. Brecht: »Nicht mal mein Bruder!«

Ostern 1919 sitzen Brecht und Neher wieder einmal beisammen in Brechts Augsburger Mansarde, wie jetzt oft, seitdem auch Neher demobilisiert und die Bi ins Allgäu verschickt worden ist. Sie arbeiten gemeinsam, während man von draußen außer den Kirchenglocken auch Geschützdonner aus den Arbeitervorstädten Lechhausen und Oberhausen hört. Dort leistet die »Rote Armee« der Räterepublik den »weißen« Truppen der Reichsregierung und den völkischen Freikorps einen letzten erbitterten Widerstand. Neher hat sich von seinem Vater natürlich nicht bereden lassen, sich doch auch den »Weißen« anzuschließen, den Konterrevolutionären. Er zeichnet weiter am *Baal,* immer neue Versuche, sich mit seinen künstlerischen Mitteln den Ideen des Freundes anzunähern. Brecht schaut aus dem Fenster. Was geschieht da draußen? Neher: »Weiße Garden gegen Rote Garden. Bruderkrieg. Die Weißen schießen jetzt die Arbeiter in den Vorstädten zusammen.« Brecht kann nicht anders, er muss sich das vorstellen. »Wenns da so reinschlägt in einen Menschen …« Neher, der weiß, wovon er redet, lakonisch: »Das reißt dir alles weg.«

Brecht findet ein Bild, das er bald in seinem Spartakus-Stück verwenden wird. »Die explodieren wie die Fische.«

»Und das an Ostern.«

»Die werden nimmer auferstehen. Und wer davonkommt, den werden sie jagen.«

»Und dein Bruder ist unter den Jägern.«

Brecht beobachtet die Entwicklung, hält sich zurück. Aber dann geht er doch ein erhebliches Risiko ein.

Denn einige Tage später lässt er Georg Prem in seine Mansarde. Brecht verschließt die Tür hinter ihm. Prem ist auf der Flucht. Die Weißen sind hinter ihm her. Wenn die ihn packen, werden sie ihn standrechtlich erschießen. Brecht gibt ihm für zwei Nächte Unterschlupf und unverdächtige Kleider für die Flucht. Die Genossen bringen ihn dann an die Schweizer Grenze.

— *Anfang Mai marschiert die Reichswehr auch in München ein und kämpft, unterstützt von den rechten Freikorps, dort die rote Räterepublik blutig nieder. Brechts Bruder Walter hat sich einem Freikorps angeschlossen.*

Auf einer Straße in München kommt es am 8. Mai zu einer Begegnung der Brüder Brecht. Die Stadt ist schon weitestgehend von den Roten »gesäubert«, die Räterevolution ist niedergeschlagen. Walter Brecht steht noch mit anderen Uniformierten des von Epp'schen Freikorps Wache. Zur Kennzeichnung tragen sie weiße Armbinden. Sie haben ihr Maschinengewehr hinter einer kleinen Barrikade aufgebaut, so können sie die Straße kontrollieren. Schwere Munitionskästen stehen umher. Bertolt Brecht hat seinen Bruder gesucht, um nach ihm zu sehen und Grüße von der besorgten Mutter zu überbringen, hier hat er ihn gefunden. Für eine Zigarettenlänge stehen die beiden Brüder beieinander. »Walter, du musst doch jetzt nimmer dein Leben aufs Spiel setzen. Spartakus ist doch erledigt.« Es ist wieder einer der ganz seltenen Momente, in denen Walter sich seinem Bruder ebenbürtig, vielleicht sogar überlegen fühlt. »Du tätst dein Leben überhaupt nicht aufs Spiel setzen!« Das kann der Bert nur bestätigen. »Nein, auf keinen Fall! Und schon gar nicht fürs Freikorps.« Er steht ja sozusagen auf der anderen Seite der Barrikade. Er gibt Walter einen Brief. »Von Mama. Sie macht sich Sorgen.«

Bert Brecht hat, Revolution hin, Konterrevolution her, für heute Abend schon was vor. »Ich gehe nachher mit Cas in die Kammerspiele, Wedekind, *Frühlings Erwachen*. Ein fabelhaftes Stück. Die ganze Wahrheit über die Geschlechtsnot der Jugend. Großartige Besetzung.« Walter schüttelt nur den Kopf. »Sieh nur zu, dass du heil in deine Studentenbude kommst. Gestern habens hier einen Posten erstochen, sagt man. Die Kameraden sind ziemlich wütend.« Bert geht einige Schritte ins Dunkel und gerät dann in einiger Entfernung wieder in den Lichtschein einer Laterne. Er winkt zurück zu seinem Bruder.

Als mir Walter Brecht bei einem Besuch in Darmstadt 1977 davon erzählte, war noch viel vom Gegensatz der Brüder spürbar. Er wusste natürlich, dass sein Bruder schon damals mit der Revolution sympathisiert hatte. Ob es eine gefährliche Situation war, wenn aus dem Dunkel so ein Besucher auf ihn zukam? Da musste Walter Brecht lachen. »Da haben sie ihn noch lange nicht erkannt. Wo eine Gefahr war, war der nicht! – Es gehörte zu seinem Wesen, mit Leidenschaft die Wahrheit zu suchen und zu proklamieren. Blieb aber ganz im Hintergrund, als es zu Schießereien und Blutvergießen kam.«

In seinen Erinnerungen berichtet Walter Brecht davon, was er in diesen Tagen in München sah. »Obwohl an mehreren Stellen der Stadt weitergekämpft wurde, es aber in unserer Gegend ruhig war, ließ man uns ausgehen. Wir begaben uns zu einem ummauerten Gartenstück oberhalb der Theresienwiese. Hier lagen in mehreren Reihen, dicht an dicht, feindliche Gefallene und Erschossene. Wir mussten mit ansehen, wie sich Leute von uns an die Toten heranmachten und, vielleicht getrieben von dem Schauerlichen, das man uns von den Spartakisten erzählt hatte, sie übel schändeten. (…) Auf die von Blut, Kot und Urin Besudelten wartete das Massengrab. Die Zahl der Toten der zwei vergangenen Tage und Nächte wurde auf achttausend geschätzt.« Und Professor Brecht versucht, das für ihn immer noch Unbegreifliche zu verstehen. »Zusammenzustehen gegen ihre Absicht, die Welt des Bürgertums abzutun und an ihre Stelle die Räteregierung zu setzen, erschien uns Söhnen des Bürgertums als selbstverständliche Aufgabe. Wir waren in geordneten Kolonnen dahermarschiert, aus dem Krieg entlassene Studenten, Fähnriche, Fahnenjunker und Offiziere, junge Leute der gebilde-

ten Klasse, und es hatte sich gezeigt, daß sie grausamer entsetzlicher Handlungen fähig waren.«

In Kimratshofen, im Haus der Hebamme Frick, tritt Paula vorsichtig an Brechts Bett. Der Bert hat mal wieder den mühsamen Weg hierher gemacht. Sie hat in der Nacht etwas gehört, deswegen ist sie herübergekommen. Brecht stöhnt laut. Er greift sich ans Herz. Sein Atem geht schnell. Paula ist erschrocken von dem Bild, das sich ihr da bietet. Ratlos kniet sie an seinem Bett nieder. »Was ist denn? Was hast du?« Brecht kann nur stöhnen. Er ist nass geschwitzt und hat Angst. Er nimmt ihre Hand und legt sie auf sein Herz, dass sie es fühlt, wie schnell es schlägt und nicht aufhören will. Es galoppiert davon, und dann plötzlich stockt es auch wieder, dass man nicht weiß, ob es nicht endgültig stehen geblieben ist. »Mein Herz ...« Brecht hat ihr nie davon erzählt. In den letzten Jahren ist es ja auch weniger geworden. Diese Schwäche, diese Anfälle, die er nicht steuern kann, denen er hilflos ausgeliefert ist. »Ich kommandiere mein Herz«, hat er ja mal in sein Tagebuch geschrieben. Er weiß aber nur zu genau, dass das unmöglich ist. »Jessas Maria!« Paula geht zurück zur Tür, sie will ihm kühlende Umschläge machen, vielleicht hilft das.

Brecht hält sie fest, er braucht jetzt ihre Nähe. »Bi! Bleib, bleib doch bei mir!«

—— *Paula Gross-Banholzer, 1977: »Da hat er Angst gehabt. Ich hab ihm dann Umschläge gemacht. Da ist er zur Ruhe gekommen. So was hatte ich ja noch nie gesehen.«*

Paula kommt aus der Küche und legt ihm ein nasses, kühlendes Tuch auf die Stirn. »Bidi – was hast du bloß?« »Ein Herzkrampf, das gibt sich wieder …« Sie nimmt ihn in den Arm. Instinktiv macht sie es so, wie es seine Mutter früher getan hat, wenn er als kleiner Junge in der Nacht Angstanfälle hatte. »Ist ja gut, mein Lieber.« Paulas Nähe beruhigt ihn allmählich. Brecht zieht sie zu sich auf das Bett. »Komm! Leg dich daher zu mir.« Paula legt sich zu ihm. Immer noch im mütterlich-tröstenden Ton: »Brauchst keine Angst zu haben.« Als Brecht auch noch nach ihrer Hand greift, drückt sie ihn fest an sich. »Ja, ich bleib ja bei dir.«

—— *In seinem Buch* Ich kommandiere mein Herz. Brechts Herzneurose – ein Schlüssel zu seinem Leben und Schreiben *folgt Carl Pietzcker den Spuren dieser Krankheit, der immer wiederkehrenden Angst in Brechts Leben und den dagegen entwickelten Abwehrmechanismen. Eine überraschende Sichtweise, weil sie so gar nicht zu dem Bild des selbstsicheren Menschen passt, der sich mit Ledermantel, Zigarre im Mund und den schneidend scharfen Kommentaren der Welt vorgestellt hat. Aber gerade diese Inszenierungen einer scheinbar unerschütterlichen Souveränität, die das Markenzeichen Brechts geworden ist, weisen auf das gefährdete Herz, das mit der sichernden Pose der Überlegenheit geschützt werden soll. Gesichert vor den von hier ausgehenden überfallartig auftretenden Anfällen, den wegreißenden Gefühlen der Todesangst, die Brecht unter Kontrolle bekommen muss.*

Dies ist ein Blick auf Brechts Leben und Werk, der mir viele interessante Fragen eingetragen hat, Fragen und Beobachtungen zu den alltäglichen Einzelheiten seines Lebens: die Scheu vor fremden Menschen, die Vermeidung

von Situationen, in denen die Angst ausgelöst werden könnte, durch Distanz. Die Mittel ständiger Kontrolle über die Menschen seiner Umgebung – auch in den Rollen von Lehrer und Schüler. Die persönliche Kälte und Vereisung als Schutzpanzer. All das stellt ein großes System der Arrangements seines Lebens dar, um mit dem Schrecken zu leben. Vor allem das Schreiben war, so Pietzcker, die wirksamste Form der Angstabwehr und Überwindung der Bedrohung.

Zu einem anderen Ergebnis kommt neuerdings Stephen Parker. Den Widerspruch zwischen Brechts offiziell vorgeführter »Härte!!« und seiner Verletzlichkeit begreift er als das Dilemma eines Künstlers, der gerade die Empfindlichkeit der Wahrnehmung, das »heiße Herz«, als Produktionsmittel notwendig braucht, sich aber solche Sensibilität angesichts der grausamen Wirklichkeit (Brecht hat schließlich den Ersten Weltkrieg miterlebt) nicht leisten kann. So ist er gezwungen, schreibt Brecht selbst, »sich eine ›UNEMPFINDLICHKEIT (unzerstörbarkeit, unverwüstlichkeit)‹ zuzulegen«, eine Lederhaut, all seine Kälte und Härte zu mobilisieren, um überhaupt in dieser Welt überleben – und arbeiten! – zu können.

Diese Sichtweisen haben mich bei der Darstellung begleitet; die Szenen des Films wie auch des Filmbuchs enthalten viele Fragen, die ich damit an die Leser und Zuschauer weitergegeben habe.

Caspar Neher hat einmal für Brecht einen »Wasser-Feuer-Menschen« gezeichnet. Im Anzug, mit Bowler, breitschultrig und selbstbewusst im Schneidersitz vor der Bergkulisse des Himalaja. Der Mensch der Neuen Zeit – heiß und kalt zugleich, unempfindlich gegen Kälte und Hitze. Ein Wunschbild.

Langsam beruhigt sich Brecht. So viel bedrückt sein Herz. Die ungewisse Zukunft – wann wird die Welt endlich erkennen, wer er ist? Und jetzt noch das Kind. Die eigenen Ängste, die Erwartungen der anderen. Aber es muss einfach gelingen. Zunächst noch kurzatmig und stockend, dann mit wachsender Zuversicht beginnt er, seine Pläne zu entfalten. Er redet jetzt gegen die Luftnot an, stößt die Worte flüsternd heraus. »Wenn der *Baal* herauskommt, … dann … da schaut's schon anders aus. Einmal werd

Caspar Neher

ich die Schublade aufziehen ... und dann ist genug Geld drinnen.« Paula will ihn von Geld, Erfolg und Ruhm wegbringen, das regt ihn doch nur wieder auf. »Ruhig, bleib ganz ruhig.« Brecht aber spricht weiter. Immer noch in Paulas Arm liegend, flüstert er, haucht er sich selbst mit kurzen Pausen dazwischen wieder Zuversicht ein. »Der Doktor Feuchtwanger ... der liest gerad meinen *Spartakus* ... der Mann hat einen Namen in München ... wenn der's den Kammerspielen vorschlagen würd ...«

— *Tagebuch Caspar Neher, März 1919: »war heute mit Bert zusammen und war froh. Es ist sehr schön gewesen. Wir stellten fest, dass Bert unbedingt ein Genie wäre und ich auch. wir glauben an unser Genie, wie an den Strohhalm des versinkenden.«*

Auf die Frage, ob man damals das Gefühl hatte, dass aus Brecht ein großer Dichter werde, hat der Jugendfreund Pfanzelt einmal geantwortet: »Er selbst – ich kann mich sehr gut erinnern – hat mir anlässlich eines Spaziergangs einmal gesagt: ›Ich wünsche mir eigentlich bloß, daß ich so viel Anklang finde, dass meine bescheidenen Ansprüche in Erfüllung gehen.‹ Er hat also nicht gedacht, dass er der große Mann wird, der er dann geworden ist.«

Brecht steht in München vor einer Wohnungstür in einem großbürgerlichen Treppenhaus. Er fällt ihm nicht leicht, dieser Bettelgang um Protektion. Er drückt auf den Knopf unter dem Klingelschild DR. FEUCHTWANGER.

Das Mädchen lässt ihn ein und führt ihn ins Wohnzimmer. Es dauert gar nicht lange, dann kommt Lion Feuchtwanger ins Zimmer, er hat das Schreibmaschinenexemplar des *Spartakus*-Stücks in der Hand. Die Sekretärin von Brechts Vater aus der Papierfabrik hat es abgetippt. Feuchtwanger, ein eher kleiner Herr in den Dreißigern mit etwas chinesisch anmutendem Gesicht, setzt sich an den Tisch und deutet Brecht an, auch Platz zu nehmen. Brecht ist in sichtlich schlechter Verfassung. Dünn und hungrig wirkt er hier. Er fällt gleich mit der Tür ins Haus.

Hydratopyranthropos: Der Wasser-Feuer-Mensch. Heiß und kalt zugleich, unempfindlich gegen Kälte und Hitze.

»Dass Sie's nur wissen, Herr Doktor – ich hab's nur geschrieben, weil ich dringend Geld nötig hab. Wegen einer Geschichte, die …«

Lion Feuchtwanger lächelt ihm wohlwollend und ermutigend zu, wie ein älterer Freund. »Die meisten sagen mir, dass sie sich ihre Dichtung aus dem Herzen herausgerissen haben.«

»Das Herz war's weniger. Die Ursach ist ein anderes Organ. Es ist zwegen dem Kind, das meine Freundin erwartet.«

»Ja, das ist eine andere Etage.«

Feuchtwanger schmunzelt. Er schaut noch mal in den Text.

»*Spartakus* – gut, dass Ihr Stück in der Gegenwart spielt. Ihr Kriegsheimkehrer kommt überraschend zurück …«

»Der Verschollene taucht unerwartet in der Familie seiner Verlobten auf.«

»Dieser Kragler findet seine Braut etwas beschädigt vor – ge-

schwängert von einem anderen. Das kommt vor. Aber wie Sie die Menschen sprechen lassen. Diese Lyrik, das ist partienweis fast kein Drama, sondern eine Ballade. Wie Ihr Kragler aus der Kriegsgefangenschaft in das bürgerliche Idyll da reinplatzt, das ist ein Ereignis.«

Brecht will ihm eine Interpretation anbieten. Ob er drauf anspringt? »Diese Kriegsgewinnler, Krisengewinnler – gegen die geht's doch …«

Feuchtwanger ist beim Überfliegen des Manuskripts hängen geblieben. Diese Sprache! Das muss man einfach laut lesen. Und er liest laut, mit wachsender Begeisterung. »›Na, was schauen Sie denn so überirdisch? Auch Geld für Kränze hinausgeschmissen? Schade drum! Melde gehorsamst: habe mich in Algier als Gespenst etabliert. Aber jetzt hat der Leichnam mörderischen Appetit. Ich könnte Würmer fressen!‹«

Er bricht lachend ab. »Ihre farbige, wilde Sprache, dieses kräftig Altmodische darin, wissen Sie, das macht es zu was Besonderem.«

Brecht fühlt sich verstanden. »Sie können es auf der Zunge schmecken.«

»Was schmecken?«

»Das Fleisch der Worte.«

Ja, das ist es. Jetzt kommt Marta Feuchtwanger herein, Lions schöne, exotisch anmutende Frau. Sie bringt einen Teller mit Butterbroten.

»Sie schaun ja ganz verhungert aus.« Brecht dankt und greift zu. Dann wendet er sich wieder an Feuchtwanger. »Und Sie würden es dem Falckenberg von den Kammerspielen vorschlagen?«

»Ja, er soll's lesen. Aber vorher sollten Sie doch noch einiges ändern.«

Brecht holt sofort sein Notizbuch heraus. »Ich würd's ändern bis eine Stunde vor der Premiere, wenns nottät.«

Augsburg, Wohnung der Familie Brecht. 1. Mai 1920. Sophie Brecht, Berts Mutter, liegt erschöpft schlafend im Bett. Nach langjähriger Krebskrankheit hat man in der letzten Zeit ihr Leiden durch starke Morphiumgaben zu lindern versucht. Gerade in diesem Moment hört sie endgültig auf zu atmen. Die Nachtschwester, eine Nonne mit Flügelhaube, beugt sich über sie und fühlt nach ihrem Puls. Dann legt sie ihr die herunterhängende Hand auf die Brust und zeigt mit einem Blick ins Nebenzimmer an: Nun hat sie ausgelitten. Dort stehen Walter, Bert und der Vater und blicken stumm auf die Tote, »im Schmerz vereint«. Im Hintergrund schluchzt das Dienstmädchen Marie. Bert richtet seinem Bruder den Jackenkragen, sich sofort bei ihm für den ungewohnt zärtlichen Übergriff entschuldigend: »Er hatte sich verschoben.« Walter Brecht, erst fast erschrocken, nickt dankbar.

— *Walter Brecht war tief bewegt von dieser überraschenden Geste der Zärtlichkeit seitens des Bruders. Noch 1977 erinnerte er diesen Moment genau. Zärtlichkeit habe in dieser Familie nie eine Rolle gespielt. »Als einzige Zärtlichkeit zwischen Bruder und Bruder, das hebe ich hervor: Das war beim Tod meiner Mutter. Das war zärtlich.«*

Später. Der Vater und Walter stehen jetzt zu Füßen der aufgebahrten Leiche, sie sind inzwischen in Trauerkleidung. Berthold Friedrich Brecht zündet auf einer Art improvisiertem Altar zu Füßen des Bettes die Kerzen an. Die Ordensschwester ist noch dabei, ebenso das Dienstmädchen Marie. Da meldet sich ungebührlicher Lärm aus dem Stockwerk darüber, laute rohe Stimmen, Lachen, Aufstampfen im Takt. Bert und seine Freunde. Wir hören Fetzen eines Liedes, das zur Gitarre gesungen wird: *Die Ballade von den Seeräubern* klingt zersungen und zerlacht von oben herunter. Mal sind nur einzelne Worte zu verstehen, »Branntwein toll«, »Finsternissen«, dann noch lauter und halbwegs deutlich der Refrain: »O Himmel, strahlender Azur! Enormer Wind, die Segel bläh! Lasst Wind und Himmel fahren …«

Empörte Blicke von unten nach oben. Der Vater schaut auffordernd zu Walter hinüber, der gehorsam, und erbost ist er auch, die Treppe hochläuft in die Wäschekammer und bis vor die Tür von Brechts Mansarde. Dort bleibt er kurz stehen, um seinen Mut zusammenzunehmen. Da verstummt aber das Lied, und das laute Lachen drinnen verebbt. Walter lauscht noch einen Moment. Dann macht er kehrt.

— *1984, als ich Walter Brecht zum letzten Mal besuchte, habe ich ihn danach gefragt, wie er damals das Verhalten seines Bruders empfunden hat. Die Antwort kam, nach all den Jahren, mit Wucht und Zorn. »Als eine ungeheuerliche Blasphemie und Unverschämtheit, so habe ich es in dieser Stunde verstanden. Und ich müsste lügen, wenn ich es heute nach so vielen Jahren sehr viel anders verstehen würde. Diese Herausforderung aller anderen, die in diesem Haus Schmerz empfanden, um selber gewissermaßen ein eigenes Empfinden zurückzudrängen ... So war er.«*

Am nächsten Morgen in der Früh sitzt Brecht im dicken, abgeschabten Ledermantel auf der Mauer des Stadtgrabens am Wasser und schreibt etwas in sein Notizbuch.

— *1977 erzählte mir Ernestine Müller, eine Jugendfreundin Brechts aus der Nachbarschaft, von der Begegnung mit ihm am Morgen nach dem Tod seiner Mutter. »Ich ging in den Dienst ans Postamt, da saß er um sieben auf dem Geländer am Stadtgraben. Und da hab ich gesagt: ›Was tust du denn jetzt schon um diese Zeit?‹ – Es war kalt. Da sagte er zu mir: ›Ich muss meiner Mutter das Totengedicht machen.‹«*

Während er weiterschreibt, spricht Brecht den Text leise, noch suchend, vor sich hin. »Zwanzig Winter hatten sie bedroht, ihre Leiden waren Legion, der Tod schämte sich vor ihr.«

Brecht steckt das Notizbuch in die Tasche und

knöpft den Mantel zu. Er setzt die Mütze auf und steckt sich die Zigarre an. Derart verschnürt und gesichert geht er durch eine enge Gasse davon. Der Rohstoff der Gefühle hat seine Form gefunden und sich in Sprache verwandelt, in eine andere, höhere Form der Sprache. Und es ist jetzt ein anderes Ich, das hier spricht. »O, warum sagen wir das Wichtige nicht, es wäre so leicht und wir wären verdammt darum. Leichte Worte waren es, dicht hinter den Zähnen, waren herausgefallen beim Lachen und wir erstickten daran in unsrem Halse.«

Eine Pferdekutsche kommt ihm entgegen. Er wechselt davor schnell die Straßenseite.

— *Paula Gross-Banholzer hatte ich schon 1977 eine Frage gestellt, die sie überrascht hat: »Haben Sie ihn mal weinen sehen?« – »Nein, nein!« – »Sie können sich gar nicht vorstellen, dass Brecht geweint hat?« – »Nein, könnte ich nicht.« – »Warum nicht?« Die sechsundsiebzigjährige Frau Gross-Banholzer: »Nein, eine komische Vorstellung. Er hat nur so gelacht: Haha, hahahaha, so gemeckert.« In sein Notizbuch für das Jahr 1921 schreibt er auf das Titelblatt als Leitwort »Härte!!«.*

Augsburger Stadttheater. Auf einer Litfaßsäule vor dem Eingang klebt das Plakat mit der Ankündigung der Oper *Carmen* für die Spielzeit 1919/20. Wir hören die Musik des 1. Akts, die Szene mit der berühmten Habanera.

Auf der Bühne ist die erste Szene schon im vollen Gange, die Zigeunerin Carmen hat ihren Auftritt vor der Zigarettenfabrik, es ist Rauchpause. In der Titelrolle sehen wir die junge neue Kraft aus Wien, Fräulein Marianne Zoff, die für die erkrankte Primadonna eingesprungen ist. Eigentlich ist sie hier ja nur ein Blumenmädchen. Sie trägt Carmens spanisches Kostüm, gelegentlich sind unter dem weit fliegenden Rock die stadtbekannt schönen Beine der Sängerin zu sehen. Als Mezzosopran bekommt sie öfter Gelegenheit, sie in Hosenrollen zu zeigen. Das

schwarze Haar, die leicht bronzene Haut, die dunklen Augen von Marianne Zoff passen gut zur Rolle. Sie singt das Lied über die Liebe, die bunte Flügel hat, vom Zigeuner stammt, nicht nach Rechten, Gesetz und Macht fragt, nicht zu fangen ist und nicht herkommt, wenn sie nicht will. Dabei kokettiert sie mit dem Publikum, wie es sich für die Rolle der Carmen gehört. Brecht sitzt in der Presseloge. Er lässt sich bezaubern. Carmen singt: »Liebst du mich nicht, / Bin ich in heißer Lieb für dich entflammt; / Doch wenn ich liebe …« Brecht holt sich die Sängerin mit seinem Opernglas ganz nahe heran. »Wenn ich lie-hiebe – Nimm dich in Acht!«

Brecht setzt das Opernglas ab. Er ist sehr interessiert, erfreut und fühlt sich angesprochen.

Marianne Zoff erinnert sich: »Er ist in meine Garderobe gekommen und hat mir Komplimente gemacht. (…) Er lobte meine Stimme, meine Darstellung (…).

Er bat Platz nehmen zu dürfen und begann ohne Unterbrechung zu reden. Ich (…) betrachtete ihn dabei aber nicht ohne Faszination, so wie man ein exotisches Tier im Zoo beäugt. Der asketische Schädel gefiel mir, der schmallippige Mund bewegte sich fortwährend, die dunklen Knopfaugen stachen (…). Er redete und redete. (…) Nach der Vorstellung stand er am Bühneneingang und erwartete mich.«

Auf der Straße vor einem Lokal Reste von gefallenem Schnee. Marianne Zoff und Brecht verlassen Arm in Arm die letzte Faschingsfeier des Jahres 1921 in München-Schwabing. Vor der Tür verabschieden sie sich von Lion und Marta Feuchtwanger. Einige andere Masken sind auf der Straße unterwegs, gute Laune allerseits. Marianne Zoff hat sich aus dem Fundus des Stadttheaters eine Art Schwanenkostüm mit vielen Federn entliehen und trägt jetzt einen Pelzmantel darüber. Brecht hat sich als Rokoko-Kavalier mit weißer Zopfperücke verkleidet, nicht ohne Zigarre.

Cas Neher in Teufelsmaske und Otto Müllereisert als Weißclown mit spitzem Hut umkreisen Brecht und Marianne auf dem Weg zum Taxi, das gerade vorgefahren ist. Wenn sie an ihnen vorbeitanzen, werfen sie Konfetti und Luftschlangen. Marta Feuchtwanger kommt in orientalischer Kostümierung aus dem Hintergrund und balanciert auf einem Tablett vier Gläser mit Bergamottenschnaps. »Noch einen auf den Weg!« Ihr Gemahl Lion, undurchsichtig lächelnd unter einem großen Turban, will mit Brecht anstoßen. Cas Neher schnappt ihm aber im Vorbeitanzen das Glas vor der Nase weg. Dabei singt er leise die ersten Töne der Habanera, denn er sieht schon, was sich da angebahnt hat. »Doch wenn ich lie-hie-be … nimm dich in Acht!«

Brecht und Marianne steigen ins Taxi. Da beugt sich Feuchtwanger noch mal zu ihm in den Wagen. »Ich werd mit der Intendanz der Kammerspiele noch amal über Ihr Stück sprechen. Aber wissens, Ihr Titel *Spartakus* – das gibt ihm eine falsche politische Tendenz.« – Politische Tendenzdichtung? Das wäre wirklich ein fatales Missverständnis. »Mein Kriegsheimkehrer ergreift nur Partei für sich selber, fürs breite bürgerliche Bett!« – »Ich weiß, Brecht. Aber gerad weil Sie's nicht politisch aufgezogen haben. Die Marta hätt da einen Vorschlag.«

Marta Feuchtwanger schaut über Lions Schulter in den Wagen hinein auf das Paar im Fond und bringt ihren Vorschlag an: »Trommeln in der Nacht.«

Brecht überlegt nur ganz kurz, für brauchbare Vorschläge hat er immer Verwendung. »Das könnt von mir sein!« Neher, die Teufelsmaske, gehörig betrunken, ist ebenfalls einverstanden. »Das nehm' wir!« Feuchtwanger schlägt die Wagentür zu. Die Taxe fährt zwei, drei Meter, dann stoppt sie noch einmal. Brecht kurbelt das Fenster herunter und steckt seinen Kopf heraus. Leicht angetrunken artikuliert er mit souveräner Ironie: »Herr Doktor Feuchtwanger, ich bin Ihnen da andauernd und herzlich gewogen.«

Brecht lässt die Taxe wieder abfahren. Durch die Heckscheibe sieht Feuchtwanger noch, wie Brecht winkt, ohne sich dabei umzusehen. Feuchtwanger lacht: »A Hund ist er scho, der Brecht.« Marta, bewundernd, aber nicht ohne Skepsis: »Ein Genie ... in seiner Art.« Feuchtwanger hat seinen Freund und Schützling den Abend über beobachtet – und natürlich auch seine Frau. »Er hat mit dir getanzt – ganz eng. Nimm dich in Acht.« Marta braucht keine Extrawarnung, sie weiß schon Bescheid. »Er will alle und alles ...« Lion Feuchtwanger stimmt ihr zu. »Ein Menschenfresser ... in seiner Art.«

Neher steht noch auf der Straße und schaut seinem Freund nach, der längst verschwunden ist. Er trinkt den letzten Schluck aus seinem Glas und murmelt eher pro forma die Frage vor sich hin, mit der Bert und er früher, als Pennäler, immer »die Weiber« klassifiziert haben: »Lasst die? Oder lasst die net?«

München, Brechts Studentenzimmer. Es ist nicht mehr sein erstes, in dem wir ihn mit Paula erlebt haben – Brecht wechselt seine Zimmer häufiger. Eher schäbig eingerichtet ist aber auch dieses. Große Sprünge kann er sich vom väterlichen Monatswechsel nicht erlauben. Ein Bett, ein Schrank, ein Waschtisch. Wo nur irgend Platz ist, Stapel von beschriebenem Papier. Ein medizinisches Fachbuch liegt herum, Überbleibsel aus den ersten Semestern, als Brecht hier an der Universität noch gelegentlich medizinische Lehrveranstaltungen besuchte.

Marianne Zoff und Brecht kommen angeheitert herein. Beide haben noch Luftschlangen und Konfetti auf den Kleidern und im Haar. Mariannes edler Pelzmantel, ihr vornehmes Auftreten stehen in deutlichem Kontrast zur Ärmlichkeit des Zimmers. Sie schaut sich um und hebt eine Totenmaske fragend hoch. Brecht, noch etwas verlegen, klärt auf: »Napoleon.« – »Aha. Napoleon in Schwabing.« Sie geht zu einem kleinen Regal, auf dem der Totenschädel zwischen den Büchern klemmt. Sie nimmt ihn in die Hand. »Ist der echt?« Brecht nimmt einen Schluck aus der Flasche, die er hat mitgehen lassen. »Zu leben lohnt sich in jedem Fall!« So weit die Ansage. Aber Marianne hat den Pelz noch nicht abgelegt. Sie spricht beiläufig mit Brecht, während sie die Zeichnungen von Neher an der Wand anschaut und das eine oder andere Manuskript aufhebt. Um beide schwirrt eine gelöste, vom Alkohol gefärbte Stimmung von Spiel und Erotik. Dabei beobachtet Brecht sie aufmerksam, er lauert auf den geeigneten Augenblick. Eigentlich auf eine Einladung. Sie ist mitgegangen. Gut. Aber nun muss erst noch mal der Status quo ante hergestellt werden. Wange an Wange, wie auf der Tanzfläche. Endlich kommt das Stichwort von Marianne. »Sie haben ziemlich aufreizend mit der Frau Feuchtwanger getanzt. Sehr sinnlich …«

»Aber dann bin ich ihr davongelaufen.«

»Und sind zu mir gekommen …«

Wenn das keine Einladung ist. Er nimmt sie in den Arm und sie tanzen, ganz eng beieinander. Brecht: »Und wir haben getanzt Wange …«

»… an Wange …«

»... sehr sinnlich.« Aber das Stichwort kommt zu früh für den Kuss. Marianne bleibt stehen und löst sich für den Moment.

»Warum wollten Sie unbedingt weg von der Feier, noch vor Mitternacht?«

»Weil ich grad jetzt Geburtstag hab!« Und er gibt ihr rasch einen schlecht platzierten Kuss. Ein Geschenk sozusagen, schnell ausgepackt. Aber ihre Gratulation klingt eher trocken. »Glückwunsch.«

Brecht hält es für angebracht, seine neu gewonnene Reife zu betonen. »Jetzt bin ich 23 Jahr alt!« – »Da bin ich ja etwas älter ...« In der Tat, Marianne ist 1893 geboren, damit ist sie Brecht um fünf Jahre voraus. Sollte sie sich etwa deswegen überlegen fühlen? Brecht kommt solchen Bedenken zuvor und beschwichtigt: »Rein geistig betrachtet – bin ich ein Methusalem.« Er sieht in den Spiegel, ob seine Perücke auch den Methusalemeffekt unterstützt. »Ganze Bibliotheken sind da oben versammelt. Und eigene Stücke, die jetzt auf die Bühne kommen. *Trommeln in der Nacht,* dann kommt der *Baal* ...« Mit jedem aufgezählten Meisterwerk öffnet er einen Knopf ihres Pelzmantels, von oben nach unten. »Oder noch vorher – Die Bibel, ein Frühwerk ...« – je nun, an eine Aufführung ist zwar überhaupt nicht zu denken, aber hier macht es sich vielleicht gut. Da sind schließlich noch mehr Knöpfe.

Marianne stoppt seine eifrigen Finger. »Ein Frühwerk? Sie sind doch gerade erst 23 geworden.« – »Die Bibel – das ist ein religiöses Drama, das hab ich geschrieben, da war ich 15. – Jetzt ist der *Gargei* dran, und vor allem meine *Sommersinfonie.*« Mit diesem Werkverzeichnis, das zwanglos vom Fertigen und Halbfertigen in die Sphäre der großen Projekte und Planungen übergeht, knöpfen fleißige Finger Stück für Stück Marianne aus dem Pelz. Dabei wird ihr Schwanenkostüm freigelegt, das weiße Bustier mit ansehnlichem Dekolleté, kaum verdeckt im weichen Pflaum des Federkleids. Brecht pustet leicht über die Federn. Wie sie sich zur Seite bewegen, werden unterm Gefieder ihre Brüste sichtbar. »Zwei junge Rehzwillinge, die unter Rosen weiden«, so steht's in seinem Lieblingsbuch – der Bibel. Aber da sind immer noch Knöpfe, und Brecht möchte die Aufzählung seiner Dich-

tungen fortsetzen. Ein richtig eindrucksvolles Opus fällt ihm aber nicht mehr ein. »Nicht zu vergessen die *Lieder zur Klampfe. Von Bert Brecht und seinen Freunden.*« Oh je, Klampfenlieder, und nicht mal von ihm allein! Marianne schließt mit einer knappen Bewegung den Pelz wieder. Brecht streichelt das offensichtlich teure Fell, fährt mit der Hand prüfend den Kragen entlang. Misstrauen regt sich in ihm, erste Vorboten der Eifersucht. »Woher haben Sie den Pelz?«

»Eine Sängerin braucht heutzutage so etwas. Ein Pelz beschützt.«

Keine befriedigende Antwort, eher das Gegenteil. Aber das ist jetzt egal. »Tu ihn weg!« Als Gentleman ist er da schnell mal behilflich, der Pelz gleitet zu Boden. Brecht nimmt Marianne in den Arm, geht in Tanzhaltung, macht vorsichtig die ersten Schritte. »Sie haben eine seltsame Art zu tanzen. Es ist mehr ein rhythmisches Schreiten.« Aber da ist Brecht schon bei den Haken und Ösen am Schwanenrücken. Die Corsage lockert sich, das leichte Federkleid rauscht zu Boden. Marianne schaut ihn an. Und er liest in ihren Augen die schöne Einladung: Komm!

Vor dem Bühneneingang des Augsburger Stadttheaters ist eine elegante Limousine vorgefahren. Der Fahrer, Herr Camillus Recht, ein großer, stattlicher, vorzüglich gekleideter Mann, steigt aus, geht geschwind um den Wagen herum, öffnet die Tür zum Beifahrersitz und hilft der in ihren Pelz eingehüllten Marianne Zoff beim Aussteigen. Mit Handkuss verabschiedet er sich, und Marianne steuert durch den Bühneneingang ins Gebäude. Beobachtet hat das alles Brecht, hinter einer Litfaßsäule verborgen. Er hat es geahnt. Die Sängerin, der Pelz und nun der Beschützer mit Wagen. Das ist der geile Mammon. Und der hat sie in den Klauen! Sein Herz schlägt schnell und schneller.

In Brechts Mansarde ist es kalt. Der Mond beleuchtet die Eisblumen am Fenster. Brecht führt eine Dame im Pelz herein. Sie sind mitten in einer Auseinandersetzung. Brechts Ton ist scharf, junge Liebe hört sich anders an. »Was will dieser Widerling von dir?« Marianne ist am Fenster stehen geblieben. »Camillus kommt aus München. Er ist Verleger. Kunstbücher. Und Fabrikant von Spielkarten.«

»Spezialgebiet – gezinkte Karten!« Damit hat Brecht die Lampe auf dem Sekretär eingeschaltet. – »Er hat sich um mich bemüht. Ein Freund ...« Brecht geht sofort dazwischen. »... und Beschützer!« – »Ja, wenn du so willst.« In Brecht kocht jetzt die Eifersucht. »Ein Edler, ein Retter in der Schlangengrube des Theaters.« Damit schneidet er jeden Rückzug für Marianne ab. Aber sie versucht es noch einmal. »Du weißt ja nicht, wie schwer es ist für eine alleinstehende Sängerin.« Brecht greift nach ihrem Pelzmantel, reißt ihn herunter und wirft ihn aufs Bett. Er wird jetzt endgültig scharf und bösartig. Schließlich gehört sie nun zu Bert Brecht und zu niemand sonst.

»Jetzt bist du nicht mehr alleinstehend. Ich leid's nicht, wenn er dich antatscht mit seinen glibberigen Froschfingern!« Marianne setzt sich aufs Bett. »Ich hab's ihm gesagt. Ich will nicht mehr. Ich kann nicht mehr.«

»Und er, was hat er gesagt?«

Marianne zieht den Pelz bis zum Kinn hoch. Nur der Kopf schaut noch hervor. »Er liebt mich. Er tut alles für mich, wenn ich nur bei ihm bleibe.« Brecht kommt ganz nah an Marianne heran. Er zieht die Luft durch die Nase ein, schnüffelt an ihr. »Ich rieche ihn, wie er sich dir mit seinem Aasgeruch nähert ... wie es dich ekelt!«

Dabei spürt er aber den Duft von teurer Seife, teurem Parfum. Geschenke, die er sich nicht leisten kann. So kauft der da sich die schönste Frau in Augsburg, missbraucht sie zu seiner Lust. »Sag ihm, dass du nun zu mir gehörst!«

Damit geht er an den kleinen Kanonenofen und wirft die ersten Holzstücke auf die Glut. Das Feuer leuchtet auf.

»Er weiß es.«

»Und?«

»Er hat geweint.«

Brecht dreht sich über die Schulter zu Marianne um und lacht laut auf – ein hämisches Lachen über die Blödheit seines Gegenspielers. »Machiavelli mit tropfnassen Taschentüchern!« Niemals würde er selbst sich, noch dazu in Gegenwart einer Frau, von solchen Gefühlen überwältigen lassen. Keine Träne! Niemals! Trotzdem wird er für einen ganz kurzen Augenblick nachdenklich. Dann diktiert er ihr in einem Ton, der keinen Widerspruch duldet: »Ab sofort nimmst du kein Geld mehr von ihm an. Du lässt ihn auch nicht mehr durch die Tür! Und in dein Bett schon gleich gar nicht!« Und dann lodert die brennende Eifersucht noch einmal hell auf: »Auf gar keinen Fall! Das leid ich nicht!«

— *Brecht hat über Camillus Recht ein langes Gedicht unter dem Titel* Historie vom verliebten Schwein Malchus *geschrieben. »Weil's dem Schwein noch nie so war/(Erste, große Liebe!)/Liebte es mit Haut und Haar./Und bekam nur Hiebe.« Er nahm es sogar in die* Hauspostille *auf.*

In seinen Tagebüchern lässt er seinem Hass freie Bahn, er verflucht den »Affenblut speienden Pappendeckel«, den »Napoleonimitator mit dem Stockdegen«: »Er weint auf offener Straße. Er ist edelmütiger als ein Erzengel, er schlägt Gott an Güte und den Teufel an Zähigkeit. Dabei ist er klug wie nur ein Jude und charakterlos wie ein Viehhändler.« – »Er ist so alt. So abgenutzt, schmierig, elend, er entblödet sich nicht, mich mit seinem Aasgeruch zu schrecken, mit seinen Selbsterniedrigungen zu belästigen.« Das hat sicher nur sehr wenig zu tun mit Oskar Camillus Recht, Gründer des O.C. Recht-Verlags für Kunstbücher und Künstlermonografien in München. Brechts Beschreibungen sind Fantasieprodukte, an denen er sich austobt.

Sie helfen so gut, das Chaos aus Wut, Rache und Angst vor dem Verlust zur Sprache zu bringen.

Im Augsburger Stadttheater, in der Garderobe von Marianne Zoff, schaut Brecht der Mar zu, wie sie die Konturen ihrer Maske nachzieht. Brecht hat Camillus Recht in der letzten Aufführung im Theater gesehen. Schlimmer noch: Marianne hat während der Habanera, beim »Wenn ich dich liebe …« mit der Rose ein Kompliment in die Richtung seiner Loge gemacht. Und dort saß er, der Parasit, und machte ebenfalls ein Kompliment, eine galant-lässige Handbewegung von oben herab in Richtung der Carmen. Und das vor allen Leuten. Das musste er der Marianne natürlich vorhalten, das hat sie sich nun anhören müssen. Sie spricht über den Spiegel mit ihm. »Ich kann ihm doch nicht das Theater verbieten.«

»Das nicht. Aber wie du ihn ansingst!«

Marianne klappt ihren Fächer auf, noch ein Blick in den Spiegel, und sie verschwindet in der Rolle. »Ich bin die Carmen!«

»Ja, aber auch die ...« Brecht wird in seinen Vorwürfen durch die Klingel des Inspizienten unterbrochen, Carmen wird auf die Bühne gerufen. An der Tür dreht sich Marianne noch einmal um: »Ich bin schwanger!«

Damit verschwindet sie im Bühnengang. Das ist ein Schlag. Brecht springt auf, eilt ihr nach und kämpft sich im Flur durch das Gedränge der Statisten – Gassenjungen, Soldaten und Zigarettenarbeiterinnen. Er ruft rasch hinter ihr her: »Von wem?« Marianne dreht sich um, sie hat den Fächer kurz heruntergenommen. »Von wem? Von dir!« Marianne schaut ihn an. Sie ist stehen geblieben und wartet einen Moment auf ihn. Ein neuer Schwall von spanischem Volk, bunt gekleidete Mädchen, drängt sich zwischen ihnen durch.

»Aber mach dir keine Sorgen! Ich werde Recht heiraten.«

So verschwindet sie in Richtung Bühne. Brecht, der auch einen Moment stehen geblieben war, kämpft sich zwischen den herumstehenden Statisten an den Bühneneingang heran.

— *Tagebuch Bertolt Brecht, 21. März 1921: »Ich bin ein kleiner provisorischer Punkt, eine schwache Sache, die nicht viel aushält und der es gutgehen muß, und ich darf mich nicht durch Wirklichkeiten hier ansiedeln wollen. (...) Ich habe schon ein Kind, das unter den Bauern aufwächst, mag es dick werden und weise und mich nicht verfluchen! Aber jetzt reißen sich die Ungeborenen um mich!!«*

Am Inspizientenpult wartet Marianne auf ihren Auftritt. Noch ist der Vorhang unten. Im Orchester stimmt man noch einige Instrumente. Brecht ist jetzt hinter Marianne getreten. Sie schaut auf den Vorhang, wartet. »Ich bin eine Zigeunerin. Ich brauche einen, der anders ist. Einen, der mich hält, daß ich nicht laufe.«

Brecht greift beschwörend nach ihrem Arm. »Ich schreib jetzt Filme. Und für dich eine Hauptrolle.«

Durch die Gasse geht sie in die Mitte der Bühne und stellt sich vor der Szene auf. Sie blickt nur einmal kurz zurück zu ihm. Die Musik setzt ein. Das Bühnenlicht flammt auf. Der Vorhang hebt sich für Carmen. Brecht schaut ihr zu. Jetzt hat er ihr etwas versprochen. Vielleicht ist es mit Geld zu machen. Und mit dem neuen Medium, der Kinematografie, dem Kintopp soll jetzt viel Geld zu machen sein, hat er gehört.

— *Tagebuch vom 18. April 1921: »... und dann rechne ich wieder in fabulösen Zahlen, »Brilliantenfresser« 10000, »Mysterium« 5000, »Liebesmatch« 5000, (...) »Preisfilm« 5000.*

München, Büro des Filmagenten Klette. An der Wand Plakate und Fotos aus der populären Stuart-Webbs-Kriminalfilmreihe. Klette hat ein Exposé des neuen Brecht-Films vor sich auf dem Schreibtisch liegen. Brecht und Neher packen aus einem Karton vorsichtig ihr Bühnenbildmodell aus. Es sind zwei verschiedene Ansichten einer Häuserzeile am Kai. An der Hafenstraße liegt das Lokal *Jamaika-Bar.* Das Haus steht aber auf einer Maschinerie, die das Gebäude drehen kann. Dann sieht man den Teil der Rückseite – nur noch eine Mauer, die an die angrenzenden Gebäude anschließt. Die Bar ist von der Straße aus einfach verschwunden. Brecht erläutert die Kriminalgeschichte, die sich aus dieser Konstruktion ergibt. »Der Mädchenhändlerring lockt die Damen der feinen Gesellschaft von einer Soirée hierher in die Bar. Man macht sie betrunken, willenlos. Und dann dreht sich die Bar.« Neher dreht das Karton-Gebäude seines Modells, es hakt ein bisschen, aber so wird es schon gehen. »Und schon ist die Bar verschwunden!«

Klette ist neugierig geworden. »Und, wie findet er sie, wenn die Bar doch nicht mehr zu sehen ist von der Straße aus?«

»Indem er ihren Weg geht. Sich als Frau verkleidet.«

»Oho! Da hab ich Bedenken, ob der Ernst Reicher da mitmacht. Der ist doch der Held der Serie und der Produzent obendrein. Der wird sich sicher nicht lächerlich machen wollen.«

Da kann ihn Brecht beruhigen. »Keine Angst, er bleibt am Ende der starke Mann. Aber diese Maskerade von Mr. Webbs in eine Mrs. Webbs, falsche Bärte und Identitäten, aus der Not geboren, in die der Zuschauer eingeweiht ist. Ein Millionär spielt einen Hausdiener. Tapetentüren, Geheimgänge, Verwirrungen, das bietet Spannung und Komik, beides gleichzeitig.«

Klette ist beeindruckt. Nicht unbedingt von der Handlung des Films, aber verkaufen kann sich der Mann. »Sie haben ja das Kino schon recht gut verstanden.«

»Was bringt denn so ein Buch?«

»Na, wenn er es kauft, so 3000 Reichsmark – das könnt ich mir vorstellen.«

»Unter 5000 kann ich's nicht abgeben.« Brecht holt das Exposé zu sich herüber. Unter den Titel »DAS MYSTERIUM DER JAMAIKA-BAR. Filmentwurf von Bert Brecht« schreibt er einen zweiten Autor: »und Werner Klette«. »Ich werd's Ihnen hier diktieren.« Klette schwant, dass er gerade überrumpelt wird. »Und mein Anteil?«

»Sie sind beteiligt, wenn's den Stoff verkauft haben.«

— *Wenn man sich die Stuart-Webbs-Filme dieser Jahre anschaut, kann man sehen, wie genau Brecht die Gesetze des Detektivfilms erkannt und bedient hat. Die Dramaturgie aus einem fantastischen Bühnenbild zu entwickeln, war nicht nur ein Freundesdienst für Caspar Neher. Es traf auch die Bedürfnisse des Stummfilms, den Zuschauern im Kino zauberische, magische Momente zu bieten.* Das Mysterium der Jamaika-Bar *fand trotzdem nicht den Weg auf die Leinwand.*

Ein Waldweg in Kimratshofen. Paula Banholzer und Bert Brecht ziehen in einem kleinen Leiterwagen ihren Sohn Frank hinter sich her. Der Vater hat ihm ein kleines holzgeschnitztes Pferdchen mitgebracht. Damit spielt der Kleine. Immer wieder schaut er auch nach vorne auf die beiden Pferdchen, die seinen Wagen ziehen. Paula ahnt, dass Brecht noch andere Frauen haben könnte, Liebschaften, die er ihr verheimlicht. Da kann sie nie sicher sein. Bald ist sie 21 Jahre alt, volljährig. Da könnten sie endlich heiraten. »Hast du mich denn noch ein bisschen lieb?« Brecht ist stehen geblieben. Er nimmt sie rasch in den Arm. Ein Kuss, der alle Befürchtungen beschwichtigen soll, und rasch dazu – gekonnt – ein liebes Wort. »Du dumme Geiß! Jeden Tag denk ich an dich!« Für Paula das Glück für den einen Augenblick. Sie nimmt das Kind aus dem Wagen auf ihren Arm, und jetzt stehen sie zu dritt zusammen – fast eine Familie. »Wenn ich einundzwanzig bin, dann können wir doch heiraten.«

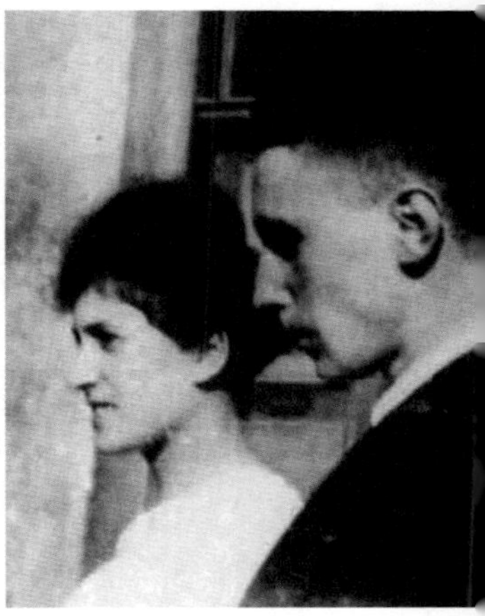

Brecht macht ein bedenkliches Gesicht. »Ja. Aber Geld müssten wir haben.« – »Dann könnten wir auch den Jungen zu uns nehmen.« Paula wäre gern mit ihrem Kind beim Brecht. Und auch, wenn er jetzt noch nichts hat – er wird doch sicher mal ein berühmter Mann, das hat er oft genug gesagt. Sie weiß ja, dass er auch deswegen nicht so viel Zeit für sie hat, weil er in München dabei ist, seinen Aufstieg in den Ruhm zu organisieren.

Brecht steht vor ihr, er kommt gar nicht auf die Idee, ihr den

Sohn abzunehmen. So setzt sie ihn wieder in den Leiterwagen, und sie biegen in einen Weg abwärts ein, zurück nach Kimratshofen. Eine Frage hat er noch. Er hat Angst, dass sein Sohn hier auf dem Land keine gute Erziehung bekommt, von der Bildung gar nicht erst zu reden, dass er verbauert, dass man ihn verpfuscht. »Da wo er jetzt lebt, der Wegmacher und seine Frau … ob das das Richtige hier ist?« Paula weiß, dass es zurzeit keine andere Möglichkeit gibt. »Sind gute Leute.«

Schweigend gehen sie weiter.

— *Frank Banholzer bleibt noch einige Jahre in Kimratshofen. Er wird hier zur Schule gehen. Xaver und Kreszentia Stark, ein älterer Wegmacher und seine Frau, ziehen ihn gegen Bezahlung auf. Nur selten kommen die Eltern, um ihren Sohn zu besuchen.*

Jemand hat an die Tür von Brechts Münchener Studentenbude geklopft. Brecht öffnet und erkennt Camillus Recht. Ohne Anstalten zu machen, hereinzukommen – und Brecht hätte ihn wohl auch kaum dazu aufgefordert –, überreicht er Brecht einen Umschlag. »Ein Brief von Marianne für Sie!« Brecht dreht sich mit dem Brief um ins Zimmer und reißt gleich den Umschlag auf. Er liest den einzigen Satz, der darin steht. »Ich heirate Recht.« Unterschrift: Marianne. Kaum zu bremsende Wut steigt in ihm auf. Hass, Zittern, sein Blick zu Recht. Der pomadisierte Ochse hat ihm die Frau weggenommen, und jetzt steht er immer noch in der Tür wie ein Bote, der auf sein Trinkgeld wartet. Und triumphiert auch noch. »Sie haben verstanden!« Und ob er verstanden hat. Er kommt ganz nah an die Tür und wirft sie dann krachend dicht vor dem Gesicht des Widersachers ins Schloss. Die Eifersucht brennt und wühlt in den Eingeweiden. Er zerreißt Mariannes Absage. Sie darf nicht gelten!

In ihrem Münchener Zimmer diktiert Brecht Marianne, die ihm verschüchtert gegenübersitzt, einen Brief. An ihn, Bert Brecht. »Ich trage ein Kind von Dir … und verlasse Dich …« Marianne wiederholt unter Tränen den letzten Satz und schreibt ihn hin. »… obwohl Du mich bittest, bis zur Geburt bei Dir zu bleiben …« Es ist eine Strafarbeit, die schwarze Seite von Brechts Pädagogik. Er nimmt ihr das Papier ab und verschwindet.

Einige Wochen später rennt Brecht die Treppe der Münchner Universitätsfrauenklinik hoch, eilt den Flur entlang. Er begegnet Camillus Recht, der bleich, den Kopf in die Hände gestützt, auf einer Bank vor Mariannes Zimmer sitzt. Als er Brecht bemerkt, steht er auf und kommt auf ihn zu. »Sie hat starke Blutungen gehabt. Man musste operieren. Ja, es stimmt, sie hat das Kind verloren.« Mehr bringt er nicht heraus. Brecht ist nur empört. »Und niemand gibt mir Bescheid!« Er stürmt ins Krankenzimmer. Recht ruft ihm noch rasch hinterher, dass er die ganze Nacht hier bei Marianne gewacht hat. Er will Brecht folgen, aber wieder macht der die Tür vor seiner Nase zu. Der muss jetzt draußen bleiben.

Brecht kommt in selbstgerechtem Zorn, der sich nur mühsam bändigen lässt, herein. Gleich greift er zu einem kleinen Medizinfläschchen auf Mariannes Nachttisch. Unter welchem Namen ist sie eingeliefert worden? »Frau Recht – so heißt du hier?!« Marianne, geschwächt und blass, blickt ihm erwartungsvoll entgegen. Vielleicht ein freundliches Wort? »Nein, nein! Er hat mich nur hergebracht.« Brecht setzt sich ans Krankenbett. Er seziert nun überlegt und nüchtern Mariannes Lage. Er weiß, wie man quält und dass die Rache kalt noch den höchsten Genuss bereitet. »Jetzt bist du frei. Du kannst zum Engagement nach Wiesbaden reisen. Deiner Karriere steht nichts mehr im Wege.« Die Blutung, die sie ins Krankenhaus gebracht hat, war das die Einleitung einer Abtreibung? Brecht weiß natürlich von der Not so vieler Schauspielerinnen, für deren Karriere ein Kind höchste

Gefahr bedeutet, einfach, weil sie dann eine Zeit lang nicht mehr spielen können. Marianne begreift zunächst gar nicht, was Brecht hier vorhat. »Warum willst du mich jetzt quälen? Ich hab gerade mein Kind verloren.«

»Mein Kind – das du verraten hättest an den da!« Er zeigt auf die Tür, hinter der das Monstrum wartet. Aber Marianne versteht nicht, was für ein Unrecht sie begangen hat, wo sie ihn verraten hat. Brecht war immer für Abtreibung – sein Leben lang, und mit seinem Freund Müllereisert, dem angehenden Doktor med., hat er dafür auch immer gleich einen hilfreichen Ansprechpartner. Das sagt sie ihm jetzt. »Nach der ersten Blutung, da hast du mir selber eine Abtreibung vorgeschlagen. Du und dein Medizinstudent, der Müllereisert. Ich wollt's nicht wegmachen, ich wollt's behalten.« Es hilft ihr alles nichts. Brecht setzt nun einen Stich voll wohlkalkulierter Bösheit an. Er holt das Foto seines Sohns Frank aus seinem Notizbuch hervor und reicht es ihr mit zur Schau gestelltem freundlichen, zärtlichen Wohlgefallen hinüber. »Schau mal, Marianne. Das ist der Frank, mein Sohn. Ich hab ihn gerad mit der Paula in Kimratshofen besucht.«

Marianne schaut das Foto an. Wie schön: So hätte bald auch ihr Kind aussehen können, wenn es zur Welt gekommen wäre. Wie traurig, dass sie es nie sehen wird.

Brecht kommt nun etwas näher, als ob er ihr ein intimes Geheimnis anvertrauen möchte. Er sagt es ganz leise: »Ein kluger, ein lieber Junge.« Dann reißt er ihr das Foto aus der Hand und stürmt aus dem Zimmer. Marianne bleibt verzweifelt zurück.

— *Tagebuch Bertolt Brecht, Mai 1921. »Ich zeige ihr, grausam, die Bilder vom Frank. Sie weint laut auf. (...) Ich könnte das Mensch erwürgen. (…) Die Hure sollte kein Kind haben, mein Kind ging von ihr, da sie kein reines Herz hatte!«*

Brecht geht an Camillus Recht vorbei, ohne ein Wort zu sagen. Er läuft die Treppen hinunter. Auf einem Absatz bleibt er atemlos stehen, hält sich am Geländer fest und schaut in die Tiefe.

— *Tagebuch Brecht. »Heraus aus mir! Heraus! Heraus! Jetzt sie als Hure benutzen lassen, den andern hinwerfen.«*

Auf Verrat steht die Abtrennung. Nur so ist der Schmerz zu ertragen. Abtrennung – oder die Verwandlung in Literatur. Wenn Brecht wieder im sicheren Gehäuse seiner Mansarde sitzt, gewinnt allmählich die Kälte des Verstandes die Oberhand. Ruhe, die absichernde Zigarre und das weiße Papier. In der Literatur lassen sich Möglichkeiten, Alternativen durchspielen. Die treffen aufeinander wie die Billardkugeln. Und man kann dabei zusehen, was dann passiert. Brecht setzt die Brille auf. Er notiert sich eine Idee in ein Notizbuch. Nun fast unnatürlich ruhig, beinahe oberlehrerhaft, »episiert« er die Erfahrung.

— *Tagebuch Samstag, 21. Mai 1921. »Worauf man bei einer Schilderung der Mariannegeschichte das sorgfältigste Gewicht legen müßte, das ist die merkwürdige Färbung des Milieus. Hier kommt eine Frau vor, die ihrer Abstammung nach eine (in sich vollendete) Kreuzung spanischer Adeliger und tschechischer Juden ist, ferner ein Mann, der halb Jude, halb Böhme (wenn ich nicht irre) ist, und ihre Geschichte (denn vielleicht ist es ja wirklich ihre Geschichte) spielt in einer kühlen, fast nüchternen Zone, für die man, um sie besser sichtbar zu machen, etwa den Schwarzwald wählen könnte. Denn der dritte Beteiligte, in dessen Zone sie spielt, ist eine im Vergleich zu jenen fast trockene und einer romantischen Verwicklung der Fabel hartnäckig entgegenarbeitende Natur. Welche Entwicklung der Gesichtslinien noch gefördert wird dadurch, daß der Letztere der Literat ist, diesmal nicht was seine Handlungen, wohl aber was seine Auf-*

fassung bestimmt. Der Halbjude ist Geschäftsmann, die Frau Opernsängerin, der junge Mann Literat, der Geschäftsmann wünscht ihren Geist, der Literat ihren Körper zu besitzen, der Geschäftsmann ist Idealist in der Rede, Zyniker in der Tat, der Literat umgekehrt. Der Literat ist unsympathisch in dieser Geschichte, weil er nichts tut und weil er ein Literat ist. Der Geschäftsmann sympathisch, weil er um seinen Kopf kämpft. Die Frau bleibt in Dunkel gehüllt und sieht selbst auch nichts.«

Ende Mai ist die Distanz zum ursprünglichen Gefühl – Jähzorn, Verzweiflung, Leid, Hass – schon so gut hergestellt, dass er einen Merkspruch daraus gewinnen kann. Mit kaltem Herzen sagt er: »Eigentlich ist von allen Gefühlen, mit denen die Liebe einen unterhält, nur die Eifersucht nicht allzu langweilig.« So gesehen, kann es für Brecht nur spannend bleiben.

Augsburg, Wohnzimmer der Familie Brecht. Berthold Friedrich Brecht, die Hausdame Fräulein Röcker und Bert Brecht sitzen nach dem Essen für eine Zigarre oder Zigarette noch einen Augenblick beisammen. Walter studiert schon in Darmstadt auf den Ingenieur, Spezialgebiet: Papiertechnik. Fräulein Röcker hat gerade die Zigarre des Vaters in Brand gesetzt und reicht sie ihm mit der Zeitung hinüber.

Das Dienstmädchen Marie räumt ab. Es liegt was in der Luft, nichts Gutes. Die Bewohner der Siedlung, die der Vater verwaltet, haben doch so manches mitbekommen von dem, was dort in der Familie des Direktors geschieht. Das Fräulein Röcker, die ist so weit akzeptiert. Was man aber vom Herrn Sohn hört ...! Da kann man schon mal einen Brief an die Haindls schreiben, die Haus- und Fabrikbesitzer.

— *Brechts Eltern sind übrigens erst sechs Wochen nach Franks Taufe darüber aufgeklärt worden, dass sie im fernen Kimratshofen einen Enkel haben, der dort bei einem Wegmacher aufwächst. Bert hat zwar einmal versucht, seinen Vater zu überreden, den Enkel zu sich zu nehmen. Seit die Mutter tot, der Walter fort zum Studium sei, stehe das Haus doch leer. Mit Engelszungen hat er geredet und gebettelt und auch den Bruder Walter einzuspannen versucht. Wenn es gar nicht geht, würde sicher Dr. Banholzer den Kleinen übernehmen. Es hat aber alles nichts genützt. Da steckt sicher die Frau Röcker dahinter, die wird den Teufel tun und sich das Bankert des Filius aufhalsen lassen. Vielleicht denkt der Vater sogar ans Heiraten! Wenn man den Alten einmal braucht ... Die Idee wird so schnell beerdigt, wie sie aufgetaucht ist.*

Berthold Friedrich Brecht liest die Zeitung. Die Unordnung in der Familie entspricht, so scheint es ihm, der Unordnung im Land. Er blickt nur kurz hoch über den Rand der München-Augsburger Allgemeinen. »Wenn die Kommunisten da oben das Sagen haben, bricht auch hier unten das Chaos aus. Da hat doch tatsächlich gestern jemand zwei Äpfel gestohlen. Aus unserem Stiftungsgarten!«

Fräulein Röcker hat sich inzwischen einiges an Mitsprache im Haus erobert. Bert Brecht mag sie nicht, und sie mag ihn nicht. Selbstverständlich gibt sie dem Vater recht. »Es sind schließlich Äpfel, die doch allen zugutekommen sollten. Da sieht man's mal!«

Bert Brecht, der sich schon eine Zigarette angezündet hat, denkt laut nach. »Äpfel sind ein Geschenk, ein Geschenk der Natur. Sie gehören eigentlich keinem und am meisten noch dem, der sie isst. Und mit je mehr Genuss, mit desto größerem Recht.«

Das Mädchen Marie hätte beim Abräumen fast die Teller fallen lassen. Sie jongliert sie schnell in die Küche und muss sich den Mund zuhalten, damit sie nicht laut herausprustet. Der junge Herr hat Ideen! Aber da donnert auch schon die Stimme des Vaters los. »Die Entente-Kommission hat neulich die Polizeistunde auf 11 Uhr festgesetzt. So weit ist es in Deutschland wegen Leuten wie dir gekommen. Leute, die ohne Rücksicht auf Verluste den Frieden herbeigeschrien haben!«

»Ich habe diesen Krieg nicht angefangen.« Da hat er allerdings recht. Es war die Generation der Eltern, die ihre Söhne in den Krieg geschickt hat. Aber den Vater regt eigentlich etwas anderes auf. Denn sein Sohn hat nicht nur den Krieg nicht angefangen. »Noch rein gar nichts hast du angefangen! Oder hast du schon mal etwas für die Allgemeinheit getan? Du lebst von der Arbeit anderer!«

Bert Brecht steht auf. Er kann jetzt nicht viel dazu sagen. Der Vater zahlt das Studium. Auf dem Weg zur Tür bringt er noch, etwas lahm, seine Standard-Entschuldigung vor. »Ich studiere Medizin. Ich schreibe.« Aber das kommt beim Vater nun schon gar nicht gut an. »Medizin?! Ist ja zum Totlachen. Dein Physikum machst du doch in fünf Jahren nicht! Und was an deiner Schreiberei dran ist – ich maße mir da kein Urteil an. Aber persönlich halte ich davon gar nichts. Die paar Theaterkritiken? Die haben dir nur eine Verleumdungsklage eingebracht. Und verdient hast du damit noch gar nichts. Dein Bruder studiert jetzt auf den Ingenieur.«

In der Wohnungstür dreht Brecht sich noch einmal um. »Ja, ich weiß: Der wird immer seine Butter auf dem Brot haben.«

Bert Brecht öffnet die Tür und geht aus der Wohnung die Treppe hoch in seine Mansarde. Dort atmet er kurz durch, setzt sich an den Schreibtisch und notiert: »Was ist ein Gedicht wert? Wir machen keine Ware. Wir machen nur Geschenke.«

Ich fragte den nach erfolgreicher Universitätskarriere emeritierten Prof. Dr. Walter Brecht danach, wie das bei ihm mit der Berufswahl und seinen eigenen Neigungen ausgesehen hat. Seine Argumente ähnelten denen des Vaters.

Walter Brecht

Walter Brechts Abitur fiel ungefähr mit dem Kriegsende zusammen. In der allgemeinen Unsicherheit wusste er nicht so recht, was er anfangen sollte. Er bat seinen Vater um Rat, und es kam zu einer Art Pakt zwischen ihnen. »Da hatte ich meinen Vater gefragt: ›Was rätst du mir?‹ Ein junger Soldat, der aus einem Krieg heimkommt, was kennt denn der für einen Beruf? Nach welchem Gesichtspunkt soll denn der wählen? Er sagte: ›Wenn du das von mir wissen willst – ich bin zwar Kaufmann; aber die technische Entwicklung ist beim Papier so, dass, wenn du als Ingenieur einsteigst, dann wirst du immer Butter auf dem Brot haben.‹ Darauf sage ich: ›Gut, schön.‹ Er sagte: ›Gut, wenn du das willst, bekommst du von mir jede Hilfe. Ich bezahle dir auch das Studium‹, so, wie das war, den Wechsel, ›aber du musst es auch machen. Abspringen kannst du dann nicht.‹ – Das war bei mir eine völlig klare Sache – nicht nach innerer Neigung. Wohin diese geführt hätte, das kann ich nicht sagen. Ins völlig Ungewisse – etwas, das mir nicht gelegen hätte.« Ich hake nach: »Etwas, das der Eugen sich gestattete, ins Ungewisse zu gehen, seinen Neigungen zu folgen.« Walter Brecht: »Ich glaube, dass beim Eugen die Berufsfrage kaum als solche zur Debatte, zur Diskussion stand. Ich sagte mir nur, das ist seine Sache. Und mit der Souveränität, mit der er früher alles gemacht hat, auch mit dieser Frechheit, mit der er seine Sachen gemacht hat – ob er mich einen Idioten genannt hat oder nicht, spielte da keine Rolle.«

Am Starnberger See, in Ufernähe, dümpelt ein Kahn träge im Sonnenlicht. Brecht liegt ausgestreckt darin auf einem Handtuch und nimmt ein Sonnenbad. Das Wasser ist nicht so sehr seine Sache. Die Paula schwimmt in festen Zügen um das Boot herum.

Brecht hat so einen Ausflug am 25. Mai 1921 im Tagebuch aufgeschrieben. »Ich fahre mit der Bi an den See. Wir liegen im Laubwald, essen dort Mohnnudeln zum Tee, nehmen ein Sonnenbad im Kahn, wobei sie unvergleichlich aussieht, schmal und zart. Dann lehre ich ihr das Schwimmen, denn ›es fällt immer ihr Gesicht ins Wasser‹. Sie lernt es leicht.«

Während meines Gesprächs mit Paula Gross-Banholzer 1977 habe ich ihr aus Brechts Tagebüchern vorgelesen, die damals gerade erst veröffentlicht worden waren. Sie kannte sie noch nicht, Paula liest die Stelle, klappt das Buch herunter und schaut mich groß an. »Er hat mir das Schwimmen gelehrt?! Oh, der Lügner! Der Lügner! Ich konnte doch schwimmen. Ich hab's doch gelernt, damals – da war ich dreizehn Jahre alt oder zwölf. Ich konnte doch schwimmen!«

Dann wendet sie sich wieder dem Tagebuch zu und liest leise vor sich hin. »In der Kabine sitzen wir nackt, sie hat so eine reine, natürliche Art, eine unerhörte Anmut und Würde in allem.« Paula liest leise weiter, wie sie dann, nach einem furchtbaren Hagelschauer, »im leis tropfenden Wald ›Die Jungfrau von Orleans‹ filmen« – das heißt wohl, in der Art eines Stummfilms spielen. Frau Gross versucht, sich zu erinnern. »Das weiß ich nicht mehr so genau … filmen im leis tropfenden Wald … weiß ich nicht.« Weiter im Text: »Die Bi (…) spielt es naiv wie ein Kind und zugleich gerissen wie ein Star.« Aber darin kann sich Paula nun ganz und gar nicht wiedererkennen. Sie schaut auf, befremdet über ihre Verwandlung im Tagebuch. »Nein, der fantasiert sich was. Ich war kein gerissener Star. Ich war gar nichts.«

Wer ist das Ich, das hier spricht? In welcher Rolle erlebt Brecht sich und Paula an diesem Nachmittag? In welche Rolle schreibt er Bi und Bidi hinein, wenn er die Szene in der Erinnerung schreibend wieder hochholt?

Vielleicht hat Brecht vorgehabt, auch ihr wie der Marianne eine Rolle für einen Film zu schreiben. Eine Art Starfoto hat er von Paula einmal anfertigen lassen, im geliehenen edlen Hausmantel aus Seide von Müllereisert. Und jetzt schreibt er sich die Unschuld und naive Anmut als Gegenstück zur Marianne zurecht. Eine Zuschreibung und Zumu-

tung. So bleiben die Wünsche im Tagebuch – wie in den Gedichten und Dramen – aufgehoben, treten dann vielleicht unter anderen Umständen verwandelt ins Leben. So wird mit Helene Weigel die Schauspielerin, die er sich wünscht und vorstellt, in sein Lebensspiel treten und sich in der Wirklichkeit behaupten.

Paula Gross-Banholzer liest weiter, mit leichtem Kopfschütteln.

»Sie sagt, ich wirke männlich, wenn ich spreche, überhaupt das Gesicht, aber am wenigsten von hinten, da sehe ich unregelmässig, klein und gering aus, im Bett bubenhaft und frech und am besten, wenn etwas passiere. – Ich habe sie sehr lieb.«

Paula Gross gibt mir etwas ratlos das Buch zurück. »Ah, da ist schon viel dichterische Fantasie dabei.« Besonders neugierig auf das, was da weiter über sie stehen könnte, scheint sie nicht zu sein.

Zwei bewegliche Objekte auf dem Wasser, wackelig dazu. Dann eine Kamerafahrt auf Paula, die an das Boot heranschwimmt. Eine wichtige Person ist auf dem Bild nicht zu sehen: der Rettungstaucher, für den Fall, dass … Der Mann steht bis zum Hals im Wasser, versteckt hinterm Ruderboot, das er mit seinen Händen auf die Kommandos des Kameramanns hin- und herbewegt.

MULTI

Am Starnberger See, andere Seite. Sommer-Idylle. Ein Garten, der zum Wasser führt. Eine Badekabine, ein Badesteg mit Liegestuhl. Ein alter Tisch, auf dem Reste eines Frühstücks zu sehen sind. Auf dem Tisch ein Spiegel. Brecht hat sich zum Rasieren eingeschäumt und legt im hellen Sonnenlicht allmählich sein Gesicht frei. Caspar Neher sitzt am Tisch, einen großen Zeichenblock vor sich. Nass in nass trägt er die verschwimmenden Aquarellfarben auf, das Gesicht Mariannes entsteht. Ein Plattenspieler dreht sich, eine jazzartige Musik krächzt aus dem Trichter.

Marianne Zoff kommt aus der Pension im Hintergrund. Neher hat sie noch nicht bemerkt und spricht den Freund auf sein Doppelleben an. »Gerade noch mit der Bi auf der anderen Seite vom See. Und nun wieder die Marianne. Du kannst auch keine gehen lassen.« Brecht steht auf, geht zu Neher hinüber. »Sie liebt mich. Mit Camillus Recht hat sie gebrochen. Er kann sie sexuell nicht befriedigen.« Neher weiß schon, dass sein Freund nach außen hin eine hohe Meinung von sich vor sich herträgt. Aber zwischen Baal und Bert gab es denn doch Unterschiede. »So was sagt sie dir?« – »Ja.« Und Brecht zitiert voller Stolz noch einmal den Satz, mit dem Marianne zu ihm zurückgekommen ist. »Nur du kannst mich befriedigen.«

Marianne kommt mit einem Tablett und der Kanne Tee an den Tisch. Brecht steht auf und flüstert dem Freund noch schnell etwas sehr Delikates ins Ohr. »Sie hat sehr schöne Worte dafür.« Wie zur Besiegelung seines Besitzanspruchs küsst er sie mit vollem Schaum rasch auf die Wange. Sie verzieht das angeschäumte Gesicht.

»Ferkel!«

»Etwas mehr Respekt!«

»Begabtes Ferkel.«

Damit setzt sie die Kanne auf den Tisch und wischt sich den Schaum ab.

Wie Brecht nun sein Gesicht weiter freilegt, Pausen macht fürs Ansetzen des scharfen Rasiermessers, kommen mit jedem Stück Gesicht immer neue Wünsche an den Tag. »Ich will Timbuktu und ein Kind und ein Haus und ohne Tür und will allein sein im Bett und mit einer Frau im Bett.« – »Gleichzeitig?« Marianne kommt zunächst mit dem Paradox nicht klar. Brecht schabt weiter und amüsiert sich. »Ja! Das ist es ja gerade!« Dann legt er nach. »Dazu die Äpfel vom Baum und das Holz vom Baum und keine Axt führen und den Baum mit Blüten, Äpfeln, Blattwerk in Großaufnahme vor meinem Fenster.« Neher gibt das Stichwort: »Sonst noch was?« Brecht hat nun sein Gesicht blitzblank rasiert. »Und einen Knecht zum Düngen dazu!« Marianne seufzt. »Er will alle und alles haben!«, und Neher nickt bedächtig. »Alles.« Darunter tut es der Bert nicht. »Und warum?«, fragt Marianne. Sie weiß es schon, aber sie möchte es gern noch einmal von ihm hören. Brecht

blickt in den Spiegel. Er schaut sich an und dann über den Spiegel Marianne. »Mit der Begründung – dass ich nur einmal vorhanden bin!« Dazu grinst er im Bewusstsein seiner Einmaligkeit. Und die verleiht ihm die schönsten Lizenzen. Eines wüsste Marianne noch gern. »Und wer ist der Knecht?« Das ist nun das Zeichen für die beiden Freunde. Ein Blick, und wie aus einem Mund kommt unter Gelächter von beiden die Antwort: »Immer die anderen!«

Etwas später schmachtet aus dem großen Trichter des Grammofons ein kitschiger Liebesschlager. *Verlor'nes Glück* heißt das nicht mehr ganz taufrische Erfolgsstück. Eine Männerstimme knödelt herzerweichend den Liebesschmerz in den Nachmittag. »So oft der Frühling durch das off'ne Fenster / Am Sonntagsmorgen uns hat angelacht / Da zogen wir durch Hain und grüne Felder / Sag Liebchen, hat dein Herz daran gedacht …«

»So ein Kitsch!« Brecht nimmt brüsk den Tonarm von der Platte.

»Aber große Gefühle!« Marianne legt die Nadel wieder in die Rille.

Der betrogene Liebhaber schmalzt weiter sein Unglück in die Runde. »Ich hab geweint in langen, langen Nächten, / wär unterlegen meines Kummers Last, / wenn ich es nicht so bald erfahren hätte, / dass du seit jeher mich betrogen hast.«

Marianne beginnt zu markieren. Sie bewegt die Lippen, als würde sie den Text mitsingen, schreitet dabei als geübte Bühnenkünstlerin an ihrem Publikum vorbei. Hebt nur manchmal ein Wort hervor wie »Liebe« und »Treue«. Marianne spielt nun fast einen Stummfilm, mit großen Bewegungen von Liebe und Enttäuschung. Neher amüsiert sich, er versteht, was die Vorstellung sagen will. Und Brecht, den sie jetzt ansingt, ist ernst geworden. Wie Marianne dicht vor ihm die Gesten der Verzweiflung aus der großen Oper direkt auf ihn hinspielt – diese Gefühlsbombe geht ihm entsetzlich auf die Nerven. »Hätt' gerne alles für dich hingegeben/Und dennoch, du, du hast mich nie geliebt.« Gegen diese verlogene, klebrige Gefühligkeit, die so unverschämt ans Herz greifen will, muss er sich wehren, und die Abwehr heißt Produktion!

Brecht hat sein Notizbuch herausgeholt und notiert sich in seiner simplen Notenschrift grob den Melodieverlauf des Schlagers. Die Musik spielt noch einen herzergreifenden Nachlauf, dann flüstert der Sänger noch einmal und mit ihm Marianne mit ihrer Tanz-Geste der Verzweiflung und Trauer: »Und dennoch, du, du hast mich nie geliebt!«

Brecht ist ganz bei seinen Noten. Er sieht Marianne nicht mehr. Was er da gehört hat, kann er gebrauchen. Und solchen Kitsch – den kann er selbst besser machen. Viel besser.

Das Wasser glitzert. Die Wolken ziehen. Brecht schreibt.

— *Noch während sie tanzt, hören wir Mariannes Stimme. Was sie sagt, ist aber etwas ganz anderes als das, was sie die ganze Szene über gezeigt hat. Sie weiß Bescheid. »Ein großer Mann darf auch lügen – immer lügen, warum auch nicht? Macht das vielleicht den Menschen arm. Überhaupt, wenn man so lügt, so daß man selbst alles glaubt, was man sagt – das ist auch Kunst. Gewiß – die Kunst. Und ist es dann nicht vielleicht die Wahrheit, und wer kann auch im Sommer lügen, wenn es heiß, ganz heiß ist. Bert Brecht kann es – Bert Brecht kann alles!« Diesen Text hat Marianne Zoff wahrscheinlich in diesem Sommer 1921 notiert. Für sich.*

D-Zug München-Berlin. Aus dem Rattern und dem Rhythmus der Räder steigt immer deutlicher die Melodie von Malo/Sprowackers Schlager *Verlor'nes Glück* hervor.

Im Abteil probiert Brecht auf der Gitarre sein neues Lied, das er aus dem Kitsch am See entwickelt hat. Er zupft die Töne probeweise an. Er summt sich kurz die Melodie vor, eine Schlichtfassung von *Verlor'nes Glück,* und schreibt unter seine private Notenkürzelschrift die ersten Verse dazu. »An jenem Tag im blauen Mond September / Still unter einem jungen Pflaumenbaum ...« Als Titel notiert er schon mal provisorisch *Sentimentales Lied No. 1004.*

— *Eine Anspielung auf die 1003 Geliebten des Don Giovanni. Damit signalisiert Brecht, wie auch schon mit der Melodie, dass es sich hier um eine höhere Form von Kitsch handeln könnte. Um die Parodie eines Gefühls.*

Unter dem Titel Erinnerung an die Marie A. *wird das Lied einmal als eines der schönsten Liebesgedichte deutscher Sprache gelten. Seine Herkunft aus der parodistischen Kitsch-Übertrumpfung ist fast vergessen.*

Maria Rosa Amann (für Brecht »Rosa«, »Rosa Maria«, »Rosemarie«, »Rosl« und eben »Marie«) gehörte zu Brechts Freundinnen in der Zeit der Werbung um Paula Banholzer. Die war nämlich damals nicht sein einziges Objekt der Begierde. Maria Rosa war ebenso alt wie Paula, und sie war mit ihr befreundet. Ich habe sie 1977 in Augsburg besucht, und sie hat mir vor der Kamera das berühmte Gedicht, das an sie erinnert, vorgelesen. Sie hat mir von Brechts Liebeswerben erzählt. »Er hat mich im Theater gesehen. (...) wir waren unten, und er war immer oben in der Stehgalerie. Ich glaub, er hat jedes Theaterstück besucht. Und da hat er mich dann gesehen, da hab ich noch lange Zöpfe getragen. Und so bin ich mal in die Klavierstunde gegangen, und sein Freund hat mir einen Brief überreicht. Und da stand dann drin, dass er mich immer beobachtet, und er will mich mal ansprechen. (...) Und dann hat er mich immer von der Schule abgeholt.« Ich fragte sie, worüber sie sich bei den gemeinsamen Spaziergängen, die nun folgten, denn so unterhalten hätten. »Ja, er hat mir immer den ganzen Himmel erklärt, die Sterne und alles mögliche. Und dann hat er gesagt: Zeig mir deine Hefte, wenn du was nicht verstehst, frag mich, ich erkläre dir alles. Das war unser Gespräch.« – Sie war ebenso unerfahren und unaufgeklärt wie Paula. »Beim ersten Kuss bin ich auf den Boden. Und dann ist er mir nach und hat mir den Kuss gegeben. Und ich habe geweint. Und er hat gesagt: ›Warum weinst du jetzt?‹ Dann hab ich gesagt: ›So, jetzt krieg ich ein Kind.‹ So blöd war ich damals. Und da hat er gesagt: ›Von einem Kuss kriegst du kein Kind. Aber von was du ein Kind kriegst, steht mir nicht zu, dir zu erklären, da fragst du deine Mutter.‹«

Maria Rosas Name hat sich durch das Lied in die Literaturgeschichte eingeschrieben, wenn auch nicht ganz richtig buchstabiert.

Man könnte sich bei dieser Gelegenheit fragen: Wie viel an Brechts großen Erfolgen beruht auf ähnlichen Missverständnissen? Hört und sieht man die Dreigroschenoper *als kommunistisches Lehrstück? Wird* Mutter Courage *in erster Linie als Anklage der Kriegsgewinnler aufgefasst? Und falls nicht – ist es wirklich schade drum? Oder ist das nicht auch: Dialektik?*

Der Zug nähert sich seinem Ziel. Brecht schaut kurz in sein Notizbuch, dann setzt er noch einmal an, schon sicherer: »An jenem Tag im blauen Mond September / Still unter einem jungen Pflaumenbaum / Da hielt ich sie, die stille bleiche Liebe / In meinem Arm wie einen holden Traum.«

Der D-Zug fährt in die Großstadt Berlin ein. Immer dichter kommen die Häuser der Metropole an das Zugfenster heran.

Berlin, Wohnung der Eltern von Otto Zarek. Brecht kennt den theaterbegeisterten Jungschriftsteller Otto Zarek von München her, der war dort eine Zeit lang Dramaturg an den Kammerspielen. Beide sind gleichaltrig, Zarek ist vorläufig der Erfolgreichere – eine »ehrenvolle Erwähnung« beim Kleistpreis hat er schon bekommen, und in wenigen Jahren wird er Generaldramaturg von sieben Berliner Theatern sein. Jetzt feiert er in der großbürgerlichen, etwas neureich anmutenden Wohnung seiner Eltern eine Party. Viele junge Leute sind eingeladen, Bürgersöhne, Künstler, sogar ein Arbeiter, Mädchen, Studentinnen und »Studentinnen«. Etwas im Hintergrund Bert Brecht mit seiner Gitarre. Er singt das neue Lied. »Und über uns im schönen Sommerhimmel / War eine Wolke, die ich lange sah, / Sie war sehr weiß und ungeheuer oben, / Und als ich aufsah, war sie nimmer da.«

Arnolt Bronnen

Ein neuer Gast schiebt sich ins Gedränge. Eine bemerkenswerte Person, gekleidet wie ein Kommis (der er gerade ist, im Kaufhaus Wertheim), im ordentlichen hellen Anzug, aber mit Monokel, mit der Haltung eines Offiziers (der er im Krieg war, Österreicher, schwer verwundet, Heimkehrer aus italienischer Kriegsgefangenschaft). Der Skandalautor Arnolt Bronnen – sein Drama *Vatermord* ist noch unaufgeführt, aber immerhin schon gedruckt. Ihm fällt sofort der junge Mann auf, der in dem Erker da an einen Tisch gelehnt zur Gitarre singt. Bronnen tritt fasziniert hinzu. Der Gastgeber Otto Zarek flüstert: »Bronnen, da sind Sie ja endlich.« Bronnen nimmt ihn kaum wahr, er nickt nur kurz und geht, wie magisch angezogen, näher an Brecht heran. Er starrt den Sänger gebannt, nahezu entgeistert an.

»Der war ein vierundzwanzigjähriger Mensch, dürr, trocken, ein stacheliges, fahles Gesicht mit stechenden Punktaugen, darüber kurzgeschnittenes, dunkles, struppiges Haar mit zwei Wirbeln (…). Eine billige Stahlbrille hing lose von den bemerkenswert feinen Ohren über die schmale, spitze Nase herab. Seltsam zart war der Mund, der das träumte, was sonst die Augen träumen.

Der Neue« – Bronnen redet hier immer von sich als »er« – »sah: Er hatte noch nie einen Menschen gesehen. Er hatte das große Gefühl: Das, was jetzt kommt, kann nie aufhören. Er hatte das Gefühl der Erkenntnis: In dem kleinen, unscheinbaren Menschen dort schlägt das Herz dieser Zeit.«

Immer näher zieht es ihn an den Sänger heran, fasziniert hört er zu.

»Seit jenem Tag sind viele, viele Monde / Geschwommen still hinunter und vorbei. / Die Pflaumenbäume sind wohl abgehauen, / Und fragst du mich, was mit der Liebe sei? / So sag ich dir: ich kann mich nicht erinnern …«

Der Lärm der Gäste versinkt, Bronnen schaut und träumt.

Er hat nur einen Wunsch, »das Schülergefühl: Liebe, große Liebe in der Welt, gib mir den als Freund.«

— *In München treffe ich 2013 seine Tochter, die Schriftstellerin Barbara Bronnen, und frage sie nach dieser Begegnung.*

»›Liebe auf der Welt, gib mir den zum Freund.‹ Etwas emphatisch, etwas theatralisch, aber es muss doch etwas von Gefühl in ihm da gewesen sein, dass sich da geöffnet hat.«

Ein Butler mit einigen Gläsern auf dem Tablett kommt vorbei. Zarek greift sich zwei Gläser, verteilt sie auf Brecht und Bronnen und macht die beiden miteinander bekannt. Der Mann am Klavier spielt einen Tango.

Brecht und Bronnen prosten sich zu.

— *Barbara Bronnen: »Das waren zwei sehr verschiedene Menschen, die sich aber aus welchen Gründen auch immer sehr angezogen haben.«*

Bronnen: »Arnolt.« Brecht: »Berthold.« Bronnen fragt gleich mal nach:

»Auch mit ›t‹ am Ende?« Brecht zögert unmerklich. Dann, schnell entschlossen: »Ja, ich denke doch!« Und damit ist es beschlossen: bertolt und arnolt, das gemeinsame »br« im Anlaut von »brecht« und »bronnen« sowieso – so bleibt es. So was ist für die Reklame immer von Vorteil. Man kann sich's besser merken, vor allem die Kritiker. Und da wäre von Bronnen noch ein Vorschlag: »Ich bin übrigens für Kleinschreibung.« Brecht: »Ach was? Alles?« – Bronnen: »Ja, durchweg. Probieren Sie's mal. Ich lass auch die Satzzeichen weg. Da wird das Statische, die Welt als Substantiv kleiner ... und alles wird dynamischer.«

Brecht versteht sofort. Er wird das auch übernehmen. Auch das wird sie zu etwas Besonderem machen, auch Schriftsteller müssen sich zu einem Markenartikel entwickeln, wenn sie sich in dieser Stadt durchsetzen wollen. Und wie wird man es mit den Eigennamen halten, groß oder klein? – Das findet sich.

— *Barbara Bronnen: »Der Brecht hatte sozusagen den* Baal *in der Tasche und mein Vater den* Vatermord. *Also beide waren auf dem Sprung. Sie waren arme Schlucker, die sich verstanden etwas zu sti-*

lisieren, Brecht mit seinem Lederkappel und mein Vater mit weißen Anzügen oder eben überhaupt mit Anzügen und etwas herrschaftlicher.«

Später am Abend. Brecht und Bronnen haben die Augengläser getauscht. Brecht schaut durch das Monokel von Bronnen, und Bronnen hat Brechts Krankenkassengestell aufgesetzt. Sie haben schon wie alte Seeräuber die literarische Welt unter sich aufgeteilt und bestätigen sich jetzt gegenseitig in ihrem Herrschaftsanspruch. »Bronnen, Herr des Nordmeers.« Bronnen: »Brecht! Herr des Südmeers!«

Die Musik spielt auf. Das neue Freundespaar wagt einen Tanz. Brecht führt. Sie mischen sich unter die anderen Tänzer.

Barbara Bronnen: »Und die beiden waren so etwas wie Asphalt-Cowboys, die die Straßen von Berlin durchliefen, weil – sie hatten nicht mal Geld für den Bus und liefen die ganzen Nächte durch und gingen von einer Premiere zur anderen; es gab dort Mittagstheater, Nachmittagstheater. Es gab noch viel mehr kleine Bühnen als heute. Sie besuchten alle, und Brecht hatte immer irgendwo jemanden, den er kannte, und wenn es der Inspizient war oder ein Schauspieler, die ihn da mit in die Truppe reinhievten. Und sie mussten nicht zahlen und waren dabei und haben es gesehen.

Und der Rest der Nacht ging dann darüber hin, dass sie sich über dieses Stück das Maul zerrissen, denn sie waren ja nun äußerst kritisch und sie haben ja alles verdammt, was bislang geschrieben wurde.«

Berlin, Straße vor einem Theater. Später Abend. Bronnen und Brecht kommen im Strom der Zuschauer aus einem kleinen Theater heraus in die Nacht von Berlin. Gleich geht das Dauergespräch der beiden weiter. Brecht eröffnet. »Wir werden sie alle entlarven!« Bronnen: »Von Gurk bis Shaw.« Paul Gurk – der hat im vorigen Jahr den Kleistpreis gewonnen. Lachhaft! Und George Bernard Shaw – der wird jetzt in allen Theatern auf und ab genudelt. Aber wenn das das neue Drama sein soll! Brecht will die Abschussliste fortsetzen. »Von Zuckmayer ... außer du magst ihn ...« Die beiden müssen ja vorsichtig sein, dass sie sich mit den eigenen Vorlieben und Aversionen nicht gegenseitig in die Quere kommen. Bronnens nächster Vorschlag eines zu vernichtenden Konkurrenten: »... bis Georg Kaiser.« Da haben wir's schon, Brecht muss bremsen. »... den ich mag.« Aber Bronnen hat das von Brecht auch schon anders gehört. »Teilweise ...« Nun ist der Brecht dem Bronnen noch eine Pointe schuldig, eine versöhnende, eine, auf die man sich einigen kann. »Und dieser Shakespeare ist übrigens ein ziemlich windiger Bursche!«

Ein kleines Theater in Berlin. Brecht schaltet das Licht am Regiepult ein. Zum ersten Mal darf er Regie führen. Er hat es geschafft, mit der Uraufführung von Bronnens *Vatermord* betraut zu werden.

— *Wie es dazu kam, erzählt uns seine Tochter Barbara. »Sie haben sich ja Beziehungen geschaffen. Sie haben den Moritz Seeler nachts mal irgendwo aufgegriffen, der dann gleich sagte: ›Sie sind der Bronnen? Ich mache Ihr Stück* Vatermord. *Daraufhin hat der Brecht sofort gesagt: ›Das inszeniere ich!‹ Er war ja immer sehr schnell.«*

Moritz Seeler hat, ehe noch der Regisseur feststand, eine gute Besetzung zusammenbekommen. Bekannte Schauspieler helfen schon mal den jungen Theaterunternehmern und Autoren und übernehmen nebenbei so eine Aufgabe, hier sogar umsonst. »Das Wörtchen ›umsonst‹ hatte für Brechts Ohren einen hässlichen Klang«, schreibt Bronnen. »Es ließ ihn ahnen, dass Seeler auch vom Regisseur unbe-

zahlte Arbeit erwartete.« Die Rolle des Vaters soll Heinrich George spielen, die Mutter Agnes Straub, der Sohn ist Heinrich von Twardowski.

Auf der fast kahlen Bühne befinden sich die drei Hauptdarsteller im erbitterten Familienkrieg. Heinrich George hat das Rollenmanuskript in der Hand. Er spricht zum Sohn als Erzieher, als Autorität. »Lern! Ahh, ihr wollt mich quälen da! So wird mir meine Liebe vergolten. Dir wäre es recht so ein Komplott so ein Aufstand gegen mich.«

Am Regiepult blitzt Brechts Brille jedes Mal auf, wenn er gequält hochschaut auf die Bühne. Dieses Pathos – er kann's einfach nicht ertragen. »Moment, George, wartens, da wär was zu sagen. Bitte schön, nicht so viel Pathos!«

George ist sich seiner schauspielerischen Mittel sicher, und er weiß, wie man sie einzusetzen hat. »Ich spiele das mit Pathos.« Brecht: »Falsches Pathos.« Der Streit zwischen dem blutigen Anfänger am Regiepult und seinem zwar noch nicht legendären, aber doch immerhin schon renommierten Hauptdarsteller schwelt schon seit der ersten Probe, jetzt köchelt er hoch. George versucht, seine Rollenauffassung zu erklären, die Figur durch Einfühlung zu erfassen. »Der Mann ist wütend auf diesen Sohn. Er ist verletzt, er fühlt sich in die Enge getrieben. Er steht kurz vor der Explosion. Das spür ich doch, wenn ich hier auf der Bühne stehe!« Brecht aber hat ein grundsätzlich anderes Konzept, er sucht die Distanz zur Figur. »Schön und gut, vielleicht können wir's so spielen, dass die Leut hier drunten verstehen, warum er bös ist.«

George ist leicht irritiert. Dann blickt er ins Dialogbuch und spielt unbeirrt weiter. »Hast du Geschäftsbücher geführt! Hast du Rechnungen ausgestellt! Hast du Schuhe gemacht? Na was. Garnichts hast du getan. Garnichts. Antwort erst gar nicht!«

Brecht unterbricht wieder, grätscht hinein. »Nein, nein, nein!«

George hat von der Bühne her das aggressive Aufblitzen der Augengläser da im Licht des Regiepults gesehen. »Was, nein?«

Brecht vertritt sein seltsames Regiekonzept mit einer erstaunlichen Selbstsicherheit und Selbstgewissheit. »Reißen Sie die Zuschauer nicht in diesen Strudel Ihrer Gefühle!«

Das hört sich in den Ohren Georges wie eine Beleidigung an. »Ich erzeuge keine Strudel. Ich spiele.«

Brecht, der Lehrer Brecht in diesem Fall, versucht es jetzt mit einer sozialen Analyse der Figur. »Dieser Vater ist bös auf sein Leben, auf diese die Menschen vergiftende Kleinbürgerordnung. Er schlägt auf seinen Sohn ein und meint doch sein eigenes Leben. Bitte lassen Sie uns davon etwas sehen und verstehen.« Heinrich George hat da einen anderen Vorschlag, wenn es neuerdings ums Verstehen im Theater geht. »Verstehen? Da können Sie ja Plakate hochhalten auf der Bühne. Da können die Leute lesen, was sie sich dabei denken sollen.«

George beginnt wieder mit der Szene. Brechts Sorge, dass sein Regiekonzept gleich zu Beginn in die Binsen geht, wenn der George sich mit seinem Pathos durchsetzt, ist übermächtig. »Moment, so geht's nicht, George!« – George wird jetzt richtig wütend. Der unterbricht einen ja schon, wenn man noch gar nicht spielt! Er wird sich doch nicht zum Affen machen lassen von diesem Herrn da unten am Regiepult.

»Lassen Sie mich gefälligst ausreden, Sie Herr da unten!« Und dann ist es geschehen, Brecht geht einen Schritt zu weit. »Was wollen Sie ausreden? Sie können ja eh Ihre Rolle nicht.« George ist so verdutzt über diesen neuen Angriff auf seine Berufsehre, dass er sich fast entschuldigt. »Es sind ja auch noch acht Tage Zeit bis zur Premiere.« Brecht aber hat sich inzwischen schon so in seiner Wut hochgeschaukelt, dass er ohne Rücksicht auf Verluste auf die Bühne ruft: »Wenn Sie so spielen, werden Sie die Rolle in acht Jahren nicht können. Übrigens: Brecht mein Name!«

»Und ich bin Heinrich George. Ich geb hier nicht den Suppenkasper!« Das war laut und sehr wütend in den Saal gebrüllt. Brecht merkt jetzt doch, dass er in ernsthafte Schwierigkeiten kommt. Der George ist ein guter Mann, den könnte man später mal für die eigenen Stücke gebrauchen. Er versucht einzulenken. »Wenn Sie sich einfach ein wenig mehr zurücknehmen, Herr George. Können Sie das?« Aber es ist zu spät. George hat genug. »Ich kann mich auch ganz und gar zurücknehmen, Sie Herr da unten. Ich verzichte!«

Mit dem letzten Satz schleudert er das Textbuch in Richtung des Autors Arnolt Bronnen, der verschüchtert und zunehmend beunruhigt die Probe aus einer der hintersten Reihen verfolgt hat. Wutschnaubend verlässt Heinrich George Bühne und Saal. Eine Tür fällt dröhnend ins Schloss.

Brecht will die Situation überspielen. Er räuspert sich. »Die Probe geht weiter!«

Das ist aber leichter gesagt als getan. Agnes Straub, die Mutter, musste schon längst mit einem Weinkrampf hinausgeführt werden, und auf der Bühne sitzt nur noch Twardowski, der Darsteller des Sohnes, starr vor Entsetzen, die Hände vor dem Gesicht. Brecht muss einsehen, dass es vorbei ist. Er schaltet das Licht am Regiepult aus. »Guten Tag!«

Dann schaut er sich nach Bronnen um, der die Seiten seines Textbuchs aufsammelt. Brecht geht zu ihm hin. »Ich gratulier dir! Mit denen wäre es nie was geworden.«

Hocherhobenen Hauptes geht Brecht aus dem Theater. Bronnen schaut ihm nach.

— *Brechts erster Versuch, Berlin zu erobern, war gescheitert, sein Ruf als Regisseur vorerst ruiniert. Wer will es schon riskieren, mit jemandem zusammenzuarbeiten, dessen erster Inszenierungsversuch mit einem Theaterkrach geendet hat? Und Bronnen, der Freund – war der dem Freund gram, dass der ihm seine große Chance, die erste Premiere, so fahrlässig in den Sand gesetzt hatte?*

»Ja, eigentlich hätte Bronnen Grund genug gehabt, auf Brecht sauer zu sein.« So kommentiert mir seine Tochter Barbara die Angelegen-

heit. »Aber das war wieder seine Art. Er hat reingeschluckt und hat nichts nach außen dringen lassen und hat sich weiterhin um seinen Freund gekümmert.«

Seine Vatermord-*Premiere bekam Bronnen übrigens trotzdem von Moritz Seeler, mit einem anderen Regisseur selbstverständlich, mit ebenso beachtlichen, vielleicht sogar passenderen Darstellern (Alexander Granach, Elisabeth Bergner) und an einer viel besseren Bühne, dem Deutschen Theater. Insofern war der Brecht-Flop letztlich für ihn sogar von Vorteil. Aber das war nicht Brechts Verdienst.*

Bronnens ungeheure Nachsicht mit dem Freund ging so weit, dass er sich mit Seeler und der Straub überwarf. Seine Erklärung für dieses Verhalten, das wir auch bei anderen Personen in Brechts engster Umgebung wiederfinden: »... denn es war diese Magie um Brecht, daß man ihm helfen mußte. Jeder fühlte sogleich, dies war der Bessere, der Kommende, der Endgültige, beug dich vor ihm, wenn er es braucht.«

Marianne Zoff tritt mit kleinem Gepäck in Brechts Zimmer seiner Berliner Pension, offenbar soll es eine Überraschung sein. Die Vermieterin hat ihr aufgeschlossen und übergibt ihr einen Schlüssel. »Bittscheen, gneh' Frau. Kieken Se sich det mal an – sauber un orntlich is wat andret.« Marianne besänftigt: »Ein Künstler eben.«

Sie legt ab und sucht in dem Durcheinander nach etwas Essbarem. Sie findet nur Reste von Tee und etwas Schokolade, die sie sich sofort in den Mund steckt. Beim Kramen ist sie auf einen Brief gestoßen. Sie beginnt zu lesen.

»Wie geht es Deinem Ruhm? (...) Gelt, Du bist jetzt 24 Jahre und hast schon beinahe einen dreijährigen Sohn. Wie die Zeit vergeht, ist schrecklich. Wenn wir jetzt heiraten wollten, müssten wir schon sehr viel Geld haben, sonst wäre nicht auszukommen.

Bert, hast Du mich eigentlich noch lieb? Ich sehne mich so sehr nach Dir und habe so gar niemand, der mich in die Arme nimmt, so daß ich mich ganz vergraben kann. Ich küsse Dich tausendmal. Deine Bi.«

Was ist das denn?! Die Sache ist doch zu Ende, hat er gesagt? Marianne legt den Brief zurück in die Schublade und schiebt sie zu.

Der Regisseur Brecht war in Berlin gescheitert. In München bekommt der Autor Brecht dann in den Kammerspielen seine Chance. Am 29. September 1922 stehen Brecht und Neher auf der Bühne des Theaters hinter dem geschlossenen Vorhang. Es ist Premierenabend. Hinter ihnen schieben noch die Bühnenarbeiter Kulissen an den richtigen Platz. Brecht nimmt einen Lappen am Vorhang beiseite und blickt durch das Guckloch in den Zuschauerraum. In einer der vorderen Reihen im Parkett erkennt er seinen Bruder Walter, den Vater und die Bi, die gerade ihre Plätze einnehmen. Jetzt schaut auch Neher durch das kleine Loch. »Die Paula. Fesch schaut sie aus.« Neher hat schon immer eine Schwäche für diese Freundin Brechts gehabt. »Ihr hab ich das Stück gewidmet.« Und jetzt sind sie zu dritt aus Augsburg herübergekommen. Das erste Mal, dass sein Vater sehen kann, wie es ist, wenn ein Stück von ihm, dem schwierigen Sohn, vor allen Leuten gespielt wird. In der Hauptstadt München. *Trommeln in der Nacht* heißt es jetzt tatsächlich. Und ohne den Feuchtwanger wäre es vielleicht gar nicht so weit gekommen. Neher weiß sehr gut, was das jetzt für seinen Freund bedeutet. »Deine erste eigene Premiere. Dein Ruhm wächst!« Jetzt ist Brecht wieder dran mit dem Blick in den Saal. Er sieht, wie sich Marta und Lion Feuchtwanger setzen, dann folgt noch ein Mann, der jetzt etwas Schicksal spielen kann. Brecht gibt wieder den Blick für Neher frei. »Dem Feuchtwanger hab ich's zu verdanken, dass sie mein Stück spielen. Und da neben ihm jetzt – das ist der Jhering, der Kritiker vom Berliner Börsen-Courier.« Neher versteht sofort: »Und von dem hängt's jetzt ab?« Brecht: »Genau. Ob's morgen in Berlin meinen Namen buchstabieren können.«

— *Ganz zufällig sitzt der Gast aus Berlin da nicht, ein bisschen hat Brecht da schon nachgeholfen. Mit einem Brief an Jhering, eine Woche vor der Premiere. »Nun habe ich eine außerordentliche Bitte, die ich allerdings kaum zu äußern wage, nämlich, daß Sie zu meiner ersten Premiere kämen, die hier, am 29. September (Freitag) stattfindet. Ich weiß genau, was ich Ihnen damit zumute, aber es hängt davon für mich außerordentlich viel ab. Seit Berlin nichts mehr wagt, ist es verdammt schwer, wesentliche Kritik zu einer Zeit zu hören, wo man sie am nötigsten braucht. Erlauben Sie, daß ich Sie grüße*
Ihr Bert Brecht«

Inzwischen hat das Spiel begonnen. Der Kriegsheimkehrer Kragler findet seine Verlobte Anna schon gebraucht und schwanger bei einem anderen Mann. »Wie Ihr Kragler aus der Kriegsgefangenschaft in das bürgerliche Idyll da reinplatzt, das ist ein Ereignis«, hat Feuchtwanger gesagt. Da taucht ein Gespenst auf und stört die kriegsgewinnlerische Fabrikantenfamilie. So wie der Spartakus mit seinen Kämpfen im Zeitungsviertel die bürgerliche Ordnung für eine Woche gestört hat.

Jetzt steht Kragler mit Anna auf der Bühne, er hat den Zweikampf mit seinem Nebenbuhler gewonnen. Er trägt noch immer seine heruntergekommene Heimkehrer-Uniform. In der Ferne hört man Kanonendonner. Die Kämpfe um das Berliner Zeitungsviertel gehen zu Ende. Kragler läuft herum, er fischt eine liegen gelassene Trommel auf, im Rhythmus der Schläge beginnt er seine Selbstbezichtigung und Publikumsbeschimpfung:

»Spartakus oder die Macht der Liebe. Das Blutbad im Zeitungsviertel oder jeder Mann ist der beste in seiner Haut. Der Dudelsack pfeift, die armen Leute sterben im Zeitungsviertel, die Häuser fallen auf sie, der Morgen graut, sie liegen wie ersäufte Katzen auf dem Asphalt, ich bin ein Schwein und das Schwein geht heim. Ich ziehe ein frisches Hemd an, meine Haut habe ich noch.«

Immer wieder in eine andere Ecke des Studios wandert der Monitor, und wir mit ihm. Über Funk kommt das Signal von der Kamera zu uns. So kann ich mit dem Kameramann Gernot Roll – nicht weit entfernt von den Schauspielern, aber außerhalb ihrer Hörweite – nicht nur über die Bildgestaltung, sondern manchmal auch über die Qualität ihres Spiels vertraulich reden. Zu Besuch am Set neben mir: die Redakteurin Barbara Buhl.

Walter Brecht im Parkett erkennt die Sprache seines Bruders. Er erkennt auch die Situation auf der Bühne wieder. Wenn er sie auch ganz anders erlebt hat.

»Kragler lacht bösartig: ›Das Geschrei ist alles vorbei, morgen früh, aber ich liege im Bett morgen früh und vervielfältige mich, dass ich nicht aussterbe.

Glotzt nicht so romantisch! Ihr Wucherer! Ihr Halsabschneider!‹

Sein Gelächter bleibt stecken im Hals, er kann nicht mehr, er torkelt herum, schmeißt die Trommel nach dem Mond, der ein Lampion war, und die Trommel und der Mond fallen in den Fluss, der kein Wasser hat.«

Alle sollen es wissen: Es ist nur Theater.

»Kragler: ›Besoffenheit und Kinderei. Jetzt kommt das Bett, das große, weiße, breite Bett, komm!‹ Er geht mit Anna davon.«

Vom Inspizientenplatz hinter der Bühne aus verfolgt Brecht den Applaus. Nicht geradezu begeistert, aber doch mehr als nur freundlich. Er kann beruhigt durchatmen, er hat nichts zu befürchten.

Auch Brechts Vater, Bruder Walter und Paula klatschen eifrig. Und Lion Feuchtwanger und Jhering stecken einen Moment die Köpfe zusammen. Könnte es sein, dass der Kritiker sogar anerkennend genickt hat?

Am nächsten Tag sitzt Brecht in einem Münchener Café und liest die Kritik dieses so überaus nützlichen Mannes aus Berlin, der sein Leben gerade auf die Erfolgsspur setzt.

»Nicht das ist das künstlerische Ereignis, daß Brecht in seinem Stück ›Trommeln in der Nacht‹ Zeitereignisse gestaltet, die bisher beredet wurden. (…) Brecht ist in seinen Nerven, in seinem Blut vom Grauen der Zeit durchdrungen. (…) Brecht empfindet das Chaos und die Verwesung körperlich. Diese Sprache fühlt man auf der Zunge, am Gaumen, im Ohr, im Rückgrat.«

Brecht schaut hoch: Die Damen ringsum schwätzen und schmatzen. Die Herren bestellen Cognac zum Kaffee. Sie beachten ihn nicht. Noch nicht. Er liest weiter. Nun folgt in diesem beispiellosen Hymnus von Kritik auch noch das Stichwort, auf das Brecht so lange gewartet hat.

»Das Geniezeichen« – Geniezeichen! – »ist, daß mit seinen Dramen eine neue künstlerische Totalität da ist, mit eigenen Gesetzen, mit eigener Dramaturgie (…). Heute gilt es einen Dramatiker zu verkünden, der seit Wedekind das aufwühlendste Ereignis ist. (…) Der vierundzwanzigjährige Dichter Bert Brecht hat über Nacht das dichterische Antlitz Deutschlands verändert. Mit Bert Brecht ist ein neuer Ton, eine neue Melodie, eine neue Vision in der Zeit.«

Brecht bläst den Rauch der Zigarre in die Luft. Die hier schmeckt heute besonders gut, er hat sich endlich eine bessere Qualität geleistet. Wird er sich jetzt öfter leisten können! Das sind gute Aussichten.

Tatsächlich steigt der Name Brecht an der Berliner Börse. Das Deutsche Theater bittet ihn, ihm die Dramen *Baal* und *Trommeln der Nacht* zur Aufführung zu überlassen. Für den *Baal* wird ihm eine Garantiezahlung von 30000 Mark angeboten.

— *30000 Reichsmark – das hört sich zunächst sehr eindrucksvoll an. Allerdings hatte im Oktober 1922 die Inflation schon seit einiger Zeit Fahrt aufgenommen. Der Dollar stand jetzt auf 1815 Mark. Ein halbes Jahr vorher, im Mai, waren es nur 281 Mark gewesen. Ein halbes Jahr später, Anfang April 1923, sollten es 21100 Mark sein, im Oktober 1923 240 Millionen. Ende November 1923 war Schluss mit dem Wahnsinn der Hyperinflation – da hätte man für einen Dollar 42 Milliarden Reichsmark zahlen müssen. – Wer diese alptraumhafte Geldvernichtung, der nur Besitzer von »Sachwerten« und Spekulanten entkommen konnten, miterlebt hatte, wie konnte der noch grenzenloses Vertrauen in den Kapitalismus setzen?*

Brechts Baal *wird in Leipzig uraufgeführt und erscheint – endlich, endlich! – auch als Buch. Brecht selbst wird als Erster Regisseur und Dramaturg an die Münchner Kammerspiele verpflichtet. Jhering, der durch einen glücklichen Zufall gerade als Juror dafür zuständig ist, verleiht ihm den Kleistpreis, noch einmal 10 000 Mark und der Ruhm. Na bitte! Jhering kann eine »Brechthausse« melden, an der er wahrlich nicht unbeteiligt ist. Er hat Brechts Sache zu seiner eigenen gemacht, von da an wird er immer für Brecht kämpfen, auch noch in der DDR.*

Auf Brechts Liebeswirren hat der einsetzende Erfolg sich nicht weiter ausgewirkt. In einem Münchener Café kommt es im Herbst 1922 zu einer bemerkenswerten Szene. Paula Banholzer und Marianne Zoff warten gemeinsam an einem Tisch auf Brecht. Camillus Recht sitzt an einem anderen Tisch, im Hintergrund, aber so, dass er die Szenerie im Auge behalten kann.

— *1977 hat mir Paula Gross-Banholzer in Augsburg die Vorgeschichte erzählt. »Als mein Vater tot war, bin ich zur MAN gegangen und habe da eine Stellung im Büro angenommen. Und da kam eines Tages ein Anruf (von Brecht): ›Wenn jetzt ein Herr kommt, versprich mir, dass du diesen Herrn nicht empfängst. Ich komm heute noch zu dir. Dann wirst du alles von mir erfahren.‹ Und dann hat dieser Herr sich vorgestellt als Herr Recht und hat gesagt: ›Sind Sie verlobt mit Herrn Brecht?‹ – Und da sagte ich ›Ja‹. Da sagte er: ›Ich muss Ihnen leider mitteilen, dass meine Verlobte Marianne Zoff ein Kind von Ihrem Verlobten bekommt. Jetzt fahren Sie mit mir nach München. Dort wollen wir ihn mal stellen.‹«*

Nun kommt auch Brecht ins Café, etwas atemlos, etwas nervös. Er sieht Marianne und Paula, er sieht sie zum ersten Mal zusammen. Bisher war es ihm immer gelungen, sie nicht aufeinandertreffen zu lassen. Marianne erblickt ihn zuerst und gibt Paula ein Zeichen. »Lassen Sie mich das machen. Ich red mit ihm.« Brecht ist an ihrem Tisch angekommen, er setzt sich zu den beiden. Unsicher schaut er nach links und nach rechts, von einer Geliebten zur anderen. »So, da habts ihr euch ja schon bekannt gemacht.«

Marianne übernimmt die Regie. »Etwas spät vielleicht. War auch sicher einfacher so ...« – »... für dich.« Paula hat Mariannes Satz zu Ende gesprochen. Etwas mutiger als sonst. Das hat er sich ja immer für sie gewünscht, dass sie nicht ist wie ein weiches Stück Teig, in das man reindrückt, und die Delle bleibt dann ewig. Härter wollte er sie doch haben.

Marianne will schnell zur Sache kommen, sie will ihn gar nicht erst zu Wort kommen lassen und stellt also gleich die entscheidende Frage. »Wen von uns beiden willst du heiraten? Jetzt musst du dich entscheiden.«

— *Paula Banholzer 1977: »Und da war er ängstlich. Da war er feig. Das hab ich gemerkt.«*

Ein kurzer Augenblick der Unsicherheit und Angst bei Brecht, ein kleines Rucken mit dem Kopf. Dann funktioniert die Abwehr: Frechheit. Er steckt sich einen Stumpen an. Und er lächelt im Voraus über seinen Trick. »Alle beide!«

Irgendwie war das ja sogar die Wahrheit. Und der Effekt ist wie erwartet: Beide Frauen sind erst einmal perplex. Marianne Zoff steht etwas zögerlich auf. Sie ist im fünften Monat schwanger. »Ich verzichte auf dich.« Paula kann sich nur anschließen. »Ich verzichte auch.« Und auch sie steht auf und folgt Marianne zur Tür. In einigem Abstand verlassen sie, mehr oder weniger entlobt, das Café.

»Ich hab gedacht: Dann mag ich nicht mehr. Jetzt ist für mich alle.« Brecht ist Paula dann bis zum Hauptbahnhof gefolgt, bis in den Zug zurück nach Augsburg. Als sie ihn durch das Fenster auf dem Gang erkennt, ist sie nur froh, dass ihr Abteil voll besetzt ist. Er macht den bewussten Haken, den gekrümmten Zeigefinger – sie soll auf den Gang kommen. Sie schüttelt immer wieder den Kopf. Auf dem Augsburger Bahnhof kommt sie aber nicht an ihm vorbei, er komplimentiert sie in den Wartesaal. »Und jetzt hat er mich wieder bearbeitet. Also wissen Sie, da hat er geredet und geredet …« Brecht beteuert, dass er doch nur sie, seine kleine Bi, liebe und dass er nur deswegen gezwungen sein, die Zoff zu heiraten, damit das Kind einen Vater hat. Dabei mag er die Zoff doch gar nicht mehr.

Und Paula hat sich tatsächlich wieder rumkriegen lassen: »Da sage ich: Ja, also wenn das so ist, dass du an ihr gar kein Interesse hast, sondern sie nur heiratest, dass das Kind den Namen hat – dann möchte ich auch nicht haben, dass du nach der Trauung überhaupt noch mit ihr zusammen bist. Das hat er mir in die Hand versprochen, er kommt nach der Hochzeit sofort rüber. Und dann ist er auch an dem Tag wirklich gekommen. Später hat mir der Pfanzelt erzählt: ›Sie wissen es ja nicht genau‹, hat er gesagt, ›der hat ja zwei Tage vorher geheiratet!‹ – Auf jeden Fall hat er mich wieder angeschwindelt.«

Im Stadtarchiv München lese ich ein Dokument zur Eheschließung von Bertolt Brecht und Marianne Zoff. Es trägt den Stempel DRINGEND als Überschrift.

»31. Oktober 1922.
An den Herrn Standesbeamten des Standesamtes München I, dringend. Abkürzung der Aufgebotsfrist in Sachen des Schriftstellers Eugen Berthold Brecht mit der Opernsängerin Fräulein Marianne Zoff.
Im Namen und Auftrag der Brautleute bitte ich die Aufgebotsfrist für dieselben so abkürzen zu wollen, dass die Eheschließung spätestens am Freitag, den 3. oder Samstag, den 4. November 1922 möglich ist.
Begründung: Die Braut befindet sich im 5. Monat der Schwangerschaft.

(…) Der Bräutigam, der durch die erfolgreiche Uraufführung seines Stückes ›Trommeln in der Nacht‹, Kammerspiele, bekannt gewordene Schriftsteller Berthold Brecht, begibt sich zur Vorbereitung der verschiedenen in ganz Deutschland angesetzten Erstaufführungen auf ein längeres Reiseleben und kann ohne Berufsstörung und große Kosten nicht so rasch wiederkommen.«

Herbst 1923. Brecht ist mal wieder in Berlin, er ist gerade angekommen. Er sitzt auf dem Sofa von Bronnens Zimmer und klappt den Verschluss seines kleinen Reisekoffers auf. Mit einer gewissen Zurückhaltung stellt Bronnen eine etwas heikle Frage. »Wie lange willst du denn diesmal in Berlin bleiben?« Brecht will ihn beruhigen, er erinnert ihn daran, dass er ja in München mit der Marianne verheiratet ist. Ganz so lang wird's also schon nicht dauern. Für Bronnen ist das aber viel zu lange, und das muss er dem Freund auch gleich sagen. »Pack gar nicht erst aus. Entschuldige, aber ich brauch mein Zimmer heute Nacht.« – »Ein Fräulein?« Auf die leicht vorwurfsvolle Frage kommt von Bronnen nur eine verlegene Geste. »Und ich, Arnolt?« Bronnen geht zum Fenster und schaut auf die Häuser gegenüber. »Du kennst doch die Helene Weigel?« Brecht kommt neugierig näher. »Die Begabte?« Er kann sich nur vage erinnern, er hat sie wohl bei der Berliner Erstaufführung der »Trommeln« gesehen. Bronnen nickt. »Sie spielt gerad bei Jessner am Staatstheater. Die will was werden.« Und dann zeigt er seinem Freund ein paar große schräge Dachfenster in einem Haus schräg gegenüber, anscheinend ein zum Atelier ausgebauter Dachboden. »Sie wohnt drüben in der Spichernstraße Nr. 16, da ganz oben unterm Dach.« Dieser Bronnen wagt es doch glatt, ihn für ein Fräulein auszuquartieren. Andererseits, die Weigel, eine Schauspielerin – das könnte etwas für die Zukunft sein. Ein Brecht braucht eigentlich eine Schauspielerin. Das hatte er dem Bronnen ja auch gesagt. »Und du meinst, ich könnte da so einfach …?« Bronnen baut jetzt alle möglichen Brücken über die Straße nach da oben hin, wo diese aparte Wiener Schauspielerin wohnt. »Ja! Ich glaube, sie wird sich freuen, wenn du zu ihr kommst. Sie ist berühmt für ihre Mehlspeisen. Wiener Küche.« Die beiden jungen Männer lehnen dicht beieinander in dem schmalen Fensterrahmen. Von der Badewanne mit Warmwasser, über die die Weigel auch verfügt, sagt er nichts. Bronnen weiß schon, dass das für Brecht kein Grund für einen Umzug wäre. »Für eine Nacht?«, fragt Brecht, noch etwas unsicher. Bronnen beruhigt ihn. »Für eine Nacht.« Dann begibt er sich ins Berliner Zimmer, wo das Telefon hängt, und kündigt der Weigel den unverhofften Gast an.

So kommt es, dass Brecht in der Spichernstraße 16 ganz oben unterm Dach vor einer Tür steht. Eine Bodentür, aus Feuerschutzgründen mit Blech beschlagen. Er steht mit dem Rücken zum Eingang und zupft etwas unruhig auf seiner Gitarre herum. Den kleinen Koffer hat er bei sich. Helene Weigel öffnet die Tür. Sie schaut sich Brecht an. So klein hatte sie ihn nicht in Erinnerung. Wie passt der zu den Gerüchten über Frauengeschichten, die das aufsteigende Bühnentalent begleiten? Brecht seinerseits schaut sich Helene Weigel an. Unter den burschikos kurz geschnittenen Haaren diese Augen. Er spürt sofort die Intensität dieser Person. Das ist mehr als ein Persönchen, eine richtige Frau ist das, mit Substanz. Und wie sie dabei die Zigarette im Maul hält! Er wird sich nichts anmerken lassen. Er sagt nur seinen Namen. »Brecht.«

»Aha!« Kein Grund, gleich vor ihm in die Knie zu gehen.

Brecht zupft zur Unterstützung etwas auf der Gitarre. Er ist ein Vagant, und der Vagant braucht ein Bett. »Steht hier mein Bett für die Nacht?«

Sie beobachtet ihn. Der scheue Blick unter der Mützenkante hervor, wie ein Maulwurf, der sich verkrabbelt hat und ins Licht blinzelt. Wie unordentlich der Bursche ausschaut. »Na, kommens halt rein.« Sie geht den Weg durch den langen Flur voran.

Bertolt Brecht folgt der jungen Schauspielerin und landet in einem großen Atelier mit Fenstern, die in die Dachschräge eingearbeitet sind und einen weiten Blick über die Stadt freigeben, auf die dampfende, brodelnde, lärmende Metropole Berlin.

Berlin hat Mitte der 20er-Jahre 3,4 Millionen Einwohner. Das ist jetzt Groß-Berlin, eine der größten Städte der Welt, Hauptstadt eines Landes, das nach dem Zusammenbruch der alten Ordnungen von Monarchie und Militär die neue liberale Demokratie ausprobiert. Berlin wird Zeitungs- und Kinometropole, in Babelsberg arbeiten die begabten Regisseure wie Lubitsch, Murnau, von Sternberg oder Pabst und erfinden eine ganz neue Sprache für den Film. Für das neue Kino werden in diesen Jahren viele Lichtspielhäuser eröffnet, darunter Häuser wie der Ufa-Palast mit Platz für zunächst 1740 Zuschauer. Die Plakatmaler pinseln überlebensgroß die Gesichter der neuen Prominenz, der Kinostars, hoch über die Eingänge. Pola Negri, Henny Porten und die Stars der Bühne wie Emil Jannings und Werner Krauß. Denn vor allem ist Berlin die Hauptstadt des Theaters, auch des modernen deutschen Theaters. Das Licht der neuen Reklame spiegelt sich im nassen Asphalt, haushoch an die Wände geklebt, springt die Werbung die Menschen an. »Berlin raucht JUNO. Chlorodont – Blendend weisse Zähne. Trink Berliner Kindl.«

Unter den Linden, in der Friedrichstraße, auf dem Potsdamer Platz oder auf dem Kurfürstendamm schieben sich die Menschen an den vielen Cafés, Restaurants, Automobilsalons, Theatern, Modeläden vor den Schaufenstern vorbei. An Kaufhäusern, die mit ihren vielen Stockwerken, mit dem Licht der Lüster und zahllosen Lampen und vor allem mit den ungesehenen Waren aus aller Welt für die Besucher wie Aladins Wunderhöhle wirken. Die Stadt ist durchgehend geöffnet. Brecht wirkt wie elektrisiert von all dem Neuen und den vielen neuen Menschen, die er bald kennenlernt und die er für sich und seine Arbeit gewinnen will. Über allem klingt in der City neben den Schlagern und Couplets die schräge Musik, der Jazz, der aus Amerika in die Stadt hineinspielt. Überhaupt findet Brecht, dass diese Stadt – das Dickicht

der Großstadt – Ähnlichkeit mit Amerika hat, mit Chicago oder New York. (Er kennt weder das eine noch das andere.) Brecht findet in den Kaschemmen die Nutten und ihre Luden. Er hat immer sein Notizbuch dabei.

Im Wintergarten *fliegen Artisten über den Köpfen der Zuschauer, im* Blauen Vogel *tanzen Männer miteinander. Wenn in den Kabaretts »Mutter, der Mann mit dem Koks ist da« gesungen wird, denkt niemand mehr an den Kohlenmann. Und lange bevor Josefine Baker 1926 nur mit einem Kranz Bananen bekleidet vor dem Publikum tanzte, tat es Anita Berber mit mehr Kunst und noch weniger Kleidung. Es ist ein aufregendes Leben hier in diesem Labor der Moderne, ein freieres und offeneres als anderswo.*

In der kleinen Küche oben unterm Dach in der Spichernstraße ist Brechts neue Wirtin dabei, eine Pfanne auf dem Gasherd zu erhitzen und einen Kaiserschmarren zuzubereiten.

»Eine schöne Wohnung haben Sie da.« Oh ja, sie wird darum beneidet. Wer hätte nicht gern so ein Atelier, preiswert und ganz oben über den Dächern von Berlin. »So, gefallt's Ihnen.«

Brecht beginnt zu schwärmen. »Ein Atelier. Und die ganze Stadt vorm Fenster. Theater, Verlage, Zeitungen, Kneipen und die Kinos. Alle Freunde, alle Feinde.«

Dabei macht er mit den Händen eine Art Eroberungsgeste.

In der Pfanne brutzelt der Kaiserschmarren, und die Schauspielerin mit Schürze wendet ihn. Dann dreht sie sich wieder zu ihm um und beobachtet ihn dabei, wie er nun ganz selbstverständlich die Wohnung in Besitz zu nehmen scheint. »Wollen Sie gleich ganz Berlin erobern?« Natürlich will er das. »Wer sich in dieser Stadt durchsetzt …« – »… der braucht schon ein paar Ellbogen, ein paar eherne«, ergänzt sie. Das muss er ihr nicht sagen. Auch Helene Weigel weiß, wie hart man in dieser Stadt kämpfen muss, bis die Kritiker deinen Namen richtig schreiben können. Aber von hier aus erobert man die großen Theater in ganz Deutschland, die Provinz kommt dann ganz von allein. Alle Karrieren werden in der Reichshauptstadt Berlin entschieden. Das wissen beide, genau deswegen sind sie ja hier.

Und Brecht weiß, dass sie weiß. Sein planender Blick, wenn er Menschen und ihre Zukunft einschätzt, sie in seinen Lebensbau hineinziehen will. Ein Kopfheben wie das Aufnehmen von Witterung oder ein kurzes Blinzeln oder ein tiefes Einatmen oder der nervöse Ruck mit dem Kopf – etwas wie eine Gänsehaut im Gesicht.

Jetzt riecht Brecht den Kaiserschmarren. »Ahhh .... die Wiener Mehlspeisen!« Ein Feinschmecker ist Brecht ja eigentlich nicht, aber es wäre unklug, hier keine Begeisterung zu zeigen. Weigel schaut auf die Pfanne, sie muss achtgeben, dass ihr der Eierkuchen nicht anbrennt. »Sagens mal, suchen Sie einen Mittagstisch oder einen Schlafplatz?«

In Bronnens Zimmer steht derweil der Freund wieder am Fenster und schaut auf das Haus gegenüber, nach ganz oben, wo hinter den schrägen Fenstern das Licht brennt. Er kann sich vorstellen, wie es jetzt dort weitergeht.

— *»Brecht war nicht nur einfallsreich, amüsant, witzig: Er hatte auch die Aura eines Kindes, zog, ohne es zu wollen, Blicke, Gefühle, Tastversuche, Berührungsgier an sich. Auch das hatte er mit einem Kinde gemein: Was er sah, wovon er hörte, wollte er haben.«*

Er muss sich also wohl keine Sorgen machen: Der Bertolt kommt heute bestimmt nicht wieder zurück.

Dass er Brecht den Tipp mit Helene Weigel gegeben hat – das ist kein Zufall gewesen. Bronnen hat an diesem Abend, als sie nebeneinander am Fenster standen, gemerkt, dass seine Zeit mit Brecht, mit allen ihren Höhen und Tiefen, nun unwiederbringlich vorbei ist. Er hat zuerst das Gefühl gehabt, den Boden unter den Füßen zu verlieren, jetzt ist er tieftraurig. Aber ist er, diese Frage wagt er sich kaum zu stellen, nicht gleichzeitig auch irgendwie erleichtert?

Im Atelier Spichernstraße hat sich Brecht nach dem Kaiserschmarren eine Zigarre angezündet. Er schaut nun in Weigels Schlafkammer, die kennt er noch nicht. Unter einem Fenster ein schönes breites Bett. Helene Weigel müht sich, eine Matratze aus einer Ecke herauszuziehen, um sie für den Schlafgast in den Wohnraum zu schieben. »Sie könnten mal mit anfassen, wenn's weich liegen wollen.« Brecht, der ihr an den Türrahmen gelehnt zusieht, macht einen Vorschlag, ganz nebenbei und mit dem Gestus größter Selbstverständlichkeit. »Meinen Sie nicht doch, dass das Matratzerl dort besser …« Die Weigel schaut ihn ungläubig an. Brecht macht mit dem Kopf eine Bewegung, dass die Matratze ins Kämmerchen gehört und dazu er für die Nacht obendrauf. Das ist doch etwas arg dreist. Sie fragt noch mal pro forma nach: »Bei mir?« Dann schiebt sie mit einem Ruck die Matratze ins Atelier. »Eine geruhsame Nacht, der Herr!«

Damit wirft sie die Schlafkammertür ins Schloss. Brecht kann gerade noch zurückweichen.

Es bleibt ihm also nichts anderes übrig: Er muss sich im dunklen Wohnraum auf der Matratze provisorisch einrichten. Er zieht seine von Bronnen mitgebrachte Wolldecke über den Kopf.

Etwas später in der Nacht ertönt eine bittende, klagende Stimme unter der Decke hervor. »Es ist kalt!« Nun ja, eigentlich ist es erst Ende September! Helene Weigel – in ihrem Bett hinter der Tür – sieht keinen Anlass für Mitleid. »Nein!« Aber wenn sie denkt, damit hätte sie nun ihre Ruhe, kennt sie den Brecht nicht, der gibt nicht so schnell auf. »Eine Decke ist halt einfach zu wenig …« Das kam so zart und verloren. »… für so eine Nacht.« Aber sie bleibt entschlossen. Kurz und bündig noch einmal: »Nein!«

Brecht kriecht aus seinem Lager, schleicht zur Tür und klopft leise an. Dann haucht er ein zartes »Hallohhh!«. Dieses kindlich hilflose Hallo – es ist zum Erbarmen. Aber eine alleinstehende Schauspielerin kann sich kein Mitleid leisten, viel zu gefährlich! »Nein, hab ich g'sagt!« So, jetzt muss er aber wirklich Ruhe geben. Meint sie. Einen Augenblick später hört sie ein Zupfen an den Saiten der Gitarre. Dann kommt sein Gesang dazu. So

bezwingend, wie der durch die Tür in ihre Schlafkammer eindringt. »An jenem Tag im blauen Mond September / Still unter einem jungen Pflaumenbaum …« Eine raue, unprofessionelle Stimme von lodernder Intensität. Und was für schöne Zeilen. Sie richtet sich im Bett auf, steckt sich eine Zigarette an. Diese Art von Lied, das da aus dem Atelier herüberkommt, hat sie noch nicht gehört. »Da hielt ich sie, die stille bleiche Liebe / In meinem Arm wie einen holden Traum …«

Brecht sieht, dass sich die Tür zur Schlafkammer einen kleinen Spalt öffnet. Er schaut hinüber. Er lächelt, singt kaum noch, es wird schon fast ein Sprechgesang. »Sie war sehr weiß und ungeheuer oben …« Eine Wolldecke wird ihm durch den Türspalt zugeworfen. »Und als er aufsah …« Die Tür fällt ins Schloss, die Weigel ist weg. Brecht hat verstanden, den Rest spricht er vor sich hin: »… war sie nimmer da.«

Der Morgen dämmert im Berliner Westen im Atelier in der Spichernstraße 16. Vor der Tür zur Schlafkammer liegen die Kleidungsstücke, die Schuhe und die Gitarre von Brecht. Die Matratze wirkt unbenutzt. Aus der Schlafkammer hören wir zwei Stimmen.

»So soll es bleiben!« Das ist die Stimme des jungen Schriftstellers. Und die junge Schauspielerin fragt: »Was soll so bleiben?« Der Mann macht ein Angebot, das zugleich eine Bedingung ist. »Immer ein Geschenk. Keine Tribute.« Die Frau wiederholt seine Worte. Sie hat das Wichtige dabei verstanden. »Keine Tribute!« Fast ein Vertrag.

München, Feuchtwangers Wohnung. Bücher und Papierstapel auf den Arbeitstischen – Feuchtwanger und Brecht sind in die Arbeit vertieft.

»Der Mann hat Erfolg, steigt auf, ganz nach oben. Da, auf dem

Höhepunkt, stürzt er ab, fällt – lässt sich fallen. Unser Mann landet ganz tief unten. Im Schlamm landet er, in Kot und Jauche steht er jahrelang.«

Mit diesen Sätzen hat Feuchtwanger Brecht für Marlowes *Eduard II.* gewonnen. Brecht hat rasch angebissen. »Eine lurchenhafte Existenz am End …«

»Und war einmal ein König. Bis sie ihn endlich umbringen. Erstickt mit einem Kissen. Eduard der Zweite von England.«

Manchmal springt Brecht auf, spielt einen Satz, eine Szene vor. Ebenso Feuchtwanger, nur etwas bedächtiger. Feuchtwanger eröffnet: »Wir beginnen in der Blüte seines Hochmuts … mit der Entscheidung des frisch gekrönten Königs, sein Hürchen, den Herrn Gaveston, im Bett zu haben.« Brecht möchte ihn sofort sozial verorten. »Ich denk mir, der Gaveston sollte von unten kommen … der Sohn eines Schlachters … und er ist geil auf den König.« – »Kein schöner edler Jüngling?« Keinesfalls. »Nein, ein dicker Bursche, fett vom Aletrinken … Und wie sie ihn hassen, die ganze Adelsbagasch, die um ihre Pfründe zittert – diesen Außenseiter im Bett ihres frisch getünchten Königs.«

»Aber der Druck, ihn zu ermorden, sollte von der Kirche kommen.«

»Ja, zwegen der Lügen und Intrigen, da haben sie ein Wissen.«

Brecht steht vor Lion und Marta Feuchtwanger wie auf einer Bühne. Er deklamiert von einem Zettel, was sie gerade geschrieben haben. »Hier wird öffentlich vorgeführt die Historie von der unruhigen Regierung Eduards des Zweiten, Königs von England, und sein jammervoller Tod. Sowie Glück und Ende seines Günstlings Gaveston …«

Feuchtwanger applaudiert, Brecht erläutert. »Schaubude, verstehens, Herr Doktor.« Feuchtwanger: »Mit unserem Ansager haben wir eine Art Zeitungsüberschrift, Schlagzeilen …« – »… fürs Mittelalter. Mit Jahr und Tag. Und vom Jahr neunzehndreiundzwanzig aus schaun wir uns das Personal und die Kriege an.«

Münchner Kammerspiele, Bühne. Caspar Neher malt ein düsteres lehmiges London auf das Papier. Er hat inzwischen seinen Lebensberuf als Bühnenbildner gefunden – bei den *Trommeln* durfte er noch nicht dabei sein, das hatte ihm die Direktion noch nicht zugetraut. Das hier ist jetzt seine Antwort auf die Poesie in Form eines Bühnenbilds. Er kommentiert, was er malt. »Dreck und Lehm. Armut. Gelb und Braun und Grau, das sind unsere Farben. Wir müssen zurück in den Dreck des Mittelalters. Die Kostüme, Bert – später im Palast nichts Königliches. Auf der Straße: arme Leut.«

Etwas später steht Neher vor drei Schauspielern, die Soldaten spielen. Sie sind in einfache, aus Rupfen geschneiderte Uniformen gekleidet. Er hat einen Eimer mit gelbbrauner Farbe, taucht einen groben Pinsel ein, schaut den ersten Soldaten einen Augenblick an und bemalt das Kostüm. Im Hintergrund ist schon ein Prospekt zu sehen, der ein Schlachtfeld andeutet.

Dann färbt er einem zweiten und dritten Soldaten das Kostüm direkt auf dem Leib. Gelbbraun, Rötlich, Ocker, Grau – es sind seine Farben des Krieges. »Alle gleich seids. Wie im Schlamm von Flandern. Und tut sofort das, was man euch sagt. Und lebt im Dreck.«

Neher taucht den Pinsel wieder in die Farbe, er zieht ihnen den Lehm von Flandern über die Haut. »Ich pinsel euch die Erde auf den Leib. So war's doch immer. In Lumpen, verhungert an der Front. Man liegt schon fast im Grab ...«

Brecht nickt zustimmend. So ist's recht.

— *1977 hatte ich Gelegenheit, mit Erwin Faber zu sprechen, der 1923 in München in Brechts Inszenierung des* Eduard II. *die Titelfigur verkörperte. Er zeichnet ein völlig anderes Bild vom Autor-Regisseur Brecht, als man es nach dem* Vatermord-*Debakel erwartet hätte. »Wir haben ihn hundertprozentig bejaht. Wir haben gesagt in den damaligen Kammerspielen: ›So ungefähr hat Shakespeare mit seinen Schauspielern gearbeitet.‹ Man konnte von ihm alles haben. Wenn einem im Text etwas unrichtig, nicht mundgerecht erschien, hat er es sofort genommen und umgebaut. Wenn man gesagt hat, da müsste ein Monolog rein, da hat er einen Monolog geschrieben. Er hat ganz lebendig gearbeitet. Noch während wir probierten, hat er schon umgeschrieben. Also er war großartig. Er war der natürlichste Bühnenregisseur und Dichter, den man sich denken kann.«*

Erwin Faber als Eduard, Zweiter von rechts

In den Münchner Kammerspielen. *Eduard*-Probe, Mortimer in der Szene »Schlachtfeld bei Killingworth«, Soldaten hinter ihm. Ein Strick wird über einen Ast geworfen. Man bereitet das Aufhängen vor. Brecht schaut der Prozedur zunehmend missmutig zu. Sie können es einfach nicht. Sie wissen nicht, wie man professionell hängt. »Das ist doch Scheiße! Alles Murks, wie Sie das machen! Für die Soldaten ist das eine tägliche Verrichtung. Die können das. Die hängen nicht mit Andeutungen.« Der Soldaten-Darsteller widerspricht zaghaft: »Ich bin nun mal kein Henker, und das hier ist eine Bühne.« Brecht, immer noch zornig: »Ja, das wissen wir alle. Aber die Verrichtungen der Personen müssen realistisch sein. Verdammt noch mal.« Und jetzt wechselt er den Tonfall. Wenn er das gut gemachte Handwerk vorspielt, wird seine Stimme sanft, die »ei«s und »i«s mild. »Hängen Sie ihn professionell! Machen Sie eine Schlinge! Seifen Sie den Strick. So ein Landsknecht kann das ganz virtuos. Verstehn Sie! Das Publikum hat ein Recht drauf.«

Am 9. November 1923 schart sich vor den Münchener Kammerspielen eine kleine Menschengruppe, darunter Brecht und einige Darsteller seines *Eduard,* um eine Zeitung. Ein Bühnenarbeiter hat ein Flugblatt in der Hand, aus dem er vorliest. Ein Aufruf von einem gewissen Hitler.

»Proklamation an das deutsche Volk! Die Regierung der Novemberverbrecher in Berlin ist heute für abgesetzt erklärt worden. Eine provisorische deutsche Nationalregierung ist gebildet worden, diese besteht aus General Ludendorff, Adolf Hitler, General von Lossow, Oberst von Seißer.«

Unter Anleitung eines Schauspielers probt Hitler vor dem Spiegel die großen Gesten

Brecht ist mehr erstaunt als beunruhigt. »Ich hab ihn im Zirkus Krone gesehen, den Hitler.« Er macht die großen, schmierenkomödiantischen Gesten vor: »Der spielt immer für den vierten Rang.« Caspar Neher nimmt den Demagogen ernster. »Die Leute sagen, er hat ja recht.« Ein Herr, fast begeistert: »Der kommt an!« Brecht ist jetzt auch ernster geworden. »Ja, leider, in der Bierzeltlaune.«

Spät am Abend desselben Tages schlendern Feuchtwanger, seine Frau Marta, Neher und Brecht in bester Laune durch die Nacht. Marta Feuchtwanger nennt den Grund der Erleichterung. »Kahr und Seißer haben sich von Hitler losgesagt. Nix is mit dem ›Marsch auf Berlin‹.« Und er analysiert die Lage. »Unsere Völkischen wollen's lieber mal allein versuchen. Die trauen dem Hitler nicht.« Neher: »Deshalb haben's die Landespolizei da hingestellt. Soll ja viele Tote gegeben haben.« Marta Feuchtwanger: »Und jetzt ist der mutige Herr Hitler auf der Flucht.« Feuchtwanger: »›Die Regierung der Novemberverbrecher‹ – sie können's den Sozialisten nicht verzeihen, dass ihre eigenen Generäle den Krieg verloren haben.«

Brecht parodiert im folgenden Kurzauftritt Hitlers Rrrss und seine österreichische Suada. Neher spielt sofort mit. Brecht: »Der Dolchstoß aus der Heimat in den Rücken der unbesiegten Truppe. Dolchstoß!« Neher bringt das andere Reizwort der Revanchisten: »Versailles! Versailles!« Brecht: »Dolchstoß, Dolchstoß!«

Doch dann verstummen die beiden. Drei Hakenkreuzler – jetzt, nachdem ihr Putsch gescheitert ist, verständlicherweise ohne Hakenkreuz – kommen ihnen trotzig singend und mächtig betrunken entgegen. »Lieb Vaterland, magst ruhig sein, / Lieb Vaterland, magst ruhig sein, / Fest steht und treu die Wacht am Rhein!«

Sie kommen immer näher heran. Man hört die zweite Strophe, während sie, nun auf Blickweite, Feuchtwanger und Brecht anstarren. »Durch Hunderttausend zuckt es schnell, / Und Aller Augen blitzen hell / Der deutsche Jüngling, fromm und stark ...« Ehe sie noch zur »heiligen Landesmark« kommen, die der fromme starke deutsche Jüngling beschirmt, stellen sie das Singen ein und gehen an der Gruppe um Brecht mit finsterem, scheelem Blick schweigend vorüber. Heute haben sie verloren. Sie wissen aber, und ihr Blick sagt es: Wir kommen wieder!

Im Schlafzimmer der Münchener Wohnung des Ehepaars Brecht/Zoff sitzt Marianne neben dem Kinderbettchen der Tochter Hanne. Sie schaukelt das leicht weinende Kind auf dem Schoß und hört trotz geschlossener Tür, was im Wohnzimmer nebenan los ist. Gespräch, Gelächter und Gläserklirren, Brecht hat Gäste. Wir erkennen die Stimme Lion Feuchtwangers. »Wenn sie wiederkommen, dann werden's auch gegen uns, gegen die Juden losschlagen.« Marta: »Aber sind wir doch froh, dass es dem Hitler seine Generalprobe in München verhagelt hat.« Caspar Neher: »Hoffentlich gelingt ihm dafür nicht später mal eine Premiere in Berlin.« Feuchtwanger: »Seit der Niederschlagung der Räterepublik ist das Klima in München vergiftet.« Marta Feuchtwanger: »Vielleicht müssen wir schon bald München verlassen und nach Berlin ziehen.« Das hält Brecht schon seit Langem für eine gute Idee, wenn auch aus anderen Gründen. Aber wenn der Feuchtwanger mitkommen tät' ... »Da herrscht ein anderes Klima. In Berlin geht es weniger miefig zu, schnell, kalt und laut, fast amerikanisch.«

— *Erwin Faber, der damals an Gesprächsabenden wie diesem bei den Brechts war, hat mir 1977 deren Münchener Familienbehausung geschildert. »Er hatte eine Wohnung, die war wirklich komisch. Es war ein ganz schmaler Schlauch. Da debattierten wir. Er war so verliebt in Rupfen, dass er sich von Neher vom Fenster in einem Bogen auf den Plafond einen Rupfen spannen ließ. Er liebte es wahrscheinlich, in so einem Zelt zu leben. Das muss ihn angeregt haben. Und dann hatte es auch ein Grammofon. Das bekam man damals zu 25 Mark. Ein schnarrendes, fürchterliches, blechernes Ding. Da hat er sich amerikanische Songs und allerlei ausländische Dinge vorgespielt. Die hat er dann gebraucht, im* Dickicht der Städte *hat er sie gebraucht. Das hat ihn irgendwie zu einer richtigen Milieuschilderung gebracht. Alles war einfach und simpel. Und die Marianne war im Nebenzimmer. Dass das sich nicht gehalten hat, das kann ich verstehen. Denn die Marianne war eine ganze Frau. Eine richtiggehende Frau war sie!«*

Ein paar Tage später ist Marta Feuchtwanger bei Marianne zu Besuch. Brechts Ehefrau steht vor dem Spiegel. Sie ist perfekt angezogen. »Er ist in Berlin, in Augsburg, in Leipzig und immerzu bei euch mit dem Lion.«

»Marianne, aber Sie wissen schon, dass der Brecht ein Genie ist?«

»Ja, schon. Er sagt's ja auch gerad jedem, dass man's nur immer weiß. Und seine Augsburger Sklaven vergöttern ihn ja geradezu.«

»Nun sind Sie mal mit ihm verheiratet. Schaun Sie, da muss man auch auf manches verzichten.«

Verzichten, verzichten, immer verzichten – davon hat sie

wirklich langsam genug. Was ist denn das für ein Leben? Immer hier rumsitzen, als höchstes der Gefühle vielleicht mal ein Besuch bei den Eltern in Pichling, und sonst? Es bricht aus ihr hervor. »Ich will aber kein Genie! Ich will einfach einen Mann, der mich liebt! So wie Sie mit dem Lion.«

Marta holt die Hanne, die aufgewacht ist, aus dem Bettchen und trägt sie auf dem Arm ein paar Schritte herum. »Lieben, der Lion, ja … aber glauben Sie mir, der braucht auch schon seine Freiheiten als Mann. Aber die hab ich auch …«, schnell ergänzt sie: »… gehabt.«

Da kann Marianne schon ein bisschen neidisch sein. »Das dürft ich nie. Der Brecht ist eifersüchtig, rasend eifersüchtig. Wenn ich da von einem seiner Freunde gesehen würd, oh jeh. Er droht sofort mit Scheidung.«

»Aber er darf.«

Marianne nickt. »So will er's.«

Marta Feuchtwanger möchte Marianne immer noch mit ihrem Schicksal – und damit auch ein Stück weit mit dem eigenen – versöhnen. »Aber glaubens mir: Über allem steht doch immer seine Arbeit. Das müssens halt wissen. Das ist bei dem Lion ganz genauso.«

München, Kammerspiele. Eine der letzten Proben zu Brecht/Feuchtwangers *Eduard II.* Auf der Bühne Eduards Kerker. Ein Tisch, ein Hocker. Zwischen dem Bühnenraum und dem Publikum wird ein Kettengitter rasselnd heruntergelassen. Es sind grobe Maschen. Davor steht Caspar Neher, der sich das ausgedacht hat. Hinter dem Gitter auf der Bühne Brecht. Weiter hinten Erwin Faber in der Maske des von der langen Haft vorzeitig gealterten Königs.

Brecht nickt Cas anerkennend zu. »Großartig.« Er geht dicht ans Gitter und berührt es leicht. Ein leises, unheimliches Klirren durchschauert das Theater. Sofort sieht er, wie der Effekt einzusetzen ist. »Kann ich mal Ruhe haben! Ruuuuheee! – Faber, schauns mal, wenn Sie hier bei Ihren letzten Sätzen den Vorhang streifen …«

Er macht eine leichte Bewegung, das Gitter klirrt.

Brecht schaut in den leeren Zuschauerraum. Wird er die Menschen dort unten gewinnen, Einfluss auf sie haben? Die Angst, immer noch, dass er es nicht schaffen könnte. Er hört die Stimme Mortimers: »… die schlumpichte Fortuna treibt's / Ein Rad. 's treibt dich mit nach aufwärts / Aufwärts und abwärts …« Das Gitter klirrt.

Im August 1924 stemmen zwei Möbelpacker ein Tafelklavier ganz nach oben unters Dach ins Atelier in der Spichernstraße. Helene Weigel bezahlt und verabschiedet die Arbeiter. Brecht setzt sich ans Klavier und probiert es aus, die Qualität des Anschlags, den Klang der Töne. Eigentlich spielen kann er ja nicht.

Helene Weigel steht in der Tür, ein bisschen stolz ist sie schon.

— *Brecht übernimmt ihr Atelier. Es wird sein Berliner Hauptquartier. Hier schläft er, hier arbeitet er. Hier empfängt er Freunde, Bewunderer und Mitarbeiter. Marianne Zoff bleibt mehr und mehr allein mit der Tochter Hanne in der Münchner Wohnung zurück. Für die Spielzeit 1924/25 bekommt sie noch einmal ein Engagement als Sängerin, weitab von München und Berlin: am Stadttheater Münster.*

»Jetzt hast Platz in deinem Hauptquartier und kannst in Ruh arbeiten«, sagt die Weigel. »Zum Essen kommst dann immer zu mir rüber in die Babelsberger.«

Brecht, bewundernd: »Wie du das hinbekommen hast beim Wohnungsamt.«

»Dass du's nur weißt: Ich bin von Beruf Schauspielerin.« Und sie spielt für einen Moment den schweren Gang der Hochschwangeren mit unsicheren Schritten vor.

»Und da hat der arme Beamte …«

»Ja, er hat's einsehen müssen. Dass eine Schwangere nicht diese vielen Stockwerke hochsteigen kann.«

Das ist ein Mensch, dem er vertrauen, auf den er sich verlassen kann. Eine Brücke, die etwas aushält. Lastwagen könnten drüberfahren. Die steht und hält. Und eine gute Schauspielerin ist sie auch, zuletzt in diesem Ibsen am Deutschen Theater. Er will ihr aber etwas anderes sagen. »Helli, du bist einfach großartig. Wie du dich kümmerst ...« Da will die Weigel nicht widersprechen. »Ja, ich bin schon eine brauchbare Person.«

Brecht kommt vom Klavier zu ihr. »Eine ganz besondere, eine wie keine.« Das sind ganz ungewohnte Töne. »Um die'st nicht mehr herumkommst?«

Brecht steht nun dicht bei ihr. »Nicht kann und nicht will. Jetzt schon gar nicht.« Damit hat er ganz zart das Kind in ihrem Bauch berührt.

»Er soll dir eine Augenweide sein.«

»Er?«

»Ja. Wie der Vater.«

Brecht schaut sie an mit dem Blick der Liebe. »Madame, wir beide sind Ihnen beide reichlich und andauernd gewogen.«

Er streicht ihr zärtlich übers Haar. Dann nimmt er sie sanft in die Arme. Er wiederholt ihre Lebensverabredung. »Immer ein Geschenk. Keine Tribute.« – Und was ist, wenn einer das als Tribut empfindet, was der andere als Geschenk ersehnt? Solche Fragen sind der werdenden Mutter jetzt gerade fremd, sie lächelt. Soll er sie doch sehen, die kleine Träne in ihrem Auge, auch wenn er so etwas sonst ganz und gar nicht mag. Es ist ja nur Glück und Freude. »So soll es bleiben!«

Helene Weigel geht hinaus in den langen Gang zur Bodentür, die ins Treppenhaus führt. Brecht begleitet sie noch ein paar Schritte. »Seid's vorsichtig auf der steilen Treppe.«

In diesem Moment klopft es an die blechbeschlagene Tür. Helene Weigel öffnet. Draußen steht eine junge Frau. Sie spricht, über Helli hinweg, gleich den Hausherrn an.

»Guten Tag! Sie haben mich angerufen. Sie benötigen eine Sekretärin?«

Brecht nickt, und er stellt die beiden einander flüchtig vor. »Fräulein Hauptmann – Fräulein Weigel.« Fräulein Weigel drängt sich mit ihrem schwangeren Bauch an Fräulein Hauptmann vorbei. »Ich war die Vormieterin.«

Eine ganz kleine Irritation bei Elisabeth Hauptmann über das Mietverhältnis und die Schwangerschaft. Dann folgt sie Brecht ins Atelier. Hauptmann ist zunächst Lehrerin in der Provinz gewesen, dann, nach ihrem Aufbruch nach Berlin, prekär beschäftigte Gelegenheitslektorin, Übersetzerin, Sekretärin. Auch an eigenen Kurzgeschichten hat sie sich versucht. Sie schaut sich neugierig im Atelier um. Hier sieht sie Bücher, Manuskripte, auf dem Tisch eine Schreibmaschine. So ein Atelier – das wäre auch für sie der richtige Lebens- und Arbeitsraum. Brecht unterbricht sie in ihren Fantasien. »Und Sie beherrschen die englische Sprache?« Das Zeugnis kann sie sich selbst ausstellen. »Ich war mal Lehrerin.«

»Da könnten Sie mir ja Stunden geben.« Und Elisabeth Hauptmann zeigt gleich mal, wie perfekt sie die englische Aussprache beherrscht. »If you like it? Really?« Das amerikanisch eingefärbte Englisch der Mutter, das sie schon als Kind gesprochen hat, verfeinert durch das Lehrerinnenseminar-Englisch der Bildungsanstalten Droyßig bei Zeitz. So was gefällt dem Brecht. Er antwortet in seinem augsburgischen Schulenglisch mit dürftiger Aussprache. »There is another question. Können Sie Maschine schreiben?« Die Schreibmaschine, das neue Werkzeug in allen Büros, jede Sekretärin muss sie beherrschen. Auch für Brecht ein wichtiges Produktionsmittel. Seine Handschrift ist ja nicht leicht lesbar, da braucht es schon Reinschriften mit der Maschine, damit die Leute was damit anfangen können. Wenn er dann mit der Hand in die Reinschrift Änderungen einträgt oder seinen Urtext zerschneidet und ihn neu zusammensetzt, muss das Ganze noch mal abgeschrieben werden. Und so weiter, für jede Arbeitsphase wieder neu. Dann kommen noch die Durchschläge dazu, der fünfte ist noch einigermaßen leserlich. Nur so kann er seine Manuskripte für die Mitarbeiter und die Kaufinteressenten in ausreichender Anzahl vervielfältigen.

Elisabeth Hauptmann setzt sich vor die Schreibmaschine und macht mit beiden Händen in der Luft vor, wie gut sie das neue System beherrscht. »Mit allen zehn Fingern!«

Brecht hebt ein Konvolut von Manuskripten hoch. »Die werden Sie auch gebrauchen. Kiepenheuer sitzt mir im Genack. Ich werde mit ihm sprechen, dass er Sie als meine Sekretärin bezahlt.« Das ging ja rasch. »Meinen Sie, das macht er?« Brecht setzt sich vor Elisabeth auf die Tischkante. »Ja! Macht er.« Da kann gar kein Zweifel aufkommen. Brecht ist eben ein anderer Chef, als sie das vielleicht gewohnt ist. Er weiß auch rasch: Die will er haben. Die kann gut zuhören, das hat er neulich gemerkt, als er sie bei einer Freundin kennengelernt hat. Die wird's gut machen. Da braucht es keine Zeugnisse. Etwas muss er zuvor aber noch aus dem Weg räumen. »Aber Elisabeth – nein, das geht nicht. Wie kann ich Sie nennen?« Sie überlegt kurz. »Bess. Meine Mutter ist in New York aufgewachsen.« Diese saloppe amerikanische Kurzform, das gefällt ihm. »Bess. Ja, das passt zu Ihnen. Und Sie passen zu mir.«

— *Und wie sie zu ihm passte. Ein ganzes Leben lang, mit Unterbrechung, und am Ende ganz anders als am Anfang. 1972 haben drei junge DDR-Dokumentarfilmer ihre Kamera und die Tonausrüstung vor einer älteren Dame aufgebaut und sie nach ihrem Leben mit Bertolt Brecht befragt. Sie antwortet bereitwillig, aber sehr kontrolliert. Sie fragen interessiert, aber nie indiskret.*

Über ihre erste Zeit als Brechts Sekretärin (bezahlt wurde sie vom Verleger zunächst für die Fertigstellung der Hauspostille*) berichtet sie: »Nun ja, und da trafen wir uns. Und die erste Zeit weiß ich, da war niemand. Feuchtwanger kam, aber er hatte selbst genug zu tun, um mit Berlin fertig zu werden …*

Nun ja, da war zwischen Brecht und mir sehr viel Gespräch. Ich kann mir heute kaum vorstellen, was für ein Partner ich damals für ihn war.«

Aber Brecht sieht, was diese Mitarbeiterin an Unschätzbarem mitbringt. Sie kann zuhören, mitdenken und verstehen, sie kann Fabeln analysieren und selber welche entwickeln. Man kann sich die Bälle hin- und herwerfen, und am Ende hat man die Lösung. Das ist viel mehr als das, was er gesucht hat. Und nebenbei ist sie auch noch attraktiv. Sie hat einen kleinen Silberblick. Aber das macht sie interessant. Vor allem aber dieser gewisse Eros der gleichen Wellenlänge. »Sie sind ein sehr kluges Mädchen, Bess.«

Bald weiß sie genau, was ihm gefällt. Es ist oft auch das, was ihr selbst gefällt. »Im Marmorhaus geben sie den neuen Chaplin.« Brecht will aber zuerst etwas über seine Pläne mit dem Boxer wissen. »Wie steht's mit Samson-Körner?« Elisabeth Hauptmann hat schon die Zusage. »Er wird uns sein Leben erzählen.« Der Schwergewichtsboxer Paul Körner, der sich, natürlich nach dem biblischen Langhaarigen, den Kampfnamen »Samson« zugelegt hat, ist zweifacher deutscher Champion. Ein außergewöhnlicher Mann. Brecht findet ihn höchst interessant – das ist doch mal was anderes als diese blutleeren bürgerlichen Intellektuellen, die sonst die literarische Szene bevölkern. Sport, dazu noch als Kampf Mann gegen Mann – das ist das Thema der Zeit! »Sie stenografieren. Ich mach eine Biografie draus.«

Ein Sinnspruch dazu ist ihm auch schon eingefallen: »Vorsicht ist die Mutter des k. o.« Nicht etwa nur der Porzellankiste.

Mit so etwas kommt man in die illustrierten Zeitungen, vielleicht ein Fortsetzungsroman bei Scherl? »Könnte eine interessante Geschichte werden.«

»Auf so was fliegt die Presse!« Elisabeth Hauptmann ist von der Idee ebenso begeistert wie ihr Chef, auch sie wittert das Reklame-Potenzial dahinter. Sie passt wirklich zu Brecht. Die beiden werden ein Team, immer enger.

Sie hat heute gleich noch eine Idee mitgebracht. »Die Steyrwerke machen ein Preisausschreiben: Der Sieger bekommt ein neues Auto.« Brecht ist begeistert. »Was ist Berlin ohne ein eigenes Auto?« Sich im Getümmel der Großstadt frei im geschützten Raum eines eigenen Automobils bewegen, schnell zu jeder Zeit an jeden Ort gelangen, nicht auf die Stadt-, U- oder Straßenbahn angewiesen sein, und schon gar nicht diese endlosen Fußwanderungen wie ganz zu Anfang hier, als das Geld nicht mal für eine Fahrkarte im Nahverkehr reichte. Geld haben sie immer noch nicht. »Bess, machen wir Reklame! – Wir liegen in der Kurve wie ...« Er hat einen ersten Einfall, wie er die besondere Straßenlage dieses Automobils feiern kann. Andere Bilder kommen dazu. Bald kann er den Werbegesang von seinem Manuskript fertig in die Maschine diktieren.

»Unser Motor ist ein denkendes Erz Punkt. Absatz. Mensch, fahre uns!! Zwei Ausrufungszeichen, wieder zwei Leerzeilen, neue Strophe. Wir fahren dich so ohne Erschütterung neue Zeile Daß du glaubst du liegst in einem Wasser. Punkt, neue Zeile. Wir haben sechs Zylinder und dreißig Pferdekräfte Punkt neue Zeile (....) Wir liegen in der Kurve wie Klebestreifen. – Erst mal Schluss. Am Zeilensprung muss noch ein bisschen gearbeitet werden, das ist so noch zu glatt.«

Am Sonntag, dem 25. April 1925, steht Walter Brecht am Zugfenster und erlebt die Einfahrt in die Reichshauptstadt. Er hat gerade in Darmstadt seinen Abschluss als Dr.-Ing. gemacht. Von Berlin aus soll es nach Bremerhaven gehen, von dort aus mit dem Schiff weiter nach Amerika. Halb Belohnung für das bestandene Examen, halb schon eine Dienstreise, denn Walter will sich bei der Gelegenheit in der nordamerikanischen Papierindustrie umsehen. Ob die da schon weiter sind als diesseits des großen Teichs? Darüber soll er dem Vater laufend berichten. Und, mal sehen – vielleicht bietet sich dort, im Land der riesigen Wälder und unbegrenzten Möglichkeiten, ja auch eine lohnende Zukunftsperspektive?

Vorher besucht er auf der Durchreise für zwei Tage seinen Bruder in Berlin.

— *Er schreibt in sein Tagebuch: »Lange schon vorher rötlicher Dunst über dem Himmel. Man ahnte die riesige schlafende Stadt. Sprühregen. Immer noch Schienenstränge, gleißend in feuchtem Licht. Es war als hörte man dumpfes Murmeln & Dröhnen. – Eugen am Bahnhof. Fiaker. Weit herunter reichendes Dach. Asphalt regenglänzend. Transparents an den oberen Häuserfassaden, die Straßen verwaist. Im Atelier. Zu Abend gegessen in großem Restaurant.«*

In seinem Atelier richtet Brecht nach Mitternacht sorgfältig die Schlafgelegenheit für den Bruder. Nachdem er sich nach nebenan verabschiedet hat, sitzt Walter noch einen Moment auf der Bettkante. Er zieht sein Notizbuch aus der Tasche, schreibt einige Worte hinein und zeichnet eine Skizze von der Wohnung seines Bruders. Zur Erinnerung, vielleicht auch, um sie später mal dem Vater zu zeigen.

— *Walter hat es wohl selten erlebt, dass sich sein Bruder so sorgsam um ihn kümmert wie an diesem späten Sonntagabend. »Eugen ist rührend. Er bereitete mir gestern mit leichten, sorgenden Händen das Bett. Bin fast erschüttert.« Die Distanz zu den eigenen Gefühlen, die Angst vor zu viel Nähe war auch in Walter tief verankert. Beides, die starken Gefühle wie die menschliche Nähe, vermisste man aber auch. Da war eine Lücke. Da fehlte etwas. Jetzt, wo er unterwegs war, offen für das Neue, war es besonders schön, versorgt von seinem Bruder, in dessen Atelier oben unterm Dach einzuschlafen. »Nacht. Ich höre nur das Tropfen des Regens in der Rinne unter dem Atelierfenster. Ich liege im warmen vergessenen Winkel hoch über der Stadt.«*

Am nächsten Vormittag kommt Elisabeth Hauptmann ins Atelier. »Ihr Bruder hat mich engagiert. Ich darf Sie doch etwas herumführen?« Bert entschuldigt sich, er hat zu tun. Bis in die Stadt wird er sie aber begleiten. Dafür gibt er den beiden aber schon mal einen Tipp mit auf den Weg. »Meidet die Museen, geht in die Kaufhäuser. Die Theater sind wundervoll. Später sehen wir uns dann bei Frau Weigel.« Diesen Namen hört der Bruder nun zum ersten Mal. »Frau Weigel?« Bess schaut fragend hinüber zu ihrem Chef. Sie weiß natürlich, dass die Mutter von Brechts Sohn jetzt in der Babelsberger Straße wohnt. Wäre das nicht die Gelegenheit, es endlich dem Bruder zu sagen, dass er der Onkel des kleinen Stefan ist, den er doch sicher bei der Frau Weigel zu sehen bekommt? Der Vater in Augsburg weiß ja wohl auch noch nichts davon, dass er auch in Berlin einen Enkelsohn hat? Brecht sieht ihre Ratlosigkeit und klärt die Lage. »Ich hab von ihr das Atelier übernommen. Eine begabte Schauspielerin.« Das kann Bess nur bestätigen. »Sehr begabt.«

Im Mantel, mit modernem Hütchen, ist Frau Hauptmann schon eine Erscheinung: Fesch sieht sie aus. Berliner Mode eben. Allerdings nicht teuer. Mit dem, was Brecht ihr zahlt, kann sie wirklich keine großen Sprünge machen.

Walter erkundigt sich nach Eugens Plänen. Gestern Nacht, in der Droschke, hat er etwas angedeutet. »Und jetzt beschäftigt dich die Weizenbörse in Chicago?« Da könnte er ihm vielleicht sogar behilflich sein. Das sieht Bert genauso, und sofort diktiert er ihm den Auftrag, den er ihm mit auf den Weg geben will über den großen Teich. »Schreib es dir unbedingt auf. Du musst mir in New York alles über die Börse und die Weizenspekulation auftreiben. Weißt du, wie dort wenige das Brot der Welt in den Händen halten und damit spekulieren. Da werden ungeheure Vermögen aufgehäuft und gleichzeitig überall in der Welt Hungersnöte geschaffen. Du musst in die Bibliothek und dir die richtigen Titel da rausfischen.« Er will nicht nur die Oberfläche sehen, sondern auch die Hintergründe verstehen und aufdecken.

In der vordersten Reihe des Doppeldeckerbusses, von wo man die allerbeste Sicht hat, sitzen Walter Brecht und die fesche – oder schicke, wie man hier wohl eher sagt – Sekretärin seines Bruders. Sie schauen auf das Getriebe der Metropole, die draußen vorübergleitet. Diese Menschenmengen, dieser Betrieb auf den Straßen, und jedermann scheint in Eile zu sein.

»Das erste Mal in Berlin?« Walter nickt. Sie kann es ihm nachfühlen, wie das für ihn sein muss, nach Augsburg und Darmstadt. »Mich hat es aus einem westfälischen Nest hierher verschlagen.« Walter kennt natürlich Berts Geschichten vom Städtedickicht, seine Erzählungen vom Stadtdschungel Berlin. Der Moloch. Aber es selbst zu erleben, ist noch mal etwas anderes. »Dieses endlose Häusermeer – mit den Millionen Menschen!« So ist es ihr auch ergangen, als sie aus der Provinz in die Metropole flüchtete, um dort ein anderes, freieres Leben zu finden. Es ist aber nicht so leicht für eine Frau, sich allein in dieser Stadt einen Platz zu erobern. Vor allem dann, wenn man sich danach sehnt, nicht allein zu sein. Und das soll er ruhig wissen. »Wenn man allein nicht mehr die Stufen hochsteigen will in ein kleines dunkles Zimmer …« Walter kann sich das gar nicht vorstellen. »Fräulein Hauptmann – eine Frau wie Sie …« – »Ja, Sie haben recht, die wird angesprochen, man macht ihr Geschenke. Neulich hat mich jemand zu einer Reitstunde eingeladen, hier im Tiergarten. Stellen Sie sich das mal vor!« –

»Das wird doch sicher schön gewesen sein.« Walter schaut auf das Grün links und rechts der Charlottenburger Chaussee.

»Wäre bestimmt schön gewesen …«, sagt Elisabeth. »Ich kann mir so was schon lange nicht mehr leisten. Ich bin froh, wenn ich meine Miete zahlen kann.« Aber warum hat sie dann so ein Geschenk nicht angenommen? »Es war natürlich gar kein Geschenk.« Bess schaut ihn an, den jungen, naiven Doktor-Ingenieur aus der Provinz. »Es war ein Geschäft!« Sie lächelt direkt über seine Ahnungslosigkeit. »Er wollte die Frau als Gegengeschenk.«

Der Bus fährt durchs Brandenburger Tor über den Pariser Platz, die Linden entlang mitten durch den Betrieb von Autos und Pferdewagen. Und auf dem Trottoir die vorwärtstreibende Menge der Menschen, die scheinbar alle ein Ziel haben, genau zu wissen scheinen, wo es für sie langgeht. »Berlin kann viel geben. Aber die Stadt kann auch kalt sein – verletzend.« Walter schaut sie an. »Schreiben Sie eigentlich auch?« Das ist jetzt die richtige Frage für Bess. »Es ist unmöglich, nicht zu schreiben, wenn man mit Ihrem Bruder zusammen ist. Schreiben, schreiben, schreiben – das sagt er jeden Tag. Das trainiert den Sinn für die Sprache.« Diese Lust, andauernd etwas aufzuschreiben, Gedichte, Dramen, Geschichten, Kritiken, Eintragungen ins Tagebuch – das kennt Walter von Bert aus Augsburg nur zu gut. Aber Elisabeth hat ein ganz besonderes Problem. »Schreiben – ja, das würde ich ja gerne auch tun. Aber, wissen Sie, bei Ihrem Bruder ist immer so viel zu tun, da bleibt einem für die eigene Arbeit keine Minute Zeit.« – »Er verlangt sehr viel?« – »Und gibt sehr viel.« Das moderne Mädchen auf der beschwerlichen Suche nach einem eigenen, selbstbestimmten Platz in der Gesellschaft will sich ja nicht beschweren. Eigentlich hat sie es doch gut getroffen beim Brecht. Der ist rastlos unterwegs auf dem Weg zum Erfolg, zum Ruhm, und sie darf dabei sein. »Ich lerne Menschen von den Verlagen, den Theatern kennen. Ich übersetze für ihn Kipling und alles Mögliche ins Deutsche. Ich darf sogar an den Dramen mitarbeiten. Wo hat man das sonst schon?«

Es entsteht eine Pause. Sie weiß nicht recht, ob sie jetzt weiterreden soll. Sie sprechen ja über den Bruder.

Walter sagt nur ein vorsichtiges »Allerdings …«, und Bess kann schon den Gedanken erraten. »Man muss auch viel in

Kauf nehmen. Oder …« – »… man ist draußen?« Walter spricht das als Frage aus, weil ihm dabei nicht ganz wohl ist. Bess hat es aber so verstanden, wie es eigentlich gemeint war. »Sie kennen Ihren Bruder.« – »Ja, es gibt sie wohl, die brüderliche Nähe. Aber da ist auch immer der andere, der mir fremd ist, den ich nicht kenne.« Sie nickt ihr Einverständnis. »Aber er kennt uns!« Es ist mitunter etwas beängstigend, mit so einem Mann zu leben; die Nähe ist oft sehr anstrengend.

Sie sitzen eine Weile schweigend nebeneinander. Es ist Elisabeth Hauptmann doch etwas peinlich, so intim über Brecht geredet zu haben. Sie würde ihn nie verraten. Aber für diesen Augenblick hat sie und Walter etwas zusammengeführt: die Liebe zum schwierigen Genie, zum rastlosen Egoisten, zum ehrgeizigen, mitunter skrupellosen Mann auf dem Weg zum Ruhm.

Mit einem Ruck wechselt Bess das Thema. »Und? Finden Sie, dass ich schon etwas nach Großstadt aussehe, nach drei Jahren?«

— *»Sie saß rechts. Englischer Hut. Zartes windfrisches Gesicht. Schöne Stunde. Zu Mittag bei einer Frau Weigel.«*

Das Kind der Frau Weigel, seinen Neffen, den kleinen Stefan, bekommt er dann doch nicht zu sehen. Man hat ihn in der Babelsberger wohl kurzfristig ausquartiert.

Am Abend nach dem Theater geht es mit dem jungen Dr. Brecht in das Nachtleben von Berlin. Was dort in den Nachtbars an Tanz, gewagter Kleidung und Haltung zu sehen ist: Die Provinz bekommt Gänsehaut. »Oh Berlin, Sündenbabel, schönes, freches Sündenbabel. Nachtblüten. Lärm. Tamtam. Aber kein Charme, kein Zauber, sogar Verderbtheit, kalter, frecher, in sich verfressener Verfall. Frau Feuchtwanger schön wie eine schillernde fremde Schlange.« Ein bisschen Lustangst, ein wenig konservative Metropolenkritik. Man merkt die literarische Bemühung dahinter, Walter Brecht schreibt auch. Eine Erzählung von ihm erscheint sogar, sicher durch Vermittlung seines Bruders, 1928 in einer Berliner Zeitschrift.

Nach zwei Tagen in Berlin, am Dienstag, dem 27. April 1925, bringen ihn der Bruder und seine Sekretärin zum Bahnhof an den Zug nach Bremerhaven. »Abschied im einsamen, nächtlich erhellten Bahnhof. Einsamkeit, Kälte auf einmal um mich. Ein kleines Würgen im Hals. Verlogenes Lachen. Lieber, guter Bruder. Einziger nächster, nächster Mensch.« Die letzten Worte notiert er, aus der sicheren Distanz der Schiffskabine draußen auf dem Ozean, natürlich nur für sich. So etwas dem Bruder ins Gesicht zu sagen – völlig undenkbar.

Bei meinem letzten Besuch sprach der schon todkranke Walter Brecht vom Gedicht Der Geschwisterbaum. *Es war für ihn nicht nur ein Zeugnis brüderlicher Zusammengehörigkeit, sondern auch ein besonders gelungenes lyrisches Werk seines Bruders – ein Urteil, das nur schwer nachzuvollziehen ist, liest man diesen zwar sprachmächtigen, aber durch und durch rhetorischen Text. Es schildert die anfängliche Nähe zweier Bäume, die nebeneinander aus gemeinsamen Wurzeln aufwachsen, sich dann trennen, gar bekämpfen, um sich schließlich, nach Jahren und Jahren, wieder zu vereinigen. »Der Sturm trieb sie aneinander. Sie küßten/Sich zitternd und schmiegten sich enger und fühlten noch Freude/Daß es hoch hinauf wirklich nur* ein *Körper war (…)/Da neigten sie zitternd die Wipfel beide/Und neigten sich schwisterlich hoch in der Weite/Und neigten sich zitternd einander zu«. Brecht hatte es 1918 zum Geburtstag seiner Mutter geschrieben (es war, absehbar, ihr vorletzter) und es seinem Bruder Walter gewidmet. Sollte dieses aus dem Werk fallende Kunstgebilde wirklich Berts Ausdruck für die geschwisterliche Liebe sein? Wahrscheinlicher ist, dass es sich um ein Geschenk für die todkranke Mutter gehandelt hat. Diese wohltönende Allegorie auf eine Versöhnung ihrer so unterschiedlichen Kinder, in der noch dazu zweimal gebetet wird – mit so etwas, mag Brecht sich gedacht haben, kann ich der Mutter noch am ehesten eine Freude machen.*

Nach seinem Abschied sucht Walter einen Ausdruck für das Erlebnis Berlin.

Er greift nach Bildern, wie sie in den modernen Gedichten des Expressionismus zu finden waren: »Berlin, dröhnende dunkle riesige Stadt. Kulissenhafte Häuserwände vorbei flutend, hinfallend. Straßen mit bündelhaftem Licht. Zittrig roter Himmel. Lichtreklame aufblitzend, aufblutend, versickernd. Nacht. Häuser Fenster wie Wunden, durch die man ins Eingeweide sieht. Man spürt Leben pochen in steinernen Grüften.«

Dann ist der Aufschwung aber schnell dahin, und die klare Prosa des Alltags setzt wieder ein. »Von 2 bis 6 in Hannover. Auswandern. Kaffee & Zigaretten. Genieße. Bin froher, bester, abenteuerlichster Laune.«

Ein Leben später, im Jahr 2013, lese ich einige Stellen aus diesem Tagebuch Walter Brechts Tochter Britta vor. Sie kannte den Text bisher nicht, er lag seit Jahrzehnten bei ihrer Schwester in den USA. »Erkennen Sie hier Ihren Vater wieder?«

»Eigentlich nicht. Erstaunlich. Es wäre doch schön gewesen, wenn er mir oder auch meiner Schwester zum Beispiel aus seinen frühen Tagebüchern erzählt hätte, eben genau diese Geschichten. Aber das war ja ganz unmöglich. Denn als wir in dem Alter waren, wo uns das natürlich schon interessiert hätte, da war ja der Krieg, und da war ja das Thema Bruder Bert tabu.«

»Tabu heißt?«

»Es wurde niemals darüber geredet.«

In Caspar Nehers Berliner Atelier sitzt Helene Weigel Neher Modell für ein großes Porträtbild – wahrscheinlich ein Freundschaftsdienst für das junge Paar. Neher hat sie auf einem Podest platziert, mit einem blauen Tuch als Hintergrund. Auf dem Schoß hält sie Brechts kleinen Sohn Stefan, der noch Weigel heißt. Das Arrangement entspricht dem klassischen Muster der Madonna mit dem Jesuskind auf dem Arm. Hier summt die Madonna ihrem Kind ein Schlaflied, damit es ruhig bleibt, denn die Sitzung ist langweilig. »Der Mond ist aufgegangen, die goldnen Sternlein prangen ...«

Dabei bewegt sie mit der freien Hand eine Kinderrassel hoch über dem Kindergesicht hin und her. Der Kleine streckt begeis-

tert seine Händchen aus, dem Spielzeug entgegen. Das will er haben! »Wie seine Augen meiner Hand folgen. Er sieht alles. Wie sein Vater.« Neher muss lachen, wenn er sich den Vater auf dem Schoß der Mutter Gottes vorstellt. Aber auch, weil er an Arnolt Bronnen denken muss, den Konkurrenten um die Gunst Brechts, der ja nun erfreulicherweise von der Bildfläche verschwunden zu sein scheint. Der hatte ja immer über Brecht gesagt: »Was er sieht, das will er haben!«

Das Bild soll ins Atelier und dort wie ein Statement, eine Annonce aufgehängt werden. Ein Geburtsanzeige hat es ja aus guten Gründen nicht geben können. Begeistert ist Helli über diese Geheimniskrämerei natürlich nicht. »Sein Bruder, der Walter, war hier zu Besuch. ›Frau Weigel‹ hat er sagen müssen. Und dass er jetzt der Onkel ist von unserem Stefan, das hat ihm keiner g'sagt.«

»Und die Marianne?«

Helene Weigel kann sich den Spott nicht verkneifen. »Die Angetraute ist ahnungslos. In Familienangelegenheiten – da ist er sehr diskret.«

Atelier Spichernstraße. Helene Weigel wuchtet das große Porträt Madonna Weigel mit Brechts Jesuskind herein. Sie hämmert einen Haken in die Wand und hängt das Bild hin. Nun wird sie immer dabei sein, auch wenn sie nicht da ist.

Brechts Diskretion in Familienangelegenheiten – sie hatte auch noch eine andere Seite. Die Hochzeit mit Marianne Zoff im November 1922 hat Brechts Beziehung zu Paula Banholzer keineswegs beendet. Er trifft sich immer wieder mit ihr, wenn er in Augsburg oder in München ist. »Er wollte mich doch nicht hergeben«, sagte Paula Gross-Banholzer mir im Gespräch. Nicht einmal, als sie sich, müde des ewigen Hin und Her, endgültig von ihm lösen will und sich entschließt, den Handelsvertreter Hermann Gross zu heiraten. In Paulas Elternhaus kommt es zu einer dramatischen Aussprache zwischen ihrem neuen Verlobten und Brecht. »Ich kann es mir bildlich noch gut vorstellen, wie sie gegeneinandergestanden sind, wie sie sich angeschrien haben. Also der Brecht hat nicht geschrien, der hat nur immer hämisch geschaut. Mein Mann war aufgeregt, der hat ihn angeschrien (…), bis der Brecht gesagt hat: ›Was streiten wir uns eigentlich so herum, lassen wir sie entscheiden.‹« Und Paula entscheidet sich einmal mehr für Brecht. Der hat ihr ja schließlich versprochen, sich ihretwegen von Marianne scheiden zu lassen. Brecht reist siegessicher ab nach Berlin. Aber Paula lässt sich von ihrem Verlobten wieder umstimmen. Vorsichtshalber setzt Gross die Hochzeit sehr kurzfristig an. Als Brecht von dieser neuen Wendung erfährt, schaltet er Helene Weigel ein. Sie fährt nach Augsburg, um Paula zu holen. Arbeit bei einer Bank und eine gemeinsame Wohnung in Berlin habe Brecht schon besorgt, sie solle sofort ihren Koffer packen. Aber die Sache ist der Bi dann doch zu unsicher. Am 1. März 1924 heiratet Paula in Augsburg mit einem Schriftstück vom Standesamt, Blumen auf dem Altar und dem Segen der katholischen Kirche. Die Braut trägt weiß.

Für Brecht war damit aber immer noch nicht Schluss. Er versuchte weiter, über Mittelspersonen mit Paula in Kontakt zu kommen. »Da sag ich: ›Mein Gott, das geht doch nicht! Mein Mann hat gesagt, er erschießt ihn in dem Moment, wo er ihn noch einmal trifft.‹«

Und dann ist es doch zu Ende. Endgültig. Schon sechs Jahre spä-

ter kann Brecht notieren: »Oft wundere ich mich selber, daß mein Gedächtnis so schwach ist. Alle meine Angelegenheiten, auch die gefährlichsten, vergesse ich umgehend. Selbst die Geliebte meiner Jugend, der ich sehr zugetan war und die mir wegen einer merkwürdigen Gleichgültigkeit meinerseits entglitt, kommt mir in der Erinnerung vor wie die Gestalt in einem Buche, das ich gelesen habe.«

Marianne Zoff lebt mit der gemeinsamen Tochter Hanne einstweilen in München. Brecht etabliert sich unterdessen in Berlin. Eine weite Strecke, bei knappen Mitteln kaum wöchentlich oder monatlich zu überbrücken. Was weiß die Mar von Brecht? Was weiß Brecht von der Mar? Es sind Gerüchte, die aus Berlin nach München dringen, und Klatsch, der in der Gegenrichtung aus München oder Münster/Westfalen nach Berlin gelangt.

Es gibt die Briefe, und von Brecht sind für diesen Zeitraum sehr viele an seine Frau überliefert, aber es gibt ja auch das Telefon. Man kann in Briefen ausführlich und wohlüberlegt lügen, aber selbstverständlich auch ganz prompt in einem Telefongespräch, wenn man mit unangenehmen Fragen konfrontiert wird. Brecht gelingt das aus dem Handgelenk.

»Jetzt sag mir die Wahrheit: Du hast was mit der Weigel!!«

»Wer sagt denn so was?«

»Es ist mir zugetragen worden.«

»Das sind doch Lügen!«

»Und dass du ein Kind mit ihr hast, sind das auch Lügen? Und dass du immer zu ihr gehst zu Mittag und dich schon ganz an das neue Kind gewöhnt hast?«

»Du täuschst dich gewaltig. Ich stehe gar nicht gut mit der Weigel.« Er klingt überzeugend, aber sie ist sich ihres Wissens aus zweiter Hand sicher. Sie kennt ihn. »Am Ende wirst du sie noch heiraten!« Jetzt hilft nur der Brustton der Überzeugung, und dann der Gegenangriff. »Ich bin mit dir verheiratet und kenne nur ein Kind, das ist unsere Hanne. Aber wenn du mit einem anderen Mann gehst, dann ist es aus.« Und nun ist echte Empörung in seiner Stimme. Er wird sehr laut. »Willst du wirklich mit diesem Komiker Theo Lingen als Künstlerpärchen durch die Provinz ziehen? Dann gibt es einen Krieg zwischen uns!«

Marianne legt resigniert auf. Denn damit hat er es tatsächlich mal wieder geschafft, Oberwasser zu bekommen. Auch ihm ist da nämlich etwas hinterbracht worden. Es gibt tatsächlich einen neuen Mann in Mariannes Leben, es ist tatsächlich der junge Bühnenschauspieler Theo Lingen. Marianne und Lingen sind beide in Münster am Theater engagiert, er kümmert sich um sie und die kleine Hanne.

— *Im Münchner Stadtarchiv finde ich das Dokument der Scheidung.*

> *»Durch das am 22. November 1927 rechtskräftig gewordene Urteil des Landesgerichtes III in Berlin ist die Ehe zwischen Berthold Eugen Friedrich Brecht und Marianne Josephine Zoff geschieden worden.*
> *(...) Aufgrund der Zeugnisverweigerung der Zeugen ist als erwiesen anzusehen, dass die Beklagte mit dem Schauspieler Theo Lingen und der Kläger mit der Schauspielerin Helene Weigel geschlechtlichen Umgang gehabt haben.«*

Also wird die Ehe wegen beidseitigen Ehebruchs geschieden. Brecht hat vorher noch versucht, Marianne Zoff die Alleinschuld zuzuschieben. Sein tollkühnes Argument: Sie habe seinen Ehebruch mit der Weigel ja stillschweigend geduldet. Das sieht das Gericht verständlicherweise nicht so.

Theo Lingen sagte später in einem Interview über Brecht: »Er war jemand, der Besitz haben wollte, der Besitz haben wollte auch von Menschen. Er hat immer einen Kreis um sich gehabt von guten Freunden, auch von Frauen, die gab er auch nicht gerne her.«

Nach ihrer Scheidung von Brecht heiratete Marianne Zoff 1928 Theo Lingen.

Der beliebte Schauspieler schaffte es, seine Frau, ihre jüdische Mutter und Brechts Tochter Hanne heil durch den Terror in Nazideutschland zu bringen. Goebbels wollte für sein Unterhaltungskino nicht auf den beliebten Komödianten verzichten.

Max Schlichters Gaststätte in Schöneberg, in den 1920er-Jahren noch gutbürgerlich, aber schon auf dem Weg zum Feinschmeckerrestaurant, ist ein beliebtes Berliner Künstlerlokal. Der Clown Grock und der Jongleur Rastelli kommen vom gefeierten Varieté Scala herüber, das gleich gegenüber die Massen abzieht. Die original Berliner Diseuse Claire Waldoff verkehrt hier ebenso wie Josef von Sternberg, der bald den *Blauen Engel* dreht. An den Wänden hängen die neusachlichen Bilder von Schlichters berühmtem Bruder Rudolf, der auch Brecht und Helene Weigel porträtiert hat.

Jetzt, zu Mittag, sitzt Brecht allein am Tisch und hat gerade fertig gegessen. Noch ein letzter Bissen.

Draußen hinter dem großen Glasfenster erscheint das Gesicht von Ernst Josef Aufricht. Kaum im Lokal angekommen, hat er Brecht schon entdeckt und steuert hocherfreut auf dessen Tisch zu. Aufricht ist frischgebackener Theaterdirektor. Er hat soeben von seinem reichen Vater 100000 Reichsmark bekommen, um sich ein eigenes Theater in Berlin zu pachten. Der Vater, ein Geschäftsmann, wollte seinem theaterverrückten Sohn ein Geschenk machen. Der Bankier des Vaters war der Meinung, dass man das Geld genauso gut gleich die Toilette runterspülen könne, das würde einem sehr viel Energie und Ärger ersparen. Es sei in jedem Fall verlorenes Kapital. Aufricht hielt sich nicht an diesen Rat, sondern wechselte die Bank. Jetzt nickt der hoffnungsvolle Neukapitalist Brecht zu. *»Gut, dass ich Sie gefunden habe. Aufricht mein Name.«* Brecht gibt ihm ein Zeichen, dass er sich setzen kann. Aufricht nimmt den Hut ab. »Ich habe soeben

das Schiffbauerdamm übernommen.« Brecht schaut hoch, elektrisiert. Dieser Mann ist ein wahrer Glückspilz! Er kann einen Traum leben, der, auf ganz anderem Niveau natürlich, auch seiner ist. »Ein eigenes Theater. Glückwunsch!« Aber der Glückspilz hat Sorgen, deswegen rennt er ja gerade durch die Künstlerkneipen. »Ich bin aber in einer gewissen Verlegenheit. Ich habe kein Stück, mit dem ich eröffnen könnte.«

Ein Theater, das sein Stück sucht – sonst ist das immer genau umgekehrt. Brecht steckt sich eine Zigarre an, saugt den Rauch ein und bläst ihn mit Genuss über den Tisch. Die Kassen in der Spichernstraße sind gerade, wie leider üblich, ziemlich leer. Und diesem Mann hier kann geholfen werden. Brecht braucht nicht lange zu grübeln. »*Joe Fleischhacker,* das ist Ihr Stück. Es spielt in Amerika. An der Weizenbörse von Chicago. Wir zeigen die Spekulationen mit dem Brot der Welt. Die Verbrechen des Kapitalismus.« Jetzt hat Brecht sein Pique-Ass ausgespielt: die Wahrheit über das Elend der Welt. Aber Aufricht wirkt enttäuscht, etwas ernüchtert. Zwar sympathisiert auch er, wie sehr viele Künstler und Intellektuelle der Zeit, durchaus mit der Linken; aber Klassenkampf, Agitprop ausgerechnet zur Eröffnung seines Theaters? »Die Weizenbörse auf der Bühne? Ich weiß nicht.« Aber Brecht, der Lehrer in Brecht, hebt die Zigarre und doziert. »Das ist doch Raub. Ausbeutung der Ärmsten! Aufricht, wie der Diebstahl bei den Löhnen, wo die Unternehmer den Mehrwert, den die Arbeiter schaffen, in die eigene Tasche stecken.« Schön und gut. Aber marxistische Theorie auf der Bühne? Aufricht bleibt trotzdem freundlich: »An so was dachte ich weniger.« Brecht, einmal in Fahrt, lässt sich nicht so leicht bremsen: »Das erste Verbrechen, von dem alle anderen sich ableiten!« Jetzt muss Aufricht deutlich werden. »Ich suche eher etwas Unterhaltsames.« Brecht überlegt. »Ich hätt da vielleicht noch so ein kleines Nebenwerk in Arbeit. Nur so aus Spaß arbeit' ich dran, verstehns? *Beggar's Opera.*« Aufricht fragt sofort nach. *»Beggar's Opera?«* Hört sich jedenfalls schon mal besser an als Mehrwert und Weizenbörse. Und Brecht legt geschickt die Leimrute aus. »Das Stück ist 200 Jahre alt. Und ist trotzdem heute der Sensationserfolg in London. Eine Komödie mit Musik und eingestreuten Songs.«

Aufricht hat sich eine Zigarette angesteckt. Er ist ganz bei der Sache. »Worum geht es?«

»Das Personal: Huren, Bettler, Diebe und ein Anwalt, der ihr Hehler ist. Lug und Betrug!«

Elisabeth Hauptmann hat Brecht vor einigen Wochen ein englisches Drama mitgebracht: *A Beggar's Opera* von John Gay. »Da gibt es eine interessante Figur, einen gewissen Macheath, einen Straßenräuber mit Hang zu schönen Frauen und Dirnen. Und er lügt und betrügt, die eine mit der anderen. Und die Zweite mit der Dritten. Dieser Macheath geht aufs Ganze. Dem fliegen die Weiber zu.«

Aufricht ist über den Tisch immer näher an Brecht herangekommen. Kein Wort will er verpassen: Dieser Macheath ist eine richtige Bühnenfigur. Aber was heißt hier Bettleroper? Brecht erklärt: »Ein gewisser Peachum hat in London ein Bettlerimperium aufgebaut. Dazu übernimmt er, was er auf der Straße findet: die selbstständigen Handwerker des Bettlertums, die begabten Laien. Seine Organisation weist ihnen in der Stadt feste Plätze zu. Maske und Kostüm stellt die Firma. Ein Unternehmer und seine Angestellten. Er besitzt die Produktionsmittel, und die Bettler sind die Ausgebeuteten. Aber dann kommt ihm ein richtiger Räuber in die Quere. Ebendieser Macheath. Der stiehlt ihm die Tochter.« Anerkennend nickt Aufricht Brecht zu. »Das

Ein Impresario sucht ein Stück für sein neues Theater, Brecht verkauft ihm die Dreigroschenoper. Noch ist Zeit, das Bild wird gerade erst eingerichtet. Die Statisten warten auf ihren Auftritt als Restaurantgäste im Berlin der Zwanziger Jahre. Im Hintergrund flirtet ein Kameraassistent mit der Kollegin von der Maske. Dann sind endlich alle auf ihren Plätzen, und es wird ganz still. Keine Bewegung, wie im Schloss von Dornröschen. Auf das Zauberwort »Action« kommt schlagartig Bewegung in die Szene, die Kellner bedienen eifrig, die Gäste im Hintergrund kommen und gehen. Direkt vor der Kamera zieht Brecht an seiner Zigarre.

ist gut! Das riecht nach Theater.« Das ist praktisch schon der Auftrag, Brecht braucht nur noch rasch nachzulegen. »Und nach Erfolg. In London wird es seit Jahren gespielt – en suite.« »En suite«, das Zauberwort für jeden Theaterdirektor, hat er nur so ans Ende hingetupft. En suite – vielleicht fünfzig oder mehr Vorstellungen hintereinander, bei womöglich ausverkauftem Haus. Da ist der Gewinn berechenbar. Das Kapital geht nicht im Lokus hinunter. Jetzt könnte er noch, als Zugabe und Gnadenstoß, diesen schönen Satz anbringen, den sie da neulich gefunden haben, die Bess und er: »Die Vorliebe des Bürgertums für Räuber erklärt sich aus dem Irrtum, ein Räuber sei kein Bürger. Dieser Irrtum hat als Vater den anderen Irrtum, ein Bürger sei kein Räuber.«

Brecht lacht sein meckerndes, oft etwas hämisch klingendes Lachen. Er steht auf, setzt die Mütze auf den Kopf und wendet sich im Gehen noch mal zurück. »Aufricht, die Kleinigkeit übernehmen Sie doch?« Aufricht hat Angst, dass er ihm entwischt. »Warten Sie! Wann kann ich es lesen?« – »Morgen Nachmittag können Sie die ersten Szenen bei mir abholen lassen. Spichernstraße 16.« Mit dem letzten Satz ist er schon in der Tür. Ohne sich noch einmal umzudrehen, deutet er mit der rechten Hand in die Höhe. »Ganz oben, unterm Dach.« Dann ist er verschwunden. Es gibt jetzt eine Menge zu tun.

Aufricht aber setzt sich wieder und notiert die Anschrift auf dem Bierdeckel.

Hoch über Berlin haben es Brecht und Elisabeth Hauptmann nun sehr eilig. Aufricht wird bald seinen reitenden Boten schicken, der die ersten Szenen der Oper für Bettler abholen will. *Ludenoper* findet Brecht zurzeit noch den passenderen Titel. Zuhälteroper. Einfach *Gesindel* wäre aber vielleicht auch ganz schön?

Elisabeth Hauptmann hat als junges Mädchen recht gut Klavier spielen gelernt, wie sich das für eine ›höhere Tochter‹ gehört – auch ihr Vater war Arzt. So beherrscht sie das Repertoire des bürgerlichen Salons einschließlich der Opern-Auszüge. Das kann sie jetzt gut gebrauchen, sie intoniert die passenden Stimmungen zu den Szenen.

Brecht, in Hemdsärmeln und gut versorgt mit einer qualmenden Zigarre, steht hinter Bess und entwickelt die Hochzeitsszene zwischen Macheath und seiner geraubten Braut Polly, der Tochter des Bettlerkönigs. »Erster Akt, zweite Szene. So ein Räuber ist auch nur ein Gemütsmensch. Macheath will jetzt Hochzeit feiern.« Elisabeth Hauptmann spielt sofort mit. »In Weiß. Darauf besteht die Braut. Die Unschuld ...«

Brecht, knapp: »Ist schon weg.« Den Bürger mit seiner verlogenen Moral im Gangstermilieu auftreten zu lassen, das macht Freude. »Trotzdem: Ein Brautbett muss her. Die verliebte Braut im siebten Himmel der Liebe. Es fehlen noch zur Ausstattung: die großen Gefühle. Die Opern singen es ja rauf und runter.«

Bess beschwört das große Gefühl auf dem Klavier mit einer perlenden und schwelgerischen Improvisation im Stil Puccinis. Sie deutet den Gesang dazu an: »Der schönste Tag im Leben einer Frau!« Und damit lässt sie sich musikalisch hemmungslos ins Brautbett fallen. Brecht genießt diesen Spaß: »Puccini, jaaah! – Das schneiden wir jetzt auf. Jetzt kommt der Augenblick der großen Einfühlung.« Dazu lässt Bess ihre Finger auf den Tasten tanzen, sie zaubern eine schwebende, flirrende Überleitung zur nächsten Arie. Brecht spielt begeistert mit. »Das alte Theater zeigt, was es kann: der Liebeskitsch! Das Parkett schließt die Augen. Und in den Logen schwimmen sie weg.« Brecht steht hinter ihr, Bess hat die Augen geschlossen. Sie scheint selber ein wenig ins Schwimmen zu geraten bei der ganzen in Wort und Musik beschworenen Sentimentalität. Aber Brecht bleibt der kalkulierende Regisseur der Gefühle. »Wir zeigen die Fleischlichkeit der Ehe. Das Zentralorgan der bürgerlichen Liiihiiieebe ...« Das fatale Wort hat er noch gesungen, aber höchst sarkastisch. Dann kommt aber endgültig, ganz sachlich hingesprochen, die kalte Prosa des Lebens. »Das Portemonnaie und die gefüllte Samenblase. Das ist die Basis.« – »Brecht! Du bist ein Materialist.« Das stimmt, damit ist er einverstanden. »Ja. – Und von unten

zum Überbau: das liebende Herz ...« Auch Bess kennt sich in der Terminologie von Karl Marx aus, »Das Sein bestimmt das Bewusstsein« und so weiter. Sie versteht, was Brecht meint, wenn er das Verhältnis zwischen ökonomischer Basis, den »Verhältnissen«, und der Ideologie im Oberstübchen, dem Überbau, auf die bürgerliche Liebe überträgt. Seine begleitende Geste, mit der Hand von unten zwischen den Beinen, dem Sitz des Basisorgans, hinauf zum Herzen, dem Sitz der Lie-hie-be, unterstreicht das noch einmal.

Bess hat zwar verstanden, taucht aber lieber wieder ein in die schönsten Melodien der Liebe. Es sind die ersten Takte von »O mio babbino caro«, einem Juwel aus Puccinis *Gianni Schicchi.* Dazu spricht sie die Worte, die zwischen dem Zuhälter Macheath und seiner geraubten Braut Polly den Gangsterhimmel von Soho überwölben. Zart klingt die Stimme, weit weg vom rauen Alltag eines Bettlerimperiums, zu dem Polly als Tochter ja gehört. »Fühlst du mein Herz schlagen, Geliebter?« Und Brecht in der Rolle des beseelten Zuhälters bekräftigt andächtig den Einklang der Gefühle. »Ich fühle es, Geliebte!«

Das Manuskript zu dieser Szene, ihre gemeinsame Vorarbeit, liegt auf dem Klavier. Elisabeth Hauptmann wirft einen Blick darauf. »Und jetzt kommt der Standardsatz: Wo du hingehst, da will auch ich hingehen.« Brecht sieht die Szene schon vor sich: ein Pferdestall im Londoner Hafen, voller gerade erst schnell zusammengeraubter Möbel zur Ausstattung einer gediegenen bürgerlichen Hochzeitsfeier. Der Gentleman-Verbrecher im Kreis seiner Bande. Aber die bürgerliche Moral verlangt, damit das Geschäft der Heirat auch rechtens und gültig ist, einen richtigen Vertrag vor Staat und Altar. Und damit hapert es hier, denn der Brautvater weiß nichts von der ganzen Sache; und wenn er davon wüsste, würde er sie mit allen Mitteln zu verhindern suchen. Bess kann über dieses Manko hinwegtrösten, und sie begleitet sich mit einigen passenden Akkorden. »Und gibt's auch kein Schriftstück vom Standesamt und keine Blumen auf dem Altar … bleibt doch die Liebe.« – »Oder nicht.« Brecht hat die Stimmung rasch abgeschnitten, der Himmelsmacht will man hier ja gerade nicht huldigen. »Das soll man als Duett der Verliebten singen. Der Weill muss die Musik dazu machen. Das setz ich beim Aufricht durch.« Weill hat im vorigen Jahr die Mahagonnygesänge aus der *Hauspostille* vertont, und sie haben zusammen daraus ein »Songspiel« gebastelt. Das hat einen Heidenspaß gemacht, und gut geworden ist es auch.

Bess notiert die Regieanweisung in das Textbuch. Den Schluss des Duetts sagt Brecht nun noch einmal in seiner Fassung prüfend vor sich hin. »Die Liebe dauert oder dauert nicht …« Bess improvisiert dazu eine Begleitung auf dem Klavier und spricht die letzte Zeile im Duett mit Brecht: »An dem oder jenem Ort.«

Dann schauen sie sich an. Das war intensiv. Es ist etwas gelungen. Gemeinsam. Wie nah man ihm kommen kann, wenn es so geht: im Gleichklang. Wenn es doch immer so wäre.

Am nächsten Morgen schließt Helene Weigel die Tür auf und betritt das Atelier. Hier wurde bis in den Morgen gearbeitet. Papiere, Gläser, volle Aschenbecher und ein Damenschuh direkt vor der Tür zum Schlafzimmer. Dass er die Finger nicht von den Weibern lassen kann! Sie räumt etwas auf. Am liebsten würde sie alles aus dem Fenster werfen. Sie schaut auf das Bild an der Wand: Helli Madonna mit dem Kind Stefan. Bei aller Vernunft – der Schmerz, immer der Schmerz über die Freiheit, die sich Brecht nimmt. Weil es so verabredet ist. Weil es vernünftig ist. Sie schaut. Oben auf einem Papierstapel liegt der Text vom Dialogbuch zur neuen Ludenoper. Sie liest: »Die Liebe dauert oder dauert nicht / An dem oder jenem Ort.«

Dann geht sie in den langen Flur. Leise schließt Helene Weigel die Tür zum Treppenhaus.

Der frischgebackene Theaterdirektor Ernst Josef Aufricht betritt das Parkett des Theaters am Schiffbauerdamm. Das direkt gegenüber dem Bahnhof Friedrichstraße, jenseits der Spree, gelegene Haus hat eine gewisse Tradition, Gerhart Hauptmanns *Weber* wurden hier uraufgeführt, zuletzt war es die zweite Spielstätte der Berliner Volksbühne.

Brecht und der Bühnenbildner Caspar Neher folgen dem Direktor, Neher geht die kleine Treppe hoch auf die Bühne und zeigt an, was er vorhat. »Brecht wird ja viele Songs einfügen, und dafür baue ich hier im Hintergrund eine übergroße Jahrmarktsorgel auf, die Pfeifen verziert mit Putten. Die Musik soll aus dem Versteck raus, aus dem Orchestergraben, die Musiker sollen nicht unsichtbar bleiben. Sie sitzen direkt unter der Orgel. Alle sollen alles sehen.« Brecht ergänzt: »Alles hoch über den Köpfen der Schauspieler, gerad so wie im Zirkus. Und so offen sollen auch die Umbauten ablaufen.«

Neher geht einige Schritte dort, wo der Vorhang auf einem dünnen Draht entlanglaufen soll, und zeigt mit beiden Händen über dem Kopf die Höhe an. »Ich werd hier einen halbhohen Vorhang langziehen. Dahinter finden die Umbauten statt, fast einsehbar, fast offen. Die Bühnenarbeiter bekommen Filzschuhe, damit es keinen unnötigen Lärm gibt. Aber wir betonen: Das ist hier nur Theater.« Während Aufricht sich diese neue Art, Theater zu spielen, vorstellen will, die ja eigentlich eine sehr alte Art ist, rückt Brecht mit einer weiteren Überraschung heraus. »Der Weill wird uns die Musik liefern.« Aufricht verzieht das Gesicht, als ob er auf eine Bittermandel gebissen hätte. »Der Weill? Macht der nicht diese neue strenge atonale Katzenmusik? Der treibt uns die Leute raus!«

Brecht korrigiert rasch die falschen Vorstellungen. Der Aufricht hat nicht mitbekommen, was er und der Weill da in Baden-Baden mit ihrem *Mahagonny-Songspiel* auf die Bühne gebracht haben. »Nein! Keine Katzenmusik.« Neher, der das *Kleine Mahagonny* – man will noch eine richtige Oper draus machen! – in einem Boxring hat spielen lassen, weiß genau, wie wichtig der Weill für ihr Vorhaben ist. »Der Weill schreibt uns eine schmis-

sige Musik …«, und Brecht vollendet: » … anspruchsvolle, eingängige Songs. Mit Niveau!«

Weiß dieser Brecht eigentlich, was so eine Produktion kostet? Wie notwendig jeder einzelne verkaufte Platz ist, um die Kosten wieder einzuspielen? Von den 800 Plätzen sind schon 600 bei der Übernahme des Theaters der Volksbühne zugesagt worden, zu 1,75 Mark der Platz. Aber die Kosten belasten jeden Sitz schon jetzt mit 2,90 Mark. Man mag sich gar nicht ausrechnen, wie hoch die Auslastungsquote sein muss, um das wieder reinzuholen …

Es sind ja Hunderte von Theatern, Varietés, Dancing Halls, Kabaretts und Kinos, die in dieser Stadt jeden Abend um jeden Zuschauer kämpfen. Die *Dreigroschenoper* bietet deshalb auch ein Staraufgebot, um gegen die Konkurrenz erfolgreich zu sein. Wie viele Theater leben von der Hand in den Mund, zahlen die

Gagen aus der Abendkasse. Wie viele gehen jeden Tag immer wieder haarscharf am Bankrott vorbei. Und wie schnell übernimmt nach der Pleite die Bank das Theater.

Der Weill zumindest wird dem Erfolg keinesfalls im Weg stehen, Aufricht soll ihm eine Chance geben. Darauf besteht Brecht. »Der Weill hat einen ganz neuen Ton gefunden. Er unterstreicht mit der Musik die Sätze. Da fangens an zu denken.«

Denken allein bringt noch keine Mark. Aufricht steht auf, halb überzeugt, halb resigniert. »Wollen Sie nicht gleich den ganzen Laden übernehmen?« Er ist schon auf dem Weg zum Ausgang, als er rasch Brechts Vorschlag abnickt. Kurt Weill darf die *Dreigroschenoper*, die noch nicht so heißt, komponieren.

Im Theater am Schiffbauerdamm. Bühnenarbeiter schieben ein Klavier auf die Bühne. Während der kleine Kurt Weill die Treppe zur Bühne hochsteigt, betritt Aufricht mit seinem Dramaturgen und Stellvertreter Heinrich Fischer den Zuschauerraum. Er sieht vorne im Parkett Brecht, Elisabeth Hauptmann und die Weigel. An der Bühnentreppe steht eine junge Frau und schickt Weill einige ermutigende Worte nach. Aufrecht kennt sie nicht. »Wer ist denn die Schöne neben dem Weill?« Fischer weiß Bescheid. »Lotte Lenya, Tänzerin, Schauspielerin – und seine Frau.« Besonders schön ist sie ja eigentlich nicht, aber sehr, sehr apart. »Da hat er aber Glück gehabt!« Das findet Fischer

auch. »Die hat den feinsinnigen Intellektuellen aus dem Konzertsaal in den Tanzpalast bugsiert.«

Kurt Weill sitzt am Klavier. Mit seinen dicken Brillengläsern wirkt er etwas weltfremd, wenn er, wie jetzt, aufmunternd zu Aufricht ins Parkett herunterlächelt. Der Eindruck täuscht und wird sofort korrigiert, wenn er seine Hände auf die Tasten legt und spielt. Es ist ein Medley aus verschiedenen seiner Song-Motive. Aufricht, der sich zunächst etwas unwillig im Klappsessel niedergelassen hat, hebt den Kopf, hört hin. Das hat ja Schmiss, wenn auch auf eine völlig andere Art als die Revuen, die sie nebenan im Admiralspalast spielen. Weill unterbricht und erklärt das Stück, das er nun vorspielen wird. Ein Song aus ihrem *Mahagonny-Songspiel,* den Brecht in die *Ludenoper* (oder vielleicht doch besser *Gesindel*?) übernehmen will.

»Soldaten wohnen / Auf den Kanonen / Von Cap bis Couch-Behar.« Eine raffinierte Mischung aus mitreißendem Rhythmus und eingängiger Melodie in den grellen Farben des neuen Jazz. Ein herrlich moderner Klang überfällt den Mann im Parkett, er hört in Weills Klavierbegleitung schon die Trompete und das Schlagzeug. »Wenn es mal regnete / Und es begegnete / Ihnen ne neue Rasse / Ne braune oder blasse / Da machen sie vielleicht daraus ihr Beefsteak Tartar.« Weill hat seinen Refrain beendet. Er blickt triumphierend ins Publikum. Na, ist das nichts? Aufricht hat es gehört. Das geht ja sofort ins Ohr, das ist Musik für jedermann. Da wippen die Füße im Parkett mit. Das kann man ja mitsingen, das bleibt hängen. Genau richtig für eine anspruchsvolle, »lustige literarische Operette mit ein paar zeitgemäß sozialkritischen Blinklichtern«. Beim jungen Theaterdirektor wächst die Hoffnung auf eine erfolgreiche Premiere.

Ein paar Tage später. Das Bühnenbild ist bisher nur angedeutet. Die große Jahrmarktorgel allerdings mit dem Podium für die Band von Theo Mackeben davor ist schon aufgebaut. Man probt. Der Darsteller des Macheath, Harald Paulsen, steht auf der Bühne. Er kommt vom *Deutschen Theater,* er kann tanzen und singen, und Aufricht traut ihm eine gewisse Unheimlichkeit zu.

Paulsen spricht probeweise ein, zwei Sätze, wie um die Akustik zu probieren. Dabei tänzelt er umher. Von Kopf bis Fuß das pralle Selbstbewusstsein: Ich bin der Star. Er intoniert die Worte, als ob sie aus Gold geschmiedet wären. »In diesem Pferdestall findet heute meine Hochzeit mit Fräulein Polly Peachum statt, die mir aus Liebe gefolgt ist, um mein weiteres Leben mit mir zu teilen.«

Brecht, Aufricht, Neher und Erich Engel, den Aufricht als Regisseur engagiert hat, sitzen in der siebten Reihe am Regiepult. Sie tuscheln über den Hauptdarsteller und sein Spiel. Für Brecht ist das »Operette! Von oben bis unten.«

Aufricht lobt ironisch das Kostüm. »Sein Maßanzug ist vom ersten Herrenschneider.« Kein Pluspunkt, meint Neher. »Es ist alles etwas zu süßlich.«

Brecht wendet sich vom Regiepult an den Mann da oben auf der Bühne. »Paulsen, sagen Sie – diese blaue Schleife …« – »Was ist damit?« Sofort ist eine gereizte Stimmung im Raum. Schon Kritik, ehe man überhaupt angefangen hat?! Fast demütig bringt Brecht seine Bitte vor. »Könnten Sie vielleicht darauf verzichten?« Gar nicht dran zu denken. Prompt und unerbittlich verkündet Paulsen seine Entscheidung. »Sie gehört zu meiner Figur.«

»Zu Ihren blauen Augen, aber nicht zu diesem Verbrecher!« Aufricht merkt, dass Brecht gleich sehr böse Worte sagen wird, und versucht zu vermitteln. »Könnten Sie nicht doch darauf verzichten?« Damit kommt er aber gar nicht gut an. »Eher verzichte ich auf die Rolle! Ich habe eh keinen richtigen Auftritt zu Beginn des Stücks. Da müssten Sie mir eine Szene schreiben, damit klar wird, wer hier die Hauptrolle spielt, Herr Brecht!«

Brecht schaut ihn an. Er lächelt. Wozu sich ärgern? Er hat schon eine andere Idee, eine bessere. Mit einer begütigenden Geste zu den anderen: »Tun wir ihm den Gefallen. Lassen wir unseren kleinen Operetten-Paulsen so süßlich und charmant bleiben. Weill und ich führen ihn durch eine Moritat ein, eine blutige.

Und da besingt er seine eigenen Schandtaten. Ein Räuber im Gewand des Bürgers.« Aufricht nickt. »Mit Fliege.« Brecht ruft es hoch zur Bühne. »Mit hellblauer Fliege!« Paulsen grüßt elegant mit einer Bewegung seines Stockdegens an den Bowler, sehr freundlich, aber beim Abgehen blitzen seine stahlblauen Augen gefährlich auf.

Später am Abend steht Brecht an der Rampe, er hat sich vorn auf der Bühne einen Tisch mit Kaffee, Wasser, Aschenbecher, Papier eingerichtet. Er liest den Text, den er gerade aufgeschrieben hat, noch einmal durch, bringt noch eine kleine Korrektur an. Mit dem Bleistift schlägt er den Takt aufs Papier. »Und der Haifisch, der hat Zähne / Und die trägt er im Gesicht.« Brecht hat die Bänkelsänger auf dem Plärrer, dem Jahrmarkt in Augsburg, nicht vergessen. »Menschen, höret die Geschichte, / Die erst kürzlich ist gescheh'n …« Simpel und fast monoton zum Leierkasten gesungen.

Weill umspielt suchend die ersten vier Silben. »Und – der – Hai – fisch« mit der Tonfolge E-G-A-A. Dann wiederholt er diese Notenfolge für die zweite Hälfte der ersten Zeile »… der hat Zähne.« Die zweite Zeile »Und die trägt er im Gesicht« lässt er schon mit einem D beginnen. Das ist einfach, einfacher geht es kaum, eingängig, das kann von jedermann mit- und nachgesungen werden.

Jetzt muss aber etwas anderes kommen, sonst wird's fad. Die dritte und vierte Zeile »Und Macheath, der hat ein Messer / Doch das Messer sieht man nicht« werden mit einer auf- und einer absteigenden Tonfolge variiert. Weill singt das zweimalige »Messer«,

jedes Mal der Sprung vom C fast über eine ganze Oktave runter aufs D, fast zärtlich, in groteskem Kontrast zur Gräueltat, für die es gebraucht wird, das Messer. »Doch das Messer sieht man nicht.« So spielt er eine sarkastische Brechung hinein und löst damit die Monotonie auf.

Es sind gerade diese Kunstgriffe, die das Lied über den einfachen Bänkelgesang hinausheben und trotzdem immer noch sehr natürlich wirken lassen. Dann spielt Weill noch den Leierkasten dazu, die Begleitung zur Hauptmelodie. Aber auch das gerät nicht zum simplen Humptata einer Polka, sondern wird mit jazzigen Synkopen leicht angeschrägt.

Brecht hebt den Kopf. »Ganz großartig.« Er hört das Einfache, und er sieht die Kunst, die dahintersteckt. »Ja, Weill, das ist ein schöner ironischer Kontrast … das zärtliche ›hat ein Messer‹, aber es könnt auch scharf sein, das Wort, sodass es schneid't. ›Hat ein Messserr, und das Messserr sieht man nicht.‹«

Brecht rollt gefährlich die Augsburger rrr. In seiner Begeisterung ist er zu Weill herüber ans Klavier gekommen. »Aber wissens, Weill, was ich denke? Besser wär's, wenn der Gerron direkt als Bänkelsänger das Lied singt. Gleich am Anfang, in einem Vorspiel, auf dem Markt in Soho. Paulsen schleicht als Macheath da herum und hört zu, wie seine Verbrechen besungen werden.«

Weill spielt noch mal die Melodie an. Brecht schlendert jetzt fast slapstickhaft als Macheath über die Bühne, als wäre sie ein voller Marktplatz, der seine Schandtaten besingt. Beide lachen herzlich über den Coup.

Versteckt hinten in einer Loge hört Elisabeth Hauptmann zu. Sie ist glücklich. Dieses Stück war ihre Idee. Sie hat es für Brecht übersetzt, und sie war bei der Bearbeitung dabei: die Mit-Arbeiterin. Und nun kommt es auf die Bühne. Am liebsten würde sie laut applaudieren, so großartig findet sie den Weill und den Brecht da vorn. Sie will aber nicht stören. Es ist auch schön, nur dabei zu sein.

Wenige Tage später. Man probiert die Bordellszene. Helene Weigel als Puffmutter wird in einer Art vorsintflutlichem Rollstuhl hereingefahren. Zwei Huren heben sie auf einen Tisch mitten auf der Bühne. Brecht, der Regisseur Erich Engel und Aufricht schauen sich das an. Die Weigel erklärt ihr Vorhaben. »Das ist mein Vorschlag. Ich spiel die Madame im Puff als Beinamputierte. Engel, was meinen Sie?« Erich Engel ist ein erfahrener, sorgfältiger, ruhiger Regisseur. Er scheint etwas skeptisch. »Ist ja schon etwas seltsam. Probieren wir's mal.« Aufricht ist neugierig. »Es hat etwas Bedrohliches, wie aus einem Gangsterfilm.«

Helene Weigel thront auf dem Tisch. Ihre Beine sind so versteckt, als wären sie nicht vorhanden. »So. Und von hier oben dirigier ich meine Hürchen und behalte den Überblick übers Geschäft.«

In diesem Augenblick kippt sie vornüber und schreit leise auf. Ein Schmerz, der Blinddarm hat sich wieder gemeldet. Sie streckt die Beine aus. »Es geht nicht. Vielleicht in einer halben Stunde …« Engel dreht sich zu Aufricht um. »Wir brauchen einen Arzt.«

Zwei Stunden später am selben Tag. Brechts Vorstellung vom epischen Theater verlangt eine deutliche Trennung von Song und Szene. Engel will das nicht haben, er ist für einen kontinuierlichen Ablauf. Neher zeigt, wie Brecht und er sich das vorstellen. »Wir verdunkeln vor dem Song. Die Projektion schreibt den Titel hier aufs Bühnenbild. Aus dem Schnürboden kommen Lampen herunter, die den Sänger beleuchten …« Engel protestiert. »Das dauert und dauert und hält den Schwung der Handlung auf. Das ist Stillstand.« Brecht muss sein Konzept erläutern.

»Bei mir eben nicht. Engel, verstehens doch: Die Darsteller sollen nicht so tun, als wissen sie nicht, dass sie nun den festen Boden der Prosa verlassen, damit aus ihrer Rolle treten und eine höhere Form des Sprechens wählen – den Gesang.«

»Das stört!«

»Es verstört! Und genau das soll es.«

»Dann lassen wir die Musik eben ganz weg.«

»Guter Witz.« Brecht und Neher gehen lachend zurück in ihre Sitzreihe.

Als jetzt Helene Weigel mit ernster Miene in den Zuschauerraum kommt, hört das Lachen sofort auf. »Ich darf nicht spielen. Der Arzt hat mir diese Haltung mit den eng angezogenen Beinen verboten von wegen dem Blinddarm!« Schade drum, wäre schön gewesen, wenn sie hätte mitspielen können, denkt Brecht. Aber Jammern hilft nun auch nichts. »Engel, Aufricht – wir schreiben die Rolle raus. Jetzt gleich, in der Mittagspause.«

Im Direktionsbüro des Theaters am Schiffbauerdamm. Die Generalprobe hat bis morgens um sechs gedauert. Man hat die Bühnenlichter ausgeschaltet, die Schauspieler und Musiker haben das Theater verlassen. In Aufrichts Büro warten schon, über ihre Textbücher gebeugt, Brecht, Weill, Neher und Fischer. Aufricht kommt herein, sichtlich erschöpft, aber unter Hochspannung. »Meine Herren! Sie haben es gemerkt. Wir sind eine Dreiviertelstunde zu lang. Und das vierzehn Stunden vor der Vorstellung!«

Natürlich ist das auch Brecht nicht entgangen. »Wir haben uns da schon ein paar Gedanken gemacht. Das Ganze muss noch schneller werden. Und ich hätt da ein paar Streichungen, vor allem im siebten Bild. Sie wissen, der Peachum.«

Eine halbe Stunde später. Aufricht ist für einen Moment allein. Er versucht durchzuatmen und rührt in seiner Kaffeetasse. Da kommt eilig Erich Ponto herein, der Peachum-Darsteller, ein alter Bekannter aus Aufrichts Dresdener Schauspielerzeit. Ponto ist in Hut und Mantel, er hat zwei Handkoffer dabei. »Aufricht, ich will mich nur verabschieden. Ich reise ab.« Aufricht ist entsetzt. »Ponto, Sie haben heute Abend Premiere.«

»Sie haben die Hälfte meiner Rolle gestrichen. Ich hatte für die ganze zugesagt.« Ponto kommt zu Aufricht herüber und reicht ihm über den Schreibtisch die Hand. »Alles Gute. Ich will noch mit dem Mittagszug nach Dresden zurück.« Aufricht kann die Hand seines im Moment absolut unersetzlichen Darstellers nicht loslassen. »Ponto, ich lass Sie nicht gehen. Ohne Sie – da bin ich ruiniert.«

Ponto zögert einen Moment, dann schaut er Aufricht an. Er macht seine Hand frei, geht zur Tür und dreht sich dort um. »Na gut. Ihrer Frau und Ihrer Kinder wegen packe ich die Koffer wieder aus. Aber wirklich nur wegen denen.« So hat uns Aufricht mit viel Sinn für Dramaturgie diese Szene in seinem Erinnerungsbuch aufgeschrieben.

Vier Stunden vor der Premiere. Bühnenarbeiter sind damit beschäftigt, zwei große Eisenschienen abzubauen, die von der Orgel oben schräg auf die Bühne führen. Auf ihnen sollte im Finale der Reitende Bote der Königin hoch zu Pferde auf die Bühne hinabgleiten, um Macheath in letzter Minute vor dem Galgen zu retten. Man hat den Neigungswinkel der Schienen falsch berechnet, der Bote mitsamt Pferd wäre im Parkett gelandet. In so kurzer Zeit lässt sich die Maschinerie nicht mehr umbauen.

Gerade schiebt Bertolt Brecht das lebensgroße Holzpferd auf die Bühne, einen sich aufbäumenden Apfelschimmel mit geblähten Nüstern. Er hat rasch Räder unter die Hufe schlagen lassen. »Das Pferd kommt, oder das Stück wird nicht gespielt. So wird es nachher gemacht: Ein Statist zieht das Pferd mit dem Boten in die Mitte der Bühne.« Diese allzu epische Aushilfslösung gefällt Aufricht ganz und gar nicht. »Nein, wir haben hier kein Kindertheater!« Dann eben nicht, Brecht ist ja flexibel. »Dann steht das Ross halt schon beim Aufgehen des Vorhangs auf der Bühne und wird aufgedeckt, wenn's so weit ist.« Das wiederum gefällt dem hauptamtlichen Regisseur Engel nicht. »Deus ex machina – der Gott muss aus dem Schnürboden kommen. Anders geht's nicht.« Ist nur leider technisch nicht zu machen in der kurzen Zeit. Brecht will seine Idee ausprobieren. »Gebt mir mal die Planen!«

Er breitet sie über das Pferd. Aufricht lehnt das kategorisch ab. »So einen hässlichen Klotz will ich da nicht das ganze Schlussbild über auf der Bühne zu stehen haben.« Helene Weigel, die vom Parkett aus die Debatte verfolgt, schaltet sich ein. »Das Pferd, Aufricht. Wir brauchen das Pferd!«

Brecht hat sich inzwischen noch eine andere Lösung überlegt. Er kommt aber nicht mehr dazu, sie den andern vorzustellen, denn der Maschinendirektor unterbricht ihn, ehe er damit anfangen kann. »Einige Projektionen sind noch nicht ausprobiert. Wenn Sie in zwei Stunden anfangen wollen, brauche ich jetzt die Bühne.«

Aufricht nickt ihm zu, richtig. Da kann man nichts machen. »Bitte die Bühne räumen. Schluss der Diskussion. Bitte, meine Herren ...«

Schon kommen die Reinemachefrauen mit Besen und Eimern in den Theatersaal. Brecht ist empört. So kann man nicht mit Künstlern bei der Arbeit umgehen, mit ihm schon gar nicht. »Dieses Theater habe ich zum letzten Mal betreten.« Caspar Neher zeigt sich, wie meistens, solidarisch mit ihm. »Ich auch!« Und Weill schließt sich an, was bleibt ihm anderes übrig. Aufrichts Vize Heinrich Fischer kann sich die Pointe nicht verkneifen: »Würden die Herren mir das schriftlich geben?«

Premierenabend. Noch immer drängen sich die Menschen vor den beiden Kassenhäuschen. Brecht schaut ihnen von der Treppe aus zu. Er sieht, wie der junge Direktor Aufricht sich zwischen den Leuten durchdrängelt und an der Kasse ein Schild anbringt. »AUSVERKAUFT« steht darauf. Enttäuscht wenden sich die ersten Besucher ab.

»Dreigroschenoper« steht nun auf den Plakaten im Foyer, nicht mehr »Ludenoper« oder »Gesindel«. Der Titel ist erst während der letzten Proben gefunden worden. Vielleicht ist er diesmal Lion Feuchtwanger zu verdanken, der Brecht öfter auf den Proben besucht hat.

Zum dritten Mal ruft die Klingel die säumigen Zuschauer in den Theatersaal. Nach all der Hektik wird es nun still im Foyer, auf den Treppen und Gängen. Eine gefährliche Ruhe für Brecht. Wie werden die Zuschauer das Stück aufnehmen? Das Publikum ist unberechenbar, gelegentlich auch unvernünftig. Es hat die unverschämte Eigenschaft, auf mitgebrachten Haustürschlüsseln zu pfeifen oder zu buhen. Oder noch schlimmer: Es vergisst zu applaudieren.

Brecht öffnet die Tür zum Saal einen kleinen Spalt. Noch plaudert das Publikum angeregt. Nun geht das Licht aus. Das Gesumm verstummt. Der große rote Hauptvorhang ist schon beiseitegezogen, der Blick ist frei auf die »Neher-Gardine«. Brechts Bühnenbildner hat, auch das eine Idee erst der letzten Probenphase, einen großen Pinsel in einen Topf mit schwarzer Farbe getaucht und damit direkt auf den übermannshohen, ungefärbten Vorhang aus Sackleinen den neuen Titel in deutscher Schreibschrift gepinselt: *»Die 3 Groschenoper.«* Jetzt wird das Tuch beiseitegezogen und gibt den Blick frei auf das Bühnenbild, den Markt von Soho mit seinen Bettlern, Bürgern, Dieben, Huren. Mackie Messer ist darunter, er schleicht, wie vorgesehen, über die Bühne. Der Moritatensänger dreht den Leierkasten und

Herzen Sohos
t der Bandit
ie Messer
Hochzeit mit
Peachum,
Tochter

singt die Moritat vom Verbrecher, dem man nichts beweisen kann.

Brecht steht immer noch an der Tür zum Zuschauerraum und beobachtet ängstlich die Reaktion des Publikums auf den Beginn seines Stücks. Harald Paulsen als Macheath schreitet, mit blauer Schleife, über den Marktplatz von Soho und begrüßt leutselig seine Dirnen. Er ist offenbar zufrieden, denn er grüßt auch ganz persönlich, mit kleiner Verbeugung und dem Stockdegenknauf am Bowler, hinüber zum Stückeschreiber an der Saaltür. Brecht zieht sich zurück. Er steht jetzt im Gang. Theo Mackeben und seine Band spielen hoch über den Köpfen der Zuschauer, ganz wie im Zirkus, groß auf. Das klingt aufregend, aber kommt es auch an? Noch ist nichts zu spüren. Brecht versucht, sich zu beruhigen. Caspar Neher kommt verspätet über den Gang. Er sieht Brecht, und er weiß schon, dass sein Freund vor jeder Premiere immer aufs Neue in Angst und Sorge gerät. Er legt ihm die Hand auf die Schulter. Schaut und lächelt ihn aufmunternd an. Das hilft. So stehen sie einen Moment beieinander, während drinnen die Moritat von Mackie Messer vom raffinierten Leierkasten ertönt. Dann geht Neher in den Theatersaal.

Auf der Bühne wird gerade die Orgel golden angeleuchtet. An einer Schnur kommen drei Lampen herunter, und auf einer Tafel steht: *»Der Kanonensong.«* In der Loge wartet Helene Weigel, die verhinderte Puffmutter, neben Aufricht. Die beiden schauen wie gebannt auf die Bühne, und gleichzeitig horchen auch sie hinein ins Publikum. Brechts Platz in der Loge ist noch frei. Er hat sich in das Konversationszimmer zurückgezogen, von dem aus er über einen Lautsprecher das Spiel auf der Bühne und die Reaktion im Zuschauerraum verfolgen kann.

Wie hat der theaterbegeisterte, mutige Direktor Josef Aufricht die Augenblicke erlebt, in denen sich das Schicksal seiner Aufführung entscheidet?

»Der dunkle Schatten von Macheath mit seiner lichtblauen Schleife, den Degenstock unter den Arm geklemmt, den Hut schief auf dem

Kopf, tauchte auf und überquerte mit leichtem Pantherschritt die Bühne, verfolgt von gierigen Blicken der Huren, angeführt von Lotte Lenya, die mit spitzer Stimme mit dem Satz ›Das war Mackie Messer‹ das Bild beendete. Das Bild wurde bestaunt, aber nicht applaudiert. Im zweiten Bild belehrte Erich Ponto in seiner präzisen und suggestiven Art die Zuschauer über sein schwieriges Geschäft, als Lenker eines Bettlerimperiums den Menschen in den unnatürlichen Zustand zu versetzen, in dem er bereit ist, Geld herzugeben. Die Ablehnung des Bildes war spürbar. Keine Hand regte sich. Ich merkte, wie Fischers Knie, er saß neben mir, zitterte.«

Brecht hört im Konferenzzimmer über den Lautsprecher die beredte Stille, das peinliche Ausbleiben auch nur des kleinsten Lachers. »Denn der Mensch hat die furchtbare Fähigkeit, sich gleichsam nach eigenem Belieben gefühllos zu machen.« Diese Abhärtung, die kannte er ja von sich selbst. Dass das Publikum nun mit Begeisterungsstürmen reagieren würde, wenn man es mit der Nase auf seine eigene Scheinmoral stößt – hatte er das wirklich erwarten können? Und überhaupt, das sind doch viel

zu viele Songs. Davor hatte er immer gewarnt. Seine Befürchtungen steigern sich fast bis zur Panik.

—— *»Das Hochzeitsbild lief an. An keiner komischen Stelle wurde gelacht, das Publikum gefror. Plötzlich, die Männer auf der Bühne hatten den Kanonensong gesungen, kam der Durchbruch. Der Zuschauerraum taute nicht langsam auf, er geriet in Siedehitze. Klatschend, rufend, trampelnd verlangte man eine Wiederholung. Von diesem Moment an war jeder Satz und jede Note ein Erfolg.«*

Aufricht gibt aus seiner Loge den Schauspielern das Zeichen für ein *Da capo* – das war eigentlich nicht vorgesehen. Unter dem Applaus öffnet Brecht nun vorsichtig die Tür zur Loge. Er ist mehr als erleichtert, fast schon beglückt. Er schiebt sich auf seinen Platz. Aufricht klatscht erlöst, und Helene Weigel an seiner Seite applaudiert womöglich noch begeisterter – endlich spielt nun auch das Publikum mit. Und wie! Aufricht nickt Brecht anerkennend zu.

In der Pause will der Direktor, schon bester Laune, nach seinen Schäfchen sehen. Die Darsteller spüren bestimmt auch schon, dass sich hier ein Erfolg abzeichnet. Sie sollen sich bloß nicht schon jetzt auf ihren Lorbeeren ausruhen. Noch ist es nicht so weit! Da hört er wütendes Fluchen, es ist die Stimme des doch sonst so zivilisierten Kurt Weill. Einige Schauspieler haben sich um ihn geschart, neben ihm steht seine Frau Lotte Lenya im Kostüm der Hure Jenny. Weill brüllt immer noch. »Dieser Saustall! Dieser Schweinestall!« Als Aufricht sich zu ihm durchgedrängelt hat, wedelt er ihm mit dem Programmheft vor dem Gesicht herum. »Meine Frau spielt nicht weiter. Ich erlaube es nicht. Sehen Sie selber. Sie ist nicht mal mit Namen genannt. Lotte, du trittst nicht auf!« Die Lenya aber ist eine praktische Frau, und sie weiß, was sie kann. »Bist du wahnsinnig geworden, Kurtchen? Ich hab doch die ganze Zeit darauf hin gearbeitet, dass ich die Jenny spielen kann. Mir ist doch ganz wurscht, ob ich auf dem Zettel stehe. Lass mich bloß singen, dann werdens schon sehen, wer ich bin.«

— *Lotte Lenya hat später in einem Interview erzählt, wie recht sie damit hatte. »Am nächsten Tag kamen die Kritiken heraus. Und Sie wissen, Alfred Kerr war damals der Kritiker. Von dem hing das Leben eines Schauspielers in Berlin ab. Das ging so: Römisch I, römisch II … Und dann plötzlich ganz zum Schluss: »Wer war die?« Und das war ich. »Also, auf die müsste man hinschauen.«*

In Wirklichkeit war es sogar noch ein bisschen schöner. Alfred Kerr, einer der damaligen Großkritiker, war Brecht und seinen Produkten nicht besonders wohlgesinnt. Schon allein deswegen, weil der ein Protegé seines Konkurrenten Jhering war. In seiner eher lauwarmen Dreigroschenoper-Rezension schreibt Kerr nun: »Dann steht auf dem Zettel ›Huren‹. Vier Künstlerinnen wirken hier mit – und eine davon scheint aus München zu kommen. Die war sehr, aber sehr gut. Im Stimmklang erinnert sie an Carola Neher. Ja, die war im Artikulieren besonders gut. Mit ehernem Griffel hier verzeichnet.«

Es ist früher Morgen, bis jetzt hat die Premierenfeier gedauert. Helene Weigel und Brecht kommen aus dem Foyer hinaus in die Morgendämmerung. Es verspricht ein schöner Tag zu werden – Hochsommer in Berlin. Elisabeth Hauptmann kommt eilig über den Vorplatz auf sie zugelaufen. Sie winkt mit einem Bündel Zeitungen. »Die BZ prophezeit eine Serie von fünfhundert Aufführungen.« Es war ein langer Tag und eine lange Nacht, sie sind jetzt alle eigentlich sehr müde, dabei aber ziemlich aufgekratzt, fast überdreht. Das alles erscheint ihnen noch etwas unwirklich. Helene Weigel schaut auf die Zeitung. Wirklich, so steht es da. »Fünfhundert Vorstellungen allein in Berlin! Jetzt hast die Stadt erobert.« So hat er sich das vor fünf Jahren eigentlich nicht vorgestellt, als er etwas abgerissen vor ihrer Tür stand in der Spichernstraße 16. »Steht hier mein Bett für die Nacht?« Der große Erfolg ausgerechnet durch ein Nebenwerk, eine bessere Operette, etwas, das den Bürgern da im Theater – trotz allem – anscheinend runterging wie Öl? Das sind aber Gedanken für später, jetzt darf man sich erst einmal nur freuen.

»Das ist der Ruhm!« Auch Elisabeth Hauptmann kennt sie gut, die Hoffnungen und dringenden Wünsche, wenn man eigentlich doch von der Hand in den Mund lebt und immer nur als Talent, als Hoffnung gehandelt wird. Das ist jetzt hoffentlich ein für alle Mal vorbei. »Prost!« Helene Weigel nimmt einen Schluck aus der Sektflasche, die sie vom Büfett mitgebracht hat. Zum Abschied und wie zum Trost drückt sie dann die Pulle der Bess in die Hand.

Brecht und Weigel steigen in seinen Zweisitzer. Der Motor muss noch einen Augenblick überzeugt werden, dann springt er an, und los geht's in einen anderen Tag. Brecht hat seine Zigarre zwischen den Zähnen. Ganz übermütig dreht er sich beim Wegfahren noch einmal zu seiner Mit-Arbeiterin um. »Und was ist mit München, Leipzig, Dresden?« Helene Weigel, schon kaum noch zu verstehen, schickt das Stück noch weiter auf Tournee. »Hamburg? Köln? Königsberg ...« Sie winken fröhlich und sind

schon auf die Weidendammer Brücke abgebogen. Bess ruft ihnen noch nach: »Und warum nicht Paris? London?«

Die Mit-Arbeiterin lässt die Flasche sinken. »Und Moskau?«, sagt sie noch, das Vaterland der Werktätigen wird sich doch sicher auch interessieren. Jetzt erst merkt sie so richtig, dass sie ganz allein mit einer drei viertel leeren Flasche Sekt in der Hand vor der Tür des Theaters steht, in dem gerade ihr größter Triumph über die Bühne gegangen ist. Sie kippt den letzten Schluck Sekt hinunter.

— *Allein im ersten Jahr zählte man 4200 Aufführungen der »Dreigroschenoper«. Sie wurde bis Januar 1933 in 18 Sprachen übersetzt und in Europa an die 10000-mal aufgeführt. Es war der größte Theatererfolg in der Geschichte der Weimarer Republik. Dazu kam noch der große Erfolg der Musik, die allein in Deutschland auf 21 verschiedenen Platten-Editionen zu kaufen war. Der Vertrag mit Felix Bloch Erben teilte den Gewinn unter den drei Hauptbeteiligten auf: 62 ½ Prozent für Brecht, 25 Prozent für Weill und – immerhin – 12 ½ Prozent für Elisabeth Hauptmann.*

Brecht legt sich ein Bankkonto in der Schweiz zu. Später zieht er aus dem Atelier in der Spichernstraße in eine richtige Wohnung in der Hardenbergstraße. Außerdem kauft er sich ein Sommerhaus am Ammersee, trotz des neuen Reichtums ist ihm sein Vater bei der Finanzierung behilflich. Amateurfilme zeigen Brecht mit den Kindern Stefan und der kleinen Barbara – geboren 1930 – am Wasser. Aber auch Brechts Tochter mit Marianne Zoff-Brecht-Lingen, Hanne, sitzt einmal mit im Boot.

Elisabeth Hauptmann öffnet die Tür zu Brechts Atelier, selbstverständlich hat sie einen Schlüssel. Sie legt ihre Mappe auf den Tisch. Unter den dort herumliegenden Papieren schaut ein Stück der *Berliner Illustrirten Zeitung* vom 21. April 1929 hervor. Aber wo ist Brecht? »Brecht!« Ein Blick in die Küche. Ein Blick in Richtung Schlafkammer. »Brecht?« Sie öffnet die Tür einen Spalt weit, das Bett ist leer. Dann geht sie zurück zum Tisch, nimmt ihre Tasche und bemerkt nun die neueste Ausgabe der *BIZ*. Sie schlägt sie auf und landet auf einem Foto von Brecht, daneben ein Foto von Helene Weigel. Bess liest, was daruntersteht, und ihr Lächeln schwindet. »Der Dichter Bert Brecht, der sich mit der Berliner Bühnenkünstlerin Helene Weigel vermählte.« Das erreicht sie wie ein Schock. Sie zündet sich eine Zigarette an. Ihr Hände zittern dabei. »Das ist gegen die Verabredung!« Sie schaut kurz hoch zum Porträt von Weigel, Mutter und Kind. Sie nimmt ihre Tasche und die Schlüssel und geht hinaus.

— *In der bemerkenswerten Dokumentation »Die Mit-Arbeiterin« für das DDR-Fernsehen über das Leben der Elisabeth Hauptmann wird der 75-jährigen Hauptmann von den Autoren Rolf Liebmann und Wolfgang Gersch ein Gedicht von Brecht vorgelesen. Dabei ist ihr Gesicht sehr nah zu sehen. Sie kennt jede Zeile. »Auf dich wurden Lasten gelegt, die man/Nur auf die sichersten Schultern legt./Du wurdest übersehen wie das Nächstliegende./Von dir wurde erwartet/Die besondere Einsicht. // So essen am letzten die, denen das Werk am nächsten steht: die Köche.«*

Elisabeth Hauptmann lächelt. Das haben die beiden aber gut herausgesucht. »›Die Köche‹ – ich kenn's sehr gut.« Fast könnte sie über die Jahrzehnte die Stimme von Brecht hören.

»Setze also deinen Namen nicht/Auf die nicht abreißende Liste/Der Abgefallenen.«

Und hier schimmert unter Elisabeth Hauptmanns abgeklärter, versöhnter Grundhaltung doch einmal der tiefe bittere Ernst des damals Erlebten durch. »So ist's aber auch. So schwer war es. Es war schwer für jeden, irgendwie. Aber besonders für die, die immer da waren.« Als sie das im Nachlass gefundene Gedicht für eine Edition datieren sollte, hat sie die Entstehung auf das Jahr 1926/27 vorverlegt, »ohne dass die Überlieferung dafür Indizien aufweist«, wie die Kommentatoren der Werkausgabe feststellten. Es sieht ganz so aus, als hätte sie jeden Zusammenhang mit den Ereignissen von 1929 verschleiern wollen. Man sollte es wohl keinesfalls mit ihrem persönlichen Leid oder gar mit ihrem Selbstmordversuch nach der Eheschließung zwischen Brecht und Weigel in Verbindung bringen.

Elisabeth Hauptmann setzte ihren »Namen nicht/Auf die nicht abreißende Liste/Der Abgefallenen«. Acht Wochen nach der Hochzeit schickt Brecht ihr ein Angebot, sich »an dem Massarygeschäft zu beteiligen«. Das heißt, an der Ausbeutung des Dreigroschenoper-Erfolgs durch ein ähnliches Stück, wieder mit der Musik von Weill, mitzuarbeiten. Ein Exposé legt er gleich bei. So fängt man Abtrünnige ein: Was kann es für die Mit-Arbeiterin Reizvolleres geben als neue Mit-Arbeit? – Aus dem Spekulations-Objekt wird Happy End, *Anfang September 1929 im Schiffbauerdammtheater uraufgeführt. Die Spekulation missglückte gründlich. Das Stück löste bei der Premiere einen Theaterskandal aus und wurde nach wenigen Aufführungen abgesetzt. Der »aufgepappte kommunistische Schluß« des Dramas (so der Kritiker Willy Haas) hatte bei einem über zwei Akte auf leichte Unterhaltung eingestimmten Publikum Unverständnis und Wut ausgelöst. Dort hatte Helene Weigel, aus ihrer Rolle als Obergangsterin fallend, propagandistische Kapitalismuskritik geübt: »Was ist ein Dietrich gegen eine Aktie, was ist ein Einbruch in eine Bank gegen die Gründung einer Bank.«*

In der Koblanckstraße, nicht weit vom Karl-Liebknecht-Haus, der KPD-Zentrale, sitzen am 1. Mai 1929 zwei Männer gemütlich in ihren Sesseln, trinken Tee, qualmen Zigarre und analysieren den Kampf der Menschen gegeneinander im »Dickicht der Städte«. Das tun der Wirtschaftswissenschaftler und marxistische Theoretiker Fritz Sternberg und Brecht seit dem Winter 1926 immer wieder. Sternberg hat mit dazu beigetragen, dass Brecht die Hyperinflation, später auch die Weltwirtschaftskrise und die Massenarbeitslosigkeit – also das ganze Elend unter der glänzenden Oberfläche der Weimarer Republik – zunehmend mit dem theoretischen Besteck des dialektischen Materialismus zu begreifen versucht. Mit den Schriften von Marx, Engels und Lenin versteht Brecht die gegenwärtige gesellschaftliche Situation als notwendige Systemkrise des Kapitalismus.

Aber wie bringt man das auf das Theater, wie könnte eine zeitgemäße, wirklich moderne Dramatik aussehen? Das ist die Frage, die die beiden jetzt gerade beim Wickel haben. Sternberg holt dazu aus, macht einen Ausflug in die Literaturgeschichte. »Als Shakespeare seine Stücke schrieb, da hatten die Menschen feste Standorte in der Gesellschaft. Man wusste, was ein König war, was ein Großgrundbesitzer war und ein Leibeigener. Man konnte die soziologische Schichtung mit bloßem Auge sehen.« Brecht versteht sofort, was das für den Stückeschreiber bedeutet, damals wie heute. »Damals konnte ein Dramatiker intuitiv arbeiten. Die Verhältnisse waren klar. Heute weiß man nicht sofort, wer die Interessen von wem vertritt.« Sternberg nickt. »Die Autoren mussten damals nicht zuerst die Gesellschaft analysieren, bevor sie ihre Figuren ins Spiel schickten.« Und wie analysiert man die Gesellschaft richtig? Brecht kann ausnahmsweise auch ein gelehriger Schüler sein, er weiß die Antwort. »Ohne die Klassiker des Marxismus zu kennen, kann kein Mensch mehr ein vernünftiges Drama schreiben.« Brecht hat sich ja selbst seit ein paar Jahren bemüht, sich diese unbedingt notwendige Grundlage anzueignen, er hat die »Klassiker«, Marx, Engels und Lenin, vor allem Lenin, zu Hause im Regal stehen. Mitunter ermuntert er auch Autoren, die ihn um Rat fragen, sich erst einmal mit dem Marxismus zu befassen. Sternberg sieht da allerdings ein Problem. »Für diesen Ratschlag wird Sie der junge Kollege möglicherweise hassen. Die Analyse der Gesellschaft behindert ihn vielleicht beim Erfinden seiner Geschichte.« Brecht lacht. »Er hat's begriffen, aber jetzt kann er nicht mehr schreiben, meinen Sie das?« Genau das. »Er könnte den Zugang zu den Kraftquellen seiner Intuition verlieren. Er klügelt. Vielleicht hat er mit einer Fabel ein richtiges Skelett, aber es fehlen ihm die Figuren aus Fleisch und Blut dazu.« Blut-

lose Klügelei – nein, so etwas kommt für Brecht natürlich nicht infrage. Verstand und Eingebung, wie bekommt man die unter einen Hut? Vielleicht hilft uns hier die Dialektik weiter? Oder der Begriff der gesellschaftlichen Praxis?

Plötzlich bricht die gesellschaftliche Praxis in das Theoretisieren der beiden Männer ein. Der sozialdemokratische Polizeichef Zörgiebel hat die traditionelle Demonstration zum 1. Mai untersagt, die Kommunisten wollen sich nicht an das Verbot halten. Brecht und Sternberg hören Stimmen, Geschrei von unten auf der Straße. Es sind erste Auseinandersetzungen zwischen den Demonstranten und der Polizei, die sie auseinandertreiben will, auch mit Reiterstaffeln. Unter Pferdegetrappel, Rufen, Schreien und Rennen schaukelt sich die Auseinandersetzung hoch. Wieder und wieder brüllt das Megafon über den Platz. »Machen Sie die Straße frei!!«

Brecht und Sternberg sind ans Fenster getreten und schauen aus dem dritten Stock hinunter. »Die da unten, die sind die Opfer des Kapitalismus. Sie kämpfen für die Umwälzung.« Es ist für Brecht, als ob in diesem Augenblick die Theorie der Klassiker wie eine Folie unter der Szenerie dort auf der Straße liegt. Die Reiterei treibt entschlossen die Demonstranten auseinander und jagt sie in die Nebenstraßen. Schupos mit Gummiknüppeln schlagen auf die unbewaffneten Flüchtenden ein. Dann krachen unter ihnen die ersten Schüsse.

Zunächst glauben die beiden, dass es sich um Warnschüsse handelt. Brecht fragt hilflos: »Die schießen doch nicht wirklich?« Dann sehen sie aber, wie einige Demonstranten hinfallen und wenig später auf Bahren weggetragen werden.

Sternberg bemerkt, dass Brechts Gesicht kreideweiß geworden ist. So bleich hat er seinen Schüler noch nie gesehen. Später wird er dieses Erlebnis für Brechts von nun an immer stärkere Annäherung an den Kommunismus verantwortlich machen.

Ein paar Tage später gehen Helene Weigel und Bertolt Brecht ins Kino. Das Babylon ist erst vor Kurzem als 379. Lichtspieltheater der Reichshauptstadt gleich neben der Volksbühne eröffnet worden, es ist groß und recht luxuriös. Heller Ton, rote Pfeiler, der Balkon grün bespannt. Grün auch die bequem gepolsterten Kinosessel, auf denen die beiden sich niedergelassen haben. Diener in roten, goldstrotzenden Uniformen haben ihnen die Türen aufgehalten, lichtblau kostümierte Platzanweiserinnen sie zu ihren Plätzen geleitet. Dieser Talmi-Luxus für die untere Mittelklasse steht in fast groteskem Kontrast zu dem, was sich gleich auf der Leinwand abspielen wird. Brecht und Weigel sind nämlich gekommen, um sich einen »Russenfilm« anzusehen. Seit dem überwältigenden Eindruck von Eisensteins *Panzerkreuzer Potemkin* hat die moderne sowjetische Filmkunst unter den linken deutschen Intellektuellen begeisterte Bewunderer gefunden.

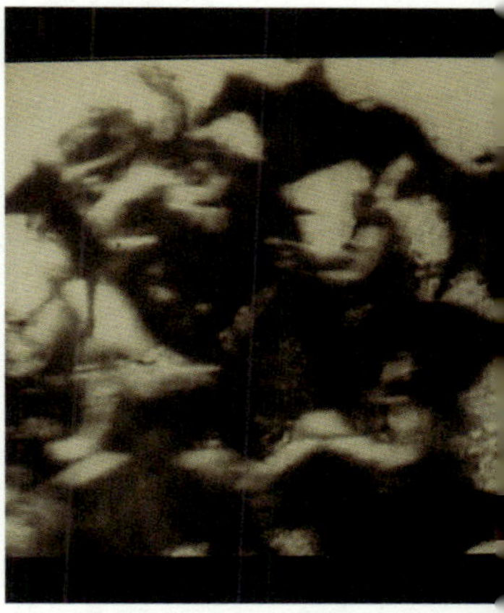

Brecht und Weigel sehen nun ein Werk, das in rasant-suggestiver Schnittfolge propagandistisch zugespitzt eine Episode aus der Vorgeschichte der Oktoberrevolution von 1917 erzählt, den Aufstand gegen die Zarenherrschaft im Jahr 1905. *Die Mutter:* ein Film von Wsewolod Pudowkin nach einem Roman von Maxim Gorki, die Geschichte einer Arbeiterfamilie im zaristischen Russland. Die Mutter beobachtet mit Misstrauen die illegale Tätigkeit ihres Sohnes Pawel, der einer sozialistischen Widerstandsgruppe angehört. Schließlich verrät sie sogar der Polizei deren Waffenversteck. Erst als ihr Pawel, obwohl man ihr versprochen hatte, ihn ungeschoren davonkommen zu lassen, zu langjähriger schwerer Zwangsarbeit verurteilt wird, begreift sie allmäh-

lich, dass man mit Beten allein das Ausbeuter-Regime nicht abschaffen wird. Sie schließt sich dem revolutionären Kampf an und wird schließlich seine Märtyrerin.

Der Stummfilm zeigt in ausdrucksstark überzeichneten Großaufnahmen die hässlichen, verzerrten Gesichter der Ausbeuterklasse, des Unterdrückungsapparates im Zarenreich: Fabrikbesitzer, Richter, Polizeichefs. »Was für Gesichter!« Brecht sieht hier nicht zum ersten Mal, was das Kino für die Propaganda leisten kann. Helene Weigel verfolgt das dümmliche Interesse einer vornehmen Dame, die offenbar nur zur Unterhaltung dem Prozess gegen Pawel beiwohnt, das schamlose Grinsen der Herrschaft. »Diese Schweinsköpfe der Bourgeoisie! Diese Ausbeuter, die unmenschlichen. Ekelhaft.« – »Aber gut getroffen.« Das war etwas, was Brecht an den Stummfilmen der Russen liebte: die Gesichter, die Gesten, die expressive parteiliche Erzählweise in kontrastreichem Schnitt und Gegenschnitt. Dann sehen die beiden, wie der Streik durch Verrat und gekaufte Schläger beendet wird. Helene Weigel ist gefesselt und mitgerissen. »Wie sie ihre Lohnsklaven niederprügeln lassen.« Brecht spürt, mit wie viel Anteilnahme die Weigel nicht nur das Geschehen auf der Leinwand, sondern auch das Spiel der noch sehr jung wirkenden Hauptdarstellerin verfolgt. »Und das wäre eine Rolle für dich.« – »Die Mutter? Ah geh! Sie ist viel zu jung.« Das Ende des Films zeigt mit allem Pathos des Stummfilms den Tod der Mutter. Nach dem Tod ihres Sohnes hat sie die Fahne der Revolution übernommen. Das Zarenmilitär schießt auf die Demonstranten, die Kavallerie reitet in die Menge, trampelt sie mit ihren Pferden nieder. Bis zum letzten Augenblick hält die Mutter die Fahne der Revolution hoch. Dann stürzt sie und sinkt zu Boden. Brecht wird dieses Bild der Mutter nicht vergessen. Es ist ein Bild vom »Petersburger Blutsonntag« des Jahres 1905, als vor dem Winterpalast des Zaren eine friedliche Demonstration vom Militär zusammengeschossen wurde. Es legt sich über Brechts eigene Bilder vom »Blutmai« 1929.

Brecht steht am großen Fenster seines Ateliers und schaut hinunter auf die Spichernstraße. Er hört wieder die Schüsse, die verzerrte Stimme aus dem Megafon. »Machen Sie die Straße frei!« Er sieht die Menschen hinfallen, sieht, wie sie von den Genossen weggetragen werden.

Brecht ist seltsam zumute beim Ansturm der Erinnerung. Die Luft wird ihm knapp. »Wie man sie gejagt hat! Wie man auf sie geschossen hat, vor unseren Augen, direkt vor dem Liebknechthaus.« – »Ja, das war arg!« Helene Weigel hat das beiläufig gesagt, während sie in der Zeitung blättert. Das ist ja nun schon eine Weile her, und man hat es schon öfter besprochen, was da am 1. Mai vor fast zwei Jahren passiert ist, im »Blutmai«, wie die Genossen jetzt sagen. »Das war arg. Zwanzig Tote. Die Sozialdemokraten, die haben's auf dem Gewissen.« Analysiert hat man das lange, Klassenkampf und so weiter, aber das ist im Moment für Brecht nicht der Punkt. »Das mein ich nicht.« Helene Weigel besteht auf der Schuldfrage. »Die Zörgiebel-Polizei war's!« Für Brecht ist aber etwas anderes entscheidend. »Wie wirklich das mit einem Mal war. Und wie nah. Ich kann's nicht vergessen.« Die Toten auf dem Pflaster, das Blut, all das, was sie später bei der Fahrt durch die Stadt gesehen haben. Die brutale Gewalt, der Schrecken sind damals so dicht wie noch nie in seinem Leben an ihn herangekommen. Unerträglich nah. Er kann davon jetzt nicht reden. Stattdessen entwickelt er aus einem Roman, den er schon länger kennt, und aus dem kürzlich gesehenen Film ein Stück, in dem das alles zur Sprache kommen soll. Und zwar durchdacht, mit Verstand, so, dass man etwas damit anfangen kann. Besonders die, die es für ihren Kampf gebrauchen können. Helene Weigel hört gespannt zu.

»Nach dem Tod ihres Sohnes übernimmt die Mutter die Führung. Sie eignet sich das Wissen der Bourgeoisie an, enteignet sie geradezu. Sie durchschaut den Zusammenhang zwischen dem Besitz an den Produktionsmitteln in den Fabriken und der Ausbeutung. So übernimmt sie die Führung, Helli, und das wird jetzt deutlich herausgestellt. Sie verliert den einen Sohn. Aber dann wird sie in der Revolution die Mutter aller Söhne. Ich werd's mit dem Weisenborn bearbeiten. Er hat einen Auftrag von der Volksbühne.«

Helene Weigel ahnt schon, dass so eine Dramatisierung der Romanvorlage von Gorki als Propaganda für die KPD gewertet werden wird. »Wär ja schön! Aber die Polizei wird es eh nicht gestatten.« Brecht hofft auf eine List. »Der Roman spielt 1905. Wir sagen: Es ist russische Geschichte!«

Im Januar 1932 wird im Probenkeller am Kurfürstendamm Brechts Gorki-Bearbeitung *Die Mutter* geprobt. Caspar Neher ist wieder dabei, Helene Weigel, von deren Schauspielkunst Brecht bisher nicht völlig überzeugt war, spielt die Hauptrolle. Am Klavier Hanns Eisler, mit Kurt Weill hat Brecht sich inzwischen auseinandergelebt. Ein Podest mit Industrielampen darüber. Im Hintergrund oben hinter den Glasbausteinen sieht man Menschen gehen. Gelegentlich ist die U-Bahn als durchdonnerndes Geräusch aus der Ferne zu hören. Brecht hat sich an den Klavierkasten gelehnt, Helene Weigel sitzt auf einer Kiste. Neher zeichnet an einem Tisch.

Eisler spielt das *Lob des Kommunismus* an. Die Weigel hat den Text in der Hand, sie spricht und singt sich vorsichtig hinein. »Was spricht gegen den Kommunismus? – Er ist vernünftig, jeder versteht ihn. Er ist leicht. / Du bist doch kein Ausbeuter, du kannst ihn begreifen. / Er ist gut für dich, erkundige dich nach ihm. / Die Dummköpfe nennen ihn dumm,/ Und die Schmutzigen nennen ihn schmutzig. / Er ist gegen den Schmutz und gegen die Dummheit.«

Neher blickt von seiner Zeichnung auf und hört ihr zu, aufmerksam und ernst.

Die Weigel singt weiter, bis zum wunderbar dialektischen Schluss. »Die Ausbeuter nennen ihn ein Verbrechen. / Aber wir wissen: / Er ist das Ende der Verbrechen. / Er ist keine Tollheit, sondern / Das Ende der Tollheit. / Er ist nicht das Chaos, / Sondern die Ordnung. / Er ist das Einfache, / Das schwer zu machen ist.«

Sie hat das mit genau jener sanften, sicheren, überredenden, überzeugenden Mütterlichkeit gesungen, die Brecht sich für dieses ungewöhnliche Agitationslied vorgestellt hat. Wir sehen es an seinen Blicken hinüber zu ihr: Das sind Momente, in denen er sich, in der gemeinsamen Produktion, wieder in seine Hauptdarstellerin verlieben kann. Humor, Wärme, Freundlichkeit – dass seine Frau auch das überzeugend über die Rampe bringen kann, merkt er erst jetzt.

Brecht geht hinüber an den Tisch zu Neher. Der zeigt ihm seinen Entwurf für das Bühnenbild. »Alles leicht gebaut, beweglich und ganz einfach zu transportieren. Auch in einem kleinen Auto.« Brecht nickt anerkennend. »Beweglich müssen wir bleiben – schon wegen der Polizei.«

Im Hintergrund kommt das Mädchen mit dem Kinderwagen herein, auf dem Arm die kleine Barbara, etwas über ein Jahr alt, dicht bei ihr Stefan, mittlerweile acht. Der Junge läuft gleich zur Mama.

Berlin, Komödienhaus am Schiffbauerdamm. Hier, in der Nachbarschaft des Schiffbauerdammtheaters, wird Anfang Januar 1932 Brechts neues Stück *Die Mutter* uraufgeführt. Caspar Neher beaufsichtigt den einfachen Umbau von Bild 13: »Kupfersammelstelle« zum Schlussbild.

Im Dunkel hinter der Bühne steht, in Kostüm und Maske des Dienstmädchens, die junge Grete Steffin und wartet auf ihren Auftritt. Brecht hat die Kontoristin proletarischer Herkunft vor gut einem Jahr bei der Roten Revue *Wir sind ja sooo zufrieden* zum ersten Mal gesehen. Bei Helene Weigel hat sie an der MASCH, der Marxistischen Arbeiterschule der KPD, Sprechunterricht genommen, und so steht sie jetzt in einer kleinen Rolle neben der Hauptdarstellerin auf der Bühne. Steffin hat seit einiger Zeit eine offene Tuberkulose, hustet verdächtig, aber nur dann, wenn sie sich unbeobachtet fühlt. Jetzt taucht Brecht hinter ihr auf. Er berührt sie leicht an der Schulter. Eine leise Ansprache. »Hallo?!«

Sie dreht sich um, freut sich, als sie Brecht erkennt. »Brecht!« Dann wendet sie sich wieder weg. Man sieht, wie sie mit Mühe den Hustenreiz unterdrückt und dazu ihr Taschentuch vor den

Mund presst. Brecht bleibt hinter ihr stehen. »Diese Zugluft auf der Bühne im Winter ist Gift für Ihre Lungen.« Sie will nicht weiter drüber reden. Tbc, die Armeleutekrankheit. »Sind heut Abend bestimmt viele Genossen da.« Es ist ein bisschen spät für Regieanweisungen, aber Brecht kann einfach nicht damit aufhören, immer alles noch besser machen zu wollen. »Spielen Sie den Zweifel so, wie Sie es kennen von den Leuten auf der Straße, wenn ihr eure Agitation macht gegen die Entmutigung.«

Nun läuft die Schlussszene in Nehers einfachem Szenenbild. Der Vorhang ist nur halb aufgezogen.

Brecht schaut von einem versteckten Platz hinter der Bühne aus zu, seine Augen sind meist beim Arbeiterkind Steffin. Dann geht sein Blick in den Zuschauerraum. Anscheinend tatsächlich ungewöhnlich viel Arbeiterpublikum.

Auf der Bühne einige Demonstranten, das Dienstmädchen und Pelagea Wlassowa, die Mutter. Helene Weigel hält die rote Fahne halb entrollt im Arm. Grete Steffin spricht das Gefühl der Machtlosigkeit aus, von dem auch so mancher im Zuschauerraum gelähmt sein dürfte. »Viele sagen, das, was wir wollen, geht niemals. Wir sollen zufrieden sein mit dem, was wir haben. Die Macht der Herrschenden ist doch sicher. Wir würden immer wieder niedergeschlagen werden. Auch viele Arbeiter sagen: Das geht niemals!« Helene Weigel aber, die Mutter, tröstet sie mit der Zuversicht derer, die wissen, dass sie auf der richtigen Seite der Geschichte stehen, dass ihnen mit historischer Notwendigkeit die Zukunft gehört. Sie spricht den Text, das schreibt die Regieanweisung vor, wie ein Zitat. »Wer noch lebt, sage nicht: niemals! / Das Sichere ist nicht sicher. / So, wie es ist, bleibt es nicht. / Wenn die Herrschenden gesprochen haben / Werden die Beherrschten sprechen. / Wer wagt zu sagen: niemals! / (…) Wer seine Lage erkannt hat, wie soll der aufzuhalten sein? / Denn die Besiegten von heute sind die Sieger von morgen / Und aus Niemals wird: Heute noch!«

Brecht steht immer noch hinter der Bühne. Die kurze Stille vor dem Schlussapplaus.

Am Bühnenausgang wartet Brecht vor seinem Cabriolet. Mit dem Preisausschreiben und seinem Werbeslogan für die Singenden Steyrwagen hatte er damals tatsächlich ein Auto gewonnen. Unverzichtbar, um sich in Groß-Berlin zu bewegen. Nach einem Unfall ließ er sich neben dem zerbeulten Wagen fotografieren, Mit dem Werbespruch, wie gut man in so einem Auto der Firma Steyr einen Unfall übersteht, bekam er ein neues Auto. Von der Karambolage blieb ihm eine Narbe im Gesicht. Jetzt ist es kalt, das Verdeck des Steyr ist geschlossen, und Brecht hat einen dicken Schal um den Hals gewickelt. Er winkt Grete Steffin zu sich heran. »Steigens ein, Fräulein Steffin. Ich fahr Sie gerad nach Haus.« – »Oha! Das hab ich ja noch nie erlebt.« Grete zögert, ein Taxi hat sie sich noch nie geleistet, und nun will sie der Brecht persönlich chauffieren. Er öffnet vom Fahrersitz aus die Tür, da muss sie ja einsteigen. »Ist aber ein Stück in Richtung Osten – Friedrichshain.« Die Mietskasernen im Arbeiterviertel, Richtung Boxhagener Platz, denkt sich Brecht. Wirklich nicht seine Gegend. Er lenkt den Wagen in die Friedrichstraße, über die Weidendammer Brücke, dann links den Boulevard Unter den Linden runter Richtung Osten. »Sie müssen mir dann sagen, wo's langgeht.« Brecht richtet seinen Blick unter der Mütze hervor auf ihr Profil und nickt ihr zu. »Das war großartig eben!« – »Verdank ich alles der Helli. Sie hat mir gezeigt, wie man richtig spricht im Theater. Hab ja bisher nur rezitiert und in Arbeiterchören mitgesprochen, das ist ganz was anderes.« Brecht legt schnell nach. »Sie haben Talent. Das sagt auch die Helli.« Das tut gut! Solche Komplimente sind für Grete jetzt geradezu ein Grundnahrungsmittel.

Unter den Linden ist am späten Abend immer noch eine Menge Verkehr, Brecht kann sich deshalb nicht so auf die junge Frau – Grete ist 23 – konzentrieren, wie er es gern möchte. »Unser Stück, *Die Mutter,* das dürfen wir nicht nur im Komödienhaus und im Wallnertheater spielen. Nicht nur im bürgerlichen Theaterbetrieb. Das reicht nicht. Wir müssen das überall im proletarischen Berlin spielen, wo es nur einen einigermaßen brauchbaren Saal gibt. Gerade jetzt, wo sich die Nazis mit der SA, ihrer Straßengang, überall breitmachen und sich sogar in die Arbeiterviertel trauen mit ihren Propagandamärschen und den Sturmlokalen. Für ihren sogenannten Nationalen Sozialismus, diesen verlogenen Dreck! Wir sollten mit der *Mutter* auch in die Betriebe gehen. Sie haben ja gesehen, wie schnell man mit Nehers Bühnenbild die Umbauten schafft! Das kann man am End mit einem kleinen Wagen transportieren und überall rasch aufbauen, und dann schnell wieder ab, wenn's brenzlich wird.« Grete begreift sofort. »Ja, so ähnlich haben wir es mit den Freunden von der sozialistischen Jugend gemacht. Damals bei der Agitation gegen die Fürstenabfindung. Da sind wir über die Dörfer gezogen. Einer von uns hat sich mit Kostüm und Maske als Adliger verkleidet und lief vor uns jammernd die Dorfstraße herunter. ›Gebt mir meine Güter wieder!‹ Und wir mit unseren Parolen hinterher: ›Keinen Pfennig den Fürsten!‹ Da haben die Bauern gelacht. Manchmal haben sie aber auch ihre Hunde hinter uns her gehetzt.« Auch der Brecht findet das zum Lachen. »Gebt mir meine Millionen wieder! Ist ja großartig.«

Nun ist Grete ohne jede falsche Schüchternheit – die ist sowieso nicht ihre Sache – in ein lebhaftes Gespräch mit dem großen Mann da neben ihr geraten und hat es kaum bemerkt. »Wie eignet man es sich am besten an, das Wissen der Bourgeoisie?« Diese Frage aus der *Mutter* liegt ihr besonders am Herzen. Das »Enteignen« der herrschenden Klasse, das machen sie in der Arbeiterkulturbewegung, auf ihre Weise, ja schon seit Jahren; die »hohe« Kultur ist ja eigentlich nicht für ihresgleichen bestimmt, und schon gar nicht für den Kampf der Arbeiter. Aber genau dafür wird sie gebraucht. Grete hat gerade jetzt daran denken müssen, weil sie an der Humboldt-Universität vorbeigefahren sind. Die ist völlig in den Händen der Reaktion, die züchten da ihren Nachwuchs heran. »Es liegt für euch bereit, das Wissen«, sagt Brecht. Er hat ihren Blick hinüber zur Alma Mater bemerkt und kann sich denken, was sie denkt. »Man muss es ihnen entreißen. Freiwillig werden sie's nicht hergeben, das ist mal sicher.« – »›Gib es nur her, dein Wissen, wenn du es nicht brauchst‹, sagt die Wlassowa bei Ihnen. Ich hätte auf die höhere Schule gehen können, die Lehrer wollten es und ich erst recht, aber mein Vater hat's mir einfach verboten. Mein Vater

Draußen vor den Barrandov-Studios in Prag stieg im Sommer 2017 die Temperatur auf 35 Grad. Drinnen im Studio fielen die Schneeflocken vom Winter 1919 in Augsburg. Wenn Schauspieler und Crew Pause machten und sich einen Kaffee holten, spazierten sie zwischen den Jahreszeiten hin und her.

war Bauarbeiter, jetzt ist er Pantinenmacher. ›Det entfremdet dir vonne Arbeiterklasse‹, hatta jesacht.« Das proletarische Berlinisch ist Grete Steffins Muttersprache, das Hochdeutsche beherrscht sie ebenso. Brecht schätzt diese Zweisprachigkeit, die sie manchmal gezielt einsetzt, sehr. »Da hatta sich aber jeschnitten!«, schiebt Grete selbstbewusst nach. Der Klassenstandpunkt geht doch nicht verloren, wenn man was lernt! »Er ist organisiert?«, fragt Brecht ganz beiläufig. Die Antwort kommt prompt: »Na klar, bei den Kommunisten! Wer nich orjanisiert is, det is keen Arbeita! Det sachta immer. – Und Sie?« Brecht schüttelt den Kopf. Die Partei? »Nein, vorläufig nicht. Als Schriftsteller brauche ich meine Freiheit. Ich kann mir nicht vorschreiben lassen, was ich denken und schreiben soll.« – »Am Anfang, als wir die ›Dreigroschenoper‹ gesehen haben, hatten wir Sie schon ganz abgeschrieben.« – »So, Sie waren da?« – »Ein paarmal sogar, mit Freunden aus der sozialistischen Jugend.« – »Und was haben Sie da über den Brecht gedacht?« – »Ja, schon, dass Sie ein Könner sind. Aber für die Partei sind Sie durch.« Brecht fährt langsam auf eine Kreuzung zu und stoppt den Wagen. Erhöht auf einem runden Podest steht trotz der späten Stunde noch ein Schutzmann und regelt den Verkehr, mit ausgebreiteten Armen signalisiert er in ihre Richtung »Stopp«.

»Ich bin durch?« – »Ja, so nennen wir das. Einer sagt: ›Mensch, der kann wat!‹, ein anderer: ›Quatsch, der verdient wat! Der hat für ne Riesensumme die Rechte am Dreigroschenfilm vakooft. Der fällt für uns aus. Der will nur raffen. Der wird nischt opfern für unsere Sache. Die kann ja jar nich die seine sein.‹ Verstehen Sie? So meinen die das. ›Der fällt für uns aus.‹« Der Schupo dreht sich, sodass er ihnen die Seite zuwendet; mit angewinkeltem Arm winkt er den Verkehr an sich vorbei. Brecht fährt los und steuert das Cabrio durch den Verkehr am Alex in Richtung Strausberger Platz, vorbei an den immer noch hell erleuchteten Geschäften und Gaststätten mit ihrer Reklame, den neuen leuchtenden Buchstaben. Im Cabriolet ist es klirrend kalt, der nächtliche Fahrtwind zieht schneidend durch die Ritzen. Grete spürt ihre Lungen. Diesen ekeligen Husten, der sie immer wieder an die verborgenen Tuberkelbazillen in ihrer Lunge erinnert, den kann sie jetzt gar nicht gebrauchen. Sie nimmt das Taschentuch vor den Mund und unterdrückt den aufsteigenden Hustenreiz. Dann nimmt sie doch die Wolldecke, die hinterm Sitz bereitliegt.

Brecht will mehr von ihr wissen. Und bald spricht sie ganz vertraulich und selbstverständlich mit ihm, als ob sie ihn schon ganz lange kennen würde. »Gelernt habe ich ja Kontoristin. Alles darüber hinaus, Musik, Russisch, Literatur, Theater, das habe ich mir selber beigebracht. Oder von unseren Gruppen. Gearbeitet hab ich zuletzt beim Globus-Verlag, Kochstraße. Aber das war nur fürs Geldverdienen. Im Moment bin ich arbeitslos. Aber ins Büro will ich auf Dauer nicht.« – »Was denn dann?« Grete zögert mit der Antwort. »Ganz ehrlich?« Brecht nickt. »Unbedingt!« – »Mein Traum, ja, da werden Sie lachen: Schauspielerin und ...« Sie zögert und schaut dabei einfach geradeaus. »... Dichterin!« Brecht lacht aber gar nicht. »Warum denn nicht? Man kann es lernen, das Schreiben. Aber das Wichtigste neben dem Talent ist Ihre Erfahrung.« – »Vom Rummelsburger Kellerkind?« Das hat sie mehr für sich selbst gesagt als für ihn. Aber Brecht sagt es noch einmal: »Warum denn nicht?«

Inzwischen sind sie am Frankfurter Tor vorbei. »Wo kann ich Sie raussetzen?« Die Straßen sind hier viel finsterer, nur die üblichen Gaslaternen. Hier liegen auch noch schmutzige alte Schneereste am Rand der Bürgersteige. Es ist nicht mehr jenes »Berlin im Licht«, in dem sie losgefahren sind. »Am besten gleich da drüben. Ich geh dann das letzte Stück zu Fuß. Is besser, wenn se zu Hause nich sehen, wie schnieke ick vorjefahren werde. Die denken sich sonst noch sonst watt!«

Brecht schaut ihr nach, wie sie um die Ecke im Dunkel verschwindet. Sie hebt noch mal lässsig die Hand, ohne sich dabei umzusehen. Brecht grinst: Die weiß, dass ich ihr nachsehe. Soll sie doch! Endlich kann er sich seine Zigarre anstecken. Er wendet vergnügt den Wagen und fährt zurück, nach Berlin-Mitte, dann weiter in den Westen, ins Licht.

Wenige Tage später ist Brecht schon wieder mit Grete Steffin an seinem Cabriolet vor dem Theater zum Nachhausebringen verabredet. Diesmal fällt ein dünner Schnee aus den Wolken, und ein nasskalter Wind weht durch die Straßen. Gift für eine junge Frau, in deren Lungenflügel man Tuberkelbakterien gefunden hat. Ein Grund mehr, sie nicht allein mit der U-Bahn fahren zu lassen.

Brecht hat sich inzwischen eine Vorstellung davon gemacht, wie sich ein Mensch mit so vielen Talenten in seiner Nähe entwickeln könnte. Grete Steffin hat so kluge Augen. Und wie sie redet! Schnörkellos, bestimmt, auf den Punkt. Sie weiß immer, wovon sie spricht. Sie hat sich ganz allein herausgekämpft aus der Unwissenheit und Unbildung, und doch will sie nicht vergessen oder verleugnen, woher sie kommt. Ihre Welt – und das war doch die eigentliche! – kennt Brecht ja nur aus Büchern, aus Erzählungen, aus zweiter Hand. Sie aber ist ein Teil davon, mit Haut und Haar. Ein Teil der Bewegung, der die Zukunft gehört. Die aufsteigende Klasse. Von ihr könnte er viel lernen über die Wirklichkeit, er, der entlaufene Bürger, in Kampfstellung gegen die Ausbeuterklasse. Aber natürlich könnte auch er ihr viel beibringen. Da gab es gar keinen Zweifel. Und eine reizvolle Frau ist sie sowieso.

Als er an der Kreuzung Friedrichstraße/Unter den Linden seinen Zweisitzer nach rechts lenkt, Richtung Brandenburger Tor, schaut ihn Grete Steffin irritiert an. »Ein Umweg?« – »Umwege sind manchmal not-wendig.« Dabei macht er nach dem »not-« eine deutliche Pause. Grete Steffin, das junge Mädchen, das eigentlich schnell im Kopf ist, weiß nicht, was er meint. »Ick vasteh nur Bahnhof.« Brecht lenkt den Wagen in Richtung Großer Stern, immer weiter gen Westen. »Ich hab's Ihnen schon mal gesagt, diese Zugluft auf der Bühne ist Gift für Sie. Und da kann ich Sie jetzt nicht einfach in Ihr feuchtes Parterre chauffieren.« – »Und wohin wollen Sie mich dann fahren?« – »Grete, Sie wissen's ja vielleicht nicht, aber ich hab da eine eigene Wohnung für mich in der Hardenbergstraße, da gleich am Knie. Da

kommen Sie jetzt mal mit. Und dann schau'n wir weiter.« Er hält seine Hand an ihre Stirn. »Dacht ich's mir doch! Sie haben ja Fieber! Und gegessen habens auch noch nichts. So gehören Sie wirklich nicht in Ihr kaltes Kabuff!«

Die Hardenbergstraße beginnt an der Kaiser-Wilhelm-Gedächtniskirche, und sie endet am »Knie«. Genau dorthin führt auch die Charlottenburger Chaussee, über die Brecht und Grete Steffin gerade gekommen sind. Hardenbergstraße Nummer 1 ist das architektonisch markante fünfstöckige »Turmhaus am Knie«, alles andere als eine Mietskaserne. Es stößt, ein abgerundeter Keil, direkt auf den Platz. Brecht wohnt Nr. 1 A, im Seitenflügel, dem »Gartenhaus«.

Oben im fünften Stock angekommen, schließt Brecht die Wohnung auf und geht voran. »Zwei Zimmer, Küche, Kammer, Bad. Schau'n Sie sich nur um.« – »Ganz oben unterm Himmel!« Schön ist das. Und so viel Platz für eine Person! Sie leben zu Hause zu viert in zwei Zimmern, und das Klo ist eine halbe Etage höher, im Treppenhaus. Sodass der Vater, wenn er besoffen war, aus Faulheit immer in den Küchenausguss pinkelte. Aber deswegen kann der Brecht ihr noch lange nicht imponieren.

Wunderbarerweise ist hier schon alles auf ihren Besuch vorbereitet. Zwei Flaschen Bier stehen in der Küche bereit, zwei Teller mit Brot, Butter und Aufschnitt dabei. »Mensch, hier gibt's ja sogar was zu essen!« – »Und zu trinken!« Brecht greift sich zwei Gläser, öffnet eine Flasche und schenkt ein. »Is ja märchenhaft. Tischlein deck dich.« – »Nein, das war die Marie. Unser Mädchen aus Augsburg. Ich hab sie kommen lassen.« – »Ein richtiges Dienstmädchen, wie ich in der ›Mutter‹?« – »Einer muss ja den Haushalt in Ordnung bringen. Und bei der Helli hilft die Marie ja auch noch.« Natürlich, noch eine zweite Wohnung, für die Familie. Brecht scheint ihre Gedanken zu erraten, er versucht den Luxus zu rechtfertigen. »Die Helli wohnt mit den Kindern in der Babelsberger. Ich brauch eben meine eigene Wohnung, schon wegen der Arbeit. Das geht einfach nicht, wenn zwei Kinder da herumhüpfen.« – »Wie ordentlich es hier aussieht!« – »Ja, das ist sie, die Marie. Immer, wenn ich abends aus dem Theater komm, ist alles aufgeräumt, alles Geschirr abgewaschen, gut gelüftet vom Zigarrenqualm. Alle Bücher und Manuskripte sauber gestapelt, und so, dass ich alles wiederfind! Jedes kleine Zettelchen. Im Schrank ist alles frisch und sauber, die Wäsche. Und wenn sie mir in der Früh die Zeitungen ans Bett bringt, hat sie schon geheizt und mir meinen Haferbrei gemacht und den Tee.« Brecht ist ins Schwärmen geraten über seine so praktische, ihm so ergebene Marie. Grete hustet derweil verschämt in ihr Taschentuch. Sie fragt ihn lieber nicht, was er machen würde, wenn seine Marie nicht so perfekt wäre. Würde er sie etwa nicht rausschmeißen?

Brecht erinnert sich an seine Gastgeberpflichten. Er zeigt auf den Stuhl am Küchentisch. »Setzen Sie sich doch. Nehmens mal den Camembert, das ist ein französischer Käse. Das könnt Ihnen schmecken.« Camembert oder Schinken auf duftendem Graubrot – alles schmeckt ihr. Dazu das Bier. »Macht mich etwas duselig. Bin ich gar nicht gewohnt.«

Nach dem Imbiss der Blick ins Arbeitszimmer, der Gang an den Bücherregalen entlang. Grete fährt mit der Hand über die Buchrücken, liest die Namen. Shakespeare, Gorki, Jack London ... Vieles kennt sie schon. All ihre Freizeit, die ihr die Gruppe lässt, verbringt sie mit Lesen. Sie schlägt ihren Freunden sogar immer wieder Bücher vor, über die sie dann diskutieren. Ja, Upton Sinclair, *Der Sumpf* – natürlich. Aber da im Regal steht noch viel mehr, das sie gar nicht kennt. Wer waren dieser Ovid, Vergil oder Horaz? Immerhin, bei Julius Cäsar weiß sie schon, worum es geht. Und die nächsten Bücherrücken begrüßt sie wie alte Bekannte. Marx, Engels, Lenin – unsere Klassiker. Sie zieht zielsicher einen kleinen Band hervor, schlägt ihn auf. Es stecken Lesezeichen drin. »Unser Manifest – gut, dass Sie das gelesen haben. Ohne das geht's nicht, wenn Sie für uns Stücke schreiben wollen.« Steffin zitiert aus dem Kopf: »Die aus dem Untergang der feudalen Gesellschaft hervorgegangene moderne bürgerliche Gesellschaft hat die Klassengegensätze nicht aufgehoben.« – »Sehen Sie, in diesen Gegensatz hinein versuch ich meine Stücke zu schreiben.« – »Aber die Bürgerlichen haben gelacht in Ihrer *Dreigroschenoper,* die haben es genossen.« – »Ja, das ist schon seltsam. Wir haben ihnen ins Gesicht gespuckt, und sie haben applaudiert. Sie haben überhaupt keine Vorstellung von ihrer Lage. In ihren Theatern kommt die Wirklichkeit kaum vor.« – »Aber unsere Wirklichkeit, die Wirklichkeit der Arbeiter – wo kommt die in Ihrer ›Dreigroschenoper‹ vor? Das ist da doch nur Lumpenproletariat.« Fast könnte sie sich die Zunge abbeißen; selten dämlich von ihr, den großen Mann, der so nett zu ihr ist, ihr Schinken hinstellt und ihr doch nur helfen will, gleich wieder so anzugreifen. Sie kann halt noch nicht wissen, dass Brecht gerade das besonders an ihr schätzen wird: ihren störrischen Widerspruchsgeist, der sie geradezu zwanghaft jedes Mal aufmucken lässt, wenn sie etwas für falsch hält. Ohne Rücksicht auf Verluste. Brecht erwidert nichts auf die Kritik an seinem Theatererfolg. Es ist ja vielleicht etwas dran.

»Mensch Meier – und sogar ein Klavier!« Schon wieder ein stockbürgerliches Requisit. Sie geht zum Instrument und schlägt mit dem Zeigefinger ein paar Töne an. »Da probier ich mit dem Eisler unsere Lieder.« Brecht macht eine einladende Geste: ob sie mal spielen möchte? Grete ist erst etwas verlegen, dann aber wird sie sofort wieder kratzbürstig. »Ick musste mit vierzehn arbeeten. Denkense, da hatte ick Klavierstunde? Und 'n Pianoforte im Keller in Rummelsburch? Bandoneon, det kann ick. Det ist jut zum Bejleiten, für die Gruppe, uff Fahrten un so. Daruff kann ick Ihnen wat vorjeigen.«

Als Grete Steffin am nächsten Morgen in seinem Bett aufwacht, kann sie erst mal gar nicht sortieren, was letzte Nacht mit ihr passiert ist. Sie hat jetzt auch gar keine Zeit dazu. Als Erstes sieht sie Brecht vor dem Kleiderschrank. Er sucht sich gerade aus den sieben Anzügen, die dort, von Marie ordentlich aufgereiht, hängen, einen passenden für den Tag aus. Grete staunt über das, was sie da sieht. »Ick jloob, ick träume. So wat hab ick ja noch nie jesehen. Allet für Sie? Die vielen Anzüge und da die Massen Schuhe? Eens, zwee, drei, vier, fünf – acht Paar?! Und det allet nur für eeene Person?« Brecht ist etwas peinlich berührt, er hat ja selber fast ein schlechtes Gewissen. Ob sie jetzt absichtlich wieder so stark berlinert? Er schließt den Schrank. Na ja, es ist vielleicht wirklich ein bisschen viel. Grete hat eines der gebügelten Hemden angefühlt. »Mensch, det is ja Seide! Und dette ooch! Mensch, der Brecht trägt Seidenhemden ... Da laust dir der Affe.« – »Ja, wissen Sie, Grete – das ist so eine Marotte von mir. Es muss schon ganz weich auf der Haut sein, dass es mich nicht stört und kratzt, wenn ich nachdenk. Leider sind sie so schwer zu waschen und zu bügeln.« Da muss Grete aber lachen. »Det sacht der Brecht, der hat Mitleid mit seine Marie.« Dann, als sie sich auf den Weg ins Bad macht, fällt ihr Blick auf ein kreideweißes Gesicht im Regal, Gips anscheinend. In der Nacht hat sie es ganz übersehen. Sie nimmt es in die Hand und schaut es sich an. »Das sind Sie ja selber!« – »Ja, mein Gesicht in Gips.« Etwas geringschätzig soll das klingen. Sie hält die Maske neben sein Gesicht und vergleicht. Brecht versucht, wieder die

Pose von damals einzunehmen, als ihm die Maske abgenommen worden ist. »Wie der Goethe oder Schiller im Museum! Ich denke, Sie wollen zu uns, nicht ins Museum, oder?« – »Ich versuch's.« – »Wissen Sie, woran mich das erinnert? An die Masken der Agitatoren, die in Ihrer *Maßnahme* von der Partei losgeschickt werden. Man soll sie nicht erkennen, nicht hinter ihre Stirn sehen, damit sie sich nicht verraten. Kalt bleiben, kein Mitleid zeigen, sich ganz dem Parteiauftrag unterordnen.« Gleich am frühen Morgen die *Maßnahme* diskutieren, die der KPD ja auch nicht in den Kram passt? »Aber ich versteck mich ja nicht hinter der Maske! Ich vervielfältige mich nur.«

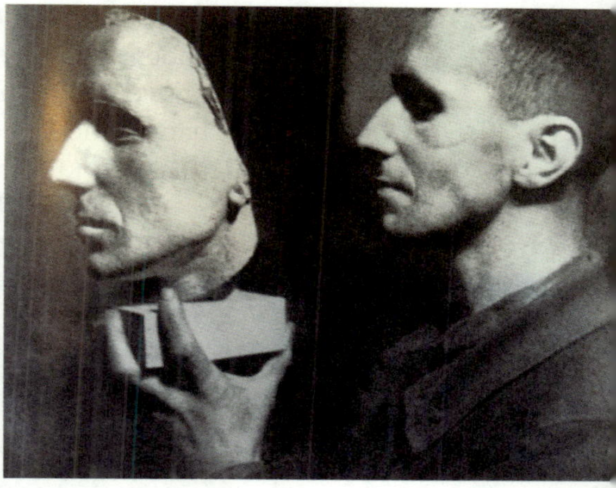

Eine Frage muss sie unbedingt gleich loswerden, noch ehe sie ins Bad verschwindet. »Wie geht's denn jetzt mit mir weiter?« – »Sie bleiben erst mal hier bei mir. Wir beide kümmern uns um eine bessere medizinische Versorgung für Sie. Und wenn Sie nichts Besseres zu tun haben, können Sie sich auch ein wenig nützlich machen. Stenografieren und Tippen haben Sie ja gelernt, bei mir gibt es da immer viel zu tun.«

Hinter der Badezimmertür hört man Grete husten.

Mitte August 1932. Brecht hat Besuch in seiner Pension in Unterschondorf am Ammersee. Grete Steffin ist gerade zurück aus der Sowjetunion, wo ihr die Freunde von der Roten Arbeiterhilfe eine Kur in einem Lungensanatorium auf der Krim besorgt haben. Viel ist geschehen seit ihrem ersten Abend in der Hardenbergstraße, Gutes wie Schlimmes. Ihr Zusammenleben mit Brecht, sie ist ja inzwischen seine Sekretärin, ihre Liebe, seine Schwierigkeiten mit der Helli deswegen. Und dann der Ausbruch ihrer Tbc. Brecht hat sie damals zum Professor Sauerbruch von der Charité gebracht, dem berühmtesten Chirurgen

Deutschlands, der hat ihre Lunge operiert. Das ist einmal etwas anderes gewesen als die Kassenmedizin mit ihren furchtbaren Krankensälen, mit der sie bisher zu tun gehabt hat. Und überhaupt scheint sich jetzt auf einmal alles zum Guten zu wenden. Nach der Kur im Vaterland der Werktätigen sieht es tatsächlich so aus, als sei die Tuberkulose zum Stillstand gekommen. Sie möchte es glauben, sie hat wieder Appetit und fühlt sich beinahe stärker als je zuvor.

Hier in der Sommerfrische am Ammersee, allein mit Brecht, kann sie vielleicht endlich wieder anfangen, richtig zu leben. Mit ihrer gemeinsamen Arbeit, mit ihrer Liebe.

Jetzt liegen sie beide brav nebeneinander im breiten weißen Bett ihres etwas künstlich auf bayerisch-rustikal eingerichteten Zimmers. Im »Genack« haben sie die üblichen ländlich pluderigen Federkopfkissen. Jetzt am späten Abend ist es noch so warm, dass man kein Federbett gebrauchen kann. Sie haben nach dem Abendessen noch ein bisschen über Politik geredet. Seit Juni regiert der Papen mit seinem »Kabinett der Barone«, ohne eigene Mehrheit. Für Ende August sind mal wieder Reichstagswahlen angesagt. Aber an den wirklichen Machtverhältnissen wird das sowieso nichts ändern. Ihr Thälmann von der KPD hat bei der Wahl des Reichspräsidenten im April gerade mal 3,7 Millionen Stimmen bekommen, 10 Prozent. Der Hindenburg 53 Prozent, da sind auch die Stimmen der Sozis dabei. Und dann noch der Hitler; 37 Prozent, über 13 Millionen für diesen Verbrecher!

Sie sind nach oben gegangen, gleich nachdem Brecht seine Zigarre aufgeraucht hat. Er hat sich hinter einen Einschlaf-Kriminalroman zurückgezogen, Grete hat einen Stapel Manuskriptseiten ins Bett mitgenommen. Brecht hat im letzten Jahr eine Bearbeitung von Shakespeares *Maß für Maß* angefangen, daraus macht er jetzt ein Stück mit aktuellen politischen Bezügen. *Die Spitzköpfe und die Rundköpfe*. Grete soll dabei mithelfen. Doch nun schweifen ihre Gedanken ab, weit weg von den Tschuchen und Tschichen in der Stadt Lima. Sie denkt daran, was mit ihr passiert ist im letzten halben Jahr. Wie sie mit Brecht und durch ihn die Liebe kennengelernt hat und auch sich selber. Begehren und Lust – das sind Fremdwörter für sie gewesen, ehe er kam. Erst bei ihm hat sie gelernt, was das wirklich bedeutet. Und dabei hatte sie ja schon vorher ihre Erfahrungen gemacht, immerhin viereinhalb Jahre war sie mit dem Herbert intim gewesen, ihrem Freund, ihrem Lockenkopf. Büroangestellter auch er und Musikant im Orchester ihres »Arbeitersportverein Fichte«. Der Vater ihrer beiden Abtreibungen. Ohne Trauschein haben sie miteinander gelebt, das nannte sich »freie Liebe«. Aber wenn sie mit ihm zusammen war: »›Ob der Junge nicht bald fertig ist?‹/Dachte ich und haßte diesen Mist.« Liebe ohne Lust. Brecht hat drüber gelacht, als sie ihm davon erzählt hat. Und inzwischen kann sie es auch selbst kaum glauben, wie sie so was Wichtiges so lange hat verpassen können: ihr eigenes Geschlecht. Dass sie überhaupt mit Brecht über so was reden kann, das allein schon ist ein Wunder. Dafür gab es doch nur hässliche, schmutzige Worte. »Ficken« – das kann man doch nicht sagen! Doch, sagt er, natürlich kann man das. Es ist das ehrlichste Wort dafür. Nicht das verdruckste »miteinander schlafen«, das ja auch noch sachlich falsch ist. Wenn er anfängt, sie zu streicheln, wenn seine Hand vom Knie allmählich höher gleitet, wenn sie sich schon fallen lassen will und abrutschen, sich selbst vergessen möchte im Gefühl, dann kann es schon mal passieren, dass er aufhört und sie trocken fragt: »Bist du schon nass?« Beim ersten Mal ist das so unerhört für sie gewesen, dass sie einen Augenblick gar nicht gewusst hat, nicht wissen durfte, was er damit überhaupt meint. Zugleich hat sie aber genau gespürt, was es damit auf sich hatte. »Als er fragte, ob er nachsehn sollte«, hat sie sich geschämt, und er hat es getan, ohne auf ihre Antwort zu warten.

Die *Spitzköpfe* hat Grete längst beiseitegelegt und sich, hofft sie jedenfalls, demonstrativ genug in die Einschlafhaltung begeben. Will der Brecht seinen Krimi denn heute Nacht noch ganz fertig lesen? So spannend kann der doch auch nicht sein. Grete merkt, dass sie wirklich anfängt, schläfrig zu werden. Eigentlich wollte sie das ja nicht, aber nun dreht sie sich doch zu ihm hin und stupst ihn in die Seite. »Grüß Gott!« – »Grüß Gott« ist nämlich nicht nur ein ihm heimisch vertrauter Gruß, der auf sie eher fremdländisch wirkt – »Wer sacht denn so watt?!« –, und er ist schon gar kein Signal traditioneller Gläubigkeit. Es ist ein Geheimzeichen. Die Sigle ihrer Liebe. Ihr Zeichen. »ein unauffällig Wort / Das sollte heißen: ich berühre dich.« Eigentlich ist es dazu da, Nähe herzustellen, wenn sie getrennt voneinander sind. Übermittelt man es einander, heißt es: Ich berühre dich. Das ist zwar kein Vergleich zur wirklichen, greifbaren Nähe des anderen, aber deutlich spürbar ist es doch. Es wirkt aber nicht nur auf Distanz, sondern auch in Gesellschaft. Verstecken müssen sie ihre Beziehung ja oft genug. »Und wenn um uns die fremden Leute standen / Gebrauchten wir geläufig dieses Wort / Und wußten gleich: wir waren uns gewogen.« Und womöglich tut das Zauberwort sogar seine Wirkung, wenn sie ganz allein zusammen sind, sogar im selben Bett. Wie jetzt. Brecht legt den Krimi beiseite und wendet sich seiner Geliebten zu.

— *Wie es dann weitergegangen sein könnte, hat Grete Steffin aufgeschrieben. Im Gedicht geht zwar die Initiative von ihm aus, das Ergebnis ist aber dasselbe. »Bevor ich meine Blöße noch versteckt/Hat er sie hämisch grinsend schon entdeckt/Beginnt frech seinen sündgen Zeitvertreib. // Mit spitzen Fingern spielt auf Bein und Knie/Auf Schenkel, Hüfte er, streichelt das Haar/Liebkost die Brust und küsst den Hals sehr zart. // Er kennt sich aus auf jede Melodie./Lautlos verfließt er, wenn er mich genarrt/Und ich weiß nicht, ob er es wirklich war.«*

Auch das ist ein Ausdruck und ein Mittel ihrer Liebe: das Gedicht, genauer: das Sonett. Brecht will nicht nur mit den richtigen Worten der Lust und der Begierde reden, sondern auch in literarisch anspruchsvoller Form. Zwei Vierzeiler (Quartette) und zwei Dreizeiler (Terzette), also vierzehn Verse insgesamt, jeweils fünfhebige Jamben, kunstvoll ineinander verschränkte Reime im Wechsel männlicher und weiblicher Endungen – so ähnlich hat er ihr wohl die ehrwürdige, aus dem mittelalterlichen Italien stammende Gedichtform erklärt. Der

Kontrast zwischen im bürgerlichen Sinne »hoher« Form und »niederem« Inhalt hat es ihm dabei bestimmt angetan.

Es ist bewundernswert, wie schnell Margarete Steffin sich die Formensprache des Sonetts angeeignet hat. So entwickelte sich zwischen den beiden ein ganz besonderer Dialog. Das Ich im Gedicht sind nicht nur Bert und Grete, und sie sind es dann doch wieder. Hinter diesem Schleier kann sie sich zeigen. Die intimsten Geheimnisse kann man so zur Sprache bringen. Dabei ist sie viel zu klug, um zu übersehen, wie gekonnt und formsicher er sein Spiel betreibt. Aber das bringt sie auch zur Verzweiflung, weil sie bei all ihrem Talent immer wieder den gewaltigen Abstand zwischen ihren Versuchen und seiner Meisterschaft erkennt. Das steigert noch ihre Bewunderung und Verehrung für das Genie Brecht, ihre Opferbereitschaft für ihn. Sie lässt sich auf ihn ein, ohne Rückfahrkarte.

»Und wenn ich jetzt ein Kind bekomme?«, fragt Grete hinterher, als sie aus dem Bad kommt. Brecht hat den Gedanken schon in sich bewegt, er lässt ihn zu. »Sie werden's dir nicht wegnehmen, jetzt, wo die Krankheit stillsteht.« Es ist ein so dringender Wunsch von ihr, und eine Abtreibung käme schon gar nicht infrage nach dem, was sie damals bei den ersten beiden Malen, als halbes Kind, mitgemacht hat. »Da schwammen meine Zwillinge / Stille im dunklen Blut. / Und wer sie so schwimmen sah, wußte / Wie die Liebe tut.« Eine schlimme Sache. Na, man wird sehen.

Auch in der Sommerfrische steht Brecht früh am Morgen auf, jetzt sitzt er mit einer Tasse Tee am Frühstückstisch, mit dem Blick über den Garten und den See. Er schreibt. In einem Sonett spielt er den Gedanken durch, welche Kraft in das Kind überginge, wenn der Junge – es wird in jedem Fall ein Junge! – den anderen dabei hilft, die Welt zu verändern. »Uns beiden gleichend, würd es keinem gleichen / (…) Doch seine Mutter wäre ein Soldat …« Der kleine Soldat der Revolution, das ist Grete für ihn. Er spürt, dass sie leise hinter ihn getreten ist und über seine Schulter mitliest. »So einer wüßte seinen Freunden Rat / Und seine Feinde hätten große Spesen!«

Sie schaut ihn an. »Würde, wäre, wüsste, hätten. Alles im Konjunktiv.« Brecht: »Lass es mich fertig schreiben. Bitte.«

— *Am 30. Juli 1932, Brecht und Steffin sind da noch in Unterschondorf, wird ein neuer Reichstag gewählt. Die NSDAP verliert zwar ein paar Prozent, bleibt aber mit 37,4% mit Abstand stärkste Partei. Um diese Zeit schreibt Brecht sein Gedicht* Als der Faschismus immer stärker wurde. *Es propagiert den gemeinsamen Kampf von Sozialdemokraten und Kommunisten gegen die Nazis. Die Rote Einheitsfront aller Arbeiter werde aber, so schreibt Brecht, von der SPD-Führung verhindert; die Basis sei bereit dafür. »Wir würden vielleicht mit euch kämpfen, aber unsere Führer/Warnen uns, roten Terror gegen den weißen zu stellen.« Brecht verschweigt allerdings, dass schon seit Längerem Stalins Komintern und damit auch die KPD die Sozialdemokraten wütend als »Sozialfaschisten« denunzieren; damit verhindern auch sie ein Bündnis der gesamten Linken gegen die Nazis. Am Tag nach der Wahl kauft Brecht sich in Utting ein Sommerhaus.*

Berlin, 30. Januar 1933. Der Fackelzug durchs Brandenburger Tor nach Hitlers Ernennung zum Reichskanzler. Goebbels' Originalkommentar im Rundfunk. Erregt, beglückt, fortgerissen vom Rausch der Gefühle. »Was wir hier erleben, die Tausende und Tausende und Zehntausende von Menschen, die in einem sinnlosen Taumel von Jubel und Begeisterung der neuen Staatsführung entgegenrufen: Das ist die wirkliche Erfüllung unserer geheimsten Wünsche. Das ist die Krönung unserer Arbeit. Man kann mit Fug und Recht sagen: Deutschland ist erwacht.«

Am 17. Februar 1933 besteigt Grete Steffin in Berlin den Zug in die Schweiz, nach Lugano. Sauerbruch hat ihr dort einen Platz im Lungensanatorium Agra organisiert. Es wird für sie, ohne dass sie das ahnen kann, eine Reise ohne Wiederkehr.

Dass sie Deutschland würden verlassen müssen, haben Brecht und Helene Weigel schon bei Machtantritt Hitlers geahnt. Nach diesem 30. Januar und dem Reichstagsbrand am 27. Februar 1933 setzen die ersten großen Verhaftungswellen ein. Von Freunden war Brecht vor einer drohenden Festnahme gewarnt worden. Auch Helene Weigel ist gefährdet: Für die Nazis ist sie eine jüdische Bolschewistin. Brecht hat sich kurz zuvor eine Einladung zu einer Lesung in Wien verschafft, mit ihr kann das Ehepaar Deutschland ungehindert im D-Zug Richtung Prag verlassen. Für wie lange – das steht noch völlig in den Sternen. Die Kinder muss man zunächst zurücklassen, um sie kümmert sich Elisabeth Hauptmann. Den achtjährigen Stefan kann sie allein ins Flugzeug nach Prag setzen, wo ihn die Eltern in Empfang nehmen. Barbara aber ist erst zwei Jahre alt. Elisabeth Hauptmann bringt sie erst einmal zu Brechts Vater nach Augsburg in Sicherheit.

Sie selbst bleibt vorläufig in Deutschland. Es gelingt ihr, unter den Augen der Gestapo, einen Teil von Brechts Büchern und Manuskripten zu retten. Schließlich geht auch Elisabeth Hauptmann ins Exil. Viele Jahre lebt sie in den USA, in Distanz zu Brecht. Erst langsam kommt es wieder zu einer Annäherung.

Szenen aus dem Exil

Bertolt Brechts Exilzeit ist ein Kapitel für sich. Das hatten wir bei den allerersten Vorüberlegungen zu unserer Filmbiografie festgestellt und uns dafür entschieden, uns auf die Erzählung des »deutschen Brecht« zu beschränken, sein Leben im Kaiserreich, in der Weimarer Republik und in der DDR. Einige Szenen aus dem Exil wollen wir dennoch erzählen: Szenen der Begegnung und der Zusammenarbeit mit Ruth Berlau und Margarete Steffin. Beide Frauen haben Brechts Leben und Schreiben in diesen Jahren stark geprägt.

— *»Die Ratten besteigen das sinkende Schiff«, soll Karl Kraus gesagt haben, als Brecht, Weigel und ihr Sohn Stefan von Prag aus in Wien eintrafen. Dort kam die Familie bei Hellis Schwester unter. In Österreich ist der Austrofaschismus schon so stark, dass sie gar nicht erst versuchen, hier Fuß zu fassen. Stattdessen versuchen sie ihr Glück in der Schweiz – immerhin spricht man auch dort Deutsch. Hierher bringt man ihnen nun, mit falschen Papieren, auch die kleine Barbara. Aus dem erhofften Engagement Helene Weigels am Zürcher Schauspielhaus wird nichts, sie findet auch sonst nirgendwo eines. Brechts Verlag hat ihm seinen Vertrag gekündigt, mit Honoraren aus Deutschland ist nicht mehr zu rechnen. In dieser fatalen Zukunfts-Ungewissheit kommt ihnen ein überraschendes Angebot aus dem Norden mehr als gelegen: Die mit Helli befreundete dänische Schriftstellerin Karin Michaelis bietet ihnen an, eines ihrer Häuser in Thurö auf der Insel Fünen zu beziehen. Im Juni 1933 fährt Helene Weigel mit den beiden Kindern und dem Dienstmädchen Maria Hold auf die Insel, um Quartier zu machen. Brecht ist in diesen Tagen in Paris.*

Anfang Juni 1933 gehen Bertolt Brecht und Margarete Steffin am Ufer der Seine entlang, mit dem berühmten Touristenblick auf die Kathedrale Notre-Dame. Sie sind aber nicht zum Vergnügen hier, und ihre Stimmung ist alles andere als beschwingt. Grete ist kürzlich aus dem Sanatorium in Agra mit der Diagnose entlassen worden, dass es keine völlige Ausheilung ihres linken Lungenflügels geben wird. Sie weiß nun, dass sie keine Kinder bekommen kann. »Ich muss noch jeden Tag ein paar Stunden ›ruhen‹, das hat mir der Professor gesagt. Da bleibt mir aber noch genug Zeit zum Lernen, jetzt ist natürlich erst mal Französisch dran.« – »Das ist gut, das wird uns helfen. Wir müssen jetzt sehen, wo wir leben, wo wir arbeiten können. Geld verdienen. In der Schweiz war es ja nichts. Zu teuer in Zürich, zu abgelegen im Tessin.« – »Willst du nicht auch nach Thurö, zu deiner Familie?« – »Nein – das heißt …« Er zögert einen Moment. »Na ja, sicher demnächst mal, auf Besuch. Wir müssen aber hier eine Wohnung für uns finden. Das könntest du übernehmen.«

Grete schaut ein wenig neidisch auf die anderen Spaziergänger, die hier, anscheinend alle bestens gelaunt, auf den Seinequais spazieren gehen. Einige wühlen in den Kästen der Bouquinisten und suchen sich einen Schmöker heraus. Kinder gehen mit einem Eis in der Hand oder mit einem Luftballon spazieren. Viele junge Mütter schieben ihren Kinderwagen über die Wege. Ein Maler sitzt vor einer Staffelei und versucht, die Türme von Notre-Dame mit Wasserfarben aufs Papier zu bringen. »Alles wie im tiefsten Frieden. Und in Deutschland prügeln und foltern die Nazischergen die Genossen. Wie lange wird das dauern, wie lange wird sich Hitler halten?« Brecht schaut sie an und schüttelt den Kopf. »Grete, das fragen sich alle Flüchtlinge hier in der Stadt. Es kann dir keiner sagen. Schon gar nicht die, die's ganz genau wissen.«

Die beiden setzen sich auf eine Bank mit Blick über den Fluss, Grete soll sich ja nicht anstrengen. Brecht holt eine Zigarre aus der Schachtel. Er schaut Grete an, und sie nickt ihm die Genehmigung zu. Hier draußen wird's ihr schon nichts schaden, wenn er in die andere Richtung bläst. »Einige denken: bis Weihnachten, dann bricht das ganze Lügengebäude im Reich zusammen.« Brecht lacht nur böse. »Ja, ja. Das wünschen sie sich. Wir müssen uns wohl auf länger einrichten, in jedem Fall. Weißt, was ich mir denke? Du könntest einen Vermittlungsdienst für die deutschen Schriftsteller hier aufbauen, die jetzt keinen Verlag mehr haben.« Gretes Gesicht hellt sich auf. Eine nützliche Arbeit? »Eine Art literarische Agentur?« – »Ja. Die schicken dir ihre Manuskripte, und du vermittelst sie an Verlage oder Zeitschriften.« – »Aber die meisten kennen mich doch gar nicht.« – »Na ja. Sie kennen *mich!*« – »Und sie kennen bestimmt noch irgendeine andere Freundin von dir. Dann werden sie sich fragen: Na, wie lange wird die kleine Steffin sich halten? Das fragen sie sich doch heute schon.« – »Grete, bitte, lass das! Das führt doch zu nichts.«

Sie kann inzwischen schon ganz gut bei Brecht zwischen den Zeilen lesen. Sie weiß also, dass er bald zur Familie nach Dänemark will. Sie wird dann allein in dieser fremden Stadt sein, auf ihn warten, traurig sein und leiden. Manchmal denkt sie schon, es wäre vielleicht besser, sich zu trennen. Aber was soll sie dann machen? Brecht sieht ihr die finsteren Gedanken an der Stirn an. Er legt seine Hand auf ihren Arm. »Wir leben und arbeiten zusammen, Grete. Wir müssen jetzt erst einmal meine *Lieder, Gedichte, Chöre* zusammenstellen. Der Münzenberg interessiert sich dafür.« – »Der rote Pressemogul? Das ist gut! Deine politischen Texte, die sind jetzt das Wichtigste für den Kampf gegen die Faschisten.« – »Wichtig ist aber auch, dass wir genug zu fressen haben. Geld kann man hier im Exil eigentlich nur mit Romanen machen. Stücke eines Ausländers, in einer fremden Sprache – wer führt so was schon auf? Und mit Gedichten konnte man nicht mal in Deutschland was verdienen. Ein Roman muss es sein.« Grete ahnt schon, worauf das hinaussoll. »Was sie von dir auch im Ausland kennen, das ist die *Dreigroschenoper.* Den Film gibt's ja sogar in einer französischen Fassung, mit französischen Schauspielern. *L'opéra de quat'sous* …« Das frische Französisch geht ihr schon sehr flott über die Lippen. Brecht bestätigt, dass sie mal wieder richtig gedacht hat. »Und aus dem Stoff machen wir jetzt einen Roman.« – »Zusammen?« Brecht nickt, Grete strahlt. »Siehst du, jetzt ist deine Stirn wieder glatt.«

Vor dem Haus von Karin Michaelis in Thurö, Dänemark, ist im Sommer 1933 ein Lincoln vorgefahren. Die Fahrerin holt eine Schreibmaschine vom Beifahrersitz der herrschaftlichen Limousine und stellt sie erst einmal auf der Kühlerhaube ab. Da hört sie auch schon in ihrem Rücken eine Männerstimme, fast schüchtern, leise fragend: »Hallo?« Sie dreht sich um und schaut, wer da auf sie zukommt. Brecht, die Mütze auf dem Kopf, blauer Arbeitsanzug mit vielen Taschen, schwarzer Ledergürtel, die ganze Aufmachung etwas unsorgfältig. Er nähert sich ihr vorsichtig, gibt ihr eher lasch die Hand und tritt dabei gleichzeitig einen Schritt zurück. So etwas hat sie noch nie erlebt, gleich bei der ersten Annäherung schon wieder auf Abstand zu gehen! Ruth Berlau ist eine selbstbewusste Frau, sie weiß, dass sie auf Männer wirkt. Brecht aber scheint eher von ihrem Wagen beeindruckt zu sein. »Ein Lincoln!« Dahinter steckt nicht nur die Bewunderung für das elegante, teure Auto, sondern auch Bitternis und Wut. Erst vor Kurzem nämlich haben ihm die Nazis seinen Steyr konfisziert, weggenommen, gestohlen – und jetzt will die Versicherung in Deutschland auch noch die Prämie dafür haben! »Gehört mein Mann, den Dr. Lund.« Ruth Berlau spricht ein stark ›dänemarkerisch‹ eingefärbtes Deutsch, mit der genauen Deklination hat sie es nicht so sehr. Brecht schaut auf ihre Schreibmaschine. »Und was machen wir damit?« – »Ich bin Mitglied in die dänische Kommunistische Partei. Wir haben ein Arbeitertheater in Kopenhagen. Ich wollte dich um Ratschlag fragen.« Dass sie, obwohl noch

keine siebenundzwanzig Jahre alt, noch weitaus mehr ist, wird er schon noch herausfinden. Sie ist nämlich die »Rote Ruth«. Sie ist nicht nur als Schauspielerin am Königlichen Schauspielhaus bekannt geworden, sondern auch durch Reisereportagen für Zeitungen, teils erlebt, teils auch erfunden, über ihre Fahrradtouren nach Paris und nach Moskau. Auch dass sie in einer dänischen *Trommeln in der Nacht*-Inszenierung die Anna gespielt hat und Brecht seitdem bewundert, erzählt sie noch nicht. Mit »kommunistisch«, »Theater« und vor allem mit »Ratschläge« hat sie aber zielsicher gleich drei Begriffe ins Spiel gebracht, denen Brecht nicht widerstehen kann. Vor allem hier, wo noch alles um ihn herum fremd für ihn ist und er dringend Anknüpfungspunkte ans hiesige Kulturleben braucht. »Und Sie wollen sich alles aufschreiben, dass man's auch lesen kann. Das ist vernünftig.« Und es ist ganz in seinem Sinn. »Breckt«, bei dieser Aussprache seines Namens wird sie noch lange bleiben, »du kanns auch Du zu mir sagen. Das is auch vernünftig.«

Brecht stutzt. Dieses spontane Duzen, die plötzliche Nähe – das ist so ganz und gar nicht seine Sache. Mit der Grete Steffin hat er sich noch gesiezt, als sie schon ein halbes Jahr ein Liebespaar waren. Aber andere Länder, andere Sitten. Vielleicht meint diese Dame ja auch nur das Du unter Genossen? Er lacht etwas verlegen. »Ruth – da kommens mal zu mir rein.« Brecht geht vor in sein kleines Arbeitszimmer.

Ein Architekt, der zufällig aus Kopenhagen mitgekommen ist, bespricht mit Helene Weigel den Umbau vom Fischerhaus am Skovsbostrand, das Brecht gerade erworben hat. So sind Brecht und Berlau für einen Augenblick ganz allein in Brechts Arbeitszimmer.

»Wenn ihr etwas für euer Arbeitertheater in Kopenhagen sucht, dann ist doch das Stück *Die Mutter* geeignet.« Er zeigt ihr ein graues Heft aus der Reihe *Versuche*. Sie greift nach dem Text, blättert im Heft und sieht die vielen Anmerkungen. »Schön, dass du es mitgebracht hast. Ich nehme es mit und werde es übersetzen. Weißt du – man kennt dich nicht in Dänemark. Die *Dreigroschenoper*, ja. Das ist alles.« Aber schon holt sich Brecht das kostbare Stück zurück. »Das geht nicht! Ich habe nur wenig bei der Flucht aus Berlin mitnehmen können.« Er empfiehlt ihr noch einen Projektionsapparat, um die Zwischentexte und Bilder während der Vorstellung auf eine Leinwand projizieren zu können. Da muss Ruth lachen. Genau so ein Gerät hat sie sich für ihre Agitprop-Auftritte im Theater in Kopenhagen schon besorgt. Eine patente Person, eine sehr brauchbare Person.

Und etwas anderes war da noch geschehen. Ihre Blicke waren ihm nicht verborgen geblieben. Und da waren seine Augen, »klare, dunkle, vielsagende lächelnde Augen«. Das hat sie Jahrzehnte später Hans Bunge aufs Tonband gesprochen.

— *»Als ich Brecht nach dieser ersten Begegnung verließ, stand er auf einem grünen Hügel vor seinem Haus. Ich rief ihm zu: ›Vergiß nicht meine Adresse!‹ Er klopfte auf die Tasche, die über seinem Herzen saß: ›Nein, nein, hier liegt sie!‹ Seine Augen und sein Lachen begleiteten mich nach Kopenhagen ebenso wie das gestohlene Buch. Obwohl wir uns danach öfter sahen, dauerte es zwei Jahre, bevor ich mir meinen ersten Kuß abholte.«*

Das graue Heft mit dem Titel *Versuche* fuhr mit ihr im Lincoln davon. Sie hatte ihm die *Mutter* einfach gestohlen. Sie würde es zu Hause in Kopenhagen übersetzen. Und dann könnte es in Dänemark gespielt werden. Da kann von Stehlen ja wirklich nicht die Rede sein.

Auf der Terrasse einer kleinen Pension in Sanary sur Mer mit Blick aufs Wasser sitzen Brecht und Grete Steffin am Tisch und arbeiten. Sanary, in der Nähe von Toulon an der französischen Riviera gelegen, war ursprünglich ein kleines Fischerdorf. Dann hatten die Franzosen hier ihre Ferienhäuser für die großen Sommerferien gebaut, auch schöne Villen als Alterssitze im angenehmen und gesunden Klima am Mittelmeer. Pensionen und Hotels kamen dazu. Nach dem Ersten Weltkrieg zog die wunderschöne Landschaft Künstler und Schriftsteller aus ganz Europa an. Nun, seit dem Machtantritt der Nazis in Deutschland, sieht man hier auch die vertriebenen Schriftsteller und Journalisten der Weimarer Republik.

Grete Steffin hat ihre Brille mit dem übergroßen dunklen Gestell auf, mit der sie sich nur ungern fotografieren lässt. Sie blättert in einem Typoskript, es ist Brechts erste Maschinen-Niederschrift vom Anfang des neuen Romans. Sie liest vor: *»Der Dreigroschenroman.«* Brecht korrigiert sofort Gretes Flüchtigkeits-Lesefehler. »*Dreigroschenroman.* Nur das Wort, ohne Artikel. Klingt besser so, direkter. Es heißt ja auch nicht *Die* Buddenbrooks.« Die Berühmtheit Thomas Mann wohnt jetzt auch hier in Sanary, in einer eigenen Villa. »Der Thomas Mann bekommt noch seine Honorare aus Deutschland. Solange er nichts gegen die Nazis sagt, lassen sie ihn in Ruhe. Der Goebbels ist geschickt, der Schweinehund.«

Grete blättert weiter im Text, den Brecht ihr aus Dänemark mitgebracht hat. Von Juni bis jetzt ist er tatsächlich in Thurö bei der Familie gewesen. Er hat inzwischen einen Vertrag für den *Dreigroschenroman*, mit einem der neuen Exilverlage, einem »bürgerlichen« mit Kiepenheuer-Lenten. Mit dem Vorschuss hat er gleich das Haus in Dänemark gekauft, in Svendborg, das Helli unterdessen für den Familienbedarf umbauen lässt und einrichtet.

Kaum war er wieder in Paris angekommen, ist er gleich mit Grete, die ihn schon sehnlichst erwartet hat, mit dem Zug hierher gefahren. Hauptsächlich will er den Freund Lion Feuchtwanger besuchen. Aber das ist natürlich auch eine gute Gelegenheit für Grete, hier unten am Mittelmeer den Spätsommer zu genießen. Gut gegen die Krankheit, gut für die Arbeit und gut auch für die Liebe.

Grete hat sich im Manuskript festgelesen. »Kein Punkt am Satzende, kein Komma – und die Rechtschreibung, das geht so nicht. Kann man keinem Verlag zumuten.« Diese Kritik kennt Brecht schon von der Elisabeth Hauptmann. »Du müsstest es mir eben noch mal abschreiben. Aber schreib nur ab, was dir gefällt!« Grete schaut auf, hat sie richtig gehört? Sie kann es kaum glauben. »Und wenn mir was nicht gefällt?« – »Dann streichst du's an, und wir reden drüber. Beim Diktieren hörst du dann ja auch immer einfach auf zu tippen.« – »Und wenn du grade nicht erreichbar bist, darf ich dann auch mal was ändern?« – »Wenn's nötig ist. Es muss alles so geschrieben sein, dass sie es auch bei dir zu Haus am Küchentisch verstehen.«

Grete hält es vor Freude und Stolz nicht mehr auf ihrem Platz. Sie legt das Manuskript weg und greift zu dem Bandoneon, das Brecht ihr aus Dänemark mitgebracht hat. Sie hat es sich so sehr gewünscht. Sie saugt Luft in die Ziehharmonika und spielt zur Probe einige Töne an. »Es ist noch kein Jahr her, da haben sie noch alle deine Lieder gesungen.« Brecht lacht bitter auf. »An jeder Straßenecke. Und heut kann man dafür ins Gefängnis kommen.« Grete schaut ihn liebevoll an. »Ich kann sie immer noch.« Sie zieht die Luft in den Balg, dann legt sie frech los: »Wer möchte nicht in Fried und Eintracht leben? / Doch die Verhältnisse, sie sind nicht so!«

In seinem Arbeitszimmer im Haus mit dem Strohdach am Skovsbostrand in Svendborg packt Brecht einige Bücher in eine Aktentasche. Helene Weigel bringt ihm eine Tasse Tee aus der Küche. »Und du musst nun unbedingt mit der Ruth nach Kopenhagen, um zu arbeiten?« Brecht nickt dankbar und nimmt einen Schluck Tee. »Es ist eine lustige Geschichte von drei Meisterdieben, an der wir da arbeiten. Der eine, dieser Hans Petersen, schickt direkt nach den Einbrüchen immer ein genaues Protokoll an die Polizei und dazu an die Zeitungen. Ganz Kopenhagen lacht über den Mann.« – »Und ihr auch?« – »Ja. Er ist eigentlich ein Bürger, der mit seiner Begabung zum Verbrecher wechselt.« – Helene Weigel weiß schon, was er meint. »Es ist wie beim Mackie Messer, nur umgekehrt.« – »Ja, unsere Gesellschaftsordnung begünstigt solche Wandlungen.«

»Und hier geht's nicht, das gemeinsame Arbeiten?« Helene Weigel schaut sich demonstrativ um. Sie hat ihm den größten Raum eingerichtet, mit langem Schreibtisch für die vielen Projekte, die gleichzeitig bearbeitet werden. »Wenn es so lustig wird, da könnt ich vielleicht mitlachen. Wär ja auch mal ganz schön.« – »Nein! Das habe ich dir doch erklärt.« Dabei hat er endlich das Manuskript gefunden, das noch in die Tasche gehört. »Schau, ich hab mich schon vorbereitet.« Er zeigt ihr seine Notizen. »Der andere ist Einbrecher und stiehlt immer dann, wenn er genau das braucht, was ein Mensch zum Leben nötig hat, 800 Kronen. Sind die aufgebraucht, bohrt er wieder. Die Polizei nennt ihn ›das bohrende X‹.« Brecht lacht meckernd über den Witz des Saisonbohrers.

»Die Ruth könnte doch bei Grete wohnen und jeden Tag zur dir rüberkommen.« – Brecht schüttelt den Kopf. »Schau, Helli, in Kopenhagen ist die große Bücherei mit den Zeitungen und all den Berichten über Kriminalfälle. Da hat Ruth ihre Kontakte zum Theater, zum Verlag. Es geht nun mal nicht anders.«

Brechts erstes eigenes Heim auf der Flucht ist ein weiß gekalktes Fachwerkhaus mit einem tief heruntergezogenen Strohdach, auf dem ein Ruder liegt, damit der Wind das Stroh nicht wegträgt. Das Haus ist von Bäumen, Hecken und Gesträuch umgeben, ein bisschen holperiger Rasen mit ein paar Pfählen darauf für die Schaukel der Kinder. Kirschbäume, ein knorriger Birnbaum mit hängenden Zweigen vor dem Fenster spenden im Sommer Schatten. Ein guter Platz für die Besucher, auch die aus Deutschland. Die Post kommt zweimal am Tag. »Unterm dänischen Strohdach«, so nennt er diesen Schutzraum für die nächsten Jahre. Immerhin: »Das Haus hat vier Türen, daraus zu fliehn.« Eine davon wird er noch brauchen.

Helene Weigel hat es ihm eingerichtet, im Dezember 1933 ist er mit seiner Familie dort eingezogen. Den größten Raum im Haus hat sie ihm als Arbeitszimmer reserviert. Regale und Bücher kommen nach und nach dazu, wenn die Kisten aus Deutschland über dänische Deckadressen eingetroffen sind. Ein großer

Schreibtisch unterm Fenster – das ist der Mittelpunkt seines Lebens. Sie selber schläft über der Küche unter dem Dach. Maria Hold, »die Mari«, das Hausmädchen aus Augsburg und Berlin, hilft Helene Weigel mit dem Haushalt und kümmert sich um die Wäsche und die Kinder. So kann sich Brecht jeden Morgen ungestört und ganz für sich an den Schreibtisch setzen, nach dem ersten Schluck Kaffee, dem ersten Zug aus der Morgenzigarre und mit frischem Papier in der Schreibmaschine seine Arbeit beginnen: das Schreiben gegen die Feinde, die Faschisten. Wenn's nötig ist, bringt ihm ein altes Radio die Nachrichten aus Deutschland ins Arbeitszimmer. Auch das Gebrüll des Führers.

Durch die in zwölf Quadrate geteilten Fenster über dem Schreibtisch geht sein Blick nach rechts auf den Sund. Hier tuckern die Fähren vorüber, in der Nacht schön beleuchtet. An den Tagen, wenn der Nebel über dem Sund liegt, tuten sie laut.

»Über das gekräuselte Sundwasser
Läuft ein kleines Boot mit geflicktem Segel.
In das Gezwitscher der Stare
Mischt sich der ferne Donner
Der manövrierenden Schiffsgeschütze
Des Dritten Reiches.«

Jetzt hören sie das Motorrad, mit dem Ruth vorfährt. »Den Lincoln hat Doktor Lund ihr weggenommen?« – »Nein, sie will bloß nicht weiter vom Gnadenbrot des Ehemanns leben.« – »Und da steigst du jetzt hinten auf bei der Ruth, auf den Sozius?« – »Sie will selbstständig werden. Ich werd sie dabei unterstützen.«

Ruth Berlau ist mittlerweile von der Maschine abgestiegen

und hat ihre Motorradbrille in die Stirn geschoben. »Brecht, bis du bereit?«, ruft sie, als sie aufs Haus zukommt. »Hallo, Helli!« Man sieht ihren weißen Atem in der Luft. Seit Tagen liegt eine bittere Kälte über dem Sund. Brecht kommt ihr entgegen. »Bereit!« Er ist schon an der Tür angekommen, als Helli ihm einen dicken Mantel nachbringt. »Jetzt ziehst dich erst amal warm an für die Fahrt ins Büro. Der Bus braucht zweieinhalb Stunden. Mit dem Radel da, das wird kein Vergnügen!«

Dann tritt Berlau den Motor an, lässt die Maschine kurz aufheulen. Brecht schwingt sich hinten auf den Sitz, und das Motorrad braust davon. Helene Weigel schaut hinterher. Sie hat sich eine Zigarette angesteckt. Saugt die eiskalte Luft in ihre Lungen und atmet tief durch. Sie weiß, was das heißt – wir arbeiten zusammen. »Sie übersetzt meine Texte, ich helfe ihr beim Schreiben.« Die Weigel hat kein Motorrad, keine Wohnung in Kopenhagen, sie muss mit den knappen Honoraren – keine mehr aus dem Reich – hinkommen, von denen kein Mensch weiß, wann sie eintreffen, nur um die Kinder und den Mann zu ernähren. Ruth, die hat alles. Von ihrem Ehemann, dem reichen Doktor Lund aus Kopenhagen. Mit seinem Geld kann sie das besondere Essen für Brecht bezahlen, den teuren Schinken und immer wieder die guten Zigarren, die sie ihm mitbringt. Jetzt hat sie sich sogar von ihrem Mann getrennt, aber noch lange nicht von seinem Geld. Trotzdem kommt sie bescheiden mit dem Motorrad. Im Winter. Sie will den Brecht wohl ganz für sich haben, womöglich heiraten. Da hat sie sich aber geschnitten. Sie wird sich schon mit ihnen arrangieren müssen, mit der Ehefrau und den Kindern. Und sogar mit der kleinen Steffin. In einer Woche will er wieder da sein. So geht es. So verlangt er es. Sie muss es dulden. Ein scharfer Wind weht ihr die Asche von der Zigarette. Dünne Flocken wirbeln vom Sund herüber. Helene Weigel dreht sich um, sie will zurück ins Haus, in ihr Reich, in die kleine Küche.

Da hört sie Brechts Wagen, den Uralt-Ford, wie er um die Kurve biegt und auf das Haus zukommt. Grete Steffin, die inzwischen

den Führerschein gemacht hat, darf das Ding gelegentlich fahren. Sie hat eine Wohnung in der Nähe. Und Helli hat ihr sogar die Möbel besorgt. Damit Grete dort mit Brecht arbeiten kann. Denn mit ihrer Tuberkulose soll sie nicht mehr hier im Haus sein und schon gar nicht mit den Kindern zusammenkommen. Das ist vernünftig. Sie könnte jederzeit Barbara oder Stefan anstecken.

Jetzt hat sie aber die Einkäufe dabei. Grete steigt aus und nickt ihr zu. »Helli, ich habs gesehen! Hoffentlich bringt sie ihn heil zurück. Es ist ziemlich glatt auf den verschneiten Straßen.«

»Sie schreiben an einem Drama, sehr lustig soll's werden.« Aber Grete weiß schon mehr. »Eine Komödie. *Alle wissen alles* soll's heißen. Der Brecht probiert da was Neues. Die Wände der Spielplätze auf der Bühne sollen alle durchsichtig sein. Der Zuschauer soll mehr wissen als die Darsteller.«

Helene Weigel hilft Grete dabei, die Lebensmittel und einen Sack Holz ins Haus zu tragen. »Es wird doch eh auf deinem Tisch landen.« – »Ja, ich werde es wohl abschreiben. Vielleicht werde ich auch was korrigieren und ändern.« Dabei lacht sie etwas verschwörerisch. Helli weiß schon, was Grete von Ruths Schreibkünsten hält.

»Das macht dir dann ja auch Spaß.« Beide Frauen stehen vor der Küche und schauen noch einen Augenblick auf den Sund. Das Motorrad ist längst verschwunden.

»Dann komm doch auf einen Kaffee ins Haus.« Helli macht eine einladende Geste. »Ich werd ganz bestimmt keine Zigarette rauchen, solang du da bist.«

Ruth Berlau lenkt ihr Motorrad eine verschneite Straße auf Fünen entlang, mit Brecht auf dem Rücksitz. Trotz des Fahrtwinds hat er seine Zigarre im Mund. »Nein, nicht ins Hotel. Ich mag das nicht – diese Blicke der Portiers«, ruft er ihr ins Ohr. Ruth lacht. »Gut, Brecht, dann fahren wir in mein Haus nach Vallensbæk! Ich hab es extra für uns gekauft. Wird Zeit, dass du mal hinkommst. Halt dich fest bei mir. Es ist noch ein ganzes Stück.«

Das Motorrad ist vor dem kleinen Haus in Vallensbæk vorgefahren. Brecht und Berlau sind von der kalten Zugluft durchgefroren. Sie gehen rasch hinein, Ruth will es ihnen möglichst schnell gemütlich warm machen. Brecht schaut auf den schönen hellen Holzfußboden. Das hat sich der Architekt sehr gut ausgedacht. Alles ist sehr provisorisch eingerichtet, mehrere Tische immerhin – sie weiß, wie Brecht arbeitet. Ein Schrank, ein paar Stühle, ein Sessel für Brecht. Ein wenig Geschirr hat Ruth auch schon herbeigeschafft, es steht auf einem Bord.

Noch sucht Ruth in den Packtaschen den Tee. Sie findet aber zuerst das schöne lange Nachthemd, wie es Brecht so liebt. »Ich mach sofort Feuer, und dann trinken wir ein Tee.« Sie hält das Nachthemd vor ihre Motorradkleidung. »Vorher den Tee – ist doch schön!« Ja, ein heißer Tee, das wäre jetzt eine Wohltat, dann die Wärme vom Ofen. Die Tür zum Schlafzimmer steht offen. Man sieht das breite, rot-weiß kariert bezogene Bett. Bald wird er sie dort umarmen, ihren warmen Körper fühlen, ihre Lippen spüren, und sie wird es genießen und er auch. Seitdem sie sich von ihrem Mann getrennt hat, gehört sie ihm ganz. Er muss sie nicht fürs Erotische aufschließen wie die Grete. Sie hat keine Wächter im Himmel und in der Hölle, die ihr Angst machen vor dem Schönen, dem Geschlechtsgenuss, den sie Sünde nennen. Ruth muss er nicht entfesseln, sie kann sich genießen, gerade in der Hingabe. Und er genießt es, wenn die Augen der Frauen dunkel werden in der Liebe, wenn es so weit ist und die Berauschtheit herannaht. Wenn es kein Halten mehr gibt, wenn endlich alles so ist, wie es sein soll. Und er mit Verstand und Hochgefühl die hemmungslos restlose Hingabe an ihn erlebt.

Und jetzt, nach dem ewigen Herumkramen, bückt Ruth sich vor dem eisernen Ofen nieder, um erst einmal die Asche herauszuschaufeln. Wie schön ihr Arsch anzusehen ist, wenn sie ihn so hochreckt und seinem Blick darbietet. Das ist der Moment, denkt Brecht, in dem sie es tun sollten. Der günstige, der schöne Moment.

Aber sie hat immer noch mit der Asche zu tun. Und dann staubt es, wenn sie sie in den Ascheimer schüttet, und sie muss gleich den Schmutz von den hellen Dielen aufnehmen. Sie dreht sich entschuldigend zu Brecht um. »Tut mir leid! Gleich gibt es etwas Tee. Ich muss nur gerade Wasser holen.« Sie nimmt den Kessel und geht zur Tür. Brecht schaut ihr nach, er sieht unzufrieden aus. Durchs Fenster erblickt er Ruth, wie sie versucht, die Pumpe in Gang zu bringen. Immer wieder, immer verzweifelter, aber es kommt kein Wasser aus dem Rohr.

Jetzt steht Brecht in der Haustür und steckt sich die Zigarre an. Ruth zuckt bedauernd mit den Schultern. »Tut mir leid. Alles festgefroren. Aber das ist doch auch Wasser, oder?« Sie greift in den Schnee, füllt den Kessel und stellt ihn drinnen auf den Ofen. Erst einmal geschafft.

Sie setzt sich erschöpft auf einen Stuhl und schaut auf ihre Hände. Schmutzig sind sie geworden. »Ich wollte doch nur die Stube so schnell wie möglich warm haben. Und deine Tee solltest du haben. Vorher.« Brecht ist nicht mehr in Stimmung. Eingefroren wie das Wasser der Pumpe. Er saugt an der Zigarre und schaut ihr nur noch kalt und distanziert zu. Er befindet sich schon lange in der Position des Beobachters. Er hat eine Idee.

Einige Tage später schickt er ihr in einem Brief einen Text: *Das Feuermachen der Lai-tu.* Nur so im Umschlag, ohne Kommentar, ohne Gruß.

—— *Lai-tu – das ist Brechts Name für Ruth Berlau in seinem* Me-ti. Buch der Wendungen, *in dem er selber mitunter in der Maske des chinesischen Philosophen Me-ti (oder Mozi, 5. Jahrhundert vor Christus) auftritt, meist jedoch als Kin-jeh. Me-ti macht seiner Lai-*

tu massive Vorwürfe. Sie hat seiner Beobachtung zufolge beim Feuermachen ausgesehen »wie jemand, der gezwungen wird, Feuer zu machen«. Und da er selber der einzige Anwesende dieser Szene war, ist er sich vorgekommen wie ein Ausbeuter. Es hätte alles mit Grazie und leichthin geschehen sollen, wie selbstverständlich, nicht so gequält zweckgerichtet. Wie anders hätte es sein können, wenn es nur die schöne Sitte der Gastfreundschaft ausgedrückt hätte! »Die Bewegungen, mit denen das schöne Holz zum Brennen gebracht wird, können schön sein und Liebe erzeugen; der Augenblick kann ausgenutzt werden und kommt nicht wieder. (…) Es lag kein Spaß im Feuermachen, es war nur Sklaverei.« Der wunderschöne Moment ist ausgeblieben, sie hat's verpatzt.

Als Ruth ihre Geschichte, eingehüllt in die Form chinesischer Weisheit, liest, sitzt sie längst wieder allein in ihrer Wohnung in Kopenhagen. Natürlich weiß sie ungefähr, was er sich gewünscht hätte: Eintritt ins Bauernhaus, das Feuer flackert auf, das Wasser im Kessel dampft, schon gießt es sich in die Kanne und verwandelt sich in duftenden Tee. Schöne warme Willkommensworte für ihn, einige kluge, passende Sätze von ihm. Sie lächelt ihn an und zeigt ihm das schöne lange weiße Nachthemd. Hebt es wie im Spiel hoch – wie den Vorhang im Theater. Die Bühne ist bereitet, das Spiel kann beginnen. Die Verzauberung der Welt.

Sie schaut etwas ratlos auf den Brief, den der Lehrer Brecht ihr geschickt hat. »Aber du hättest doch ein wenig helfen können! Vielleicht dich selber um das Wasser für den Tee kümmern, wenn ich schon die Dreckarbeit mit der Asche habe?«

— *Später, drei Jahre nach Brechts Tod, hat sie mit Hans Bunge über diese Zurechtweisung gesprochen. »Ich hatte gegen die Kälte und das Eis gekämpft und wollte das Zimmer schnell warm haben und den Tee aufbrühen, und ich war verzweifelt, daß alles nicht schnell genug ging. Und er hat meine Arbeit als ›Sklaverei‹ empfunden! Ich hätte ihn durch mein Verhalten als ›Ausbeuter‹ qualifiziert. Natürlich nahm er nicht mich, sondern sich in Schutz.«*

Sie hat schon verstanden, dass er sie mit diesen Geschichten erziehen wollte. So, wie er sie haben wollte. Brecht in der Rolle des Weisen, Ruth die Schülerin. Aber in der Situation damals hat er nichts gesagt. Er mochte diese direkte Auseinandersetzung nicht.

»Deine Kreatur«, das steht oft unter Ruth Berlaus Briefen an Brecht. Er war der Creator, ihr Schöpfer, und sie – als sein Geschöpf – wollte immer so werden, wie er, der Lehrer, sie für sein Leben haben wollte.

In einem anderen Kapitel sprachen in diesem Buch der Wendungen *Me-ti und Kin-jeh über die Schönheit der Lai-tu. »Ich glaube, glückliche Menschen kommen uns immer schön vor«, sagte Me-ti lächelnd, »und du machst sie glücklich.« – »Falsch«, sagte Kin-jeh, »nicht ich mache sie glücklich; sie macht sich für mich glücklich.«*

Manchmal gelang der Zauber in Brechts Gegenwart, wenn alles so war, wie er es wollte. Dann wurde sie auch glücklich durch ihn, wenn sie sich für ihn glücklich machte. Er musste es sehen und fühlen, dass sie es selber wollte, damit er selber angezündet wurde von der Hingabe an ihn.

In Moskau, nicht weit entfernt vom Kreml, liegt das Hotel Metropol. Am 17. Mai 1941 geht hier Bertolt Brecht mit den Seinen, begleitet von einem ganzen Tross von Kofferträgern, einen langen Gang hinunter, vorbei an vielen Türen. Neben Brecht geht Helene Weigel, hinter ihr die Kinder. Der siebzehn Jahre alte Stefan und seine Schwester Barbara, die von ihren elf Jahren die letzten acht in der Fremde gelebt hat. Brecht reist mit seinen drei Frauen. Außer Helli sind das Brechts dänische Freundin Ruth Berlau und Margarete Steffin, seine Geliebte aus Berlin, seine Sekretärin und inzwischen wichtigste Mitarbeiterin. Sie spricht Russisch, sie ist schon öfter in der Sowjetunion gewesen, monatelang, zur Kur auf der Krim, in Moskau, im Kaukasus. Jetzt verhandelt sie auf dem Gang mit dem Hoteldiener.

Brechts Großfamilie ist seit 1939 auf der Flucht vor der deutschen Wehrmacht. Von Dänemark nach Schweden über Finnland nach Russland. Von Leningrad dann mit dem schnellen Expresszug PFEIL nach Moskau. Immer mit dabei: zwei Dutzend Gepäckstücke, Koffer und Kisten, die ihnen jetzt nachgetragen und auf kleinen Wagen neben ihnen her geschoben werden. Das Fluchtgepäck auf einer Reise um die Welt. Das Werk Bertolt Brechts, das in den Jahren des Exils entstanden ist, wird sorgfältig gehütet und Blatt für Blatt in den Koffern mittransportiert. Steffin hat mit ihren Russischkentnissen den Grenzübergang der Großfamilie nach Leningrad hinbekommen – dass es die große Zahl an Manuskripten mit hinüber geschafft hat, war dabei das eigentliche Wunder.

— *Alles Geschriebene galt in Stalins Sowjetunion grundsätzlich als verdächtig, Spionage oder Konterrevolution könnten sich dahinter verbergen.*

Nicht weit vom Metropol entfernt, im Hotel Lux, der Herberge vieler ausländischer Kommunisten auf der Flucht, waren in den Nächten der Jahre 1937 und 1938 die Häscher des NKWD über die Flure gekommen, um sich immer wieder neue Opfer zu holen. Eine Menschenfalle für die führenden Mitglieder auch der deutschen Kommunistischen Partei. Pieck und Ulbricht wohnen immer noch im Lux. Mit ihren Unterschriften unter die Anklagen gegen die geflüchteten Genossen aus dem Reich lieferten sie Hunderte Mitglieder ihrer KPD an die Folterknechte und Henker des sowjetischen Geheimdienstes. In Berlin wird Brecht ihnen begegnen: sie sind dann Präsident der neu gegründeten DDR und Parteichef der SED. Aber jetzt, 1941, scheint es, als ob eine besondere Macht die Brecht'sche Reisegruppe beschützt und durch das lebensgefährliche Gelände der Sowjetunion geleitet.

Als die Großfamilie endlich vor einer Tür zu einem Appartement stehen geblieben ist, kann Grete Steffin übersetzen, was ihnen der Hotelangestellte eröffnet. »Weil wir so viel Gepäck haben, bekommen wir die zwei großen Zimmer.« Dann wird eine Tür aufgeschlossen, und die Angestellten des Metropol gehen vorweg in das erste große Zimmer und laden das Gepäck ab. Bald sieht es hier aus wie auf der Gepäckaufbewahrung am Bahnhof. Und ein Bahnhof war das Metropol auch für Brecht. Ein Wartesaal bis zur Abfahrt mit dem Transsibirien-Express von Moskau nach Wladiwostok. Das Ziel war Los Angeles, der Ort, an dem schon eine Reihe von Exilierten eingetroffen war. ›Weimar zwei‹ wurde die Gegend um Pacific Palisades genannt, denn hier wohnten Dichterfürsten mit gesicherten Einkommen wie Franz Werfel, Thomas Mann und Brechts Freund Lion Feuchtwanger.

— *Brecht wusste nicht, wie er vom sowjetischen Geheimdienst beurteilt wurde. Heute wissen wir, das Wort »Trotzkist« stand hinter seinem Namen in einer Moskauer Akte. Im Prinzip war das ein Kainsmal, das den Genossen in höchste Gefahr brachte. Während der Tschistka, Stalins »Großer Säuberung« in den Jahren 1936 bis 1938, sind Millionen unschuldiger Menschen in den Lagern des Gulag verschwunden. Hunderttausende wurden mit fabrizierten Geständnissen zum Tode verurteilt oder auch ganz ohne Urteil hingerichtet. Auch einige Freunde Brechts sind verhaftet und ermordet worden, kamen ins Lager oder blieben verschwunden.*

Brecht ahnte wohl, dass jetzt in Moskau eine Art Schutzengel über ihn wachte, der den Aufenthalt und die Weiterreise nach Amerika duldete und beförderte.

Die letzten Gepäckstücke werden in das größere Zimmer des Doppelappartements im Hotel Metropol hineingetragen und dort aufgestapelt. Helene Weigel zählt sie durch. Sie ist der Reisemarschall, zuständig für Geldbeschaffung, Lebensmittelversorgung und all das weitere Lebensnotwendige. Ruth Berlau sucht ihre Stücke heraus und dirigiert sie in ein Nebenzimmer. Margarete Steffin sitzt jetzt erschöpft und verloren zwischen den Koffern, Reisetaschen und Kisten.

Sie versucht verzweifelt, einen Hustenanfall zu unterdrücken. Als das nicht mehr geht, möchte sie ihn möglichst verstecken. »Entschuldigt, bin in keiner guten Verfassung.« Brecht, der sich, die Gepäckräumaktion damit eher behindernd, die ganze Zeit in ihrer Nähe aufgehalten hat, reicht ihr sein Taschentuch. Helene Weigel sieht besorgt herüber. Es ist ihre ständige Angst, dass die

Kinder sich mit Gretes Tuberkulose anstecken könnten. Grete kennt diesen Blick und versucht, sie zu beruhigen. »Keine Angst. Ich hab ein Einzelzimmer.« Sie bittet den Hoteldiener, ihr den größeren Koffer ein Stockwerk höher zu tragen. Den kleinen Koffer mit dem chinesischen Schlafmantel, dem Leninbild, den nötigsten Wörterbüchern, den gerade aktuellen Manuskripten trägt sie selbst.

In ihrem kleinen, deutlich schäbigeren Einzelzimmer im Hotel Metropol tippt Margarete Steffin auf ihrer Reiseschreibmaschine an einem Text für Brecht. Sauber hat sie die dünnen Blättchen, jedes hinterlegt mit dem schwarzen Kohlepapier, in die Maschine gespannt. Die einzige Möglichkeit, mehrere Durchschläge zu machen. Sie tippt jetzt mit besonders festem Anschlag, um bis zur letzten Lage durchzudringen.

1940
Das Frühjahr kommt. Die linden Winde
Befreien die Schären vom Wintereis.

Wieder ein Hustenanfall. Routiniert holt sie ihr Taschentuch aus der Tasche ihrer Strickjacke und presst es auf den Mund. Dabei dreht sie den Kopf zur Seite, damit kein Bluttröpfchen auf das Papier gerät. Dann schreibt sie weiter.

Die Völker des Nordens erwarten zitternd
Die Schlachtflotten des Anstreichers.

Bei all den Schrecken der Flucht ist es eine kostbare Freude, die Verse Brechts abzutippen. Wie präzise hier der Mann im Exil die Sprache, die zu Hause verhunzt und verbogen wird, für die andere Zeit, für die Jahre danach aufbewahrt.

Dann klopft es an der Tür. Ruth Berlau kommt mit einem Tablett ins Zimmer. Das ist mal eine Überraschung. Eine Freundschaft ist es zwischen den beiden nicht mehr geworden, seitdem Grete erleben musste, wie nah sich Brecht und Ruth Berlau in Dänemark gekommen sind. Berlau stellt ein Kännchen Tee mit einer Tasse auf den Tisch. »Das schickt dir der Brecht. Du sollst dich schonen.« Steffin blickt nur kurz hoch und nickt Ruth dankend zu, dann tippt sie weiter. Sie lächelt ein wenig in sich hinein. Ein liebes Wort von ihm, immerhin. Das ist, als ob Brecht sie von ferne gestreichelt hätte. Sie muss sich noch einmal vergewissern. »Hat er das gesagt?« Ruth nickt. Sie gießt den Tee ein und stellt Grete die Tasse direkt neben die Maschine. »Seit ich dich kenne, immer so: tippen, tippen, lesen, kritisieren, tippen. Du bis die fleißigste Mensch, die ich je gesehen hab. Und wenn er was korrigiert hat, findet er jeden Morgen ein saubere Abschrift auf dem Schreibtisch.« – »Er braucht das, damit er weiterarbeiten kann.« Jetzt schaut sie hoch von der Maschine, und damit Ruth bloß nicht denkt, dass sie das alles als Sklavenarbeit empfindet, sagt sie: »Er hat's mir nie befohlen.« Das kennt Berlau selbst nur zu gut. »Ja, das will er nicht. Du sollst es von selber machen, alles immer ganz von allein. Und am Morgen, wie im Märchen, ist die Arbeit getan.«

Sie hebt ein Blatt vom Luftpostpapier hoch, das vom Tisch heruntergeweht ist. »Und dann immer diese dünne Papier.« Ja, das ist kein Spaß, mit den ganzen Durchschlägen, das weiß Grete besser als sie. »Wir sind auf der Flucht. Es muss leicht sein. Und wegen der vielen Post sowieso.«

Grete muss schon wieder husten, dieses Mal schafft sie es nicht ganz mit dem Taschentuch; ein Blutspritzer landet auf dem weißen Blatt. Sie zieht die Seiten aus der Maschine. Der Hustenanfall wird heftiger, er hört gar nicht mehr auf. Grete krümmt sich zusammen und kippt nach vorn über den Tisch. Japst, schnappt nach Luft. Saugt sie in schnellen kurzen Zügen in den kleinen noch funktionierenden Teil ihrer Lunge ein. Ruth richtet sie behutsam auf und schaut ihr ins Gesicht. Wie schrecklich, das Blut und dann dieser kurze, flache Atem. »Ruth, es tut so weh!«

Grete Steffin wird von zwei Rettungssanitätern auf einer Bahre aus ihrem Zimmer im Hotel Metropol herausgetragen. Brecht, sehr besorgt über diesen neuerlichen Rückfall, folgt der Tragbahre. Zurück bleiben Ruth Berlau und Helene Weigel, die sehr erschrocken zusehen. Grete hustet stark, sie ringt nach Luft. Der Sanitäter erklärt ihr auf Russisch, dass man sie jetzt in die Spezialklinik Wysokije Gory – »Hohe Berge« – bringen wird. Grete, erschöpft, schweißnass, auch ein bisschen benommen von den Schmerzmitteln, versucht Brecht zu übersetzen, was die Sanitäter ihr gesagt haben. Sie sieht die Augen ihres Geliebten, seine Angst. Da versucht sie ein kleines Lächeln: »Eine gute Klinik hier in Moskau. Speziell für Lungenkranke.«

Hinten im Krankenwagen lässt man Brecht neben Gretes Tragbahre sitzen. Der Sanitäter gibt Steffin mit einer Maske Sauerstoff aus einer Flasche. Er erklärt auf Russisch, was er da tut. Brecht versteht nichts. Grete trinkt gierig den Sauerstoff. Ihr zugleich verzweifelter und zärtlicher Blick hinauf zu Brecht. Sie schämt sich, wie schon seit Jahren, für die Krankheit und die Umstände, die sie dauernd macht.

»Die Kälte jetzt zuletzt in Finnland – die schlechte Ernährung, keine Vitamine – und trotzdem hast du so viel gearbeitet. Grete, jetzt wird alles gut. Kalifornien – das ist das richtige Klima für dich.« Ja, schön wäre das wirklich. »Die Sonne. Endlich wieder. Wie in Sanary.« Wieder ein kleiner, diesmal fast verschluckter Hustenanfall. »Grete, ich brauch dich. Ich kann nicht arbeiten ohne dich.« Grete, aus ihrem Medikamentennebel mit einem letzten Rest von Selbstgewissheit und Ironie: »Das glaub ich dir sogar.« Denn es stimmt wirklich.

Nach einer Weile schreckt sie aus ihrem Dämmern auf und versucht panisch, sich aufzusetzen. »Der Ring! Ich habe unseren Ring nicht mehr!« Sie fällt erschöpft wieder zurück auf die Bahre. Der kleine Ring, den Brecht ihr einmal geschenkt hat. Das Zeichen ihrer Verbundenheit. Und jetzt hat sie ihn verloren. »Du wirst ihn im Hotel gelassen haben«, beruhigt sie Brecht. »Ich bringe ihn dir nächstes Mal mit.«

Im Arztzimmer der Klinik Hohe Berge hat Professor Rabuchin vom Moskauer Zentralinstitut für Tuberkulose noch einmal einen Blick auf das Röntgenbild der Lungen von Grete Steffin geworfen. Auf Russisch erklärt er den beiden Herren, die vor seinem Schreibtisch sitzen, den Befund: »Nur knapp ein Sechstel der Lunge arbeitet noch. Die anderen Lappen sind von der Tuberkulose zerstört. Eine Reise, schon gar eine so weite, können wir nicht verantworten.« Michail J. Apletin übersetzt das für Brecht. Apletin ist stellvertretender Leiter der Auslandskommission des sowjetischen Schriftstellerverbandes, und er ist ein alter Bekannter. Schon bei Brechts früheren Moskau-Besuchen 1932 und 1935 hat er ihn betreut. Auch diesmal soll er dem Gast alle Hindernisse aus dem Weg räumen und ihm das Leben so angenehm wie möglich machen.

Draußen auf dem Gang gibt Brecht ihm Grete Steffins Geld, ihren Reisepass, ihr Visum. Die Reisedokumente – sie sind in der letzten Zeit für alle das größte Problem gewesen. Besonders aber für Grete. Zwar hat sie durch eine Scheinehe mit einem Dänen die dänische Staatsbürgerschaft erlangen können, bei der Jagd nach den nötigen Papieren für die Flucht in die USA hatte sie aber noch kein Glück gehabt. Brecht hat unter gar keinen Bedingungen ohne sie fahren wollen, und so saß die Familie trotz gültiger Dokumente in Finnland fest, während sich mit den militärischen Erfolgen der Deutschen die letzten Schlupflöcher aus Europa zusehends schlossen. Das war für Grete Steffin das Schlimmste: dass sie fürchten musste, dass an ihrer Krankheit, die sie nun unbeweglich machte, die Flucht der Gruppe scheitern könnte. Eine ganz entsetzliche Vorstellung, eine unerträgliche Belastung. Endlich hatte sie wenigstens ein Besuchsvisum für die USA bekommen, mehr ist wegen ihrer Tuberkulose nicht drin. Und nun sieht es so aus, als wäre ihre Reise hier schon zu Ende. Da bleibt Brecht nichts übrig, als sie seinem sowjetischen Betreuer besonders ans Herz zu legen. »Apletin – bitte kümmern Sie sich um Grete.« Apletin verspricht, sein Möglichstes zu tun. »Die Genossen hier in Wysokije Gory geben ihr die beste Behandlung in ganz Moskau. Ich verspreche Ihnen, dass ich für sie tun werde, was in meinen Kräften steht. Meine Sekretärin wird sich jeden Tag um sie kümmern. Wenn sie wieder reisen kann, werden wir alles versuchen, dass sie Ihnen folgen kann. Nach Amerika.« Er lächelt, und Brecht weiß nicht genau, wie viel Achtung oder Verachtung für die Vereinigten Staaten darin liegt. Sie tragen alle ihre Masken, und kaum jemand zeigt sein wahres Gesicht.

Bevor Brecht sich zurück ins Hotel Metropol begibt, möchte er noch für einen Moment zu Grete ins Zimmer gehen: ein Blick, ein aufmunterndes Wort für die erste Nacht in der Klinik. Grete Steffin liegt in einem schönen, großzügigen Einzelzimmer im Parterre der ehemaligen Herrschaftsvilla, in der die Klinik untergebracht ist. Fenster bis zum Boden, eine hohe Flügeltür, halb offen, geht auf den parkähnlichen Garten hinaus. Die langen weiten Vorhänge bewegen sich leicht im Luftzug. Nur die medizinischen Geräte, Sauerstoffflasche, Infusionsgalgen, stören das idyllische Bild. Vom Bett aus kann man ins Grüne hinausblicken.

Jetzt aber ist Grete eingeschlafen. Sie atmet flach und unruhig. Brecht schließt vorsichtig die Tür.

An Grete Steffins Krankenbett in der Klinik Hohe Berge sitzt Maria Osten, Journalistin, Schriftstellerin, Emigrantin aus Nazideutschland, die Geliebte des ehemaligen Prawda-Korrespondenten und Stalin-Hofjournalisten Michail Kolzow. Sie wirkt gar nicht mehr mondän wie früher, eher etwas abgerissen und ärmlich. Außerdem spürt man bei ihr eine starke innere Anspannung.

Die beiden Frauen kennen einander schon aus früheren Tagen. Maria Osten – das Pseudonym hat Maria Greßhöner sich aus Begeisterung für die UdSSR zugelegt. Sie war einmal Redakteurin der von Brecht mit herausgegebenen Exilzeitschrift DAS WORT. Maria hat Grete Steffin geholfen, sich in Moskau zurechtzufinden, als Steffin dort für Brecht tätig war. Die beiden Frauen sind gleichaltrig, und sie mögen einander. Jetzt kommt Maria jeden Tag, um Grete zu besuchen, ihr etwas vorzulesen, sich mit ihr zu unterhalten. Es ist eine vertraute Atmosphäre, in der sie offen miteinander sprechen können. Das lenkt Maria ab von den eigenen Sorgen. Diesmal hat sie eine Mappe aufgeschlagen und liest in einem Manuskript. Es ist eine Erzählung von Margarete Steffin. Maria hat sofort gemerkt, dass dieser Text sehr viel mit Grete und mit Brecht zu tun hat. »Das Mädchen Ursula weinte sehr viel. Sie hatte sich alles doch viel leichter gedacht, da ihr der Mann gesagt hatte, er würde sie immer gern haben, es würde ganz an ihr liegen, solange sie ihn eben wollte.«

Grete hat inzwischen von den Ärzten ein Sauerstoffkissen bekommen, mit dem sie ihre Atemnot zwischendurch ein wenig lindern kann. Über das Mundstück saugt und trinkt sie gierig den lebenspendenden Sauerstoff. So kann sie auch dem Besuch aufmerksamer folgen. Ihr tut es fast schon wieder leid, dass sie der Freundin diesen so persönlichen Text gezeigt hat. »Das sind so Versuche, Maria. Bin ja in den Jahren kaum dazu gekommen, selber zu schreiben.« Maria liest aber interessiert weiter, denn sie erkennt hier so manches aus dem eigenen Erleben wieder. Auch Kolzow ist mit einer anderen Frau verheiratet, auch er hat es nicht so mit der Monogamie. »Zu seiner Freude war sie zärtlich zu ihm, aber mit einer gewissen wünschenswerten Kühle, und er sagte ihr, sich wohlig in dem Bett drehend: Du bist jetzt so, wie ich dich immer haben wollte. Siehst du, wir können sehr glücklich zusammen sein.« Grete möchte das jetzt nicht weiter hören. »Pack's wieder weg, zum Übrigen. Ehe der Brecht kommt.« Maria Osten findet schon lange, dass Steffins literarische Versuche zu schade für die Schublade sind. Ihr Kolzow hat einmal eine Erzählung der Steffin in einer seiner Zeitungen untergebracht. »Wir hätten auch von dir was im WORT drucken sollen.« Grete aber hat bisher keine guten Erfahrungen gemacht, wenn sie jemandem, der wusste, dass sie Brechts Sekretärin ist, ihre Arbeiten gezeigt hat. »Wenn ich was schreibe, dann denken die Leute sowieso, das kommt von Brecht. Das macht es schon schwerer.« Maria Osten steckt gehorsam die Manuskriptseiten zurück in den Umschlag und packt ihn in Gretes kleinen Koffer, der offen neben dem Bett auf dem Fußboden steht.

Grete findet, dass sie sich schon viel zu lange mit ihr und ihren Problemen mit Brecht beschäftigt haben. »Und jetzt erzähl von Kolzow. Was ist mit ihm?«

Michail Jefimowitsch Kolzow ist ein wichtiger Mann gewesen, und er ist tief gefallen. Vor ein paar Jahren noch »Journalist Nr. 1« in der Sowjetunion, Starreporter für die »Prawda« mit viel beachteten Reportagen aus dem Spanischen Bürgerkrieg, intelligent, weltläufig – Ernest Hemingway porträtiert ihn in *Wem die Stunde schlägt*. Ein Verleger – vor allem aber ein Günstling Stalins, dessen Gefolgsmann er von Anfang an gewesen ist. Als Leiter der Auslandsabteilung des Schriftstellerverbandes war Kolzow auch zuständig für die deutschen Exilierten in der Sowjetunion und in Westeuropa, ein überaus wichtiger Mann. (Und der Chef von Apletin.) Als er Ende 1938 plötzlich bei Stalin in Ungnade fällt, nachdem er gerade noch den dritten Schauprozess im Rahmen der »Großer Säuberung« öffentlich gefeiert hat, verhaftet ihn der NKWD. Die Beschuldigung ist ebenso nichtssagend wie furchtbar: »konterrevolutionäre Tätigkeit«. Als Kolzow festgenommen wurde, war Maria Osten in Paris, außerhalb Stalins Reichweite. Sie hat sich aber zum Entsetzen aller Freunde und Bekannten entschlossen, nach Moskau zurückzukehren. Sie musste den schrecklichen Irrtum aufklären, die Unschuld ihres Mannes bezeugen.

Maria Osten weiß leider immer noch nichts Neues. »Sie sagen mir nichts. Er steckt in irgendeinem Gefängnis. Es muss ein Missverständnis sein.« Auch Grete Steffin sieht, in welche Falle ihre Freundin mit der Rückkehr geraten ist, und macht sich große Sorgen. »Maria, bring dich nicht in Gefahr! Du bist jetzt die Frau eines Verurteilten.« Osten beginnt wieder mit ihrem Plädoyer für Kolzow. »Aber Michail ein Schädling, ein Staatsfeind? Er steht so treu zur Partei! Das kann ich doch aufklären. Wenn sie mich vorlassen.« Das tun sie aber nicht. Überall stößt sie nur auf taube Ohren. Wenn man sie überhaupt anhört. Die Partei hat sie kaltgestellt. Sie wird als Aussätzige behandelt. An Margarete Steffin ist natürlich auch nicht vorbeigegangen, was sich da in den letzten Jahren in der Union getan hat. Auch von so manchen guten Bekannten, die ihr bei ihren beinahe alljährlichen Aufenthalten in der UdSSR geholfen hatten, hat sie auf einmal nichts mehr gehört. »Es sind viele Freunde verschwunden. Aber die Partei kann sich doch nicht irren.« Das ist die große Unsicherheit: Das Mutterland der Werktätigen, die Arbeiterklasse, der die Zukunft gehört – wenn auf die kein Verlass mehr ist, was gilt dann überhaupt noch? Und hat das Große Experiment etwa keine Feinde, versucht der Kapitalismus, der Faschismus nicht mit allen Mitteln, den Sozialismus zu verhindern, ihn zu vernichten? Muss sich die Union da nicht zur Wehr setzen? – Als hätte Maria ihre Gedanken gelesen: »Ja, wer die Partei jetzt anklagt, der gibt dem Feind eine Waffe in die Hand.

Und das dürfen wir nicht. Stell dir vor, ich wollte schon einen Brief an Stalin schreiben. Kolzow war doch schließlich sein Unterstützer von Anfang an, fast so etwas wie sein Vertrauter.« Sie konnte nicht ahnen, wie viele Tausend Briefe aus den Gefängnissen und Lagern an Stalin geschrieben wurden. Mit Klagen über die Isolation, die Prügel, das Hungern. Und über allem das ganz klare Bewusstsein der Opfer, unschuldig zu sein. Und die Naivität, dass, wenn sie nur zu Stalin durchdringen würden, alles gut werden würde. Der Gott Stalin, der geniale Führer, er konnte nicht wissen, was in seinem Namen geschieht. Es müssen Teufel in seiner Umgebung leben, die diesen Irrsinn hinter seinem Rücken in Gang setzen. Ach, wenn er es nur wüsste, er würde diese Ungetreuen bestrafen und sie, die treuen Kommunisten, aus all ihren Leiden befreien. Aber dieser Gott hatte keine Postanschrift für solche Briefe. Er wollte sie nicht lesen. Er war es ja selbst, der all dieses Leiden bewusst über die Menschen gebracht hatte. Den Terror zur Stabilisierung seiner Herrschaft.

Grete fängt wieder an zu husten. Es ist ein Wunder, dass sie heute Nachmittag so gut durchgehalten hat. Sie muss sich vorbeugen, hält wieder das Taschentuch vor den Mund. Dann nimmt sie einige Züge aus dem Sauerstoffkissen, der Hustenanfall ebbt ab. »Es ist eine eklige Krankheit.« Grete versucht, sich zu sammeln und den Gesprächston unter Freundinnen wiederzufinden. »Und dagegen die Ruth: so gesund und schön. Elegant. Dabei ist sie eigentlich bürgerlich. Das mag er doch sonst gar nicht.« Ja, als Geliebte, da ist ihm die Berlau schon lange wichtiger. Ist ja auch kein Wunder. Maria kann sich denken, wie der Freundin zumute ist. »Eifersüchtig?« – »Ja, war ich. Wütend.« – »Auch meinetwegen, damals in Paris?« Das ist ihr nur so rausgerutscht. Die Geschichte aus dem Jahr 1937, da ist sie mal zusammen mit Brecht nach Sanary gefahren, zum Feuchtwanger. Grete tut das schnell ab. »Es gab da so ein böses Gerücht.« Aber was soll das jetzt noch. Da gab's ja noch genug andere Geschichten.

Maria nimmt ihre Hand. »Aber du wirst gebraucht.« Das weiß Grete: »›Du bist mein proletarisches Gewissen‹, sagt er immer.« – »Ja, woher soll er auch wissen, wie ein Arbeiter lebt, wie er denkt?« Das ist das Problem aller bürgerlichen Intellektuellen, die sich mit der Arbeiterklasse verbünden wollen. Das weiß Maria sehr gut, denn sie ist selbst die Tochter eines Gutsbesitzers. Von daher war ihr Leben ganz anders als das von Grete. Die kommt jetzt aber nicht los von ihrem Liebesproblem, das wenig mit dem Klassenunterschied zwischen Brecht und ihr zu tun hat. »Ich war nützlich! Ja! Wenigstens das. Und wie gute Zeiten haben wir gehabt. Aber Liebe und Arbeit – Maria, das ist eine verdammte Falle. Immer die anderen Frauen in seinem Bett.« – »Und du selber?« – »Er meint, eine Frau muss ihm treu sein. Bei ihm sei das aber was anderes. Er hat gesagt: ›Ich habe das Gewissen eines Eisklumpens!‹ Hört sich ganz gut an, wenn man gemeinsam auf dem Bett liegt und lacht. Helli hat mich gleich gewarnt, als das mit Brecht in Berlin anfing: ›Du tust mir leid, mein Kind.‹«

— *Wieso das mit der Untreue bei Männern eine ganz andere Sache ist als bei den Frauen, dazu hat Brecht eine Theorie, die er in ein einprägsames Bild gefasst hat. »Wenn man in der Stadt herumgeht, dann zögert man nicht, in eine fremde Wohnung zu gehen, sofern man dort etwas zu tun hat. Aber wenn man in seiner eigenen Wohnung sitzt, überlegt man sich sehr viel genauer, wen man in die Wohnung einläßt. Das ist eine viel persönlichere Sache (…).«*

Die Männer schweifen umher, die Frauen müssen warten, bis es klingelt. Danach sollten sich Brechts Frauen richten, dann würde es ein gutes Zusammenleben sein.

So viel ist klar für Marie Osten: »Du liebst ihn.«

»Zu sehr. Ob das gut ist?«

Maria Osten holt eine Zeitung aus ihrer Tasche. »Soll ich dir jetzt was vorlesen?« Aber Grete kann nun wirklich nicht mehr. »Hol mir bitte die Schwester. Es wird mir wieder so … schlecht …«

Ihr Kopf fällt zur Seite. Ihr Atem wird immer flacher und

schneller. Sie saugt die Luft ein wie eine Ertrinkende, und es ist nie genug.

Brecht kommt ein letztes Mal in Grete Steffins Zimmer in der Klinik Hohe Berge. Er hat ihr einen Ersatzring für den verlorenen besorgt und einen kleinen Elefanten für ihre Sammlung. Immer wieder hat er ihr kleine Elefanten von seinen Reisen mitgebracht, aus Holz, aus Elfenbein, je nachdem, was die Stadt, in der er war, gerade hergab. Ein paar davon stehen schon auf ihrem Nachttisch. Nun stellt er den neuen dazu. Dabei macht der kleine moskowitische Elefant in Brechts Hand vor jedem der anderen eine Verbeugung und begrüßt so die Herde auf dem Nachttisch. Brecht zählt dabei die geschätzten, die vorbildhaften Eigenschaften der Tiere auf. »Stärke, Zuverlässigkeit, List und Kraft.« Dann gibt er ihr sein zweites Mitbringsel. »Muck, schau mal! Da ist der Ring!« Er streift ihr das schlichte Stück, weniger Schmuck als Symbol, über den Finger. Muck – so hat er sie früher immer genannt. Weil er es mochte, wie sie jedes Mal aufmuckte, wenn ihr etwas nicht passte, weil sie es für falsch hielt. »Du hast ihn ja gar nicht gefunden.« Natürlich hat Grete sofort seinen kleinen Betrug bemerkt, und Brecht versucht auch gar nicht, ihn zu verstecken. »Ich hab ihn gerad gekauft – aber er bedeutet dasselbe.« Aber Grete hat den Ersatz schon als vollwertig akzeptiert. Sie legt die andere Hand wie schützend über den Ring. Und wieder die Entschuldigung für ihr großes Unglück. »Es tut mir so leid, dass ich euch zur Last falle. Du hast mir doch wieder Arbeit mitgebracht?« Er hat, denn er weiß, wie nötig sie auch jetzt noch das Gefühl braucht, gebraucht zu werden. Er legt ihr eine Manuskriptmappe auf den Tisch. Jetzt muss aber die entscheidende Nachricht heraus, wenn sie ihm auch kaum über die Lippen kommen will. »Ja, wir haben jetzt die Fahrkarten.« Die Tickets für ihn und für die Familie, die Schiffspassage in die USA, nach San Pedro, Kalifornien. Das letzte fehlende Puzzlestück für den Abschied von Europa. Für den Abschied von ihr, den endgültigen. »Wann?«, fragt sie nur. »Heute Nachmittag gegen fünf«, antwortet er verlegen. Denn spätestens jetzt muss sie merken, dass er es nicht erst gerade eben erfahren hat. Sie haben die Tickets schon seit einigen Tagen, und er hat noch versucht, sie ihretwegen auf einen späteren Termin umzubuchen – vergeblich. »So schnell?« Das ist keine Frage, sondern zunächst ein Erschrecken, das sofort in Erleichterung übergeht. »Das ist gut.« Nun ist sie nicht länger der Klotz am Bein. Ehe sie mehr sagen kann, bekommt sie einen Hustenanfall. Sie ringt nach Luft. Das Sauerstoffkissen ist leer. Brecht geht zur Tür und schaut in den Flur nach Hilfe. Da kommt auch schon die Krankenschwester und stülpt Grete die Sauerstoffmaske über Mund und Nase. Röchelnd saugt sie die Luft ein. Das Geräusch des Lebenskampfes um die Luft. Ihre Augen wollen etwas sagen, aber man versteht es nicht. Dann, als ihr Lungenrest wieder etwas zur Ruhe gekommen ist: »Es ist gut. Rettet euch! Das ist die Hauptsache.« Nach einer kleinen Pause: »Ich bin so froh.« Sie blickt kurz auf das Stalinbild an der Wand. »Du musst leben und schreiben. Ich komme dann nach.« Brecht ist angegriffen, bleibt aber gefasst. Sein Damm gegen den Gefühlsansturm hält auch hier. »Apletin kümmert sich um dich. Und Maria wird dich jeden Tag besuchen.« Grete muss schon wieder husten. »Du musst mir schreiben.« Brecht steht auf und macht sich bereit zum Gehen. »Ja, und jeden Tag ein Telegramm von unterwegs.« – »Dann bist du bei mir. Nur dann leb ick.« Dabei weiß sie natürlich genau, dass sie bald abkratzen wird. »Abkratzen« – wenn sie dieses Wort aus ihrer Berliner Kindheit gebraucht, sind immer alle erschrocken und peinlich berührt. Dabei ist es doch so richtig.

Im Express Moskau-Wladiwostok, der Transsibirischen Eisenbahn. Abend. In einem kleinen Salon füllt Brecht sich aus einem Samowar ein Glas mit Tee. Er geht damit an seinen Tisch zurück. Dort sitzt er allein und schaut aus dem Fenster in die Dunkelheit. Am 30. Mai 1941 ist Brecht in Moskau eingestiegen. Der Zug braucht zehn Tage von Moskau in die Hafenstadt

Wladiwostok. Heute sind sie schon fünf Tage und fünf Nächte unterwegs. Immer weiter durch die endlosen Weiten Russlands.

In ihrem Bett in der Klinik Hohe Berge trinkt Margarete Steffin aus der Sauerstoffmaske. Sie ist nun ganz heruntergekommen. Die Krankenschwester hat ihr wieder eine Campherspritze gegeben und die stärksten Schmerzmittel verabreicht. Sie spricht auf sie ein, russisch, in besänftigendem Tonfall. »Ruhig, ganz ruhig. So, so. Es wird ja alles gut.« Grete Steffin schließt die Augen und dämmert weg.

Wir hören ihre Stimme. Das Geräusch von Meereswellen. Es sind die Szenen eines Traums, den sie einmal für Brecht aufgeschrieben hat.

»Seit Wochen schwimme ich auf dem Fieberschiff. Es steigt schrecklich auf und ab. Mir ist so schlecht, so schlecht, ich will ans Ufer der Gesundheit, aber das Schiff legt nie an. Ich springe in das dunkle Wasser. Mit Fischnetzen, mit Angelhaken holen sie mich zurück, ich frage angstvoll, ob es keine Rettung gibt. Ja! Sagen die Wächter, wenn ich eine Frage wahrheitsgetreu beantworte. Welche Frage? Wem? Rasch, rasch! Welche Frage?«

Und die Wächter führen sie hinaus, eine enge Treppe hinab ins Schiffsinnere.

Dort unten, tief im Bauch des Schiffes, kommen sie über einen langen Gang in einen Warteraum. Dort sitzen auf Stühlen viele Männer und Frauen. Als Steffin mit den Wächtern den Raum betritt, drehen sich alle erwartungsvoll nach ihr um. Sie fragt die Wächter: »Wer sind sie?« – »Schauspieler!«

Steffin geht an ihnen vorbei. Sie strecken die Hände nach ihr aus. Sie wollen etwas von ihr. Die Schauspieler, Männer und Frauen, rufen durcheinander. »Sag uns, welches die Rolle ist, dann kannst du gehen!«

Steffin wüsste da viele. Zu viele. Die Courage, der Puntila, der Galilei, ach – alle Stücke, die nicht aufgeführt werden dürfen.

Die Schauspieler schreien durcheinander. »Gib sie uns! Wir brauchen doch Stücke!«

Steffin muss sie enttäuschen, so weh ihr das auch tut. »Ihr könnt sie nicht spielen! Nicht geduldet wird, daß man die Wahrheit sagt. Und diese Stücke sagen die Wahrheit!« Eine Hoffnung gibt es aber doch noch, die Hoffnung auf den großen Wandel. »Ach, ihr könnt die Stücke, die die großen Rollen für Euch bergen, erst spielen, wenn es anders wird.« Und anders wird es einmal werden, das ist gewiss. – Aber wie, wenn es nur anders wird dadurch, daß sie sie spielen?«

Dann bleibt eben alles, wie es ist. Ein Kreis der Hoffnungslosigkeit, aus dem es kein Entrinnen gibt.

»Und der schwankende Boden unter mir öffnet sich und ich falle, falle, falle.«

Es ist der 4. Juni 1941. Im Salonwagen der Transsibirischen Eisenbahn hört man das schrille, lang anhaltende spitze Quietschen der Bremsen. Der Zug hält auf einer Station, man ist schon jenseits des Baikalsees. Es sind über 9000 Kilometer von Moskau nach Wladiwostok, sieben Zeitzonen. Ruth Berlau kommt zurück in den Wagen. Sie ist kurz auf dem Bahnsteig gewesen, dort hat man ihr ein Telegramm für Brecht gegeben. Von Apletin. Es ist auf Russisch, deswegen hat Ruth gleich den kleinen mongolischen Dolmetscher mitgebracht. Brecht blickt ihnen ängstlich entgegen. Sein Herz geht sehr schnell. Endlich sind die beiden an seinem Tisch angekommen. Der Dolmetscher übersetzt. »Acht Uhr Morgen Grete bekam Ihr Telegramm und las es ruhig. Um 9 Uhr morgens starb sie. Mit tiefem Mitgefühl und Gruß, (...) Apletin.«

Vier Tage später. Im Salonwagen der Transsibirischen Eisenbahn versucht Brecht, etwas in sein Notizbuch zu schreiben. Es ist das erste Mal seit Gretes Tod, dass er überhaupt versucht, einige Worte zu Papier zu bringen. Sein Totengedicht für Margarete Steffin. »Und als es soweit war und mir der gleichgültige Tod ihre fünf zerstörten Lungenflügel zeigte ...«

Am Ende des Salonwagens an der Tür stehen Ruth Berlau und Helene Weigel. Sie schauen auf Brecht. Sie machen sich große Sorgen, so verstört und abwesend haben sie ihn noch nie erlebt. Ruth hat ihm sogar ihre Kabine im Schlafwagen angeboten – er reist mit seiner ganzen Familie in einem Abteil, und da hat er doch keine Minute für sich. Das wollte die Helli aber nicht. Doch nun scheint er sich ja langsam wieder zu fangen; Ruth hat ihn heute sogar zum ersten Mal wieder etwas lächeln gesehen, als auf einem der Bahnsteige, an denen sie auf ihrer langen Fahrt immer wieder halten, ein paar Kinder Maiglöckchen verkauft haben. Gretes Lieblingsblumen. Trotzdem kann Ruth es kaum glauben: »Dass er wieder schreiben kann. Auch im Unglück.« – »Gerade im Unglück!« Helene Weigel denkt, ihn besser zu kennen. Auch sie ist jetzt, als sie ihn schreiben sieht, etwas beruhigter. Wenn der Brecht nicht mehr schreiben könnte – das wäre ein Unglück nicht nur für ihn, sondern für sie alle. Einfach unvorstellbar. Sie versichert Ruth, was sie selbst gern glauben möchte: »Das vergisst er schnell.«

Sie gehen hinaus. Helli ins Familienabteil, Ruth in ihre Schlafwagenkabine. Brecht hat inzwischen sein Notizbuch zugeklappt. Es ist einfach nicht gegangen.

— *Die erste Notiz über den Tod seiner geliebten Mitarbeiterin, den ersten Tagebucheintrag überhaupt seit Finnland bringt Brecht erst fünf Wochen später zustande. Da ist er schon lange auf dem Pazifik unterwegs, schon fast angekommen in Kalifornien.*

Später schreibt er im Gedicht »Nach dem Tod meiner Mitarbeiterin M. S.« von seiner Trauer: »Seit du gestorben bist, kleine Lehrerin/Gehe ich blicklos herum, ruhelos/In einer grauen Welt staunend/Ohne Beschäftigung wie ein Entlassener. // (...) Heim/kann ich nicht gehen, ich schäme mich/Daß ich entlassen bin/Und im Unglück.« Oder er versucht, den ungeheuren Verlust in strengster Stilisierung auszusprechen: »MEIN GENERAL IST GEFALLEN/Mein Soldat ist gefallen // Mein Schüler ist weggegangen/Mein Lehrer ist weggegangen // Mein Pfleger ist weg/Mein Pflegling ist weg«)

Mit jetzt nur noch 22 Gepäckstücken sind Brecht, Helene Weigel, die Kinder und Ruth Berlau nach kurzem Aufenthalt in Wladiwostok an Bord des schwedischen Frachters Annie Johnson gegangen. 51 Passagierplätze, Swimmingpool, reichliche Verpflegung. Als sie neun Tage auf See sind, kurz vor Manila, wo der Frachter seine Kopra-Ladung löschen soll, hören sie vom Überfall Hitlerdeutschlands auf die Sowjetunion.

Während Maria Osten sich noch aufopfert, um die Unschuld ihres Mannes zu bezeugen, ist Michail Kolzow längst tot. Nach seiner Verhaftung hat ihn der NKWD brutal gefoltert und ihm das absurde Geständnis abgepresst, er sei französischer, britischer und deutscher Spion. Sein Widerruf im anschließenden Geheimprozess ist nutzlos. Am 1. Februar 1940 wird er zum Tode verurteilt, am nächsten Tag erschossen.

Maria Osten selbst wird am 25. Juni 1941, nur drei Wochen nach dem Tod Margarete Steffins, vom sowjetischen Geheimdienst verhaftet. Im August 1942 verurteilt man sie wegen Spionage zum Tode. Sie wird sofort erschossen.

Was die Mitarbeit Margarete Steffins für Brechts Werk bedeutete, lässt sich vielleicht am besten anhand einer Titelliste ermessen. In ihren letzten fünf Lebensjahren, 1936 bis 1941, schrieb Brecht die Stücke: Die Gewehre der Frau Carrar, Furcht und Elend des Dritten Reiches, Leben des Galilei, Mutter Courage und ihre Kinder, Der gute Mensch von Sezuan, Herr Puntila und sein Knecht Matti, Der aufhaltsame Aufstieg des Arturo Ui. *Bis zum* Kaukasischen Kreidekreis *dauerte es dann drei Jahre (in denen nur das Nebenwerk* Schweyk im Zweiten Weltkrieg *entstand). In den zwölf Jahren bis zu seinem Tod folgten an bedeutenderen Dramen überhaupt nur noch* Die Tage der Kommune *und* Turandot oder der Kongress der

Weißwäscher. *Alles andere: Bearbeitungen. Das liegt dann allerdings weniger am Verlust seiner – seit Elisabeth Hauptmann – wichtigsten Mitarbeiterin als vielmehr an der veränderten Ausrichtung seiner Arbeit in der DDR – weg vom Stückeschreiben, hin zum Theatermachen. Probend entwickelt der Regisseur Brecht seine Stücke zu Musterinszenierungen für die neue Spielweise des epischen Theaters. 1933 hatten ihm die Nazi alles weggenommen, was er bis dahin errungen hatte: das Theater und sein Publikum. Seine Bücher und die Leser. Sein Auto und seine Bedeutung in Deutschland. Als er 1948 aus dem Exil zurückkehrt, muss er sich all das zurückerobern. Es bleiben ihm dafür acht Jahre Zeit.*

Die Skyline von New York. Bemaltes Sperrholz und Pappe für den Ausblick aus Ruth Berlaus Apartment in der 57. Straße. Ein »Hintersetzer«, auf dem der Kameramann das Tageslicht und damit die Hintergrundstimmung mithilfe von Lampen immer wieder verändern lassen kann. Aber immer öfter hängen wir heute »Green« in den Hintergrund. Darauf kann man bei der Endfertigung jedes gewünschte Bild projizieren. CGI heißt das Zauberwort, Computer Generated Imagery.

TEIL 2

Das Einfache, das schwer zu machen ist

Im New Yorker Apartment von Ruth Berlau, 57. Straße. Bertolt Brecht steht vor dem Spiegel und hebt die rechte Hand wie zum Schwur. Eine Geste, die nicht so recht passt, denn es ist ja noch gar nichts zu beeiden. Aber sie signalisiert den Ernst der Situation, und sie unterstreicht zugleich Brechts unbedingte Wahrheitsliebe. »My name is Bertolt Brecht. I am born in Augsburg nineteen – eighteen ninety eight. I live in New York.« Er spricht ein ungelenkes, deutsch geprägtes, suchendes Englisch. Ruth Berlau, seine Geliebte und Mitarbeiterin, steht in der Tür zum Balkon und beobachtet die Vorstellung. Der amerikanische Anwalt Mr. Popper, lässig in einem Sessel vor dem Fenster, ist mit dieser Geste des Schriftstellers sehr einverstanden, wirkt Brecht doch durch sie etwas unbeholfen und weltfremd. Bloß nicht zu selbstsicher oder gar neunmalklug auftreten vor diesem Ausschuss!

Was sich hier abspielt, ist die Probe für einen überaus wichtigen, möglicherweise alles entscheidenden Auftritt des Stückeschreibers vor einem sehr speziellen Publikum.

Bertolt Brecht – seit 14 Jahren im Exil – ist vor das *Komitee gegen unamerikanische Betätigungen* (HUAC) nach Washington geladen. Es geht diesem Ausschuss des amerikanischen Kongresses um die angebliche kommunistische Unterwanderung der Filmindustrie in Hollywood. Der Krieg gegen Hitlerdeutschland ist seit zwei Jahren siegreich beendet; aber die Allianz mit der Sowjetunion ist zerbrochen. Stalin ist dabei, die von der mörderischen Hitlerherrschaft befreiten osteuropäischen Staaten seinem Imperium einzuverleiben und an der Grenze zum Westen einen Eisernen Vorhang herunterzulassen. In den Vereinigten Staaten hat daraufhin die Jagd auf Kommunisten begonnen. Viele sehen in Intellektuellen, die mit sozialistischen Ideen sympathisieren, die Fünfte Kolonne Moskaus.

Im Radio hat Brecht die beängstigenden Duelle zwischen dem Ausschussvorsitzenden und dem Chefermittler Mr. Stripling auf der einen und Hollywood-Größen auf der anderen Seite verfolgen können. Mitunter ein Gebrüll, wenn sich die teils weltberühmten Schauspieler, Drehbuchautoren oder Regisseure weigerten, über ihre Mitgliedschaft in der Kommunistischen Partei Auskunft zu geben und ihre Kollegen zu denunzieren. »Are you or have you ever been a member of any communist Party?!«, lautete die entscheidende, die gefährliche Frage. Wenn sich die Verhörten, offiziell Zeugen genannt, weigerten, sie zu beantworten, begründeten sie das regelmäßig mit dem Fünften Zusatzartikel der amerikanischen Verfassung, der jedem Angeklagten ein grundsätzliches Auskunftsverweigerungsrecht garantiert.

Doch der Ausschussvorsitzende unterbrach die Beschuldigten, pardon, Zeugen sofort und versuchte, sie zum Schweigen zu bringen. »Yes or no?!«, herrschte er sie an. Wenn sie dennoch versuchten, ihren Satz zu Ende zu bringen, fuhr er mit dem Gerichtshammer dazwischen, die Gegenrede ging in seinem wilden Gehämmere unter. Wenn der Angeklagte selbstsicher und stimmkräftig genug dazu war, versuchte er weiter, seinem Argument Gehör zu verschaffen. Dann schrien sich beide Parteien an. Natürlich gewann immer der Vorsitzende. Mutige Männer waren das, die hier die Kooperation mit Leuten wie dem späteren – und unrühmlich aus diesem Amt scheidenden – Präsidenten der USA Richard M. Nixon verweigerten. Einer von ihnen sagte dem Ausschuss, er würde sich morgens nicht mehr im Spiegel ansehen können, wenn er hier diese Frage beantworte.

Für viele war mit der Auskunftsverweigerung die Karriere beendet. Die *Hollywood Ten,* zehn Filmschaffende, die sich beharrlich weigerten, die ominöse Frage zu beantworten, wurden zu Gefängnisstrafen verurteilt. Offiziell nicht aufgrund ihrer Überzeugungen, sondern wegen Missachtung des Kongresses. Sie und andere gerieten auf »Schwarze Listen«, was faktisch Berufsverbot bedeutete. Drehbuchautoren schrieben dann unter fremden Namen; es konnte passieren, dass ein Strohmann auf der Bühne vor aller Welt für sie den Oscar entgegennahm. Kaum jemand wusste, wer beispielsweise das Buch für *Ein Herz und eine Krone* oder für *Roter Staub* oder *Spartacus* in Wahrheit geschrieben hatte; erst viele Jahre später konnte Dalton Trumbo den Ruhm ernten, den zuvor ein »Strohmann« eingestrichen hatte.

Brecht weiß also, worum es für ihn geht. Es ist ein Kampf um seine Freiheit und um seine wirtschaftliche Existenz, den man ihm hier aufgezwungen hat. Er ist ohnmächtig, er kann der Bedrohung nur mit List begegnen. Er schaut über den Spiegel fragend zu seinem Anwalt. Wie war ich? Der nickt zustimmend und gibt noch einen taktischen Tipp. »Verzögern Sie bei den Antworten, wenden Sie sich an Ihren Übersetzer, Sie verstehen ja nicht alle Fragen.« Brecht nickt, das stimmt ja nun auch. Und er gewinnt Zeit zum Überlegen. »That is correct, Sir!«

Draußen, jenseits des Balkons, leuchten die Wolkenkratzer der City im Sonnenlicht. In den Häuserschluchten braust der Verkehrslärm, immer wieder übertönt vom Geheul der New Yorker Polizeisirenen.

Ruth Berlau hat einen Zettel mit den zu erwartenden Fragen in der Hand. Jetzt kommt die wichtigste, die zentrale Frage. »Bist oder warst du jemals Mitglied in die Kommunistische Partei?«

Anwalt Popper erklärt die Rechtslage. »Keiner der Zeugen wird diese Frage beantworten. Sie verstößt gegen den Fünften Zusatz der amerikanischen Verfassung.« Das nützt Brecht wenig, er ist kein Amerikaner. »Und das Risiko, wenn ich nicht antworte?« Ruth Berlau hat natürlich auch die bisherigen Verhöre verfolgt. »Dann kommst du ins Gefängnis. Wegen Missachtung von den Ausschuss.« Und tröstend fügt sie hinzu: »Ich bleib bei dir. Immer, wo du hingehst.« Sie flüstert es ihm ins Ohr und legt ihm dabei beruhigend die Hand auf die Schulter. Für Brecht ist das aber nur ein schwacher Trost. Er ist nervös, er greift zu einer Zigarre. Mr. Popper ist damit einverstanden. »Okay! Rauchen Sie ruhig Ihre Zigarre. Der Vorsitzende wird während der Verhandlung auch seine Zigarre zur Hand haben.« Das ist gut, dass man während des Verhörs rauchen darf, das hilft. Brecht zündet seine Zigarre an, so geht es ihm gleich besser.

Dann bringt der Anwalt einen unangenehmen Aspekt ihrer Verteidigungstaktik zur Sprache: die Solidarität mit den Genossen. »Die anderen sind Amerikaner. Brecht, Sie sind staatenlos. Die meisten werden es Ihnen nicht übel nehmen, wenn Sie die Frage als Einziger beantworten.«

— *In einem Interview hat Popper das später so formuliert: »We all knew that he wanted to go back to Germany … Brecht wollte zurück nach Deutschland. Und wir wussten es. Brecht hatte gemischte Gefühle. Er verstand die Bedeutung dieses Kampfes, er identifizierte sich mit ihm. Er wollte sich nicht vor diesem Kampf drücken; aber andererseits wollte er das vollenden, was er als seine Lebensaufgabe ansah: weiterzuarbeiten an seinem Werk. Und dazu musste er in Deutschland sein.«*

»Der Kampf« – das ist hier die Auseinandersetzung zwischen den kommunistischen oder mit der Linken sympathisierenden Filmschaffenden Hollywoods auf der einen, den rabiat antikommunistischen McCarthy-Politikern auf der anderen Seite. Einige deutsche Kommunisten werden es Brecht tatsächlich verübeln, dass er die ominöse Frage beantwortet und sich nicht zum Märtyrer machen lässt. Sie ha-

ben den Galilei *nicht gelesen oder den Widerruf Galileis vor der Inquisition nicht verstanden.*

Ruth wiederholt, immer noch den Merkzettel in der Hand, noch einmal die entscheidende Frage. »Bist du oder warst du jemals Mitglied der Kommunistischen Partei?« Brecht probt den rettenden Satz. »I was not – or am not – a member of any Communist Party.« Der Rechtsanwalt Mr. Popper lehnt sich zurück und applaudiert. »Gut gemacht!« Ruth Berlau ist ebenfalls zufrieden. »Und du warst ja nie in die Partei. Niemals. Da musst du nicht einmal lügen!« Vielleicht ist da auch ein wenig Ironie in ihrer Stimme; sie selbst ist seit 1930 in der dänischen KP.

— *Die Original-Filmaufnahmen vom Verhör Brechts vor dem HUAC am 30. Oktober 1947 zeigen einen riesigen Saal, voll mit Zuschauern, Presseleuten, Kameras und Polizei. Oben auf dem Podium sitzt wie in einem Gerichtssaal der Chefermittler Stripling mit seinen Beisitzern, unter ihnen der republikanische Congressman Richard M. Nixon. Stripling verschafft sich im lauten Gemurmel des Saals mit dem Gerichtshammer Ruhe. Er wendet sich an Brecht. »Are you now or have you ever been a member of the Communist Party of any country?« Brecht antwortet in seiner unbeholfen wirkenden englischen Aussprache mit den wohl vorbereiteten Sätzen: »Mr. Chairman! I have heard my colleagues and they consider this question not as proper. But I am a guest in this country and I do not want to enter in any legal argument. So I will answer your question fully as well as I can. I was not a member, or am not a member of any Communist Party.« Stripling bellt ins Mikrofon: »Your answer is than that you have never been a member of the Communist Party?« Brecht: »That is correct.«*

Der Ausschuss war vom FBI, das Brecht – und auch Ruth Berlau – schon in den frühen 40er-Jahren in Los Angeles bespitzelt hatte, im Voraus über diesen Zeugen informiert worden. Die Fragen Striplings sind offensichtlich aus dem Dossier des FBI entwickelt worden. Einen dieser Detectives, die Brechts Telefon abgehört, seine Post geöffnet und ihn ausspioniert haben, Elmer Linberg, habe ich in Los Angeles getroffen, als ich dort auf der Suche nach den Spuren von Thomas und Heinrich Mann war. Er erzählte mir, dass man sich bei seiner Behörde vor allem für die Beziehung Brechts zum sowjetischen Vizekonsul Kheifets in Los Angeles interessierte.

»Gregory Kheifets war der Chef des KGB in San Francisco und zuständig für Los Angeles. Und er kam oft nach Los Angeles und ging ins Biltmore Hotel, das nur ein paar Blöcke weiter ist. Und das FBI überwachte ihn regelmäßig, sobald er hier war, um herauszufinden, wen er kontaktiert.«

Linberg erinnerte sich übrigens auch, dass sich Thomas Mann, als er seinerseits von ihm befragt wurde, ausgiebig über den ungeliebten Kollegen Bertolt Brecht äußerte.

»Thomas Mann verhielt sich dem FBI gegenüber sehr kooperativ, denn man betrachtete ihn als Antikommunisten. Er sprach gut und beantwortete alle Fragen, die wir hatten. Wir stellten fest, dass Thomas Mann eine Feindseligkeit gegenüber Bertolt Brecht hegte. Ich kann mich jetzt nicht mehr genau erinnern, worin diese Feindseligkeit bestand, aber aus irgendeinem Grunde schien er zu missbilligen, was Brecht tat. Natürlich wussten wir damals, dass Bertolt Brecht ein berühmter deutscher Dramatiker und Schriftsteller war. Auch stand Brecht in engem Kontakt mit den Russen. Wir wussten, dass Brecht und seine Frau Ruth Berlau gerade ein oder zwei Tage vor dem deutschen Angriff auf Russland aus Russland entkommen waren. Wir meinten, dass Bertolt Brecht nicht der Sowjetunion hätte entschlüpfen können, wenn die Sowjets nicht irgendeine Gegenleistung von Bertolt Brecht erwartet hätten. Was konnte jemand wie Brecht den Russen geben? Brecht war ein Schriftsteller, und er stand in Kontakt mit der Filmkolonie, und er war bekannt. So konnte er zu der Zeit mit seinen Schriften das amerikanische Denken beeinflussen.«

Auch den Hinweis auf das *Solidaritätslied* aus Dudow/Brechts Arbeitslosen-Film *Kuhle Wampe* von 1932 (»Vorwärts, und nie vergessen/Worin unsre Stärke besteht ...«) hat der Ausschuss sicherlich vom FBI. Stripling hält Brecht diesen hoch verdächtigen Text in englischer Sprache vor. »›We shall free the world of

shadow / Every shop and every room / Every road an every meadow / All the world will be our own.‹ – Did you write that, Mr. Brecht?« Mit diesem Zitat aus einer glücklicherweise recht unglücklichen Übersetzung erspart es ihm der Vernehmer, sich auf eine Debatte über die kommunistisch-weltrevolutionäre Bedeutung von Versen wie »Auf, ihr Völker dieser Erde, / Einigt euch in diesem Sinn, / Daß sie jetzt die eure werde …« einlassen zu müssen. Stripling bietet ihm vielmehr die Gelegenheit zu einer Finte. »No, I wrote a German poem, but that is very different …« Erste Heiterkeit im Saal. Dann schiebt Brecht noch hinterher »… from this thing.« Gelächter im Publikum über den überlegenen Witz, mit dem der Autor des bekannten proletarischen Kampflieds sich hier aus der Affäre gezogen hat. Damit lässt es auch der Chefermittler gut sein. Er hat ja bekommen, was er vor allem wollte: endlich einen scheinbar kooperierenden »Zeugen«.

— *Das Gelächter in Washington D. C. setzt sich fort in New York, wo Helene Weigel die Aussage ihres Mannes im Radio hört. Sie ist dabei, ihre eigene Abreise vorzubereiten, zu Schiff, mit der Tochter Barbara. Gelächter später auch in Zürich, als Ruth Berlau die trick-*

reich besorgte Schallplattenaufnahme des Verhörs nach Europa mitgebracht hat. Und man lacht noch viele Jahre über Brechts Schlagfertigkeit und seinen Witz, bei jedem Abspielen in Weißensee oder in der Chausseestraße.

Auch wir Studenten haben in den Sechziger-Jahren gelacht, wenn wir in einer Radiosendung oder einem Dokumentarfilm die Listigkeit Brechts im Zeugenstand vor dem kommunistenfresserischen Hardliner auf dem Podest hörten.

Im Rauchersalon des Zuges von Washington D.C. nach New York City sitzen Brecht und seine Freundin Ruth Berlau. Brecht mit der unvermeidlichen Zigarre, Ruth hat sich eine Zigarette angezündet. »Das war schon komisch«, meint sie. »Für mich nicht«, gibt Brecht zu. Er sah zwar vielleicht aus, als sei er Herr der Situation, aber so gefühlt hat er sich nicht.

Berlau freut sich über die Publicity. »Das Radio war da und die Wochenschau.«

»Bisher kannte mich in Amerika nur die Polizei.« Das hört sich zwar übertrieben an, aber so ganz falsch ist es auch wieder nicht. Von Prominenz in den USA konnte wirklich keine Rede sein, öffentlich war er in den gut sechs Jahren kaum sichtbar gewesen.

»Die Zeitungen bringen morgen dein Foto.«

»Meinen Steckbrief. Das FBI hat uns doch schon in Santa Monica abgehört.« Sie haben das 1943/44 eher leichtgenommen. Helli hat sogar mit einer Freundin, die auch kein Polnisch konnte, am Telefon polnische Kochrezepte ausgetauscht, um die ungebetenen Lauscher zu verwirren.

»Meinst du, dass sie es sich noch mal überlegen?«

»Und mich doch noch anklagen und einsperren? Vielleicht denken sie gerade darüber nach.«

Dann müssen sie es sich aber schnell überlegen. »Morgen Nachmittag sitzt du im Flugzeug. New York – Paris.« Auf die Idee, das Flugticket auf den Namen eines Bekannten zu buchen, waren sie erst ganz zuletzt gekommen – für den Fall, dass der Kongressausschuss ihn nicht ausreisen lassen wollte. »Du kommst nach, Ruth, wenn der *Galilei* hier in New York gelaufen ist. Die Proben mit Laughton – da musst du jetzt besonders wachsam sein, dass er nicht wieder ins alte Theater zurückfällt. Schick mir Fotos, wenn er die Inszenierung verändert, und alarmier mich, wenn er anfängt, das Stück umzuschreiben. Hörst du?«

»Wenn *Galilei* mit Laughton an Broadway kommt – dann bist du reich!«

»Und wenn Geiger dann noch den Galilei-Film in Italien dreht, dann sind wir beide reich. Dann bringst du uns ein Auto mit in die Schweiz.«

»Einen Lincoln. Und mit dem fahren wir zusammen nach Italien? – Denk mal! Mit Laughton in Florenz. Er mag mich.«

Das ist schon fast zu viel an schönen Aussichten für Ruth, sie ist ganz gerührt und greift zärtlich nach Brechts Hand. So viel Nähe möchte der jetzt nicht. Behutsam, aber entschlossen zieht er seine Hand zurück. Sie lässt sich nicht beirren. »Und heute Abend? Bei mir, zum Abschied?«

Brecht ist die Frage unangenehm. Natürlich muss er am Vorabend seiner Abreise bei Helli sein, er fliegt ja allein voraus, sie kümmert sich um sein Gepäck, und wer weiß, wann man sich wiedersieht. Ruth schaut ihn an, lächelt und wartet immer noch auf eine Antwort. Da kommt, wie gerufen, der Fahrkartenkontrolleur zu den beiden herüber und beendet die peinliche Situation. »Your tickets please!«

In New York, in der Wohnung von Hermann Budzislawski, einem ebenfalls aus Deutschland geflüchteten Journalisten, jetzt Ghostwriter der einflussreichen amerikanischen Journalistin Dorothy Thompson, packt Helene Weigel einen großen Überseekoffer. Es ist nicht Brechts Fluggepäck – das ist viel kleiner, und es steht längst fertig bereit. »Von Paris geht's dann weiter nach Zürich. Da haben wir Freunde.« Und da gibt es das Zürcher Schauspielhaus – die einzige Bühne in Europa, die während des

Krieges weiter seine Stücke gespielt hat. Brecht genießt die Vorfreude. »Endlich wieder ein Theater. Endlich wieder richtig arbeiten! Nach fünfzehn Jahren.« Helene Weigel packt noch einige Manuskripte auf die anderen Papiere und Bücher, die schon im großen Koffer warten. Dann schließt sie ihn und schleppt ihn in eine Ecke. Er ist sehr schwer.

»Die *Carrar, Furcht und Elend,* der *Galilei,* die *Courage,* der *Gute Mensch,* der *Kreidekreis, Puntila* – du hast doch gearbeitet, die ganzen vierzehn Jahre unentwegt geschrieben.« – »Geschrieben schon, aber gesehen hab ich's noch nicht. Wie sie auf der Bühne stehen und gehen. Und ich hab's nicht gehört, wie's die Schauspieler sprechen. Vielleicht kriegen wir ja wieder den Busch? Und fürs Bühnenbild den Cas, der hat praktisch schon zugesagt, dass wir in der Schweiz was zusammen machen.« Sie nickt. Sie weiß ja, das alles hat ihm so sehr gefehlt. Aber dann ist sie auch ein wenig irritiert, in diesem schönen Zukunftsbild scheint sie gar nicht vorzukommen. »Ich weiß ja gar nicht, ob ich noch spielen kann.« Für sie war es im Exil noch viel schwieriger, mit ihrem Beruf! In Europa vor dem Krieg ein paar vereinzelte Auftritte vor immer nur ein paar Leuten, in den USA dann gar nichts mehr. Brecht weiß das auch, aber nur, wenn man ihn dran erinnert. »Wir werden es sofort probieren!«

Aus einer Tasche, die ihr Mann kürzlich mitgebracht hat, zieht Helene Weigel einen zusammengerollten Schlafsack heraus. »Was ist denn das?« – »Die Ruth will, dass ich's mitnehm. Ein Schlafsack. Es ist schon Winter in Europa. Heizmaterial soll knapp sein drüben.«

Die Weigel versteht. Ach je, die fürsorgliche Freundin! »Geht sie zurück nach Dänemark?«

»Sie passt erst mal hier auf, dass der Laughton nicht das Stück verändert. Schickt mir Fotos von den Proben und hernach von der Aufführung.«

»Und danach?«

»Wird man sehen.«

»So.«

Brecht wechselt das Thema, das Thema Ruth kann man nicht schnell genug wechseln. »Der Steff wird jetzt hierbleiben. Ist das endgültig?«

»Er mag nicht ins zertrümmerte Deutschland zurück. Kann er sich ja auch kaum dran erinnern. Er will weiter studieren in Boston. Aber deine Tochter muss nicht in diesem grausligen Amerika zurückbleiben. Die geht mit nach Europa.«

»Von der *Galilei*-Premiere, da könnt der Steff mir berichten.«

»Dafür hast ja schon jemand.«

Und ehe Brecht etwas von »Doppelt genäht ...« nachreichen kann, ist Helene Weigel nach nebenan verschwunden, wo die Freunde warten. Sein letzter Abend in den USA.

Zürich, Atelier Gartenstraße 38. Anfang 1948. Das Atelier ist Brecht in Zürich, wo Wohnungsknappheit herrscht, nach seiner Ankunft zur Verfügung gestellt worden. Es ist unkomfortabel und nur schwer beheizbar. Deswegen ist er bald nach Feldmeilen gezogen, wo Helene Weigel ihm ein Arbeitszimmer eingerichtet hat. Im Atelier wohnt jetzt Ruth Berlau, die zwei Monate nach ihm hier eingetroffen ist. Auf einer improvisierten Wäscheleine im Badezimmer hängen ein BH, andere Unterwäsche und eine Bluse. Vom Bad aus kann man ins Schlafzimmer sehen. Brecht steht, das Gesicht eingeschäumt, vor dem Spiegel und beginnt sich zu rasieren. Seine Geliebte, im Bademantel, packt im Schlafzimmer weiter ihre Koffer aus.

Auf einem Reiseplattenspieler dreht sich eine Schallplatte. Es ist die Aufnahme des Verhörs vor dem HUAC, die Ruth auf Brechts Wunsch in Washington besorgt und mit nach Zürich gebracht hat. Brecht hört aus dem Nebenzimmer mit. Dabei legt er allmählich sein Gesicht frei. Man hört den Chefermittler Stripling. »Mr. Brecht! Is that true, that you have written a number of very revolutionary poems, plays and other writings?« Brecht, von der Schallplatte: »I have written a number of poems and songs and plays in the fight against Hitler. That is correct.« Nun, so ganz korrekt ist es nicht. Er hat vor 1933 ja nicht nur Hitler bekämpft, sondern vor allem den Kapitalismus. Aber solche Feinheiten musste man den Herren vom Kongress ja nicht gerade auf die Nase binden.

Ruth hat ihren Bademantel fallen lassen. Sie trägt nur noch einen Hut, den sie sich wie für eine Modenschau aufgesetzt hat. In der Hand hat sie ihre Kleinbildkamera, mit der sie in den USA nicht nur den »Galilei«, sondern vor allem auch Brechts Manuskripte fotografiert hat. Jetzt sieht Brecht sie, und vor Überraschung fügt er sich einen ganz kleinen Schnitt in die Backe zu. »Du bist ein verrücktes Huhn.« – »Ich bin deine …« Sie spricht das verbotene Wort »Frau« lieber nicht laut aus, sie artikuliert es nur stumm. Brecht schüttelt den Kopf. Ganz nüchtern, fast lässig weist er sie zurecht: »Lass das, Ruth.« Sie listet ihre erlaubten Funktionen auf und die erwünschten: »Assistentin, Dramaturgin, Regisseurin, Fotografin und Geliebte.« Brecht hat den Schaum abgewischt. Die kleine Blutspur. Er schaut sie über den Spiegel an. »Ja. Wenn du meinst.« Er dreht sich zu ihr um. Sie hat die Kamera hochgehoben und drückt auf den Auslöser. »Gehst du heute wieder zurück zu deiner Frau in die Wohnung?«

»Nein. Nach Chur, und du kannst später dazukommen. Wir proben doch jetzt dort die *Antigone*. Ein kleines Theater nur – ein Kino. Aber es ist jetzt das richtige Stück. Auch für Helli. Eigentlich hat sie die letzten fünfzehn Jahre nicht auf der Bühne gestanden.« Ruth hat sich einen anderen Hut aufgesetzt und macht ein Foto von sich im Spiegel. »Ist das nicht ein junges Mädchen, die Antigone? Helli ist doch bald fünfzig.«

»Lass das! Sie wird's können, und es ist ja nur eine Probe für die *Courage* in Berlin. Niemand kann die Courage besser spielen als die Helli. Und für Berlin ist die Courage grad das Richtige.«

»Ost- oder Westberlin?«

»Ich gehe dahin, wo man mir ein Theater gibt. Du kannst jetzt in Chur fotografieren.«

»Ich bin nicht auf ewig deine Fotografin! Ich verbring nicht mein ganze Leben für dich in die Dunkelkammer!«

»Das ist aber wichtig. Unsere Arbeit muss dokumentiert werden. Ein Modell auch für die anderen Theater, für später.«

Auf der Bühne des Stadttheaters Chur, das zugleich das Kino Rätushof ist, diskutieren Brecht und Neher den Bühnenbau für die *Antigone.* Brecht hat die Tragödie des Sophokles bearbeitet, und er hat dafür die nicht ganz leicht verständliche Hölderlin-Übersetzung benutzt. Neher hat einige Szenenbildentwürfe mitgebracht, sie liegen in einer Mappe auf einem Hocker. Brecht und sein alter Freund haben sich noch am Tag von Brechts Ankunft in Zürich getroffen, und die beiden haben ihre Arbeitsbeziehung sofort wieder aufgenommen, als sei seit 1933 nichts geschehen.

— *Tagebuch Caspar Neher, November 1947: »Es ist großartig, wenn man mit ihm spricht. Seine Art ist vollkommen, so wie früher, aber gemäßigt. Dabei voll von Schärfe.«*

Neher hat einen Skizzenblock in der Hand, auf dem obersten Blatt erkennt man den Bühnengrundriss. Hinten im Halbrund Sitzplätze, vorn die Spielfläche, von vier Pfählen eingerahmt, einem Boxring nicht ganz unähnlich.

Brecht ist noch bei den Grundsatzüberlegungen. »Cas, wir müssen jetzt noch einmal ganz neu anfangen. Erst mal alles einreißen, was noch da ist an Nazikitsch im Theater. Verhunzt und versaut haben sie alles, und sie reden schon wieder von der glänzenden Technik der Göring-Theater. Als wenn Technik allein was nützt!

Die dient ihnen doch nur zur Verhüllung der gesellschaftlichen Wirklichkeit, zur Verkleisterung der Widersprüche!«

Caspar Neher ist nicht sonderlich daran interessiert, mit Brecht über das Theater der Nazizeit zu debattieren. Er will nur wieder mit dem Freund zusammenarbeiten. »Hinten bauen wir das Halbrund des antiken Theaters. Und da, auf den Bänken, da sitzen die Darsteller, die gerade nicht auf der Szene spielen. Erst wenn sie die Spielfläche betreten, nehmen sie die Haltung für ihre Rolle ein.« Jawohl, der Cas hat es schon begriffen! So soll es sein, so kann man arbeiten. Brecht ist begeistert. »Dann kommen die Darsteller, wenn sie ins Licht treten, ins Berichten. Und wenn sie spielen, muss das deutlich den Charakter des Zeigens haben. Kein Verzaubern des Publikums, keine Magie, kein ›Wir entführen Sie jetzt nach Theben …‹ Zeigen, dass sie zeigen.«

Neher bleibt lieber bei seiner intuitiv praktischen Arbeit. »Und das hier vorn, das ist dann die Spielfläche. Angenagelt oben auf jedem Pfahl ein Skelett von einem Pferdekopf.« Auch das entspricht völlig Brechts Vorstellungen. »Die Götzenpfähle, die Zeit der Barbarei. Nichts von edler, klassischer Antike!«

Neher holt seine Mappe und zeigt Brecht mehrere Skizzen, Zeichnungen, die schon deutlich seine Vorstellungen vom Arrangement der Figuren auf der Bühne wiedergeben. Der Bühnenbildner und der Stückeschreiber stecken über den Skizzen ihre Köpfe zusammen, dann hört man Brechts lautes, meckerndes Lachen – das bedeutet höchste Zustimmung.

Zwei Tage später. Neher malt mit einem Besen auf dem Boden liegende Kulissenwände rot an. Es sieht aus, als ob er den Boden aufwischt. Aber die blutroten Spuren verdichten sich zum Hintergrund für die antike Tragödie. Brecht schaut zu. Im Hintergrund hört man ein Radio, einen Sender von drüben, aus Deutschland, die Suchmeldungen des Deutschen Roten Kreuzes. »Gilica, Manfred – geboren 22.04.42 in Königsberg, letzte Heimatanschrift: Neuhausen, Ostpreußen. – Der Soldat Fritz Unruh – geboren am 17.08.1907 sucht seine Frau Martha Unruh aus Schoschen, Kreis Heiligenbeil. – Sie hörten den Suchdienst des Deutschen Roten Kreuzes. – Wir bitten die Hörer, die Auskunft über die Genannten geben können, sich beim Suchdienst des Deutschen ...« Neher hat mit halbem Ohr hingehört. »Der Georg kommt auch nicht mehr zurück.« Sein einziger Sohn ist in Russland vermisst. Neher selbst hat kurz vor Kriegsende, als Goebbels für den »totalen Krieg« die Theater dichtmachte, auch noch einmal die Uniform anziehen müssen. »Mein Sohn mit der Paula, der Frank, soll ja auch als Hitlersoldat beim verbrecherischen Überfall auf die Sowjetunion umgekommen sein.« Das ist für Neher kein Trost, er spürt eher den Vorwurf dahinter. »Niemand hätte da was machen können. Wir hier drinnen ...« – »Sie haben dich arbeiten lassen.«

Da haben die beiden Freunde auf einmal dasselbe Gefühl: Darüber redet man besser nicht weiter. Neher nimmt mit verstärkter Energie seine Pinselei wieder auf. »Pompeji-Rot«, erklärt er. »Gute Farbe für die Barbarei«, findet auch Brecht.

14. Januar 1948, letzte Vorprobe der *Antigone*. Ruth Berlau fotografiert aus dem Souffleurkasten. Sie hat die Leica vor sich auf einem Stativ aufgebaut. Belichtete Filmpatronen in Aluminiumdosen liegen daneben, neue Filme und aufgerissene Verpackungen. Sie drückt immer wieder auf den kurzen Drahtauslöser an der Kamera, gegen das Verwackeln. Besonders scharf sind ihre Bühnenfotos nicht, das ist hier auch gar nicht gefragt. Sie sollen, fast nur in der Totale, die Arrangements, die Haltungen der Schauspieler dokumentieren. Trotz der emsigen, konzentrierten Arbeit ist sie so bewegt vom Stück und auch, gegen ihren Willen, vom Spiel der Weigel, dass ihr Tränen in die Augen steigen. Antigone steht vor den Alten und spricht, wie Brecht es sie gelehrt hat, Hölderlins und seine Worte über die unmenschliche Unersättlichkeit der Macht, über den furchtbaren Krieg. »Welcher nämlich die Macht sucht/Trinkt vom salzigen Wasser, nicht einhalten kann er, weiter/Muß er es trinken. Gestern war es der Bruder, heut bin

ich es. – So viele/Schlachten auch dem glücken, die letzte/Will euch verschlingen. Ihr, die Beute rieft, nicht/Volle Wagen werdet ihr kommen sehen, sondern/Leere.« Klingt das nicht schon fast wie eine Ankündigung des *Courage*-Karrens?

In der winzigen Garderobe des Stadttheaters Chur schminkt Helene Weigel sich ab. Hinter dem Spiegel klemmt ein Zettel mit einer Botschaft Brechts. »Danke, Helli. Du hast nichts verlernt.« Halblaut liest sie den nächsten, zugleich den letzten Satz: »Jetzt können wir die *Courage* nach Berlin bringen.«

— *Max Frisch, ein ebenso scharfsichtiger wie sensibler Beobachter, traf sich während Brechts Schweizaufenthalt öfter mit ihm. Brecht wusste noch nicht, wohin er nun gehen würde. In der Schweiz würde er jedenfalls nicht auf Dauer bleiben können, die Behörden machten Schwierigkeiten mit der Aufenthaltsgenehmigung, und mit Arbeitsmöglichkeiten sah es auch schlecht aus. Frisch begleitete Brecht auch, als der im August 1948 zum ersten Mal wieder – in der französischen Besatzungszone – deutschen Boden betrat. Sein Bericht über diesen Theaterbesuch (Heinz Hilpert führte in Konstanz Frischs Stück* Santa Cruz *auf) macht deutlich, mit welchen Erwartungen, welchen Gefühlen Brecht sich der nachkriegsdeutschen Theaterlandschaft näherte, in der er eine maßgebliche Rolle spielen wollte. »Nach der Aufführung verbreitete sich Brecht über deutsches Bier, das nachwievor das beste Bier sei; kurzdarauf: Gehen wir! Er schwieg sich aus, bis man wieder in Kreuzlingen war (…). Er begann mit einem kalten Kichern, dann schrie er, bleich vor Wut, erschreckend (…). Das Vokabular dieser Überlebenden, wie unbelastet sie auch sein mochten, ihr Gehaben auf der Bühne, ihre wohlgemute Ahnungslosigkeit, die Unverschämtheit, daß sie einfach weitermachten, als wären bloß ihre Häuser zerstört, ihre Kunstseligkeit, ihr voreiliger Friede mit dem eigenen Land, alldies war schlimmer als befürchtet; Brecht war konsterniert, seine Rede ein großer Fluch. Ich hatte ihn so noch nie gehört, so unmittelbar wie bei dieser Kampfansage in einer mitternächtlichen verschlafenen Wirtschaft nach seinem ersten Besuch auf deutschem Boden. Plötzlich drängte er zur Rückfahrt, als habe er Eile: ›Hier muß man ja wieder ganz von vorne anfangen.‹«*

1948 kommt eine Einladung vom Deutschen Theater in Ostberlin in den sowjetischen Sektor der Stadt. Brechts Stück Mutter Courage und ihre Kinder, *geschrieben 1938/39 im schwedischen Exil, uraufgeführt 1941 in Abwesenheit des Autors am Zürcher Schauspielhaus, soll nun hier auf die Bühne kommen. Mit Helene Weigel in der Hauptrolle. Die Regie übernimmt, zusammen mit Brecht, Erich Engel, mit dem Brecht schon in den 20er-Jahren zusammengearbeitet hat.*

Das Deutsche Theater steht unzerstört und erstaunlich gut erhalten inmitten der Trümmer von Berlin-Mitte, nicht weit vom Bahnhof Friedrichstraße. Im Januar 1949 beginnen die Vorstellungen schon früh. Die Menschen sollen hinterher noch eine Gelegenheit finden, mit den noch spärlich verkehrenden S-, U- und Straßenbahnen nach Hause zu kommen.

In Helene Weigels Garderobe schaut Brecht aus dem Fenster ins Dämmerlicht des Winterabends hinaus. Weigel sitzt im Kostüm der Courage vor dem Spiegel und verteilt etwas Rouge auf ihre ansonsten fahl geschminkten Wangen.

»Sechzehn Jahre – nicht nur die Häuser sind in Trümmer gegangen.« Brecht wendet seinen Blick hinüber zu Helli. »Ob sie uns zusehen wollen, die Leut da herinnen? Hat dieser Zusammenbruch wirklich genug Durst erzeugt nach Neuem?«

Ach, das kennt sie schon, diese Unsicherheit, wenn es mal wieder drauf ankommt im Theater. »Sie werden mir schon zusehen und zuhören, wenn ich ihnen die Geschichte vom Krieg und von der Courage zeige.« Sie haben sich ja schließlich etwas dabei gedacht, gerade dieses Stück für die Rückkehr hierher auszusuchen.

Brecht taucht nun ganz nah hinter ihr im Spiegel auf. »Aber es ist für sie so vollkommen ungewohnt!« Nach dem, was ihnen da jahrelang vom Göring-Theater vorgesetzt worden ist.

»Jetzt bist halt nervös wie vor jeder Premiere.« So leicht lässt Brecht sich nicht beruhigen. »Aber es ist eine wichtige, eine so besondere Premiere!« Ja, das weiß sie nur zu gut – besonders wichtig gerade für sie selber. Sie hat sich ja in Chur mit der Antigone ausprobiert. Auf der Bühne, vor Publikum, da kommt die Kraft zum Spiel, der Ausdruck, kommt der Klang ihrer Stimme zurück. Aber ob die da draußen ihre Art zu spielen annehmen werden? Jetzt muss sie jedenfalls erst einmal Zuversicht ausstrahlen. »Sie werden nicht gleich rauslaufen. Da sorg ich schon dafür. Und schließlich ist es wärmer herinnen als draußen.« Es ist zwar nicht gerade so kalt wie im vorletzten Jahr, im berüchtigten Hungerwinter, als in ganz Deutschland Hunderttausende an den Folgen von Hunger und Kälte gestorben sind. Aber knapp sind die Kohlen jetzt immer noch; schon gar in den Westsektoren, wegen der Blockade. Die Russen lassen ja auch kein Heizmaterial durch. Auch von dort drüben kommen die Leute ins Deutsche Theater.

Aber von der Wärme im Theater einmal abgesehen: Wie würden die Hiergebliebenen, diese unbekannten Wesen, auf sein Stück über den Krieg reagieren, das ja auch von ihrer eigenen jüngsten Geschichte sprach, wenn auch im Gewand des Dreißigjährigen Krieges? Nicht weit von hier, zu Fuß nur einige Minuten entfernt, haben sie ihm am Schiffbauerdamm zugejubelt, und seine *Dreigroschenoper* war Abend für Abend ausverkauft. Aber nur ein paar Schritte weiter ist auch das Brandenburger Tor, und dort sind sie keine fünf Jahre später jubelnd mit einem Fackelzug durchgezogen, um ihrem neuen Führer, dem Anstreicher, zu huldigen. Am Fenster der Reichskanzlei in der Wilhelmstraße hat der sich der begeisterten Menge gezeigt. Brecht ist, kurz nachdem er 1948 zum ersten Mal wieder in Berlin angekommen war, zu den Trümmern der Neuen Reichskanzlei Albert Speers gegangen, um sich gerade dort seine Zigarre anzustecken. Er hat auf die Trümmer des Größenwahns geblickt und notiert: »Berlin, eine Radierung Churchills nach einer Idee Hitlers.« – Wie konnten sie nur glauben, dass sie damit durchkommen? Und nun wollte und musste er versuchen, diese Menschen wieder für sein Theater zu gewinnen.

Im Foyer des Deutschen Theaters drängen sich die Besucher auf dem Weg zu ihren Plätzen. Arm und abgetragen wirken die Kleider. Dicke Mäntel auch im Foyer. Das Plakat am Eingang: *Mutter Courage und ihre Kinder.* Auf dem Weg zur Treppe und dann hinauf in den ersten Rang schieben sich in der Menge der Regieschüler Egon Monk und seine Freundin Isot Kilian, eine junge Schauspielerin.

Dieser Krieg hatte die Menschen wild durcheinandergewirbelt. Oft bestimmte der Zufall, mit wem man zusammenkam. Der Arbeiterjunge Monk aus den Berliner Hinterhöfen traf auf die Buchhändler-Tochter aus kommunistischem Haus, die ehemalige Freundin des Dichters Wolfgang Borchert, eine auffallend attraktive junge Frau mit siebenjähriger Tochter. »Wenn der Brecht wüsste, wie du seine Ankunft seit Monaten in den Nachrichten verfolgt hast. Amerika, Schweiz, Österreich ...« Monk steht mit ihr am Eingang zum ersten Rang und blickt auf die Bühne. »... und jetzt ist er da. Hier im Theater.« – »Begrüßt von den Rosinenbombern der Luftbrücke«, fügt Isot Kilian hinzu. Es donnert nämlich gerade ein Transportflugzeug dicht übers Theater, leicht vom Weg abgekommen beim Anflug auf den amerikanischen Militärflughafen Tempelhof. Es gehört zur Luftbrücke, die seit einem halben Jahr die Westsektoren der Stadt aus der Luft mit Lebensmitteln versorgt. Der Land- und Wasserweg ist durch die sowjetische Blockade abgeschnitten. Monk erschrickt noch immer beim Geräusch eines Flugzeugs über dem Kopf, seine instinktive Angst vor den Bombern flackert auf. Es ist noch keine fünf Jahre her, da sollte er als Flakhelfer Bomberverbände im Anflug auf die Reichshauptstadt vom Himmel holen, für den Endsieg. »Merkwürdiger Augenblick einer intensiven Empfindung von Gefahr, die sowohl zurückgewandt wie vorwärtsgerichtet war«, schreibt Monk in seinen Erinnerungen. Denn der sich gerade verschärfende Ost-West-Konflikt schürt bei den gebrannten Kindern des Weltkrieges die Furcht vor dem nächsten, dem dritten. Und der könnte der letzte sein.

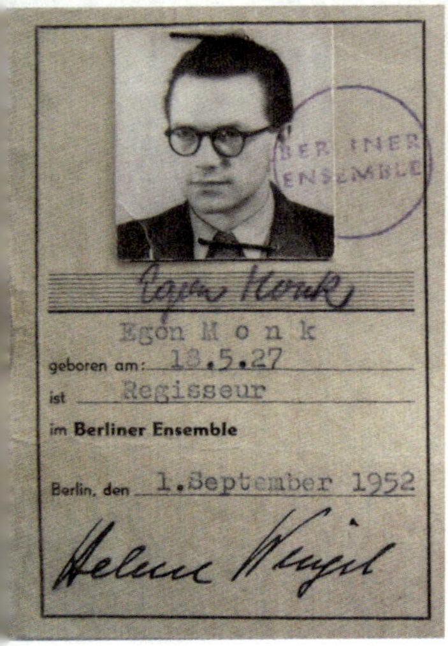

In einer Wochenschau aus diesen Tagen ist Helene Weigel zu sehen, wie sie hinter der Bühne an ihrem Wagen mit den Marketenderwaren entlanggeht. Dazu verkündet der Sprecher: »Die Marketenderin Courage zieht mit ihrem Wagen durch die Wirren des Dreißigjährigen Krieges. Ihr Schicksal ist das Schicksal des einfachen Menschen.« Was für eine Fehldeutung, was für ein – absichtliches? – Missverständnis! Diese Courage erleidet kein Schicksal. Sie macht als Marketenderin ihre Geschäfte mit dem Krieg. Sie will profitieren und

verliert dabei alles, zuletzt auch ihre Kinder. Das mag auch auf viele Menschen da unten im Zuschauerraum zutreffen, die sich mit dem Hitlerregime arrangiert haben. Die sich Vorteile als Angehörige eines »Herrenvolkes« versprochen haben. Ganz konkret als alltägliche Arisierungsprofiteure bei der Versteigerung von jüdischem Hab und Gut. Oder auch mit der schönen Aussicht auf einen Siedlerhof im neuen Lebensraum im Osten, mit einigen Sklavenarbeitern minderwertiger Rasse unter sich. Dass so etwas nicht gut gehen kann, zeigt die Courage. Die dabei besonders unbelehrbar ist: Als die verhinderte Kriegsgewinnlerin am Ende alles verloren hat, fängt sie unverdrossen wieder von vorn an. Brecht zeigt: Die Menschen lernen aus Kriegen nicht. Auch nicht aus so katastrophal verlorenen.

In der Garderobe kleidet sich Helene Weigel mithilfe der Garderobiere weiter für die Rolle der Courage an. »Viele da draußen haben auch viel verloren. Und jetzt fühlen sie sich als Opfer.« Brecht weiß, wie sehr es jetzt auch auf die Schauspielerin ankommt, auf die Helli. »Sie sind schuld, wie die Courage. Kein Mitleid! Dann verstehen sie, wie es anders gehen kann.«

Weigel greift zur Zigarette und nimmt einen satten Zug. Dann geht sie in Richtung Bühne ab und gibt dabei der Garderobiere die Zigarette. Das Mädchen schaut ihr einen Moment nach und saugt dann gierig den Rauch in ihre Lungen. Dabei schließt es die Augen, das tut so gut.

— *Für Egon Monk im ersten Rang des Deutschen Theaters ändern die ersten drei Minuten da unten auf der Bühne einfach alles: seine Ansichten über das Theater, sein Leben. Das erste Wunder ist das Licht. Niemals, so scheint es ihm, hatte man so etwas im Theater vorher gesehen. Volle Beleuchtung hatte Brecht angeordnet. Ein Licht, das alles auf der Bühne klar und deutlich zeigt. Man hat den Eindruck, dass ganz Ostberlin in diesem Augenblick in Dunkelheit fallen muss, weil der gesamte Strom hier in diesem Theater gebraucht wird. Zur Herstellung dieser Lichtfülle wird alles eingesetzt, was die Apparate hergeben. »Helligkeit, Klarheit, Deutlichkeit. Schluss mit ver-*

schwiemeltem Zeug, das ich in der Nazizeit gesehen habe. Mit ›verschwiemelt‹ meinte ich das Halbdunkel als Lieblingsvorstellung des Theaters der damaligen Zeit. Wobei sich für einen Berliner immer mit dem Dunkeln das Munkeln verbindet. Denn im Dunkeln lässt sich gut munkeln. In dieser Aufführung, in der Courage, *ließ sich nicht munkeln, das war eine Aufforderung zuzusehen, zuzuhören und neben den Empfindungen eben auch den Verstand zuzulassen, als Mitarbeiter am Verstehen dessen, was da gezeigt wurde.« So beschreibt Monk viel später im Interview seinen ersten Eindruck.*

In dieser Lichtklarheit erscheint nun nach dem Vorspiel plötzlich auf dem wieder geschlossenen kleinen Vorhang eine Schrift. »Der Marketenderin Anna Fierling, bekannt unter dem Namen Mutter Courage, kommt ein Sohn abhanden.« War das erlaubt, dem Publikum den Inhalt einer Szene vorweg bekannt zu geben? Aber solche Fragen kommen gar nicht erst auf.

— *»Viele Söhne im Theater«, schreibt Egon Monk in seinen Erinnerungen, »hatten einen Grund, bei dieser Vorstellung der Courage an ihre eigenen Mütter zu denken.« Monks Bruder war ein Dreivierteljahr, bevor Monk im Februar 1943 mit fünfzehn Jahren zur Flak eingezogen worden war, der Mutter abhandengekommen und lag seitdem im Kaukasus in einem Soldatengrab. Viele andere, die aus dem Krieg und aus der Gefangenschaft zurückgekehrt waren, die Dreißigjährigen mit all ihren Verletzungen, werden ähnlich gedacht haben. »Ich fühlte mich zum ersten Mal im Theater ernst genommen, war zum ersten Mal nicht nur Zuschauer, dem etwas vorgemacht wird, sondern Beteiligter, um dessen Mitarbeit geworben wurde. Ein Zeitgenosse, Brecht, wendete sich an mich in einer Angelegenheit, die die seine wie auch die meine war.«*

Auf der Bühne des Deutschen Theaters stehen im kahlen Raum vor dem weiten Rundhorizont zwei Männer in ihren Uniformen, ein Werber und ein Feldwebel aus einer der Armeen des Dreißigjährigen Krieges. Sie suchen frische Kräfte, Männer, die sie für ihr Regiment anwerben können. Der Feldwebel zu seinem Begleiter: »Wie alles Gute ist auch der Krieg am Anfang halt schwer

Rechte Seite: Adele Neuhauser als Helene Weigel

zu machen. Wenn er dann erst floriert, ist er auch zäh; dann schrecken die Leut zurück vorm Frieden, wie die Würfler vorm Aufhören, weil dann müssens zählen, was sie verloren haben. Aber zuerst schreckens zurück vorm Krieg.«

— *So spricht er zugleich zum Publikum, zu den Kriegerwitwen, den Kriegsverletzten, den Überlebenden, die allesamt zwölf Jahre angebrüllt wurden, in der Wochenschau, im Radio, beim Reichsarbeitsdienst, beim Barras und bei allen öffentlichen Veranstaltungen an der Heimatfront. Nach jedem »Sieg« ein gebrülltes »Heil!«. Und er spricht zu den Jungen, die mit diesem Geschrei aufgewachsen sind, die noch gar nichts anderes kennen.*

Das hier ist ein anderer Ton. Leise, »in einer für mich völlig ungewohnten zynischen und witzigen Weise«, erinnert sich Monk im Interview, wurde hier »über Krieg und Geschäft« geredet, über die heiligen Güter der Nation. Spielerisch, sodass man sogar darüber lachen konnte. Ihm geht das unter die Haut, so etwas hat er noch nie gehört oder erlebt. »Alle meine Gesichtspunkte veränderten sich. Ganz abgesehen davon, dass diese Aufführung an bestimmten Stellen so durch und durch ging bis auf die Knochen, wie ich es vordem auf dem Theater noch nie erlebt hatte. Und da sagte ich mir persönlich: Zu dem musst du!«

Auf der Bühne des Deutschen Theaters besteigen inzwischen die Marketenderin Courage und Kattrin, ihre stumme Tochter, den Wagen. Courages Söhne Eilif und Schweizerkas gehen ins Geschirr. Dahinter nur ein schmutzig weißer Rundhorizont. Unten in einer Loge sitzt die Kapelle und spielt einen schrägen Marsch. Der Wagen der Courage ruckt an, deutlich hören die Zuschauer das Rollen der Räder auf der Drehbühne.

Während Kattrin sie auf der Mundharmonika begleitet, beginnt die Courage ihr Lied zu singen, Reklame für die guten Schuhe, mit denen die Soldaten besser in die Schlachten des Frühjahrs marschieren können. Helene Weigel auf dem Bock des Wagens singt:

»Das Frühjahr kommt. Wach auf, du Christ!
Der Schnee schmilzt weg. Die Toten ruhn.
Und was noch nicht gestorben ist,
Das macht sich auf die Socken nun.«

Egon Monk und Isot Kilian folgen aufmerksam, zugleich fasziniert und verwundert, ergriffen und freudig dem Bühnengeschehen. Bis zum bitteren Ende, das nur auf den ersten Blick so tapfer-optimistisch erscheint.

Mutter Courage / Helene Weigel: »Hoffentlich zieh ich den Wagen allein. Es wird gehn, es ist nicht viel drinnen.« Ein weiteres Regiment zieht mit Pfeifen und Trommeln hinten vorbei. Sie ruft ihnen zu: »Holla, nehmts mich mit!« Sie zieht an. Man hört Singen von hinten. »Mit seinem Glück, seiner Gefahre / Der Krieg, er zieht sich etwas hin. / Der Krieg, der dauert hundert Jahre / Der g'meine Mann hat kein'n Gewinn.«

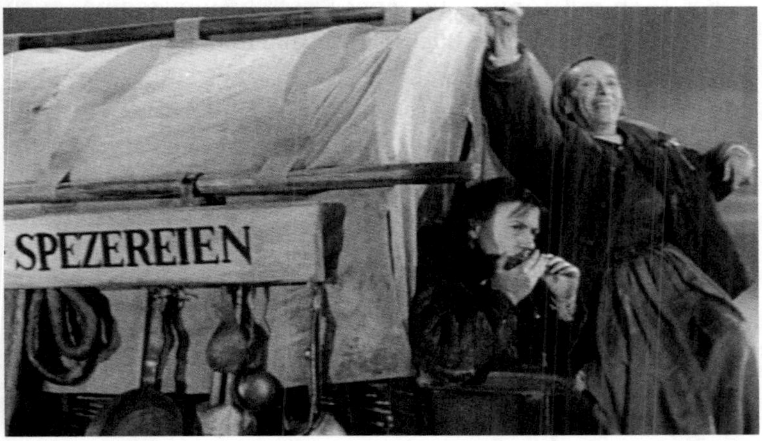

Helene Weigel als Mutter Courage

— *Der Erfolg des Stücks war groß und der Eindruck der Weigel als Courage immens. Brecht sah aber auch das große Missverständnis: »Die Zuschauer des Jahres 49 und der folgenden Jahre sahen nicht die Verbrechen der Courage, ihr Mitmachen, ihr am Kriegsgeschäft Mitverdienenwollen; sie sahen nur ihren Mißerfolg, ihre Leiden. Und so sahen sie den Hitlerkrieg an, an dem sie mitgemacht hatten; es war ein schlechter Krieg gewesen, und jetzt litten sie. Kurz, es war so, wie der Stückschreiber ihnen prophezeit hatte. Der Krieg würde ihnen nicht nur Leiden bringen, sondern auch die Unfähigkeit, daraus zu lernen.«*

In der DEFA-Filmaufzeichnung des Stückes von 1961 sagt die Courage, ehe sie tief gebeugt in ihren Lumpen allein mit ihrem fast leeren Wagen weiter dem Krieg folgt, noch den Satz: »Ich muss wieder in den Handel kommen.«

Das Hotel Adlon am Pariser Platz, Unter den Linden Nr. 1, gleich neben dem Brandenburger Tor, ist bei Kriegsende ausgebrannt. Vermutlich durch eine weggeworfene Zigarette, den Bombenhagel vorher hatte es überstanden. Nur der hintere Wirtschaftsflügel ist stehen geblieben und wird nun notdürftig mit 16 Zimmern als Hotel genutzt. Hier wohnt Brecht, solange er noch keine eigene Wohnung in Berlin hat. Am einzigen Fenster ein großer Tisch mit Lampe und einer Reiseschreibmaschine. Auch hier liegen schon wieder Bücher und Papiere herum, das Bett ist nur zugeschlagen. Der Sessel, die Stühle, alles alte Pracht vom Hotelspeicher. Auf einem Tisch steht noch unberührt ein Frühstück: Roggensemmeln, Butter, Marmelade, Kaffee. Davon kann der normale Ostberliner draußen nur träumen – Bohnenkaffee! –, auch die beiden Gäste, die gerade aus dem zertrümmerten Berlin hereingekommen sind. Trübes Winterlicht kommt spärlich ins Zimmer. Blauer Zigarrenqualm liegt über allem. Egon Monk kannte Brecht nur von einem Foto in einer Zeitschrift, und im Theater, bei der *Courage*-Premiere, hat er ihn nur kurz von Weitem gesehen. Er sieht älter aus, als er ihn sich vorgestellt hat. »Brecht«, stellt der sich knapp vor. »Monk. Und das ist Frau Kilian.«

Die beiden haben mit zwei Mitstreitern einen kleinen Brecht-Vortragsabend zusammengestellt, mit dem sie durch Berlin tingeln. Den Programmzettel davon zeigen sie nun Brecht. Man sieht es ihm an, dass es ihn interessiert. »Eine Stunde mit Berthold Brecht.« Na ja, das mit dem »Bertolt« werden sie auch noch lernen. »Einleitungsmusik aus der *Dreigroschenoper. Barbara-Song* – Kilian.« Er schaut hoch. »Das sind Sie?« Isot nickt. »Der Fritz Herrmann, unser Pianist, der hat Sie noch vor 1933 bei der *Dreigroschenoper* erlebt. Der weiß, wie man Sie singen muss: karg, auf keinen Fall sentimental.« Dass es Menschen in dieser Stadt gibt, die aus eigener Initiative so einen Abend mit seinen Texten erarbeiten, die versuchen, ihn zu verstehen, die dabei anscheinend auf dem richtigen Weg sind – das ist viel mehr, als er zu hoffen gewagt hat. Das sind die Menschen, die er sucht, die er gebrauchen kann für sein großes Vorhaben, die Revolution des Theaters. Isot Kilian kennt überhaupt keine falsche Ehrfurcht vor großen Namen. Selbstbewusst und unbefangen erklärt sie Brecht, wie sie das machen mit ihrer Brechtstunde. »Sie wissen es ja selber, die Berliner Kneipen haben oft kleine Bühnen in den Hinterzimmern. Da treten wir auf. Sehr oft auch in Fabriken, dann meistens in der Kantine.« Dass sie da manchmal nicht auf ungeteilte Begeisterung treffen, weil das Proletariat eher einen bunten Abend erwartet, sagt sie ihm lieber nicht. So kann sich Brecht ungetrübt freuen. »Vor Arbeitern, das ist sehr gut.« Brecht schaut noch mal auf den Programmzettel und liest *An die Nachgeborenen.* »Monk – das sprechen Sie?« Monk ist ein bisschen verlegen. Er kann sich denken, dass das für Brecht ein überaus wichtiger Text ist, und er fürchtet, dass seine Auslegung, sein Vortrag den Ansprüchen des Meisters nicht genügen. »Es ist für mich ein Stück Biografie dahinter. Und ich finde sonst so wenig über Ihr privates Leben.« Brecht winkt ab. »Das müssen Sie auch nicht. Ist einfach uninteressant.« Monk kennt Brechts Abneigung, Einzelheiten aus seinem Leben bekannt zu geben, noch nicht. Er kennt aber die Reaktion seines Publikums. »Die Leute hören diese Geschichten gern, damit kann man sie dann auch für Ihre Inhalte interessieren.« Brecht zeigt auf sein Frühstückstablett. »Ach, bitte, essens doch erst einmal etwas.« Ihm sind die hungrigen Blicke der beiden nicht entgangen, immer mal wieder, verstohlen, ohne dass sie es selbst richtig gemerkt haben. Das ist den beiden peinlich, dafür sind sie schließlich nicht hergekommen. Dann essen sie doch mit großem Appetit die Brötchen mit der frischen, noch nicht wie sonst, wenn es sie überhaupt gibt, halb ranzigen Butter. Der Kaffee ist leider schon kalt. Wenn Brecht über sich selbst nicht reden will – vielleicht kann man ja was durch die Hintertür herausbekommen, wenn man ihn nach seinem Werk fragt? Monk sagt, dass ihm diese Zäsur in Brechts Werk aufgefallen ist, erst die Zeit bis zur *Dreigroschenoper,* und dann das, was er danach geschrieben hat bis 1933, die Lehrstücke, die Bearbeitung von Gorkis *Mutter* … Was, die kennt der junge Mann auch? 1931, da ist der doch sicher noch nicht mal zur Schule gegangen? Brecht wird lebendiger. Darüber mag er gerne sprechen. Beinahe eifrig erzählt er seine Geschichte darüber, wie er zu der grundlegenden Erkenntnis kam, die jetzt seine ganze Produktion bestimmt. »Ich wollt schon früher ein Stück über die amerikanische Weizenbörse schreiben. Ich hatte mich umgehört, auch bei den Ökonomen. Aber niemand konnte mir für das Geschehen dort eine vernünftige Erklärung geben. Wie der Weizen der Welt dort verteilt wird. Da habe ich Marx gelesen. Und bei dem hab ich eine verständliche Erklärung für die Vorgänge gefunden.« Eine Geschichte wie ein Laborbericht. Versuchsanordnung – Lösung. Ganz abgetrennt von seiner privaten Lebensgeschichte. »So ist diese Zäsur, der Sprung, zu erklären. Man kann die Vorgänge auf der Welt nicht mehr mit dem bürgerlichen Theater darstellen, verstehen Sie? Das reicht dafür nicht aus.«

Nach dem Gespräch ermuntert Brecht die beiden dazu, mit ihrem Programm weiterzumachen. Er autorisiert den »Abend mit Brecht« sogar, indem er ihren Programmzettel unterschreibt. Viel wichtiger aber: Er erzählt von seinen Plänen, ein eigenes Ensemble aufzubauen. »Melden Sie sich bei Helene Weigel. Wenn alles unter Dach und Fach ist, wird sie Ihnen einen Vertrag geben.«

— *Ende August 1949 fährt Brecht von Ostberlin nach Salzburg. Der letzte Grenzübertritt ist abenteuerlich – Deutsche dürfen nicht aus der amerikanischen Zone nach Österreich einreisen, und so muss Brecht sich zum Schein von einem amerikanischen Offizier festnehmen und hinüberbringen lassen. Obwohl – oder gerade weil – er jetzt ziemlich entschlossen ist, sich im sowjetischen Sektor von Berlin niederzulassen, bemüht er sich seit einiger Zeit um die österreichische Staatsbürgerschaft. Der Komponist Gottfried von Einem ist ihm dabei behilflich. Als Gegenleistung verspricht Brecht ein Festspiel für die Salzburger Festspiele, einen Brecht-Jedermann, den* Salzburger Totentanz. *Brecht wird im April 1950 österreichischer Staatsbürger, sein Totentanz wird nie fertig. Zurück fährt er jetzt über München, wo er über verschiedene Theaterprojekte im Westen verhandelt, eine* Courage *in München mit Therese Giehse, eine* Dreigroschenoper *mit Hans Albers, den er am Starnberger See besucht. Ruth Berlau stößt in München zu ihm; sie ist in Wuppertal gewesen, um dort bei einer* Courage-*Inszenierung das neue Aufführungsmodell durchzusetzen. Keine erfreuliche Arbeit; es wird nicht gern gesehen, wenn da jemand aus Berlin kommt, um zu kontrollieren, ob man auch alles genau so macht, wie der Brecht sich das vorstellt. Brecht und Berlau machen sich zu einem Abstecher nach Augsburg auf.*

Auf dem Perlachturm, dem Augsburger Wahrzeichen am Rathaus, quält Brecht sich die letzten Stufen der finsteren Wendeltreppe hoch ins Licht. Von hier aus hat er im Ersten Weltkrieg als Schüler vergeblich nach feindlichen Flugzeugen Ausschau gehalten. Oben auf der Aussichtsplattform steht schon Ruth Berlau mit ihrem Fotoapparat. Sie drückt immer wieder auf den Auslöser. Brecht schaut mit ihr über die Stadt in die Ferne. Weit über den Stadtgraben hinaus, hinweg über die Bleichstraße im Klauckeviertel bis dahin, wo der Lech sich mit seinem hellen Wasser um die Stadt windet. Wie oft hat er dort mit seinen Freunden im Sommer am Wehr auf dem Kies gelegen und sich im Wasser treiben lassen! Im Gewirr der Gassen erahnt er seinen

Augsburg vor und nach dem Krieg

Schulweg, von der Wohnung über den Stadtgraben und durch die Franziskaner-Gasse. All die alten Namen, von den Freunden im Augschburger Dialekt so oft gehört, sie sind wieder da: Kapuzinergässchen, Hasengasse, Gänsbühl, Pulvergässchen oder Rauwolfgasse.

Berlau geht die Runde ab und knipst in alle vier Himmelsrichtungen. Ganz so, wie sie im Theater das Szenenbild dokumentiert. Es ist ja das Szenenbild seiner Jugend. Brecht steht an die Brüstung gelehnt. Das Gestern, das in diesem Augenblick von Müdigkeit und Erschöpfung kurz wieder aufgetaucht ist – jetzt ist es verschwunden. »Besonders all die zertrümmerten Häuser, Ruth. Halt das fest!« Unter ihm auf der Maximilianstraße bimmelt die Straßenbahn wie eh und je. Leute hüpfen vor der Bahn über die Schienen. Pferdewagen, Dreiräder – diese praktischen Kleinlaster sind neu, die kannte man vor 1933 noch gar nicht! – tuckern hochbeladen zwischen Häuserruinen und der alten Pracht der Fuggerstadt. Dazwischen die Militärfahrzeuge der Amerikaner, die Besatzungsmacht in Bayern. Hier und da kann er sogar die Trachtenanzüge erkennen, in denen die Bauern aus dem Umland in die Stadt gekommen sind, die Frauen mit ihren Marktkörben. Und Kinder. So viele Kinder auf den Straßen, die den Krieg überlebt haben. Die Menschen sind unterwegs in ihrem neuen alten Leben nach dem verlorenen Krieg. »Sie sehen die Trümmer gar nicht mehr«, sagt Ruth, die seinem Blick gefolgt ist und seine Gedanken errät. Brecht: »Sie wollen nicht wissen, weshalb alles so gekommen ist.«

Es war nicht nur der beschwerliche Weg die Treppen hoch auf die Aussichtsplattform, der ihn ins Schnaufen gebracht hat.

Schon als sie auf den Münchener Straßen und unterwegs in den Dörfern die vom Wahlkampf übrig gebliebenen Plakate mit ihren Parolen gelesen haben, köchelte es in ihm hoch: Ärger und Wut – und über allem eine unheimliche Beklemmung. »Das ganze Deutschland soll es sein! Zum ungeteilten Vaterland durch die CDU.« »In der Eintracht liegt die Macht – Alle wählen SPD.« »Vertriebene, Eure Not ist unsere Sorge – Gemeinsam schaffen wir's. Wählt CSU.« Nur einmal, mit weißer Farbe an eine Wand gepinselt: »Wählt KPD – wählt den Frieden.« Am 14. August hat Westdeutschland seinen ersten Bundestag gewählt, die erste freie Wahl einer länderübergreifenden Regierung seit Beginn der Naziherrschaft. Das Ergebnis ist für Brecht deprimierend. CDU und CSU zusammen 31 Prozent, die Freie Demokratische Partei 12 Prozent. Was ihn so empört: nur 5,7 Prozent für die KPD. Die Kommunisten sind hier nur eine winzige Minderheit. Für Brecht eigentlich kein Wunder. »Das ist die Maske des Kapitalismus: freie Wahlen. Jetzt kann die Bourgeoisie einfach weitermachen. Und dieser Herr Adenauer verkauft das Land an das amerikanische Kapital!«

Ruth blickt auf den Mann, der an der Brüstung auf seine Heimatstadt hinunterschaut. »Wenn die wüssten, dass gerade jetzt der Brecht hier oben steht und ihnen zusieht.« Sie findet das lustig. Ganz anders Brecht. »Wenn sie's vor fünf Jahren gewusst hätten, dass der Brecht in der Stadt ist, hätten's mich aufgehängt. Ach, Ruth, wenn sie nur verstehen würden, dass der Brecht erst hier oben stehen kann, nachdem die Bomber ihm den Weg frei gemacht haben.«

Ruth legt ihren Arm um seine Schulter. »Komm, es ist doch auch deine Heimat.«

Mit so einem Wort kann Brecht gar nichts anfangen. Er will es nicht mehr hören. Gefühlskitsch schon immer und jetzt noch Schlimmeres. »Heimat, Volk und Vaterland – das alles haben die Nazis mit ihrer Gefühlspropaganda endgültig vergiftet, ein für alle Mal.«

Ruth kann aber nicht lockerlassen. »Aber deine Freunde ... und die ersten Mädchen?«

»Das ist doch alles völlig uninteressant, Ruth. Ich wollte nur mal nachsehen, was von der Stadt übrig geblieben ist.«

Am nächsten Morgen hat Brecht das Cabriolet in der Bleichstraße geparkt, vor seinem Elternhaus. Er steigt aus. Ruth Berlau macht ein Foto vom Auto. Brecht blickt nach oben, dorthin, wo seine Mansarde war. Von außen ist alles unverändert. »Da oben hab ich gewohnt – eine Dachbude.« – »Und deine Eltern?« – »Ein Stockwerk tiefer. So hatte ich meine Ruhe.«

Nun hat Ruth Berlau doch noch Brechts Gesicht vor die Kamera bekommen, das mag er gar nicht. Kein schönes Gesicht. Und so tief im Schatten, dass es fast in ihm verschwindet.

Ruth Berlau hat ein gutes Gedächtnis für die paar Schnipsel, die er ihr im Lauf der Zeit aus seinem Leben erzählt hat. Und sie hätte noch viele Fragen zu seinen frühen Jahren hier in Augsburg. »Deine Wolfshöhle. Deine Kraal. Da hast du dein *Baal* geschrieben.«

Aber Brecht ist schon wieder auf dem Weg zu seinem Auto und steigt ein. »Komm, wir haben noch eine Verabredung.« Ruth Berlau folgt ihm eilig nach, im Laufen verstaut sie ihre Leica. Er gibt ihr noch einen Merksatz mit, um dieses Gespräch zu beenden. »Ein asoziales Monstrum war er, dieser Baal. Ich hatte noch nichts verstanden. Asozial – aber in einer asozialen Gesellschaft. In wirren Zeiten.«

»Dieser Baal ist ein Dichter«, sagt sie noch. Und nicht bloß so ein Verstandesmensch, denkt sie. Brecht fährt an. Ruth Berlau schaut noch einmal zurück auf das Dachgeschoss mit der Mansarde.

In der Nähe der Bleichstraße steht Brecht mit seinem alten Freund Georg Pfanzelt neben seinem Auto, Ruth Berlau fotografiert die beiden. Den Orge wollte Brecht unbedingt wiedersehen, »eine Hauptattraktion für mich in den alten Breitengraden«, hat er ihm aus Santa Monica geschrieben. Brecht hatte ihm einstmals seinen *Baal* gewidmet. Pfanzelt zieht immer noch ein Bein nach, er hat die Schule nur mit dem Einjährigen beendet und es trotzdem im Dienst der Stadt Augsburg schließlich zum Verwaltungsdirektor des Städtischen Krankenhauses gebracht. Jetzt stehen sich die beiden Freunde ein bisschen verlegen gegenüber. Sie wissen nichts so recht miteinander anzufangen. Viel ist Pfanzelt anscheinend nicht mehr von dem souveränen Sarkasmus geblieben, den Brecht früher so an ihm geschätzt hat.

»Bidi, ich komm in deinem Anzug aus Amerika. Dank also noch einmal für all die CARE-Pakete.«

»Das war die Helli.« Ja, organisiert hat sie das alles. Aber gesagt hat er ihr's schon. Pfanzelt versucht, Berts dänische Freundin ins Gespräch einzubeziehen. »Milch und Honig sind geflossen. Datteln und Fleischkonserven. Aspirin, Zigaretten. Es hat uns überleben lassen.«

»Euer Haus in der Klauckestraße ... ?«, erkundigt sich Brecht. – »Eine Ruine. Wir haben im Winter '46/'47 die Balken verheizt. War ja nicht nur der Hunger, sondern auch Kälte, kein Brennholz, keine Kohlen ...«

»Ihr habt's überlebt.«

»Bloß Glück gehabt, Bidi, bei der großen Ziehung der himmlischen Lotterie. – Wie ist es eigentlich deinem Bruder ergangen?«

»Hat's auch überlebt. Auch mit Glück, bei der Bombardierung von Darmstadt.«

Ruth weiß auch von diesem Bruder, von dem kaum je gesprochen wird. »Er hat es dem Brecht geschrieben. Gesehen haben sich die beiden noch nicht wieder.«

»Er war in der Partei. Bei der Entnazifizierung brauchte er einen kleinen Persilschein, wir konnte ihm da helfen, glaube ich. Er wird wohl Professor bleiben können.«

»Wie die meisten«, sagt Pfanzelt, der sich in Ämtern gut auskennt.

»Und der Neher Cas?«

»Die Nazis haben ihn ja arbeiten lassen. Jetzt geht er mit nach Berlin.«

Da ist noch jemand auf der Liste der Gestalten aus der gemeinsamen Vergangenheit. Dafür könnte sich der Bert doch interessieren, denkt Pfanzelt. »Die Bi gibt's auch noch. Die Frau Gross, das weißt du ja. Und euer Sohn, der Frank ...«

»Ich hab's gehört.«

»Wegen Paula – die ist noch hier in Augsburg, ich könnte dir da eine Anschrift geben.«

»Ein andermal.«

Pfanzelt hat verstanden. »Also nimmermehr.«

Berlin-Weißensee, Brechts Villa in der Berliner Allee 185. Helene Weigel hat das Haus, eine ehemalige Direktorenvilla, besorgt. Es liegt zwar direkt an der Straße, hat dafür aber auf der Rückseite einen parkartigen Garten bis hinunter zum kleinen, idyllischen Weißen See. Im Arbeitszimmer stehen einige Möbelstücke, die noch vom Vorbewohner übrig geblieben sind. Antikes, das Helene Weigel aufgetrieben hat, ist schon angeliefert worden. Überseekoffer stehen offen, neben der Wäsche enthalten sie Bücher und Manuskripte, die aus den USA über die Schweiz nun nach Berlin gelangt sind. Brecht versucht, einen sehr großen Arbeitstisch vors Fenster zu schieben. Helene Weigel sieht, dass er das nicht schafft, und eilt ihm zu Hilfe. »Warte, warte, warte ...« Gemeinsam bauen sie den Schreibtisch, seinen Arbeitsplatz, auf. Wie die Weigel es stets, in jedem neuen Haus, während der Jahre der Flucht durch die vielen Länder geschafft hat. Immer hat zuerst er seinen Platz bekommen. Das größte, hellste Zimmer. Seine Arbeit ging vor, sie selbst und die Kinder standen an zweiter Stelle.

Brecht sitzt schon am Schreibtisch. Er hat eine seiner Dämonenmasken ausgewickelt. Er schaut auf die wutverzerrten Gesichtszüge. »Wie anstrengend es ist, böse zu sein«, zitiert er sein eigenes Gedicht und hält sich die Maske vors Gesicht. »An meiner Wand hängt ein japanisches Holzwerk / Maske eines bösen Dämons, bemalt mit Goldlack. / Mitfühlend sehe ich / Die geschwollenen Stirnadern, andeutend / Wie sehr es anstrengt, böse zu sein.« Das hat er im Exil gedichtet, im September 1942, auf der Fahrt von Santa Monica nach New York. Mitgefühl für die Bösen, weil sie es so schwer haben? Was ist da los gewesen mit dem Klassenkämpfer Brecht?

Helene Weigel holt Bücher und Manuskriptstapel aus den Koffern und packt sie vor Brecht auf den Tisch. Viele Durchschläge darunter. Nur zu gut kennt sie die Züge von Bosheit, von Jähzorn auch in Brechts Gesicht. Nun könnte es besser werden. Es wartet ja so viel Arbeit auf sie. »Jetzt packen wir einmal gründlich das Fluchtgepäck aus.« Das Fluchtgepäck – das sind vor allem die im Exil geschriebenen Stücke, von denen nur manche im Krieg in der neutralen Schweiz aufgeführt werden konnten.

Brecht öffnet eine dicke Mappe mit einem Typoskript, *Galileo* aus Los Angeles, mit den Szenenfotos von Ruth Berlau. Der *Galilei,* er wird noch etwas warten müssen. Die *Carrar,* der *Puntila,* der *Kreidekreis* … Wie viel Zeit wird ihm bleiben? Wer wird ihm beistehen? Allein werden sie's nicht schaffen. Und jetzt geht auch noch der Dymschitz in seine Heimat zurück, der sowjetische Kulturoffizier, der ihnen so behilflich war.

Gerade hat Helli ihm seine Schreibmaschine auf den Tisch gestellt. »Sie kommen doch auf dich zu. Grad als ob sie gewartet hätten, ob's den Brecht noch gibt. Die Alten, die überlebt haben, die Freunde wie der Cas und der Jhering und die jungen Leut, die sich jetzt melden.«

Weigel bringt ein weiteres Konvolut mit der Aufschrift *Puntila*. Brecht schlägt es auf und schaut sich ein Foto von der Aufführung voriges Jahr in Zürich an. Wenigstens ein paar Verabredungen stehen schon für die erste Inszenierung des eigenen Ensembles, obwohl es das Weigel-Ensemble noch gar nicht richtig gibt. Der Leonhard Steckel kommt aus Zürich für den *Puntila.* Dazu noch mit Regine Lutz ein besonderer Liebling, den Brecht selbst angeworben hat. Die ist noch nicht verbogen, die hat das Zeug dazu, aus der kann man was machen.

Helene Weigel nimmt ein Foto von Regine Lutz in die Hand. »Wie jung sie noch ist! Ich werd mich um sie kümmern müssen.« Sie bringt das Packpapier in die Küche und versucht vergeblich, den Wasserhahn aufzudrehen. »Um alles muss ich mich kümmern! Es ist ja nix da.« Sie rüttelt und hämmert an Hahn und Rohr, bis endlich doch, stotternd, das Wasser fließt.

In der Küche steht ein großer Holz-Kohle-Herd. Helene Weigel gießt gerade das heiße Wasser in eine Kanne mit schwarzem Tee, als es am Fenster klopft. Sie erkennt das Gesicht von Ruth Berlau. »Helli!« Funktioniert die Klingel nicht? »Ja! Ja!« Das könnte Ärger geben. Weigel geht über den Flur und schaut zu Brecht ins Arbeitszimmer. »Die Berlau steht vor der Tür. Ihr Koffer ist in unser Gepäck geraten.«

Brecht ist aufgestanden und kommt an die Tür. Er weiß, dass sich die Spannung zwischen den beiden Frauen sehr schnell in einem großen Streit entladen kann. »Bitte, mach ihr keine neuen Hoffnungen!« – »Sie soll hier leben und am Ensemble mitarbeiten. Das hab ich ihr versprochen.« Das und noch viel mehr hat er ihr versprochen, das weiß auch Helli. »In Amerika hat sie geglaubt, du würdest sie heiraten! Du weißt, was ich mein.« Damit schließt sie resolut die Tür und geht mit Ruths irregeleitetem Koffer in Richtung Haustür.

»Dein Koffer!« Helene Weigel hat die Tür kaum aufgemacht, da hat sie auch schon der Berlau ihren Koffer direkt vor die Füße gestellt, als Barriere gegen unbefugtes Eintreten. So einfach lässt sich die Ruth aber nicht abweisen. »Der Brecht ist doch da!« – »Der

Brecht ist erschöpft, der braucht jetzt seine Ruh.« Ganz die fürsorgliche Ehefrau, die ihren Mann vor der bösen Welt beschützt, versperrt Helene Weigel der Rivalin, die sich am Koffer vorbeischlängeln will, den Zugang. »Ich arbeite mit ihm.« Das ist ihre legitime Form von Zugang, die Mitarbeit. »Du kannst für uns fotografieren.« Das hätte sie wohl gern: knipsen und ab in die Dunkelkammer und sonst nichts. Das ist Ruth Berlau aber nicht genug, da hat sie nun wirklich mehr zu bieten. »Und die Stücke dokumentieren. Für die Modellbücher.« Hat die Helli nicht mitbekommen, dass auf dem Antigonemodell-Buch – einem richtigen Buch! – auf dem Titelblatt, ganz vorn, groß, fast so groß wie BRECHT/NEHER, steht »REDIGIERT VON RUTH BERLAU«? – »Du kannst ja nicht mal einen Text fehlerfrei abtippen.« Das ist ein Schlag, der Wirkung zeigt; natürlich ist ihre Rechtschreibung nicht perfekt, aber trotzdem – die hat's gerade nötig! »Und du, Helli, als du für Brecht in Dänemark unbedingt selber abtippen wolltest – wegen die Grete Steffin und Brecht ...« Damit drängt sie sich an Helene Weigel vorbei in den Flur. »Brecht?!« Sie dreht sich noch einmal kurz um und hält der Weigel ihre Unterarme vors Gesicht. »Solche Arme hattest du da. Alles bandagiert!« Tatsächlich hatte Helli einmal versucht, auch noch die Sekretärinnenrolle für Brecht zu spielen, und sich dabei im Übereifer eine Sehnenscheidenentzündung zugezogen.

Berlau verschwindet auf der Suche nach Brecht in die Tiefe des Flurs, der Küche und Wohnbereich trennt. »Und die Regie ist mir auch versprochen«, ruft sie. Weigel ist ihr gefolgt und versucht, ihr den Weg zu Brecht abzuschneiden. »Wir sind jetzt wieder in Deutschland. Nicht mehr in Dänemark.« Ruth Berlau ist das erste Mal in der Villa, sie kennt sich hier nicht aus. »Brecht!?« Immer wieder rüttelt sie an einer verschlossenen Tür oder öffnet eine andere, hinter der sie den Gesuchten wieder nicht findet. »Ihr wart fremd damals in Svendborg. In Exil! Da war ich nützlich für euch. Wegen dem Theater. Wegen der Visa, wegen dem Auto und das spezielle Essen für Brecht.«

»Du hattest das Geld.« So war's. Berlau ist jetzt auf dem Rückweg wieder vor Weigel stehen geblieben. »Mein Mann hab ich wegen Brecht verlassen.« Sie hebt die Hand und hält der Weigel den eisernen Ring an ihrem Finger direkt vors Gesicht. »Brecht hat mir den Ring gegeben, unterwegs. Schweden, Finnland, Amerika. Immer sollte ich bei ihm bleiben. Helli, der Brecht liebt mich.« So echt, so intensiv auch die Berlau hier ihre Szene aufführt – die Weigel ist die überlegene Schauspielerin. Sie kommt mit ihrem Gesicht ganz dicht vor das Gesicht der Gegnerin, macht eine kurze, intensive Wirkungspause und sagt ganz leise: »Und ich bin seine Frau.«

Ruth Berlau steht mittlerweile vor der Tür zu Brechts Arbeitszimmer. Eine Milchglasscheibe mit eingravierten Verzierungen versperrt ihr den direkten Durchblick. Sie rüttelt an der Tür, die Brecht inzwischen abgeschlossen hat. »Brecht!?« Sie kann es ja durch die Ornamente sehen, dass der Mann da als großer Schatten am Schreibtisch sitzt. Sie rüttelt und ruft »Brecht!? – Brecht!«

Von drinnen ertönt nun Brechts energisch befehlende Stimme. »Ruth. Sei jetzt vernünftig!« Im selben Augenblick verändert sich Ruth Berlaus Stimmung von Grund auf, ja, ihr ganzes Wesen scheint sich zu verwandeln. Jetzt spricht sie weich, in klagendem Tonfall. »Vernunft! Immer die Brecht-Vernunft. Du hast es versprochen, dass wir hier zusammenleben.« Der Mann hinter der Tür: »Du wirst weiter am Theater mitarbeiten.« Die Frau vor der Milchglasscheibe fleht: »Mit dir!« Ja, so hatte er es ihr versprochen: Liebe und Arbeit, das gehört in der neuen sozialistischen Gesellschaft immer zusammen. Die neuen Lebensgemeinschaften werden, wie die neuen Produktionsbedingungen des Sozialismus, die Menschen befreien, sie bereichern, produktiver und endlich glücklich machen. Nun aber muss sie doch fürchten, dass die Arbeit und die Liebe voneinander getrennt werden, dass für sie schließlich nur noch die Arbeit übrig bleibt, als eine Art Almosen.

Dann geht die Tür auf. Brecht steht ausgehfertig vor ihr. Ganz der gestrenge Lehrer, erinnert er sie daran, wo sie sind und was ihre Aufgabe ist. »Jetzt sind wir im sozialistischen Deutschland, Ruth. Wir arbeiten am Aufbau einer neuen Gesellschaft.« Was sind dagegen ihre Sentimentalitäten? Er geht an ihr vorbei zur Tür. »Und wann beginnt unser Leben?« Ruth fragt es noch einmal, schon leise und resigniert, weil sie genau weiß, dass er es nicht hören will und ihr nicht antworten wird. Schon gar nicht das, was sie so dringend hören möchte. Er setzt sich die Mütze auf und greift nach dem Koffer. »Komm, ich fahr dich nach Haus!«

Brecht hat sein Cabrio direkt vor dem Haus geparkt. Es ist Ruth Berlau gewesen, die es ihm besorgt hat. Jetzt im Wagen lächelt Ruth schon wieder. Wenigstens mal wieder ein paar Minuten allein mit ihm. Sie legt den Arm um ihn. »Ich liebe deine sarten smalen Ssultern …« Er wird ihr den Koffer in die Wohnung tragen. Dort wird er sich eine Zigarre anzünden. Sie wird ihm einen Tee zubereiten und sich dabei alle Mühe geben, dass er sich nicht wie ein Ausbeuter vorkommt. Denn das mag er ja nicht. Und dann wird man weitersehen. Sie flüstert es ihm dicht ins Ohr, dass er es auch hört im Fahrtwind: »… und ich liebe dein kleine süße Swanz.«

Brecht tritt auf die Bremse. Er ist hinter einen kleinen Konvoi sowjetischer Militärlastwagen geraten. »Ruth! Denk an die dritte Sache!« Sie richtet sich wie eine ertappte Schülerin gerade in ihrem Sitz auf. »Den Aufbau des Sozialismus. Und? Dürfen wir im Sozialismus nicht ficken?« Die sowjetischen Soldaten vor ihnen auf dem Lastwagen winken in das offene Cabriolet, Ruth winkt zurück. Brecht tritt aufs Gaspedal und geht auf die Überholspur.

Nach dem Erfolg der Courage *hat sich in Berlin ein Freundeskreis an Unterstützern für Brecht gebildet. Dabei sind der junge Philosophiedozent Wolfgang Harich, anfangs der sowjetische Kulturoffizier Dymschitz, der Regisseur Erich Engel und Kurt Bork, Leiter der Abteilung Volksbildung beim Magistrat von Groß-Berlin. Sie wollen Brecht endgültig nach Berlin zurückholen.*

Man schmiedet Pläne: Helene Weigel soll ein eigenes Ensemble zusammenstellen, mit Brecht als Hausautor und Hauptregisseur. Einen festen Platz soll es vorerst als ständiger Gast im Deutschen Theater bekommen.

Bei der Recherche im Bundesarchiv in Lichterfelde – ein Ort mit Tradition: Preußische Hauptkadettenanstalt, Kaserne der SS-Leibstandarte Adolf Hitler, Andrews-Barracks-Kaserne der Amerikaner – zeigt mir Werner Hecht ein Dokument. »Die ist also hier erhalten, die ›Gründungsurkunde‹ des Berliner Ensembles. Das nennt sich ›Bescheinigung‹ und ist alles andere als eine Gründungsurkunde. Diese Bescheinigung ist deshalb merkwürdig, weil sie eigentlich rechtlich gar nicht wirksam werden kann. Das hier ist eine Bescheinigung, dass dieses Ensemble der Verwaltung für Volksbildung untersteht und nicht dem Magistrat. Aber das Ministerium für Volksbildung hat gar nicht die Berechtigung, solche Theater zu gründen, das war eine Verlegenheitslösung. Wie auch immer, es ist dadurch gegründet worden, und da hat man also die merkwürdige Art der Gründung eines Ensembles, das von einem Teil der Genossen gewünscht war und von einem anderen Teil bekämpft wurde.«

Der finanzielle Rahmen des Unternehmens war schon vorher durch einen Beschluss des Politbüros recht großzügig abgesteckt worden: »1 125 000 DM laufende Ausgaben und 340 000 DM einmalige Ausgaben sowie schätzungsweise 10 000 Dollar jährlich für die Gagen ausländischer Schauspieler«.

Im August 1949 reist Regine Lutz aus der Schweiz nach Berlin. Sie ist in gutbürgerlichen Verhältnissen aufgewachsen. Ihr Vater ist Professor der Medizin an der Universität Basel. Sie wollte von Anfang an Schauspielerin werden und hat gleich nach der Lateinmatura – darauf hat der Vater dann doch bestanden, für sie war es kein Problem – am

Zürcher Schauspielhaus als Elevin und Kinderdarstellerin angefangen. Eines Tages erreichte sie dort ein Anruf, der ihr Leben veränderte.

Das Zürcher Schauspielhaus will Brechts im finnischen Exil entstandenes Volksstück Herr Puntila und sein Knecht Matti *aufführen. Offiziell darf Brecht die Regie nicht übernehmen, weil er von der Schweizer Fremdenpolizei keine Arbeitserlaubnis bekommt. So erscheint auf dem Programmzettel nur sein Ko-Regisseur Kurt Hirschfeld.*

Regine Lutz hat mir erzählt, wie Brecht und sie bei dieser Inszenierung zum ersten Mal zusammenkamen. »Im Mai 1948 bekam ich einen Anruf, ich solle ins Schauspielhaus kommen, Brecht wolle mich kennenlernen. Da bin ich runtergerannt. Ich wusste doch nicht, wer Brecht war, Brecht wurde bei uns in der Schule nicht durchgenommen. Ich hatte einen karierten Schottenrock an und eine weiße Bluse und niedere Schuhe und Strümpfe, wie ich so war. Da war ich unten, ging ins Foyer, wo Brecht war. Ich sah Brecht und fand ihn eigentlich eher hässlich. Es war der erste Eindruck.«

Plötzlich (…) hatte er wieder das Häftlingsgesicht: die klein-runden Augen (…) vogelhaft (…) auf einem zu nackten Hals. (…) Ein erschreckendes Gesicht: abstoßend (…). Ein Lagerinsasse mit Zigarre. (…) Sein Mund fast lippenlos. (…) Sein Haarschnitt wirkte (…) wie eine Maßnahme gegen Verlausung oder wie eine Schändung, die ihm angetan worden ist.

Max Frisch, Tagebuch 1948

»Man wird ihm einen Stuhl ins Foyer gestellt haben.« Ich versuche, mit Regine Lutz in die Szene zurückzugehen und ihr dabei zuzuschauen, wie Brecht sie examiniert. »Ja. Ein Stuhl, auf dem er liegen konnte, bequem. Und er hatte die kalte Zigarre, weil er im Foyer ja nicht rauchen konnte. Die kalte Zigarre, Mütze auf, und ich wurde ihm vorgestellt. Ich gab ihm die Hand, schlaff, eine schlaffe Hand, was ich im Grunde nicht liebe. Da dachte ich: ›Oh Gott, aussehen tut er ein bisschen wie die Basler Maler, die haben diese Frisur, diesen Pony und so.‹ Aber er sah so unbedeutend aus in diesem Anzug und diesem grauen Hemd und die Schuhe so komisch. Dass das alles maßgeschneidert war, das wusste ich natürlich nicht. Und furchtbar teuer. Da gab er mir ein dünnes gelbes Durchschlagblättchen in die Hand und fragte, ob ich das vorlesen würde. Da war aber so ein Gedicht drauf, und da schlug mein Herz schon etwas schneller. Ich war eine sehr gute Vorleserin, ich habe tadellos und fehlerfrei vorgelesen. Das war der Prolog des Kuhmädchens zum Puntila. Das las ich so schön wie nur möglich vor.«

Ich: »Wie schön haben Sie es gelesen?«

Lutz: »Ich habe es wunderbar gelesen. ›Geehrtes Publikum, der Kampf ist hart, doch lichtet sich bereits die Gegenwart, doch ist nicht überm Berg, wer noch nicht lacht, drum haben wir ein komisches Spiel gemacht.‹ Ich habe es sofort begriffen, um was es ging, und habe wunderbaren Ausdruck reingebracht. Als ich fertig war, war Pause. Niemand sprach. Ich auch nicht. Ich dachte: Doch, das hab ich fehlerfrei vom Blatt gelesen, also da kann man nicht viel sagen. Dann sagte Brecht: ›Würden Sie es bitte mal so vorlesen wie ein Mensch, der noch niemals gereimte Zeilen gesehen hat, für den das ganz neu ist?‹ So was musste man mir ja nur einmal sagen. Dann habe ich angefangen, mit der ersten Zeile ganz frisch und froh, die zweite Zeile auch, und bei der dritten Zeile habe ich am Schluss einen Moment gestockt und bei der vierten habe ich gekuckt und gesehen, dass das so war etwa bis zur sechsten und da hab ich gelacht, das weiß ich noch heute und hab ganz triumphierend den letzten Reim so gebracht und das so gelesen. Dann war am Schluss Totenstille. Nichts war. Und ich dachte, es würde wenigstens ein anerkennender Blick oder so. Nein, Brecht hatte seine kalte Zigarre, er sah mich an, was er gedacht hat über diese kleine Schweizerin, das weiß ich nicht, aber auch Hirschfeld, alle waren still und stumm. Keiner getraute sich irgendwas zu sagen. Und dann sagte Brecht: ›Ja, vielen Dank‹, und damit war ich entlassen.

Dann hat man mir am nächsten Tag gesagt, dann und dann beginnen die Proben. Na, und dann ging ich auf die erste Probe. Nachher habe ich die Rolle in der Hand gehabt und hab gesehen, ich hab viel, den Monolog vom Kuhmädchen. Ich habe diese große Lebensgeschichte vom Kuhmädchen aufzusagen gehabt. Die hab ich so gelesen, also … ›Um halb fünf muss ich aufstehen, den Kuhstall ausmisten und die Kuh bürsten, dann kommt das Melken, dann wasche ich die Milchkanne mit Soda und scharfem Zeug. Das brennt auf der Hand. Dann miste ich wieder aus …‹ und so weiter. Die habe ich gelernt, sehr gut, und habe sie mit großem Ausdruck vorgetragen. Also klassenkämpferisch eigentlich, empört, dass man mich so behandelt. Ich habe da allen Ausdruck reingelegt, den man nur reinlegen konnte.

Nachdem ich fertig war, habe ich eigentlich Applaus erwartet, aber es kam nichts, sondern es war Stille. Was mich sehr enttäuschte, denn ich fand das auf Anhieb doch sehr anständig gelesen und gestaltet. Und dann sagte Brecht: ›Wissen Sie, lesen Sie das doch mal wie ein Zeitungsreporter, der eine Reportage liest. Nüchtern, sachlich, ohne einzusteigen.‹ Und ich dachte, ein Reporter ist doch langweilig. Und das hab ich gemacht.« Regine Lutz hat es mir vorgespielt, wie sie dieselben Sätze nun nüchtern distanziert gesprochen hat. »… dann wasche ich die Milchkanne mit Soda und scharfem Zeug. Das brennt auf der Hand …« Nichts Besonderes. Es passiert ja jeden Tag. »Also ich würde sagen: stinkelangweilig! Aber er hat das so gewollt, und da habe ich es so gemacht.

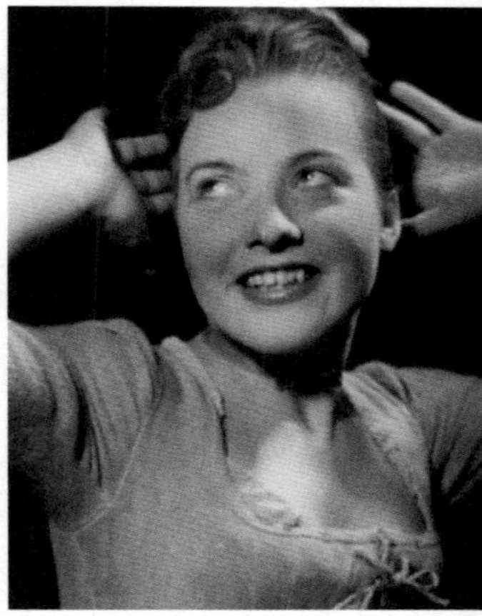

Und nach dem war wieder Pause, lange Pause, und niemand nickte, und ich war entlassen. Dann dachte ich, na, ich weiß nicht, so ganz doll ist das nicht. Dann rief man mich an, übermorgen um zehn Uhr ist Probe. Ich kam da an, und wie mir erging es allen anderen. Nur ich war schon weiter. Da quälten sich die andern mit Ausdruck, und ich wusste ja nun, was war. Und ich fand das furchtbar langweilig, was ich zu machen hatte. Ich war nicht einverstanden. Aber nach der Premiere kam Zuckmayer zu mir und sagte: ›Das muss ich dir sagen, du bist die Einzige, die Brecht verstanden hat.‹«

Ich: »Was hatten Sie verstanden, was meinte Zuckmayer damit?«

Lutz: »Er meinte, ich hätte begriffen, wie Brecht seinen Text gebracht haben will, dass er die Leute berührt.«

Ich: »Was ist denn der Unterschied zwischen der ersten Fassung, wo Sie die Leute berühren, indem Sie Mitleid erzeugen, zu der zweiten Fassung, die Sie nüchterner lesen? Was passiert da?«

Lutz: »Der Unterschied ist, dass beim Nüchternbringen die Leute anfangen zu denken, was das eigentlich alles Furchtbares ist, was dieses arme Geschöpf da von sich gibt. Wenn Sie selber das so bringen, sehen das die Leute, sie hören es, aber sie denken nicht mit. Nur nicht blühen, nicht gestalten, nicht mitleben … nicht erleben. Das nicht! Erzählen, episch, einfach erzählen. Dann beginnt der Zuschauer zu denken, und die Bilder entstehen im Zuschauer. Nicht Anklage machen, nicht empört sein, was ja naheliegt. Das wollte er nicht haben, und ich war eine brave Schülerin und dachte mir: Gut, wenn er das haben will …«

Ich: »Keine Theaterfigur.«

Lutz: »Keine Theaterfigur. Er wollte nicht Theater gespielt haben. Und die gute Blandine Ebinger, die Witwe vom Friedrich Hollaender, die hat die Apothekerin gespielt. Die hat sich Löckchen gemacht und saß am Fenster und ›Hallo, Herr …‹ Das wurde ihr alles weggenommen, und sie konnte es nicht, sie verstand es nicht. Ich hab nur gemacht, was er wollte. (…) Er hat mir geschrieben, er wolle ein Theater gründen, und ob ich kommen wolle. Und ich war die Allererste.«

Regine Lutz ist 20 Jahre alt, als sie sich auf den Weg zu Brecht macht. Ihre Karriere scheint gerade in einer Sackgasse angekommen zu sein, ehe sie noch so richtig begonnen hat; zuletzt hat sie nur Kabarett gespielt. So hat sie sich also für Ostberlin entschieden. Zwei Tage dauert die Reise aus der schönen heilen Welt der Bilderbuch-Schweiz durch das vollkommen zerstörte Deutschland. Manchmal, wenn der Zug in der Nacht an einem Bahnhof anhält, schiebt sie die Vorhänge beiseite und schaut erschrocken auf die nachtdunkle Ruinenlandschaft der deutschen Städte. So schlimm hat sie sich das Land, in das sie von Brecht eingeladen wurde, dann doch nicht vorgestellt.

Heidi aus den Schweizer Bergen fährt in die Ruinen von Berlin. Dreiundfünfzig Jahre später, 2012, sitze ich der jungen Frau von damals gegenüber. Am Tag vorher habe ich in ihrem Keller einen großen Packen Briefe gefunden, schön ordentlich mit einem Bindfaden zusammengebunden. Woche für Woche, oft sogar zweimal, hat Regine Lutz ihren Eltern ausführliche Berichte über ihr Leben im sowjetischen Sektor von Berlin und über ihre Arbeit mit Brecht am Berliner Ensemble geschickt. Am Abend und in der Nacht vor unserem Gespräch habe ich die Briefe durchgelesen. Und nun sitze ich der klugen, lebendigen älteren Dame gegenüber und lese ihr ihr eigenes Leben vor, mit ihren Worten aus dem Jahr 1949. »Aber wie ich die Strecke von Zoo nach Friedrichstraße fuhr, glaubte ich, brechen zu müssen. Ihr macht Euch keine Vorstellungen. Rechts und links der Bahn liegen haushohe Backsteintrümmerhaufen, in denen die Trümmerfrauen Steine aufschichten. Ganze Häuserfassaden haben hinten nichts, andere Blöcke sind halbgeborsten, der Rest verbrannt. Riesenbunker stehen schräg in der Luft, wie untergehende Schiffe, Eisenbahnschienen und rostige, dicke Betonstangen ragen einfach in den Himmel. Nein – Ihr könntet im schlimmsten Film es nicht so sehen, wie es in Wirklichkeit ist. In der Spree liegen zwei Hälften einer Eisenbahnbrücke, die Anfänge davon brechen einfach in der Luft ab. Ich glaube immer, es könne nicht wahr sein. Dazu die unwahrscheinliche Hitze.« Regine Lutz 2012: »Aber das hat mich in keiner Weise zurückgeschreckt. Oh Gott, nein. Ich nahm alles, alles, alles nahm ich an. Es konnte das Schlimmste passieren, ich hätte immer noch gesagt: Lieber das Schlimmste und Theater spielen als zu Hause in Frieden leben.«

Im gerade erst eingerichteten Büro Helene Weigels in der Luisenstraße, direkt hinter dem Künstlerclub *Möwe,* sitzt Regine Lutz vor Helene Weigel und hat den Vertrag vor sich. »Da schreibst deinen Namen. Es ist eine Gage, die höher ist als bei den anderen. Der Brecht will's so. Aber red nicht darüber, das macht nur böses Blut.« – »Und wo soll ich wohnen? Im Hotel Adria, das ist doch zu teuer.« – »Ich hab da schon was im Auge für dich. In dem Haus sind schon andere von uns, und deine Wohnung zahlst dann selber. Schau, dann ist es deine Wohnung. Das ist doch viel schöner für dich. Und bis das mit den Lebensmittelkarten für dich in Ordnung ist, zahlen wir das Essen für dich in der *Möwe.*« Regine Lutz unterschreibt, die Weigel nimmt den Vertrag an sich. Sie reicht dem neuen Ensemblemitglied die Hand. »Herzerl, für dich bin ich die Helli. Und wenn's dir an was fehlt, dann komm einfach zu mir.«

Heiligabend in Brechts Haus in Weißensee. Regine Lutz ist eingeladen. Vielleicht ist die Kleine hier ja noch ein bisschen einsam? Barbara Brecht, die 19-jährige Tochter, ist inzwischen auch aus der Schweiz nachgekommen. Sie blickt ein wenig misstrauisch auf Regine, die gerade mit Brecht tanzt. Ein Schieber zu schräger Musik von einer Schellackplatte. Regine hat sich fein gemacht, rotes Kleid nach Baseler Chic, dezentes Make-up. Barbara Brecht linst gelegentlich über das Buch hinweg, in dem sie gelangweilt blättert, zum Geschehen auf der Tanzfläche. »Was ist denn das, was wir hier tanzen?«, fragt Regine Lutz ihren Tanzpartner. »Na, Schieber natürlich!«, entgegnet Brecht. Sieht man das denn nicht? Das hilft der Regine aber auch nicht weiter. »Schieber – was ist denn das? Habe ich noch nie gehört.« Sie kommen an Helene Weigel vorbei, die hat mitgehört. »Schieber, das ist was Besonderes!« Und Brecht ergänzt: »So praktisch. Das passt immer.«

Oben auf dem Weihnachtsbaum – so viel Tradition muss sein – steckt anstelle des Engels ein fünfzackiger roter Stern, wie ein Sowjetstern. Regine Lutz schaut hin, sie muss erst mal schlucken. Kein Engel? Brecht hat ihren entgeisterten Blick bemerkt. Nein, kein Engel in Bethlehem. Immer noch schiebt er Regine mit seinen rhythmischen Schritten durch den Raum. »Lesen Sie auch die Tageszeitungen?« – »Gelegentlich.« – »Das *Neue Deutschland* müssen Sie lesen, aber auch Zeitungen aus dem Westen. Nur so lernen Sie Ihre Zuschauer kennen. Und gehen Sie immer wieder ins Theater, auch im Westsektor. Die schlechtesten hier in Berlin sind besser als die besten in der Schweiz.« – »Ich habe in der Staatsoper schon die *Meistersinger* gesehen und die *Zauberflöte*. Ganz wunderbar. So viele Theater, das sind doch mindestens zehn oder zwölf – und das in einer Ruinenstadt. Und was für Stars hier auftreten …« Ein gutes Stichwort für Brecht. »Ich werd Sie auch zu einem Star machen.« – »Ein Star, ich?« Regine Lutz ist verdutzt stehen geblieben. Helene Weigel schaut etwas beunruhigt herüber. »Im nächsten Jahr wollen wir den *Hofmeister* spielen. Ein Drama von Lenz. Das ist ein Jugendfreund Goethes. Einer von der Opposition gegen den Adel, Sturm und Drang. Verstehen Sie?« – »Ja, ja.« Sie hat doch die Matura. »Und da gibt es eine weibliche Hauptrolle, Regine, die spielen Sie.« Sie hat sich wieder dem Brecht'schen Schreiten angepasst, und wieder sind sie bei Helene Weigel angelangt. »Hallo, Süßes, hast auch alles? Fühlst dich wohl bei uns, ja?« – »Immer besser!« Zu Brecht, als sie ein paar Schritte weitergetanzt sind: »Helli ist wirklich die Krone von allem. Wie die sich kümmert.« Die Helli hat inzwischen auch mitbekommen, was sie am Theater an der kleinen Lutz haben. Brecht findet, dass es nichts schaden kann, wenn Regine das weiß. »Der *Puntila* neulich hatte 46 Vorhänge, und die Helli meint, ein paar davon gehören der Regine.«

In der Wohnung von Ruth Berlau in Berlin-Mitte feiert Brecht Weihnachten 1949 nach. Heiligabend musste Ruth Berlau alleine feiern, jetzt ist sie dran. Auch sie hat für Brecht einen Weihnachtsbaum besorgt. Auch hier prangt ein roter Stern auf der Spitze.

Zunächst ist die Stimmung entspannt und friedlich. Das ist so arrangiert – so soll es sein. Brecht liegt auf der Couch, um sich auszuruhen. Zu seinen Füßen sitzt Ruth Berlau. Sie liest Brechts Bearbeitung des Lustspiels *Der Hofmeister oder Vorteile der Privaterziehung* von Jakob Michael Reinhold Lenz, getippt auf dünnem Durchschlagpapier. Manchmal lacht sie laut auf.

»Der Hofmeister Läuffer, der Lehrer, verführt dieses Mädchen Gustchen, die Schülerin.«

»Wer hier wen verführt, das ist noch die Frage.«

»Die ist adelig.«

»Und bald schwanger. Deshalb muss er weg.«

»Weil er nur ein einfacher Bürger ist. Das is Klassenkampfgesellschaft. Er will sich nicht beherrschen.«

Ruth geht zum Weihnachtsbaum hinüber und zündet einige Kerzen an. Brecht bleibt auf der Couch liegen. Er raucht dabei seine Zigarre. »Er kann sich nicht beherrschen. Sein Geschlecht! Und so passt er nicht als Hauslehrer in diese Gesellschaft. Verstehst?«

»Sein Swanz will nicht so wie sein Kopf. Er ist unvernünftig. Sehr gut versteh' ich das.«

»Deshalb schneidet er's ab, sein Geschlecht.«

»So richtig, mit ein Messer?«

Brecht nickt. »Und jetzt kann er wieder Lehrer werden.«

»Da steht ihm ja nix mehr im Weg.«

»Für die Zuschauer stellt sich diese Frage: Was für eine Gesellschaft ist das, in der ein Mann sich kastrieren muss, um gesellschaftsfähig zu sein?«

Berlau hat manchmal den fatalen Hang, alles, was sie hört, auf sich zu beziehen. »Ich bin hier auch nicht immer gesellschaftsfähig. Was meinst du?«

Sie gießt sich einen großen Wodka ins Glas und trinkt.

Schon wieder! Brecht sieht Ruths wachsenden Alkoholkonsum gar nicht gern, und er sagt ihr das auch deutlich. »Trink nicht so viel. Du versaufst dir sonst noch den Verstand.«

Ruth Berlau geht in die Küche. Sie zieht den Braten aus dem Ofen. Kochen ist nicht gerade ihre Spezialität. Sie prüft mit dem Messer, wie weit das Fleisch schon durch ist. Woran merkt man das? Verbrannt sieht es noch nicht aus, da können ein paar Minuten mehr sicher nicht schaden. Sie brabbelt vor sich hin: »Vernunft, immer Vernunft! Du hast dich auch nicht kastriert. Du nicht. Und ich will mich nicht kastrieren.«

Sie öffnet eine Flasche Rotkäppchen-Sekt (kommt seit Kurzem aus einem »Volkseigenen Betrieb«) und gießt zwei Gläser ein. Damit geht sie zurück ins Wohnzimmer. »Brecht, jetzt ist sozialistische Weihnachten. Frieden auf Erden!« Als sie zur Couch kommt, sieht sie: Die Zigarre liegt qualmend im Aschenbecher. Brecht ist eingeschlafen.

Ruth Berlau setzt sich dazu, sie fasst behutsam seine Schultern an und flüstert »Jeg elsker dig«. Auch er hat ihr das oft gesagt, in Dänemark und später. In der dänischen Sprache fällt es ihm leichter. Zu Deutsch heißt es: »Ich liebe dich.«

Die ersten Morgenstunden gehören Brecht allein. Die ersten Gedanken und Einfälle in der Frische am Morgen, die Ruhe. Er braucht das für sein Schreiben. Das kommt hier ohnehin schon zu kurz. Die Proben, die Textarbeit, die Sitzungen in der Akademie fressen immer mehr von seiner Zeit auf. Vormittags fährt er mit seinem Cabriolet von Weißensee ins Theater.

Auf der Probebühne in der Reinhardtstraße wird der *Hofmeister* geprobt. Direkt gegenüber dem Deutschen Theater hat sich Brecht in einer ehemaligen Militär-Reithalle eine Probebühne einrichten lassen. Der Grundriss der nur ein wenig erhöht aufgestellten Bühne entspricht den Maßen im großen Haus drüben. So kann man die Inszenierung vom Probenhaus direkt auf die große Bühne ins Deutsche Theater bringen. Einige Reihen mit Kino-Klappsitzen, gegenüber der Bühne leicht ansteigend, sind aufgestellt worden. Für Brecht hat man bald einen gemütlichen Ohrensessel besorgt. Hier sitzt er fast in der Mitte neben dem Regiepult zwischen seinen Assistenten und kann probieren, solange er will. So gibt es weniger Reibereien mit dem Intendanten Wolfgang Langhoff vom Deutschen Theater, der seine Hauptbühne natürlich für seine eigenen Inszenierungen braucht.

— *Die Arbeit hier – im stetig wachsenden Kreis seiner Mitarbeiter – ist das Glück dieser Jahre. Das Probenglück, wenn er beobachtend, abwägend, korrigierend, spielend, verwerfend und neu probierend mit qualmender Zigarre die Stücke vom Papier ins Leben holt. Mit den Notaten seiner Assistenten, die jedes wichtige Wort des Meisters aufschreiben und die unmittelbare Auswirkung seiner Überlegungen auf die Inszenierung protokollieren, kann man Brecht bei seiner Arbeit zuschauen und zuhören. Später kauft Brecht eines der neuen Tonbandgeräte, und der kluge Hans Bunge zeichnet nun die Gespräche während der Proben auf. So kann man sie noch heute im Original hören.*

Ich war mir immer sicher gewesen, dass Brecht selten unter Niveau gesprochen hat – auch im Alltag nicht. Wenn man diese Bänder ab-

hört, bekommt man die Bestätigung, aus welch großem Fundus an Bildung, Wissen und Verstand der Regisseur Brecht seinen Schauspielern die Stücke des Autors Brecht eröffnete und – angeregt von deren »Spiel« mit den Figuren – weiterentwickeln konnte. So lässt sich Brecht beim Schreiben zusehen, bei der Produktion seiner Stücke beobachten. Das war schließlich auch ein Grund dafür, dass ich meine Film-Erzählung von Brechts Leben in diesen Jahren ganz eng mit den Inszenierungen seiner Dramen und Stückbearbeitungen verknüpft habe.

Auch heute sitzt Brecht in seinem Ohrensessel. Um ihn herum die Brecht-Mannschaft, zehn bis zwölf Assistenten hat Regine Lutz damals gezählt. Monk, Palitzsch, Hubalek, Besson, Käthe Rülicke und noch ein paar andere. Außerdem gibt es Gäste, Zuschauer von außerhalb, die lernen wollen, wie man am Berliner Ensemble inszeniert, wie die neue Form des epischen Theaters entsteht. Sie sind immer willkommen und werden gelegentlich in die Diskussion hineingezogen, nur stören dürfen sie nicht. Auch Schauspieler vom gastgebenden Deutschen Theater sind aus beruflichem Interesse dabei, teilweise noch im Kostüm ihres gerade geprobten Stückes. Vor allem aber ist da neben Brecht jetzt der Cas, sein alter Freund Caspar Neher, der das Bühnenbild und die Kostüme entworfen hat. Aber nicht nur das: Mit seinen Skizzen macht er darüber hinaus auch sehr konkrete Vorschläge für die Inszenierung, Vorgaben für die Position und die Gruppierung der Figuren auf der Bühne. Er steht als Ko-Regisseur im Programmheft.

Auf der Bühne sieht man einstweilen nur in Andeutungen das Zimmer Gustchens, des Adelstöchterchens, das in einen leider abwesenden Studenten ihres Standes verliebt ist. Der Angebetete studiert in Göttingen, ein anderer Mann steht vor ihr. Regine Lutz sitzt an ihrem Tisch en face zu Läuffer, ihrem neuen Hofmeister, gespielt von einem jungen Schweizer Kollegen. Er will, wie es seines Amtes ist, das Gustchen katechisieren, abfragen, ob sie das Glaubensbekenntnis kann. Er hat ein Lineal in der Hand, sein Machtinstrument als Lehrer. Sie sitzt an ihrem zierlichen Schreibtisch und beginnt aufzusagen. »Ich glaube, dass mich Gott … geschaffen hat …« Und schon kommt sie ins Stolpern. Oder stolpert sie absichtlich? Läuffer hilft aus: »… samt …«

»Samt allen Kreaturen …«

Brecht unterbricht. »Regine, dieses kokette Spiel mit dem Hofmeister – machens mir das noch ein bisserl deutlicher.« Neher assistiert: »Das adlige Mädchen interessiert sich doch gar nicht für den Religionsunterricht.« Aber Regine hat es natürlich schon lange verstanden. »Sie ist doch ein Aas. Sie spielt mit ihm.« Daraus entwickelt sich der Untergrund der Szene. Brecht: »Das ist die andere Seite des einfachen Gustchens. Sie liebt das Spiel mit dem Feuer.« – »Und der Hofmeister kann sich nicht wehren.« Das sagt Gaugler, der die Psychologie seiner Figur erklären will. Aber Brecht will keine Psychologie, er will die wahren, also materialistischen Beweggründe der Figuren sichtbar machen. »Als Hofmeister verdienst du 60 Taler im Jahr.« Gaugler versteht nicht ganz, was das soll. »Da bin ich arm.« – »Da sind Sie feig!« Brecht geht sofort dazwischen. »Feig vom Charakter her, könnt man den-

ken. Aber es ist die Gesellschaftsordnung, die Sie feig macht. – Monk, zeigen's ihm mal, wo er auf der sozialen Leiter steht.«

Zur Vorbereitung auf die Diskussion hat sich Monk aus dem Goethe-Schiller-Archiv in Weimar kulturgeschichtliches Material besorgt. Eine Landkarte der deutschen Kleinstaaterei ist darunter, der Flickenteppich; eine Liste der Koryphäen der Aufklärung, die zumindest zeitweise ihr Brot als Hofmeister verdienten, als Hauslehrer bei Adligen also: Klopstock, Herder, Wieland, Hölderlin, Kant – und unter anderen auch Jakob Michael Reinhold Lenz. Man erfährt, dass der Hofmeister in der Hierarchie des Bildungswesens ganz unten rangiert, noch unter dem Schulmeister. Und es gibt Zahlen über die Einkommensstufen im absolutistischen Adelsstaat. Monk liest vor: »Lessing als Bibliothekar: 600 Taler im Jahr. Die Solotänzerin der Dresdner Hofoper: 6000 Taler. Eine Köchin: 10 Taler.« Ruth Berlau ist sich sicher, dass es da noch größere Einkommensunterschiede gab im Feudalismus. »Und ein Viehmagd?« Monk schaut auf seine Tabelle. »Eine Viehmagd? Einen Taler im Jahr.« Ihre nächste Frage ruft sie eigentlich mehr Brecht zu. »Und die Hure des Königs?« Brecht dreht sich zu ihr um und lacht. Ja, das sind die richtigen Fragen. Monk freut sich schon auf seinen Coup: »Und jetzt, aufgepasst: die Geliebte von August dem Starken – 100 000 Taler im Jahr!«

Staunen und Gelächter. Die Hure des Königs – hunderttausendmal so viel wie eine Viehmagd. Und im *Puntila* haben sie ja gelernt, wie schwer die arbeiten muss, was für ein jämmerliches Leben die führt! Zwischen diesen beiden Polen: das aufstrebende Bürgertum, Lessing als Bibliothekar mit seinen 600 Talern jährlich.

Monks Zahlen, Daten und Fakten aus Weimar können sich die Zuschauer der Hofmeister-*Aufführung später in der Pause der Vorstellung auf Schautafeln im Foyer ansehen. Dort ist auch der Satz zu lesen: »Man versteht die deutsche Literatur des 18. Jahrhunderts falsch, wenn man die Misere des Hofmeistertums nicht versteht.« Ein Hofmeister verdient mit seinen 60 Talern ebenso viel wie ein Bote, ein*

Kutscher, ein Schlossknecht, ein Landpfarrer oder ein Leineweber. Ein Philosophieprofessor verdient mit seinen 140 Talern pro Jahr 30 Taler weniger als der Vizeleibkutscher des Kurfürsten von der Pfalz. Ein Leutnant bekommt 230 Taler, Goethe als Staatsminister in Weimar stattliche 3100 Taler, das sind immerhin etwa 300 Taler (also fünf Hofmeister-Jahresgehälter) mehr als ein preußischer Kompaniechef, aber nur rund ein Fünftel dessen, was der preußische Chef der Steuerverwaltung erhält. Der bestbezahlte Bürgerliche auf der Liste, der nicht für einen adligen Herrn arbeitet, ist der Schultheiss von Frankfurt am Main mit 1200 Talern im Jahr. Der Bürgermeister von Berlin kommt nur auf 200 Taler.

Nicht verschwiegen wird, dass eine Hofmeisterstellung durchaus auch ein Karrieresprungbrett sein kann. Doch wie muss der Mann sich dafür verbiegen?

Brecht zieht einen Strich unter die Posten von Monks Aufzählung und rechnet alles zusammen. »Sehens, Gaugler, das prägt Ihren Charakter. Deshalb machen Sie den Kratzfuß und buckeln vor der Herrschaft. Aber Sie fletschen die Zähne!«

Neher steht von seinem Platz am Regietisch auf und spielt vor, was er schon in einer Szenenskizze festgehalten hat, die auf Brechts Regiepult liegt. Er bückt sich tief vor den Herrschaften, das ist die Ergebenheitsgeste im Feudalismus. Je tiefer, desto größer der Respekt. »Dabei wurde während der Verbeugung ein Arm vor den Oberkörper gedrückt, der andere leicht vom Körper weggehalten und gleichzeitig ein Fuß nach hinten über den Boden gezogen, wodurch das kratzende Geräusch entstand.« Neher macht also Läuffers Kratzfuß und spricht dessen Text. »Gehorsamster Diener! Gehorsamster Diener!« Brecht springt gleichfalls auf, stellt sich dem Freund gegenüber und vollführt seinerseits den Scharrfuß. Dabei spielt er das Zähnefletschen, den

Kameramann Gernot Roll steuert den Oberbeleuchter Harald Hauschildt. Der richtet oben auf der Leiter einen Scheinwerfer. So wird für jede Einstellung jeder Figur immer wieder das passende Licht gesucht. Es gibt ein wunderschönes altmodisches Wort für unsere Arbeit: Lichtspiele.

widerständigen, unterdrückt aufmüpfigen Impuls des Hofmeisters. »Der Teufel soll Euch holen! Der Teufel soll Euch holen!« So geht es zum Vergnügen der Mitarbeiter hin und her. Darum hat Brecht dieses Stück aus dem Sturm und Drang ausgewählt, aus den Jahren, als in Deutschland die bürgerliche Opposition gegen den herrschenden Adel ihre soziale Lage, ihre Unterdrückung auf die Bühne brachte. Politische Auswirkungen hatte das allerdings erst einmal keine. Brecht wird jetzt laut, als er dieses historische Versagen als Thema seiner Inszenierung markiert. »Selbst die Franzosen haben ihren König geköpft; die Deutschen haben sich gebückt! Keine Revolution. Dieser Hofmeister wird sich kastrieren, um die Anstellung zu behalten. Wir graben das auf. Wir wollen's ändern.« Das ist eine jener Tiefenbohrungen, die er mit seinem neuen Ensemble von Stück zu Stück durchprobieren will. Woher kommt der Untertanengeist in Deutschland, der schließlich im furchtbaren Gehorsam der Hitler-Barbarei seinen Höhepunkt fand? Auch in der DDR ist er nicht verschwunden, aus den Köpfen nicht und auch nicht aus den Herzen. Aber wie bekommt man das da heraus? Wie kann das Theater dabei mitwirken? Es muss eine Spielweise entwickelt werden, die den Zuschauern ihre eigene Geschichte zurückspielt. Und zwar so, dass sie sich dabei erkennen können und verändern wollen.

»Regine, noch einmal die Verführung, bitt schön!« Läufer geht mit langsamen, drohenden Schritten hinter die Schülerin. Gustchen beginnt ganz ernsthaft: »Ich glaube, dass mich Gott …« – dann dreht sie sich lächelnd zu ihrem Lehrer um – »… geschaffen hat.« Brecht amüsiert sich. »Ja, so stimmt's.« Gaugler will auf die plötzliche Selbstsicherheit, fast eine erotische Attacke, reagieren. »Und damit gehe ich zurück …« Aber Brecht will das intensiver haben, er will den Wendepunkt markieren. »Sie flüchten! Jetzt dreht sich das Machtverhältnis. Die Schülerin examiniert ihren Lehrer.« Egon Monk macht Notate – eine Arbeit, die von allen Assistenten erwartet wird. Mitschreiben, was auf den Proben Wichtiges passiert, vor allem die Entscheidungen der Regie und ihre Begründung. Monk tippt das dann über Nacht ab, am nächsten Morgen kann er es Brecht für die Weiterarbeit aufs Regiepult legen. Er versteht und lernt dabei: Hier geht es zunächst nicht darum, dass die Schauspieler einzelne Worte, den Text ihrer Rolle richtig präsentieren; entscheidend ist, dass die Figur entwickelt wird, aus der heraus dann der Text richtig gespielt werden kann.

Regine Lutz ist gerade dabei, ihre Gustchen-Figur zu entwickeln. »Ich glaube, dass mich Gott …« – sie dreht sich wieder lächelnd zu Läuffer hin – »… geschaffen hat …« Läuffer ist erregt und angegriffen vom Liebreiz seiner Schülerin. Er merkt nur zu gut, was da in ihm angesprochen wird, und er spürt die Gefahr. Halblaut, beiseite: »Hätt' er's doch nicht!« Damit ist er glücklich wieder in seiner Ausgangsposition vor dem Schreibtisch angelangt. »Samt …« – Gustchen setzt es lächelnd fort – » … samt allen Kreaturen …« Anscheinend muss Läuffer schon wieder aushelfen. »Mit Leib …« und Gustchen spricht den Luthertext wie ein erotisches Gedicht. »Mit Leib und Seele …« Pause. Wieder Läuffer: »Auch Leib …« Gustchens Leib ist wirklich nicht zu übersehen, wenn sie nun ihr tiefes Rokoko-Dekolleté mit dem offenherzigen Busen auf den Tisch drückt. Sie lässt ihre Hände wie zwei Krebse nach vorn in Richtung ihres Opfers, des wehrlosen Hofmeisters, krabbeln. Dabei bleibt sie im Text. »Augen, Ohren und alle Glieder, Vernunft und alle Sinne gegeben hat …« Der Hofmeister ist nun schon ganz im christlich-fleischlichen Duett gefangen. Er will dieses intime Zwiegespräch unbedingt fortsetzen. »Und noch …« – Hat er denn immer noch nicht kapiert, dass ich den Text längst auswendig kann, dass ich nur mit ihm spiele, ihn vorführe? Regine Lutz spielt jetzt, was Gustchen, wie sie die Figur versteht, denkt. Sie fällt ihrem Lehrer ins Wort. » … erhält. Dazu Kleider und Schuh, Essen und Trinken, Haus und Hof, Weib und Kind, Äcker, Vieh und alle Güter.« Das hat sie ganz despektierlich heruntergerattert, beinahe gelangweilt. Sie lächelt satt, befriedigt. Brecht lacht laut auf. »Ja, ja! Jetzt machen Sie sich lustig

über ihn.« Gaugler/Läuffer dagegen findet, dass seine Partnerin hier die Grenzen ihrer Rolle sprengt. »Sie ist seine Schülerin!«

Brecht ist in Fahrt, er springt auf die Bühne. »Sie ist eine Frau! Und Sie, Sie sind im Zustand einer gefüllten Samenblase. Seit Wochen und Monaten! Vergessen Sie das nicht.« Gelächter unter den Schülern. Brecht stellt sich wie ein Vermittler zwischen Gustchen und Läuffer.

Ruth Berlau im Parkett schaut genau zu, was da passiert. Sie kann da nicht mitlachen. Dieses junge Ding. Und wie der Brecht der kleinen Lutz jetzt die Hände auf die nackten Schultern legt, so ganz nebenbei – »Du Aas!« Berlau spricht es leise vor sich hin, und man weiß nicht so genau: Meint sie, Rolle und Person vermischend, die kleine Lutz, das »junge Fleisch«, oder doch eher den Brecht, der hier gerade mal wieder das Lied von der Macht der Begierde singt, die Ballade von der sexuellen Hörigkeit?

— *»Ich hatte nie den Ehrgeiz, mit Brecht zu schlafen. Nein, dazu roch er mir viel zu scharf und zu grässlich …« Regine Lutz hat es durchaus gespürt, dass Brecht hinter ihr her war. »Es war von ihm aus ein dicker Flirt. Es war ein richtiger dicker Flirt, und es ging nicht viel weiter dann als bis über den Flirt hinaus. Es war nicht möglich. Ich konnte nicht, weil … er so streng roch.«*

Ich frage nach, will wissen, woran sie sehen konnte, dass er an ihr interessiert war.

»Ach, das war ja nicht schwer. Ich sehe mich noch bei der Premiere von Hofmeister. *Da saß ich in der Garderobe, nach der Vorstellung, da kam Brecht herein mit einem Sträußchen Rosen. Ich guckte so … ahnungslos und sagte: ›Ach, Brecht, ja …?‹ Da sagte er: ›Ja, Regine‹, mit etwas Zögern, ›ich habe diese Blumen eben bekommen und natürlich gebühren sie Ihnen. Das ist ja ganz klar.‹ Und ich nahm die Blumen, legte sie irgendwo auf den Schminktisch. Und nachher sagte man mir: ›Du bist ja auch zu blöd, der hat doch nicht die Blumen bekommen und dir gebracht, der hat die Blumen gekauft. Und wie er in deine Garderobe kam, sah er, dass gerade seine Tochter Barbara da*

saß, und da hat er diese Schwindelei erfunden, um sich nicht zu blamieren.‹ Ich wäre doch nie auf den Gedanken gekommen.«

Ein dicker Flirt. Aber wie bahnte sich so was an?

Regine Lutz: »›Faire les yeux‹, Augen machen, haben wir immer gesagt, wenn jemand flirtet.«

Ich: »Wie sah das aus?«

Regine Lutz: »Na ja, es war so die Mütze, und er guckte so daneben; er guckte ja nie so direkt, aber man wusste schon.«

Ich: »Er versuchte, einen Blick zu fangen?«

Regine Lutz: »Ja, aber er war viel zu feige, um einen direkt anzusehen. Er guckte dann ein bisschen so vorbei … und da wusste man schon … Es war charming, sehr charmant. Es war nicht ›ja‹ und es war nicht ›nein‹. Er überließ den Entschluss dem andern, nicht? Er war ja in dieser Beziehung entsetzlich feige. Aber damit hatte er großen Erfolg. Es war einfach so, so nicht halb und so nicht ganz, aber vielleicht … vielleicht?

Die Berührungen von ihm, die waren sehr selten. Aber sehr behutsam, sehr schüchtern, wenn er so an die Schulter oder die Hand mal oder so … Ganz schüchtern. Nein, er war in keiner Weise irgendwie zudringlich oder so. Nein! Brecht war im Grunde, glaube ich, schüchtern. Er war schüchtern. Er war ein ganz leiser, stiller Liebhaber, wenn Sie so wollen. Ich trug ja diese Frisur … und dann über die Haare, so leise, leise, aber eben immer – ich sage immer das Wort ›körperlos‹. Es war immer körperlos, so zart, so behutsam. Aber es war der Ton der Stimme, es war diese sanfte Stimme. Oder wenn er ›Regine‹ sagte, Regine mit dem ›R‹, ja, das hatte Charme. Und einmal sagte er: ›Sie sind ein liebes Mädchen.‹ ›Uiuiui‹, dachte ich, ›höchste Gefahr im Verzug!‹ Aber das war schon viel. (…) Also, er hat da wohl erwartet, dass ich mich hingebe.«

»Das Fleisch, die Begierde, die verbotene, steigt in Ihnen auf.« Brecht will Gaugler die Lage Läuffers unmissverständlich klarmachen. »Das Sexualleben, so was ist für Sie in dieser Welt nicht vorgesehen, verstehens. Ist aber da. Sie kämpfen's nieder, was da in Ihnen aufsteht.« Auch der Ko-Regisseur Caspar Neher möchte sich an dieser Diskussion beteiligen, er kommt wieder vor an die Rampe. »Die Zwangslage eines armen Teufels, der sich entscheiden muss zwischen Geschlechtsleben und Berufsleben.« Genau das hat Brecht gemeint. »Ja. Und das kann man halt von uns heut nicht mehr einfordern.« Wiederum allgemeines Gelächter, wissend, mit-wisserisch, zustimmend – hier wird ausgesprochen, was Brecht allen mitgeben wollte: die Lust zu leben.

— *Im Band* Theaterarbeit *des Berliner Ensembles beschreibt Regine Lutz den Fortgang dieser Szene: »›Nun fühlt Gustchen ihre Stunde gekommen, den Generalangriff zu eröffnen. Aus dem Credo springt sie in ein privates Gespräch. Sie legt den Kopf graziös auf die Seite und fragt in dem lieblichsten, unschuldigsten Ton, als dächte sie nicht daran, den Schulunterricht zu unterbrechen: ›Was fehlt Ihnen denn?‹ Das ist zu viel für ihn; (…) der Hofmeister kapituliert. (…) Als er ihr sehr erregt vorschlägt, den Zeichenunterricht doch ganz abzubrechen, wendet sie sich unschlüssig von ihm weg und schlendert auf ihren Platz zurück. Zögernd fährt ihr Finger die Tischkante entlang, dann setzt sie sich und meint schmollend: ›Wie können Sie das sagen, Herr Läuffer!‹ Den folgenden Satz: ›Es ist das Einzige, das ich mit Lust tue‹«, – es geht um Zeichenunterricht! – »spricht sie in einem Tonfall, der offenlässt, ob sie die Wahrheit sagt oder ob es nicht noch andere, unbekannte Dinge gibt, die sie auch mit Lust tun würde. Das Wörtchen ›Lust‹ dehnt Gustchen sehr und kostet es bis zum lockenden ›st‹ aus.« Regine Lutz 2012 im Gespräch mit mir: »Ja, das sind Erfindungen von mir, worüber dann das Gemecker, das lachende Gemecker von Brecht im Zuschauerraum ertönte. Und dann hab ich meistens im Überschwang damit übertrieben, und dann bekam ich eine Abmahnung. Das gab es auch. Das weiß ich alles noch, wie wenn es gestern gewesen wäre. Das sind die Sachen. Und natürlich liebt ein Regisseur dann eine Schauspielerin, die so genau weiß, wie man mit Winzigkeiten enorme Wirkungen erzeugen kann. Das war eine vollendete Arbeit, zusammen. (…) Und der Erfolg war ja unglaublich. Ich hab noch in den Briefen nachgeguckt, da hatten wir vierundfünfzig Vorhänge. Und dann eben der Eiserne noch dazu. Man kann sich das schwer vorstellen, aber das Deutsche Theater hat damals wirklich getobt.«*

Manfred Wekwerth war damals noch nicht Assistent am Berliner Ensemble, dennoch hat sich ihm die Hofmeister-*Inszenierung unauslöschlich eingeprägt. »Die Lutz war für mich eine Offenbarung damals, wie die da verzweifelt im Bette lag mit dem Schauspieler, mit dem Gaugler, das ist mir unvergesslich. Dieses Bild hat sich mir so eingeprägt, dass diese Aufführung, bis heute, zu den schönsten Aufführungen gehört, die ich je gesehen habe.« Und die Nutzanwendung des Stückes für seine Lebenspraxis hatte er auch gleich gefunden. »Ich war ›Neulehrer‹, wie man das damals nannte, für Mathematik. Und da ist dieser Schlussvers, den habe ich mir an die Wand geschrieben: ›Lehrer und Schüler einer neuen Zeit/Betrachtet seine Knechtseligkeit/Damit ihr euch davon befreit.‹«*

Im Fotolabor des Berliner Ensembles herrscht Ruth Berlau. Hier werden die Filme von den Szenenproben entwickelt, die Abzüge werden Brecht auf Wunsch vorgelegt. Später werden die Fotos der Aufführungen von den Assistenten in die richtige Reihenfolge gebracht, mit den entsprechenden Textstellen versehen und zu dicken Modellbüchern verarbeitet, möglichst viele Exemplare von einem Stück, sodass man sie an möglichst viele Theater weitergeben kann. Eine Heidenarbeit, vor der man sich nach Möglichkeit zu drücken sucht. In Totalen werden die Szenenbilder, die Arrangements, die Aktionen und Gesten der Schauspieler im Bild dokumentiert. All das mühsam Erarbeitete und glücklich Gefundene soll anderen Theatern als Hilfe für die eigenen Inszenierung angeboten werden – manche sagen oktroyiert; sie fühlen sich durch diese Modell-Vorgaben in eine Zwangsjacke gesteckt.

— *Eigentlich ist es nicht erlaubt, Brecht bei den Proben zu fotografieren. Es kommt aber immer wieder vor, wenn der Fotograf – meist ist es eine Fotografin – in einem engeren Vertrauensverhältnis zu Brecht steht. Vera Tenschert, die 1954 als junges Mädchen von der Fotoschule weg als Fotografin ans Berliner Ensemble engagiert worden ist, hat sich das nie getraut. Der Bühnenbildner Hainer Hill darf es. Ruth Berlau hat immer die Lizenz dazu gehabt. Irgendwann bekommt sie auch Gerda Goedhart, eine Liebesbekanntschaft Brechts aus dem Exil, aber das ist eine Geschichte für später.*

Ruth in ihrem Labor hat gerade den Abzug eines Porträts von Brecht mit der Fotozange aus dem Fixierbad genommen und mit einer Wäscheklammer an einer Leine zum Trocknen aufgehängt. Das abschließende Wässern scheint sie vergessen zu haben. Sie schaut Brecht ins Gesicht, das im trüben Licht der roten Dunkelkammerlampe sichtbar wird. »Hallo!« Sie begrüßt den lieben Gast mit seinem eigenen Standardgruß. Wie viele glückliche Stunden sie in den letzten anderthalb Jahrzehnten – trotz allem – mit ihm verbracht hat. »Damals am Skovsbostrand hast du mir die Sterne gezeigt. Und da war auch die Kassiopeia. ›Schau, da oben treffen sich unsere Augen, wo immer wir sind‹, hast du gesagt. Und dann hast du mich geküsst. Deine Augen haben gelächelt.« Diese Augen waren es, »klare, dunkle, vielsagende, lächelnde Augen«. Sie hatten sofort eine Verbindung zu ihr gefunden. Sie mussten sich oft mit den Augen unterhalten, vor allem, wenn sie unter Menschen waren, die von ihrer Liebe nichts wissen sollten. »Jeg elsker dig …« – die dänischen Liebesworte hatte er schnell gelernt – »Und es wird unverändert sein (…). Auch in zehn, auch in zwanzig Jahren.« Das hatte er ihr damals versprochen. Obwohl er verheiratet war und obwohl die Grete Steffin, mit der er eine Affäre hatte, immer in der Nähe war. Es gab später die guten Wochen, wenn er aus Los Angeles zu ihr nach New York zu Besuch kam und sie gemeinsam an einem neuen Stoff arbeiteten. Zur Vorbereitung auf den Tag, wenn Hitler besiegt war und sie zusammen in ein anderes, neues Deutschland gehen würden. Dann sollte ihr gemeinsames Leben beginnen. So hatte er es ihr doch erklärt: Die Liebe ist eine Produktion. Wie sich das steigert, wie produktiv Menschen werden können, sie beide sind doch ein Beispiel dafür. Waren es zumindest. Ruth Berlau holt eine kleine Flasche aus der Tasche ihres Arbeitskittels. Sie schraubt den Verschluss auf und trinkt von dem klaren Wodka, der heiß durch ihre Kehle rinnt. Ihr steigen Tränen in die Augen, nicht nur vom scharfen Schnaps. »Und jetzt siehst du mich nicht mehr. Und mein Schoß wird kalt, von unten, so kalt ... und das steigt hoch in meine Kopf. So kalt.« Der Brecht vor ihr lächelt in die Kamera.

Und andere Arbeiten als dieses öde Fotografieren gibt er ihr auch nicht mehr. Nicht einmal bei den Proben darf sie an seiner Seite sitzen. Was hatte er, der große Me-ti (oder, wahlweise, auch Kin-jeh) ihr, seiner Lai-tu, einmal geschrieben: Der Apfel beweist seinen Wert dadurch, dass er gegessen wird, oder so ähnlich. Für ihn ist sie nur noch ein aufgegessener Apfel. Wie sagen die komischen Leute hier zu dem Apfelrest: ein Griebsch. Sie ist nur noch ein Griebsch.

Noch ein Schluck aus der Flasche, ein ganz großer diesmal, dann prustet sie den Wodka über das Foto auf der Leine. Der Wodka zerfrisst die Emulsion, das Bild löst sich auf. Brechts Gesicht zerläuft zur Fratze.

Ein Krankenwagen fährt die kurze Wegstrecke von der Charitéstraße, wo Ruths Wohnung liegt, zur Charité. Was ist geschehen? Anscheinend hat Ruth Berlau immer mal wieder von Suizid geredet und ihren Tablettenvorrat vorgezeigt. Es wird auch erzählt, dass sie schon mal auf einen Haken am Türbalken gewiesen und dann die Schublade aufgezogen haben soll, in der ein Strick lag. Jedenfalls wird sie jetzt in die geschlossene Abteilung eingeliefert. Dort schreibt sie bald einen Brief an den behandelnden Arzt in der neurologischen Abteilung. »Lieber Herr Professor, ich schäme mich so sehr. Aber mein Leben wollte ich mir nicht nehmen, und ich werde es mir auch nie nehmen. Ich hatte einen furchtbar starken 45-prozentigen Wodka getrunken und spielte mal Ophelia, damit Brecht endlich einmal eine Nacht bei mir blieb, was er mir so lange versprochen hatte.«

Ruth Berlau will so schnell wie möglich entlassen werden. Die Ärzte finden ihre Blutwerte bedenklich, der Alkohol. Für die Zeit nach ihrer Rückkehr unterbreitet Brecht ihr eine neue Grundordnung ihrer Beziehung. Das hat er schon öfter getan.

— *»1. Es gibt wieder die Dritte Sache und das Persönliche und Private tritt wieder zurück. Die* Dritte Sache *ist der Sozialismus und wichtig ist, was wir für den Sozialismus auf dieser Stufe und in diesen Jahren tun können, konkret. (…) 3. In der Zukunft gibt es nicht mehr Tribute (die geschuldet werden), sondern Geschenke (die gern gegeben sind), keine Bedingungen mehr, nur noch Bitten. Keiner schuldet keinem etwas, jeder schuldet alles der* Dritten Sache. *« Das klingt nicht wie ein Angebot, das hört sich eher nach einem Diktat der Geschäftsbedingungen an. Damit kann Ruth Berlau nicht glücklich werden. »Es war schrecklich, weil – er ging ab und zu zum Essen zu Ruth und erneuerte immer wieder ihre Hoffnung.« Das erzählte mir Manfred Wekwerth, Brechts Assistent.*

Im Büro Brechts im Probenhaus Reinhardtstraße steht, ziemlich unbeholfen, ein junger Lyriker herum. Martin Pohl ist 20 Jahre alt, schwul und ängstlich, dass jeder es sofort merkt. Der Schriftsteller Kurt Barthel (KuBa) hat ihn an Brecht empfohlen, er hat einige Manuskripte eingereicht und von Helene Weigel einen Termin bekommen. Als er in der Reinhardtstraße erschien, ist er aber erst einmal an die Rülicke geraten. Obwohl Brecht von Käthe Rülickes Examensarbeit über seine Dramen nicht begeistert war, hat er sie als Regieassistentin und Dramaturgin am Berliner Ensemble angestellt. Für kurze Zeit hat sie ein Verhältnis mit ihm gehabt, gleichzeitig aber auch mit dem Assistenten Peter Palitzsch; so hat es wenigstens Manfred Wekwerth behauptet. Sie war Mitglied der SED; wenn Brecht mit ihr sprach, sprach er womöglich auch mit der Partei.

Käthe Rülicke hat Pohls Arbeiten gelesen, sie nach Strich und Faden verrissen und den Verfasser heruntergeputzt. Ein Talent muss man entmutigen, so was hatte Brecht ja einmal gesagt. Pohl würde jetzt am liebsten zusammenpacken und sich still verdrücken.

Da taucht endlich Brecht selbst auf. Auch er kennt Pohls Gedichte schon, er findet sie sogar »ganz interessant«, wie er sagt.

Mit einem Vers, der ihm angeblich besonders gut gefällt, geht er sofort in die Einzelkritik. »›Kommt, laßt uns endlich zu uns selber kommen!‹ – das ist ein guter Gedanke. ›Zerrissenen Herzens schon das rigoros zerrissene Land …‹ – Warum ziehen Sie das nicht durch, diesen Gedanken, warum schweifen Sie ab? Sie kommen dann mit dem Moselwein, den Kohlen in Essen, den kalten Klassenzimmern in Hamburg … Sie verzetteln sich da in zusammengewürfelten Details.« Pohl ist überwältigt. Brecht hat sich mit ihm beschäftigt, er nimmt ihn ernst, er gibt ihm Ratschläge, mit denen er was anfangen kann … Vor Begeisterung kann er nur hilflos stottern. »Da ist noch so viel unfertig. Wenn Sie mir da weiterhelfen könnten. Lernen will ich gerne.« Damit ist Brecht zufrieden. Mit dem jungen Mann ist was anzufangen. »Das Beste wär, Sie bewerben sich um ein Stipendium und kommen als Meisterschüler zu mir ins Ensemble. Da haben Sie dann Zeit zum Lernen.« Und er fährt gleich fort mit der ersten Lektion. »Sehen Sie, ›Kommt, laßt uns zu uns selber kommen‹, das ist eine gute Zeile. Wer zu wem, warum und wie, das wären die Fragen. Verstehen Sie?« – »Die Fremdheit sich selbst gegenüber, und dann die zu den andern … das spüre ich deutlich.« Mit dem Spüren, dem Fühlen ist es nun wirklich nicht getan, schon gar nicht in einem Gedicht. Der junge Mann hat wirklich noch viel zu lernen. »Das müssen Sie dialektisch sehen. Wie man sich selbst erst in der Beziehung zu den andern findet. In der gemeinsamen Produktion, in der Veränderung unserer Gesellschaft hin zu dem, was möglich ist. Was da zu machen ist bei uns in der DDR. Unbedingt noch zu machen ist …«

Auf der Probebühne in der Reinhardtstraße probiert Brecht Goethes *Urfaust*. Er hat die Regie seinem Lieblings-Assistenten Egon Monk übertragen. Monk hat selbstständig mit den Proben angefangen, dann kommt aber Brecht dazu, schaltet sich zunehmend ein und übernimmt mehr und mehr die Regie. Ein Grund dafür ist neben Brechts intensivem Interesse gerade am *Urfaust* gewiss auch die Besetzung der weiblichen Hauptrolle.

Eine junge Schauspielerin namens Waltraut Reichelt, von Helene Weigel aus Rostock geholt, hat ganz offensichtlich seine besondere Aufmerksamkeit geweckt.

— *So hat es mir sein Assistent Manfred Wekwerth erzählt: »Es war nicht das Proletarische an der Reichelt, was er für Gretchen haben wollte, sondern er wollte es für sich haben. Ganz grob: für sein Bette wollte er's haben.«*

In einem Gespräch mit Joachim Lang hat Egon Monk über die stark erotisierte Atmosphäre am Berliner Ensemble gesprochen, auch darüber, ob Brecht die Frauen in seiner Umgebung ausgenutzt hat. Monks Antwort: »Es kam ihm darauf an, und das war ihm vielleicht auch bewusst, dass seine Nähe produktiv machte. Das galt natürlich auch für solche Fälle, in denen Neigung, Zuneigung zu Frauen das Bestimmende war. Wenn ich es mal sehr zurückhaltend und distanziert ausdrücken darf: Auch diese Frauen, an wen Sie da immer denken, spielten anders, eindrucksvoller, richtiger oder schrieben oder fotografierten, dachten nach oder arbeiteten in dieser oder jener Weise mit am Regiepult oder wie oder wo immer, anders … besser. Die Nähe zu Brecht bedeutete nicht, dass jetzt eine gewisse Sonderstellung eingeräumt wurde, im Gegenteil. Die Arbeit mit oder im Ensemble wurde intensiver, aber auch die persönliche Arbeit der Einzelnen. Das vermag ich von Person zu Person nicht zu beurteilen. Aber dies war immer der Eindruck, den ich hatte. Auch im Berliner Ensemble gab es Klatsch, wie in jedem Betrieb. Auch das Berliner Ensemble war ein Betrieb mit Kantine und Pausen zwischen den Proben, und Tratsch und Klatsch gediehen wie überall. Natürlich wurde da geklatscht, und natürlich gab es, sagen wir mal, ein lebhaftes erotisches Leben, nicht nur in der Nähe von Brecht, sondern überhaupt; das waren eben viele junge Leute verschiedenen Geschlechts, und die lebten. Eine der Lehren von Brecht, die Brechts bloße Anwesenheit vermittelte, war, zu leben lohne sich in jedem Fall. Man bekam mehr Spaß oder mehr Lust am Leben. Alles an ihm, was er wusste, was er dachte und tat, war im wahrsten Sinne des Wortes lebenslustig oder lebensvoll oder wie auch immer. Das galt natürlich für ihn selber. Natürlich war bekannt im Ensemble, dass er nicht nur ein Dichter, sondern ein Mann war. Aber niemand hätte sich darüber aufgeregt oder den Mund zerrissen, außer dem üblichen Klatsch in den Kantinen. Und dass es da mehrere Frauen gab, mit denen er lebte und die er liebte, war eine von den Selbstverständlichkeiten, über die nicht lange nachgedacht wurde. Dass das zum Schaden der Frauen sein könnte, auf die Idee ist niemand gekommen.«

Auftritt also der jungen Waltraut Reichelt. Als Gretchen kommt sie, das Gebetbuch in der Hand, aus der Messe und trifft vor dem Dom auf den Doktor Faustus und seinen unheimlichen Begleiter Mephisto. Faust spricht sie an. »Mein schönes Fräulein, darf ich's wagen, / Mein Arm und Geleit ihr anzutragen?« – und Gretchen antwortet, wie es sich gehört: »Bin weder Fräulein, weder schön, / Kann ohn' Geleit nach Hause gehn.« Und sie geht stracks an ihm vorbei ab, den Kopf scheu gesenkt. Brecht betrachtet Waltraut Reichelt mit Wohlgefallen, zugleich sieht er aber auch Verbesserungsbedarf.

Paul Albert Krumm als Faust schaut Gretchen nach. »Das ist ein herrlich schönes Kind! / Die hat was in mir angezündt. / Sie ist so sitt- und tugendreich / Und etwas schnippisch doch zugleich.«

Auch da fehlt etwas. Brecht steht auf und kommt an die Rampe. »Krumm – wenn Sie plötzlich etwas auf das Gretchen zugehen, dann kann sie eine kleine Bewegung machen, eine Flucht, irgendwohin. Wissens, der Faust kann das nicht, die Fräuleins ansprechen.« Hier spricht Brecht aus eigener Erfahrung, hat er doch in seiner Jugend zum »Fräuleins-Ansprechen« nach Möglichkeit einen Freund vorgeschickt. Krumm versucht, Fausts Verhalten vom Charakter her zu erklären: »Er ist etwas scheu.« Offenbar ist Krumm noch nicht lange am Berliner Ensemble. Brecht verwirft denn auch sofort die Psychologie und bringt den materiellen Urgrund für Fausts Verhalten: »Nein, etwas geil!« Während die Assistenten noch lachen – man lacht häufig etwas lauter und länger, als es der Anlass hergibt –, kommt Waltraut Reichelt nach vorn und hockt sich zu Brecht an den Bühnenrand. »Kann ich in der Szene nicht schon zeigen, dass er mir sympathisch ist? Dann habe ich eine Verbindung zur nächsten Szene.« Brecht findet nicht, dass es eine gute Idee ist, hier Gefühl zu zeigen. Direkt sagen möchte er ihr das nicht, also gibt er ihr die Antwort auf der Bühne. Er spielt ihr die Haltung vor, die der Schlüssel für diese Begegnung sein soll. »Bei dem Satz ›Bin weder Fräulein, weder schön‹, da gehen Sie einige Schritte.« Und Brecht spielt ihr diesen Gang vor. »Dann bleibens stehen und schaun noch einmal zurück.« Auch das spielt er ihr vor. »Da ist etwas geschehen, verstehen Sie? Sie spüren das. Das ist eine Begegnung, die wird Ihr Leben verändern.«

Regine Lutz hat mir von dieser Probe erzählt. »Wenn ich mich richtig erinnere, war es so, dass sie aus der Kirche kam, normal ging. Dann kam diese Begegnung mit Faust, und damit ging sie ängstlich, schnell weiter und blieb einen Moment stehen, sollte überlegen und schüchtern noch mal zurückblicken. Das war von Brecht. Der hat das vorgespielt.«

Ich: »Wie war das, wenn Brecht spielte?«

Lutz: »Er hatte dann so einen albernen Gang … Er trippelte so, wie ein Mädchen nie trippelt. Aber er trippelte so in seinem grauen Anzug, die Mütze vorne, und dann drehte er sich so ruckweise um und ging wieder weiter. Das war so urkomisch und so rührend, weil er sich so bemühte, weiblich zu sein. Und er war es auch plötzlich.«

Ein Primaner aus Rostock, der spätere Regisseur Hans-Jürgen Syberberg, hat mit seiner Amateurkamera diese Momente im Leben von Brecht und Waltraut Reichelt festgehalten. Helene Weigel hatte ihn nach Berlin geholt, damit er dort mit seiner Normal-8-Kamera eine Aufführung dokumentiert. Es wurde extra für die kleine Kamera noch einmal gespielt, Syberberg konnte sich frei auf der Bühne bewegen. Da sehen wir groß das Gesicht von Waltraut Reichelt als Gretchen nach der Begegnung mit Faust. Die Angst und die Hoffnung, die Verwirrung und die Liebe zu diesem so ganz anderen, besonderen Menschen – wie sie es selber gerade mit Brecht erlebt. Der Faust aber, so erklärt es

Brecht den Darstellern, der wird Gretchen ins Unglück stürzen, weil er eigensüchtig in das fremde Leben eingreift. Seine Beziehung zu Waltraud dagegen soll sie produktiv machen, sie als Mensch und Darstellerin weiterentwickeln.

Syberberg hat mir seine selbst gestrickte Ausrüstung vorgestellt. Die Eumig-Kamera läuft mit Batterie. Das Filmröllchen konnte 2½ Minuten aufnehmen. Aber sie machte Lärm, und da hat er die Kamera in einen Karton gesteckt, den Zwischenraum mit alten Socken ausgestopft, zwei Löcher für Objektiv und Auslöser hineingebohrt und damit diese einzigartige Inszenierung dokumentiert. Mit Unterbrechung für den Filmwechsel.

Wir sehen, wie Margarethe sich in ihrem kleinen, reinlichen Zimmer für die Nacht auskleidet. Sie löst ihr Haar und singt dazu. An ihrem Mund können wir es ablesen, sie singt die Ballade vom König in Thule.

In Brechts Arbeitszimmer in Weißensee singt Waltraut Reichelt Goethes Volkslied mit seiner einfachen, schönen Melodie. »Es war ein König in Thule, / Einen goldenen Becher er hätt / Empfangen von seiner Buhle / Auf ihrem Todesbett.« Brecht hört zu. Es ist eine persönliche Probe, zu der er Monks Hauptdarstellerin eingeladen hat. Mit so einer Privatprobe kann er ihr helfen, da er sie nicht vor den anderen kritisieren und möglicherweise blamieren muss. Er hat schon so etwas wispern hören, dass man im Ensemble das Mädchen aus Rostock nicht für besonders begabt hält. Da muss man aufpassen, dass die lieben Kollegen das Mädchen nicht entmutigen. Wie unsicher sie ist – das weiß er, spürt es in ihren Blicken, die seine Hilfe suchen. Von ganz unten kommt sie, Berlin-Mitte, Hinterhof. Der Vater ist in Dachau umgebracht worden. Sie hat als Kind gehungert, auf dem Markt Fische verkauft. Zweimal sind sie und ihre Mutter vom Vermieter auf die Straße gesetzt worden, weil sie die Miete nicht bezahlen konnten. Ihre Exis-

Wieder ein Moment großer Intensität, belagert von den Mitarbeitern und ihren Geräten. Gleich werden wir mit der Kamera ganz bei den beiden sein. Ein intensiver Moment von Einladung und Hinwendung, von Begehren und Gewähren; erzählt vor allem durch das Spiel der Augen.

tenzängste sitzen anscheinend tief. Ob sie es weiß oder nicht, sie hat auch den Lehrer und Helfer in Brecht angesprochen, den Mann, der nützlich sein will und es auch kann. So ist dieser Nachmittag eine Gelegenheit für die Probe und für mehr. Denn auch die Liebe braucht ihre Gelegenheit. Das weiß auch der Brecht. Nun steht sie also vor dem großen Schreibtisch mit den vielen Papieren und singt, wie sie es von der Mutter gelernt hat: »Der Becher war ihm lieber, / Trank draus bei jedem Schmaus; / Die Augen gingen ihm über, / So oft er trank daraus.« Die letzte Zeile hat sie nur noch nachdenklich vor sich hin gesprochen. Brecht ist anscheinend gerührt. Er steht auf und geht zu ihr. Sie schauen sich an. »Ja, so einfach – das ist schön, Käthe.« – »Käthe? Waltraut heiß ich doch.« Sie ist etwas irritiert, sogar enttäuscht. Nicht mal ihren Namen hat er sich gemerkt? – Aber doch. Er kommt jetzt ganz nah zu ihr. »Ein Star muss einen richtigen Namen haben.« Waltraut ist erleichtert und erfreut, sie lächelt ihn an. Das hat sie sich doch gewünscht. »Ein Star?« – »Ja! Du kannst es.« – Wenn der das will, mit ihr will, dann kann er es auch. Der ist stark, der hat die Macht dazu. »Ach, Brecht!« Sie nimmt seine Hand und führt sie an ihren Mund. Brecht streicht über ihre Lippen, die sich nicht verweigern wollen. Geniezauber, Machtzauber? Er sieht es in ihren Augen: Er ist eingeladen. Eine vorsichtige Umarmung, ein erster zarter Kuss. Jetzt weiß sie es: Alles wird sich ändern. Und jetzt weiß es Brecht auch. Das ist sein verzauberter Augenblick: ihre Hingabe.

— *Einmal hat Käthe Reichel darüber gesprochen, wie Brecht zu erobern war. »Ich glaube, daß die Frauen Brecht verführt haben. Sie verliebten sich in sein Hirn, seinen Geist, nicht in den Mann – ein Dichter ist kein Mann. Und wenn da eine bestimmte Schrift in den Augen der Frauen stand, die Brecht entziffern konnte, dann hat er sich nicht verweigert.«*

In der Küche in Weißensee hat Helene Weigel gerade das Licht eingeschaltet. Es ist spät geworden. Sie packt die Einkäufe aus und ist dabei, sie in den Regalen und in einer kleinen Speisekammer neben der Spüle abzulegen. Brecht ist aus dem Arbeitszimmer herübergekommen und bleibt nach der Begrüßung im Türrahmen stehen. Während die Weigel weiter einräumt, berichtet sie vom Theater. »Übrigens musst du dir dringend den Gnaß vornehmen. Er trinkt zu viel. Der säuft. Bald kommt er dir besoffen in die Vorstellung.« Brecht weiß schon Bescheid. »Er ist krank.« Die Weigel will keine Erklärung, sondern eine Lösung. »Da gibt's doch diese Tabletten. Dieses Antabus.« Statt auf radikale Maßnahmen – die Behandlung mit Antabus ist eine unter Umständen lebensgefährliche Rosskur – setzt Brecht heute lieber auf Milde und Verständnis. »Sie haben alle ihre Verletzungen aus diesem Krieg mitgebracht. Wer ist schon ganz gesund?« Helene Weigel hat noch ein weiteres Intendantinnen-Problem. »Auch deine jungen Leut. Da muss man ein Auge drauf haben. Die Abendregie war wieder mal nicht besetzt.« Das beunruhigt Brecht nun doch. Die Abendregie soll von den Assistenten gemacht werden. Die sollen kontrollieren, ob auch nach einiger Zeit ein Stück noch so gespielt wird, wie es inszeniert worden ist, oder ob sich Routine und Schlamperei eingeschlichen haben. »Der Pohl hätt' da sein sollen. Der fehlt neuerdings auch bei den Proben. Sag's halt der Rülicke.«

Helene Weigel ist im Moment nicht nur Intendantin, sondern auch Hausfrau. Sie schaut verärgert auf die Spüle, in der sich das schmutzige Geschirr stapelt. »Wo ist denn eigentlich das

Mädchen? In der Küche ist ja nichts gemacht. Nicht mal gespült!« – »Ich hab's heimg'schickt.« Wie eine unbeabsichtigte Erklärung dafür erscheint in diesem Moment Waltraut Reichelt neben Brecht im Türrahmen, ein bisschen unsicher und verlegen schaut sie drein. Helene Weigel überspielt ihre Überraschung, ihren Ärger und was der Anblick sonst noch an Gefühlen in ihr auslöst. »Ah – da schau her – das Pupperl war bei dir … zu Besuch.« Sie kann sich schon denken, was er sagen wird, und er tut es auch. »Wir haben geprobt. Sie hat ja nun wirklich keine gute Ausbildung gehabt.« Das hört sich ziemlich lahm an. Weigel schaut noch einmal genauer hin. Das frische junge Mädchen, scheu errötend, und neben ihr der alte Bock. Dazu noch in ihrem Haus. Nicht gerade sehr geschmackvoll. »So? Das übernimmst jetzt du persönlich?«

Brecht findet immer eine Erklärung oder Entschuldigung, auch das weiß sie ja. »Sie ist mit ihren Eltern zweimal exmittiert worden, die Möbel auf der Straße. Sie träumt nachts davon.« Aha, die Mitleidstour, die soziale. Weigel mag gar nicht mehr hinschauen zum Pupperl da in der Tür, da räumt sie lieber energisch weiter ein. Aber stehen lassen kann sie das so auch nicht. »Wir sind auch exmittiert worden. Aus Deutschland, Dänemark, Schweden, Finnland und Amerika. Die Waltraut weiß es vielleicht nicht. Davon möchte nicht mal ich träumen.«

Helene Weigel bindet sich eine Schürze um und macht sich an den Abwasch. Brecht geht einige Schritte auf die Helli zu, er hat da eine Idee. Vielleicht lässt sie sich versöhnlicher stimmen, wenn er sie ins Vertrauen zieht? »Schau, Helli, wie du's gerade sagst. Waltraut ist doch kein schöner Name für eine Schauspielerin.« – »Waltraut Reichelt – so heißt das Kind nun mal.« Brecht tut, als ob er improvisiert, als würde er erst in diesem Moment den neuen Namen erfinden. »Käthe? Käthe Reichel. Klingt besser.«

Weigel spült die Gläser mit einer gewissen Gewalt. Sie unterdrückt nur mit Mühe den Zorn über diese neuerliche Zumutung. »Kindchen, wie findst du das denn?« Prompt, fast naiv ehrlich, dabei geradezu hingebend kommt die Antwort: »Schön!«

Für einen Moment schaut Frau Brecht nun doch hinüber zu diesem Fräulein Reichelt. Ist da schon was passiert? Dieses »schön« war doch sehr gefühlt. Dann wendet sie sich wieder dem Abwasch zu. Brecht geht derweil zurück zur Tür und gibt seiner Schülerin ein stummes Zeichen, sich mit ihm zurückzuziehen. Da zerbricht Helene Weigel beim Spülen ein Glas. »Verflucht!« Sie schaut auf ihre Hand, sie blutet. Sie nimmt die verletzte Hand an den Mund und dreht sich wieder zu Brecht und der Reichelt um. Sie sieht gerade noch, wie sich die Tür hinter den beiden schließt.

Auf der Probebühne in der Reinhardtstraße wird die Szene »Marthens Garten (Religionsgespräch)« probiert, Faust wirbt im traulichen Beisammensein um Gretchen.

Margarethe/Käthe Reichel: »Sag mir doch, Heinrich!« – Faust/Paul Albert Krumm: »Was ist denn?« – Margarethe: »Wie hast du's mit der Religion? Du bist ein herzlich guter Mann /Allein, ich glaub, du hältst nicht viel davon.« – Faust: »Laß das, mein Kind ...«

Brecht unterbricht. Er hat da eine Idee. Könnte man hier durch einen Wechsel der Sichtweise der Gretchenfrage einen ganz anderen Dreh geben? Indem man von der Ebene des Religionsgesprächs, Pantheismus, Katholizismus, Spiritualität und so weiter, herabsteigt und das Ganze veralltäglicht, materialisiert sozusagen? »Käthe, sag doch mal nicht, wie hältst du es mit der Religion, sondern frag ihn mal: Bist du bereit, mich zu heiraten?« – Margarethe: »Sag mir doch, Heinrich!« – Faust: »Was ist denn?« – Margarethe: »Bist du bereit, mich zu heiraten?« Faust ist sprachlos. Brecht springt auf, er ist hellauf begeistert. »Sehen Sie?! Wenn Sie diese Frage so stellen, wird die Szene völlig anders. Denn heiraten will er sie natürlich nicht, er will etwas ganz anderes. Da sieht man ganz deutlich die Widersprüche dieses Faust! Der wird mit der Realität nicht fertig, und er versucht immer wieder, diese Realität seinen Ideen zu unterwerfen. Durch diesen Widerspruch wird er schließlich auch zum Mörder.

Und am Ende dieser Szene kommt aus dem Streit über die Religion die verhängnisvolle Umarmung. Und Fausts Sätze ›Ach kann ich nie/Ein Stündchen ...‹« Krumm als Faust ergänzt seinen Rollentext: »... ruhig dir am Busen hängen/Und Seel an Seele drängen?« Brecht will das präziser. »Krumm, das können Sie mit einer gewissen Gier sprechen. Aus der Leidenschaft entsteht das Verbrechen. Er weiß es aber noch nicht.«

Alles, was Brecht sagt, wird von seinen Assistenten im Parkett sorgsam mitgeschrieben. Nur der Meisterschüler Pohl kommt erst jetzt, wieder einmal zu spät. Er geht etwas schuldbewusst, unauffällig grüßend, an Brecht und Käthe Rülicke vorbei. Rülicke steht auf und folgt ihm zu seinem Platz. Sie beugt sich zu ihm herab und zischelt ihm ins Ohr: »Hören Sie, Pohl! Die Schüler der Meisterklasse haben pünktlich zu erscheinen. Auch die Herren Lyriker. Es ist das Geld der Arbeiterklasse!«

Wenig später probt man die Szene »Am Brunnen«. Regine Lutz als Lieschen und das Gretchen Käthe Reichel unterhalten sich über ein »gefallenes Mädchen« ihrer Bekanntschaft. Sehr boshaft Lieschen, nachdenklich betroffen und angstvoll Gretchen. Sie hat sich Faust inzwischen hingegeben.

Lieschen lästert: »Bild't sich was auf ihre Schönheit ein, / War doch so ehrlos sich nicht zu schämen, / Geschenke von ihm anzunehmen. / War ein Gekos' und ein Geschleck, / Ja, da ist dann das Blümchen weg. (...)«

Gretchen: »Er nimmt sie gewiß zu seiner Frau.«

Das realistische Lieschen: »Er wär ein Narr. Ein flinker Jung/ Hat anderwärts noch Luft genung.«

Damit geht sie davon. Im Weggehen bleibt sie aber noch einen Augenblick überlegend stehen, dreht sich halb um, nickt freundlich maliziös über die Schulter zu Gretchen zurück und schießt ihre Schlusspointe ab: »Er ist auch durch.« Gretchen, entsetzt über die Aussicht, eventuell ebenso sitzen gelassen zu werden, kann nur noch hilflos stammeln: »Das ist nicht schön.« Die Pause beim Abgang, der böse, hämische Blick zurück – das hat sich Regine Lutz so für das Lieschen ausgedacht. Brecht dankt es ihr mit seinem meckernden Lachen. Auch Egon Monk ist sehr einverstanden.

— *In das Spiel von Regine Lutz ist hier viel von ihrem persönlichen Ressentiment eingeflossen. Was sie von der Reichel hielt, hat sie mir 2012 erzählt: »Ich war natürlich ekelhaft. Aber dass dieses Mädchen, diese Hinterhofpflanze, die nicht auf drei zählen konnte, dass die sich in die erste Reihe setzte, das war unser aller Schrecken. Und wenn ich ekelhaft sein will, dann bin ich schauderös.«*

Isot Kilian, die junge Schauspielerin, die Helene Weigel 1949 auf Brechts Wunsch hin gemeinsam mit Egon Monk ins Ensemble geholt hatte, ist neuerdings mit Wolfgang Harich verheiratet, einem jungen Professor für Marxismus an der Humboldt-Universität. Sie erwartet ein Kind von ihm. Brecht ist das an ihr aufgefallen, dass die werdende Mutter noch hochschwanger zur Arbeit kommt. Ein guter Anblick, »stolz«, »mit der selbstsicheren Naivität einer Mutter, die auch arbeitet«, wie Kilian später schreibt. Dabei kann sie der jungen Käthe Reichel eine Hilfe sein. Brecht hat Kilian auf die Bühne gestellt, damit sie der Reichel zeigt, wie eine Schwangere geht. »Das Aufrechte, das Selbstverständliche, das nicht Ausgestellte und doch Bemerkenswerte des Zustands war für ihn wichtig, und Reichel sollte es für sich ansehen. Sie neigte dazu, alles übertrieben auszustellen, sodass es nicht mehr kunstvoll, sondern eher künstlich wirkte.«

Am Rand der Probebühne Reinhardtstraße. Der Tonarm eines Plattenspielers wird auf eine Schallplatte gelegt. Wir hören das DIES IRAE, einen Chor aus der Totenmesse. »Dies irae, dies illa / Solvet saeclum in favilla.« Das gehört zur Szene »Vor der Kirche«, die gerade geprobt wird.

Gretchens Mutter wird im Sarg aus der Kirche herausgetragen. Mephisto, Faust und letztlich auch Gretchen haben sie mit einem Schlafmittel vergiftet. Gretchen weiß, dass sie schwanger ist. Sie schaut auf den steinernen Engel. Der hebt, von einem Bühnenarbeiter durch einen Mechanismus in Bewegung gesetzt, drohend das Schwert. Natürlich nur für sie, aber sichtbar auch für die Zuschauer.

Käthe Rülicke und Regine Lutz schauen der Szene aus dem Parkett zu. Ruth Berlau steht an der Seite. Alle drei haben bereits einen missbilligenden, vielleicht sogar hämischen Ausdruck im Gesicht. Sie halten alle nichts von Käthe Reichels Schauspielkunst und wollen jetzt zusehen, wie sie sich bei der Darstellung von Gretchens seelischer Bedrängnis blamiert. »Mir wird so eng! / Die Mauernpfeiler / Befangen mich! / Das Gewölbe / Drängt mich! – Luft!« Gretchen kann den Druck ihres Gewissens und die Höllenangst nicht mehr ertragen, sie merkt, dass sie ohnmächtig wird. Käthe Reichel hat schon die Beklemmung etwas exaltiert gespielt und damit gegen Brechts Sachlichkeitsgebot verstoßen, da mussten Rülicke und Lutz leise kichern. Beim Umfallen nun stellt sie sich so ungeschickt an, sie plumpst auf den Bühnenboden, dass die beiden boshaften Zuschauerinnen laut auflachen. Brecht bekommt einen Wutanfall. »Verdammte Schweinerei! Das ist eine Form der Kritik, die ich nicht dulde. Das ist unproduktiv! Fräulein Rülicke, so können wir Sie nicht brauchen. Wenn Sie sich nicht beherrschen können, dann brauchen Sie die nächsten Proben nicht mehr dabei sein.« Ihm ist gerade aufgefallen, dass der Martin Pohl wieder fehlt. Noch immer wütend, herrscht er die Rülicke noch einmal an: »Und wo ist der Pohl? Sie sollten das doch klären!«

Der 22. Februar 1953 ist ein Sonntag. In seinem Ostberliner Untermieterzimmer liegt Martin Pohl frühmorgens noch restbetrunken im Bett. Er ist letzte Nacht erst gegen fünf Uhr aus einem Schwulenlokal in Westberlin nach Hause gekommen.

Da klingelt es an der Wohnungstür. Man hört Stimmen. »Wohnt hier ein Pohl?« Schritte kommen näher, es klopft an der Zimmertür. Ehe Pohl »Herein« rufen kann, steht schon ein Mann im Zimmer. Ledermantel, Lederhut. »Sind Sie der Martin Pohl?« – »Ja, bin ich.« Ein zweiter Mann wartet auf dem Flur.

Am Sonntagmorgen sind kaum Menschen auf der Straße. Ein Passant schaut sofort weg, als er sieht, was hier geschieht. Jemand öffnet ein Fenster und schaut hinaus. Der Blick eines der Beamten nach oben – sofort wird das Fenster geschlossen. Pohl wird in eine schwarze Limousine gesetzt. Drinnen wird ihm eine Binde über die Augen gelegt. Der Wagen fährt los. Hier muss ein Missverständnis vorliegen! »Hören Sie – ich bin Meisterschüler bei Brecht am Berliner Ensemble, und …« – »Das spielt hier keine Rolle«, unterbricht ihn sein Begleiter. Pohl meint noch, hier könne man widersprechen. »Doch, das ist wichtig. Ich habe heute die Abendregie in dem Stück über Lenin, *Das Glockenspiel des Kreml*.« Die Beamten lachen abschätzig. Wie zum Hohn fangen genau in diesem Moment die Kirchenglocken an zu läuten. Es ist ja Sonntag.

Im Stasi-Untersuchungsgefängnis Berlin-Hohenschönhausen wird die Neueinlieferung Martin Pohl von zwei Mann Wachpersonal zu ihrer Zelle geführt. Die schwere Zellentür wird geöffnet, Pohl hineingeführt. Einer der Wärter gibt die ersten Verhaltensregeln: »Es ist verboten zu schreien, zu singen oder sich auf die Pritsche zu legen oder zu schlafen. Wenn die Tür aufgeht, drehen Sie sich zur Wand, die Hände auf den Rücken. Und Sie reden nur, wenn Sie gefragt werden.« Die Tür wird zugeschlagen. Pohl steht mit gesenktem Kopf vor der Pritsche.

Eine Tonbandaufnahme ist erhalten, auf der Martin Pohl über seine Zeit im Stasiknast, über seinen Prozess und seine Haftzeit spricht. »Ich wurde Opfer eines Agent Provocateur, der mich angezeigt hatte, ich hätte für den amerikanischen Geheimdienst gearbeitet. Da wurde ich aus heiterem Himmel verhaftet, und ich wusste nicht, warum. Von morgens 6 Uhr bis abends 10 Uhr durfte man nicht schlafen. In dieser Zeit wartete ich auf Verhöre. Umsonst. Gekommen sind sie um halb elf Uhr nachts, und das ging bis früh um fünf. Dann hieß es, wenn man in die Zelle zurückgebracht wurde: Jetzt brauchen Sie sich gar nicht erst hinlegen. Das ging so 14 Tage lang, da bin ich zusammengebrochen. Da hab ich gesagt: ›Schreiben Sie, was Sie wollen. Ich unterschreibe.‹«

Ich war mit Pohls Tochter, der Lyrikerin Wera Koseleck, vor Ort in Hohenschönhausen, in der Zelle, in die man ihren Vater damals eingesperrt hatte. Ich habe ihr dort seinen Bericht vom Tonband vorgespielt.

Sie war vorher niemals dort, kannte die Dokumente ihres Vaters nicht. In diesen Einzelheiten, mit der Enge, dem winzigen Lichtschacht, der entwürdigenden Behandlung – so hatte sie sich das nicht vorstellen können. »Gruselig«, sagt sie, »gruselig!« Die zierliche Person vor mir spricht vom Vater als dem »kleinen hilflosen Männchen, nicht viel größer als ich, und ein Nervenbündel. Und ich kann mir vorstellen, dass es nicht viel brauchte, um ihn kirre zu machen.«

Es gab aber noch viel mehr an psychischer Gewalt und Gemeinheit. Der Vernehmer hat dem sensiblen Lyriker, der hauptsächlich in Bildern dachte, mit einer Parabel anschaulich vor Augen geführt, wie es ihm ergehen würde. Wie einer Maus, die in einen vollen Zuber gefallen ist und nun zu paddeln beginnt. »Es soll Mäuse gegeben haben, die sich bis zu einer Dreiviertelstunde über Wasser halten konnten. Aber ihre Bewegungen werden träger, immer träger. Sie schluckt, muss Wasser schlucken, unaufhörlich, in Mengen, die sie nicht mehr bewältigen kann. Der Kampf mit der Luft setzt ein. Sie japst. Und dann nimmt sie noch einmal alle Kräfte zusammen, sie schlägt um sich, dass das Wasser nur so spritzt, bis auch das überstanden ist und sie langsam hinübergeht.«

1. Mai, »Kampftag der Arbeiterklasse«, Ostberlin. Ein Fanfarenzug, Marschkolonnen der FDJ (Freie Deutsche Jugend, die Jugendorganisation der Staatspartei SED) mit Transparenten wie »Seid wachsam gegen die Feinde der Republik«. Dazwischen der Wagen des Berliner Ensembles, mit Helene Weigel und Bertolt Brecht an Bord. Der Chor der FDJ jubelt ihre Hymne: »Weil wir jung sind, ist die Welt so schön,/Weil wir voll Vertrauen vorwärts geh'n …« Der sozialistisch-optimistische Gesang geht langsam über in ein deutsches Volkslied. »Der Mai ist gekommen,/Die Bäume schlagen aus./Ja da bleibe wer Lust hat/Mit Sorgen zu Haus./Wie die Wolken dort wandern am himmlischen Zelt,/So steht auch mir der Sinn in die weite, weite Welt.« Das nun grölen die betrunkenen Studenten in der Szene »Auerbachs Keller« des Urfaust. *In der Monk/Brecht-Inszenierung wird das Volkslied unter stärkster Einwirkung von Alkohol zersungen und lallend verhunzt. Die taumelnden, sinnlos betrunkenen Studenten beginnen im Takt mit herausgerissenen Stuhlbeinen auf den Tisch zu prügeln. Goethes Kritik am Universitätsbetrieb seiner Zeit.*

Ich habe mit der Witwe Egon Monks über dessen Urfaust-*Inszenierung und die Folgen gesprochen. Sie war dabei, als man das Stück am 13. März 1953 in den Kammerspielen des Deutschen Theaters als Studioaufführung des Berliner Ensembles zeigte.*

»Das Theater war blau. Das schöne, rote, heitere Theater: blau. Sie hatten die FDJ mit diesen blauen Hemden reingesetzt. Und es gibt eine Szene, da lässt Egon, der doch den Urfaust *inszeniert hat, die Studenten in Auerbachs Keller sich langsam immer mehr in eine andere Welt trinken, und die singen dann und nehmen von den Stühlen, so Holzstühle mit diesen Querbeinen, die reißen sie raus oder schrauben sie raus und fangen damit an auf den Tisch zu dreschen, um den Tisch zu gehen und ganz laut zu singen: ›Der Mai ist gekommen.‹« Ulla Monk schlägt in gespieltem Entsetzen die Hände über den Kopf zusammen. »Die Welt ging unter! Eine Katastrophe. Der junge Egon Monk sei wohl noch zu jung, um zu wissen, was er dem Tag der Arbeit damit angetan hat. Und als das zu Ende war, also der Vorhang sich dann wieder schloss und wieder aufging und als die Schauspieler nach vorne kamen, gab es ein Riesen-Buhen, das sich noch steigerte, als Egon Monk so nach mehreren Vorhängen dann alleine kam. Da dachte man, es hebt sich die Decke vom Deutschen Theater. Und dann hörte man laut eine Stimme, die sagte: ›Das sieht man doch, dass das eine Fußmatte des amerikanischen Kapitalismus ist.‹ Und das fand ich so lustig, weil ich wusste: Er war der einzige gestandene Arbeitersohn im Ensemble. Er war im Meyers Hof groß geworden, im dritten Hof …« – im Wedding.*

Die Kritik kam schnell und deutlich. »Die Regie machte ausschließlich schlechten Spaß, der so weit ging, dass am Vorabend des 1. Mai die betrunkenen Studenten in Auerbachs Keller grölten ›Der Mai ist gekommen‹. Eine ähnliche Verhöhnung des deutschen Volksliedes ward bisher auf unserer Bühne nicht erlebt.«

In Brechts Büro über der Probebühne in der Reinhardtstraße hören Brecht und Monk aus dem Radio eine bösartige Besprechung ihrer *Urfaust*-Inszenierung. Der Verriss ist offenbar von höheren Kulturfunktionären in Auftrag gegeben worden. »Und Faust … nein, dieser Faust! Ein Prometheus, der den Göttern das Feuer entreißen will? Aber auch nicht die Spur! Das ist ein engbrüstiger Professor, ein hilfloser Gernegroß, ein Psychopath! Das soll Goethes erdenstürmender Urfaust sein? Willkür des Textes, Entstellung durch angebliche Einfälle, Entstellung der Gestalten.«

Egon Monk hat währenddessen durch das Fenster geschaut, durch das man die Probebühne einsehen kann. Dort hat er Helene Weigel bemerkt, wie sie zu ihnen ins Büro eilt. Jetzt ist sie da, und Brecht bedeutet ihr zuzuhören.

»… das bedeutet nichts anderes, als dass das Werk seines humanistischen Inhalts entleert, seines Sinnes beraubt ist. Doch es genügt nicht, die Entstellung eines großen Werkes des nationalen Erbes abzulehnen. Wenn eine solche Inszenierung möglich war, dann muss man sich fragen: Ist es nicht an der Zeit, dass das Berliner Ensemble sein Schaffen überprüft?«

Monk schaltet das Radio aus. Allen ist klar, dass dies ein offizieller und massiver Angriff nicht nur auf diese eine Inszenierung, sondern auf das Berliner Ensemble als Institution ist. Auf ihre Art, Theater zu machen. Brecht zeigt sich unbeeindruckt. Er fragt zuerst den Regisseur. »Und, Monk? Wollen Sie an der Regie was ändern?« Monk findet, dass sie es richtig gemacht haben. Selbst die Szene in Auerbachs Keller – so war das eben zu Goethes Zeit. Und diese Aufregung über die angebliche Verhöhnung des 1. Mai – das war doch purer Zufall, nur diese eine Vorstellung am 30. April. »Also ich sehe keinen Anlass.« Brechts Entscheidung kommt prompt. »Ja – dann bleibt's, wie's ist.« Helene Weigel ist etwas erstaunt, wie schnell hier entschieden wird. Ist denn nicht sie die Intendantin? »Ich bitt' euch. Das kommt von ganz oben. Überlegt mal, ist es das wert?«

— *Wie recht Helene Weigel hatte, zeigte sich mir in dem Augenblick, als ich in den Akten eine Anweisung Walter Ulbrichts vom 27. Mai 1953 lesen konnte, die Brecht direkt angriff. Ulbricht, der Generalsekretär des ZK der SED und damit Parteichef und Kopf der DDR, doziert dort über die »Aufgaben der Intelligenz beim Aufbau des Sozialismus«. Man könne nicht zulassen, »daß eines der bedeutendsten Werke unseres großen deutschen Dichters Goethe formalistisch verunstaltet wird, daß man die großen Ideen in Goethes ›Faust‹ zu einer Karikatur macht, wie das in einigen Werken, auch in der Deutschen Demokratischen Republik, geschehen ist, zum Beispiel in dem sogenannten Faust von Eisler und in der Inszenierung des ›Urfaust‹. Wir führen den Kampf gegen diese Verfälschung und Entstellung der deutschen Kultur, gegen diese Mißachtung des deutschen Kulturerbes, für die Verteidigung der großen Leistungen unserer Klassiker auf allen Gebieten.« Dieser direkte Angriff war ungewöhnlich, die Partei spricht sonst durch vielerlei Masken: Radio, Zeitungskritiken, Leserbreife oder den Betriebsrat.*

Egon Monk wirkt leicht gereizt und zugleich etwas in sich zurückgezogen. Er ist in letzter Zeit mehr und mehr in Distanz zur

DDR geraten. Die vielen Fahnen, die Trommeln und Trompeten, die ewige Propaganda, die Vorschriften, die sie einem machen – all das gefällt ihm nicht. Leute verschwinden, und man weiß nicht, wohin. Erst der Bienek, jetzt anscheinend der Pohl. Es wird alles immer enger. »Gewisse Leute da oben haben schon genau verstanden, was wir da gemacht haben. Eben kein humanistischer Erdenstürmer, der Faust, sondern ein mieser Lehrer, der's Gretchen einfach nur im Bett haben will.« Brecht saugt an seiner Zigarre. »Und genau so haben wir's gemeint.« Die Intendantin probiert es noch einmal mit einem Appell an den Selbsterhaltungstrieb. »Aber denkt dran, die zahlen das Theater.« Darauf hat Brecht, wie immer, die richtige Antwort. »Unsere Brotgeber, das sind die Arbeiter.« Helene Weigel resigniert. Monk dagegen ist glücklich über die Loyalität seines Lehrers. »Das seh ich genau so.«

Da kommt Käthe Rülicke eilig ins Büro. Brecht kann sie jetzt gerade nicht gebrauchen. Er herrscht sie an: »Na, was ist?!« – »Ich war in der Wohnung von Pohl. Er ist verschwunden. Die Wirtin wollte nichts darüber sagen. Könnt sein, man hat ihn abgeholt.«

Die Lichter auf der Probebühne Reinhardtstraße sind schon ausgeschaltet. Brecht wartet in seinem Sessel auf Egon Monk. Der kommt unter den großen Fenstern der ehemaligen Pferdeexerzieranstalt entlang wie durch ein Kirchenschiff und bleibt unten vor der ersten Stuhlreihe stehen. Er hat ein Manuskript in der Hand. *Katzgraben,* ein Stück von Erwin Strittmatter, das Brecht auf die Bühne bringen will. Sicher auch, um der Partei seinen guten Willen zu zeigen. Es ist gerade eine kulturpolitische Kampagne im Gange, Stichwort Stanislawski, die sowjetische Theaterdoktrin soll auch hier durchgesetzt werden, und man erwartet von ihm, dass er sich da positioniert. *Katzgraben* behandelt die Probleme bei der Kollektivierung der Landwirtschaft in der DDR, den Widerstand der Bauern und das segensreiche Wirken der Partei. Vor allem die unbelehrbaren Großbauern müssen hier ihre Lektion lernen. Brecht möchte die Inszenierung seinem Lieblingsschüler übertragen, vielleicht auch, damit der eine Gelegenheit bekommt, sich bei den Bonzen für den *Urfaust* zu rehabilitieren. »Monk, wie haben Sie sich entschieden? Werden Sie das neue Stück *Katzgraben* für uns inszenieren?« Monk schüttelt den Kopf. »Es geht nicht.« – »So?!« Das hat Brecht noch nicht erlebt. Jemand von seinen Assistenten will nicht inszenieren? Und gerade Monk ... Der schiebt schnell seine Begründung nach, ehe Brecht wütend werden kann. »Dieser Ort Katzgraben – die Probleme dort – in der LPG ...« – Brecht geht sofort dazwischen: »Die Enteignung, die Sozialisierung von Grund und Boden – Monk, das ist ein revolutionärer Akt!«

Monk bleibt auf Abstand vor Brechts Sessel stehen, er setzt sich nicht wie sonst neben ihn. »Aber das Stück zeigt nicht die Wirklichkeit in der DDR!« – »Was meinen Sie, was es zeigt?« Monk schlägt das Manuskript kurz auf, als ob er Brecht ein paar Belegstellen für die ideologische Weltfremdheit des Strittmatter-Texts vorlesen will, dann klappt er es wieder zu. Er überlegt einen Moment, dann begnügt er sich damit, zusammenzufassen: »Die neue Landwirtschaftliche Produktionsgenossenschaft im ungetrübten Glück auf dem Traktor.«

Die Katzgraben*-Inszenierung des Berliner Ensembles – Brecht hatte schließlich selbst die Regie übernommen – wurde von der DEFA für das DDR-Fernsehen aufgezeichnet. Die Schlussszene, die Monk mit seinem Satz meint, wurde in Farbe gedreht, der übrige Film ist schwarz-weiß. Die beglückten Mitglieder der LPG – darunter auch Regine Lutz – sitzen auf dem Traktor, den ihnen Stalin geschenkt hat, und singen in Jamben ihr Loblied auf den Sozialismus und seine unbeschränkten Möglichkeiten.*

»KARL: Und ohne Grenzstein bis zum Horizont/fruchtvoll die Felder der Genossenschaften./Gemeinbesitz, bebaut gemeinsam.
HERMANN: Maschinen säen und Maschinen ernten.
GÜNTER: Kein Brocken Brachland, alle Öden grün./Der Weizen wächst auf Lüneburger Heide.
ELLI: Der Berg, den ehmals auch nicht tausend Hände/von seiner

Urzeit-Stelle rücken konnten/weicht einem Fingerdruck, die Flüsse ändern/den Lauf, das Wasser fließt bergan./Die Menschen meistern den Planeten Erde.«

Brecht vereist. Das schützt vor dem Schmerz. Seine Alternative zum Wutausbruch. Er nickt nur. Er hat schon verstanden. Er steckt sich die Zigarre an. Noch so eine Schutzwand zu den lästigen, bedrohlichen Gefühlen, die einen weiß Gott wohin führen. Monk möchte sich so nicht verabschieden lassen. Fast beschwörend versucht er, Brecht an seine eigenen Grundsätze zu erinnern. »Sozialisten müssen doch fragen, was ist? Was ist hier in der DDR? Bevor sie sagen, was und wie es sein sollte. Habe ich bei Ihnen gelernt.« Brecht ist jetzt aber schon ganz kalt und fremd. »Ich weiß. Aber was Besseres ist zurzeit nicht.« Er nickt

noch einmal kurz – Ende der Diskussion. Monk legt das Manuskript auf dem Pult ab, dreht sich um und geht davon. Brecht sitzt einsam vor der leeren Probebühne auf seinem Sessel zwischen den leeren Klappstühlen.

— *Monk – das war doch sein Lieblingsschüler. »Es muss auch eine glückliche Fügung gewesen sein.« Mehr als nur Schüler und Meister. »Es war mehr: eine große Zuneigung.« So hatte das Ulla Monk in Erinnerung. Sie und ihr Mann haben einen ihrer Söhne Bertolt genannt. Ulla und Egon Monk ziehen nach Westberlin. Über den Abschied schreibt Monk später: »Je realer es auf der Bühne zuging, desto klarer wurde mir, in welcher Zeit, in welcher Stadt und unter welchen Umständen wir spielten.« Die zaristische Polizei auf der Bühne (die Mutter) bekam beklemmende Ähnlichkeit mit dem Aufmarsch der Volkspolizei am Bahnhof Friedrichstraße. »Diese Assoziation hätte Brecht vermutlich nicht nachvollziehen können, weil er vom realen Leben außerhalb des Theaters wenig erfuhr. Er fuhr früh mit seinem Auto von Weißensee ins Theater und mittags oder abends zurück und begegnete Arbeitern nur in Gestalt von Bühnenarbeitern und sonst eben uns, die wir auch vor allem im Theater lebten.«*

Brecht schickte später Isot Kilian in den Westen, um Monk zur Rückkehr zu bewegen. Er wollte sich ja persönlich keine Abfuhr einhandeln. Aber Isot konnte ihren alten Freund Egon nicht überzeugen. Monk war fertig mit der DDR.

Auf der Probebühne Reinhardtstraße tragen zwei Fischer auf einem blutigen Segel den toten Sohn der Frau Carrar in die weiß gekalkte Stube eines andalusischen Fischerhauses. Man probt Brechts Einakter *Die Gewehre der Frau Carrar,* geschrieben 1937, als der Spanische Bürgerkrieg noch nicht entschieden war. Helene Weigel hat damals bei der Uraufführung in Paris die

Hauptrolle gespielt, sie tut es auch jetzt. Frau Carrar hatte Angst um ihre Söhne und wollte sie aus dem Krieg des Generals Franco gegen die spanische Republik heraushalten. Jetzt bringen sie ihr ihren Ältesten – die Faschisten haben ihn trotzdem umgebracht, als er friedlich auf dem Meer draußen war. Die Mutter bricht über der Leiche ihres Sohnes zusammen. »Juan!« Mit dem Schmerzensschrei kommen die Tränen. Da wird sie vom Regieplatz her barsch, laut und herrisch unterbrochen »Nein! Nein! Nein!« Hilflos schaut Weigel zu Brecht. »Was, nein?« Der Regisseur springt auf und kommt an die Rampe, dabei wird er noch lauter. »Du sollst nicht weinen! Lass deine Tränen zu Hause! Die gehören nicht auf die Bühne!« Noch immer kniet Helene Weigel am Boden und schaut hoch zu Brecht. »So. Gehören nicht daher. Und die Mutter, die gerade ihren Sohn verloren hat?« – »Die fängt an zu denken. Und gerade jetzt entscheidet sie sich für den Kampf gegen den Faschismus. Das sollst du zeigen.« Weigel versteht ihren Regisseur nicht mehr. »Mit Trauer!« – »Nein. Sie soll sich nicht bemitleiden. Distanz!« Und nun geht Brecht mit seinem Gebrüll wirklich einen Schritt zu weit. Er demütigt seine Hauptdarstellerin vor den Kollegen. »Deine Gefühle – das ist privat!« Brecht brüllt: »Das ist ganz und gar unprofessionell! Zeig, wie sich die Carrar nach jedem Stoß, der sie erschüttert, verhärtet, stumpf wird. Dann am Ende wird sie lebendig und gibt den Genossen die versteckten Gewehre.«

— *Manfred Wekwerth war dabei, als es zu Brechts wütendem Ausfall gegen Helene Weigel kam. »Helene Weigel war eine Schauspielerin, die weinte sehr schnell. Und das konnte Brecht nicht leiden. Da ist er ziemlich grob geworden. (…) Und da hat sie mich zu sich kommen lassen und bitterlich geweint. Und ich habe ihr gesagt: ›Du, ich bin 22, ich kann dir da nicht helfen. (…) Und sonst hat sie das mit einem zur Schau getragenen Stoizismus behandelt, der aber, nach meiner Meinung, viel verdrängt hat.«*

In der Villa in Weißensee geht Helene Weigel noch einmal durch Brechts Arbeitszimmer. Sie schließt die Tür nach draußen, dann bringt sie noch ein wenig Ordnung in die Unordnung auf seinem Schreibtisch. Sie nimmt den vollen Aschenbecher und trägt ihn in die Küche.

Weigel schließt die Haustür ab und dreht sich um. Sie schaut auf die Schlüssel und steckt sie in die Tasche. Dann steigt sie auf den Beifahrersitz eines offenen Lastwagens, der vor dem Haus wartet. Auf der Ladefläche ist ihr Umzugsgut verstaut. Der Wagen fährt los.

— *In einem Brief aus dem Jahre 2013 hat Werner Hecht versucht, mir die Hintergründe dieser Szene zu erläutern: »Seit Ende 1952 gab es auf den Proben mehrfach öffentlich ausgetragene streitbare Auseinandersetzungen. Ich erinnere mich, dass Rülicke (die sich durch Reichel bedrängt sah) auch auf den Proben, an denen Reichel als Schauspielerin und Rülicke als Assistentin beteiligt waren, vom Verhalten Brechts entsetzt war. Das waren aber alles Verhaltensweisen, zu denen er sich gezwungen sah, um die Frauen bei der Stange zu halten. Weigel war in der höchst unangenehmen Situation, dienstlich Chefin Brechts und mehrerer seiner Mitarbeiterinnen zu sein und privat (im Falle häuslicher Arbeiten) zugleich deren Köchin (im tatsächlichen und übertragenen Sinne). Da musste sie auch viel schauspielern. Ich könnte mir vorstellen, dass sie bei dem Umzug nicht viel Theater gemacht hat, sondern dadurch, dass sie umzieht, Brecht den Ernst der Lage bewusst machen wollte. Also: ohne Ankündigung umziehen und ihn vor vollendete Tatsachen stellen. Lautlos. Gestellt lächelnd.«*

Tage später. In seinem Arbeitszimmer in Weißensee sitzt Brecht allein im Dunkeln an seinem Schreibtisch. Er hat Helene Weigel angerufen. Eigentlich möchte er, dass sie zurückkommt. Auf der anderen Seite der Leitung hört man ihre Stimme: »Ja? Wo bist du?« – »Hier in Weißensee. Groß und einsam, nachdem du ausgezogen bist.«

Helene Weigel hat das Telefonat in Brechts Büro über der Probebühne Reinhardtstraße entgegengenommen. Sie nimmt einen tiefen Zug aus der Zigarette und denkt nach. Brecht: »Wenn du's nicht mehr ertragen konntest …« – Er hört ein leises »Ja –«, dann hat sie ihre feste Stimme zurück. »Es sind ja nicht nur die Weibergeschichten. Wenn du mich als Schauspielerin infrage stellst …« Brecht sagt jetzt erst einmal nichts. Er überlegt. Einen Fehler eingestehen – so einfach ist das nicht. Doch da hört er auch schon ein Geräusch, wie wenn ein Telefonhörer aufgelegt wird. »Helli? – Hallo!?« Nichts. Ganz langsam legt er den Hörer auf die Gabel.

Manfred Wekwerth: »Die Weigel, kann man nur sagen, ist eine der kühnsten und interessantesten Figuren, die ich je kennengelernt habe. (…) Abgesehen davon, dass sie das Theater genial leitete, bis hin zu den sozialen Bedingungen. Sie kümmerte sich um die Frisuren bei den Damen, um Wohnungen kümmerte sie sich sowieso, half auch bei Proben und ermöglichte Brecht eben im Grunde das Leben.«

Erwin Geschonneck, der als Schauspieler bei der Courage, *beim* Puntila, Hofmeister, *der* Carrar *und* Katzgraben *dabei war, sagte in einem Interview zu Joachim Lang: »Die Weigel hat das Berliner Ensemble gemacht und Brecht gemacht, indem sie alle seine Arbeiten, die organisatorischen Arbeiten, übernommen hat. Also das war überhaupt der Pfeiler, auf dem das Ganze ruhte. Ohne die Weigel wäre das Berliner Ensemble wahrscheinlich nichts geworden.«*

Regine Lutz: »Sie war die Mutter von das Ganze! Ja, das war sie. Und alles Unangenehme hat sie gemacht, sie hat Brecht alles aus dem Weg geräumt.«

Einmal habe ich Werner Hecht gefragt, wie das alles zu erklären ist, diese vollkommene Hingabe von Helene Weigel, die ihr Leben diesem Mann gewidmet hat. »Ich erkläre mir das nur so, wie sie es auch mal gesagt hat: Sie ist von Anfang an von Brechts Genie überzeugt gewesen. Sie ist davon überzeugt gewesen, dass das ein besonderer Mensch ist und dass der gefördert gehört.«

In der Chausseestraße 125, Seitenflügel, erster Stock, besichtigt Brecht seine neue Wohnung. An den Wänden erkennt man noch die Spuren eines Malers, der hier sein Atelier hatte. Abgewohnt wirkt das alles, die Tapeten sind teilweise abgerissen, hellere Flecken an den Wänden zeigen, wo die Schränke gestanden haben. In der Ecke ein weißer Kachelofen. Brecht setzt sich auf einen alten Sessel, der als einziges Möbelstück zurückgelassen worden ist, und zeichnet eine Grundriss-Skizze der Wohnung in ein Notizbuch. Zwei große ineinander übergehende Zimmer, ein kleines Schlafzimmer.

Helene Weigel kommt herein. Ihr Bühnenbildner Hainer Hill hat ihr die neue Adresse gegeben. Brecht schaut nur kurz auf. »Der Hill hat's mir beschafft, von einem Maler, der rüber ist in den Westen.« – »War's dir zu einsam in Weißensee?« – »Ich wollt näher ran ans Theater.« – »Und wegen dem Theater bin ich hier.« Und damit kommt sie mit der Nachricht heraus, die so wichtig ist, dass er sie sofort hören muss, ganz egal, wie sie gerade miteinander stehen. »Stell dir vor: Das Schiffbauerdamm geht an die Kasernierte Volkspolizei.« – »Was??« Brecht kann es nicht glauben. Seit über drei Jahren ist er mit dem Berliner Ensemble Untermieter im Deutschen Theater. Seit drei Jahren kämpfen sie mit dem Intendanten Wolfgang Langhoff um die Probentermine, den Platz, die Ausstattung und alle anderen Ressourcen, kämpfen um genug Luft zum Atmen in einem Haus, das für zwei Ensembles viel zu klein ist. Seit Jahren, eigentlich seitdem er sich entschlossen hat, hierherzukommen, weiß man, dass er das Theater am Schiffbauerdamm haben will und haben soll, wenn es frei wird, weil der Wisten es nicht mehr für seine Volksbühne braucht. »ZK-Beschluss! Ich hab's gerade aus dem Büro von der Elfriede. Dir wollten sie's nicht sagen.« Brecht versteht. ZK, das Zentralkomitee der SED, das höchste Organ im Land. Gottes Wort sozusagen. Oder der versammelte Wille der Arbeiterklasse. Darüber steht nur noch Moskau. Und dennoch – er kann und will das nicht akzeptieren. »Das ist doch irrsinnig!« Helli weiß sogar, welche Methode hinter dem Irrsinn steckt. »Operetten und andere ›patriotische Aufgaben‹. Die Partei will es so.« Da bricht es aus ihm heraus. »Eine unglaubliche Schweinerei! Wir entwickeln hier das fortschrittlichste Theater der Welt, und sie begreifen's nicht!« Er ist dabei quer durchs andere Zimmer gelaufen und brüllt die Enttäuschung und die Wut heraus. »Was soll ich denn noch tun?!« Die Weigel bleibt gefasst. »Gegen einen ZK-Beschluss?« Brecht mag aber nicht so schnell aufgeben. »Wer noch lebt, sage nicht: niemals«; wozu hätte er so etwas geschrieben, wenn er nicht selbst dran glaubt? »Die es gemacht haben, die können's auch wieder ändern.« So einfach kann sich die Intendantin das natürlich nicht vorstellen. »Einigen da oben sind wir auch lästig.« Die Liste der zensurartigen Eingriffe ist lang, Angriffe der staatlich gesteuerten Presse gegen sein neues episches Theater hat es auch mehr als genug gegeben. Aber die Mittel für das Berliner Ensemble hat dieser Staat, der ja nun wirklich nicht im Geld schwimmt, immer noch Jahr für Jahr bereitgestellt. Den Brecht verlieren wollen sie halt auch nicht. Zum Bild vom anderen, besseren Deutschland gehören schließlich auch Künstler von Rang, die in diesem Staat leben und ihn unterstützen. Das weiß auch Brecht. Und darauf zielt jetzt seine zornige Drohung: »Noch länger Gast im Deutschen Theater – das ist kein Zustand. Also: Wenn ich's eigene Theater nicht krieg, bau ich hier ab.« Helli schaut ihn an. Sie versteht schon. »Aber was wird dann aus mir?« Das hat sie allerdings nur ganz leise vor sich hin gesprochen.

— *Die Tochter Barbara erzählte in einem Interview über die Versöhnung der beiden: »Da war mal ein Mittagessen (in Helene Weigels neuer Wohnung in der Reinhardtstraße), da war ich da, und dann kam Papa völlig unerwartet an, nach sechs Monaten, glaube ich. Ich wohnte schon woanders, bin aber oft hingegangen, das Mittagessen war da viel besser. Und zog aus der Hosentasche einen Strauß Veilchen, zerknüllt, aber immerhin.«*

In seinem Büro in der Probebühne Reinhardtstraße diktiert Brecht einen Brief an den Ministerpräsidenten Otto Grotewohl. Das Datum im Briefkopf zeigt den 15. Juni 1953. Brecht erinnert in seinem Schreiben daran, dass ihm das Theater am Schiffbauerdamm, die Stätte seines *Dreigroschenoper*-Erfolgs, in Aussicht gestellt worden ist. Er hebt die schwierigen Arbeitsverhältnisse für zwei Ensembles in einem Haus hervor. Sein Ensemble sei durchaus in der Lage, ein eigenes Haus zu bespielen, dadurch würde es auch für den Staat billiger. Er macht darauf aufmerksam, dass man den großen Volkskomiker Curt Bois, der bei ihnen als Gast einen umjubelten Puntila gegeben hat, dauerhaft an das Berliner Ensemble binden könnte – wenn es denn ein eigenes Haus bekäme. Sonst könnte man ihn, deutet er an, an den Westen verlieren. Dann folgt das entscheidende Argument, das ebenfalls den Ost-West-Konflikt benutzt: »Sie haben vielleicht gehört, dass in Westdeutschland die unsinnigen Gerüchte über Zwistigkeiten zwischen mir und der Regierung der Deutschen Demokratischen Republik wieder sehr verstärkt aufgemacht werden. Die Übernahme des Theaters am Schiffbauerdamm durch das Berliner Ensemble, das weit über Deutschland hinaus bekannt ist, würde meine Verbundenheit mit unserer Republik deutlichst dokumentieren.« Ob sie auch das dahinter versteckte »Und wenn nicht …« verstehen?

Am 16. Juni 1953, einen Tag, nachdem Brecht seinen Appell an Grotewohl gerichtet hat, steht er am Bootsanleger in Buckow. Hier, in der Märkischen Schweiz, hat er im vorigen Jahr zwei Häuser als Sommersitz gepachtet: die sogenannte »Eiserne Villa« für Helene Weigel und die Arbeits-Gäste, das dazugehörige Gärtnerhaus für ihn allein. Man hat von hier aus einen schönen, weiten Blick über den Schermützelsee. Es ist sehr ruhig hier. Vor der großen Fensterfront der Villa steht der Hausmeister, Herr Mutter. Er winkt ihm zu. »Herr Brecht! Herr Brecht!« Brecht geht zu ihm hinüber. Herr Mutter hat das Radio im Esszimmer so laut eingestellt, dass man es von draußen gut hören kann. Es muss etwas Wichtiges sein, sonst würde der Mann nicht Brechts Muße stören. Und tatsächlich, er hat Aufregendes zu melden: »Da ist irgendwas mit der Stalinallee, eine Demonstration.« Stalinallee – das ist die ehemalige Frankfurter, wo gerade mächtig gebaut wird. Ein Prestigeobjekt der DDR, Arbeiterpaläste sollen dort entstehen, Wohnbauten im Stil des sogenannten sozialistischen Klassizismus. Brecht geht durch die Verandatür in den großen Essraum und stellt sich vor das Radio. Dort läuft eine Nachrichtensendung im RIAS, Rundfunk im Amerikanischen Sektor, der amerikanisch kontrollierte Westberliner Sender. »Eine Delegation der Bauarbeiter, von denen die Aktion ausgegangen war, hat dem RIAS heute eine Resolution mit der Bitte um Veröffentlichung überreicht. Darin heißt es: ›Die Arbeiter haben durch ihren Streik und ihre Demonstrationen bewiesen, dass sie in der Lage sind, den Staat zur Bewilligung ihrer berechtigten Forderungen zu veranlassen.‹« Der Hausmeister muss da etwas erklären. »Ich hatte zufällig den RIAS eingestellt.« Brecht winkt ab. Natürlich passiert das immer nur rein zufällig; wer gibt schon freiwillig zu, dass er sich seine Informationen vom Klassenfeind holt? »Ist schon gut.« Der Nachrichtensprecher hat schon weitergelesen: »Die Arbeiter werden von der Möglichkeit jederzeit wieder Gebrauch machen, wenn die Organe des Staates und der SED nicht unverzüglich folgende Maßnahmen einleiten …« Das ist ja unglaublich. Die demonstrieren gegen ihren eigenen Staat, und dann wollen sie ihn auch noch erpressen. Überhaupt, dieser Ton! »Ich fahr sofort zurück nach Berlin.«

Während er durch die Gartenpforte in Richtung seines Häuschens geht, verbreitet der RIAS-Sprecher unbeirrt weiter das Unvorstellbare. »Erstens: die Auszahlung der Löhne nach den alten Normen schon bei der nächsten Lohnzahlung.«

— *Das war der eigentliche Auslöser des Arbeiterprotests gewesen: Die Regierung hatte per Dekret die Arbeitsnormen erhöht, das heißt: In derselben Zeit musste bei gleicher Bezahlung mehr gearbeitet werden. Das bedeutete erhöhten Leistungsdruck und kam einer Lohnkürzung gleich.*

»Zweitens: sofortige Senkung der Lebenshaltungskosten.

Drittens: freie und geheime Wahlen.

Viertens: keine Maßregelung der Streikenden und ihrer Sprecher.«

Spät am selben Abend in Brechts Arbeitszimmer in Weißensee. Brecht hat sich, sobald er aus Buckow zurück war, mit einigen Freunden über die beunruhigende Entwicklung unterhalten. Gerade treffen Manfred Wekwerth und Elisabeth Hauptmann ein, seine »Mit-Arbeiterin« aus der Zeit vor 1933. Nach ihrer Rückkehr aus dem amerikanischen Exil arbeitet sie wieder für Brecht. Wekwerth und Hauptmann sind SED-Mitglieder, und sie kommen gerade von einer Parteiaktivtagung im Friedrichstadtpalast, um Brecht von den neuesten Entschlüssen der Führung zu berichten.

Wekwerth zieht einen Zettel aus der Tasche, auf dem er sich einige Stichworte notiert hat. Die erläutert er nun Brecht. »Die Normenerhöhung ist zurückgenommen. Ulbricht hat zugegeben, dass die Partei Fehler gemacht hat, dass sie vorgeprellt ist und zu schnell zu viel wollte. Sie will jetzt stärker auf die berechtigte Kritik der Werktätigen hören. Sie will in Zukunft die Vorschläge von unten in der Parteileitung mehr beachten.« Das sind Gedanken, die Brecht auch so ähnlich selbst schon gehabt hat, wenn er sich über die Parteibürokratie geärgert hat. »Das ist richtig. Sie müssen in ein Gespräch mit den Arbeitern eintreten, nicht nur bestimmen, was passieren soll. Hoffentlich tun sie's auch.«

— *Am Morgen des 17. Juni 1953 brechen die Arbeiter aus ihren Betrieben nach Berlin-Mitte zu Treffpunkten wie dem Strausberger Platz oder dem Alexanderplatz auf. Für viele führt der Weg durch den Westsektor. Man kann ihnen den Ernst ansehen, die Entschlossenheit, aber auch die Freude an der ungewohnten freien Meinungsäußerung. Aufbruchstimmung. Wir sind die Arbeiter, ihr sagt, das sei unser Staat, jetzt reden wir.*

Ein RIAS-Reporter kommentiert das Geschehen live von seinem Übertragungswagen. »Der Demonstrationszug kommt heran. Wo arbeiten Sie denn?« Die Arbeiter geben bereitwillig und gut gelaunt Auskunft. »Henningsdorf.« – »Kabelwerk.« – »Alles da!« Reporter: »Wann fängt die Schicht an morgens?« – »Sechs Uhr zehn.« Reporter: »Und was hat den Anstoß gegeben? Ist der Entschluss heute Morgen gefallen oder gestern?« – »Heute früh – heute.« Reporter: »Wurde die Arbeit sofort niedergelegt?« – »Sofort!« Reporter: »Sind welche dageblieben?« Die Antwort ist vielstimmig. »Sofort geschlossen das Werk verlassen. Um sieben Uhr.« Reporter: »Und die Kommunisten im Werk?« Arbeiter: »Den Kopp hängen lassen. Die sind nich mit.« Reporter: »Haben die versucht, den Zug aufzuhalten?« Arbeiter (mehrere Stimmen): »Nee, gar nicht! Die Betriebsräte hatten ihr Parteiabzeichen mit einmal abjeknüppt von der Jacke, ne wa.«

Im Büro über der Probebühne haben sich bei Brecht eingefunden: Käthe Rülicke, Manfred Wekwerth, Isot Kilian. Elisabeth Hauptmann, noch im Mantel, hat die neueste Ausgabe des *Neuen Deutschland* in der Hand. Sie stellt das Radio etwas lauter. Der DDR-Rundfunk spielt Operettenmelodien. »Puppchen, du bist mein Augenstern«! Brecht schaut ungläubig, dann wütend auf den Kasten. »Das ist ja Irrsinn! Warum senden wir diese Sülze statt Informationen?!« Ausgerechnet der RIAS macht vor, wie es gehen kann. So überlässt man dem Klassenfeind das Feld. Die zwingen die Leute ja geradezu, jetzt den RIAS einzuschalten! »Man müsste denen im Rundfunk Bescheid geben.« Oder vielleicht besser gleich dem Grotewohl? – »Bitte, Käthe, stellen's das mal leise.« Und er bedeutet ihr, dass er etwas diktieren will. »Lieber Genosse Grotewohl, (…) werden Sie im Rundfunk sprechen? Es wäre gut. Wir würden gern als Einleitung und Abschluß Lieder und Rezitationen von Ernst Busch und anderen Künstlern bringen. In steter Verbundenheit mit der Sozialistischen Einheitspartei Deutschlands Ihr …« So, dann sieht der wenigstens gleich, dass sie sich nützlich machen können und wollen. Er hört noch mal ins Programm des Berliner Rundfunks rein – immer noch dieser seichte Operettenquark! So eine Schweinerei, das ist ja nicht zum Aushalten. Wekwerth bietet sich an: »Ich könnte rüberfahren zum Sender.« – »Nehmen's den Wagen vom Theater. Gehen's direkt zur Programmdirektion. Und nehmen Sie die Elisabeth mit, dann hat's mehr Gewicht.« Elisabeth Hauptmann zieht sich sofort den Mantel über – und steckt sich das Parteiabzeichen an. »Gute Gelegenheit zu zeigen, dass man dazugehört.« Gerade an diesem Tag gibt es nicht wenige Parteimitglieder, die jetzt ihr Abzeichen lieber nicht so offen tragen möchten. Brecht dagegen reagiert, wie es wohl niemand erwartet hätte. »Das wär vielleicht jetzt der richtige Moment, in die Partei einzutreten.« Elisabeth Hauptmann kann es nicht glauben. »Für dich?« Schon Ende der 20er-Jahre war sie Mitglied der Kommunistischen Partei geworden und in der DDR dann gleich in die SED eingetreten. Brecht dagegen hatte sich schon in der Weimarer Republik nicht überwinden können, sich als Genosse der Kontrolle der KPD zu unterwerfen. Seine kommunistischen Lehrer, Fritz Sternberg, Karl Korsch, waren Abweichler von der Parteilinie. Daran erinnert Elisabeth sich gut. »Die Partei der Arbeiterklasse verlangt Disziplin.« Ja, das weiß er auch, und dafür konnte er nie besonders viel Begeisterung aufbringen. »Aber sie muss auch lernen können.« Das ist seine Dialektik. Und anscheinend stimmt es ja auch, denkt Hauptmann. »Die Partei ist dazu bereit. Genau das hat Ulbricht gestern Abend ja im Friedrichstadtpalast gesagt. Und jetzt steht's im *ND.*« Sie zeigt ihm die Ausgabe des *Neuen Deutschland* von heute früh mit dem Bericht über die Parteiaktivtagung von gestern Abend. Das Eingeständnis der Partei, Fehler gemacht zu haben. Und die Bereitschaft, es in Zukunft besser zu machen. Brecht nimmt die Zeitung an sich. Von seinem Parteibeitritt wird keine Rede mehr sein. Elisabeth Hauptmann geht mit Wekwerth, der schon wartet, hinaus zum kleinen DKW des Berliner Ensembles, der sie zum Funkhaus bringen soll.

Da Brecht schon einmal beim Diktieren ist – ein Brief an den zurzeit Mächtigsten hier in Ostberlin, an den sowjetischen Hohen Kommissar Semjonow, wäre doch ebenfalls angebracht. Der hat die letzte Verantwortung, wenn es hier schiefläuft. »Unsere Freunde sollen wissen, wo wir stehen«, sagt er zu Isot Kilian, die sich hinter die frei gewordene Schreibmaschine setzt – die Rülicke ist gerade am Telefon beschäftigt. Es rufen immer wieder Leute an, die Neues von draußen zu melden haben oder einfach Brechts Meinung wissen wollen. Brecht diktiert, und Kilian tippt: »An den Hohen Kommissar Semjonow, Sowjetische Botschaft. Lieber Genosse Semjonow, darf ich Ihnen in diesem Augenblick meine unverbrüchliche Freundschaft zur Sowjetunion ausdrücken. Ihr …«

Käthe Rülicke hat inzwischen Kurt Barthel, den Präsidenten des Schriftstellerverbandes, am Apparat. »KuBa kann nicht rüberkommen. Er ist sehr aufgeregt.« Brecht nimmt ihr den Hörer aus der Hand. »Brecht. – KuBa, was ist denn?« Käthe Rülicke beugt sich etwas vor und hört mit. »Ja. Gut«, sagt Brecht nur, dann legt er auf und schaut auf Käthe Rülicke. Plötzlich lacht er laut los. »Der Präsident des Schriftstellerverbands sitzt in einer gefährlichen Ecke und kann nicht raus. Ich stell' es mir vor: ein Stuhlbein in der Hand! Ein deutscher Schriftsteller in Erwartung seiner Leser.« Brecht schüttelt es vor Lachen, er kann gar nicht wieder aufhören.

Wekwerth und Elisabeth Hauptmann sind beim Funkhaus in der Nalepastraße angekommen und haben tatsächlich den Chef vom Dienst erwischt, der gemütlich in seinem Büro sitzt. Aufgeregt haben sie ihm ihre Bedenken gegen diese Art, jetzt mit Operettenmusik Programm zu machen, vorgetragen. Doch der Rundfunkmensch beschwichtigt. »Entschuldigen Sie, aber das sind doch mal wieder nur die typischen Bauchschmerzen eines Intellektuellen wie Brecht. Wir brauchen jetzt unser Programm nicht zu ändern und schon gar keine Bänder von Busch und dem Berliner Ensemble raussuchen. Es gibt überhaupt keinen Grund zur Sorge.« Elisabeth Hauptmann wird langsam wütend. »Sagen Sie das mal Brecht!« Mit Brecht kann man den Chef vom Dienst auch nicht beeindrucken. »Hier läuft alles völlig normal. Wir ändern das Rundfunkprogramm nicht. Das können Sie ihm ausrichten.« Diese dreiste und dumme Selbstzufriedenheit kann Elisabeth Hauptmann nicht mehr ertragen: »Ihr seid so blöd! Ihr merkt nicht mal, was hier passiert! Ihr gehört – ihr gehört hier gar nicht her.« Einen solchen Gefühlsausbruch hat man von dieser sonst so kultivierten, stets beherrschten Dame noch nicht erlebt. »Und solche Leute dürfen hier Rundfunk machen. Das ist un-vor-stellbar!« – Was soll man dazu sagen? »Nun regen Sie sich mal ab.« Das kann sie aber nicht. »Die Situation ist so gefährlich. Es steht auf der Kippe. Alles steht hier auf der Kippe. Nicht nur die Streikfrage. Die Existenz dieses Landes steht auf der Kippe!«

— *»Und dann hatten wir ein großes Vergnügen«, berichtet Wekwerth. »Als wir rausfuhren und belehrt wurden, dass gar nichts los ist, marschierte eine Gruppe von Arbeitern in den Rundfunk ein, und der Leiter vom Dienst hat sich im Heizungskeller versteckt.«*

Währenddessen diktiert Brecht im Büro in der Probebühne Isot Kilian noch einen Brief. Der fällt ihm schwerer als die beiden anderen, da muss er jedes Wort abwägen. Lässt sich aber wohl nicht vermeiden. »Lieber – nein … Werter Genosse Ulbricht …« Isot Kilian wird noch nervöser, als sie es ohnehin schon ist. Sie hat auf dem Weg in die Reinhardtstraße schon einiges von dem mitbekommen, was da auf den Straßen los ist. Die Demonstrationszüge. Die Gruppen aufgeregt diskutierender, teilweise wütender Menschen, die laut ihre Unzufriedenheit über die allgemeine Ungerechtigkeit hier äußern. Ein von der Partei vorgeschickter Agitator war schon ganz heiser vom vergeblichen Versuch, die Leute zu beruhigen und sie von der Richtigkeit des Kurses der Partei zu überzeugen. Die Normenerhöhung war doch vom Tisch! Isot Kilian hat aber noch einen zweiten Grund zur Nervosität: Sie ist nicht besonders sicher im Schreibmaschineschreiben, da schleicht sich immer mal ein Tippfehler ein. Und Tippfehler dürfen in offiziellen Briefen nicht sein. Schon gar nicht, wenn sie an den obersten Parteichef gerichtet sind!

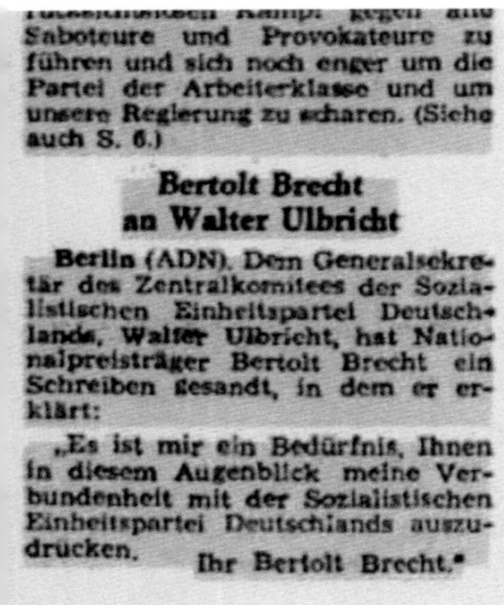

Saboteure und Provokateure zu führen und sich noch enger um die Partei der Arbeiterklasse und um unsere Regierung zu scharen. (Siehe auch S. 6.)

Bertolt Brecht an Walter Ulbricht

Berlin (ADN). Dem Generalsekretär des Zentralkomitees der Sozialistischen Einheitspartei Deutschlands, Walter Ulbricht, hat Nationalpreisträger Bertolt Brecht ein Schreiben gesandt, in dem er erklärt:

„Es ist mir ein Bedürfnis, Ihnen in diesem Augenblick meine Verbundenheit mit der Sozialistischen Einheitspartei Deutschlands auszudrücken.

Ihr Bertolt Brecht."

Brecht diktiert, sorgfältig setzt er die Worte. »Werter Genosse Ulbricht, die Geschichte wird der revolutionären Ungeduld der Sozialistischen Einheitspartei Deutschlands ihren Respekt zollen. Die große Aussprache mit den Massen über das Tempo des sozialistischen Aufbaus wird zu einer Sichtung und zu einer Sicherung der sozialistischen Errungenschaften führen.« So, das Wichtigste wäre damit gesagt. Das mit der Entwicklung des Sozialismus ging zu schnell für die Leute. Genau das hat der Ulbricht ja gestern Abend auch gesagt: »Wir sind da vorgeprellt.« Nun auch hier noch ein schöner Schlusssatz, der zeigt, auf welcher Seite wir stehen. Am besten so ähnlich wie eben beim Grotewohl. »Es ist mir ein Bedürfnis, Ihnen in diesem Augenblick meine Verbundenheit mit der Sozialistischen Einheitspartei Deutschlands auszudrücken. Ihr ...«

Isot ist froh, dass sie fehlerfrei durchgekommen ist. Vor lauter Erleichterung hackt sie aus Versehen noch ein Fragezeichen ganz ans Ende. »Ihr?« Damit wird Brechts freundliche Hochachtung für Ulbricht infrage gestellt. Damit wird alles vorher Geschriebene fragwürdig. Brecht lacht kurz nervös auf und gibt das verdorbene Dokument Käthe Rülicke. »Tippen Sie uns den Brief doch noch mal ab.«

Wie bringt man die Briefe nun möglichst schnell und sicher zu ihren Adressaten? Wekwerth ist gerade vom Rundfunk zurückgekommen. Brecht schickt ihn wieder los, diesmal in die Wilhelm-Pieck-Straße zum Zentralkomitee der SED.

— *Inzwischen hat sich die Stimmung der Demonstranten verändert. Der Protest gegen die Erhöhung der Arbeitsnormen und die schlechten Lebensverhältnisse der Arbeiter richtet sich mehr und mehr gegen das System, die Regierung und vor allem gegen Ulbricht: »Der Spitzbart muss weg!«*

Eine aufgeregte Menschenmenge drängt sich vor dem Columbushaus. Demonstranten haben das Gebäude gestürmt, in dem sich die HO-Zentrale befindet. Die staatliche Handelsorganisation der DDR mit ihren omnipräsenten Lebensmittelläden ist zurzeit besonders unbeliebt. Der Staat versucht gerade, die noch verbliebenen privaten Einzelhändler auszuhungern, die oft ein reichhaltigeres Angebot haben. Alle sollen nur in der HO und im genossenschaftlichen Konsum kaufen. Und die HO ist an den Arbeiterlöhnen gemessen zu teuer, findet man. In dem Gebäude der HO ist aber auch, in einem der oberen Stockwerke, eine Volkspolizeiwache untergebracht.

Ein RIAS-Reporter berichtet: »Jubel aus fünftausend Kehlen der Demonstranten, die hier rings um das Columbushaus, das bis vor einiger Zeit die Handelsorganisation, die HO, beherbergte …« Reporter: »Was hat sich oben getan?« Demonstrant: »Die oben haben sich sofort ergeben, haben die Waffen weggeschmissen und haben sich sofort ergeben.« Eine Uniformjacke der ungeliebten Volkspolizei wird triumphierend in die Kamera gehalten, eine abgerissene Epaulette wird als Trophäe vorgezeigt.

Wekwerth kommt von seiner Briefübergabe-Mission zurück. Er ist nicht durchgekommen. Eine aufgebrachte Menschenmenge, die das ZK belagert, hat den Wagen aufgehalten und wollte ihn umkippen. Er ist da nur rausgekommen, indem er sich für einen privaten Einzelhändler ausgegeben hat. Geschickter Mann, der Wekwerth, mit Gespür für die Stimmung.

Nun kommt Isot Kilians großer Moment, sie hat ja was gutzumachen. Sie setzt sich ans Telefon und ruft direkt das Büro des Ministerpräsidenten an. Sie lässt sich dort mit Grotewohls persönlichem Referenten verbinden, dem Genossen Stempel. Anscheinend kennt sie sich da aus. Sie redet auf ihn ein. »Ich muss Ihnen Vorschläge und Briefe von Brecht rüberbringen. – Kilian, Isot Kilian. Professor Wolfgang Harichs Frau. Verstehen Sie?« Man hat verstanden. Wolfgang Harich, ursprünglich Theaterkritiker, gehört zur Nomenklatura, zur Parteielite. Mit 28 Jahren ordentlicher Professor für Geschichte und Philosophie an der Humboldt-Universität – eine Art Wunderkind und bestens vernetzt. Harich hat zu Brechts Bewunderern und Förderern der ersten Stunde gehört, das Berliner Ensemble geht auch auf seine Initiative zurück. Isot hat den jungen Professor und Frauenschwarm vor einem Jahr geheiratet, Helene Weigel stand auf dem Foto vor dem Standesamt als Trauzeugin neben dem glücklich lächelnden Paar. Jetzt steht Brecht neben ihr und beobachtet sie höchst interessiert. Er beugt sich zu ihr herunter, dicht ans Telefon, und Isot lässt ihn bereitwillig mithören. Stempel sagt ihr, wie es gehen könnte: »Kommen Sie mit dem Wagen direkt an die Wache.« Das haben sie ja gerade vergeblich probiert. »Wir sind mit dem Wagen nicht durchgekommen. – Wo soll ich …? Ah ja. Ich bin gleich drüben.«

»Gut gemacht!« Brecht nickt Isot anerkennend zu, als sie den Hörer auflegt. Energisch ist das Mädchen, und an wen sie sich da wenden muss beim ZK, wenn sie was will, weiß sie anscheinend auch.

Brecht gibt Isot Kilian die Briefe an Ulbricht und Grotewohl. Mit dieser Post soll sie jetzt ihr Glück versuchen. Sie geht zu Fuß hinüber zum ZK, kämpft sich durch die Menge an die Pforte heran und kann dort tatsächlich dem heruntergerufenen Genossen Stempel die wichtigen Schreiben übergeben. Damit ist ihr Patzer beim Tippen mehr als wettgemacht. Brecht sieht sie von diesem Tag an mit anderen Augen.

Eigentlich wäre es längst Zeit für die Vormittagsprobe. Gegenwärtig ist das der *Don Juan* von Molière. Regie: Brechts Assistent Benno Besson, Monk ist ja weg. Nach dem berüchtigten Frauenhelden der Theater- und Operngeschichte ist heute aber niemandem zumute. Inzwischen ist Erwin Strittmatter vorbeigekommen, dessen *Katzgraben* Brecht vorigen Monat aufgeführt hat. Auch er hat Neuigkeiten von draußen mitgebracht. Obwohl Strittmatter ihm sicher nicht erzählt, dass man auf den Straßen schon »Der Spitzbart muss weg!« skandiert – für Brecht hört sich das trotzdem derart irritierend an, dass er sich nun selbst ein Bild machen will. Er bekommt ja sonst nur herzlich wenig von dem mit, was außerhalb des Theaters passiert. »Das muss man gesehen haben, wenn Deutschland Revolution macht! Kommen Sie mit, Strittmatter? Elisabeth, Wekwerth, Sie auch?«

Fritz J. Raddatz, der in diesem Jahr 1953 an der Humboldt-Universität sein Staatsexamen in Theaterwissenschaft ablegte, um dann Lektor beim Verlag Volk und Welt *zu werden, begegnete Brecht damals in dieser Situation. »Ich habe Bertolt Brecht auf der Straße gesehen. Eingeklemmt in einer nicht mal großen Menge versuchte der dürre kleine Mann in seinem grauen Kittel zu diskutieren. Aber niemand erkannte ihn; er war kein Sartre. Eine Medienöffentlichkeit gab es 1953 in der DDR nicht, keine Illustriertenbilder, keine Fernsehinterviews. In einer Mischung aus Verächtlichkeit und Misstrauen gegen die ihnen ungewohnte Sprache (...) schoben sie den Stückeschreiber halb gutmütig, halb grob mit einem ›Nu laß man, Männeken, du hast ja von nüscht ne Ahnung nicht!‹ beiseite.«*

Rülicke hat später ihre Version des Ausflugs aufgeschrieben: »Wir liefen die Luisenstraße entlang. Unter den Linden stauten sich die Menschenmassen. Wir standen an der Ecke, schräg gegenüber der sowjetischen Botschaft, als gegen 12 Uhr Panzergeräusche hörbar wurden.

Aus der Richtung Alexanderplatz kam eine Panzerkolonne gefahren. (...) Ich kann versichern, Brecht, Strittmatter und ich haben natürlich sehr begeistert den Sowjets zugewinkt. Brecht hat ungeheuer gewinkt.

Brecht hat für 13 Uhr eine Betriebsversammlung des Berliner Ensembles im Probenhaus einberufen. Er geht auf die Bühne und hält eine kurze Ansprache. Werner Hecht fasst zusammen: »Was auch immer an Fehlern passiert sei, man müsse die Arbeiterregierung unterstützen und dafür sorgen, dass eine große Diskussion beginnt. In einer Entschließung, die am Ende der nur zehn Minuten dauernden Versammlung gefasst wird, stellt sich das ganze Ensemble zur Verfügung, um im Rundfunk zur Klärung und zur Beruhigung der Lage beizutragen.«

Draußen laufen die Menschen vor den Panzern davon.

Die Panzerwagen drehen sich um die eigene Achse und jagen die Leute auf die Bürgersteige. Jemand lässt ein Fahrrad fallen, es wird überrollt.

Ein verletzter Demonstrant wird aus der Kampfzone getragen.

Die Westberliner Polizei antwortet mit Lautsprechern auf die Schüsse im Ostsektor. »Lasst das Schießen sein! Ihr werdet eines Tages dafür zur Verantwortung gezogen. Lasst das Schießen sein! Treibt es nicht auf die Spitze!«

Als die Betriebsversammlung endet, hat die sowjetische Besatzungsmacht draußen das Kriegsrecht verhängt. Auf schnell gedruckten Plakaten, von Lautsprecherwagen und durch das Radio wird die Machtübernahme des russischen Militärs verkündet.

»Erklärung des Ausnahmezustands im sowjetischen Sektor von Berlin.

> *Für die Herbeiführung einer festen öffentlichen Ordnung im sowjetischen Sektor von Berlin wird befohlen:*
> *1. Ab 13 Uhr des 17. Juni 1953 wird im sowjetischen Sektor von Berlin der Ausnahmezustand verhängt.*
> *2. Alle Demonstrationen, Versammlungen, Kundgebungen und sonstige Menschenansammlungen über 3 Personen werden auf*

Straßen und Plätzen wie auch in öffentlichen Gebäuden verboten.
3. Jeglicher Verkehr von Fußgängern und der Verkehr von Kraftfahrzeugen wird von 9 Uhr abends bis 9 Uhr morgens verboten.
4. Diejenigen, die gegen diesen Befehl verstoßen, werden nach den Kriegsgesetzen bestraft.
Militärkommandant des sowjetischen Sektors von Berlin
Generalmajor Dibrowa«

Der massive Einsatz sowjetischer Truppen erstickte den Aufstand in Berlin sehr schnell. In anderen Städten der DDR, wohin er sich mit leichter Zeitverzögerung ausbreitete, hielt er sich etwas länger. Neuere Forschungen gehen davon aus, dass insgesamt 34 Menschen von der Volkspolizei und sowjetischen Truppen erschossen wurden, davon wahrscheinlich 17 in Berlin. Nach Urteilen von DDR- und sowjetischen Gerichten wurden sieben Demonstranten hingerichtet. Auch fünf Angehörige der DDR-Sicherheitsorgane kamen ums Leben, davon einer durch ein Versehen sowjetischer Soldaten. So die aktuellen Opferzahlen der Bundeszentrale für politische Bildung. Der SED-Staat rechnet in der Folgezeit brutal mit denen ab, die es gewagt haben, seine Autorität infrage zu stellen. In 1526 Fällen erhebt der Generalstaatsanwalt der DDR Anklage, nur 39 der Angeklagten werden freigesprochen. Die meisten der Verurteilten erhalten Gefängnisstrafen zwischen einem und fünf Jahren (824) oder unter einem Jahr (546). Zwei Angeklagte wurden zum Tode verurteilt.

Am 21. Juni 1953 liest Brecht in seinem Büro in der Probebühne das *Neue Deutschland.* Die Berichte zeigen die Umdeutung der Ereignisse des 17. Juni im Sinne von Grotewohls Erklärung vom selben Tag: Provokateure fremder Mächte und westdeutscher Monopole seien die Verantwortlichen für die Unruhen. Diese verzerrte Sicht auf die Ereignisse sollte ein Bestandteil des Selbstverständnisses der DDR bis zu ihrem Ende werden. Und nun werden in der Zeitung die anständigen Bürger dazu aufgerufen, die Rädelsführer auszuliefern. Brecht liest das leise für sich, er kennt mittlerweile die Argumente. Dann blättert er um. Eine ganze Themenseite mit der Überschrift »Die Werktätigen werden sich ihrer Verantwortung bewusst«, »... dass sie den Missbrauch der Arbeiter für den faschistischen Aufstandsversuch vom 17. Juni erkennen und zutiefst verurteilen ...«, dann Zeugnisse für diese Einsicht, »Hochöfner nehmen Provokateure fest«, »Hans Jendretzky ruft die Bauarbeiter Berlins zum Kampf gegen alle Provokateure auf.« Ja, und was ist denn das da, ganz unten? »Bertolt Brecht an Walter Ulbricht. Es ist mir ein Bedürfnis, Ihnen in diesem Augenblick meine Verbundenheit mit der sozialistischen Einheitspartei Deutschlands auszudrücken.« Punkt, Schluss. Brecht erstarrt erst, dann wird er laut. »Eine Unverschämtheit ist das. Da fehlen ja die entscheidenden Sätze!«

Schon einen Augenblick später brüllt er ins Telefon: »Eine Frechheit ist das, diese irreführende Verstümmelung! Ohne Rückfrage. Was meinen Sie, was nun im Westen geschrieben wird? Meine Wirkung dort – das wird jetzt sehr eingeschränkt nur noch möglich sein. Sagens das Ihrem Herrn Chefredakteur!«

— *Über den Äther, genauer im RIAS, erklingt ein Spottlied des überaus populären Westberliner Kabaretts* Die Insulaner. *»Bert Brecht, der Bekämpfer der Staatsräson,/Überraschte uns nicht wenig,/Denn wir sahen die Posse: Ein François Villon/Macht Kotau vor seinem König./Ja, er katzbuckelte tief als Untertan/Vor den Herren auf dem Bonzenplateau./Ist er so dumm oder stellt der sich so,/Ist er so dumm ...?«*

Ein Ausriss aus dem Westberliner Telegraf *vom 23. Juni 1953 zeigt beispielhaft, wie im Westen die Veröffentlichung der Loyalitätsfloskel seines Briefes kommentiert wird. »Wie beschämend sich Brecht wiederum dem Terrorsystem gebeugt hat, beweist die Ergebenheitsadresse an den Generalsekretär des ZK der SED. (...) Was für eine Gesinnung muß in dem Manne stecken, der sich von den Kulturpimpfen der SED als ›volksfremd und zersetzend‹, als Formalist beschimpfen lässt und sich dennoch nicht scheut, vor den kommunistischen Machthabern den Kotau zu machen. Es ist wirklich an der Zeit, die westdeut-*

schen Bühnen, die Dramen und Inszenierungen Brechts auf ihrem Programm haben, vor die Frage zu stellen, ob sie einem Parteigänger der Gewaltherrschaft, deren Träger in diesen Tagen den verzweifelten Aufstand der entrechteten Arbeiter niederknüppelten, noch weiterhin das Wort geben wollen.«

Auf den Bühnen Westdeutschlands beginnt ein Boykott der Stücke Bertolt Brechts.

Im Probenhaus Reinhardtstraße versammeln sich am 24. Juni 1953 die Mitglieder des Berliner Ensembles zu einer weiteren Betriebsversammlung. Das Unerhörte liegt nun eine Woche zurück, die offizielle Sprachregelung liegt vor – trotzdem ist der Gesprächsbedarf immer noch groß. Was ist am 17. Juni geschehen? Es sind an die sechzig Mitarbeiter versammelt, künstlerisches und technisches Personal, die Verwaltung. Eine freie Aussprache soll es sein, womöglich Teil des neuen Dialogs mit »den Massen«, von dem da gerade noch die Rede war.

Nach und nach füllt sich das Probenhaus. Einige stehen im Kreis zusammen und zeigen einander die Ausgabe des *Neuen Deutschland* von gestern. Da hat der Brecht einen Text abdrucken lassen, mit dem er die Briefverstümmelung zurechtzurücken versucht. Allerdings, ohne den Sachverhalt oder gar die dafür Verantwortlichen beim Namen zu nennen. »Ich habe am Morgen des 17. Juni, als es klar wurde, daß die Demonstrationen der Arbeiter zu kriegerischen Zwecken mißbraucht wurden, meine Verbundenheit mit der Sozialistischen Einheitspartei Deutschlands ausgedrückt. Ich hoffe jetzt, daß die Provokateure isoliert und ihre Verbindungsnetze zerschnitten werden. Zugleich hoffe ich aber, daß die Arbeiter, die in berechtigter Unzufriedenheit demonstriert haben, nicht mit den Provokateuren auf eine Stufe gestellt werden, damit die so dringlich benötigte große Aussprache über die allseitig gemachten Fehler nicht von vornherein unmöglich gemacht wird.« Beachtlich: »berechtigte Unzufriedenheit«. Und ist da nicht schon deutlich die Befürchtung zu spüren, dass das wohl doch nichts wird mit der »großen Aussprache«? Der Text steht in einer Sammelrubrik unter der Überschrift »Für Faschisten darf es keine Gnade geben«. Aber immerhin – gedruckt hat man's.

In seinem Büro in der Probebühne oberhalb des Bühnensaals sammelt sich Brecht einen Moment für die Betriebsversammlung. Dann geht er die Treppe hinab und nimmt seinen Platz in einer der Klappstuhlreihen ein.

Ein Bühnenarbeiter, der zu spät kommt, hebt den Vorhang von hinten etwas an. Man sieht links und rechts auf der Bühne einige Bühnenarbeiter und Beleuchter in ihren Arbeitskleidern. Das eigentliche Stück spielt dieses Mal auf der anderen Seite des Vorhangs, wo die übrigen Mitglieder des Ensembles stehen und sitzen. Die Texte des nun folgenden Stückes haben verschiedene Autoren. Es ist die Hauptprobe für ein Drama, das erst Jahr-

zehnte später seine Premiere erleben wird, beim Zusammenbruch der DDR. Dann heißt es: »Wir sind das Volk!«

Die Diskussion leitet Erwin Geschonneck. Geschonneck ist eine Autorität. Er hat schon vor 1933 in Brechts *Kuhle Wampe*-Film mitgespielt. Die Nazis haben ihn dann als Kommunisten ins KZ Sachsenhausen gesperrt. Im *Puntila* ist er ein Knecht Matti gewesen, wie Brecht ihn sich vorgestellt hat. Außerdem ist er in der SED. Jetzt gibt er erst einmal eine erste Einschätzung der Geschehnisse vor dem Hintergrund der Weltpolitik. Auf der einen Seite stehe das Friedenslager des Sozialismus; auf der anderen, der kriegslüsternen Seite stehe als treibende Kraft die Rüstungsindustrie Amerikas. Nach dem Ende des Korea-Kriegs brauche sie neue Absatzmärkte, »und wo? Hier bei uns im Herzen Deutschlands. Unter diesem Aspekt müssen wir die Ereignisse in Berlin betrachten. Hier sollte ein zweites Korea gestartet werden.« Der 17. Juni sollte, so sagt er, nach den Plänen der Amerikaner und des westdeutschen Kanzlers Adenauer zum Auslöser eines Dritten Weltkriegs gemacht werden. Das einmal klargestellt, kann man nun auch auf die Versäumnisse von Partei und Regierung zu sprechen kommen, die »nicht verstanden haben, ihr Ohr wirklich an die Massen zu halten, die wirklichen Nöte und Sorgen zu ventilieren, näher darauf einzugehen«. Und dann seine Sicht der Vorgänge, die der parteioffiziellen recht ähnlich sieht: »Von der Stalinallee bis zum Alexanderplatz ging die Demonstration, Parole gegen die Normerhöhung. So lange war nichts einzuwenden. Jetzt kommt die Beteiligung des Westens, der diese Massen und diese Situation geschickt ausnutzt. Jetzt wurde gehandelt von ihnen, rücksichtslos und brutal wie Agenten, die etwas zu verlieren haben: Plötzlich tauchen die Parolen auf: gegen die Regierung, gegen die Polizei, gegen die Streitkräfte. Diese Parolen entwickelten sich im Verlaufe der Demonstration. Die Arbeiter wurden missbraucht, die für ihre berechtigten Forderungen auf die Straße gingen, durch die Pro-

vokateure. Kioske, HO-Geschäfte, Konsumgeschäfte wurden demoliert, in Brand gesteckt, ausgeraubt usw. Was geschah jetzt? Jetzt wurde es ein anarchistischer Prozess, es wurde geschlagen, geschossen, man war gegen alles. (…) Wäre die Sowjetunion nicht gekommen, es hätte nicht nur ein Massenblutbad gegeben, sondern es wäre wahrscheinlich zu einem neuen Weltkrieg gekommen. – Ich habe jetzt zu den drei Hauptfragen gesprochen und bitte jetzt Stellung dazu zu nehmen, eure Fragen zu stellen, damit Unklarheiten geklärt werden.«

Das alles entspricht nicht dem, was die meisten Mitarbeiter erlebt haben und wie sie denken. Zunächst meldet die Schauspielerin Annemarie Hase Zweifel an: »Wenn diese Demonstrationen der Bauarbeiter ein echter Streik war, es war doch eine große Menge Menschen, wie ist es möglich, dass die Provokateure auf sie einwirken konnten?«

Auch Wolfgang Böttcher, Regisseur, will sich mit der Behauptung, nur die Provokateure seien schuld, nicht zufriedengeben. Er geht sogar noch viel weiter. »Mit den Provokateuren, da macht man es sich sehr bequem. (…) Die Forderungen gehen bei den Arbeitern um mehr. Die Bühnenarbeiter haben einen Minimumlohn, können sich nichts in (den Läden) der HO kaufen, es geht ihnen dreckig, und nun wurde mehr verlangt. Ihre Forderungen gehen wirklich weiter. Partei und Regierung fahren immer nur im Auto, ihre Frauen stehen nicht in der Schlange. Wenn jemand mit (Partei-)Abzeichen zu ihnen spricht, sagt niemand seine wirkliche Meinung.«

Horst Kube, Schauspieler mittlerer Rollen, unterstützt in einem Punkt sofort diese Lagebeschreibung. »Die Arbeiter gehen mit einer Marmeladenstulle zur Arbeit, sie haben das den Gewerkschaften vorgetragen, wurden aber immer wieder vertröstet, es geschah nichts!«

— *Die schlechte soziale Lage vieler Arbeiter, die Ungerechtigkeiten der Lohn- und Gehaltsstruktur insgesamt, die Abgehobenheit der*

Privilegierten – damit waren wesentliche Ursachen der allgemeinen Unzufriedenheit angesprochen, die am 17. Juni zum Ausbruch kam. Und was das betraf, war auch das Berliner Ensemble keine Insel der Seligen. Auch unter den zum Teil hoch bezahlten Schauspielern gab es Unterschiede. Die im Westen wohnenden Darsteller etwa konnten ihre Ostgagen im Westen dank einer Sonderregelung zumindest teilweise 1 : 1 in DM West umtauschen, während die im Osten lebenden Mitarbeiter ihre Gage zum jeweiligen Tageskurs – 4 bis 6 Ost- gegen 1 Westmark – umwechseln mussten, wenn sie etwas vom qualitativ wie quantitativ überlegenen Warenangebot in Westberlin haben wollten. Viel wichtiger aber war der große Abstand zwischen den Löhnen der Bühnenarbeiter und den viel höheren Honoraren der Künstler. Insgesamt scheint in der DDR dieser Tage auch ein Gefühl der Ungerechtigkeit im Verhältnis der Bezahlung von Künstlern und Intellektuellen gegenüber den Arbeitern ans Tageslicht zu kommen.

Lisa Schütz war lange als Hausmädchen bei den Brechts angestellt. Sie erzählte mir von ihren Alltagserfahrungen der Ungerechtigkeit und auch von den Vorteilen derjenigen, die es sich leisten konnten, im Westen einkaufen zu lassen. »Aber wie sollte das für die Arbeiter besser werden, wenn es drei verschiedene Läden gegeben hat? Es gab Exquisit-Läden. Für die, wo hohe Gelder haben, da gab's extra Läden und dann noch mal eine Schicht dazwischen, und die HO-Läden waren fürs Volk. Und dann hat sich natürlich schon Hass entwickelt. Viele haben das nicht verstanden.«

Ich: »Und was haben Sie für Brecht im Westen eingekauft?«

»Also, frisches Gemüse oder Obst, wo es bei uns nicht gab, Ananas und Bananen. Und meistens grüne Gurke, hat er gern gegessen. Und dann den Blauschimmelkäse Roquefort oder wie der hieß, ja, den mochte er gerne. Und da hat er abends immer sein Budweiser Bier dazu getrunken.«

Uta Birnbaum, damals Dramaturgieassistentin am Berliner Ensemble, 2013 über die Ungerechtigkeit: »Das wussten wir alle. Das wussten alle, diese Unterschiede. Da wurde große Bewunderung ausgedrückt über die Leute, die auf die Straße gegangen sind, aber das war's.«

Jetzt ist Böttcher wieder dran, und er wird grundsätzlich. »Ich bestreite nicht, dass Agenten eingeschleust wurden, ich lehne die Plünderungen usw. ebenso ab. Aber diese Agenten trafen auf einen unerhört fruchtbaren Boden. Wenn man es sich jetzt wieder bequem macht, ist das falsch. Diese Forderungen nach einer anderen Regierung, nach freien Wahlen sind echte Forderungen der Bevölkerung. Daraus sollte man die Konsequenzen ziehen. Dieser Regierung glaubt niemand mehr.« Das kann Geschonneck so nicht stehen lassen. »Ich möchte den Kollegen Böttcher daran erinnern, dass die Regierung sehr wohl gesehen hat, dass Fehler gemacht wurden.« Damit lässt Böttcher sich nicht beschwichtigen. »Da müssten zum Mindesten andere Persönlichkeiten hin, die den Neuen Kurs vertreten.« Geschonneck fragt: »Wer sollen diese Persönlichkeiten sein?« Wird man schon sehen, wenn es erst so weit ist. Böttcher beharrt auf der Forderung. »Die Regierung und Partei müsste sich jetzt schon zur Wahl stellen.«

Brecht lächelt ein wenig, aber nur ganz kurz. Es ist ja auch seine Meinung, dass dieses Personal da oben unfähig ist. Dennoch ist er höchst beunruhigt. Und der Geschonneck hat die Sache anscheinend nicht mehr im Griff – was redet der denn da? »Wir sind sehr dafür. Wir können diese Wahl nicht bei uns machen, sondern erst in einem wirklichen Großdeutschland, im gesamten Deutschland. Gesamtdeutsche Wahlen werden die Voraussetzungen bringen, dass es nicht zu solchen Einwirkungen vom Westen kommt, dass diese Unzufriedenheit noch stärker ventiliert wird wie bisher.« Jetzt muss Brecht wohl doch eingreifen. Er steht auf. »Eine Frage: Wissen Sie, was so eine Wahl zustande brächte? Jetzt und sofort. Es ist nicht gleich,

was dabei positiv herauskommt. Wer weiß das? Ich habe den Eindruck, die Erwartung ist sehr groß, nicht nur bei einem Teil der Arbeiterschaft, aber auch in anderen Schichten und anderen Klassen. Man kann das nicht einfach wegreden. Die Regierung sagt selbst, dass Gründe da waren. Die Erbitterung hat ihre Gründe. Zu gleicher Zeit ist das nicht so einfach, dass diese Provokateure die erbitterte Bevölkerung dazu bringen konnten, in dieser Art aufzutreten. Ich will sagen: Wenn ich das ansehe, was zu sehen war, so hatte ich den Eindruck in der Frühe, dass es eine ernste und entsetzliche Angelegenheit war, dass gerade Arbeiter hier (in der DDR) demonstrieren. Ich spreche ihnen auch hundertprozentig jede Berechtigung zu. Ich wusste, dass sie abgehalten worden waren, ihrer Erbitterung Luft zu verschaffen, nun verschafften sie sich Luft.«

Die Mitarbeiter haben das, zum größten Teil jedenfalls, mit Zustimmung und Befriedigung gehört. Für alle, die an den Sozialismus glauben, ist es in der Tat entsetzlich und eigentlich undenkbar, dass Arbeiter gegen ihren eigenen Staat protestieren. Aber dass es mehr als genug Gründe für solchen Protest gibt, ist ja gerade in der Debatte noch einmal deutlich zur Sprache gekommen. Brecht ist aber schon einen Schritt weiter. »Ich spreche von dem, was ich gesehen habe: Dieses Berlin ist in einem geistigen Zustande, in dem es anscheinend in der Nazizeit war. Da sind noch ungeheure Rückstände geblieben. Es ist einer der Hauptfehler der SED – nach meiner Meinung – und der Regierung, dass sie diese Nazielemente in den Menschen und in den Gehirnen nicht wirklich beseitigt hat.« Eine Protokollantin schreibt alles mit. Wie die Assistenten, die in den Proben ihre Notate machen, nicht wie ein Spitzel der Partei. »Es ist ein Fehler. Wir wissen das von unserem Kunstgebiet, daß es ein Tabu war, ein Verbot, von der Nazizeit zu sprechen. Es wurden Bücher am Herauskommen gehindert, wenn darin davon gesprochen wurde. Man hat von der herrlichen Kultur des deutschen Volkes gesprochen, von dem Positiven. Da war kürzlich die überflüssige Diskussion über den ›Faustus‹-Text. Vor Jahren bei unserem Stück ›Der Hofmeister‹ hatten wir einen scharfen Angriff. Die ganze Nazibande ist immer noch da, sie hat nicht mehr geherrscht, geistig war sie noch immer noch ganz lebendig. Das sollte vertuscht werden, dem hat sich niemand gestellt, das sollte verdrängt werden, darüber sollte nicht geredet werden. Das ist eine entscheidende Sache für die Zukunft, die man aufgraben sollte.« Das ist nun allerdings eine Dialektik, die nicht alle Versammlungsteilnehmer gleich nachvollziehen können. Die Schwierigkeiten, die Brecht mit dem *Hofmeister,* dem *Lukullus,* Monks *Urfaust,* der *Faustus*-Oper von Eisler hatte – die waren doch von der Partei gekommen, nicht von den alten Nazis? Und war es tatsächlich zu viel Antifaschismus, was der SED an Brecht nicht gefiel? Der ist mittlerweile bei einem neuen Argument. »Man sollte erklären, was Sozialismus wirklich ist. Das hat man überhaupt nicht getan. (...) Das ist ein grosses Versagen, man hat die grossen Verdienste zwar ständig in einer Art von Lobhudeleien und Phrase zur Sprache gestellt, aber nicht wirklich bekannt gemacht.« Die großen Verdienste – darauf kommt Brecht immer wieder gern zu sprechen. Die Beseitigung des Privateigentums an den Produktionsmitteln, die Entmachtung der Großgrundbesitzer durch die Bodenreform, die neuen landwirtschaftlichen Produktionsgenossenschaften, die Bildungsreform ... Aber dann ist er schnell bei seinem eigentlichen Thema. »Da kann die Kunst sehr viel helfen. Sie muss offen versuchen, die Wurzel des Nazismus und Kapitalismus, die in einer spezifisch deutschen Weise da sind, in einer unglücklichen und schmutzigen Geschichte weit zurückgehend aufdecken, behandeln, klären und zu gleicher Zeit wirklich erklären, was neu gemacht wurde.«

Zum Schluss kommt Brecht auf die Frage zurück, die der eigentliche Anlass für seinen Diskussionsbeitrag gewesen ist. »Diese Forderung nach freier Wahl sofort wäre meiner Meinung nach in keiner Weise für uns sinnvoll, wenn wir sie in der DDR nur jetzt wegen der Forderungen übernehmen würden. Ich glaube nicht, dass die Bevölkerung weit genug wäre – menschlich vom Nazismus entfernt –, um heute eine andere fortschrittlichere Regierung zu bekommen. Die Regierung, die wir jetzt haben, wirkt in

Kampfstellung gegen diese den Frieden der ganzen Welt bedrohenden Elemente.« So steht es im Protokoll, und die Mitarbeiter werden es verstanden haben: Die tägliche Bedrohung der DDR aus dem Westen rechtfertigt die Diktatur der Einheitspartei.

— *Ich frage Manfred Wekwerth, ob Brecht freie Wahlen im Sinn der bürgerlichen parlamentarischen Demokratie überhaupt für sinnvoll gehalten hat. Wekwerths klare Antwort: »Nee, Brecht wollte die Diktatur des Proletariats.«*

Brechts Assistent Claus Hubalek, im Westen später ein erfolgreicher Dramatiker und Fernseh-Drehbuchautor, hat seine Einschätzung dazu in einem Interview mit Walther Schmieding bündig zusammengefasst:

»Ja, Brecht war Marxist, er war Kommunist. Er wäre beleidigt, wenn man ihn nicht als einen solchen bezeichnete. Aber nicht im landläufigen Sinne. Brecht war im leninschen Sinne Kommunist, so verstand er sich. Und ich glaube, dass seine großen Erlebnisse, die ihn zu dieser politischen Überzeugung brachten, die Weltwirtschaftskrise und der Faschismus war. Beides lastete er dem Kapitalismus an.

Für ihn war Kapitalismus eben die ständige Hervorbringung von Krisen und Kriegen und Faschismus. Und die große Gegenbewegung war der Kommunismus. Vielleicht hat er ihn sogar in seinem damaligen Zustand für barbarisch gehalten. Nur glaubte er, dass dieser barbarische Kommunismus eher die Chance hätte, sich zu humanisieren, als der Kapitalismus, dem er nicht die geringste Chance einräumte, sich zu vermenschlichen oder anders zu werden.«

Die Mitglieder des Berliner Ensembles, die an diesem Tag einmal öffentlich ihre Kritik äußern dürfen, vor allem die Bühnenarbeiter, das technische Personal, haben ganz andere Fragen als Brecht. Sie machen dort weiter, wo sie vor seiner Erklärung stehen geblieben waren. Walter Neumann, Requisitenmeister, macht noch einmal deutlich, worum es ihnen geht. »Viele im Betrieb sagen, besonders die von der SED verstehen uns nicht. Sie haben keine Ahnung, wie ein Arbeiter lebt mit 250,–. Es gibt keine Möglichkeit, mit diesen Menschen zu diskutieren. Jetzt heisst es: Provokateure und die vom Westen waren es! Den eigentlichen Grund will man nicht wahrhaben. Die Leute, die auf die Strasse gingen, sind ganz normale erwachsene Menschen. Diese Leute haben sich etwas dabei gedacht. Es können nicht einfach Provokateure kommen und sie zu etwas bewegen, was sie gar nicht wollen. Unzufriedenheit ist doch sehr gelinde ausgedrückt, mehr war es schon Hass. (…) Wenn die Preise steigen bei Marmelade, Textilien, trifft es uns dermassen, dass dann einfach der Arbeiter auf die Straße gehen muss und für das demonstriert, was er braucht. Die Regierung hat dafür kein Verständnis. Diese Herren werden mit dem Wagen geholt und hingebracht, sie kommen mit dem Arbeiter nicht in Kontakt. Wenn dann diese Leute fordern, diese Regierung soll weg, so ist das berechtigt. Wir hatten keine Provokateure notwendig, um uns aufputschen.«

Viele Mitarbeiter klatschen Beifall, so verzeichnet es das Protokoll. Als Geschonneck die Versammlung schließt, gibt er den Teilnehmern noch eine dringende Mahnung mit auf den Weg: »Ich möchte euch aber bitten, an eines zu denken (…). Jede Regierung, die heute existiert, befindet sich in einer Kriegsgefahr, weil es auf der Welt ausser im sozialistischen Lager nur eins gibt: Hunger, Kampf um die Konkurrenz, um den Gewinn und Verdienst. Das sozialistische Lager ist das einzige, die Sowjetunion mit den Volksdemokratien, die diese Auswirkungen nicht kennen. Wir haben nicht das Bedürfnis und den Hunger nach Gewinn, um in einen neuen Krieg hineinzuschlittern. (…) Denkt daran, dass es über eine andere Regierung in einen neuen Weltkrieg geht.«

Brecht sitzt in Buckow im Pavillon am See. Es ist früher Abend. Über einem Kriminalroman – die liest er immer gern zur Entspannung – ist er eingeschlafen, nun wacht er auf. Sein Blick geht weit über den dämmerigen See. Der Hund bellt und läuft auf den

Steg des Bootsanlegers. Er bellt für seinen Herrn zwei Boote an, die sich dem Ufer genähert haben: Zwei Faltboote, in jedem ein junger Mann mit nacktem Oberkörper, ziehen vorbei. Ein schönes Bild, das da über dem Schilf auftaucht, ein Bild von Gleichklang und Harmonie. Die beiden Männer reden fröhlich und entspannt miteinander. Brecht lächelt. Nun ist er ganz wach. Er nimmt sich eine Zigarre und zieht sein Notizbuch aus einer seiner vielen Brechtjackentaschen. Er notiert den Stoff für das kurze Gedicht *Rudern, Gespräche*. Eine Utopie von der Einheit von Tätigkeit und geselligem Gespräch. »Es ist Abend. Vorbei gleiten / Zwei Faltboote. Darinnen / Zwei nackte junge Männer. Nebeneinander rudernd / Sprechen sie. Sprechend / Rudern sie nebeneinander.«

Sie rudern, wo sie doch im Faltboot nur paddeln können. Brecht setzt sich souverän über den Tatbestand hinweg und findet ein schönes Gedicht. Unvorstellbar, wenn man hier »rudern« durch das sachgerechte »paddeln« ersetzen würde.

Etwas später geht Brecht den Waldrand entlang. Bald kommt das kleine Haus in den Blick, das Brecht seiner Freundin Käthe

Reichel geschenkt hat. Es ist eine umgebaute Schäferkate. Aus dem Schornstein steigt Rauch. Ein tröstliches Bild. Brecht geht einige Schritte auf das Haus zu.

— *Der Stararchitekt der Stalinallee, Hermann Henselmann, hat's ihm umgebaut. Und Helli hat's geduldet. Von ihrem Fenster kann sie in der Dämmerung sehen, wenn die Kleine flitzt – dicht unter ihrem Fenster, rüber zum Brecht, der im Gärtnerhaus wohnt. Und wenn sie sie dann von oben anspricht und für einen Moment aufhält, dann hat Käthe immer ein paar Bücher unterm Arm. »Kriminalromane für Brecht! Helli, du weißt ja, wie er die liebt.« Und Helli weiß Bescheid. Auch jetzt, wo sie in Berlin ist, weiß sie, dass wieder so ein Pupperl beim Brecht ist, wenn er allein in Buckow wohnt.*

Morgenstimmung in Käthe Reichels Kate. Brecht ist schon gegangen, bevor sie aufgestanden ist. Da sieht sie auf dem Tisch, halb unter einem Weinglas von gestern Abend, einen kleinen Zettel mit einem Gedicht. Sie liest: »Der Rauch. // Das kleine Haus unter Bäumen am See / Vom Dach steigt Rauch …«

— *Den Rest des Gedichts hören wir, von der alten Käthe Reichel aufgesagt, in einer Dokumentarfilmaufnahme von Joachim Lang: »›Fehlte er / Wie trostlos dann wären / Haus, Bäume und See.‹ – Das hat er mir geschenkt. Ein Zettel lag da auf dem Tisch als Geschenk. Sicher, wenn man jemandem fehlt, ist die Freude einfach da.«*

Etwas verschämt sagt sie das, und es klingt nach all den Jahrzehnten noch viel von einer großen Liebe durch, die ihr Leben so grundsätzlich verändert hat.

Im Arbeitszimmer in Buckow blickt Brecht von seinem Schreibtisch über den See. Die Abgeschiedenheit hier draußen, die Arbeit an diesen kleinen, elegischen Gedichten, die ihm so gut gelingen in ihrer lakonischen Schlichtheit – das ist eine Wohltat nach den aufregenden und verwirrenden Tagen in Berlin.

— *Der 17. Juni ist für ihn der Wendepunkt, an dem seine Vorstellungen vom Kommunismus am deutlichsten mit der Wirklichkeit kollidieren. Er versucht, sich jetzt neu zu organisieren. Brecht kann das in Dramen probieren, indem er verschiedene Positionen gegeneinander antreten und Probleme durchspielen lässt, um sich Klarheit zu verschaffen. In diesen Tagen der Ruhe in Buckow beginnt er auch im Tagebuch ein Gespräch mit sich selber: »Der 17. Juni hat die ganze Existenz verfremdet.«*

Wie lässt sich das erklären, die Rebellion der Arbeiter gegen ihren eigenen Staat? Bei allen Fehlern, die Einheitspartei SED ist doch die legitime Regierung im Interesse der Arbeiter. Diese schockierende Erfahrung hat ihn für den Augenblick in Distanz zu seinem Leben und zu seiner Rolle in der DDR gebracht.

Diese Verfremdung brachte etwas zur Sprache, das gegen seine große Hoffnung wie eine Ent-Täuschung wirkte. Und dennoch suchte er nach einer Möglichkeit, wie er seine Welt der »guten Kommunisten«, der »ehrlichen Arbeiter«, die die aufstrebende Klasse bilden, versöhnen könnte mit dieser Regierung.

Denn immerhin: Am 17. Juni sind es die Arbeiter gewesen, die gehandelt haben, nicht die Kleinbürger. Zwar verworren und planlos in ihrem Handeln, vom Westen beeinflusst – aber sie war da, die Arbeiterklasse. Der Kontakt mit dem Staat – er hat sich nicht als Umarmung abgespielt, sondern als »Faustschlag«. Aber es ist doch ein Kontakt gewesen, und jetzt musste man ihn nutzen, um die Arbeiter zu gewinnen. Denn die Arbeiterklasse blieb die einzige Kraft, auf die man hoffen konnte, hoffen musste im Kampf gegen den Faschismus, der sicher aufgrund der Krisen des Kapitalismus wiederkehren würde.

Und so ist Brecht schon wieder dabei, integriert sich in die Mühen der Ebenen. Die Welt bewegt sich in Widersprüchen. Und diese Widersprüche sind seine Hoffnung.

Marx hatte gesagt, dass es für die Befreiung aller Menschen zuerst der Befreiung des einzelnen Menschen bedarf. Die SED hatte es dummerweise umgekehrt. Sie sprach davon, dass der einzelne Mensch erst dann frei sein könnte, wenn alle Menschen befreit wären. Das war praktisch und erlaubte eine bevormundende Form von Herrschaft, eine Diktatur der Partei, nicht des Proletariats.

Ich habe Tragelehn gefragt, wie er den Widerspruch gelöst hat, dass diese Regierung der Arbeiter keinen Kontakt zu den Arbeitern hatte. Tragelehn: »Das ist eine wirkliche Schwierigkeit, weil es eben eine dünne Schicht war, die dahin gesetzt worden war, die nicht hervorgegangen war, sondern … Gekommen waren die nicht von unten, also nicht aus der Menge, sondern aus dem Zuchthaus und aus dem KZ und aus dem Ausland. Sie kamen zu Feinden. Was immer sie gedacht haben oder analysiert haben, in ihren Gefühlen kamen sie in Feindesland. Also sie waren von vorneherein in der Rolle von Kolonisatoren.«

Brecht will jetzt aber nicht weiter analysieren, was da schiefgelaufen ist zwischen der Arbeiterklasse und ihren angeblichen Repräsentanten und warum. Er hat sich geärgert und ärgert sich immer noch. Könnte man das in einem Gedicht zur Sprache bringen? Vielleicht finden sich Worte, die zur Klärung beitragen? Der Sekretär des Schriftstellerverbandes Kurt Barthel, KuBa genannt, derselbe, der sich am 17. Juni vor den Demonstranten, seinen Lesern, verkrochen hat, hat sich am selben Tag mit einem Flugblatt »Wie ich mich schäme« an die streikenden Arbeiter gewandt. »Maurer – Maler – Zimmerleute (…) Bis zum Alex waren es die Normen – richtig. Dann aber sagten die anderen einige Dinge, die hätten euch stutzig machen sollen. Dumme, gefährliche Dinge! <…> Schämt ihr euch so, wie ich mich schäme? Da werdet ihr sehr viel und sehr gut mauern und künftig sehr gut handeln müssen, ehe euch diese Schmach vergessen wird. Zerstörte Häuser reparieren, das ist leicht. Zerstörtes Vertrauen wieder aufrichten ist sehr, sehr schwer.«

Brecht hat es nicht fassen können, diese dümmliche Arroganz! Der Anfang seines Gedichts steht schon auf dem Papier. »Nach dem Aufstand des 17. Juni / Ließ der Sekretär des Schriftstellerverbands / In der Stalinallee Flugblätter verteilen / Auf denen zu lesen war, daß das Volk / Das Vertrauen der Regierung verscherzt habe«. Nun tippt Brecht die letzten Zeilen: »Wäre es da / Nicht doch einfacher, die Regierung / Löste das Volk auf und / Wählte ein anderes?« Dann tippt er den Titel: *Die Lösung*. Er zieht das Gedicht mit einem wütenden Ruck aus der Maschine.

Unter Flattern und Geschrei ist eine Schar Enten am Seeufer aufgeflogen. Brecht schaut hoch. Eine schwarze Staatslimousine kommt den Weg entlanggefahren. Er legt *Die Lösung* sorgfältig in die Schreibtischschublade und dreht den Schlüssel um. Der Text wird noch viele Jahre auf seine Veröffentlichung warten müssen.

Aus dem Auto unter Brechts Fenster steigt der Abgesandte des Parteichefs Ulbricht, der Genosse Wilhelm Girnus, kulturpolitischer Redakteur des *Neuen Deutschland*.

— *Werner Hecht erklärte mir den Hausbesuch der Partei: »Es gab noch keine richtige Abteilung der Staatssicherheit, die auf Künstler angesetzt worden wäre. Das machte die Partei durch ihre Genossen. Es gab einen Parteiauftrag des Zentralkomitees der SED an den Genossen Girnus, mit Brecht diese politische Arbeit durchzuführen, dass man ihn eben unter Kontrolle kriegen wollte durch einen Genossen.« Etwas später fand Hecht heraus, dass Mielke persönlich den Genossen Girnus seit 1951 als geheimen Informanten mit dem Decknamen »Ernst« verpflichtet hatte.*

Brecht-Assistent Tragelehn charakterisiert den Genossen so: »Girnus war wie Ulbricht. So ein proletarischer Eisenschädel, Autodidakt, der sich einiges beigebracht hat und jetzt fest überzeugt ist: So isses!«

Brecht geht mit Wilhelm Girnus am Seeufer beim Haus in Buckow entlang. Spazieren gehen ist eigentlich nicht seine Sache, aber hier macht er eine Ausnahme. Es ist Samstag, der 25. Juli 1953.

Wie es aus Sicht der Partei sein sollte, das sagt Girnus dem Brecht gleich vorweg. »Die Aufgabe der Kunst ist es, sich positiv am Aufbau des Sozialismus zu beteiligen.« Das will Brecht selbstverständlich auch; die Frage ist nur, wie. »Es hilft Ihnen aber nichts, wenn jetzt im Film, im Theater mehr Arbeiter und Bau-

Brechts Landhaus in Buckow am Schermützelsee als Stückwerk, aufgebaut in einem Park in der Nähe von Prag. Oben in Brechts Arbeitszimmer zeige ich Burghart Klaußner gerade den Ausschnitt und die Einstellung, die wir mit diesem Bühnenbild gewinnen wollen. Der Filmarchitekt Christoph Kanter hat mit seinem Art Department aus Luft und Spucke immer wieder kleine und große Kunstwerke der Illusion erschaffen. Das senkt die Kosten und macht die Dreharbeit in so vielen verschiedenen Motiven erst möglich.

CALIFORNIA SUNBOUNCE

ern vorkommen. Die Probleme und Widersprüche in unserer Gesellschaft müssen gezeigt werden, dann kann man die richtigen Lösungen finden.«

Girnus ist klug genug, Brechts Argument zu verstehen. Er muss aber hier und jetzt die Parteilinie vertreten. »Konflikte können durchaus gezeigt werden. Die Lösungen sollten aber immer optimistisch sein.« Brecht kennt diese optimistische Kunst nur zu gut, er sieht diese Filme vor sich. »Aber wenn alles schöngefärbt wird und die Helden dann singend in das Morgenrot ziehen – Girnus, das wird dann Kitsch!« Girnus holt eine Autorität zu Hilfe. »Genosse Ulbricht sagt, dass wir zu viel zurückblicken.« Brecht hat seine Antwort schon auf der Betriebsversammlung gegeben. Jetzt noch mal zum Mitschreiben für Ulbricht: »Wer nach vorne gehen will, der muss auch zurückblicken. Der muss die Ursachen des Faschismus, der ja auch bei uns noch nicht ausgestorben ist …« – »aufgraben«, will Brecht noch sagen. Da unterbricht ihn aber Girnus schon. »Immer nur die schlechten Traditionen! Dabei sind wir in der DDR die wahren Erben der humanistischen Tradition in der deutschen Geschichte. Von Luther über Lessing, Goethe, unsere Klassiker: Marx, Engels, bis …« – »Pieck und Ulbricht …«, geht Brecht dazwischen. Girnus ist irritiert. Erlaubt Brecht sich hier einen üblen Scherz? »Wie bitte?!« Brecht tut so, als hätte er gar nichts gemerkt, und fährt fort: »… Pieck und Ulbricht machen ihre Arbeit. Lassen Sie mich meine machen. Und dafür brauch ich endlich mein eigenes Theater. Als ewiger Gast und Untermieter im *Deutschen Theater,* das geht so nicht weiter.« Girnus weiß schon, um welchen Tausch es hier geht. Ein Theater gegen das Wohlverhalten des Autors. Aber was hat der denn sonst noch zu bieten? »Wie wollen Sie mit Ihrem ja

bewusst armen Theater der Desillusion unsere Werktätigen gewinnen? Und dazu in dieser volksfremden Sprache?« Brecht ist einige Schritte vorausgegangen. Jetzt bleibt er stehen und dreht sich direkt zu Girnus. Fast beschwörend: »Ich gewinne sie. Ich vertraue auf die Menschen und auf ihre große Lust zu denken.«

Girnus ist in seine Staatslimousine gestiegen und winkt bei der Abfahrt freundlich durchs Rückfenster. Brecht schaut ihm besorgt nach. Was für einen Bericht wird dieser Girnus über ihn an Ulbricht schreiben? Hat er sich mit seiner Kritik an der SED-Kulturpolitik vielleicht zu weit hervorgewagt?

Im Bundesarchiv in Berlin-Lichterfelde zeigt mir Werner Hecht das Original des Girnus-Berichts. Er beginnt mit der Formel »Lieber Genosse Walter Ulbricht«. Girnus legt darin dem Parteichef offen, dass Brecht ganz klar als Gegner der SED-Kulturpolitik aufgetreten ist, wie sie auf dem V. Plenum beschlossen wurde. »Besonders heftige Angriffe richtete Brecht gegen unsere Auffassung von der Volksverbundenheit der Kunst und den Gebrauch des Begriffes ›Volk‹ im allgemeinen. Der Begriff ›Volk‹ sei ein Nazibegriff. Die Beziehungen der Kunst zum Volk seien Unsinn. Kampf gegen Formalismus und Dekadenz sei eine nazistische Sache. (...) Man solle entweder von Arbeiterklasse oder von Nation sprechen, aber nicht von Volk.«

Was Girnus Ulbricht hier vorträgt, ist eine gefährliche Beschuldigung, eine Denunziation, die schlimme Folgen hätte haben können, wenn es sich um einen Normalsterblichen gehandelt hätte. Allen Beteiligten war jetzt klar: Brecht war nicht auf die Linie der Partei zu bringen. Er verfolgte seine eigene Linie.

In einer überraschenden Volte macht Girnus am Ende seines Berichts dem Parteichef einen folgenreichen Vorschlag zum Thema Schiffbauerdammtheater. »Trotz der falschen Konzeption Brechts (…) würde ich auf der anderen Seite eine elastische Behandlung der ganzen Angelegenheit vorschlagen und aus diesem Grunde auch ernsthaft in Erwägung ziehen, dem Berliner Ensemble (Brecht) ein Theater zur Verfügung zu stellen. (…)

Ich verspreche mir außerdem eine erzieherische Wirkung von diesem Akt; denn dann wird er beweisen müssen, daß er fähig ist, das Publikum, insbesondere die Werktätigen, durch sein Theater zu gewinnen. Mit den bisherigen Mitteln kann er das nicht.

Deshalb müsste man ihm nicht irgend eine kleine Quetsche, sondern ein richtiges Theater geben, damit er seinen Primitivismus und Puritanismus nicht durch mangelnde Technik entschuldigen kann.«

Werner Hecht fasst den Sinn dieses Arrangements zusammen: »Er schlägt vor, dem Brecht das Theater am Schiffbauerdamm zu geben. Aber er hat im Kopfe, dass man es ihm so einrichtet, dass er daran zugrunde geht.« Hecht sieht dahinter einen teuflischen Plan: »Wir geben ihm ein großes Theater, das er nicht voll kriegt. Und wenn er puritanisch spielt, wird das sowieso eintreten. Aber wir werden durch unsere Kritik das eben noch befördern.«

In einem Wochenschaufilm der DDR sehen wir, wie Ulbricht bei einer Ordensverleihung bejubelt wird. Er steht von seinem Platz auf, hebt seine Hände wie ein Fürst zum Gruß an seine Untertanen – das Publikum im Saal huldigt ihm. Dazu hören wir den Sprecher mit seinem hymnischen Lobgesang: »Schöpfer unserer Pläne, der Mann scharfen Blicks und schnellen Entschlusses, er, Genosse Walter Ulbricht!« Personenkult vom Feinsten. Unterlegt wird das alles mit der DDR-Hymne. »Auferstanden aus Ruinen/und der Zukunft zugewandt.«

Die Historiker sagen, dass Ulbricht kurz vor dem 17. Juni 1953 auf der Abschussliste des Kreml gestanden hat. Der Aufstand gegen seine Regierung hat ihn paradoxerweise an der Macht gehalten. Nun können die neuen starken Männer in Moskau ihn nicht mehr fallen lassen.

Im Sommer 1953 fährt Brecht mit seinem Cabriolet eine holprige Landstraße östlich von Berlin entlang. Es ist ein schöner Tag. Auf dem Beifahrersitz sitzt Isot Kilian. Im Auto herrscht gute Laune, beide genießen den Ausflug im offenen Wagen. Sie spüren den warmen Fahrtwind. Die Blicke Brechts hinüber zu Isot Kilian, vorsichtig unter dem Schirm seiner Mütze hervor. Sie versucht gerade, ihm eine Zigarre anzuzünden, als ob es eine Zigarette wäre. Brecht lacht über die Frau mit der Zigarre im Mund. »Man muss sie drehen!« Endlich sind sie wieder mal allein. Eine Einladung zu einer Autofahrt, einmal raus aus der Stadt, unterwegs einkehren in einer Gaststätte, ein Mittagessen auf dem Lande. Brecht kennt Isot jetzt seit fast vier Jahren. Sie gefällt ihm. Sie ist fleißig, sie hat Witz, und vor allem ist sie zuverlässig. Dabei unkompliziert und großzügig in vielerlei Hinsicht. Aber was denkt sie, die junge Frau neben ihm, ihrerseits vom Brecht? Wie steht sie zu ihm? »Sagen Sie, Isot, ich hab da amal eine Frage. Gibt es etwas an mir, was Ihnen nicht gefällt? Ich meine, gibt es da etwas, das Sie stört?« Sie antwortet prompt, ohne lange zu überlegen, ohne zu taktieren. Aufrichtigkeit gehört ebenfalls zu ihren Tugenden. »Wenn ich angebrüllt werde. Richtig unkontrolliert und entsetzlich!« – »Ich bitt' Sie – im Theater, das kommt vor.« Diese jähzornigen Ausbrü-

che, die Wutanfälle Brechts, wenn die Welt sich nicht so verhält, wie er es sich gerade wünscht. Wenn zum Beispiel mal der Kapellmeister gerade nicht im Haus ist, weil er auch noch woanders arbeitet, vielleicht sogar im Westen. »Wo ist Schröder!? Immer dieses Geldverdienen! Verdammte Schweinerei!« Und das kann dann so weitergehen, wenn er sich erst mal richtig hochkollert … da möchte man nicht das Opfer sein. Und gerade Isot – die hat da von ihrer Schulzeit her ein Trauma. So ein Lehrer in der Nazischule, der hat sie, weil er wusste, dass sie aus einer kommunistischen Familie kam, immer wieder gemein angebrüllt. »Damals wurde ich ganz unsicher und ängstlich. Ich zitterte. Wenn ich so angebrüllt werde, kann ich nur noch weinen. Deshalb dürfen Sie mich nie anbrüllen. Auch wenn ich einen Fehler gemacht habe. Es ist ja nicht immer Faulheit, wenn man etwas nicht gemacht hat. Kann ja viele Gründe haben.« – Das sieht er ein. »Das ist richtig. Und sonst?« Isot sucht ein Wort für die Fremdheit, die zwischen ihnen noch ist. »Es ist diese ganze Unberechenbarkeit bei Ihnen.« Brecht schaut zu ihr hinüber, ehrlich erstaunt. »Unberechenbarkeit?« Der Verstandesmensch ist ratlos. Unberechenbar, gerade er, der sich so viel auf seine Rationalität zugutehält? Isot hat den Eindruck, dass ihr Chef unangenehm berührt ist, sie will aber ehrlich sein und riskiert es einfach. »Ihre Gefühle. Mal friedlich, so wie jetzt, und dann auf einmal aufbrausend und laut. Mal so, mal so. Sie wissen vielleicht gar nicht, was die Kollegen im Theater sagen? Brecht geht vor Recht!« So, sagen sie das? Irgendeiner muss ihnen doch klarmachen, was die richtigen Fragen sind, sonst kann es mit der gemeinsamen Arbeit nichts werden. Dazu braucht er schon freie Ellenbogen, wenigstens in seinem Theater. Aber nun muss er sich auf den Weg konzentrieren und etwas langsamer fahren. Er biegt in einen schmalen Weg ab, der über eine kleine Brücke ans Wasser führt. »Wo sind wir jetzt?«, fragt Isot. Ganz beiläufig rückt Brecht mit dem Ziel heraus. »Sie wissen doch – ich hab da am See ein kleines Landhaus …« Isot Kilian waren in diesem Sommer die vielen kleinen Aufmerksamkeiten, die Zeichen seiner Zuneigung, seines Interesses, nicht entgangen. Es lag etwas in der Luft. Flirt und mehr als Flirt. Brecht probiert, wie weit er gehen kann. Isot hat schon verstanden.

Aber diesen Schritt will sie jetzt nicht tun. Da sind all die anderen Frauen am Theater, die mit ihm arbeiten und eine intime Beziehung zu ihm hatten oder noch immer haben. Die Reichel zum Beispiel oder sein Mädchen für alles, die spitzzüngige Käthe Rülicke, die Brechts Blicke kennt und all das schon argwöhnisch beobachtet, oder Ruth Berlau, seine Frau aus dem Exil – und über allen die Ehefrau Helene Weigel, die als Intendantin die Verträge macht. Jetzt mit ihm ins Bett? Isot schaut hinüber zu ihm und schüttelt den Kopf. »Mm-mh!« Brecht will nicht sofort verstehen, dann ist Enttäuschung in seiner Stimme. »Nein?« Isot lächelt. Beide wissen, dass, was jetzt kommt, nur eine Ausrede ist. »Leider keine Zeit.«

Brecht tritt energisch auf die Bremse, der Wagen bleibt sofort stehen. Nun ist Isot doch etwas verunsichert. »Wollen Sie mich jetzt raussetzen?«

Für die Antwort lässt Brecht sich etwas Zeit. Er dreht sich langsam zu ihr hin und sagt nachdrücklich, fast beschwörend: »Isot, nie werde ich Sie raussetzen und niemals wieder anbrüllen.«

Isot ist erleichtert. Sie kann wieder in den scherzhaften Ton umschalten. »Versprochen?«

»Der Mensch ist änderbar.«

»Auch der Brecht?«

Brecht legt den Rückwärtsgang ein. Dann gibt er Gas und fährt den schmalen Weg in hohem Tempo zurück. Isot lacht laut auf, vielleicht ein bisschen zu laut. Noch einmal gut gegangen.

In seinem Büro im Probenhaus hat Brecht Besuch von seiner Lieblingsschauspielerin Regine Lutz. Sie ist gerade aus Basel zurück, wo sie in den Theaterferien bei ihren Eltern war. Brecht hat einen Brief von ihr vor sich, den sie ihm aus dem Urlaub geschickt hat. Ein Kündigungsschreiben. Brecht schaut noch einmal auf den Brief in seiner Hand, dann sieht er sie an. Hübsch und elegant angezogen sitzt sie da vor ihm. Und verschüchtert. Aber es nützt nichts – das ist Verrat! Verrat an ihm, an Brecht, das ist eines der übelsten Verbrechen auf dieser Welt. Da bricht es auch schon aus ihm heraus. »Sind Sie wahnsinnig geworden?! Sie wollen kündigen?!« Das war schon schrill, in den höchsten Tönen geschrien. Ganz zaghaft versucht Regine noch einmal zu erklären, warum sie nicht länger bei ihm bleiben kann. »Es ist wegen dem 17. Juni und Ihrem Brief an die Regierung. Mein Vater sagt, wer jetzt zu Ihnen steht, muss auch mit Ihrer Haltung zur Regierung ...« Weiter kommt sie nicht. »Was wissen Sie von meiner Haltung?!« Schneidend scharf und laut. »Sie wollen gehen? Sie können gar nicht auf eigenen Füßen stehen!«

— *Ein ganzes Leben später spiele ich ihr in der Rolle von Brecht das Gebrüll noch einmal vor. Den Dialog habe ich aus ihren Briefen an die Eltern in der Schweiz herausgeschrieben. Regine Lutz versteht sofort. »Ja!«, sagt sie, und ich markiere weiter Brechts Geschrei von damals: »Und das sag ich Ihnen: Bei jedem Theater werden Sie Schiffbruch erleiden!« Regine Lutz hat ihm das Gebrüll längst verziehen, sie verteidigt ihn sogar. »Ja, und da hat er ja recht! Ich war noch nicht fertig.«*

Brecht holt zu einem weiteren Schlag aus. »Sie haben ja keine Ahnung vom Theaterspielen! Nichts ist da! Gar nichts! Sie sind ja vollkommen unselbstständig!« Da trifft er einen wunden Punkt, ihre Angst und Sorge, dass sie allein, fern vom großen Lehrer Brecht, nichts zustande bringen könnte. Brecht kennt sie nur zu gut, auch ihre Selbstzweifel. Er stochert in der Wunde herum. »Sie können überhaupt nur dann Anerkennung finden, wenn alles und jedes um Sie herum akkurat auf Sie zugeschnitten wird.« So war es ja wirklich bisher, denkt sie und kriecht immer mehr in sich zusammen. All ihre Erfolge und die Aussicht, das Besondere an ihrer Schauspielkunst weiterzuentwickeln – all das hat sie dem Berliner Ensemble und dem Brecht zu danken. Was aus ihr wird, wenn sie an einen fremden Regisseur gerät, der es nicht versteht, wenn sie in einem fremden Ensemble die falsche Rolle spielen muss – sie mag sich gar nicht vorstellen, wie furchtbar sie dann scheitern wird.

—— *Und dennoch spürt man auch den Groll über die Kränkung noch ein halbes Jahrhundert später, wenn man Regine Lutz zuhört. »Dann saß man da, erst kochte man ja, man war so stinkesauer. Und dann immer die schmutzigen Fingernägel, die er hatte. Und damit immer so auf einen gezeigt mit den schmutzigen Fingern und die Haare hier überall (deutet auf die Hände). Er war ja im Grunde – das wusste ich ja in meinem weiblichen Gehirn, so klein ich war – ja nur sauer, dass ich kein Verhältnis mit ihm anfing. Das war der Grund. Aber nun wollte ich erst recht nicht.«*

Auf meine Frage, wie sie sich nach der »Bebrüllung« entschieden hat, sagt Regine Lutz kurz und knapp: »Natürlich blieb ich da!«

Als Regine Lutz Brechts Büro verlässt, läuft ihr unten im Probenhaus Helene Weigel über den Weg. Sie kommt beschwingt, mit strahlendem Lächeln durch den Bühnenraum. Sie hält ein wichtiges Papier in der Hand. Ein Seitenblick auf Regine Lutz. Was hat denn die kleine Frohnatur aus der Schweiz?

Immer noch bestens gelaunt, betritt sie Brechts Büro. »Was ist denn mit deinem Herzerl?« Brecht hat sich beruhigt. »Sie wollt kündigen.« Aber da braucht die Weigel sich als Intendantin wohl keine Sorgen zu machen. Dem Brecht kündigt man nicht. Verheißungsvoll wedelt sie mit dem mitgebrachten Papier in der Luft herum. »Schau mal her!« Er wirft einen Blick darauf. Er wird still, ein Lächeln zieht über sein Gesicht. Helene Weigel steht jetzt hinter ihm: »Wir haben es geschafft. Jetzt hast du dein Theater.« Brecht schaut sie an, immer noch etwas ungläubig, für einen Augenblick fast überwältigt von der Freude. »Das Schiffbauerdamm!« Der Schmerz, die Ohnmacht, die Wut über all die

Kränkungen durch die Murxisten da oben – all das ist für den Moment vergessen. Er ist dort angekommen, wohin er immer wollte. Endlich ein eigenes Theater! Und er weiß, wem er das vor allem zu verdanken hat. Das ist sie, die Helli. Helene Weigel legt ihre Hand auf seine Schulter. Sie möchte ihn heranziehen, ganz nah zu sich. So wie es früher einmal war … »Und jetzt bleibst der Herr Oberspielleiter.« Brecht greift nach ihren Händen. »Und die Frau Intendantin hat ein festes Haus!« Er könnte, er müsste sie jetzt umarmen, an sich drücken und … »Ich dank dir, Helli.« Der eine Satz, innig gesprochen. Da könnte für einen Augenblick mehr möglich sein – aber schon ist es verloren. Brecht küsst eher flüchtig nur ihre Hände, dann geht er hinüber zum Schreibtisch und schaut sich das Schreiben mit der Zusage fürs Theater erst einmal richtig an. Mit den Tatsachen vertreibt er sofort die aufkeimende Gefühlsseligkeit. »Es hat die richtige Größe, die richtige Lage …« – »Und die richtige Geschichte«, ergänzt sie. Sie hat den großen Erfolg der *Dreigroschenoper* niemals vergessen. Sie ist glücklich, und doch hat sie Tränen in den Augen. Es soll ihm gehören, das alte neue Haus. Er wird es in Gebrauch nehmen, davon werden alle den größten Nutzen haben. Sie wird es ihm einrichten, und sie wird es für ihn steuern, die Intendantin des Berliner Ensembles. Auch das ist ein Glück, ihr besonderes Lebensglück: dass sie diesem besonderen Mann nützlich sein kann. Immer noch: eine brauchbare Person, eine unentbehrliche. Dass er sie wenigstens auf diese Weise braucht.

Eine Dokumentaraufnahme zeigt, wie das Signet des Berliner Ensembles mit einem Kran hoch oben auf das Dach des Theaters gehoben wird. Ein großer Kreis mit zwei Worten in der Mitte, die inzwischen weltweit ein Begriff geworden sind: BERLINER ENSEMBLE. So leuchtet es dann und dreht sich langsam in der Nacht über dem Haus am Schiffbauerdamm, mitten in Berlin.

Am 1. Mai sammeln sich die Mitglieder des Berliner Ensembles für den großen Umzug zum »Kampftag der Arbeiterklasse«, wie auch die Angehörigen anderer Betriebe. In einem Amateurfilm erkennen wir Helene Weigel, Angelika Hurwicz, Elisabeth Hauptmann, Isot Kilian und Barbara Brecht, die der Kamera die Zunge herausstreckt. Vielleicht mag sie die Frau hinter der Kamera nicht, die holländische Fotografin, Gerda Goedhart, die manchmal ans Ensemble, manchmal aber auch ins Haus kommt und dem Brecht im Schlafzimmer mit Druckpunktmassagen hilft, sich wieder frei und elastisch zu fühlen. Es soll ja eine alte Bekannte aus dem Exil in England sein. Aber die Helli kommt ganz nah an das Objektiv und lächelt freundlich.

Später werden einige von ihnen mit auf einem Lastwagen Platz nehmen, der mit einem Schild BERLINER ENSEMBLE an der Tribüne auf dem Marx-Engels-Platz unter den Augen von Parteiführung und Regierung vorüberfährt. Sie werden freundlich winken, wie es alle anderen auch tun.

Auf der Probebühne in der Reinhardtstraße – das Schiffbauerdammtheater wird dem Berliner Ensemble wegen Renovierungsarbeiten erst ab März 1954 zur Verfügung stehen – haben bereits im November 1953 die Proben zu Brechts Stück *Der kaukasische Kreidekreis* begonnen. Es soll die deutsche Erstaufführung werden. Auf sagenhafte 125 Proben wird man für diese Inszenierung kommen. Brecht sitzt, wie üblich, in seinem Sessel. Neben ihm Isot Kilian und die Assistenten. Auf der Bühne einige Darsteller, ein paar Handwerker. In weiteren Kinosesseln verteilt lernende Zuschauer, Kollegen, Gäste. Auch Regine Lutz ist dabei.

— *Brechts Stück* Der kaukasische Kreidekreis, *geschrieben 1944/45 in Santa Monica, erzählt in seiner Haupthandlung die Geschichte der Magd Grusche, die im Palast eines Gouverneurs in Gru-*

sinien dient. Bei einer Revolution flüchtet die Gouverneursfrau und lässt ihren kleinen Sohn, den Erben, im leeren Haus zurück. Grusche nimmt das Kind zu sich und flüchtet mit ihm vor der Soldateska. Im Kern der Parabel wird es darum gehen, zu wem das Kind gehört – zur leiblichen, der biologischen Mutter, die es im Stich gelassen hat, oder zur sozialen Mutter Grusche, die es aus Liebe zu sich nimmt und es heranzieht. Nach dem Ende der revolutionären Unruhen nämlich reklamiert die Gouverneursfrau das Kind für sich, während Grusche es nicht wieder hergeben will. Der Streit zwischen den beiden Frauen wird am Ende vor einem Richter ausgetragen, der ihn mit einer besonderen Probe im Kreidekreis entscheidet.

Brecht diskutiert an diesem Beispiel die Besitzverhältnisse. In einer Rahmenhandlung, die zwei Kolchosen im Streit um ihren Landbesitz zeigt, wird das Thema gespiegelt. Dort tritt schließlich die Ziegenzucht-Kolchose ihr angestammtes Eigentum an einem reichlich bewässerten, fruchtbaren Gebiet freiwillig an die Obstbau-Kolchose ab, weil die mehr damit anfangen kann. Die klare Lehre: »daß da gehören soll, was da ist/Denen, die für es gut sind«.

Brecht sieht dabei zu, wie das Bühnenbild aufgebaut und vervollständigt wird. Im Hintergrund eine gemalte, bergige Stadtlandschaft in Grusinien, ein anderes Wort für Georgien. Das Stück spielt also in der Heimat Stalins. Käthe Reichel kommt, im Kostüm der Gouverneursfrau, aber noch ohne Maske, aus der Garderobe und tritt dicht zu Brecht. »Breeecht?!« Sie dehnt die Anrede zärtlich-vertraut. Brecht ist aber gerade nicht dazu aufgelegt, mit ihr zu reden. Er denkt an Isot Kilian. Sie sitzt neuerdings bei den Proben immer neben ihm, auch ohne dass er sie dazu aufgefordert hat. Und ob diese zufälligen Berührungen im Probeneifer so ganz zufällig sind? Dann sind da noch diese seltsam kurzen Blicke, die fast schon aussehen wie Einverständnis …

»Kathrin – später, bitt schön.« Käthe Reichel spürt die Kälte. Aber sie kennt ihn inzwischen gut genug, um zu wissen, dass er nicht widerstehen kann, wenn man ihn um fachlichen Rat bittet. Wenn man den Anschein erweckt, ihn als Lehrer zu brauchen. »Ich bräucht doch wieder Einzelproben. Die Gouverneursfrau – das ist schwer für mich.« Doch diesmal verfängt selbst dieser Trick nicht. »Es geht grad nicht, dass ich zu dir komm.« – »Du hast keine Zeit mehr für mich.« – »Wir proben es doch gleich auf der Bühne.«

Einen Tag später. Im fast dunklen Probenraum sitzt Hans Bunge vor seinem Tonbandgerät. Bunge ist eine Ausnahme unter den Brecht-Assistenten. Er ist 33 Jahre alt, er war in der NSDAP, er hat in der Wehrmacht für Hitler im Panzer gekämpft und anschließend Jahre in sowjetischer Kriegsgefangenschaft verbracht. Ruth Berlau hat ihn im vorigen Jahr ans Berliner Ensemble geholt, er ist ihr bei den Archivarbeiten behilflich. Bei dieser Inszenierung hat er den Auftrag, das Probengeschehen auf Band aufzunehmen, insbesondere Brechts Erklärungen, Kommentare und Regieanweisungen. Dazu hat Bunge das Mikrofon an einem Schwenkarm befestigt, sodass er es auf die Bühne richten kann, wenn dort gespielt wird, und es sofort zurück auf Brecht schwenken, wenn der Regisseur zu seinen Darstellern spricht.

Jetzt hört er sich die Aufnahme vom Vortag an und macht sich auf seinen Zetteln Notizen. Die Zählerstände, um Szenen schneller wiederfinden zu können. Er muss schneiden und kürzen. Das Bandmaterial ist kostbar. Wir sehen Käthe Reichel, die allein etwas weiter hinten im Parkett sitzt und zuhört. Die Stimme vom Tonband, die Gouverneursfrau, das ist sie selbst, die da spricht. »Was sagen Sie, Arsen, Georgi hat sich endlich entschlossen, mit dem Bau des neuen Flügels an der Ostseite zu beginnen. Die ganze Vorstadt mit den elenden Baracken wird abgerissen für den Garten.« Sie hört auch, dass es Brecht nicht gefallen hat. Zu impressionistisch, nicht die nötige Härte der Ausbeuterin. »Für den Garrrrrrten. Für den Garrrrten.« Brecht spricht und schnarrt ihr die hart rollenden Worte vor. »Arsen, was sagen Sie ... mit dem Bau des neuen Flügels ... abgerissen. Für den Garrrten. Käthe, nicht illustrieren. Babababababantiju ... nicht legato, nicht hinlegen ...«

— *Die junge Fotografin Vera Tenschert hat die Szene beobachtet: »Die hätte nie die Gouverneurin spielen können, weil: der hättest du das gar nicht abgenommen. Und dann sagte sie den großen Satz: ›Brecht, bin ich die Königin der Nacht?‹ Sie wollte ein Lob von ihm.«*

Hans Bunge hält das Band an. Er hat Mitleid mit Käthe, darin ist er eine Ausnahme im Ensemble. Er versucht, sie zu trösten. »Käthe, es kommen neue gute Rollen. Du weißt doch, was Brecht von dir hält.« Das ist aber schon fast in ihren Rücken gesprochen. Sie geht auf dem Weg zur Tür an ihm vorbei. »Er interessiert sich nicht mehr für mich.« Die Art, wie sie nun den Probenraum verlässt – da ahnt Hans Bunge eine Frau in tiefer Trostlosigkeit. Es kommt ja noch dazu, dass sich für Brecht mit der Isot eine neue Liebe anbahnt, das kann doch jeder sehen. Brecht ist zwar diskret. Man siezt sich. Aber er versteckt sein Interesse und seine Zuneigung auch nicht. Zwei Männer hatte man schon für die Rolle des Delegierten aus der Hauptstadt, der zwischen den Kolchosen vermitteln soll, ausprobiert. Und dann hat Brecht die Rolle einer Frau gegeben – Isot Kilian. Sie spielt den Delegierten weiblich-verständig, jedes Argument abwägend. Eben nicht der perfekte Kommissar, wie ihn Erich Franz schon in DEFA-Filmen gespielt hat: einen Funktionär, der in jeder Lage die perfekte Lösung im Sinn der Partei parat hat. Isot macht das, in Stiefeln und Lederjacke, mit klarem, schönem Verstand.

In ihrer Berliner Wohnung sitzt Käthe Reichel am Küchentisch. Es ist spät geworden. Sie hat sich am Abend noch ein schönes Kleid angezogen. Aber sie wird nicht ausgehen. Niemals mehr. Vor ihr steht ein Glas mit Wasser. Daneben liegt ein Tablettenröhrchen. Sie muss sich jetzt beeilen. Im warmen Wasser lösen sich die Tabletten vielleicht besser auf. Sie schaut ein letztes Mal auf die Fotos vor ihr auf dem Tisch: wie er ihr beim *Urfaust* auf der Probe erklärt hat, dass sie sich nach der ersten Begegnung mit diesem Mann noch einmal umdrehen soll.

»Da ist etwas geschehen. Sie spüren das. Das ist eine Begegnung, die wird Ihr Leben verändern.« So war es. »Ich liebe dich!«: So ein Wort hat er ihr verboten. »Törichten Unsinn« hat er das genannt. Das ist schlimm. Und doch hat es auch andere Momente gegeben, Momente, in denen er das andere zugelassen hat, jenseits der Vernunft. Diese seltenen Sekunden, die sie so liebt. – Geliebt hat. – Dann hat sie ihm direkt in die Augen sehen können, ohne den Wimpernvorhang, und dahinter sein Herz, so nah. Und wie schön sein Gedicht davon gesprochen hat. »Als ich nachher von dir ging«. Dabei hat er eigentlich nur aufgeschrieben, was sie gefühlt hat. »Und seit jener Abendstund / Weißt schon, die ich meine / Hab ich einen schönern Mund / Und geschicktere Beine.« Genau so war es immer gewesen, wenn er bei ihr war. »Grüner ist, seit ich so fühl / Baum und Strauch und Wiese / Und das Wasser schöner kühl / Wenn ich's auf mich gieße.« Und das soll vorbei sein. Ein Leben ohne Brecht – unvorstellbar. Der Schmerz, die Leere. Die ganz große Traurigkeit überrollt sie.

Käthe Reichel schüttet die Tabletten direkt aus dem Röhrchen ins Glas und rührt mit dem Löffel alles in einem Strudel um. Dann hebt sie das weiße Schneegestöber hoch und trinkt, verschluckt sich etwas dabei, trinkt dann entschlossen das Glas leer.

— *Für Manfred Wekwerth war das ein Erpressungsversuch, damit Brecht zu ihr zurückkommt. »Sie hat kurz vor der Premiere, sie spielte die Gouverneurin, Schlaftabletten genommen. Aber nur so viel, dass man eben nicht stirbt. Sondern dass es nur einen Skandal gibt.«*

Brecht geht mit dem Chef der inneren Medizin einen Gang der Charité entlang. Vor Käthe Reichels Zimmer bleiben sie stehen. »Herr Professor – wie geht's ihr?« Professor Theodor Brugsch ist schon ein älterer Herr. Als er promovierte, war Brecht gerade einmal fünf Jahre alt. In der Nazizeit hatte Brugsch wegen seiner jüdischen Frau seine Professur verloren. Seit 1945 ist er wieder an der Charité. Er ist ein hoch angesehener Mediziner, vor einem Jahr ausgezeichnet als »Hervorragender Wissenschaftler des Volkes«, dieses Jahr kommt der »Vaterländische Verdienstorden in Silber« der DDR dazu. Außerdem ist Brugsch Mitglied der Volkskammer. Psychiater ist er nicht. Jovial gibt er Brecht über seine neue Patientin Auskunft. »Es geht wieder. Sie schämt sich für ihre Dummheit. Ich habe sie Ihnen, glaub ich, ganz gut zurechtgebogen. Aber geben Sie acht: Sie sagt, dass sie arm ist und spielen muss, um existieren zu können.« Da braucht sie sich keine Sorgen zu machen, und das weiß sie auch. Brecht sagt es dem Professor: »Ja, wir werden sie doch nicht fallen lassen!«

Brecht sitzt im Krankenzimmer der Charité am Bett seiner Geliebten. Käthe Reichel ist zerknirscht. »Es tut mir leid, dass ich dir … ich wusste einfach nicht mehr weiter.«

Brecht sagt ihr nicht ganz die Wahrheit, um sie nicht aufzuregen. »Im Ensemble wissen sie nichts Genaues. Sie denken, dass du krank bist.« Mindestens Gerda Goedhart hat ja etwas mitbekommen, als er sie in Käthes Wohnung schickte, um nachzusehen, warum sie nicht mehr zu den Proben erschienen war. Die Tür war verrammelt und musste aufgebrochen werden. So etwas macht am Theater natürlich blitzschnell die Runde.

»Ich schäme mich so.«

»Kathrin, du hast Talent. Aber jedes Talent verkümmert, wenn es nicht trainiert wird und nicht spielt. Und sich vor allem nur für sich selbst interessiert.«

Er steht auf und macht eine Abschiedsgeste. »Ich muss zurück in die Probe.« Eine Frage hat sie aber noch: »Wer spielt jetzt die Gouverneursfrau?« Brecht nickt ihr zu, ohne zu antworten, geht hinaus und schließt behutsam die Tür hinter sich.

— *»Und da sprang die Weigel auf die Bühne, und bumms, hatte sie die Rolle.« Uta Birnbaum war damals Assistentin, sie hat die Proben zum* Kreidekreis *noch gut in Erinnerung. »Die hat ja immer zugeguckt. Die war auch ein Biest, die Weigel. Die wollte wahr-*

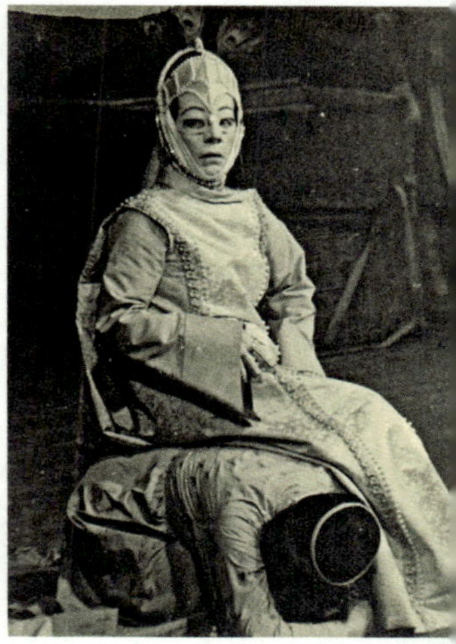

scheinlich immer gerne spielen und hat zugeguckt und ging auf die Bühne und spielte die Rolle. Da brauchte Brecht gar nichts mehr zu machen. Überhaupt nichts.« So hat es auch Vera Tenschert gesehen: »Diese Strenge – also diese Szene werde ich nie vergessen. Da musste die Magd – das hatte sich die Weigel ausgedacht – auf die Knie gehen, um sich als Sitzkissen benutzen zu lassen. Das hatte so eine Brutalität … Und dann saß sie da in ihrer Haltung. Das war so irre.«

Brecht öffnet die Tür zur Garderobe Helene Weigels. Er kommt gerade dazu, wie sie die Maske der Gouverneursfrau anlegt. Sie dreht sich weg vom Spiegel zu ihm. Mit den sinnlich groß und rot geschminkten Lippen wirkt sie hoch erotisch. Sie setzt sich die Halbmaske mit dem Schleier auf. Damit verleiht sie ihrem Gesicht die beabsichtigte Mischung aus böser Sinnlichkeit und kalter Härte. Brecht sieht das mit großer Zufriedenheit. »Dank dir, Helli!«

— *1955 kann Brecht Käthe Reichel zum Regisseur Harry Buckwitz an das Theater in Frankfurt am Main vermitteln. Ein West-Gastspiel hat sie sich gewünscht. »Ein herrliches bodenständiges vitales Geschöpf. Ich stürzte mich auf sie, freute mich, mit ihr die ganze Lebens- und Leidensgeschichte der Grusche herauszuholen.« So erzählt es Buckwitz in einer Sendung des ZDF. »Aber sie war vollgesogen mit den heiligen Lehren des ›Kleinen Organons‹ und belehrte mich eines Besseren: ›Herr Buckwitz, verfremden, andeuten, vorzeigen.‹ Keine Aktion, kein Gestus entwickelte sich wirklich. Szenen versandeten. Didaktischer Stumpfsinn.«*

Buckwitz telefoniert mit Brecht, Brecht kommt nach Frankfurt ins Theater. Er lässt sich die Szene mit der Grusche und dem Ziegenbesitzer von Käthe vorspielen. »Großes Schweigen, wir alle schwiegen. Endlich sagt Brecht: ›Probieren Sie es noch mal.‹ Und meine Grusche versucht in noch viel exemplarischerer Weise, diese Szene bis zur totalen Blutleere zu stilisieren. Und als sie zu der Szene kommt ›Drei Piaster für den Spritzer, das können wir uns nicht leisten‹, da unterbricht

Brecht mit hochrotem Kopf und sagt: ›Das kannst du dir nicht leisten. Und wenn du jetzt nicht endlich richtig Theater spielst, dann trete ich dir eine in den Hintern.‹ Können Sie sich vorstellen: atemlose Stille. Dann geht Brecht bedächtig auf die Bühne, nimmt der Souffleuse das Buch aus der Hand und spielt diese Grusche-Szene mit solch einer bravourösen Lustigkeit, mit komödiantischer Pfiffigkeit vor, dass wir alle in helles Entzücken gerieten.«

Wir sehen, was Brechts Gegenwart mit Menschen machen kann. So oder so. Die Leistung und die Kosten des Genies.

Auf der Probebühne in der Reinhardtstraße wird genau diese Szene mit Angelika Hurwicz als Grusche geprobt. Grusche, das gerettete Kind auf dem Rücken, kommt vor einer einstweilen nur angedeuteten Hütte – noch besteht sie nur aus dem Türrahmen – an und will etwas Milch für den hungrigen kleinen Gouverneurssohn erhandeln. Sie spricht zu dem alten Ziegenbauern, der sie misstrauisch mustert. »Kann ich ein Kännchen Milch haben und vielleicht einen Maisfladen, Großvater?« Schroff kommt es aus dem Türrahmen zurück: »Milch? Wir haben keine Milch.«

Dann beginnt die Verhandlung über den Preis. Der Bauer hat die Tür in der Hand, schlägt sie zu, wenn er ablehnt, und öffnet sie, wenn die Grusche erhöht. Brecht ist amüsiert. Aber dann stellt er den Darstellern eine Frage. »Warum ist der Bauer abweisend, warum will er die Milch über den Preis verkaufen?« Es geht Brecht zunächst darum, die Figuren zu verstehen. Angelika Hurwicz im Kostüm der Grusche – bei Brecht probt man schon früh im Kostüm – hat es begriffen. Es ist Bürgerkrieg, da haben die Soldaten dem Alten schon die meisten Ziegen weggetrieben. »Wenn der Bauer noch alle seine Ziegen hätte, hätt er auch viel Milch. Dann könnt er schon großzügiger sein.« Da kann der Lehrer Brecht sofort anschließen. »Ja.

Wenn wir es so darstellen, schaut das Publikum auch mit einem anderen Blick auf die Menschen auf der Bühne. Auch die Zuschauer könnten grundsätzlich anders sein. Sie können sich ändern, wenn sich die Verhältnisse ändern. Dieses bürgerliche Geschwätz vom Charakter, der sich immer wieder durchsetzt wie der Fettfleck in der Hose. Ist ja Blödsinn!« Alles lacht über das schöne, bezeichnende Bild.

Brecht kann mit seinem wachen, schnellen, bildprägenden Verstand immer wieder zur Freude seiner Mitarbeiter und seines Publikums solche verblüffenden Formeln und Sätze produzieren, die auf den ersten Blick anscheinend ganz plausibel die Wirklichkeit durchleuchten. Bonmots, die bis heute als Kleingeld in unserer Gesellschaft weitergereicht werden.

Brechts Figuren und die Konstruktion der Handlung werden vor dem Hintergrund des historischen und dialektischen Materialismus diskutiert. Aber wie viel Eigenleben hat dann dieser Bauer noch, wie viel eigene Geschichte hat der Autor Brecht der Grusche mitgegeben oder der bösen Gouverneursfrau? Er kennt seine Figuren besser, als die sich selbst kennen, und führt sie als Autor durch die Geschichte, wie ein Schachspieler Figuren über das Brett bewegt. Bei den Proben aber werden sie durch das gekonnte, kluge, realistische Spiel der Darsteller mit Leben gefüllt. Dadurch kommen die Zweifel, das Nachdenken, die Dialektik auf die Bühne. Der Regisseur lässt sich gerne von seinen Schauspielern überraschen und entwickelt daraus seinerseits neue Einfälle.

Brechts Schüler erzählten mir, dass es bei den Probendiskussionen nicht in erster Linie darum

ging, die Weltzusammenhänge zu erklären. Beim Zuhören lernte man das dialektische Denken, wie die Welt sich in Widersprüchen bewegt. Überhaupt das freie Denken, das Begreifen von Problemen, das Stellen der richtigen Fragen. Erst später ist vielen Mitarbeitern klar geworden, welches Glück diese Proben nicht nur für Brecht, sondern auch für sie selbst waren.

Meine Frage dazu an Tragelehn: »Haben Sie damals schon die Idee gehabt: Wenn doch die ganze DDR so ein Probenraum wäre, eine Bruthöhle für Fantasie, wo alle spielend lernen könnten, Menschen zu werden?« Tragelehn: »Für uns war das der Standard. Und das andere war eben noch unzulänglich und musste verbessert werden. Das war noch nicht so weit, wie es dort war.«

Im Rückblick aber änderte sich der Blick. Tragelehn weiter: »Was es in der Zeitung und in allen möglichen Bereichen im Überfluss gab,

Indoktrinierung, das gab es in diesem Haus überhaupt nicht. Da waren ein paar Voraussetzungen, aber über die wurde nicht diskutiert oder geredet. Das war eh klar. Dass da ein Gegensatz war, ein Widerspruch, war fühlbar. Ist klar. Und da war man Partei. Wie sehr das eine Enklave war, geradezu eine Festung, hat man damals nicht so empfunden, das hat man erst hinterher festgestellt.«

Noch während des Gelächters über den Charakter-Fettfleck ist Ruth Berlau hereingekommen. Sie bleibt aber ganz am Rand versteckt stehen. Sie sieht all die anderen bei der Arbeit; sie wird hier kaum noch gebraucht.

Gerade hat der Bauer drei Piaster für eine Schale Milch gefordert. Den Preis kann Grusche nicht bezahlen. Sie geht von der Tür weg und setzt sich mit dem Kind vor das Haus. »Michel, hast du das gehört? Drei Piaster! Das können wir uns nicht leisten.« Als Grusche den Namen des Kindes ausspricht, flüstert auch Ruth Berlau im Dunkeln zärtlich den Namen vor sich hin. »Michel.« Sie denkt zurück an ihre Zeit mit Brecht in New York. Zehn Jahre ist das nun schon her, eine Zeit, in der sie Brecht in vielen Stunden ganz für sich hatte, weit weg von Helli und seiner Familie, die auf der anderen Seite des Kontinents in Los Angeles lebten.

New York, 1944, Apartment von Ruth Berlau. Brecht liebt es, seine Stücke und die Figuren im Gespräch zu entwickeln, so auch beim *Kreidekreis,* an dem er gerade arbeitet. Ruth nutzt die Gelegenheit und macht ein Foto von ihm auf dem Balkon mit den Wolkenkratzern im Hintergrund.

Brecht: »Eine Magd ist auf der Flucht. Sie rettet ein Kind. Es ist das Kind des Gouverneurs.« Ruth denkt mit, arbeitet mit an der Stimmigkeit der Fabel. »Sie liebt das Kind von Anfang an. Aber warum liebt sie es?« Brecht greift den Faden auf. »Ja, du hast recht, da fehlt was.« Und Ruth hat schon eine Idee, was das Fehlende sein könnte. »Wenn sie sich mit dem Soldaten Simon ver-

lobt vor der Flucht, dann will sie doch ein Kind von ihm.« Brecht beginnt zu verstehen. »Aber der ist nicht da.« – »Und da nimmt sie das Findelkind. So ist der kleine Michel auch ein Kind der Liebe.« Brecht nickt. »Das ist gut. Das stimmt.«

Das Glück dieser Stunden gemeinsamer Zeit und Arbeit steht Ruth ins Gesicht geschrieben. Ihre Augen lächeln. Sie legt die Leica an die Seite, geht zu Brecht und führt seine Hand auf ihren Bauch. Man kann es schon spüren, das Kind, ihr Kind der Liebe mit Brecht. »Und ich habe es nicht einmal gestohlen wie die Grusche. Unseren Michel.« So soll er heißen, ihr Junge, wenn es denn ein Junge wird.

»Aber red nicht so viel drüber. Braucht ja nicht gleich jeder zu wissen in Santa Monica, dass du ein Kind vom Brecht bekommst.« Und schon tut sich wieder der Grundkonflikt ihrer Beziehung auf.

»Ich kann nich deine Gespenst sein. Die Hure von einem Klassiker!« Sie lacht haltlos auf, fast etwas schauerlich.

»Sei doch vernünftig!« Dieses Mal geht sie nicht darauf ein. »Ich kann nich vernünftig sein wie du.« Er versucht, sie zu beschwichtigen. »Wir arbeiten und wir lieben uns – das hält uns zusammen. Wir zwei für die dritte Sache.« Das war die Absprache, und Ruth vollendet sie. »Für den Sozialismus, der kommt. Ich weiß, dass er kommt.« Dann braucht er nicht mehr diese kleinbürgerliche Verteidigung seiner Ehe. Und das andere? »Bleiben wir zusammen?« – »Ja.« – Das kam etwas lau und gar nicht begeistert. »Für immer?« Brecht schweigt. Das alles ist ein Angriff auf seinen klug errichteten Lebensbau, auf das Gleichgewicht in ihm und mit seiner Welt. Das darf nicht ins Wanken kommen. Sonst stört es die Produktion. Es könnte ihn aus der Bahn werfen.

»Aber fühl mal!« Ruth steht etwas später in der Balkontür und hat die Hand auf ihr Herz gelegt. »Du sagst, das ist nur ein Muskel. Aber warum tut das so weh?« Brecht hat sich inzwischen wieder nach draußen gesetzt und notiert Ruths Vorschlag zu Michel, dem Kind der Liebe. Er schaut gar nicht auf.

Auf der Bühne im Schiffbauerdammtheater – man ist inzwischen ins eigene Haus umgezogen – läuft eine der letzten Proben für den *Kaukasischen Kreidekreis*. Das Bühnenbild ist jetzt fertig aufgebaut, Kostüm und Maske der Schauspieler sind premierenreif. Käthe Rülicke und Isot Kilian sitzen neben Brecht am Regiepult, außerdem Wekwerth und Palitzsch. Gerda Goedhart fotografiert.

Auf der Bühne steht Ernst Busch als der Armeleute-Richter Azdak vor seinem pompösen Richterstuhl. Vor ihm Grusche und die Gouverneursfrau, die beiden Gegnerinnen im Prozess um den kleinen Michel. Die Gouverneursfrau umringt von Anwälten in Pomp, sie alle tragen Halbmasken vor dem Gesicht, die das Bösartige der Ausbeuterklasse deutlich machen sollen. Grusche dagegen ist allein, nur ihr Verlobter Simon ist dabei. Wie alle Menschen aus dem Volk darf sie mit menschlichem Antlitz spielen. Der Richter hat sich alle Argumente der Prozessbeteiligten angehört, ein Urteil hat er sich nicht gebildet. »Ich als Richter hab die Verpflichtung, daß ich für das Kind eine Mutter aussuch. Ich werd eine Probe machen. Schauwa, nimm ein Stück Kreide. Zieh einen Kreis auf den Boden.« Der Polizist tut sorgfältig, wie ihm gesagt worden ist.

Brecht neben seinem Regiepult wird unruhig. »Das dauert zu lang.« Wekwerth notiert die Anmerkung für die nächste Besprechung. »Stell das Kind hinein!« Auf dieses Kommando des Richters stellt der Polizist Schauwa das Kind in den Kreidekreis.

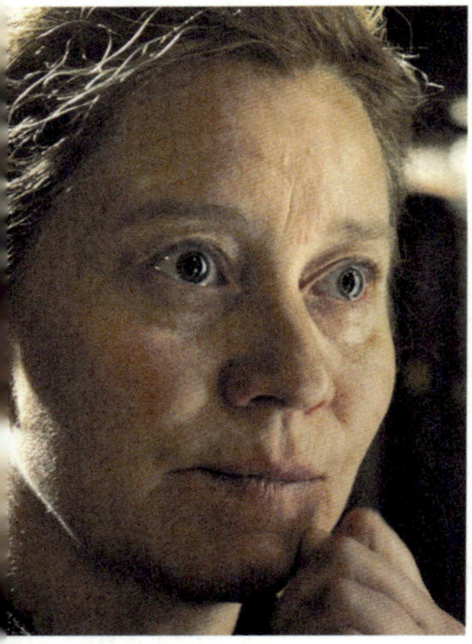

Etwas verborgen am Inspizientenplatz hinter der Bühne schaut Ruth Berlau zu. Auch sie hat ihren Fotoapparat dabei. Hinter der Halbmaske der Gouverneursfrau sieht sie Helene Weigels böse blitzende Augen; das gehört zur Härte der Feudalherrschaft, die sie hier verkörpert. Der Richter baut seine Versuchsanordnung auf. »Klägerin und Angeklagte, stellt euch neben den Kreis, beide! Fasst das Kind bei der Hand. Die richtige Mutter wird die Kraft haben, das Kind aus dem Kreis zu sich zu ziehen.«

Für Berlau verschwimmt die Handlung auf der Bühne mit der Erinnerung an damals, 1944. Man hatte bei ihr Gebärmutterkrebs festgestellt, für Operation und Geburt ist sie von New York nach Los Angeles gekommen.

Die Operation gelingt, aber es kommt zu einer Frühgeburt. Das Kind, ein Junge, stirbt wenige Tage später. Durch einen Zufall erfährt Helene Weigel davon. Das Krankenhaus wollte Brecht den Tod seines Sohnes telefonisch mitteilen, Helene Weigel hat das Gespräch angenommen.

Ruth Berlau bleibt danach eine Zeit lang in Santa Monica, etwas entfernt vom Haus der Familie. Helene Weigel soll sie nicht ständig vor Augen haben. Dann arrangiert Brecht ihre Rückreise nach New York.

Der Zug Union Pacific Challenger fährt mit Ruth Berlau Richtung Ostküste durch das weite Land. Viele Tage, viele Nächte. Vor ihrem Fenster wechseln die Wüsten, dann die Gebirge entlang den Flüssen, durch die endlose Prärie in die großen Städte. Es ist ein Abschied mit Zweifel und Schmerzen gewesen. Brecht hat ihr gesagt, er brauche Ruhe zum Arbeiten, »innere Ruhe«. Aber sie denkt, dass er sie nur loswerden will. Damit hat sie sich abgefunden. Zumindest im Augenblick. Denn sie will jetzt vernünftig sein. Im Zug findet sie dann aber einen Brief, den er ihr noch auf dem Bahnsteig in die Manteltasche gesteckt hat. Den liest sie jetzt, und während sie sich immer weiter in Richtung New York von ihm entfernt, kommt er mit seinen Worten wieder ganz nah an sie heran. »… und daß Du selbständiger werden kannst in New York, unabhängiger von mir, und wieder zum Schreiben findest, ist doch auch eine Chance für Dich. Mach Dir keine Sorgen wegen anderer Frauen. Und komm wieder, sobald es geht. Ich liebe Dich.« Ruth führt Brechts Brief an ihre Lippen und drückt einen zarten Kuss auf das Papier. Dann antwortet sie der geliebten Stimme: »Ich will genau so werden, wie du es willst.«

Jetzt, 1954 in Berlin, beobachtet Ruth Berlau, wie auf der Bühne des Theaters am Schiffbauerdamm die beiden Frauen je einen Arm des Jungen fassen, um ihn aus dem Kreis auf ihre Seite zu ziehen. Wem es gelingt, dem soll das Kind gehören. Der Richter gibt das Kommando: »Zieht!« Grusche und die Gouverneursfrau zerren an den Armen des Jungen. Welche Mutter wird die Kraft haben, das Kind zu sich herüberzuziehen? Wir sehen in Ruths Gesicht, dass dieses Ziehen wie ein Riss durch sie hindurchgeht.

Im Jahr 1944 steht Ruth Berlau in ihrem Apartment in New York, sichtlich außer sich, neben einem bunt geschmückten Weihnachtsbaum. Sie wird von zwei Männern in die Mitte genommen. Es sind Wärter aus der Nervenheilanstalt, die ihre Mitbewohnerin Anna Bachmann und Elisabeth Hauptmann, die inzwischen in New York lebt, in ihrer Not herbeigerufen haben. Ruth Berlau, die so gerne für Brecht vernünftig sein wollte, ist unter dem Konflikt nervlich zusammengebrochen. Alle Widersprüche, die sie mit so viel Kraft zusammengehalten hat, haben sich verrückt und sind in Stücke gegangen.

— *Anna Bachmann, Ruths dänische Freundin, hat Brecht von diesem Zusammenbruch in einem ausführlichen Brief berichtet. »Dr. Grünthal, der am nächsten Tag (nach New York) herein kam, hielt es auch für notwendig, die Polizei zu rufen, um sie aus der Wohnung heraus zu bekommen. Ich wollte in diesem Moment bei der Ruth sein, denn ich konnte mir ihre Angst vorstellen. Aber der Arzt hielt es für besser, wenn niemand dabei wäre, den sie um Hilfe bitten konnte.«*

Elisabeth Hauptmann schreibt am 9. Januar 1945 aus New York nach Kalifornien: »Lieber Brecht, (…) wenn es gelänge, Ruth durch Behandlung etwas selbständiger zu machen, wäre viel gewonnen. (…) In Ruth sind Strömungen und Gegenströmungen (›Mein armer Kopf ist mir zer-

stückt‹), sie will auf der einen Seite sich von Ihnen emanzipieren, aber auf der anderen Seite mit ungeheurer Wucht bei Ihnen bleiben. Die Worte ›kämpfen‹, ›Kampf‹, ›Kämpferin‹ spielen eine große Rolle, auch aufs Politische übertragen; das Verlieren und Gewinnen einer Schlacht, alle die vielen Anstrengungen, um zu gewinnen, alle die vielen Enttäuschungen auf der Verlustseite, hat sie ganz genau gebucht.«

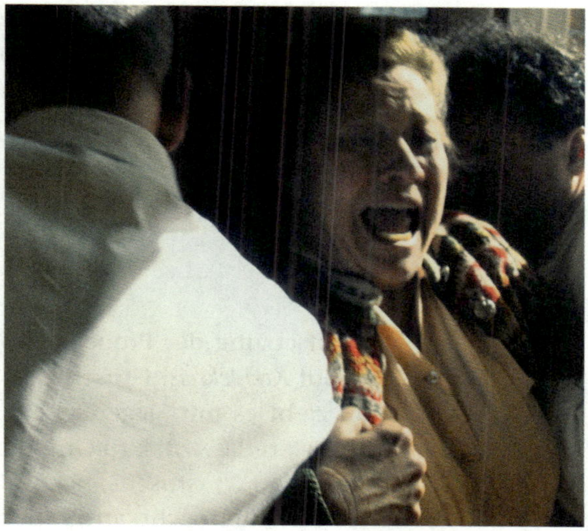

Im South Oaks Hospital in Amityville, Long Island, werden Ruth Berlaus Hände und Füße an einen Behandlungstisch festgeschnallt. Sie schreit laut: »Help me! No! No!« Sie weiß, was nun auf sie zukommt – ein Angriff auf ihr Gehirn –, und sie will es unbedingt verhindern. Aber vier Leute drücken sie auf das Bett. Ein Gummipfropf wird ihr in den Mund geschoben, damit sie sich unter dem Elektroschock nicht die Zunge abbeißt. Noch wehrt sie sich, aber schon nur mehr schwach, dann wird der Strom über die beiden Elektroden an den Schläfen durch ihr Gehirn geleitet. Der Körper bäumt sich auf.

— *Die so erzeugten Krämpfe sollten positive biochemische Reaktionen hervorrufen. Zu der Zeit alles andere als eine gezielte, sichere Therapie. Der Elektroschock war erst vor wenigen Jahren als Mittel der Behandlung psychischer Erkrankungen eingeführt worden.*

Offenbar war Brecht über die Schockbehandlung besorgt. Elisabeth Hauptmann schreibt ihm, um ihn zu beruhigen, von einem Fall, in dem diese Methode geholfen hat. Es geht dabei um einen Mann aus der Army, »der auch von Haus aus belastet ist« wie Ruth. Seine Ehe-

frau hat Bess erzählt, nach der Behandlung habe sich nach einer ersten »Konfusion« eine »Rekonstruktion« des Gedächtnisses eingestellt. »Er ist heute in Ordnung; arbeitet wieder.« Elisabeth Hauptmann versucht, Brecht zu trösten: »Sie sehen also, so schrecklich das alles jetzt ist, es wird alles in Ordnung kommen; vielleicht ist es sogar gut, dass alles mal herausbrach.«

Fortsetzung der Proben im Schiffbauerdammtheater, Durchlauf *Kreidekreis*. Grusche lässt das Kind los, die Gouverneursfrau zieht es mit Siegerlächeln zu sich herüber. Grusche steht entgeistert da. Azdak zu Grusche: »Was ist mit dir? Du hast nicht gezogen.« (…) Grusche, verzweifelt: »Ich hab's aufgezogen! Soll ich's zerreißen? Ich kann's nicht.« Doch nun kommt der Wendepunkt: Gerade das scheinbare Unterliegen bei der Probe ist der Sieg. Azdak: »Und damit hat der Gerichtshof festgestellt, wer die wahre Mutter ist.« Zu Grusche gewendet: »Nimm dein Kind und bring's weg. Ich rat dir, bleib nicht in der Stadt mit ihm.« Und zur Gouverneursfrau: »Und du verschwind, bevor ich dich wegen Betrug verurteil.« Es ist der Armeleute-Richter, der hier spricht. Ein Außenseiter und Trunkenbold, korrupt und parteilich, dem das Amt zugefallen ist.

Langsam geht Ruth Berlau rückwärts an die Rampe. Sie will das Tableau des glücklichen Endes fotografieren. Da hört sie Grusches Worte, ihre Worte von damals: »Und so ist es ein Kind der Liebe.« Grusche nimmt den Jungen auf den Arm und dreht sich. »Michel, wir tanzen.«

In diesem Moment macht Ruth einen Schritt zu weit, tritt ins Leere und stürzt rückwärts die kleine Bühnentreppe hinunter. Ein Schnapsfläschchen fällt ihr dabei aus der Tasche. Brecht springt erschrocken auf. »Wekwerth!« Wekwerth ist schon vorn und versucht, Ruth aufzuhelfen. »Kommen Sie. Ich bringe Sie nach Hause.« Aber Ruth will sich nicht abführen lassen. »Lass mich! Lass mich los!« Damit geht sie, etwas schwankend, aber erhobenen Hauptes, einen Schritt auf Brecht zu. Der hebt instinktiv die Arme, vielleicht, um einen Schlag abzuwehren – so etwas soll schon vorgekommen sein. Aber diesmal hat sie ihm nur etwas zu sagen. Ganz egal, wer da jetzt alles zuhört – sie sollen es alle hören. Alle! »Die dritte Sache!« Sie macht eine Pause. »Jetzt ist es zu spät! Jetzt suchst du das junge Fleisch!« Das wird laut und mit viel Ausdruck herausposaunt – immerhin ist auch sie eine ausgebildete Schauspielerin. Einen Augenblick ist Brecht irritiert, dann nur noch peinlich berührt. Am besten so tun, als sei gar nichts passiert. Er wendet sich, ohne noch einen Blick an Ruth zu verschwenden, wieder den Darstellern auf der Bühne zu, die bisher dem Schauspiel im Parkett interessiert zugesehen haben. »Noch einmal!« Er klopft auf das Regiepult.

Manfred Wekwerth kommt mit Ruth ins Foyer. »Weißt du, Wekwerth, dass ich ein Kind hatte mit dem Brecht? Ist gestorben in Amerika. Und jetzt hat er diese jungen Frauen für sein Bett und die sind auch nützlich für die Arbeit. Mich kann er nicht mehr gebrauchen.«

An eine Säule gelehnt steht Helene Weigel in ihrem prächtigen Gouverneursfrau-Kostüm, mit ihrer exotischen Halbmaske, mit den sinnlich groß und rot geschminkten Lippen, und raucht eine Zigarette.

Ruth geht ganz dicht an sie heran. Sie blickt ihr fest in die dunkel geschminkten Augen, die durch die Maske noch abgründiger wirken. Die Weigel nimmt einen tiefen Zug aus der Zigarette und bläst langsam den Rauch vor sich hin. Ruth sagt herausfordernd: »Mir geht's gut!« Damit geht sie zurück zu Wekwerth, ihr Blick zu ihm bedeutet: »Siehst du?!« Dann verlassen die beiden das Theater.

— *Brecht probt inzwischen das Finale seines Stückes, wir hören es von Hans Bunges Probentonband. Die Kolchosbauern feiern die glückliche Einigung über die richtige Verteilung ihres Landes an die, die am besten für es sind. Brecht ruft laut auf die Bühne: »Was ist los! Komm! Komm! Umarmungen! Jeder jeden … Gillmann, haben Sie Fischblut in den Adern? Wenn keiner vom anderen Kolchos da ist, greift euch einen vom eigenen. Ja, hahahaha!« Brecht ist begeistert von der Choreografie. Sein Happy End im Kreidekreis. »Nehmt zur Kenntnis die Meinung/Der Alten, daß da gehören soll, was da ist/Denen, die gut für es sind, also/Die Kinder den Mütterlichen, damit sie gedeihen/Die Wagen den guten Fahrern, damit gut gefahren wird/Und das Tal den Bewässerern, damit es Frucht bringt.«*

Angesichts der gewalttätigen Umsiedlungen von Stämmen und Völkern, die Stalin zum Machterhalt in seinem Imperium rücksichtslos hat durchführen lassen, liest es sich schrecklich naiv, wie im Kreidekreis *die Vernunft eine Lösung auf der Basis von Freiwilligkeit findet. Fast ein Märchen.*

In seiner Wohnung in der Chausseestraße steht Brecht am Fenster zum Hof. Er sieht, wie Isot Kilian von der Chausseestraße durch die Toreinfahrt auf seinen Hauseingang zukommt. Sie schaut hoch. Brecht grüßt erfreut. Es ist der 6. Juni 1954.

— *In der letzten Zeit ist Isot jeden Tag schon in der Früh im Probenhaus gewesen, und Brecht ist nun auch pünktlicher gekommen. Er hat sie gleich für erste Besprechungen am Tag in sein Büro geholt und ihr Antworten auf Briefe diktiert, die sie gleich auf die Rückseiten schreibt, damit sie weiß, an wen sie herausgehen sollen. Dabei zieht er sie ins Vertrauen. »Ist das richtig so? Versteht man das? Stimmen Sie mir da zu?« Brecht prüft sie und weiß doch längst, Isot ist eine belastbare, zuverlässige und sehr brauchbare Person. Bald machen beide sich einen Sport daraus, wer der Erste im Probenhaus ist. »Das war für uns eine Stunde, eine ruhige Stunde«, schreibt Isot, »ohne dass sich einer zusammennehmen musste und ein Dritter im Raum war, der scharf beobachtete …« Alle kleinen Zeichen der Ver-*

trautheit waren aber den anderen nach und nach aufgefallen. Auch Ruth Berlau telefonierte häufig mit Brecht, wenn Isot am Nachmittag bei ihm in der Chausseestraße war. Eines Tages stand sie vor der Tür, als Brecht und Isot gerade gemeinsam das Haus verließen, und »verlangte brüllend, er solle mit ihr heraufgehen, sie müsse ihn sehen und mit ihm reden. B. zog mich ins Auto und fuhr mit mir davon. Eine Szene, die ich nicht vergesse«, schreibt Isot im Mai 1982, »denn sie tat mir weh und tut es noch heute.«

All das verlangt von Brecht einen Entschluss. Wie so oft, überlässt er die Entscheidung der Frau. Er habe ihr eines Nachmittags erklärt, »ich müsse entscheiden, ob ich zu ihm komme, oder wie nahe wir uns seien«. So erzählt sie es, und ihren entscheidenden Besuch bei Brecht fasst sie so zusammen: »Am 6. Juni 1954 war nun nichts mehr aufzuhalten.« An diesem Tag kommt sie im leichten Sommerkleid über den Hof. »Später gingen wir in den kleinen Garten und sahen uns die Rosenstöcke an.« Aber vorher – was war vor dem »Später«?

Die Tür zu seiner Wohnung in der Chausseestraße hat Brecht nur leicht angelehnt. Er steht wartend ein wenig tiefer im Raum. Vorsichtig wird die Tür geöffnet.

Isot Kilian kommt herein. Sie schiebt die Tür hinter sich ins Schloss und geht langsam, aber ohne Zögern auf Brecht zu. Ihr Blick, die Geste signalisieren das Einverständnis. Sie senkt ein wenig die Augen. Der letzte Schritt zu ihm. »Da bin ich.« Brecht hebt langsam den Blick. »Ich freue mich, dass du gekommen bist.« Isot will nicht lange darum herumreden. »Wir haben lange gewartet.« Isot ist 30 Jahre alt, Brecht schon 56. Das hat aber jetzt gerade keine Bedeutung. Eine erste Umarmung, ein erster Kuss. Dabei hat sich Isot ihre Ballerinas abgestreift und steht nun barfuß auf dem Holzboden. Irgendwann gehen die beiden in Richtung Schlafzimmer. Brecht hat die Gardinen schon vorher zugezogen.

Isot Kilian hat sich entschieden. Nach langer Werbung sind der Tag und die Stunde gekommen. Der Aufbau der Kameras im Studio wirkt bedrohlich, fast wie eine Hinrichtungsmaschinerie oder das Laserlabor eines verrückten Erfinders. Alles ist penibel geprobt und eingeleuchtet, ja schon für den Schnitt vorgeplant. Und dennoch brauchen wir das Talent für die gewagte Improvisation. Was nach dem »Action!« passiert, ist immer wieder eine Überraschung.

Später sitzt Brecht im Schlafzimmer auf dem Bett, er trägt einen Bademantel. Man hört die Dusche im Bad, das direkt hinter dem Schlafzimmer liegt. Brecht hat sich eine Zigarre angezündet. Nun steht er auf, geht die wenigen Schritte über den kleinen Flur und öffnet die Tür zum Bad, nur einen Spalt weit. Isot steht unter der Dusche. Das Wasser läuft über ihren Körper, die Hand ausgestreckt, eine Zigarette zwischen den Fingern. Sie spürt die Augen in ihrem Rücken und dreht sich um. Brecht ist fasziniert von ihrer Schönheit und der unaufgeregten Schamlosigkeit des Augenblicks. Er hat inzwischen einen Namen für sie gefunden, für die Zeit, die sie nun hoffentlich zusammen sein werden. Sie muss ihn sofort erfahren, ihren neuen Kosenamen, der zugleich eine Art von Inbesitznahme bedeutet. »Ise!« – Isot versteht sofort. »Nicht mehr Isot und Isottchen?« – »Nein – Ise!«

Isot erinnere ihn an die Bi, schreibt Brecht in seinem Tagebuch, an Paula Banholzer aus Augsburg. »Die Freundin, die ich jetzt habe und die vielleicht meine letzte ist, gleicht sehr meiner ersten. Wie jene ist auch sie leichten Gemüts; wie bei jener überrascht mich tiefere Empfindung. Diese Frauen weinen, wenn sie gescholten werden, ob mit Recht oder nicht, einfach weil sie gescholten werden. Sie haben eine Sinnlichkeit, die niemand zu erregen braucht und niemandem viel hilft. Sie suchen allen zu gefallen, lassen sich aber nicht jeden gefallen, dem sie gefallen. Meine jetzige Freundin ist wie meine einstige am lieblichsten, wenn sie genießt. Und von beiden weiß ich nicht, ob sie mich lieben.« – Was ist das für den Materialisten Brecht, diese so ungewisse »Liebe«?

Isot zeigt mit der Zigarette nach oben zur Decke. Dort, ein Stockwerk höher, direkt über Brecht, ist inzwischen Helene Weigel eingezogen. »Und Helli?«, fragt Ise. Brecht kann sie beruhigen. »Sie ist vernünftig, sie wird's verstehen. Mach dir keine Sorgen.«

In dem kleinen Garten hinterm Haus in der Chausseestraße, an der Mauer zum Dorotheenstädtischen Friedhof, wachsen einige Rosenstöcke. Isot Kilian drückt ein paar Zweige auseinander: Sie hat eine kleine Rosenblüte entdeckt. Beide lächeln. Was für eine Überraschung.

Ihre Hand lässt das Blattwerk los. Die Rose verschwindet wieder im Grün. Brecht küsst Ise.

So erzählt es auch die Strophe eines Gedichts, das Brecht Isot Kilian geschenkt hat.

Ach, wie solln wir nun die kleine Rose buchen
Plötzlich dunkelrot und jung und nah?
Ach wir kamen nicht, sie zu besuchen
Aber als wir kamen, war sie da.

Im zweiten Stock der Chausseestraße 125 am Fenster zum Garten steht währenddessen Helene Weigel. Sie raucht eine Zigarette. Sie schaut schon längere Zeit auf das kleine Gärtchen und den Friedhof dahinter. Sie sieht Brecht und Isot Kilian am Rosenbusch. Die kleine Rose kann sie nur erahnen. Aber sie sieht den Kuss bei den Rosen.

— *Was hat Helene Weigel wirklich gesehen? Was hat sie geahnt? Was konnte sie sich vorstellen?*

Auch die Dramaturgieassistentin Uta Birnbaum bekam einmal eine persönliche Einladung von Brecht. Auf dem Hof vor dem Theater kam er auf sie zu »mit 'ner kleinen Neigung nach vorne: ›Wenn Sie mich gern sprechen wollen, dann rufen Sie mich doch an‹ – er hatte einen kleinen Zettel – ›und hier ist meine Nummer.‹« Uta Birnbaum ist dann stante pede zu Brechts damaliger Chefsekretärin gegangen, zu Isot Kilian. »Die fiel beinahe in Ohnmacht und sagte: ›Du bist doch nicht etwa hingegangen?‹ Ich sagte: ›Nein, bin ich nicht.‹ – ›Das machst du auch nicht!‹ – Viel, viel später habe ich begriffen, was das eigentlich war. Man wusste nur, das war für eine junge Frau sehr gefährlich und so. Ich hab das einfach nicht gemacht, und er ist auch nie darauf zurückgekommen.«

Wie Helene Weigel reagierte, wenn Brecht anderen Frauen zu nahe kam, daran erinnert sich Uta Birnbaum noch genau: »Das wussten alle, dass die Weigel eifersüchtig ist wie ein Itsch!« – »Woran sah man das?« – »Die kriegte einfach so ein Gesicht ... Die konnte gucken, dass einem schlecht wurde. Ja, war 'ne strenge Frau. Aber auch 'ne ganz weiche, also da schloss das eine das andere nicht aus. Ich glaube, sie hätte alles ertragen, nur den Brecht auf irgendeine Weise, in irgendeiner Situation vor irgendeinem Menschen zu verraten, das hätte sie nie geschafft.«

Werner Hecht hat mir ein Interview vorgespielt, das er im Februar 1966 mit Helene Weigel in der Chausseestraße geführt hat. Ein großes Gespräch über ihr Leben, die Grundlage für seine Weigel-Biografie. Es ist das einzige Dokument, in dem Helene Weigel über die große Zumutung ihres Lebens spricht.

In Werner Hechts Wohnung also höre ich die Stimme von Helene Weigel, die ich sonst nur Brecht-Texte vortragend kenne. Hier nun ist sie nur sie selbst – nachdenklich, zögernd, etwas melancholisch, hin- und hergerissen zwischen dem Wunsch, sich auch über dieses wichtige Kapitel ihres Lebens mitzuteilen, und der selbst auferlegten Diskretion. Dabei um einen Moment der Wahrheit bemüht.

»... Und da sind auch diese – wirklich also für mich manchmal untragbaren Weibergeschichten da, mit diesen blöden Frauenzimmern, wo ich nie verstanden habe, was er von denen hatte. Also für mich waren einige von diesen Damen unverständlich. Wissen Sie, wenn ich über meine Beziehung zu Brecht was sagen sollte und nicht darüber auch spreche, wär es ein Verschweigen. Denn das war wichtig, natürlich. Aber so wichtig war's wieder auch nicht. (...) Aber das ist gar nicht so einfach, über diese Sachen ernsthaft zu sprechen und auf die anderen Damen nicht einzugehen. Denn das hat natürlich ...« Hier macht sie eine kurze Pause, dann setzt sie, beinahe trotzig, neu an. »Das war zwischen uns eine große Lie-

besbeziehung. Und das hat alles sehr, sehr weh getan! Das war nit einfach etwa.«

Brecht empfängt in seiner Wohnung in der Chausseestraße Wolfgang Harich, den Ehemann Isot Kilians. Harich ist dahintergekommen, dass Brecht ein Verhältnis mit seiner Frau hat. Sie ist leichtsinnig gewesen und hat das ihr gewidmete Gedicht in der ehelichen Wohnung herumliegen lassen. »›An die späte Rose‹ oder so ähnlich«, hat Harich da lesen müssen. Er ist zwar Literaturkritiker von Beruf – aber das wäre gar nicht nötig, er hätte auch so sofort verstanden, was da los ist. Isot hat erst alles abgestritten. Er hat ihr vorgeflunkert, Brecht hätte es schon zugegeben, da hat sie das Verhältnis nicht länger geleugnet. Er ist zornig auf Brecht, den er verehrt, er möchte die Angelegenheit mit ihm klären.

Die beiden sitzen sich an einem der Tische im Arbeitszimmer gegenüber. Brecht wirkt sehr gelassen und souverän. Er habe da schon einen Vorschlag. »Lassen Sie sich scheiden.« Das möchte Harich nicht. Er macht Brecht eine Szene, ganz in der Rolle des gehörnten kleinbürgerlichen Ehemannes. »Sie werden sich von ihr zurückziehen, das hört hier jetzt auf, die Sauerei!« In der Ehe mit Isot hat es zwar schon vorher gekriselt, auch nicht ganz ohne seine Schuld, aber sich gleich scheiden lassen ... »Aber ich liebe sie doch ... wieder oder wieder mehr.« Brecht ist immer für eine Überraschung gut, wenn es um die Ausschaltung von Konkurrenten geht. »Sie können Sie ja in zwei Jahren wieder heiraten.« Harich ist nun völlig perplex. »Wie stellen Sie sich das denn vor?« – »Ja, da können Sie zwei Jahre beweisen, ob Sie sie wirklich lieben.« Womit diese Scheidung auf Zeit als Selbstprüfung Harichs geradezu eine moralische Notwendigkeit wird, zum Wohle aller.

— *Wolfgang Harich hat diese Episode im Interview mit Thomas Grimm geschildert. Er fährt fort: »Das war ja sehr weise, aber die Beziehung mit Brecht war damit beendet bis Anfang 1956. Isot hat sich 1955 von mir scheiden lassen. Ich habe gesagt, ich wäre bereit, die Ehe aufrechtzuerhalten, wenn sie sich von dem Brecht trennt und zu mir zurückkommt mit dem Kind. Das hat sie vor Gericht abgelehnt.« Der Name »Brecht« wurde im Prozess nicht genannt; es war immer nur vom »Neuen« die Rede.*

Juni 1954. Auf dem Hof des Schiffbauerdammtheaters werden Requisiten und Bühnenbildteile auf einen Lastwagen geladen. Auch der Marketenderwagen der Courage wird über eine Rampe auf die Ladefläche gehievt.

Das Berliner Ensemble ist zu einem Theatertreffen nach Paris eingeladen. Eine internationale Jury wird die Aufführungen bewerten. Das ist die große Chance für Brecht, seine neue Art, Theater zu spielen, über Deutschland hinaus bekannt zu machen.

Paris, Juni 1954. Auf der Straße vor dem Hôtel du Louvre, wo die meisten Ensemblemitglieder untergebracht sind, ist gerade Brechts Wagen vorgefahren. Er ist mit dem Dienstwagen des Berliner Ensembles über Amsterdam, wo er einem PEN-Kongress beigewohnt und sich Rembrandts Gemälde *Anatomische Vorlesung* angesehen hat, nach Paris gekommen. Der Fahrer Lindemann ist ausgestiegen und übernimmt von Brecht eine Wolldecke. »Da kommt er!«, sagt Angelika Hurwicz. Neben ihr auf dem Trottoir steht Gerda Goedhart und schaltet die Kamera ein.

Mit Gerda Goedhart taucht eine faszinierende, selbstständige Frau mit einer abenteuerlichen Lebensgeschichte in unserem Spiel auf. Brecht soll über sie gesagt haben: »Das ist das Beste, was das jüdische Großbürgertum hervorgebracht hat.« Goedhart war eine selbstbestimmte, neugierige, freizügige und mutige Frau. Sie ist ein Beispiel für die Art von Frauenbeziehungen Brechts, die es eben auch gab: tatsächlich auf Augenhöhe, von beiden Seiten ohne Anspruch auf Dauer oder Ausschließlichkeit, ohne Abhängigkeit, in vollem Einverständnis.

Gerda Goedhart, geborene Weimann, geschiedene Singer war Brecht 1936 in London begegnet. Brecht war, vermittelt von der Freundin von Hanns Eisler, in die gleiche Pension gezogen, in der Gerda als jüdische Emigrantin ihre Praxis für Druckpunktmassage – Akupressur – hatte. Abbey Road Nr 148. Man lernt sich kennen, man schätzt sich, man geht gemeinsam ins Kino und sieht Chaplins Modern Times. *Man lacht über die witzige Kritik am kapitalistischen Zeitalter, in dem die Maschine am Ende den Menschen verschluckt.*

»Einige Tage später gingen wir zusammen ins Bett. Ich war nicht verliebt in Brecht, aber es machte mir Spaß. Brecht sagte danach immer ›Danke‹, und wir tranken einen Schluck Cognac. Als ich Brecht eines Tages erzählte, dass ich schwanger geworden war und man mir das Kind durch einen Abortus weggenommen hätte, dauerte es eine Weile, bis er reagierte. ›Das müssen Sie genau aufschreiben. Das ist doch wichtig zu wissen, wie man ein solches Problem löst, ohne viele Worte darüber zu verlieren.‹« Die Stimme von Gerda fand ich mit der freundlichen Hilfe meines niederländischen Kollegen Hans Olink auf einem Tonband in Amsterdam.

Im amerikanischen Exil lernt Gerda Goedhart auch Porträtfotografie. Nach dem Krieg lässt sie sich in Holland nieder, kommt von dort hin und wieder nach Ostberlin und fotografiert am Berliner Ensemble. Bei der Gelegenheit massiert sie Brecht und landet auch schon mal wieder in seinem Bett. So wäre es sicher weitergegangen, wenn sie sich nicht bei den Kreidekreis-*Proben in die Hauptdarstellerin Angelika Hurwicz verliebt hätte. Sie ist dann für ihr ganzes Leben mit Angelika zusammengeblieben. Die beiden hatten den Mut, in einer Zeit großer spießbürgerlicher Prüderie ihr Leben zu leben.*

Jetzt sind sie gemeinsam mit dem Berliner Ensemble in Paris. Gerda erzählt: »Eines Tages brachte ich Angelika ins Theater, wo sie proben musste. Ich wollte gerade mit meinem 2 CV wegfahren, als ich Brecht aus einem Taxi winken sah. Er stieg aus und sagte mir, dass er mit mir mitfahren wollte. Wir fuhren zusammen ins Hotel, wo ich zusammen mit Angelika ein Zimmer hatte. Und wir stiegen zusammen ins Bett. Es war sehr merkwürdig, dass ich das damals konnte, wo ich doch sehr verliebt war in Angelika. Ich fand es aber trotzdem schön, auf eine ganz andere Art und Weise. Wir tranken zusammen einen Cognac, und dann sagte Brecht: ›So, und nun fahren wir zusammen ins Théâtre Sarah Bernhardt und holen unsere gemeinschaftliche Frau ab.‹«

In ihrer Garderobe im Théâtre Sarah Bernhardt sitzt Helene Weigel und schminkt sich für die Vorstellung. Der Assistent Carl »Charlie« Weber kommt aufgeregt herein. »Es gibt Ärger mit der Festivalleitung. Der Julian verlangt, dass die Friedenstaube von Picasso vom Vorhang abgenommen wird!« Die gehört zum Berliner Ensemble, die hängt da immer. »Warum?«, fragt die Weigel.

»Kommunistische Propaganda, sagt er.«

Den Picasso wegzensieren lassen? Kommt nicht infrage. »Die Taube bleibt. Sonst tret ich nicht auf.«

Weber ist da nicht so rigoros. Wirklich die Vorstellung platzen lassen, die ganze Reise – umsonst? Da muss man doch wenigstens erst einmal den Brecht fragen! Wo der wohl wieder steckt – vielleicht im Restaurant?

In einem Zimmer des Hôtel du Louvre, oberstes Stockwerk, klingelt das Telefon. Es steht auf der Frisierkommode. Im Spiegel darüber taucht das Gesicht von Isot Kilian auf. Sie greift zum Hörer. »Hallo?« Sie kann kein Französisch, aber hier braucht sie es auch nicht. »Moment«, und sie reicht den Hörer weiter an Brecht. Er horcht einen Moment auf das, was Weber ihm am anderen Ende der Leitung erzählt, dann hat er sich auch schon entschieden. »Nehmt die Taube runter. Wir sind ja nicht hergekommen, um Picasso zu exportieren; wir sind hier, um zu spielen!« So erzählte es mir Carl Weber. Isot erinnert sich daran, dass schon bald nach dem Telefonanruf Käthe Rülicke drohend vor der Tür stand.

Paris, Théâtre Sarah Bernhardt. Premiere der *Mutter Courage*. In einer Loge sitzen Isot Kilian, Wekwerth, Besson, Rülicke, Weber, Palitzsch. Isot ist getrennt von Brecht ins Theater gekommen. Käthe Rülicke, die Bescheid weiß, blickt böse auf sie. »Die giftigen Worte, die die Rülicke zischte«, will Isot später nicht wiederholen. Brecht ist noch nicht im Theater. Er »verkrümelte sich immer bei Premieren«, sagt Isot Kilian.

Vor dem Marketenderwagen auf der Bühne liegt Angelika Hurwicz, Courages stumme Tochter Kattrin. Sie ist von den Soldaten erschossen worden, als sie die Bewohner der belagerten Stadt Halle mit ihrer Trommel vor der Gefahr gewarnt hat. Weigel zählt den Bauersleuten, die bei ihr stehen, das Geld für Kattrins Beerdigung in die Hand. Akkurat. Nicht etwa zu viel.

Courage/Weigel: »Da haben Sie Geld für die Auslagen.«

Die Bauersleute tragen die Tote weg. Nun ist die Courage allein.

»Hoffentlich zieh ich den Wagen allein. Es wird gehn, es ist nicht viel drinnen.«

Im Hintergrund zieht ein Regiment mit Pfeifen und Trommeln vorüber. Sie ruft: »Holla, nehmt's mich mit!«

Niemand hilft ihr, als sie sich ins Geschirr ihres Marketenderwagens legt und ihn mühsam anzieht. Sie singt das Lied vom Anfang. Da hatte sie noch drei Kinder.

Courage/Weigel: »Mit seinem Glück, seiner Gefahre / Der Krieg, er zieht sich lange hin / Der Krieg, er dauert hundert Jahre / Der g'meine Mann hat kein'n Gewinn.«

— *Der Krieg hört nie auf. Während* Mutter Courage *in Paris aufgeführt wird, ereignet sich der Untergang der französischen Kolonialmacht in Indochina. Die Pariser haben in der Wochenschau gerade die Niederlage von Dien Biên Phu erlebt, die Elendsgestalten der Geschlagenen gesehen. Das Mutterland Frankreich hat fürs Geschäft seine Söhne geopfert. Der Zufall der Geschichte hat Brecht ein ideales Publikum beschert.*

Courage/Weigel: »Jedoch vielleicht geschehn noch Wunder: / Der Feldzug ist noch nicht zu End! // Das Frühjahr kommt! Wach auf, du Christ / Der Schnee schmilzt weg! Die Toten ruhn!«

Die Courage verschwindet mit dem Wagen in der Ferne des Rundhorizonts.

»Und was noch nicht gestorben ist / Das macht sich auf die Socken nun.«

Der Vorhang fällt.

Ein sehr, sehr langer Moment des Schweigens. Die Truppe in der Loge beginnt schon, sich irritiert und betreten anzusehen. Brecht ist gerade erst angekommen und schaut zur Logentür herein. Er blickt fragend zu seinen Getreuen – was ist hier los? Da bricht ein orkanartiger Applaus aus. Die begeisterten Gesichter im Publikum, das frenetische Klatschen. Brecht schließt die Augen. Es ist geschafft.

Hinter dem Vorhang des Théâtre Sarah Bernhardt ist die tote Kattrin inzwischen aufgestanden. Angelika Hurwicz, Helene Weigel und die anderen hier haben atemlos auf die lange Stille gehorcht. Jetzt entspannen sich auch ihre Gesichter. Weigel schiebt sich nebenbei aus der Tasche ihr Gebiss in den Mund. Das hat sie wie immer in den letzten Szenen herausgenommen, um die Figur der gealterten Courage zu zeigen. Sie umarmen sich, während draußen der Applaus immer noch unvermindert anhält.

— *Der später sehr berühmte strukturalistische Philosoph und Literaturkritiker Roland Barthes hat am 7. Juli 1954 in seiner Kritik für den* Observateur *die Bedeutung dieser Aufführung und des Brecht-Theaters überhaupt gewürdigt. »Ich habe oft darüber klagen gehört, dass unsere Zeit noch kein Theater hervorgebracht hat, das auf der Höhe ihrer Geschichte ist. Nun, es gibt dieses Theater – es ist das von Brecht. (…) Mutter Courage glaubt, der Krieg sei für ihr Leben notwendig. Aber das, was da vor uns hingestellt wird, geschieht außerhalb von uns. Und im gleichen Moment, wo dieser Abstand gegeben ist, sehen wir, wissen wir, dass der Krieg nicht schicksalhaft ist. Das ist der große Beitrag von Brecht. Sein Theater erspart sich eine Predigt, und es ist dadurch viel machtvoller.«*

Für die Mitglieder des Berliner Ensembles war es ein berauschender Abend. Gerade in Paris bekamen sie den Erfolg und die Anerkennung, die ihnen zu Hause von der SED verweigert wurden. Ein Erfolg, den Brecht auf dem Festival im nächsten Jahr mit dem Kaukasischen Kreidekreis *wiederholen konnte. Allmählich begreift die Regierung, wie wertvoll das Berliner Ensemble für das Ansehen der DDR geworden ist.*

In der Loge des Théâtre Sarah Bernhardt hat sich Brecht inzwischen versteckt in eine Ecke gesetzt. Der Applaus dauert immer noch an. Dann geht ein Schweinwerfer auf die Loge, das Publikum dreht sich erwartungsvoll um. Brecht tritt etwas vor und verbeugt sich bescheiden. Trotzdem sieht man ihm den Stolz und das Glück an. Die Blitze der Pressefotografen. Brecht tritt wieder zurück ins Dunkel der Loge.

Brecht und Isot finden immer wieder Stunden, in denen sie allein in Paris spazieren gehen. Dabei entdeckt Isot eine Stadt, wie man sie sich in Ostberlin nicht vorstellen konnte. Wie eine große Pralinenschachtel. Die ganz andere Stimmung von Leben und Freiheit, wenn man es mit Ostberlin vergleicht. Die Schönheit der unzerstört gebliebenen Stadt gegen die große Wunde Berlin. Das Menschengewimmel auf den frühsommerlichen Boulevards. Die Auslagen in den Geschäften. Die Sehenswürdigkeiten. Der Weg hoch zum Montmartre.

Es gab auch Stunden, in denen Brecht, Helene Weigel und Bekannte aus dem Paris der Emigration zusammensaßen bei Wein, Käse und anderen Köstlichkeiten. An so einem Abend in der Freude des Erfolgs hatte sich Brecht etwas früher verabschiedet, sodass Isot Kilian allein mit Helene Weigel am Tisch saß. »Es war da kein Haß mehr von ihr oder Furcht, daß ich sie auseinandertreiben werde oder intrigieren oder darauf achten werde, daß sie kein gutes Leben hatte. Sie wußte das und hat mir die zwei letzten Jahre, die sie wenigstens mit B. in Freundschaft leben konnte, nicht vergessen.« So wollte es Isot 1982 – vier Jahre vor ihrem Tod – der Nachwelt überliefern. Damals lag Helene Weigel schon mehr als zehn Jahre neben Bertolt Brecht auf dem Friedhof an der Chausseestraße.

Isots Sätze klingen versöhnlich, und doch zeigen Worte wie »Haß« und »Furcht«, wie groß die Spannungen gewesen sein müssen, die Brecht den Menschen, die ihn liebten, zugemutet hat. Aber war es wirklich so harmonisch zugegangen, und war dann später, nach Brechts Tod alles vergeben und vergessen? Ein Gespräch mit Isot Kilians Tochter Isot Wöltke in Berlin lässt mich daran zweifeln. »Die Weigel war dann leider in ihren späteren Lebensjahren nicht mehr ganz so nett zu meiner Mutter. Meine Mutter hat dann das BE verlassen. Oder verlassen müssen, Mitte der Sechziger, ungefähr '65. Bis dahin hat sie es ausgehalten. Aber sie hat sie wirklich schikaniert. Auf Deutsch würde man heute sagen: Mobbing. Es war einfach nicht mehr tragbar. Sie kam dann nicht mehr damit zurecht.«

In seinem Bibliothekszimmer in der Chausseestraße sitzt Brecht vor seinem Tee und raucht seine Zigarre. Er schaut Martin Pohl erwartungsvoll an. Mit der Weihnachtsamnestie der DDR ist Brechts Meisterschüler nach zwei Jahren Haft freigekommen. Er will sich zunächst einmal bedanken, dazu ist er hier. »Und vielen Dank für Ihre Briefe – auch an den Staatsanwalt. So hatte ich das Gefühl, doch noch dazuzugehören. Dass ich nicht einfach verschwunden war. Es war ein Schutz.«

— *Brecht hat sich tatsächlich, sobald er erfahren hatte, dass Pohl verschwunden war, um seinen Schüler gekümmert. Er hat sich beim Justizminister nach dem Fall erkundigt, ein freundliches Gutachten für den Prozess geschrieben, sich um bessere Haftbedingungen bemüht und es vor allem geschafft, ihm einen Arbeitsauftrag der Akademie der Künste zu besorgen. So hat der Gefangene mittelhochdeutsche Gedichte übersetzen können, ein paar Bücher und genug Papier bekommen. Auch ein Gnadengesuch hat er für Pohl geschrieben.*

Helene Weigel kommt mit einem Tablett herein, ein paar Scheiben Stollen sind noch da von Weihnachten. »Schön, dass d' wieder da bist. Lasst es euch schmecken.« Dann lässt sie die beiden allein. Brecht winkt Pohl zu sich an den Tisch. »Pohl, jetzt erzählen Sie mal ganz genau, was Ihnen passiert ist.« Das ist heikel für Pohl, er hat unterschrieben, dass er nicht über den Fall spricht. Hätte er das nicht getan, hätten sie ihn gar nicht erst rausgelassen. Damit kann sich Brecht aber nicht abfinden. Er will aus erster Hand erfahren, wie es in diesem Staat zugeht vor Gericht und im Strafvollzug. »Erzählen Sie es mir trotzdem. Ich will es wissen!« Dass er nichts von dem weitererzählen wird, was er hört – das versteht sich von selbst.

Wie viel von den hässlichen Einzelheiten der letzten zwei Jahre Pohl an diesem Tag Brecht vor Augen geführt hat, wissen wir nicht.

Hat er ihm von Hohenschönhausen berichtet, dem abgeschirmten Stadtteil mit düsteren Gefängniszellen und zahllosen Verhörzimmern darüber? Der tiefer gelegene Zellentrakt wurde das U-Boot genannt. Hier saß Pohl nach seinem »Geständnis« mit vier Mann auf wenigen Quadratmetern, mit Holzstellagen zum Schlafen. Vorher die winzige Einzelzelle. Kleines, vergittertes Fenster hoch oben, fast unter der Decke, mit Milchglasscheibe. Ein Eimer für die Notdurft. Eine Klappe in der Tür, die täglich dreimal fällt: Morgens, mittags und abends wird ein Blechnapf mit widerlichem Essen reingeschoben. Man hat ihn sofort als Schwulen identifiziert. Ein »Hinterlader«! Der Vernehmer spuckt ihm ins Gesicht und holt zur Täuschung zum Schlag aus. Aber vorzeigbare Verletzungen soll es ja im Strafvollzug der DDR nicht geben. Pohl soll seine Verbrechen gegen die Deutsche Demokratische Republik gestehen. Man sagt ihm aber nicht, welche Verbrechen – auch wenn er noch so oft danach fragt. Schließlich erfährt er, dass er als Spion für den amerikanischen Geheimdienst CIC gearbeitet haben soll. Eine aberwitzige Konstruktion mit einem lügenhaften Kronzeugen. Der Verneh-

mer arbeitet mit massivem Schlafentzug, einer Foltermethode, die Pohl weichkochen soll. Die Verhöre finden die ganze Nacht über statt, am Tag muss der Häftling dann wach auf der Bettkante sitzen. Wenn er einschläft, schlagen sie von draußen mit Eisenstangen gegen die Tür. Man hat sie nicht kommen gehört, weil sie Teppiche auf den Gang gelegt haben.

Martin Pohl kommt zum Ende seiner Erzählung für Brecht. »Die Verhöre nachts, der Schlafentzug über Tag – da bin ich zusammengeklappt. Ich sagte dann dem Vernehmer: Schreiben Sie auf, was Sie wollen. Ich unterschreibe.« Brecht ist berührt von dem, was er da gehört hat, vor allem aber empört. Er versucht das für sich dialektisch einzuordnen. »Also sind Sie praktisch wegen einer Lüge verurteilt worden. Sie haben etwas zu Protokoll gegeben, was Sie nicht getan haben.« Pohl versteht nicht ganz, worauf Brecht hinauswill. »Aber das wussten doch alle!« Er hat ja sein erpresstes Geständnis widerrufen, wurde dann aber wieder in eine Einzelzelle verfrachtet. Wenn er weiter verstockt bliebe, könne er hier »über ein Jahr im Keller modern, bis es dann mit zerfressenen Lungen fünf Meter tiefer ginge«. Brecht will es dabei nicht bewenden lassen: Bei einer so offensichtlichen Ungerechtigkeit muss man doch den Rechtsweg beschreiten können, dieser typisch deutschen bürokratischen Justiz auf die Sprünge helfen! »Ich werde mich jetzt an die Justizbehörden wenden. An den Generalstaatsanwalt. Ich werde Ihre Rehabilitierung betreiben.« Pohl erbleicht vor Entsetzen und Panik, als er das hört. Sieht Brecht denn nicht, was er damit anrichten würde? »Um Gottes willen. Machen Sie das bloß nicht! Dann sitze ich morgen wieder im Knast.«

Zum Abschied bekommt der junge Lyriker noch den guten Rat, sich mit dem bewährten Mittel der Kunstproduktion wieder ins Gleichgewicht zu bringen. Das hat ja auch Brecht so oft geholfen. »Sie müssen vergessen, Pohl. Lesen Sie mal Oscar Wildes Ballade auf das Zuchthaus in Reading, da hat er wegen Homosexualität gesessen. Und schreiben Sie Ihre Ballade!«

Ich habe in Bremen Peter Lefold besucht, der mit Pohl zusammen angeklagt war und mit ihm gemeinsam die Haft in einer Zelle in Chemnitz (seit 1953 Karl-Marx-Stadt) abgesessen hat. Ein alter Kommunist, selbst ein Opfer der Partei, hat dort den Häftlingen Pohl und Lefold die Lage erklärt: »Die Justiz ist immer eine Waffe in der Hand der herrschenden Klasse. Bei uns herrscht nun die Arbeiterklasse. Im Klassenkampf ist es besser, zwei Unschuldige drinnen als einen Schuldigen draußen zu haben.«

Und zum Gedicht, das Pohl schreiben sollte, wie Oscar Wilde, der wegen Homosexualität in Reading eingesperrt wurde? Peter Lefold konnte eine Strophe, die Pohl in der Zelle geschrieben hat, nach einem halben Jahrhundert noch auswendig: »Ich bin nicht Holofernes/Und auch nicht Wilhelm Tell/Ich bin was ganz Modernes/Ich bin homosexuell.« Die Infame Ballade vom geschurigelten Pohl, zu der Meister Brecht seinen Schüler ermutigte, *gibt es aber auch, und eine Strophe daraus geht so: »Seid brav und bieder, fügt euch stumm,/Und striegelt euch die Haare:/Der Staub fegt um das Haus herum,/Zu Staub sind eure Jahre.«*

Als »Sühnemaßnahme« ist Pohl ein Schreibverbot für fünf Jahre auferlegt worden. Der Schriftstellerverband schlägt ihm vor, sich erst einmal zur Bewährung in ein Heim für schwer erziehbare Jugendliche einweisen zu lassen, obwohl er zu alt dafür ist. Dort soll er die Jugendlichen nach ihren politischen Ansichten aushorchen. Ein Homosexueller, denkt man sich wohl, muss dafür besonders geeignet sein.

»Man trug mir direkt Spitzeldienste auf, nicht. Und das machte das Maß voll. Da bin ich gegangen.« Der Schriftsteller Martin Pohl, Brechts begabter und geschätzter Meisterschüler, flüchtet in den Westen – ausgerechnet am selben Tag, an dem Brecht sich noch einmal in der Akademie für ihn einsetzt.

Im Schlafzimmer in der Chausseestraße ruht Brecht angezogen auf seinem Bett. Als das Telefon klingelt, nimmt er den Hörer ab. »Brecht.« Am anderen Ende der Leitung ist eine alte Bekannte, eine Schriftstellerkollegin. »Ja, liebe Anna Seghers. Was machen Sie denn in Moskau?« Anna Seghers ist Kommunistin und Präsidentin des Schriftstellerverbandes der DDR. Sie ist öfter mal in Moskau. Brecht richtet sich gespannt auf, setzt sich auf die Bettkante und hört aufmerksam zu. Während des Gesprächs belebt sich allmählich sein Gesicht, es hellt sich auf. Erst Überraschung und Staunen, dann kommen der Stolz und die ganz große Freude dazu. »Ist das amtlich? – Ja, selbstverständlich! – Auf Wiedersehen!« Richtig, Anna Seghers sitzt auch in der Jury des Stalin-Friedenspreises. Zusammen mit Ilja Ehrenburg, Alexander Fadejew, Louis Aragon, Pablo Neruda.

Brecht legt den Hörer auf. Allmählich begreift er es so richtig: der Stalinpreis! Offiziell heißt er »Internationaler Stalinpreis für die Festigung des Friedens zwischen den Völkern«. Die Gegengründung des sozialistischen Lagers zum Friedensnobelpreis. Man muss ihn annehmen, das ist selbstverständlich. Allerdings soll er in Moskau überreicht werden, und da hat Brecht gar keine guten Erinnerungen. 1941, die Zwischenstation auf der Flucht vor den Nazis aus Europa in die USA. Das furchtbare Sterben seiner besten Freundin und Mitarbeiterin Grete Steffin. Und diese politischen Unklarheiten damals, der Hitler-Stalin-Pakt, und das unaufgeklärte Verschwinden manch guter Freunde und Bekannter. Sein Übersetzer, der Tretjakow, die Maria Osten und der Kolzow. Vor allem Carola Neher, seine liebste Polly in der *Dreigroschenoper*. Bloß nicht dran denken. Auch seine Art, Theater zu machen, ist in der Sowjetunion ja bis heute nicht erlaubt. Dort gilt die Verordnung zum sozialistischen Realismus. Und dann ist da noch das Fliegen, diese unheimliche Situation, zehntausend Meter hoch in der Luft, nur von einer dünnen Stahlplatte unter den Füßen vom Abgrund getrennt. Man darf sich das gar nicht vorstellen. Da helfen ihm alle Vernunft und die ganze Wissenschaft vom Auftrieb der Aeroplane nicht weiter. Er wird auf alle Fälle vor seiner Abreise nach Moskau sein Testament machen und all seinen Besitz

unter Helli, die Kinder, aber auch die Geliebten beziehungsweise Mitarbeiterinnen verteilen. Die sind ja vielleicht manchmal ein bisschen zu kurz gekommen, und gebrauchen können sie's auch. All das muss man jetzt auf sich nehmen. Es ist zwar nicht der Literaturnobelpreis, aber immerhin. Die Ellbogen wird er dadurch schon ein Stück freier bekommen.

Inzwischen hat sich Brecht in seinem Arbeitszimmer an den Schreibtisch gesetzt. Helene Weigel, die er natürlich gleich angerufen hat, stürmt über den Flur herein, hocherfreut und etwas atemlos. »Jetzt holst du dir den Stalinpreis! Da werden unsere Gegner erst einmal ihre Goschn halten.« So steht sie vor ihm und malt sich noch einen weiteren Vorteil aus, den diese Auszeichnung mit sich bringen dürfte. »Und sind da nicht an die 100000 Rubel Preisgeld?« Das hat sie vertraulich leise gesprochen. Brecht antwortet ebenso diskret: »Die Hälfte davon in die Schweiz?« Daran hat Helli auch schon gedacht. »Für alle Fälle …« Die beiden wirken, wie sie die Köpfe zusammenstecken, einen Moment wie ein älteres Bauernehepaar, das die Ernteerträge zusammenrechnet.

Weigel geht an den großen Kleiderschrank und öffnet die Türen. Verschiedene Ausführungen von Brechtjacken hängen dort aufgereiht auf der Stange, für jeden Anlass eine passende, fürs Alltägliche, fürs Feierliche etc. Sie sucht das passende Kleidungsstück für die Reise nach Moskau, für die Preisverleihung, und ein Bankett gibt es da doch bestimmt auch noch. Brecht verkündet währenddessen eine weitere Entscheidung. »Und die Rülicke fährt mit nach Moskau. Sie kann dolmetschen.« Helli dreht sich gar nicht um, er muss es ja nicht unbedingt sehen, dass sie sich darüber freut. »Und Isotchen?« – »Bleibt hier. – Aber du fährst doch mit, oder?« Das war wohl nur eine rhetorische Frage. Helli ist zufrieden. Und jetzt hat sie auch die richtige Feier-Version der Brechtjacke gefunden, auf dem Bügel bringt sie sie Brecht hinüber an den Schreibtisch. Hält sie ihm hin, damit er ihre Auswahl billigt. »Ich hefte ihn dir persönlich an die Jacke!«

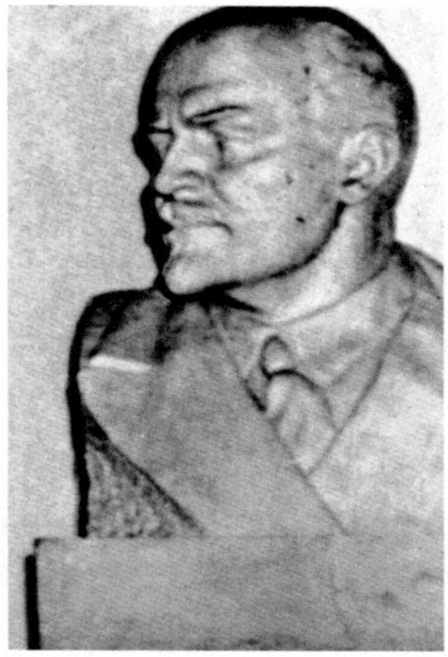

— *Im Swerdlowsaal des Kreml sehen wir am 25. Mai 1955 Brecht in genau dieser dunkelgrauen uniformartigen Jacke auf der Bühne stehen. Die Wochenschau zeigt, wie Helene Weigel versucht, ihm den Orden an die Brust zu heften. Rechts, denn auf der linken Seite hängen schon zwei. Gar nicht so einfach, die Nadel durch den Stoff zu bekommen.*

Erschwerend kommt dazu, dass Nikolaj Tichonow, der Vorsitzende des sowjetischen Friedenskomitees, und Brecht selbst immer wieder auf die richtige Stelle tippen, ihr nervös und ungeduldig einen Fingerzeig geben wollen, wo das Ding hingehört. Weiß sie ja schon, aber es dauert eben.

Offiziell heißt der Preis noch eine Weile Stalinpreis. So steht es auch noch auf der Urkunde, die man Brecht überreicht. Im Hintergrund des Podiums hat man aber schon die Büste Stalins gegen eine von Lenin ausgetauscht. Das ist die »stille Entstalinisierung«.

Im Swerdlowsaal des Kreml erteilt Tichonow Brecht das Wort. Schon der erste Satz, den der neue Preisträger ins Mikrofon spricht, ist das Programm, das Herz der Rede. »Der Friede ist das A und O aller menschenfreundlichen Tätigkeiten, aller Produktion, aller Künste, einschließlich der Kunst zu leben.«

Brecht erinnert daran, was er den marxistischen Klassikern zum Verständnis der Welt verdankt. Die zwei zurückliegenden Kriege haben ihre Ursache im Kampf aller gegen alle, den der Wettbewerb im Kapitalismus von den Menschen einfordert.

Kampf auf allen Lebensgebieten kann nie gut für den Frieden sein. Erst nach dem Sieg des Proletariats über den räuberischen Kapitalismus ist die Voraussetzung für den Völkerfrieden gegeben. Mit der Sowjetunion, China und anderen Staaten ist schon jetzt ein Viertel der Welt befreit und befriedet. Hier sind neue, friedliche Gesellschaften entstanden.

»Die Völker, die sich eine sozialistische Wirtschaft erkämpft haben, haben eine wunderbare Position bezogen, was den Frieden betrifft. Die Impulse der Menschen werden friedlich. Der Kampf aller gegen alle verwandelt sich in den Kampf aller für alle. Wer der Gesellschaft nützt, nützt sich selbst. Wer sich selbst nützt, nützt der Gesellschaft. Gut haben es die Nützlichen, nicht mehr die Schädlichen.« Was mit den Schädlichen unter diesen Umständen geschieht, musste er seinem Publikum nicht erklären. Stalins Sprache des Terrors und seine mörderische Praxis waren noch nicht vergessen. So lobt Brecht vor allem die vernünftig organisierte Gesellschaft der Nützlichen.

Im Sozialismus dient die Wissenschaft dem Fortschritt. »Die neuen Erfindungen können mit Freude und Hoffnung empfangen werden, anstatt mit Entsetzen und Furcht.«

— *»Entsetzen und Furcht« durch fehlgeleitete Wissenschaft – das ist gegenwärtig, im Kalten Krieg, die furchtbare Bedrohung der Menschheit durch die Atombombe.*

1955 beginnt Brecht, sich einmal mehr mit seinem Drama Leben des Galilei *zu beschäftigen, in dem er die Verantwortung der Wissenschaftler für den Gebrauch ihrer Forschungsergebnisse diskutiert.*

Auf der Bühne im Probenhaus steht eine Leinwand. Dazu hat Ruth Berlau einen Schmalfilmprojektor aufgebaut. Im abgedunkelten Raum zeigt Brecht den Mitarbeitern einen Film, um sie auf die Proben zum *Leben des Galilei* vorzubereiten. Im Gegenlicht vor dem Projektor sitzt Brecht neben Ernst Busch, seinem neuen Galilei. Dicht dabei der Assistent Tragelehn, erst seit Kurzem hier, wie auch der junge Peter Voigt. Isot Kilian und Käthe Rülicke sind mit dabei und, wie üblich, andere Mitarbeiter und Gäste. Brecht erläutert, was er ihnen da gleich vorführen will. »Als ich den Blitz in der Wochenschau gesehen hab, da habe ich mit Charles Laughton in Los Angeles den *Galilei* sofort geändert. Die Ruth hat unseren *Galilei* 1947 in Beverly Hills gefilmt.« Ruth Berlau freut sich, dass Brecht ihr Material nun verwenden kann und dass er ihre Mitarbeit erwähnt. »Der Charles Laughton konnte meine Fotoapparat nicht leiden, das laute Clack-Clack. Da haben wir dann eine Filmkamera gekauft. Eine 16-mm-Kamera und eine kleine Kabine dazu, damit das Surren der Kamera die Aufführung nicht stört.«

Auf der Bühne ist der 1947 noch britische, später amerikanische Film- und Bühnenschauspieler Charles Laughton zu sehen. Wer ihn aus Billy Wilders *Zeugin der Anklage* kennt, hat eine Vorstellung vom Genie dieses intelligenten Menschendarstellers. Jetzt ist er Galilei, mit freiem Oberkörper am frühen Morgen bei der Morgenwäsche. Brecht hatte mit ihm gemeinsam ab 1944 seinen *Galilei* in vielen Sitzungen ins Englische übersetzt und bei dieser Gelegenheit bearbeitet.

Brecht schaut mit Freude auf die Bilder dieser Aufführung. »Der frühe Morgen, die schöne Stunde, wie er sie genießt! Der erste Blick in die Bücher, der erste Unterricht. Das Denken ist eine körperliche Lust.« Anscheinend kommentiert er nur die Bewegungen Galileis; es klingt aber auch so, als ob er selbst von seinen eigenen Morgenstunden spricht. Doch geht es hier nicht um Privates. »Der Morgen eines neuen Jahrhunderts. Es ist eine Lust zu leben.«

Busch scheint Brecht hinter diesem Galilei zu erkennen, und

er übersetzt die Situation gleich ins Heute und Jetzt. »Ist ja fast wie bei uns – nur noch schöner!« Mit dem Beginn der neuen Zeit in diesem Staat, in dem sie leben – damit hat Busch schon eigene bittere Erfahrungen gemacht.

Dann sehen sie im Film die Studierstube Galileis. Er schaut mit dem neuen Fernrohr ins Weltall und sieht die neuen Wahrheiten, die vorher nur Theorie waren. Jetzt sind sie wissenschaftlich bewiesen. Brecht wendet sich an Busch, um die Bedeutung noch einmal hervorzuheben, damit er sie richtig umsetzt. »Das ist der historische Moment: Das neue Fernrohr zeigt die wissenschaftliche Wahrheit, die Erde ist nicht der Mittelpunkt des Planetensystems. Die Sonne ist der Mittelpunkt.«

Noch verteidigt der Papst die alte, die in der Bibel offenbarte Wahrheit. Die Erde ist der Mittelpunkt, und Gott hat Sonne, Mond und Sterne in ihren Kreisläufen am Himmel aufgehängt. Rom ist die Mitte der Weltschöpfung, und hier hat der Papst als Gottes Stellvertreter seinen Platz. Wer das leugnet, ist ein Ketzer und wird verbrannt.

»Schauen Sie hin, Busch. – Busch!« Brecht möchte, dass sich Busch an der amerikanischen Inszenierung orientiert. Sie ist das Modell. Aber Busch will nicht nach einem Strickmuster spielen. Dazu ist er viel zu selbstbewusst. Außerdem ist er ein völlig anderer Typ als Laughton, und das hat Brecht ganz genau gewusst, als er ihm die Rolle gegeben hat. »Ich bin nicht Laughton. Ich spiel den Galilei auf meine Weise.«

»Die Ursünde der Wissenschaft und das Endprodukt, die Atombombe: Das war ein ganz klarer Grundpunkt bei der Aufführung in Kalifornien«, sagt B. K. Tragelehn. »Und das spielte natürlich immer noch eine große Rolle für unser Denken in Berlin, zehn Jahre später. Es war die Situation des Kalten Krieges, der Koreakrieg war gewesen, die Blockade Westberlins war gewesen. Die Wiederbewaffnung war eine ganz aktuelle Frage. Das waren ganz unmittelbar politische Gesichtspunkte.«

Es ging um die Verantwortung der Wissenschaft für ihre Entdeckungen. Alles beginnt mit der Lust an der Erkenntnis. Doch was wird mit dem Wissen geschehen? Wer wird es gebrauchen oder missbrauchen?

Schon 1951 hatte Brecht in einem offenen Brief an die deutschen Künstler und Schriftsteller vor einem weiteren Krieg mit deutscher Beteiligung gewarnt: »Das große Carthago führte drei Kriege. Es war noch mächtig nach dem ersten, noch bewohnbar nach dem zweiten. Es war nicht mehr auffindbar nach dem dritten.« Das war seine größte Sorge in diesen Jahren.

Die DDR-Wochenschau Der Augenzeuge *zeigt im Februar 1955, wie Brecht, Isot Kilian und einige Herren um einen runden Tisch vor Papierstapeln sitzen. Dann erhebt sich Brecht und übergibt einen Haufen Unterschriftenlisten. 176 203 Unterschriften insgesamt hat man für Brechts Aufruf gesammelt, der sich gegen die Pariser Verträge richtet. Eines dieser Abkommen ist der NATO-Beitritt der Bundesrepublik, der ihr die Wiederbewaffnung ermöglicht. Brechts Erklärung dazu im vollen Wortlaut: »Wir erkennen die Pariser Abmachungen, die von der Adenauerregierung für ganz Deutschland geplant sind, nicht an. Wir wollen kein Deutschland, das in einem Kriegslager steht, denn ein dritter Krieg würde Deutschland unbewohnbar machen.« Brechts Unterschriftenaktion lief ungefähr gleichzeitig mit den* Galilei-*Proben.*

Durch die enge Durchfahrt zum Hof der Chausseestraße 125 schiebt sich vorsichtig Bertolt Brechts Cabriolet mit geschlossenem Verdeck. Im dichten Schneefall steuert Brecht langsam auf die Garage zu. Die nassen Flocken behindern die Sicht. Isot Kilian auf dem Beifahrersitz sieht mit großer Besorgnis, dass er es nur mit Mühe bis hierher geschafft hat. Da rumst die Stoßstange gegen die Garagentür. Brecht hustet. Isot fasst an seine Stirn. »Mein Gott, das ist Fieber!« – »Ise, ich bin so erschöpft.« Brecht schaut auf die quietschenden Scheibenwischer, die mit dem dicken, feuchten Schnee kaum fertigwerden. Er stellt den Motor ab. Dunkelheit und Schneefall. Schweigen.

In seinem Krankenzimmer in der Charité hat Brecht im März 1956 Besuch von Käthe Rülicke. Sie kommt mit etwas überaus Wichtigem. Sie hat in einer Mappe ein Dokument mitgebracht, das es offiziell gar nicht gibt. Brecht blättert etwas ratlos in dem Typoskript auf dünnem Durchschlagpapier. Rülicke erklärt es ihm. »Das ist die Geheimrede von Chruschtschow auf dem XX. Parteitag der KPdSU. Ein polnischer Offizier hat mir die Abschrift vertraulich zukommen lassen.« Brecht liest stockend, suchend. »Stalin ging den Weg des Terrors. Die Willkür einer einzelnen Person regte auch andere zur Willkür an und ermöglichte sie. Massenverhaftungen und Deportationen vieler Tausend Menschen, Hinrichtungen ohne Gerichtsurteil und ohne normale Untersuchung riefen einen Zustand der Unsicherheit und der Furcht, sogar der Verzweiflung hervor.« Käthe Rülicke ist ein gläubiges Parteimitglied. Es ist ihr fast unmöglich, dieses ganz neue Bild vom großen Stalin auch nur vorzulesen. So etwas stammte doch, wenn man es mal zu Ohren bekam, bisher immer nur vom Klassenfeind! Und jetzt kommt es von der obersten Instanz überhaupt, vom Ersten Sekretär der Kommunistischen Partei der Sowjetunion, von Nikita Sergejewitsch Chruschtschow. Eine Welt bricht für sie zusammen, und man sieht ihr die Verstörung an. Brecht dagegen ist äußerlich nichts anzumerken. Was er fühlt – Wut auf Stalin, der die Idee des Kommunismus verraten hat, Schmerz über das unendliche Leid, das so vielen Menschen zugefügt wurde, über das riesige Heer der Menschenopfer für die Partei –, anzusehen sind ihm solche Reaktionen nicht; auch Rülicke kann sie nicht in seinem Gesicht lesen. Wenn es bedrohlich wird, kann Brecht sein Herz, vielleicht auch sein Gewissen, vereisen. Vor allem muss er verstehen, einordnen, erklären. Auch, um den Abgrund, über dem man selbst steht, zuzudecken. So beginnt er mit dem dialektischen Umrechnen, die Opfer auf der einen Seite – und das Ziel, eine bessere Zukunft der Menschheit, auf der anderen. Brecht bilanziert. »Auch der Ausbruch aus der Barbarei kann barbarische Züge haben.« Das dialektische Denken kann viel erklären, das scheinbar Sinnlose begreift es letztlich doch als Walten der Vernunft, zur Not auch hinter dem Rücken der Menschen oder auf ihm. Käthe Rülicke ist zu tief getroffen und verunsichert durch die Zerstörung ihres Bildes vom Mutterland der Werktätigen, um diesem aphoristischen Kalkül so schnell folgen zu können. »Als er starb vor drei Jahren – wen haben wir da begraben?«

— *Nach dem Tod Stalin am 5. März 1953 war in den Wochenschauen ein Trauer-Spektakel in der Sowjetunion und ihren Satellitenstaaten zu sehen.* Der Augenzeuge *der DDR spricht unter den düsteren Klängen des obligaten Trauermarsches aus Chopins Klaviersonate Nr. 2 mit stark belegter Stimme zu seinen Zuschauern: »Stalins Herz hat aufgehört zu schlagen.« Dazu Bilder des winterlichen Moskau, des Katafalks mit einem gewaltigen Stalinporträt und einer Halle mit unübersehbaren Stuhlreihen trauernder Funktionäre. »Sein großes Herz schlägt in Millionen Herzen weiter. Sein Werk wirkt über die Jahrhunderte. Er lebte für das Volk. Er starb für das Volk. Im Volke lebte seine Unsterblichkeit.«*

Die Dichter der DDR haben sich zur ewigen Schande des Gewerbes mit ihren Trauergedichten im Kitsch gebadet.

»Den Namen Stalins trägt die neue Zeit/Lenin – Stalin sind Glücksunendlichkeit. (…) Seht! Über Stalins Grab die Taube kreist/

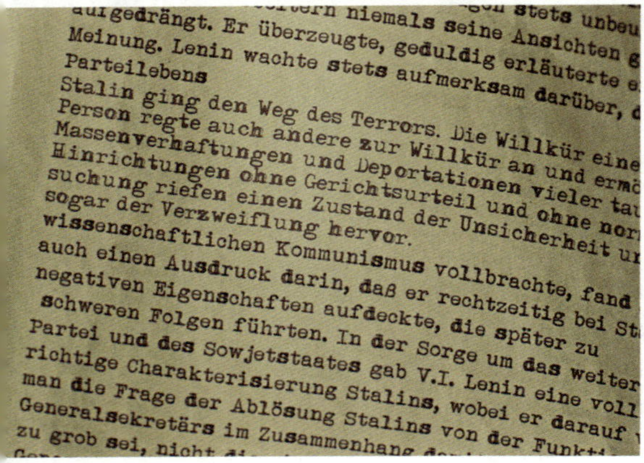

Denn Stalin: Freiheit – Stalin: Frieden heißt!/Und aller Ruhm der Welt wird Stalin heißen!/Laßt uns den Ewig-Lebenden lobpreisen!« Der Mann, der das dichtete, war Johannes R. Becher, knapp ein Jahr später Kulturminister der DDR, Brechts Chef sozusagen.

Auch Brecht hat damals dem Toten gehuldigt. »Den Unterdrückten von fünf Erdteilen, denen, die sich schon befreit haben, und allen, die für den Weltfrieden kämpfen, muss der Herzschlag gestockt haben, als sie hörten, Stalin ist tot. Er war die Verkörperung ihrer Hoffnung. Aber die geistigen und materiellen Waffen, die er herstellte, sind da, und da ist die Lehre, neue herzustellen.« Frei übersetzt: Stalin ist tot – es lebe der Stalinismus, die Rote Armee (inklusive Atombome), der Marxismus.

»Bei Stalins Tod wohnte ich bei Brecht. Wir beide saßen alleine beim Frühstück, und er sagte: ›Stalin ist tot. Na ja, was er über die Sprache geschrieben hat, das war Scheiße. Aber das, was er über die Ökonomie geschrieben hat, das hat doch alles Hand und Fuß.‹ Ein paar Wochen später war das auch alles Scheiße. Daß er, der kluge Brecht, sich in seiner Stalin-Beurteilung so furchtbar täuschte, hat ihn schwer belastet und, davon bin ich überzeugt, seinem frühen Tod ein Stückchen näher gebracht.« Erwin Strittmatter im SPIEGEL-Interview vom 2.11.1992.

An Brechts Krankenbett sucht Käthe Rülicke immer noch nach einem Ausweg. Wie konnte man so blind sein? Wie war das möglich? »Es kann doch nicht alles falsch gewesen sein. Unsere Ordnung gegen die kapitalistische Unordnung, gegen ihre Verbrechen.« Sein »Lob des Kommunismus« hat Brecht

auch noch im Kopf. »Gegen ihre Tollheit. Das bleibt. Trotz aller Fehler.« Brecht gibt ihr die Papiere zurück. Rülicke schaut ihn fragend an, ob sie weiterlesen soll. Brecht nickt. Sie liest, leise, stockend, betroffen, immer wieder von Pausen unterbrochen. »Aufgedeckt wurde, dass viele Parteiarbeiter, die in den Jahren 1937/1938 als ›Feinde‹ angesehen wurden, in Wirklichkeit niemals Feinde, Spione, Schädlinge und Ähnliches gewesen sind, dass sie tatsächlich immer ehrliche Kommunisten waren. Aber man hat sie angeschwärzt, und manchmal hielten sie die barbarischen Foltern nicht ...«

Rülicke hat das bisher fast flüsternd vorgelesen, hier kommt sie endgültig ins Stocken. Langsam steigen ihr – bei aller Fassung, die sie zu bewahren versucht – die Tränen in die Augen. Sie setzt noch einmal an, kann den Satz aber wieder nicht beenden. »... und manchmal hielten sie die barbarischen Foltern nicht ...«

Brecht mag so etwas nicht, die Bewegung, die Erschütterung, die da unkontrolliert ausbrechen wollen. Dem setzt er die eigene Beherrschung entgegen. Noch mehr nimmt er sich zusammen, noch etwas eisiger, härter fragt er nach: »Foltern? Steht da – Foltern?« – Rülicke schaut ihn stumm an und nickt nur. Brecht: »Also doch!«

Natürlich hatte man schon damals, bei den Moskauer Schauprozessen, und später immer mal wieder etwas in der Richtung gehört. Aber das konnte ja Propaganda des Klassenfeindes sein. Und selbst wenn was dran gewesen sein sollte – hatte man nicht unbedingt zur Union stehen müssen angesichts ihrer Bedrohung durch den Weltfaschismus?

Käthe Rülicke kann solche Zusammenhänge allenfalls erahnen. Brecht würde nie mit ihr darüber offen sprechen. Sie versucht jetzt, mit neuem Schwung fast beiläufig darüber hinwegzulesen – wie eine gute Sekretärin beim Diktat das Getippte für den Chef wiederholt. »... und manchmal hielten sie die barbarischen Foltern nicht aus und beschuldigten sich selbst schwerer und unwahrscheinlicher Verbrechen.«

Da schiebt mit einem Schlag an die Tür eine Krankenschwester einen Servierwagen herein. Vor Schreck lässt Rülicke die Blätter der Chruschtschow-Rede, die sie in der Hand hält, auf den Boden fallen. Schnell geht sie auf die Knie und sammelt das gefährliche Material wieder ein.

Die Krankenschwester stellt das Tablett mit dem Tee auf den Tisch. »Wie geht's denn unserem Herrn Brecht heute?« Dann sieht sie ein heruntergefallenes Blatt, das unters Bett geflattert ist. »Was ist denn da passiert? Wir wollen doch nicht schon wieder arbeiten?!« Sie bückt sich und will das Papier aufheben. Wie sie danach greift, versucht Rülicke ihr zuvorzukommen. »Danke, ist nicht nötig.«

Die beiden schauen sich an. Der misstrauische Blick der Krankenschwester. Sie hat das Blatt schon in der Hand und reicht es nun Rülicke mit spitzen Fingern hinüber. Sie blickt dabei demonstrativ zur Seite, als wollte sie sagen: »Ich habe nichts gelesen!« Dann schiebt sie verdrossen den Wagen aus dem Zimmer.

Brecht überlegt. Ein lang gehegter Verdacht wird bestätigt. Die großen Schauprozesse Stalins ein einziger großer, verbrecherischer Betrug mit gefälschten erpressten Aussagen?

Für Käthe Rülicke sind das alles neue, grundstürzende Tatsachen. Sie stellen nicht nur das über jeden Zweifel erhabene Genie Stalins infrage, sondern auch die Unfehlbarkeit der Partei. Wie kann sie damit fertigwerden? Mit klugen Schachzügen des Intellekts allein ist bei ihr der Schrecken nicht mehr so einfach in Schach zu halten. Trotzdem liest sie weiter, wenn ihr die Worte auch nur schwer über die Lippen kommen. »Bei der Säuberung wurden die Genossen nach der … Folter erschossen und die Urteile nachträglich angefertigt …« Das reicht. Brecht hat genug gehört. »Nein, Käthe. Die es geheim halten wollen, die haben recht. Man kann's nicht veröffentlichen, zu diesem Zeitpunkt. Jetzt nicht.« Damit gibt er ihr die Mappe hinüber, damit sie die Blätter wieder einpacken kann.

Brecht geht in seinem Arbeitszimmer in der Chausseestraße 125 auf und ab. Ein Husten quält ihn unerbittlich. Er hat immer noch Fieber. Er nimmt sein Medikament und spült es hinunter. Dann schaut er auf das Blatt Papier, das in der Maschine eingespannt ist. Ein Gedicht über Stalin. Er überliest es noch einmal zur Kontrolle. »... sprach zu ihnen mit Gewehr und Peitsche / Alle Tage der Woche, alle Werktage / Der verdiente Mörder des Volkes.« Brecht legt das Blatt in die Schublade des Stehpults und schiebt entschlossen das Fach zu. Dann dreht er den Schlüssel herum und zieht ihn ab.

— *Filmbilder: Berlin im Frühjahr 1956. Ein Volkswagen fährt durchs Brandenburger Tor von Westberlin in den sowjetischen Sektor der Stadt. Noch ist das Tor in beiden Richtungen offen, die Mauer wird erst in fünf Jahren gebaut. Wir hören den Sprecher der westdeutschen Wochenschau mit dem Drive dieser Jahre. Hart, kernig, mit Schwung und Überzeugung. »Die zweite Phase der Wiederbewaffnung der Deutschen Bundesrepublik hat begonnen. Rund 2000 Wehrpflichtige sind in die Ausbildungslager eingerückt.«*

Caspar Neher, der alte Freund, fährt mit seinem VW – »Brezelkäfer«, zuckertütenblau – am Eingang des Schiffbauerdammtheaters vor. Seit den frühen 50er-Jahren, mit der Verschärfung des Kalten Krieges, ist es zwischen Brecht und seinem Bühnenbildner zu keiner Zusammenarbeit mehr gekommen. Neher steigt aus und schaut sich um. Brechts Cabriolet steht schon da. In diesem Moment wird Helene Weigel mit ihrem schwarzen Dienstwagen, sowjetisches Modell, vorgefahren. Der Fahrer Lindemann hält ihr die Tür auf. Kurze Begrüßung. »Sag dem Brecht nicht, dass ich angerufen hab. Weißt schon. Er mag's nicht.« Damit betreten sie das Theater. Sie kreuzen das Foyer und gehen eine Treppe hoch Richtung Intendantinnenbüro. »Er ist ziemlich runter. Es sieht aus wie eine Grippe, will aber nicht aufhören. Das Fieber kommt und geht.« Jetzt ist Neher stehen geblieben, man sieht ihm die Beunruhigung an. »Er ist doch in Behandlung?« Das schon, aber zufrieden ist Helli damit nicht. »Die von der Charité und der Doktor Mertens aus dem Westen, die wiegeln ab. Und er will sich nichts anmerken lassen. Er probt und probt. In den Sitzungen der Akademie reibt er sich auf.« Neher muss daran denken, was schon in ihrer Jugend Berts größtes Gesundheitsproblem war. »Und sein Herz?« Weigel hebt besorgt die Augenbrauen. »Sehr wackelig, sagt er. Er bekommt Digitalis zur Unterstützung.« Vielleicht muss sie ihm noch deutlicher sagen, wie schlecht Berts Zustand ist. »Neulich im Kino mit der Isot, da musst' er plötzlich den Saal verlassen.« – »Ein Herzanfall?« – »Er hat plötzlich keine Luft mehr bekommen.« Damit muss sie Neher einen Moment sich selbst überlassen. Eine Schauspielerin wartet auf dem Gang auf sie. Sie will ihre kranke Mutter im Westen besuchen, sagt sie. Weigel muss eine Vertretung für sie organisieren. »Da muss halt die Christel für dich einspringen. Die hat eh nicht g'nug zu tun.«

Neher ist inzwischen schon durch die offen stehende Tür in eine der Logen gegangen. Von unten hört man die Stimme von Ernst Busch, der im Rock des Galilei auf der Bühne sitzt. Er lässt gerade seinen Assistenten durch das neue Fernrohr blicken. Frage Ernst Buschs an den Regisseur: »Muss er selbst nicht auch mal durchsehen?« Brecht sitzt auf seinem Platz neben dem Regiepult. Von hier oben kann Neher eigentlich keine große Veränderung an ihm feststellen, Brechts Spielfreude scheint noch

Beide Ebenen des Theaters am Schiffbauerdamm sollten ins Bild kommen. Unten auf der Bühne probt Brecht mit Ernst Busch den Galilei. In der Seitenloge oben flüstert Helene Weigel mit Caspar Neher. Es ist nicht leicht, die Drehgenehmigung für eine längere Zeit in einem Theater zu bekommen, das Theater am Schiffbauerdamm ist da keine Ausnahme. Unser Glück: Im 19. Jahrhundert wurden viele Theater sehr ähnlich gebaut. Auch in der k. u. k.-Monarchie. Und im tschechischen Liberec, dem ehemaligen Reichenberg, bekamen wir die Erlaubnis zu drehen.

ungebrochen, sein energischer Scharfsinn ebenfalls. Hier will er jetzt eine realistische Haltung Galileis, aus der Situation entwickelt, kein gedankenloses Klischee. »Nein! – Was sieht er denn? Die Sonne beleuchtet die Erde und den Mond. Die Erde wirft ihren Schatten auf den Mond. *Das weiß er ja!* Wenden Sie sich einfach nach vorne, genießen Sie den Triumph!«

Die Souffleuse flüstert Busch den nächsten Satz Galileis sehr schnell vor. »Was du siehst, ist, dass es keinen Unterschied zwischen Himmel und Erde gibt.« Nun ist es nicht so, dass Busch seinen Text nicht lernen will oder kann; vielmehr mag Brecht es nicht, wenn die Schauspieler schon mit einem fertig gelernten, fertig gestalteten Text zur Probe kommen. Da sind dann schon zu viele Vorentscheidungen gefallen, die man später kaum noch herausbekommt. Die Figuren sollen erst auf der Probe entdeckt und entwickelt werden. Busch spricht den Text jetzt so, wie er meint, dass er gesprochen werden soll – ein Vorschlag. »Was du siehst, ist, dass es keinen Unterschied zwischen Himmel und Erde gibt. Heute ist der 10. Januar 1610. Die Menschheit trägt in ihr Journal ein: Himmel abgeschafft.« Sein Freund Sagredo, selbst Wissenschaftler, sieht sofort, was das bedeutet, was es für Folgen haben kann. »Das ist furchtbar.« Brecht findet, dass er das nicht einfach so im Sitzen sagen sollte. »Hören Sie, Kamper: Da stehen Sie auf. Weil Sie entsetzt sind über die Folgen. Drehen Sie sich auch nach vorne, und bleiben Sie völlig starr.« Sagredo steht auf. »Wo ist Gott in deinem Weltsystem?« – Souffleuse: »In uns oder nirgends!« – Galilei/Busch: »In uns oder nirgends!« – Sagredo: »Wie der Verbrannte gesagt hat?« Damit erinnert er Galilei an den Ketzer Giordano Bruno, auch ein Astronom, der ebenfalls das geozentrische Weltbild abgelehnt und mit seiner These von der Unendlichkeit der materiellen Welt keinen Platz mehr für ein Jenseits gelassen hat. Vor der Inquisition hat er nicht widerrufen wollen, er ist auf dem Scheiterhaufen verbrannt worden. Das ist gerade mal zehn Jahre her.

Neher schaut hinunter auf seinen Freund, den Brecht. »Himmel abgeschafft« – so hatten sie schon in der Schulzeit geredet und seine Ketzerlieder gesungen. »Laßt euch nicht verführen!/Zu Fron und Ausgezehr!/Was kann Euch Angst noch rühren?/Ihr sterbt mit allen Tieren/Und es kommt nichts nachher.« Aber dieser Galilei da unten neben dem Regiepult, der soll mal ganz schön vorsichtig sein. Er hat auch seine Päpste, Kardinäle und den Apparat der Parteiinquisition um sich herum. Die halten fest am Dogma, und für die ist er doch der Ketzer. Der hantiert mit den Werkzeugen des dialektischen Materialismus wie ein Jongleur, der mindestens zehn Bälle in der Luft hält.

Da steht auch wieder die Intendantin neben ihm, die andere Sorgen hat. »Schau, dass der Brecht mal zur Ruhe kommt. Er braucht jetzt deine Hilfe. Du sollst fürs Bühnenbild zurückkommen.« Das kommt nun doch sehr überraschend für ihn. »Fest ans BE? In die DDR?« Das kann sich Neher ganz und gar nicht vorstellen. Helene Weigel merkt sofort seinen Widerstand, sie rudert zurück: »Nur für den *Galilei.*«

Im Bibliothekszimmer in der Chausseestraße 125, vor dem großen Bücherregal, sitzen Neher und Helene Weigel. Helli bemüht sich weiter darum, den alten Freund noch einmal aus dem Westen herüber ans Schiffbauerdamm zu Brecht zu lotsen, wenn auch nur für diese eine Inszenierung. »Ihr habt's damals in Basel mit der *Antigone* wieder zusammengefunden. Hier in der DDR kam dann der *Puntila,* der *Hofmeister,* das war doch was. Könnt ihr da nicht weitermachen?« – »Helli, in den ersten Jahren – es schien so, ja. Aber dann kam die Partei immer öfter dazwischen.« Neher hat das alles

nicht vergessen »Der *Lukullus,* sogar die *Mutter* und dann euer *Urfaust* – alles niedergemacht und abgewürgt. Sie zweifeln nicht, sie suchen nicht. Sie wissen ja alles besser. Sie kennen immer schon die Lösung.« Helene Weigel will jetzt nicht mit ihm streiten. Einen großen Vorteil gibt es aber hier im BE, den der Neher an keinem Theater auf der Welt bekommt. Das weiß er auch, aber man sollte es ihm ruhig noch mal sagen. »Trotzdem habt ihr hier die besten Arbeitsbedingungen. Du weißt, der Brecht probt über Monate, wenn es sein soll.« Neher schüttelt den Kopf. »Aber dann sagen sie ›Primitivismus‹, ›Amerikanismus‹, oder nennen sie das jetzt ›Kosmopolitismus‹? Und da sind dann schon wieder die Juden gemeint?« Kosmopolitisch: das heißt in diesen Tagen die Auflösung der nationalen Kultur, die Zersetzung durch den Klassenfeind. Der erste Schritt zur Zerstörung des Sozialismus. Doch darüber will er jetzt eigentlich nicht sprechen, zumal Brecht nun aus dem großen Arbeitszimmer zu ihnen herüberkommt. Er hat das Gespräch mitgehört, während er sein Medikament im Wasserglas verrührt hat. »Du hattest doch längst einen Namen. Hättest im Westen und Osten gleichzeitig arbeiten können.«

Neher ist aus dem Sessel aufgestanden und kommt ihm entgegen. Wie Brecht sich das vorstellt! »Ein Staatssekretär hat's mir damals schriftlich gegeben: ›Die Arbeit bei Brecht ist ein Politikum, ein Bekenntnis für die andere Seite.‹« Das stimmt natürlich, aber in Brecht steigt ungebremster Zorn hoch. Er springt auf, geht ans Fenster, kommt wieder zurück. Dabei steigert er sich immer mehr in seine Wut hinein. »Eine künstlerische Arbeit bei mir ein Politikum? Ein Bekenntnis für die andere Seite!« Neher bleibt ruhig, versucht zu besänftigen, zu erklären. »Für die andere Seite vom Eisernen Vorhang, so sehen sie das.« Jetzt schreit Brecht seine Wut ungebremst hinaus. »Eine Unverschämtheit ist das von dem Mann. Völlig indiskutabel. Eine Frechheit, eine bodenlose ist das. Schweinerei!« Was hier als wütender Ausfall gegen »den Mann« und seine Sachfeststellung hervorbricht, ist die Verzweiflung über die politische Situation. Seine Verbindung zum Theater im Westen wird abgeschnitten, seine Wirkung, sein Einfluss. Er fühlt sich wie eingesperrt. Neher dagegen sieht klar, was Brecht im Grunde auch weiß: »Der Mann« hat natürlich recht. In diesem Kalten Krieg zwischen Ost und West, die Russen mit einem Riesenheer in der DDR, die Amerikaner mit ihren Atomwaffen und Düsenflugzeugen, immer startklar, in der Bundesrepublik – da wird man zur Partei, ob man es will oder nicht. Neher sieht schon, dass es schwer sein dürfte, den Faden der Zusammenarbeit mit Brecht wieder neu zusammenzuknüpfen. Wenn nicht sogar unmöglich, wenn man mit solchen unsachlichen Ausbrüchen rechnen muss. Er versucht es weiter mit ruhiger Argumentation. »Du weißt es doch: In diesem Land wird jeder Text, jede Zeile von der Partei kontrolliert. Schon das Papier für den Druck wird erst nach der Zensur zugeteilt.« Brecht will das so nicht stehen lassen. »Gegen solche Dummheiten kämpfen wir an. Es hat sich schon viel gebessert.« Helli, die die ganze Zeit mit ihrer Zigarette dabeigestanden hat, fasst zusammen, wie sie ihre Stellung in der DDR sieht: »Es ist halt so: Wir sind nicht genau das, was sie wollen. Aber sie wollen nicht verlieren, was sie mit uns haben.«

— *B.K. Tragelehn schaut sich mit mir die Filmaufnahmen vom »Galileo« im Coronet Theatre in Los Angeles an. Wir sehen die Szene, in der die Florentiner Hofgesellschaft bei Galilei zu Gast ist und den Blick durch das Fernrohr verweigert. Sie will die Wahrheit nicht sehen, weil sie es besser weiß. »Diese Reihe des Hofs, wie die aufgestellt sind – das hat er nachgebaut.« Tragelehn zeigt auf die Hofgesellschaft, wie sie Brecht und der Regisseur Joseph Losey auf die Bühne gestellt haben, streng nach Macht und gesellschaftlichem Rang sortiert in einer Reihe. »Das ist so wie die Stellung der führenden Genossen auf der Tribüne bei der Parade auf dem Roten Platz ... oder auf dem Marx-Engels-Platz.« Ich konnte mich sofort an die Wochenschaubilder von den Paraden der sozialistischen Macht erinnern und daran, was sie bedeuteten. »Für Kenner aufschlussreich.« Wer dort neben Stalin stand, war der Macht nahe. Tragelehn korrigiert sofort meine Einschränkung: »Aber das Publikum bestand nur aus Kennern.« Und dann fällt ihm noch eine Parallele ein: wie man in der DDR jeweils ungeduldig auf den Tod des roten Papstes in Moskau gewartet hat. Die gleiche Stimmung der Hoffnung wie bei Galilei, als der alte Papst im Sterben liegt.*

»Ludovico: Sie haben in Rom seinerzeit unterschrieben, daß Sie sich nicht mehr in diese Erde-um-die-Sonne-Sache einmischen würden, Herr.

Galilei: Ach das! Damals hatten wir einen rückschrittlichen Papst!

Frau Sarti: Hatten! Und Seine Heiligkeit ist noch nicht einmal gestorben!

Galilei: Nahezu, nahezu!« – Und er stürzt sich wieder in seine Arbeit.

G*alilei*-Probe auf der Bühne des Schiffbauerdammtheaters. Galileis ehemaliger Schüler Andrea ist auf der Durchreise zu einem letzten Besuch bei seinem einst verehrten, jetzt wegen seines Widerrufs verachteten Lehrer in dessen Landhaus. Hier lebt der Gelehrte als überwachter Gefangener der Inquisition bis zu seinem Tod. Galilei eröffnet Andrea, dass er in den hellen Nächten die *Discorsi,* die Grundlagen seiner neuen Physik, heimlich weitergeschrieben hat. Er zeigt auf einen Globus, in dem das Manuskript versteckt liegt. Andrea öffnet den Mechanismus, der Globus teilt sich, er hält den Text in der Hand. »Die *Discorsi!*«

Brecht kommt eigens aus dem Parkett auf die Bühne, um die letzte entscheidende Wendung in der Entwicklung der Galilei-Figur zu erklären. »Die Inquisition hatte Galilei unter Androhung der Folter zum Widerruf gezwungen. Sein neues Weltbild musste er als Irrtum verleugnen.« Damals hat sich Andrea mit Abscheu von seinem Lehrer abgewandt; jetzt, mit dessen Schriften in der Hand, sieht er die Lage in völlig neuem Licht. »Sie versteckten die Wahrheit vor dem Feind. Das ändert

alles.« – »Erläutere das, Andrea.« Galilei möchte seine Rehabilitation beschrieben hören wie ein wissenschaftliches Experiment.

Brecht steht jetzt zwischen Ekkehard Schall, der den Schüler spielt, und Ernst Busch als Galilei. Er markiert noch einmal deutlich den Wendepunkt in der Einschätzung Galileis durch Andrea. »Bisher war er für Sie der Verräter aus Angst vor der Folter. Jetzt machen Sie einen Helden aus ihm.« Und Schall/Andrea spricht probierend seine Antwort an Busch/Galilei: »Mit dem Mann auf der Straße sagten wir: Er wird sterben, aber er wird nie widerrufen. – Sie kamen zurück: Ich habe widerrufen, aber ich werde leben. – Ihre Hände sind befleckt, sagten wir. – Sie sagen: besser befleckt als leer.« Busch / Galilei greift das gerne auf. Mit kaum verhohlener Befriedigung: »Besser befleckt als leer. Klingt realistisch. Klingt nach mir.« Brecht schaut von Schall zu Busch oder von Andrea zu Galilei.

— *Ich habe Brechts Assistenten Tragelehn nach dieser Stelle gefragt. »Das kommt Ihnen auch bekannt vor?« Seine Antwort kam schnell: »So ist es. Es ist eigentlich erstaunlich, dass diese Identität erst so spät gesehen worden ist. Merkwürdig.« Ich frage Tragelehn nach dem Grundton dieser Jahre, der 50er in der DDR, als ja auch öfter Widerrufe oder Schuldbekenntnisse von Intellektuellen oder Künstlern zu lesen waren, wenn sie der Parteiinquisition in die Hände gefallen waren. »Selbstkritik« hieß das dann. Kam einem da nicht eine gewisse Ähnlichkeit zu Galileis Geschichte in den Kopf? »Es ist mir damals, bei den Proben, die Bedeutung nicht klar gewesen. Ich hätte es nicht formulieren können. Aber alles, was sich mir eingeprägt hat, ist dieser Zusammenhang. Der Grundpunkt ist eigentlich die Identität von Brecht und Galilei. Brecht steht, geht, redet wie Galilei. Das kann nichts mit ›Vormachen‹ zu tun haben.«*

Tragelehn erzählt mir von einer Schallplatte, die Brecht ihnen damals vorgespielt hat. Es ist eine Aufnahme mit der Stimme von Charles Laughton, Brechts amerikanischem Galilei, gerade in dieser Szene mit der Entschuldigung durch Andrea und der darauf folgenden Selbst-

anklage. Ruth Berlau war Ende 1947, nach der fluchtartigen Abreise Brechts nach Europa, in New York geblieben. Sie sollte bei den Proben für die New Yorker Aufführung des Galilei *darauf achten, dass das in Los Angeles erarbeitete Modell hier nicht verfälscht wurde. So ging sie mit ihm und dem jungen Schauspieler Nick Persoff, der den Andrea spielte, in das Recording-Studio der Carnegie-Hall. Laughton hatte in der Tat einige kleinere Änderungen an seiner Rolle vorgenommen, und die wollte er Brecht nun vorführen, damit man sie von Kontinent zu Kontinent besprechen konnte. Mit einer Entschuldigung für die unbedeutenden Freiheiten, die er sich erlaubt hatte, und einem respektvollen, freundschaftlichen Gruß direkt aus der Sprechzelle kam die Aufnahme dann bei Brecht in Zürich an.*

Und jetzt sitzt Brecht im Bibliothekszimmer in der Chausseestraße und spielt seinem Freund Cas diese Platte vor. Sie sind bei der Selbstanklage Galileis.

Aus dem Plattenspieler kommt die sonore Stimme von Charles Laughton. Es ist, trotz der profanen Entstehungsbedingungen, eine überaus intensive Vorstellung des großen Schauspielers, fast ein intim angelegtes Hörspiel.

Brecht und Neher: ihre Blicke, das Unausgesprochene. Beide wissen, dass der andere weiß. Und dennoch: Laughtons bewegende, suggestive Rede berührt Neher, sie steigert noch einmal seine empathische Zuneigung zum Freund. Und sie zeigt ihm, selbst im Gewand der fremden Sprache, ganz deutlich die Kraft dieses Stückes. Es wäre eigentlich unverzeihlich, nicht dabei zu sein.

Galileo/Charles Laughton: »I have formed the opinion, Sarti, that I was never in real danger. *Ich habe die Überzeugung gewonnen, Sarti, daß ich niemals in wirklicher Gefahr schwebte.*«

Brecht saugt im Dunkel an seiner Zigarre. Der Glutpunkt leuchtet hellrot auf.

»Einige Jahre lang war ich ebenso stark wie die Obrigkeit. Und ich überlieferte mein Wissen den Machthabern, es zu gebrauchen, es nicht zu gebrauchen, es zu missbrauchen, ganz wie es ihren Zwecken diente. Ich habe meinen Beruf verraten. I have betrayed my profession.«

— *Ich frage B.K. Tragelehn, ob er glaubt, dass Brecht wusste, dass er mit Galilei auch etwas über sich, über seine Situation erzählt. Wenn Tragelehn nachdenkend an seiner Zigarre saugt und dann bedachtsam und pointiert spricht, kommt er für einige Momente der Person sehr nahe, die ich mir bei ›meinem‹ Brecht vorgestellt habe. »›Wusste‹ ist ein sehr schwieriger Begriff.« – »Ahnte?«, schiebe ich probeweise nach. Man sieht Tragelehn die Freude am Denken im Gesicht an. »Das betrifft den Unterschied zwischen Wissenschaft und Kunst. Das ist eine verschiedene Art Wissen. Er hat's geschrieben. Ob er es diskursiv formuliert hätte, ob er es diskursiv hätte formulieren können, das ist eigentlich eine zweitrangige Frage. Er hat das Stück geschrieben.«*

Noch ganz unter dem Eindruck der Stimme von Laughton/Galilei fragt Neher vorsichtig bei Brecht/Galilei nach. »Und verzeiht sich Galilei seinen Verrat?«

Brecht gefällt die Dialektik Galileis. »›Besser befleckt als leer.‹ Beides gilt, die Leistung und der Verrat. Galilei hätte sein befreiendes Wissen dem Volk übergeben müssen.« Neher lächelt. »Das sagst du?« – »Wir stellen Fragen.« Ja, gewiss, »... der Vorhang zu und alle Fragen offen«, so schließt *Der Gute Mensch von Sezuan*. Aber ist das auch die ganze Wahrheit? Sind die Fragen nicht häufig so gestellt, dass nur bestimmte Antworten übrig bleiben? »Manche denken, auch der Brecht weiß schon vorher die Antworten.« Brecht lächelt ein wenig, dann wird er sehr ernst. »Vorsicht bei den Antworten. Wir sind Seiltänzer, wir brauchen das Seil, um darauf zu tanzen – sonst verwenden sie das Seil plötzlich, um jemand dran aufzuhängen.«

— *Jemand sieht sich selbst stets gefährdet, weiß zugleich aber auch um die Gefährlichkeit seiner Produktion, wenn diese in die falschen Hände gerät. Kann einer mit einer derart kritischen Berufsauffassung nur der Propagandist einer Ideologie sein?*

Tragelehn wünscht sich, dass bei der Inszenierung des Galilei *die zentrale Frage offengehalten wird. »Ich fand die Frage nach der Rechtfertigung oder Verurteilung von Galilei unbeantwortbar. Die muss weitergereicht werden. Die darf das Theater nicht beantworten. Die muss immer wieder neu beantwortet werden – im Publikum.«*

Es ist dunkler geworden. In der Dämmerung kommt Brecht, gestützt auf seinen Stock, zu Neher herüber. Er hat einen Band mit Cicero-Briefen in der Hand, den er von seinem Freund bekommen hat. »Dank dir auch noch für den Cicero. Da könnten wir was verwenden für den *Coriolan,* falls wir da noch mal rangehen. Die Hermen, diese Standbilder, denen nach jedem Regierungswechsel neue Köpfe aufgesetzt wurden. Eine schöne, eine praktische Idee.« Neher hat den Cicero auch noch einmal gelesen. »Auch die Sitte der Römer, sich bei der Bewerbung um ein neues Amt in Sack und Asche zu kleiden, ist schön.« Brecht hat die Stelle gefunden, er liest sie vor. »Itaque in luctu et squalore sum.« Dann übersetzt er sie gleich. In Latein ist er auf dem Gymnasium ja immer gut gewesen, »Dulce et decorum …« – »›Deshalb bin ich im Trauerkleid und mit Asche bestreut.‹ Wirklich ein schöner Brauch. Stell dir mal Adenauer vor, wie er so vor seine Wähler tritt, in Sack und Asche …« Brecht bricht in sein meckerndes Lachen aus. Neher kontert: »Oder Ulbricht vor die Volkskammer?« Die Vorstellung findet Brecht fast genauso komisch. »Ist leider ganz aus der Mode gekommen«, sagt er, schon etwas abgelenkt. Denn er ist unten auf der Seite auf eine Anmerkung zu dem Satz gestoßen. »Hier steht auch noch: ›Im Trauerkleid und mit Asche bestreut‹ – ein alter Brauch auch beim Begräbnis von Freunden.« Neher erschrickt, das hat er ihm nun ganz und gar nicht sagen wollen. »Das hatte ich gar nicht gelesen.«

Aber es ist genau das, worüber der Freund jetzt, am Abend,

vor dem Abschied, mit ihm sprechen will. »Cas – dort unten werdet ihr bald stehen, in luctu et squalore.« Neher steht auf und kommt herüber zu Brecht, sehr nah. Er spricht jetzt wieder stärker die alte »Augschburger« Mundart. »Ah, geh, du Depp. Was redst denn da!« Brecht spricht leise, bestimmt, fast beschwörend. »Wenn's so weit ist, versprich's mir, dann machst du mir den *Galilei* fertig. Mit dem Erich Engel. Der ist ja schon bei den Proben dabei.« Das kommt nun doch zu plötzlich für Neher. Ein Abschied für immer, jetzt gleich? Vor Bestürzung findet er kaum Worte. »Nein, nein! Du glaubst doch nicht … nein! Du willst nicht sterben! Es ist doch noch so viel zu tun!« Brechts Gesicht hat sich schon wieder verwandelt, der tiefe Ernst ist einer fast heiteren Gelassenheit gewichen. All diese Stimmungen trägt Brecht in sich, und sie liegen dicht beieinander. Als wäre nichts gewesen, macht er schon wieder Pläne. »Aber dann – mit sechzig, da könnten wir uns zur Ruhe setzen. Lassen die Assistenten arbeiten. Was denkst du – ein Haus unter südlichem Himmel?« Darüber lässt sich reden, gerne sogar. Das war schon immer so eine Idee von ihnen, und es musste ja nicht gleich Timbuktu sein. Neher ist froh, dass ihre Unterhaltung wieder in der üblichen Beiläufigkeit angekommen ist. »Und viel Zeit für unsere Gespräche!«, vollendet er die wohltuende, flüchtige Zukunftsvision. Dabei hat er sich ein Glas Bier eingeschenkt. Bayrisches Bier, das Brecht neuerdings für sich aus dem Westen importiert, mit Extra-Einfuhrgenehmigung vom Außenhandel der DDR. Auch Brecht hebt sein Glas. »Wie damals in Augsburg.«

Brecht hat gesagt, was zu sagen war. Jetzt steht er auf einmal mit seiner Gitarre in der Tür, lacht etwas verwegen und spielt ein Lied zum Abschied. Fast wie damals in seiner Wolfshöhle, dem Kraal, oben unterm Dach in der Bleichstraße Nr. 2 in Augsburg, für die Clique der Verworfenen. Jetzt ist es aber kein eigenes, sondern ein Wiener Lied, und den richtigen

Dialekt hat er sicher von seinen beiden Ehefrauen. Es ist munter, und es ist zugleich traurig. »Wann I amoi stirb, stirb, stirb, / Müaßen mi d' Fiaker tragn / Und dabei Zithern schlag'n, / weil I des liab, liab, liab, / Spielt's an Tanz laut und hell, allweil fidel.« Von seinem Platz aus kann Neher unten den Friedhof sehen, jetzt nur noch tiefes, fast schwarzes Dunkelgrün. Merkwürdig, wie Brecht seine eigene Beerdigung im Spaß besingt. »Die Maderln von Wien, Wien, Wien, / Wer'n in der Trauer gehn / Und um die Bahr da stehn. / Er ist dahin -hin -hin. / Der Geist war, meiner Seel, allweil fidel.« Brecht pfeift den Refrain leise und melancholisch, aber immer noch flott. Neher steht auf, stellt sich neben ihn, dann pfeifen sie gemeinsam.

Kurze Zeit später steht Brecht am Fenster zum Hof. Unten ist Neher in seinen Volkswagen eingestiegen. Der lange Cas in den kleinen Käfer. Muss sich fast bücken drinnen. Als der Motor schon läuft, beugt sich Neher noch mal vor an die Frontscheibe und grüßt nach oben. Brecht winkt zurück, die Zigarre in der Hand. Nachdenklich schaut er dem Auto nach, das vorsichtig durch die enge Toreinfahrt hinausgesteuert wird auf die Chausseestraße. Von dort wird es über die Friedrichstraße und die Linden durchs Brandenburger Tor in den Westen fahren, in eine andere Welt.

Am 10. August 1956 probt man im Schiffbauerdammtheater den *Kreidekreis* für ein Gastspiel in London. Ernst Busch steht im Kostüm des Armeleute-Richters Azdak vor seinem Richterstuhl. Die anderen Darsteller sind noch dabei, sich ihre Positionen für die Gerichtstag-Szene zu suchen. Regine Lutz steht mit auswattiertem Kostüm in der Maske einer alten Frau neben Angelika Hurwicz, der Grusche. Tragelehn, Rülicke und andere Assistenten sitzen im Parkett. Hans Bunge hat ein Mikrofon vor Brecht aufgebaut, so reicht seine Stimme von unten vom Regiepult über einen Lautsprecher bis nach oben auf die Bühne. Bunge probiert das Mikrofon und den Lautsprecher aus. »Achtung! Achtung! Eins, zwei!«

— *»Und da ging's ihm so schlecht, dass er nicht mehr raufbrüllen konnte zur Bühne«, erzählt mir »Charlie« Weber, der damals selbst hinter der Bühne auf seinen kleinen Auftritt wartete. »Das war zwei Tage, bevor er starb. Er hat ja bis zum vorletzten Tag noch probiert.«*

Helene Weigel geht in der Maske der Gouverneursfrau aufgeregt zwischen den Mitgliedern des Ensembles hin und her. »Alles tun, was er sagt! Regt ihn nicht auf. Bitte heute alles tun, was er sagt. – Gebt acht. Der Brecht darf sich jetzt nicht mehr aufregen!«

Unten sitzt Isot Kilian neben Brecht. Sie ist sehr besorgt und lässt ihn nicht aus den Augen. Bunge dreht das Mikrofon in Richtung Regiepult. Brechts Stimme ist leise und kraftlos geworden. »Hört amal zu. – Hallo!« Es ist jetzt ganz still im Theater, man wagt kaum zu atmen. »In London werd ich nicht dabei sein. Für das Gastspiel dort müssen wir jetzt noch einmal alle etwas schneller werden. Sie langweilen sich sonst in England. Sie verstehen ja nicht alle Deutsch. Aber der Handlung werdens mit den Bildern, mit euren Gesten schon folgen können. Deshalb latscht nicht so gemütlich durch die Szene – nicht fußgängerisch spielen! Mehr Tempo. – Das schauen wir uns jetzt noch amal an.« Das war ganz leise gesprochen, mit vielen Pausen, nur beim »fußgängerisch spielen« ist noch etwas von der früheren Energie zu spüren gewesen. Eine beängstigend schwache, brüchige Stimme. »Das klingt ja wie 'ne Stimme aus dem Grab«, flüstert Angelika Hurwicz der kleinen Lutz zu.

Wenig später kommt Regine Lutz in der Rolle der alten Frau von der Bühne herunter zu Brecht ans Regiepult. Sie steht jetzt neben ihm und neigt sich mit ihrem Ohr dicht an seinen Mund, damit er sich nicht anzustrengen braucht. »Regine, nicht zu viel illustrieren. Die alte Frau, die ist nicht krank, die ist nicht dumm, die ist nur – dick.« – »Ja.« Sie hat schon verstanden. Brecht schaut sie an. Ein kleines, nur ganz schwaches Lächeln fliegt über sein Gesicht. Die Kleine wird ihren Weg machen. Sie hat jetzt fast alles, was sie fürs Spielen braucht. Und er sieht auch, dass sie es weiß und es ihm dankt.

— *»Ich habe ihm alles zu verdanken. Alles, was ich bin, was ich wurde danach – das habe ich alles ihm zu verdanken. Und er gab mir die Hand; die Hand war so schlaff und so drucklos.« Fast hätte sie ihm die Hand geküsst – das sagt Regine Lutz mir viele Jahre später.*

»Ich werd heut nicht so lang bleiben können. Gute Reise.« Schneller Abschied, er ist schon wieder mit den Gedanken bei der Probe, und er braucht all seine Kraft dafür. Sie geht zurück auf die Bühne und dreht sich noch einmal um. Ein letzter Blick zu dem kleinen Mann hinter seinem Pult, umgeben von seinen Assistenten.

— *Am Ende meines Besuchs möchte ich Regine Lutz noch einmal fragen, wer dieser Mann eigentlich war. »Er hat viele Menschen in Anspruch genommen für sein Leben und für seine Pläne …« Regine Lutz unterbricht mich sofort, damit ja kein falsches Bild entsteht. »… aber er hat unendlich viel gegeben, wenn man den Verstand hatte, es zu nutzen.« Ich unternehme einen zweiten Anlauf. »Sie waren so viele Jahre bei ihm. Sie waren eine von ihm sehr geliebte Schauspielerin. Haben Sie das Gefühl, Sie haben ihn gekannt?« Sie denkt nach. Dann lächelt sie. »Er hat mich gekannt! Und zwar sehr gut. – Ihn konnte man nicht kennen.«*

Im großen Arbeitszimmer in der Chausseestraße geht Helene Weigel unruhig auf und ab. Hin und wieder wirft sie im Vorübergehen einen Blick durch die Tür in Brechts Schlafzimmer. Gerade fährt ein weiß gekleideter Helfer einen Elektrokardiografen auf einem Wägelchen heraus. Im Schlafzimmer beugen sich drei Ärzte über Brechts Bett. Sie sprechen leise miteinander, eine Art Konsilium. Von draußen versteht man nur einzelne Worte, »Harnwegsinfektion«, »perikarditisches Reiben«, »verdeckter Herzinfarkt«.

Professor Beyer hört Brecht mit dem Stethoskop ab. Der Patient ist schweißnass und hat dabei Schüttelfrost. Sein Atem geht schnell und flach. Das Herz rast und flattert, es bringt keine Leistung mehr. »Da ist fast kein Puls mehr«, stellt der Arzt fest. Jetzt schlägt das Herz nur noch ganz schwach. Brecht sackt mit dem Kopf weg.

— *Als Brechts Tochter Barbara in der Stunde vor Mitternacht in das Schlafzimmer schaut, sieht sie, wie einer der Ärzte ihrem Vater auf die Wange schlägt, um ihn aus dem Koma zurückzuholen. »Das letzte Wort, das Papa sagte, war: ›Lasst mich doch in Ruhe.‹ – Und denn war er weg.«*

Professor Beyer richtet sich langsam auf. Er dreht sich um. Der Blick zu Helene Weigel. Die hält die Hand vor den Mund, beherrscht den Schmerz und den Schrei. Sie schließt die Augen.

Das Hausmädchen kommt mit einer frischen Wärmflasche. Sie sieht den Toten, erschrickt und beginnt zu weinen.

Wenig später sitzt Helene Weigel still am Tisch im Arbeitszimmer. Ein Augenblick der Ruhe für sie.

Jetzt werden die Sauerstoffflaschen, der Galgen mit dem Tropf und die restlichen Geräte herausgeschafft. Die drei Ärzte besprechen im Hintergrund leise das ärztliche Bulletin über Sterben und Tod Bertolt Brechts. Professor Beyer schaut auf seine Uhr. Er notiert sich für den Totenschein: »14. August 1956, 23 Uhr 30 Exitus. Herzversagen.« Das sagt er dabei laut vor sich hin, wie um es doppelt für die Nachwelt festzuhalten.

— *»Am 14. August traten vorübergehend Bewußtseinstrübungen auf unter gleichzeitigem körperlichen Verfall. Um die Mittagszeit dieses Tages kam ein ausgesprochener Kollaps mit Tachykardie hinzu, der im Laufe des Nachmittags zunahm. Der Blutdruck war tief gesunken und kaum meßbar. Am Herzen selbst war perikarditisches Reiben zu hören. Das Elektrokardiogramm bot die Zeichen eines ausgesprochenen und ausgedehnten Herzinfarkts. Trotz intensiver Stützung des Herzens und des Kreislaufs gelang es nicht, das zunehmende Versagen des Herzens aufzuhalten. – Am 14. August 23.30 Uhr ist Bert Brecht schmerzlos in den Tod gegangen.« So liest sich Brechts Sterben im offiziellen Bulletin der Berliner Charité.*

Helene Weigel atmet sich – mit der Technik der Schauspielerin – ruhiger und ruhiger. Dann steht sie auf. Sie hat Tränen in den Augen, kann das Weinen aber zurückhalten. Sie schaut sich im Raum um. Wie leer das alles ohne ihn sein wird. Aber sie wird es ihm noch einmal einrichten, sein Leben – das Nachleben diesmal. Er soll wachsen in der Erinnerung und zu noch viel größerem Ruhm gelangen. Das ist sein letzter Auftrag an sie.

Stapel von Zeitungen auf dem Boden, Manuskriptstapel auf den Tischen. »Mitten aus der Arbeit gerissen.«

Isot Kilian tritt an die Tür zum Schlafzimmer. Sie schaut hinein. Das Unfassbare ist geschehen. Sie dreht sich um und trifft auf den Blick Helene Weigels. »Isot. Gute Nacht!« Damit gibt sie ihr das Zeichen, dass sie nun allein sein möchte. Isot beginnt langsam zu begreifen: Ihr Leben wird nun ohne die belebende Nähe dieses Genies, aber auch ohne den Schutz des großen Brecht weitergehen müssen. Sie nickt Helene Weigel stumm zu und geht.

Es ist mittlerweile Mitternacht. Im Innenhof vor dem Seitenflügel in der Chausseestraße 125, an der Mauer zum Dorotheenstädtischen Friedhof, stehen einige der Assistenten Brechts, darunter Wekwerth und »Charlie« Weber. Sie rauchen und schauen hoch zu den erleuchteten Fenstern im ersten Stock. Sie wissen noch nicht, was da gerade geschehen ist. In diesem Moment kommt Isot Kilian aus der Tür. Ihr Gesicht ist tränenüberströmt, sie schaut abwesend. Wekwerth fragt sie besorgt: »Isot? Was ist denn?« Isot geht stumm weiter in Richtung Durchfahrt. Von dort aus schaut sie noch einmal hoch zum jetzt offenen Fenster. Dann weint sie laut auf.

Die Männer sehen sich an. Sie können sich schon denken, was passiert ist. Brecht ist gestorben.

Einige Zeit später sind die Lichter im Haus ausgeschaltet. Das Haus liegt im Dunkeln. Die Assistenten stehen noch lange beieinander. Immer wieder schauen sie hoch zum Schlafzimmer. Allmählich begreifen sie: Ihr Meister hat sie verlassen. Eine neue Zeitrechnung beginnt. Erst im Morgengrauen gehen sie auseinander.

Der 15. August 1956 wird ein schöner Sommertag. Das Licht bricht durch den Spalt der wehenden Gardine ins Zimmer und wirft Sonnenflecken auf den Toten.

Helene Weigel sitzt im Bibliothekszimmer am Tisch vor einer Tasse Bohnenkaffee. Sie sieht sehr müde aus in ihrer schwarzen Trauerkleidung. Sorgfältig schlitzt sie mit dem Brieföffner

einen Umschlag auf, den sie in Brechts Nachttischschublade gefunden hat. »Nach meinem Tod zu öffnen«, steht darauf. Sie liest den Brief und hört dabei noch einmal seine Stimme. Es ist ein letztes Diktat, mit dem er dafür sorgt, dass alles ordentlich abläuft mit ihm – auch nach seinem Tod. Sodass er nichts Unangenehmes oder Ängstigendes zu befürchten hat.

»Ich bitte Helli, folgendes zu veranlassen:

1. daß der Tod sichergestellt wird,
2. daß der Sarg aus Stahl oder Eisen ist,
3. daß der Sarg nicht offen ausgestellt wird,
4. daß er, wenn er ausgestellt werden soll, im Probenhaus ausgestellt wird,
5. daß weder am Sarg noch am Grab gesprochen, höchstens das Gedicht ›An die Nachgeborenen‹ verlesen wird,
6. daß die Totenwache, wenn eine solche gewünscht wird, nur von Schauspielern gehalten wird,
7. daß keine Musik gespielt wird,
8. daß das Grab im Garten von Buckow oder im Friedhof neben meiner Wohnung in der Chausseestraße liegt und nur den Namen Brecht auf dem Stein hat.

Danke, Helli!
brecht

Sie legt das Papier auf die Seite. Sie wird alles so machen, wie er es angeordnet hat.

Später am Vormittag. Helene Weigel sitzt im Arbeitszimmer. Im Sterbezimmer nebenan haben Fritz Cremer und Gerhard Thieme schon mit ihrer Arbeit begonnen. Es muss schnell gehen, denn das Gesicht eines Toten beginnt sich nach kurzer Zeit zu verändern.

Eigentlich wollte der bekannte Bildhauer Professor Fritz Cremer – auch das Brecht-Denkmal vor dem Berliner Ensemble stammt von ihm – selbst die Totenmaske Brechts abnehmen. Aber als er dem Toten den feuchten Gips auf das Gesicht spachteln will, versagt dem alten Freund das Handwerk. Er bittet seinen Meisterschüler Thieme, an seiner Stelle die Maske abzunehmen.

—— *Gerhard Thieme ist inzwischen lange selbst Professor und hat über fünfzig Totenmasken abgenommen, darunter die DDR-Nomenklatura mit Ulbricht, Pieck und Grotewohl. An Brechts Bett in der Chausseestraße sitzend, hat er mir sein Handwerk erklärt. Erst wird der Gips mit Wasser angerührt. Der Kopf des Toten wird auf ein Handtuch gebettet. Das Gesicht wird mit Fett eingerieben, dann wird mit einem Spachtel der Gips darauf verteilt, »angeworfen« heißt das in der Fachsprache. Ohren und Haare werden auch »eingeformt«, um einen Gesamtabdruck zu bekommen. Dabei wird ein Faden in den Gips eingelassen (oder mehrere), um später beim Abnehmen die Maske teilen zu können. Zwei Zentimeter dick ist die Gipsschicht, und sie braucht 20 bis 25 Minuten zum Abbinden. Dann wird die Maske vorsichtig abgelöst und in zwei Teilen abgehoben.*

Um mir das erläutern zu lassen, habe ich das Original der Maske in die Hand genommen. Wie ich genauer hinsehe, entdecke ich: Es hängen innen noch einige schwarze Haare von Brecht im Gips. So nah wollte ich ihm eigentlich nicht kommen. Thieme: »Es kann vorkommen, wenn man den Gips vom Gesicht abzieht.«

Es gibt eine Lebendmaske, die Brecht sich in den 20er-Jahren hat abnehmen lassen. Auf einem Foto hält Brecht dieses kleine plastische Selbstbildnis vor sich hin. Sein Gesicht zeigt genau den Ausdruck der Maske, das ernste Gesicht des konzentrierten Denkers. Seine letzte Maske dagegen, die ohne jede Inszenierung auskommen muss, zeigt entspannte Gesichtszüge. Man sieht hier, wie tief die Augen im Kopf liegen. Die Nase ist deutlich nach rechts gebogen. Und auf der linken Seite in Höhe der Ohren erkennt man eine Narbe, die auf den Fotos sonst kaum zu sehen ist. Sie stammt von dem Autounfall mit seinem ersten Steyr, dem Gewinn in einem Preisausschreiben.

Helene Weigel führt den Pathologen Dr. Büsing aus Moabit zu Brechts Sterbezimmer. Dr. Büsing ist mit seinem Arztkoffer gekommen. »Sicherstellung des Todes, sagen Sie.«

»Brecht will es so.«

Dr. Büsing erläutert die Prozedur. »Ich öffne jetzt die Femoralarterie, das ist ein Gefäß im Oberschenkel. Verstehn Sie, da ist kein Blutfluss und kein Herzschlag mehr.«

Dr. Büsing geht ins Sterbezimmer und schließt die Tür hinter sich.

Etwas später verlassen zwei Totenwäscher vom Beerdigungsinstitut mit ihren Taschen das Sterbezimmer. Brecht liegt vorerst in einem Holzsarg. Die Leiche ist gewaschen, hergerichtet und angekleidet. Er trägt seine Brechtjacke, dieselbe wie voriges Jahr zur Stalinpreisverleihung.

— *Die Nachricht von Brechts Ableben geht über die Agenturen, das Radio, die Zeitungen in die Welt. Die Meldungen enthalten schon die ersten Schlagworte, die Bilder für die Nachwelt werden geprägt.*

Die Stimme der DDR:

> *»Am 14. August 1956 verstarb ganz plötzlich an den Folgen eines Herzinfarktes der deutsche Dichter, Stalin-Friedenspreisträger und Nationalpreisträger Bertolt Brecht im Alter von 58 Jahren. Er war einer der größten Dramatiker der Welt.«*

Mit deutlich anderem Akzent die Stimme aus Westberlin:

> *»In Ostberlin leitete er das Berliner Ensemble im Theater am Schiffbauerdamm. Er war Mitglied der sowjetzonalen Akademie der Künste. Für sein Schaffen wurde Brecht, der sich auch für die kommunistische Idee einsetzte, wiederholt ausgezeichnet.«*

Und noch eine bayrische, eine heimatliche Stimme:

> *»Der gebürtige Augsburger war ein Rebell, ein Kämpfer gegen die Bourgeoisie, das Bürgertum. Nach seiner Emigration 1933 lebte er*

in der Schweiz, in der Sowjetunion und den USA. 1948 kehrte er in seine Heimat zurück und ließ sich als überzeugter Kommunist willig vor den Wagen der sowjetzonalen Kultur spannen. Obwohl er sich in München die literarischen Sporen verdiente und hier bei seinem ersten Auftritt von den Kriegsveteranen mit Bierflaschen bombardiert wurde, ist Brecht ein Stück Berlin. Hier holte sich der junge Dramatiker mit dem Cäsarenhaarschnitt und seinem ledernen Russenhemd den Kleistpreis für sein Drama Trommeln in der Nacht. *Am Schiffbauerdamm-Theater wurde seine* Dreigroschenoper *über 250 mal gespielt und anschließend mit Lotte Lenya, der Frau seines Komponisten Kurt Weill, und Rudolf Forster als Mackie Messer verfilmt. Der Song ›Erst kommt das Fressen, dann die Moral‹ schockierte die bürgerlichen Kreise und begeisterte das literarische Berlin. Er war ein großer Dichter, aber er blieb ein Kommunist trotz Villa und sechsstelligem Bankkonto.«*

Am nächsten Tag. In der Tür zu Brechts Sterbezimmer steht Elisabeth Hauptmann, ihr letzter Besuch. Sie steht gerade, gefasst, vernünftig, wie er es sich gewünscht hätte. Ihre Hände aber zittern, und die Augen füllen sich mit Tränen. Sie verneigt sich, sehr dezent, gegen das Bett. Seit Langem gibt es bei ihr ein Einverständnis mit ihrem Leben mit und für Brecht. Sie war immer die Mit-Arbeiterin, und so wird es bleiben. Im Hinausgehen holt sie ein Taschentuch aus ihrer Handtasche.

Später am Tag. Ruth Berlau kommt durch die Wohnungstür herein. Man merkt sofort, wie aufgeregt sie ist. Sie scheint etwas neben sich zu stehen. Helene Weigel geleitet sie zum Sterbezimmer.

Ruth Berlau mit ihrem Deutsch-Dänisch. Sie spricht sehr schnell. »Danke, Helli, dass du mir geholt hast. Wo ist er? Wo ist der Brecht? Oh, jetzt sind wir alle ganz allein auf der Welt. Entschuldige, ich hab kein Schwarz für die Trauer.«

Dann sieht sie ihn dort im Sarg liegen. Sie geht ganz nah an Brecht heran und flüstert ihm ins Ohr: »Jetzt lese ich alle deine Briefe, und dann bist du immer bei mir. Brecht, jeg elsker dig.« Sie gibt ihm einen Kuss auf den Mund, dann tritt sie zurück.

Helene Weigel hat sich weggewendet, sie hat sich das nicht ansehen wollen. Nun führt sie Ruth durchs Arbeitszimmer direkt zur Wohnungstür. »Jetzt musst du aber gehen.«

Als Ruth Berlau weg ist, geht Helli zurück zum Sarg. Vom Schreibtisch hat sie unterwegs etwas mitgenommen: Brechts Lieblingsstift, den in Magenta-Rot, den er am liebsten für seine Manuskriptkorrekturen und die Chef-Unterschriften benutzt hat. Den steckt sie Brecht noch in die Brusttasche seiner Jacke. Ohne den Stift ist er nicht richtig ausgerüstet für die letzte Reise.

Am frühen Morgen des 17. August 1956 schaffen Arbeiter des Stahl- und Walzwerks Henningsdorf – von dort ist man am 17. Juni in die Innenstadt marschiert – Brechts Sarg aus Stahl durch die Toreinfahrt in den Innenhof des Hauses Chausseestraße 125. Der Sarg ist zur Überraschung der Bestellerin innen sogar mit weißer Seide ausgelegt.

— *»Es bleibt rätselhaft, daß Brecht sich einen Stahlsarg verordnet hat«, fragt sich Max Frisch, als er an Brechts Grab steht. »Wovor sollte der Stahlsarg schützen: Vor den Machthabern? Vor der Auferstehung? Vor dem ›Aas mit vielem Aas‹? Wir haben ihn nicht gekannt.«*

Die Beerdigung fand in aller Frühe statt. Außer Helene Weigel, Stefan und Barbara Brecht war nur ein kleiner Personenkreis dazu geladen, so wie es sich Brecht gewünscht hatte. Sechs seiner Assistenten, darunter Wekwerth, Besson, Palitzsch und Weber, gehen neben dem Sarg, der von ihnen auf einem Rollwagen zum Grab gefahren wird. Sie werden, einander abwechselnd, dort die Totenwache halten. Dann: Ernst Busch, Isot Kilian, Käthe Rülicke, Elisabeth Hauptmann und andere Freunde und Mitarbeiter. Caspar Neher konnte nicht kommen, er war verreist. Als einziger Offizieller war Johannes R. Becher da, der Kulturminister der DDR, ein guter alter Bekannter. Es sollte auf keinen Fall ein Staatsbegräbnis werden. Deswegen hatte Helene Weigel es eilig – sie wollte unbedingt vermeiden, dass sich die Staatsführung in die private Zeremonie einschaltet oder andere Zuschauer sie in Unordnung stürzen. Schweigend ließ man den Sarg in die Erde. Keine Reden, keine Musik. Wie er es gewollt hatte.

Vor dem Friedhofstor in der Dorotheenstraße steigen Professor Walter Brecht und seine Tochter Britta aus einem Wagen. Die Nachricht vom Tod Bert Brechts hat ihren Urlaub an der Adria jäh unterbrochen, sie sind sofort mit dem neuen Volkswagen-Cabriolet in einem Rutsch über den Brenner zurück nach Darmstadt. »920 km«, notiert Walter. Am nächsten Morgen haben sie zwei Plätze in der Pan-Am-Maschine von Frankfurt am Main nach Westberlin bekommen, von dort hat sie der Neffe Steff, der Amerikaner, mit dem Auto in den Ostsektor gebracht. Als sie vor dem Friedhofstor aus dem Auto steigen, kommen ihnen schon die Trauergäste entgegen. Sie sind unterwegs in die Wohnung, zum Kaffeetrinken. Walter Brecht ist zornig, dass man nicht auf ihn, den Bruder, gewartet hat. Er versucht aber, ruhig zu bleiben, als er seine Schwägerin zwischen den vielen Fremden entdeckt. »Helli, wir sind seit zwei Tagen unterwegs. Aus Italien. Und jetzt ...« Helene Weigel kann sich nur entschuldigen. Die Gründe, warum das so schnell gehen sollte, kann sie ihm jetzt nicht erklären. »Tut mir leid, Walter. Wir konnten nicht länger warten.« Sie wendet sich gleich an ihre Nichte. »Und du bist sicher die Britta. Komm doch mit uns.« Helene Weigel und Barbara nehmen Britta mit ins Haus zum Kaffeetrinken.

Walter Brecht geht allein zum Grab. Dort stehen nur noch Isot Kilian und Elisabeth Hauptmann. Und »Charlie« Weber, der gerade mit der Totenwache dran ist. Elisabeth Hauptmann scheint Walter Brecht zu erkennen, nach über dreißig Jahren. Walters Besuch in Berlin 1925, im Atelier in der Spichernstraße, die gemeinsame Stadtrundfahrt im Doppeldeckerbus, Walter neben der jungen Frau mit dem »zarten windfrischen Gesicht«, wie er damals in sein Tagebuch schrieb. Danach ein – ja, fast Liebes-Briefwechsel zwischen den beiden, als der junge Dr.-Ing. ein Jahr in Amerika war und die Beziehung zu Bert für Elisabeth schwierig wurde, nicht zum letzten Mal. Aber Walter war verlobt, es ist nichts draus geworden. Jetzt nickt man sich nur kurz zu, als Elisabeth Hauptmann und Isot Kilian den Friedhof verlassen.

Walter Brecht tritt vor, direkt ans Grab, er lächelt etwas versonnen vor sich hin trotz seines Ärgers. Er nimmt eine Handvoll Erde von dem Hügel, den man neben dem Grab aufgeschüttet hat, und wirft sie auf den Sarg. Dabei hört und sieht er es erst: ein Sarg ganz aus Stahl. So viel Angst? Immer noch? Unter all deinen Ledermänteln, deinen Brechtkostümen? Darüber deine Härte, deine Frechheit und ja, auch die unglaubliche Rücksichtslosigkeit, mit der du deinen Weg gegangen bist. Wir waren nur die hoffnungslosen Idioten. Und du hast ja auch immer recht gehabt. Auch in Schweden damals, 1939, hast du recht gehabt. Das mit Hitler konnte nicht gut gehen. Und dann kam der Krieg ja auch gleich. Alles, wie du es mir gesagt hast, als ich zurückfuhr zum Führer, der sie alle ins Schlachthaus führt. Die Idioten, die sich auch noch selber den Strick umlegen, den dicken Kälberstrick. Und ich gehörte doch auch dazu. Aber jetzt, hier, hinter dem Eisernen Vorhang? Ob du immer noch recht hast, mit deinem Kommunismus? Du wirst es nicht mehr erfahren. Jetzt hast du's hinter dir. Und jetzt ist es auch zu spät für uns. Keine Gelegenheit mehr für ein Gespräch. Sind ja auch in den letzten zehn Jahren, als du wieder hier warst, fast immer aneinander vorbeigefahren. Zu deiner *Courage*-Premiere damals konnte ich nicht kommen, und auch danach hatte ich nie Gelegenheit, dich in deinem Theater zu besuchen. Danke übrigens noch mal für die Einladungen. Und als du dann mal in Frankfurt warst beim Buckwitz am Theater, da war ich gerade mit meinen Studenten auf Exkursion. Aber die Li hat dich ja mit Britta bei den Proben besucht. Sie hat mir das Foto von dir mitgebracht, so ernst und fremd, wie du sie da in der Garderobe angesehen hast. Einmal haben wir uns dann ja doch noch kurz in Frankfurt getroffen. Ohne Aufsehen, ein Foto der Brüder Brecht hätte uns beiden nicht gefallen. Damals dachten wir, dass da noch viel Zeit wäre zu sprechen. Vielleicht in einem gemeinsamen Urlaub in Italien. Vielleicht auch über so vieles, über das wir immer geschwiegen haben. Du hättest ausführlich über deine Jahre in Los Angeles und New York erzählen können. Und ich von den endlosen Bombennächten, von der Angst vor den Angriffen der Engländer. »Feindliche Kampfverbände über Südwestdeutschland.« Wenn diese Meldungen im Radio kamen, flüchteten wir in den Keller. Wir hatten immer unser Totenhemd an in diesen Nächten. Wie wir nach dem großen Terrorangriff auf Darmstadt, der »Brandnacht« im September '44, die unzähligen Leichen einsammelten, die in den Kellern und auf der Straße lagen. Wie Wachsfiguren sahen manche aus oder verkohlt und verbrannt, geschrumpft und zerstückt. Eine Frau sah ich da, völlig nackt, in der Empfängnisstellung. Nicht zu erkennen, dass sie tot war. Nur das Gesicht: eine Fastnachtsmaske. Hättest du das hören wollen? Nein, schon besser so. Hatten wir das verdient? Ich habe damals meine Pflicht getan, an meinem Platz. Mein Institut

ist gewachsen von Jahr zu Jahr. Gut, das Geld dazu kam dann von Göring, Vierjahresplan, das Reich musste autark werden für den Krieg. Und Papier war wichtig, kriegswichtig. Ohne Papier kannst du keinen Krieg führen. Ohne Holz schon gar nicht. Darüber haben wir geforscht. So erfolgreich, dass Hitler mir dafür einen Orden geschickt hat. Mit Autogramm. Gut, dass du es nie erfahren hast. Ich musste in die Partei eintreten, du hast es ja selbst gesagt. Ich soll mich und meine Familie schützen, damit du rücksichtslos den Hitler angreifen kannst.

Mit deinen Stücken konnte ich ja eigentlich nie viel anfangen. Deine Gedichte – ja. Davon hat mich vieles durchdrungen. Vor allem der *Geschwisterbaum,* den du damals für mich geschrieben hast. Oder war es doch eher ein Geschenk zu Mutters Geburtstag, um ihr noch mal eine Freude zu machen? »Sie waren in einem Stamme geeint / Und wuchsen zusammen geschwisterlich …« Sie werden einander fremd im Lebenskampf, dann kommt aber der gewaltige, gefährliche Sturm, der bringt sie wieder zusammen. Wie ging das noch mal? »Sie spürten gemeinsame Wurzeln in dieser Gefahr / Die mussten sie beide halten. Die hielten sie beide …«

Wir waren ja nicht Meier oder Müller. Durch dich war ich ja auch etwas herausgehoben. Eugen, ich durfte dein Bruder sein. Aber ich musste auch dein Bruder sein.

Walter nickt ihm noch einmal zu, und ein wenig verbeugt er sich auch zum Abschied. »Charlie« Weber, der sich oben am Grab als Wache aufgebaut hat, weiß gar nicht, wer der Mann ist, der sich nun umdreht und den Weg zurück zur Chausseestraße geht.

Walter Brecht ist zu spät gekommen – wieder einmal haben sich die beiden deutschen Brüder verpasst.

—— *Am nächsten Tag kam Walter Brecht noch einmal zurück auf den Friedhof. Das Grab war nun geschlossen, ein Berg von Blumen und Kränzen wölbte sich darüber. Auf den Kranzschleifen hatten sich die Großen und Mächtigen verewigt. Die Kamera der Wochenschau war aufgebaut und drehte den Zug der Trauergäste, die in langen Reihen an Bertolt Brechts letzter Ruhestätte vorbeigeführt wurden. Soldaten der Nationalen Volksarmee, die erst Anfang dieses Jahres gegründet worden war, hielten nun die Totenwache.*

Walter Brecht ging hinüber ins Theater am Schiffbauerdamm. Der Chef selbst, Walter Ulbricht, las dort das Hochamt. Die Himmelfahrt konnte beginnen.

Von der offiziellen Trauerfeier der DDR für Bertolt Brecht am 18. August 1956 im Theater am Schiffbauerdamm gibt es einen Wochenschaufilm. Im Bühnenhintergrund der Vorhang mit Picassos Friedenstaube, davor ein graues Rupfentuch mit Brechts Namenszug. Mit Sicherheit rote Nelken. Neben Helene Weigel vorn in den ersten Reihen die Prominenz. Reden werden Kulturminister Johannes R. Becher, der Sekretär im ZK der SED Paul Wandel und Walter Ulbricht als erster Stellvertreter des Vorsitzenden des Ministerrates Otto Grotewohl (der ist erkrankt), außerdem der Katzgraben-*Dichter Erwin Strittmatter und Georg Lukács, der alte Feind seit der Realismus-Debatte im Exil. Diese Feier ist der Kompromiss zwischen Brechts Wunsch, den Staat aus der Trauer um ihn möglichst herauszuhalten, und dem dringenden Bedürfnis des Regimes, sich sein Andenken nutzbar zu machen. Immerhin hat es das Projekt Berliner Ensemble ja finanziert. So ist der offizielle Höhepunkt dieses Vormittags die Ansprache von Walter Ulbricht. Der mächtigste Mann der DDR fährt schweres Geschütz politischer Trauer-Rhetorik auf, um den widerspenstigen Stückeschreiber für die Parteipolitik zu vereinnahmen. »Ein großer deutscher Dichter, der ein glühender und sprachgewaltiger Kämpfer für die sozialistische Veränderung der Welt war, unser Kampfgefährte Bertolt Brecht ist allzu früh aus unseren Reihen gerissen worden …« Eine wohlfeile Floskel, die trotz ihrer Abgedroschenheit im Rückblick eine gewisse Pikanterie entwickelt. Wenn man sich vorstellt, dass Brecht auch nur einige Monate länger gelebt hätte … Im Oktober 1956 kommt es in Ungarn zu einem Volksaufstand, einer bürgerlich-demokratischen Revolution; im November wird sie von sowjetischen Invasionstruppen blutig niedergeschlagen. Wolfgang Harich, der Ehemann Isot Kilians, ein früher Anhänger Brechts*

und geschätzter politischer Diskussionspartner, wird noch in demselbem Monat verhaftet und später in einem Schauprozess wegen »Bildung einer konspirativen staatsfeindlichen Gruppe« zu einer langjährigen Haftstrafe verurteilt. Ebenso Walter Janka, der Chef von Brechts DDR-Verlag. Diese Ereignisse und Entwicklungen hätten Brecht möglicherweise vor schwierige Entscheidungen gestellt. Nochmals schweigen und damit wieder die Regierung unterstützen? Oder ein offenes, mutiges Wort der Kritik? Bleiben oder »abbauen«, auswandern? Und wenn auswandern, wohin?

»Aus der klaren Erkenntnis der künstlerischen Bedeutung Bertolt Brechts, die wir bereits während der Hitlerzeit erkannt hatten, ergab sich für uns die Verpflichtung, ihm im Berliner Ensemble eine Stätte für die Verwirklichung seiner schöpferischen Pläne zur Verfügung zu stellen.« Tragelehn hat diesen Satz von Ulbricht mit seinem sächsischen Dialekt parodiert und kann sich nicht halten vor Lachen. Natürlich, die Partei wusste schon immer, dass Brecht der Größte ist, deshalb musste man ihm einfach das Schiffbauerdammtheater geben, »um hier zu unseren Werktätigen zu sprechen«. Als ob es nie einen Kampf Ulbrichts und der doktrinären Kulturbürokratie gegen Brecht gegeben hätte, Versuche, ihn kleinzuhalten, ihn auf Linie zu bringen.

Die vielen Freunde und Mitarbeiter Brechts, die hier im Parkett um den Stückeschreiber trauern, werden sich ihr Teil dabei gedacht haben, als sich Ulbricht, für die Wochenschau und die Nachwelt, mit dem letzten Satz seiner Rede den Toten ganz dicht an sein Herz holt. »Lieber Freund! Dein Name und dein Werk gehören für alle Zeit unserem Volke!«

Ernst Busch sang, ergriffen und ergreifend, Brecht/Eislers Einheitsfrontlied, *eines der bekanntesten Kampflieder der deutschen Arbeiterbewegung. »Drum links, zwei, drei! Drum links, zwei, drei!/Wo dein Platz, Genosse, ist!/Reih dich ein in die Arbeitereinheitsfront/Weil du auch ein Arbeiter bist.« Beileidstelegramme wurden verlesen, unter anderem von Konstantin Fedin, Ilja Ehrenburg, Charlie Chaplin, Lion Feuchtwanger und sogar vom bayrischen Kultur- und hessischen Erziehungsminister aus dem Westen. Erwin Strittmatter sagte in seiner Rede: »Es ist noch immer Zeit, von dir zu lernen.«*

Bei einem Gespräch mit dem befreundeten Pfarrer Karl Kleinschmidt kurz vor seinem Tod hatte Brecht bedauert, »im Todesfall die Kränze nicht sehen zu können, die die Nachwelt ihm flechten würde, um ihr erleichtertes Aufatmen darin aushauchen zu können«. Und er diktierte dem Pfarrer noch einen Satz in den Nachruf, den der auf Brecht zu schreiben hätte: Nicht den Verlust eines bewunderten Freundes solle er beklagen, sondern hervorheben, dass er immer unbequem war. »Es gibt da auch nach meinem Tode noch gewisse Möglichkeiten.«

Ein historischer Zufall: Am Vortag, als gerade Brechts Stahlsarg beigesetzt wurde, gab das Bundesverfassungsgericht in Karlsruhe das Verbot der Kommunistischen Partei Deutschlands bekannt. Während in der Chausseestraße schon die Menschen, unaufgefordert, zum frischen Grab strömten, um Brecht die letzte Ehre zu erweisen, wurden in der Bundesrepublik sämtliche Parteihäuser und Druckereien der KPD besetzt, durchsucht und geschlossen.

Im Jahr nach Brechts Tod bringt Erich Engel am Berliner Ensemble den Galilei *heraus, das Bühnenbild nach Caspar Nehers Entwürfen. Die Selbstanklage Galileis wird gestrichen.*

Ruth Berlau und Käthe Reichel werden nach einiger Zeit aus ihrer Mitarbeit am Berliner Ensemble entlassen, später auch Isot Kilian. Ruth kommt 1974 durch ein Feuer in ihrem Krankenzimmer in der Charité zu Tode, sie ist mit einer brennenden Zigarette eingeschlafen.

In der DDR beginnt der systematische Ausbau der Überwachung. Neben der politischen Opposition geraten nun verstärkt auch die Künstler ins Visier der Staatssicherheit, schließlich die gesamte Bevölkerung.

Helene Weigel übernimmt den Auftrag von Brecht, das Berliner Ensemble in seinem Sinn weiterzuführen. Sie rettet Brechts Nachlass vor dem Zugriff der SED und schützt sein Werk vor Verfälschungen durch die Partei. So hilft sie – mit vielen anderen – Brecht, ein Klassiker zu werden.

Auf dem Hof des Theaters am Schiffbauerdamm steht ein Bühnenarbeiter mit einem großen Hammer vor einer Menge Totenmasken. In den Wochen nach der Beerdigung waren bei Freunden und Bekannten immer mehr Exemplare der Maske aufgetaucht.

— *Der Assistent Peter Voigt erzählte mir, dass bald nach Brechts Tod die Reklame einer Weinfirma aus dem Rheinland erschienen war, eine Annonce ›Dreigroschentröpfchen‹, mit der Totenmaske von Brecht.*

Die Weigel hat alle Exemplare wieder einsammeln lassen. Jetzt steht sie am Fenster und schaut gespannt zu, was da unten im Hof geschieht.

Der Bühnenarbeiter zerschlägt die Masken sorgfältig nacheinander, keine leichte Arbeit. Die vielen Gesichter Bertolt Brechts gehen in Stücke.

Anhang

Besetzung

Bertolt Brecht
Burghart Klaußner
jung: Tom Schilling

Helene Weigel
Adele Neuhauser
jung: Lou Strenger

Ruth Berlau
Trine Dyrholm

Paula Banholzer
Mala Emde

Caspar Neher
Ernst Stötzner
jung: Franz Hartwig

Elisabeth Hauptmann
Leonie Benesch
alt: Jaroslava Laufenová

Marianne Zoff
Friederike Becht

Isot Kilian
Laura de Boer

Regine Lutz
Maria Dragus

Käthe Reichel
Anna Herrmann

Ernst Josef Aufricht
Anatole Taubman

Ernst Busch
Götz Schubert

Walter Brecht
Thimo Meitner

Vater Brecht
Markus Hering

Sophie Brecht
Stella Maria Adorf

Camillus Recht
Filip Cap

Marta Feuchtwanger
Jessica McIntyre

Lion Feuchtwanger
Hannes Wegener

Harald Paulsen
Ole Eisfeld

Herbert Jhering
Philipp Schenker

Arnolt Bronnen
Manuel Zschunke

Kurt Weill
Oscar Olivo

Wilhelm Girnus
Thomas Meinhardt

Käthe Rülicke
Karolina Horster

Angelika Hurwicz
Marie Luise Stahl

Gerda Goedhart
Petra Bučková

Egon Monk
Franz Dinda

Martin Pohl
Vincent Redetzki

Marie Röcker
Kerstin Thielemann

Otto Müllereisert
Rafael Gareisen

Otto Bezold
Tomáš Slavíček

Georg Pfanzelt
Andreas Buntscheck

Lateinlehrer
Helmut Zhuber

Konrektor
Christian Hoening

Walter Groos
Daniel Krečmar

Kragler
Simon Werdelis

Hans Gaugler
Helge Gutbrod

Hans Bunge
Vojtěch Havelka

Manfred Wekwerth
Maximilian Klas

B. K. Tragelehn
Jakub Krejča

Wolfgang Böttcher
Lutz Blochberger

Peter Voigt
Kdyštof Bartoš

Horst Kube
Samuel Neduha

Brechts Anwalt
Justin Svoboda

Paul Albert Krumm
Matthias Rheinheimer

Hanns Eisler
Radim Linhart

Ziegenbauer
Karel Polišenský

Texthinweise

Die mit »GBA« gekennzeichneten Textstellen stammen aus: Bertolt Brecht, Große kommentierte Berliner und Frankfurter Ausgabe, 30 Bände, © Suhrkamp Verlag Berlin / Bertolt Brecht-Erben. Dokumente aus dem Bertolt-Brecht-Archiv, Akademie der Künste, werden mit dessen freundlicher Genehmigung zitiert.

Unterwegs zu Bertolt Brecht

9 *»Ein Realitätsschock«, sagt der spätere Brecht-Assistent B.K. Tragelehn* – Heinrich Breloer, *Interview mit B.K. Tragelehn* (2011). Bavaria Fiction GmbH, Archiv Heinrich Breloer.
Im Folgenden wird die – immer gleiche – Herkunft meiner Zeitzeugen-Gespräche von 1977/78 und 2011–2018 nicht einzeln nachgewiesen.

11 *Alle meine Gesichtspunkte veränderten sich* – Egon Monk im Interview mit Joachim Lang

11 *mit geflüsterten Lippenlauten zu lesen* – Bertolt Brecht, *Bertolt Brechts Hauspostille, Anleitung zum Gebrauch der einzelnen Lektionen*. GBA 11, S. 40

11 *Als ihr bleicher Leib im Wasser verfaulet war* – Bertolt Brecht, *Vom ertrunkenen Mädchen*. GBA 11, S. 109

11 *Laßt euch nicht verführen!* – Bertolt Brecht, *Gegen Verführung*. GBA 11, S. 116

12 *Oh, show us the way to the next whisky-bar* – Bertolt Brecht, *Alabama Song*. GBA 11, S. 104

15 *Sich in schwierigen Situationen sämtliche Möglichkeiten aufschreiben* – Bertolt Brecht, Notiz von Frühjahr/Sommer 1920, GBA 21, S. 614

21 *Eugen war der Feldherr, der immer gewann* – Walter Brecht, *Unser Leben in Augsburg*, S. 55

30 *Ein großer Mann darf auch lügen – immer lügen* – Bertolt Brecht, *Briefe an Marianne Zoff*, S. 15

30 *Indessen war Brecht ein Lebewesen besonderer Art* – Arnolt Bronnen, *Tage mit Brecht*, S. 31

Teil 1
»Die Liebe dauert oder dauert nicht«

37 *»Als ich in weissem Krankenzimmer der Charité«* – GBA 15, S. 300.

38 *Ich zweifle, ob/Die Arbeit gelungen ist, die eure Tage verschlungen hat* – Bertolt Brecht, *Der Zweifler*, GBA 14, 376f.

42 *»Bidi in Peking«* – GBA 15, S. 274

43 *Jetzt wachen nur noch Mond und Katz* – Bertolt Brecht, *Serenade*, GBA 13, S. 93f.

47 *Ein schönes Buch, ein starkes Buch … aber auch ein böses Buch* – Bertolt Brecht, nach einer Tagebuchnotiz vom 20.10.1916, GBA 26, S. 107

48 *Oktoberfest mit Bockbierausschank* – Bertolt Brecht, zitiert aus der Erinnerung seines Deutschlehrers Dr. Richard Ledermann bei Frisch/Obermeier, *Brecht in Augsburg*, S. 100

50 *Immer geht Sturm* – Bertolt Brecht, *Tagebuchaufzeichnungen 1916*, GBA 26, S. 105–109

51 *Die Herzneurose ist eine mit akutem (sympathikovasalen) Herzanfall beginnende* – Carl Pietzcker, *›Ich kommandiere mein Herz‹*, S. 10f.

51 *Herzentzündung und Herzerweiterung* – Stephen Parker, *Bertolt Brecht*, S. 40f.

52 *Hat ein Weib fette Hüften* – Bertolt Brecht, *Baals Lied*, GBA 11, S. 9

55f. *Der Ausspruch, daß es süß und ehrenvoll sei* – Otto Müllereisert, *Augsburger Anekdoten um Bertolt Brecht*. In: Schwäbische Landeszeitung, 26.1.1949, zit. nach Werner Mittenzwei, *Das Leben des Bertolt Brecht*, Bd. 1, S. 42 f.

57 *Und das Große, was wir Deutschen wollen* – Bertolt Brecht, aus *Augsburger Kriegsbrief* vom 27.8.1914, GBA 21, S. 18; 17

62 *Hereinspaziert in die Menagerie* – Frank Wedekind, *Erdgeist*, in: Frank Wedekind, *Gesammelte Werke*, Hg. Arthur Kutscher, Bd. 3. München 1924, S. 7–11.

64 *Und purpurne Todesstürze in den nackten Himmel* – Bertolt Brecht, *Vom Schiffschaukeln. 4. Psalm*, GBA 11, S. 18.

75 *Wir sind verbrannt von Tatsachen* – Erich Maria Remarque, *Im Westen nichts Neues*. Köln 1959, S. 136f.

75 *Eugen, neulich habe ich eine Spinne gesehen – nach* Caspar Neher, Tagebuch vom 25.11.18, zitiert nach Christine Tretow, *Caspar Neher*, S. 44

81 *durchs Feuer gegangen* – Hanns Otto Münsterer, *Bert Brecht*, S. 24

82f. *Sophie: ›Ich werde doch davongejagt wenn ich zu spät heimkomme‹* – Bertolt Brecht, *Baal (1919)*, GBA 1, S. 44f.

84 *Lieber Cas, der Fall Bittersweet nähert sich irgendeiner Katharsis* – Bertolt Brecht an Caspar Neher, Mitte Juni 1918, GBA 28, S. 59

89 *Lieber Cas, hier ist alles herrlich* – nach Bertolt Brecht an Caspar Neher, Anfang Juli 1918; 22.7.1918, GBA 28, S. 60–62

91f. *»Vor meinem Auszug ins Feld am 13. September 1918«* – Walter Brecht an die Eltern, 13.9.1918, Familien-Nachlass Walter Brecht

93f. *Eure Jugend und das Leben der Heimat liegen nun unwiderruflich hinter euch* – Walter Brecht, *Unser Leben in Augsburg*, S. 302

94 *Lieber Bruder! Heut Mittag erreichte mich Dein Brief …* – Walter Brecht an Bertolt Brecht, 25.10.1918, Familien-Nachlass Walter Brecht

95 *Und als der Krieg im vierten Lenz / Keinen Ausblick auf Frieden bot* – Bertolt Brecht, *Legende vom toten Soldaten*, GBA 11, S. 112–115

96 *Das deutsche Volk hat auf der ganzen Linie gesiegt* – zitiert nach Wolfgang Michalka, Gottfried Niedhart, *Deutsche Geschichte 1918–1933. Dokumente zur Innen- und Außenpolitik*. Überarb. Neuausg. Frankfurt am Main: Fischer Taschenbuch 1992., S. 20

96 *Parteigenossen, ich proklamiere die freie sozialistische Republik Deutschland* – zitiert nach Wolfgang Michalka, Gottfried Niedhart, *Deutsche Geschichte 1918–1933*, S. 21

101 *Kalt oder heiß – / Nur nit Lau! /* – Bertolt Brecht , *Kalt oder heiß*, GBA 13, S. 89

101 *Frauen Augsburgs! Bürgerinnen der freien Räterepublik!* – Von Lilly Prem verfasster Aufruf in den *Augsburger Neuesten Nachrichten* vom 9.4.19, zitiert bei Frisch/Obermeier, *Brecht in Augsburg* (1997), S. 202f.

104f. *Obwohl an mehreren Stellen der Stadt weitergekämpft wurde* – Walter Brecht, *Unser Leben in Augsburg*, S. 324–6

107 *sich eine ›UNEMPFINDLICHKEIT (unzerstörbarkeit, unverwüstlichkeit)‹ zuzulegen* – Stephen Parker, *Bertolt Brecht*, S. 9*f.* zitiert hier einen undatierten Brief Bertolt Brechts an seinen Sohn Stephan, Bertolt Brecht-Archiv Sign. 2869

108 *war heute mit Bert zusammen und war froh* – Tagebuch Caspar Neher, 26. März 1919, in: Bertolt Brecht, *Notizbücher. Bd. 1: 1918–1920*, S. 431

108 *Er selbst – ich kann mich sehr gut erinnern – hat mir anlässlich* – Hans Bunge, *Gespräch über Bertolt Brecht mit Georg Pfanzelt in seiner Wohnung in Augsburg am 24. September 1960*, Bertolt Brecht-Archiv Z 03, Bl. 12

110 *Na, was schauen Sie denn so überirdisch* – Bertolt Brecht, *Trommeln in der Nacht*, GBA 1, S. 186f.

111 *»Ballade von den Seeräubern«* – GBA 11, S. 85–89.

112f. *Zwanzig Winter hatten sie bedroht* – Bertolt Brecht, *Lied von meiner Mutter. 8. Psalm*, GBA 11, S. 21

113 *Härte!!* – Bertolt Brecht, *Notizbücher Bd. 3: 1921*, S. 11

115 *Er ist in meine Garderobe gekommen und hat mir Komplimente gemacht – Marianne Zoff-Brecht-Lingen erzählt Willibald Eser über ihre Zeit mit Bert Brecht*, in: Paula Banholzer, *So viel wie eine Liebe*, S. 157f.

122 *Weil's dem Schwein noch nie so war* – Bertolt Brecht, *Historie vom verliebten Schwein Malchus*, GBA 11, S. 65

122 *Affenblut speienden Pappendeckel, Napoleonimitator mit dem Stockdegen – Bertolt Brecht, Tagebuch 1921*, GBA 26, S. 185

122 *Er weint auf offener Straße* – Bertolt Brecht, *Tagebuch 1921*, GBA 26, S. 203

123 *Ich bin ein kleiner provisorischer Punkt* – Bertolt Brecht, *Tagebuch 1921*, GBA 26, S. 192

123 *Ich bin eine Zigeunerin* – Bertolt Brecht, *Tagebuch 1921*, GBA 26, S. 193

125 *»Das Mysterium der Jamaika-Bar«* – GBA 19, S. 53–84

129 *Ich trage ein Kind von Dir … und verlasse Dich* – Bertolt Brecht, *Tagebuch 1921*, GBA 26, S. 208

130f. *Ich zeige ihr, grausam, die Bilder vom Frank* – Bertolt Brecht, *Tagebuch 1921*, GBA 26, S. 212, 211

131 *Heraus aus mir! Heraus! Heraus!* – Bertolt Brecht, *Tagebuch 1921*, GBA 26, S. 211

131 *Worauf man bei einer Schilderung der Mariannegeschichte* – Bertolt Brecht, *Tagebuch 1921*, GBA 26, S. 217

132 *Eigentlich ist von allen Gefühlen, mit denen die Liebe einen unterhält* – Bertolt Brecht, *Tagebuch 1921*, GBA 26, S. 222

134 *Die Entente-Kommission hat neulich die Polizei-*

stunde auf 11 Uhr festgesetzt – nach Bertolt Brecht, *Tagebuch 1921,* GBA 26, S. 167.

134 *Wir machen keine Ware* – Bertolt Brecht, *Tagebuch 1921,* GBA 26, S. 167

136 *Ich fahre mit der Bi an den See* – Bertolt Brecht, *Tagebuch 1921,* GBA 26, S.221

141 *Ich will Timbuktu und ein Kind und ein Haus* – Bertolt Brecht, *Tagebuch 1921,* GBA 26, S. 194f.

143 *Ein großer Mann darf auch lügen* – Bertolt Brecht, *Briefe an Marianne Zoff,* S. 15f.

144 *An jenem Tag im blauen Mond September* – Bertolt Brecht, *Erinnerung an die Marie A.,* GBA 11, S. 92f.

147 *Der war ein vierundzwanzigjähriger Mensch* – Arnolt Bronnen, *Tage mit Bertolt Brecht,* Frankfurt/Main 1990, S. 21

150f. *Das Wörtchen ›umsonst‹ hatte für Brechts Ohren einen hässlichen Klang* – Arnolt Bronnen, *Tage mit Bertolt Brecht,* S. 39

151 *Lern! Ahh, ihr wollt mich quälen da!* – Arnolt Bronnen, *Vatermord. Schauspiel,* in: Arnolt Bronnen, *Werke Bd. 1,* HG. Friedbert Aspetsberger, Klagenfurt: Ritter 1989, S. 231

154 *… denn es war diese Magie um Brecht* – Arnolt Bronnen, *Tage mit Bertolt Brecht,* S. 43

154 *Wie geht es Deinem Ruhm?* – Paula Banholzer an Bertolt Brecht, 8.2.22, GBA 26, S. 562f.

156 *Nun habe ich eine außerordentliche Bitte* – Bertolt Brecht an Herbert Jhering, 22.9.22, GBA 28, S. 173

156, 160 *Spartakus oder die Macht der Liebe* – Bertolt Brecht, *Trommeln in der Nacht,* GBA 1, S. 227–229

161 *Nicht das ist das künstlerische Ereignis* – Herbert Jhering, *Von Reinhardt bis Brecht,* S. 121f.

170 *Brecht war nicht nur einfallsreich, amüsant, witzig* – Arnolt Bronnen, *Tage mit Bertolt Brecht,* S. 31

173 *Hier wird öffentlich vorgeführt die Historie* – Bertolt Brecht, *Leben Eduards des Zweiten von England,* GBA 2, S. 8

176 *für den vierten Rang* – nach Arnolt Bronnen, *Tage* S. 110

183f. *Nun ja, und da trafen wir uns* – Wolfgang Gersch, Rolf Liebenau (Autoren), Karlheinz Mund (Regie), *Die Mit-Arbeiterin,* DEFA-Studio für Kurzfilme 1972.

184 *Vorsicht ist die Mutter des k.o.* – Bertolt Brecht, *Der Kinnhaken,* GBA 19, S. 209

185 *Unser Motor ist ein denkendes Erz* – Bertolt Brecht, *Singende Steyrwagen,* GBA 13, S. 393

186 *Lange schon vorher rötlicher Dunst über dem Himmel* – Walter Brecht, (*Tagebuch 1925*), Familien-Nachlass Walter Brecht

191 *»Der Geschwisterbaum«* – GBA 13, S. 118–120

191f. *Berlin, dröhnende dunkle riesige Stadt.* – Walter Brecht, *(Tagebuch 1925),* Familien-Nachlass Walter Brecht

195 *Oft wundere ich mich selber* – Bertolt Brecht, *Autobiographische Aufzeichnungen 1920–1954,* S. 213

196 *Er war jemand, der Besitz haben wollte* – Theo Lingen im Gespräch mit Walther Schmieding, ZDF-Sendung *Erinnerungen an Brecht,* 1973

202 *Die Vorliebe des Bürgertums für Räuber* – Bertolt Brecht, *Anmerkungen zur* Dreigroschenoper, GBA 24, S. 60

205 *Und gibt's auch kein Schriftstück vom Standesamt* – Bertolt Brecht, *Die Dreigroschenoper,* GBA 2, S. 254

209 *Soldaten wohnen/Auf den Kanonen* – Bertolt Brecht, *Die Dreigroschenoper,* GBA 2, S. 251f.

209 *lustige literarische Operette mit ein paar zeitgemäß sozialkritischen Blinklichtern* – Ernst Josef Aufricht, *Erzähle, damit du dein Recht erweist,* S. 65

210 *In diesem Pferdestall findet heute meine Hochzeit mit Fräulein Polly Peachum statt* – Bertolt Brecht, *Die Dreigroschenoper,* GBA 2, S. 240

211 *Und der Haifisch, der hat Zähne* – Bertolt Brecht, *Die Dreigroschenoper,* GBA 2, S. 231

219f. *Der dunkle Schatten von Macheath mit seiner lichtblauen Schleife* – Ernst Josef Aufricht, *Erzähle, damit du dein Recht erweist,* S. 77

220 *Denn der Mensch hat die furchtbare Fähigkeit* – Bertolt Brecht, *Die Dreigroschenoper,* GBA 2, S. 33

221 *Das Hochzeitsbild lief an* – Ernst Josef Aufricht, *Erzähle, damit du dein Recht erweist, S. 77*

222 *Dann steht auf dem Zettel ›Huren‹* – Alfred Kerr, *(Rezension der »Dreigroschenoper«-Premiere)* zitiert nach Werner Hecht (Hg.), *Brechts »Dreigroschenoper«,* Frankfurt am Main : Suhrkamp 1985, S. 130

224 *Es war der größte Theatererfolg in der Geschichte der Weimarer Republik* – Zahlen nach GBA 2, S. 442

225 *Auf dich wurden Lasten gelegt* – Bertolt Brecht, *Du, der das Unentbehrliche,* GBA 13, S. 365.

226 *ohne dass die Überlieferung dafür Indizien aufweist* – Herausgeber-Kommentar GBA 13, S. 537

226 *aufgepappte kommunistische Schluß* – Willi Haas, *Berliner Saisonbeginn,* in: *Die Literarische Welt* vom 13.9.1929, zitiert nach Sabine Kebir, *Ich frage nicht,* S. 112

226 *Was ist ein Dietrich gegen eine Aktie* – Dorothy Lane [d.i. Elisabeth Hauptmann], *Happy End. Komödie in drei Akten.* (Masch.)

Berlin: Felix Bloch Erben 1958. Zitiert auch bei Sabine Kebir, *Ich frage nicht,* S. 111

227 *Als Shakespeare seine Stücke schrieb* – frei nach Fritz Sternberg, *Der Dichter und die Ratio,* S. 14–16

232 f. *»Lob des Kommunismus«* – GBA 3, S. 285 f.

235 *Viele sagen, das, was wir wollen, geht niemals* – Bertolt Brecht, *Die Mutter (1933),* GBA 3, S. 324

249 *›Ob der Junge nicht bald fertig ist?‹/Dachte ich* – Margarete Steffin, *Liebe liebte ich, doch nicht das Lieben,* Margarete Steffin, *Konfutse* S. 204

249 *›Ob der Junge nicht bald fertig ist?* – Margarete Steffin, *Liebe liebte ich, doch nicht das Lieben,* Margarete Steffin, *Konfutse* S. 202

250 *Und wenn um uns die fremden Leute standen* – Bertolt Becht, *Das erste Sonett,* GBA 11, S. 185

250 *Bevor ich meine Blöße noch versteckt* – *»Ich wohne fast so hoch wie er«,* Margarete Steffin, *Konfutse* S. 196

251 *Da schwammen meine Zwillinge* – Margarete Steffin, *Natürlich hab ich als Kind am/Liebsten mit Puppen gespielt,* Margarete Steffin, *Konfutse* S. 190

251 *Uns beiden gleichend, würd es keinem gleichen* – Bertolt Brecht, *Das zweite Sonett,* GBA 11, S. 185

252 *»Als der Faschismus immer stärker wurde«* – GBA 14, S. 150 f.

Szenen aus dem Exil

257 *Die Ratten besteigen das sinkende Schiff* – Helene Weigel im Gespräch mit Hans Bunge, zit. nach Sabine Kebir, *Abstieg in den Ruhm,* S. 97

262 *Als ich Brecht nach dieser ersten Begegnung verließ* – Ruth Berlau, *Brechts Lai-tu. Erinnerungen und Notate,* S. 29

264 *Wer möchte nicht in Fried und Eintracht leben?* – Bertolt Brecht, *Die Dreigroschenoper, 1. Dreigroschen-Finale: Über die Unsicherheit menschlicher Verhältnisse,* GBA 2, S. 262

265 *Das Haus hat vier Türen, daraus zu fliehn* – Bertolt Brecht, *Zufluchtsstätte,* GBA 12, S. 83

266 *Über das gekräuselte Sundwasser* – Bertolt Brecht, *Frühling 1938,* GBA 12, S. 95

271 *Die Bewegungen, mit denen das schöne Holz zum Brennen gebracht wird* – Bertolt Brecht, *Das Feuermachen der Lai-Tu,* aus *Buch der Wendungen,* GBA 18, S. 177 f.

271 f. *Ich hatte gegen die Kälte und das Eis gekämpft* – Ruth Berlau, *Brechts Lai-tu,* S. 54

272 *glückliche Menschen kommen uns immer schön vor* – Bertolt Brecht, *Schönheit und Glück der Lai-tu,* aus *Buch der Wendungen,* GBA 18, S. 176

276 *»1940«* (*Das Frühjahr kommt. Die linden Winde)* – GBA 12, S. 96

280 *Das Mädchen Ursula weinte sehr viel* – Margarete Steffin, *Vom Mädchen Ursula,* Margarete Steffin, *Konfutse* S. 169; 172

284 *Wenn man in der Stadt herumgeht* – Anekdote, erzählt von Ruth Berlaus Freund, dem Architekten Mogens Voltelen, zit. nach Hartmut Reiber, *Grüß den Brecht,* S. 279

287 f. *Seit Wochen schwimme ich auf dem Fieberschiff* – Margarete Steffin, *Der Versuch einer Aufzählung seiner Stücke zu Brechts Geburtstag 1941,* Margarete Steffin, *Konfutse,* S. 182–185

288 *Acht Uhr Morgen Grete bekam Ihr Telegramm* – zit. nach Bertolt Brecht, *Journal Finnland 1940/41,* GBA 26, S. 485

289 *Und als es soweit war* – nach *Als es soweit war,* GBA 15, S. 40

289 *»Nach dem Tod meiner Mitarbeiterin M. S.«* – GBA 15, S. 45

290 *»Mein General ist gefallen«* – GBA 15, S. 45

Teil 2
»Das Einfache, das schwer zu machen ist«

298 *We all knew that he wanted to go back to Germany* – der US-Anwalt Martin Popper im Film *My Name Is Bertolt Brecht. Exil in USA* (1989) von Norbert Bunge und Christine Fischer

299 *Are you now or have you ever been a member of the Communist Party* – Brecht vor dem HUAC, Transkript unter https://en.wikisource.org/wiki/Brecht_HUAC_hearing_(1947-10-30)_transcript (zuletzt aufgerufen 29.06.18)

300 f. *»Solidaritätslied«* – GBA 14, 119 f.

307 *Es ist großartig, wenn man mit ihm spricht* – Caspar Neher, Tagebuch vom 5.11.1947, zit. bei Susanne de Ponte, *Caspar Neher – Bertolt Brecht,* S. 112
309f. *Welcher nämlich die Macht sucht/ Trinkt vom salzigen Wasser* – Bertolt Brecht, *Die Antigone des Sophokles,* GBA 8, S. 213; 227
310 *Nach der Aufführung verbreitete sich Brecht über deutsches Bier* – Max Frisch, *Erinnerungen an Brecht,* S. 15f.
313 *Berlin, eine Radierung Churchills nach einer Idee Hitlers* – Bertolt Brecht, *Journal Berlin 1948/49,* GBA 27, S. 281
314 *Merkwürdiger Augenblick einer intensiven Empfindung* – Egon Monk, *Regie,* S. 27
316 *Helligkeit, Klarheit, Deutlichkeit* – Egon Monk im Gespräch mit Joachim Lang
316 *Der Marketenderin Anna Fierling, bekannt unter dem Namen Mutter Courage* – Bertolt Brecht, *Mutter Courage und ihre Kinder,* GBA 6, S. 10.
316 *Ich fühlte mich zum ersten Mal im Theater ernst genommen* – Egon Monk, *Regie,* S. 26
318 *Wie alles Gute ist auch der Krieg am Anfang halt schwer zu machen* – Bertolt Brecht, *Mutter Courage und ihre Kinder,* GBA 6, S. 9f.
318 *in einer für mich völlig ungewohnten zynischen und witzigen Weise* – Egon Monk im Gespräch mit Joachim Lang
319 *Hoffentlich zieh ich den Wagen allein* – Bertolt Brecht, *Mutter Courage und ihre Kinder,* GBA 6, S. 85
320 *Die Zuschauer des Jahres 49* – Bertolt Brecht, *Die Courage lernt nichts,* GBA 24, S. 273
326 *Asozial, aber in einer asozialen Gesellschaft* – Bertolt Brecht, *Bei Durchsicht meiner ersten Stücke,* GBA 23, S. 241
326 *eine Hauptattraktion für mich in den alten Breitengraden* – Brecht an Georg Pfanzelt, Ende September 1947, GBA 29, 423
328 *Wie anstrengend es ist, böse zu sein* – Bertolt Brecht, *Die Maske des Bösen,* GBA 12, S. 124
334 *1.125.000 DM laufende Ausgaben* – Zahlenangaben nach Werner Hecht, *Die Mühen der Ebenen,* S. 30
335 *Plötzlich (…) hatte er wieder das Häftlingsgesicht* – Max Frisch, *Erinnerungen an Brecht,* S. 13
336 *Geehrtes Publikum, der Kampf ist hart, doch lichtet sich bereits die Gegenwart* – Bertolt Brecht, *Herr Puntila und sein Knecht Matti,* GBA 6, S. 285 (abweichender Text)
338f. *Aber wie ich die Strecke von Zoo nach Friedrichstraße fuhr* – Regine Lutz an ihre Eltern, 23.8.1949. Regine Lutz-Archiv der Akademie der Künste, Berlin
345 *Ich glaube, dass mich Gott … geschaffen hat* – Bertolt Brecht, *Der Hofmeister von Jacob Michael Reinhold Lenz,* GBA 8, S. 337
345 *Sie liebt das Spiel mit dem Feuer* – Bertolt Brecht, *Zu* Der Hofmeister *von Jakob Michael Reinhold Lenz,* GBA 24, S. 362
346 *Lessing als Bibliothekar: 600 Taler im Jahr* – Zahlenangaben nach *Theaterarbeit* S. 84
350 *Der Teufel soll Euch holen!* – Bertolt Brecht, *Der Hofmeister von Jacob Michael Reinhold Lenz,* GBA 8, S. 322
354 *Die Zwangslage eines armen Teufels* – Bertolt Brecht, *Zu* Der Hofmeister *von Jakob Michael Reinhold Lenz,* GBA 254, S. 368
354 *Nun fühlt Gustchen ihre Stunde gekommen* – Regine Lutz, *Wie die Darstellerin des Gustchens die 7. Szene, Katechismusstunde, auffasst.* In: *Theaterarbeit,* S. 98.
354 *Was fehlt Ihnen denn* – Bertolt Brecht, *Der Hofmeister von Jacob Michael Reinhold Lenz,* GBA 8, S. 338
355 *Lehrer und Schüler einer neuen Zeit* – Bertolt Brecht, *Der Hofmeister von Jacob Michael Reinhold Lenz,* GBA 8, S. 371
356 *Und es wird es unverändert sein* – Bertolt Brecht an Ruth Berlau, Mitte April 1940, GBA 29, S. 164
357 *ich schäme mich so sehr* – Ruth Berlau an Professor Thiele, 5.3.1950, in Ruth Berlau, *Brechts Lai-tu,* S. 200
358 *Es gibt wieder die Dritte Sache* – Bertolt Brecht an Ruth Berlau, 10.3.1950, GBA 30, S. 19
359 *Kommt, laßt uns endlich zu uns selber kommen* – zitiert in Erdmut Wizisla, *Einer der begabtesten unserer jungen Dichter. Gespräch mit Martin Pohl über Brecht,* in: Brecht-Jahrbuch 22 (1997), S. 75
361 *Mein schönes Fräulein, darf ich's wagen* – Johann Wolfgang von Goethe, *Urfaust.* Zit. nach Bernd Mahl, *Brechts und Monks Urfaust-Inszenierung mit dem Berliner Ensemble 1952/53,* S. 89, S. 99
367 *Ich glaube, daß die Frauen Brecht verführt haben* – Joachim Lang, Jürgen Hillesheim (Hg.), *›Denken heißt verändern …‹,* S.143
369 *Szene »Marthens Garten (Religionsgespräch)«* – Bernd Mahl, *Brechts und Monks Urfaust-Inszenierung,* S. 120
370 *Szene »Am Brunnen«* – Bernd Mahl, *Brechts und Monks Urfaust-Inszenierung,* S. 124
371 *Das Aufrechte, das Selbstverständliche, das nicht Ausgestellte* – Isot Kilian, *(Erinnerungen aus den Jahren 1953–1955),* Isot-Kilian-Archiv in der Akademie der Künste Berlin, IKA 0018–0072

371 f. *Dies irae, dies illa. Szene »Vor der Kirche«* – Bernd Mahl, *Brechts und Monks Urfaust-Inszenierung,* S. 132

376 *Die Regie (…) machte ausschließlich schlechten Spaß* – Johanna Rudolph, *Weitere Anmerkungen zum* Faust-*Problem. Zur Aufführung von Goethes* Urfaust *durch das Berliner Ensemble,* Neues Deutschland, Berliner Ausgabe vom 28.5.1953, zit. nach Bernd Mahl, *Brechts und Monks Urfaust-Inszenierung,* S. 195 f.

377 *Und Faust … nein, dieser Faust* – Rundfunkkritik in der Sendung *Wir blenden auf* vom 29.3.1953, zit. nach Bernd Mahl, *Brechts und Monks Urfaust-Inszenierung,* S. 191

378 *»Aufgaben der Intelligenz beim Aufbau des Sozialismus«* – Rede Walter Ulbrichts in Berlin am 27.5.1953, zit. nach Bernd Mahl, *Brechts und Monks Urfaust-Inszenierung mit dem Berliner Ensemble 1952/53,* S. 199

380 f. *KARL: Und ohne Grenzstein bis zum Horizont* – Erwin Strittmatter, *Katzgraben. Szenen aus dem Bauernleben.* In: Hartmut Kahn (Hg.), *Die ersten Schritte. Frühe DDR-Dramatik.* Halle, Leipzig: Mitteldeutscher Verlag 1985, S. 248

382 *Je realer es auf der Bühne zuging* – Egon Monk, *Regie Egon Monk,* S. 139

383 *»Juan!«* – Bertolt Brecht, *Die Gewehre der Frau Carrar,* GBA 4, S. 333

388 *Sie haben vielleicht gehört, dass in Westdeutschland* – Bertolt Brecht an Otto Grotewohl, 15.6.1953, GBA 30, S. 177

389 *Eine Delegation der Bauarbeiter, von denen die Aktion ausgegangen war* – Meldung des RIAS Berlin am 16.6.1953, ab 19 Uhr 30 stündlich wiederholt.

389 f. *Erstens: die Auszahlung der Löhne nach den alten Normen* – Roger Engelmann, Ilko-Sascha Kowalczuk, *Volkserhebung,* S. 87.

391 *Der Demonstrationszug kommt heran* – Reportage vom Demonstrationszug Hennigsdorfer Arbeiter durch West-Berlin, RIAS, 17.6.1953, Website der Bundeszentrale für politische Bildung, http://www.17juni53.de/audio/track11.mp3 (zuletzt aufgerufen 10.9.2018)

392 *Lieber Genosse Grotewohl, (…) werden Sie im Rundfunk sprechen?* – Bertolt Brecht an Otto Grotewohl, 17.6.1953, GBA 30, S. 179

393 *An den Hohen Kommissar Semjonow, Sowjetische Botschaft.* – Bertolt Brecht an Wladimnir Semjonowitsch Semjonow, 17.6.1953, GBA 30, S. 178

394 *Ein deutscher Schriftsteller in Erwartung seiner Leser* – André Müller sen., Gerd Sommer (Hg.), *Geschichten vom Herrn B. Gesammelte Brecht-Anekdoten.* Berlin: Eulenspiegel 2006, S. 94

396 *Werter Genosse Ulbricht, die Geschichte wird* – Bertolt Brecht an Walter Ulbricht, 17.6.1953, GBA 30, S. 178 f.

397 *Jubel aus fünfftausend Kehlen* – Reportage vom Columbushaus zwischen 10 und 10.30 Uhr, RIAS, 17.6.1953, Website der Bundeszentrale für politische Bildung, http://www.17juni53.de/audio/track13.mp3 (zuletzt aufgerufen 10.9.2018)

399 *Ich habe Bertolt Brecht auf der Straße gesehen* – Fritz J. Raddatz, *Unruhestifter,* S. 91

399 *Wir liefen die Luisenstraße entlang* – Käthe Rülicke im Gespräch mit Hans Bunge, BBA 2164/2–25 zit. in: Heike Weidauer, *Radwechsel,* S. 47.

400 *Was auch immer an Fehlern passiert sei* – Werner Hecht, *Die Mühen,* S. 169

400 f. *Erklärung des Ausnahmezustands* – Website der »Bundesstiftung zur Aufarbeitung der SED-Diktatur«, https://www.bundesstiftung-aufarbeitung.de/fotos-und-dokumente-4035.html (zuletzt aufgerufen 10.9.2018)

401 *Neuere Forschungen gehen davon aus* – Website der Bundeszentrale für politische Bildung, http://www.bpb.de/geschichte/deutsche-geschichte/der-aufstand-des-17-juni-1953/152604/die-toten-des-volksaufstandes (zuletzt aufgerufen 18.06.2018)

401 *In 1526 Fällen erhebt der Generalstaatsanwalt der DDR Anklage* – Zahlen nach Karl Wilhelm Fricke, *Zur Geschichte und historischen Deutung des Aufstands vom 17. Juni 1953.* In: Heidi Roth, *Der 17. Juni 1953 in Sachsen.* Köln, Weimar, Wien: Böhlau 1999, S. 13–100, hier S. 67.

402 *Bert Brecht, der Bekämpfer der Staatsräson* – *Günter Neumann und seine Insulaner.* CD-Box Set, Bear Family 2000. *Sind die so dumm oder stell'n die sich so?* CD 4, Track 5

403 *Ich habe am Morgen des 17. Juni, als es klar wurde* – Bertolt Brecht, *(Beitrag unter der Rubrik »Für Faschisten darf es keine Gnade geben«),* *Neues Deutschland* vom 23.6.1953

405 *und wo? Hier bei uns im Herzen Deutschlands* – Protokoll der Betriebsversammlung des Berliner Ensembles am 24.6.1953, BBA 1447/01–29

411 *Ja, Brecht war Marxist, er war Kommunist* – Claus Hubalek im Gespräch mit Walther Schmieding, ZDF-

Sendung *Erinnerungen an Brecht,* 1973

413 *»Rudern, Gespräche«* – GBA 12, S. 307

414 *Das kleine Haus unter Bäumen am See* – Bertolt Brecht, *Der Rauch,* GBA 12, S. 308

415 *Der 17. Juni hat die ganze Existenz verfremdet* – Bertolt Brecht, *Journal Berlin 1953–1955,* 20.8.53, GBA 27, S.346 f.

415 *Und diese Widersprüche sind seine Hoffnung.* – *»Die Widersprüche sind die Hoffnungen!«,* Motto zu *Der Dreigroschenprozeß,* GBA 21, S. 448

416 *»Wie ich mich schäme«* – Flugblatt von KuBa (Kurt Barthel), 17.6.1953, zitiert bei Hecht, *Die Mühen der Ebenen,* S.192

416 *Nach dem Aufstand des 17. Juni* – Bertolt Brecht, *Die Lösung,* GBA 12, S. 310

421 *Besonders heftige Angriffe richtete Brecht gegen unsere Auffassung von der Volksverbundenheit* – Wilhelm Girnus an Walter Ulbricht, 27.7.53, zitiert bei Hecht, *Die Mühen der Ebenen,* S. 219–222

423 *Gibt es etwas an mir, was Ihnen nicht gefällt?* – nach Isot Kilian, *(Erinnerungen),* Akademie der Künste Berlin, Isot-Kilian-Archiv, IKA 0018–0072

426 *wer jetzt zu Ihnen steht* – nach: Regine Lutz an Bertolt Brecht, 19.8.1953, Bertolt Brecht-Archiv 738/110

430 *daß da gehören soll, was da ist/Denen, die für es gut sind* – Bertolt Brecht, *Der kaukasische Kreidekreis (1954),* GBA 8, S. 185

431 *Was sagen Sie, Arsen* – Bertolt Brecht, *Der kaukasische Kreidekreis (1954),* GBA 8, S. 102

433 *»Als ich nachher von dir ging«* – GBA 15, 240

435 *Ein herrliches bodenständiges vitales Geschöpf* – Harry Buckwitz im Gespräch mit Walther Schmieding, ZDF-Sendung *Erinnerungen an Brecht,* 1973

436 *Kann ich ein Kännchen Milch haben und vielleicht einen Maisfladen, Großvater?«* – Bertolt Brecht, *Der kaukasische Kreidekreis (1954),* GBA 8, S. 117

437 *Charakter, der sich immer wieder durchsetzt* – nach Hans Joachim Bunge, *Brecht probiert. Notizen und Gedanken zu Proben an Bertolt Brechts Stück »Der kaukasische Kreidekreis«,* in: *Sinn und Form. Zweites Sonderheft Bertolt Brecht,* S. 324

441 *Ich als Richter hab die Verpflichtung* – Bertolt Brecht, *Der kaukasische Kreidekreis (1954),* GBA 8, S. 183

443 *… und daß Du selbständiger werden kannst in New York* – frei rekonstruiert anhand des Antwortbriefs von Ruth Berlau vom 31.3.1945, abgedruckt bei John Fuegi, *Brecht & Co,* S. 648

443 *Ich will genau so werden, wie du es willst* – Ruth Berlau an Bertolt Brecht, 31.3.1945, zitiert bei John Fuegi, *Brecht & Co,* S. 648

444 *Dr. Grünthal, der am nächsten Tag* – Ida Bachmann an Bertolt Brecht, 11.1.1946, *Briefe an Bertolt Brecht im Exil, Bd. 3,* S. 1227 (im Original englisch)

444 *Lieber Brecht, (…) wenn es gelänge, Ruth durch Behandlung etwas selbständiger zu machen* – Elisabeth Hauptmann an Bertolt Brecht, 9.1.1946, *Briefe an Bertolt Brecht im Exil, Bd. 3,* S. 1222

445 *der auch von Haus aus belastet ist* – Elisabeth Hauptmann an Bertolt Brecht, 17.1.1946, *Briefe an Bertolt Brecht im Exil, Bd. 3,* S. 1231

446 *Was ist mit dir? Du hast nicht gezogen.* – Bertolt Brecht, *Der kaukasische Kreidekreis (1954),* GBA 8, S. 183

448 *Nehmt zur Kenntnis die Meinung/Der Alten* – Bertolt Brecht, *Der kaukasische Kreidekreis (1954),* GBA 8, S. 185

448 *Das war für uns eine Stunde, eine ruhige Stunde* – Isot Kilian, *(Erinnerungen),* Akademie der Künste Berlin, Isot-Kilian-Archiv, IKA 0018–0072

452 *Die Freundin, die ich jetzt habe und die vielleicht meine letzte ist* – Bertolt Brecht, *Autobiographische Notizen 1942 bis 1955,* GBA 27, S. 362

453 *»Ach, wie solln wir nun die kleine Rose buchen«* – GBA 15, S. 283

454 *Und da sind auch diese – wirklich also für mich manchmal untragbaren Weibergeschichten* – Werner Hecht, *Helene Weigel,* S. 53 f.

455 *Sie werden sich von ihr zurückziehen* – Wolfgang Harich, *Ahnenpass,* S. 293

457 *Das ist das Beste, was das jüdische Großbürgertum hervorgebracht hat* – Gerda Goedhart, *(Erinnerungen),* Tonbandaufzeichnung

457 *Einige Tage später gingen wir zusammen ins Bett* – Gerda Goedhart, *(Erinnerungen),* Tonbandaufzeichnung

459 *Die giftigen Worte, die die Rülicke zischte* – Isot Kilian, *(Erinnerungen),* Akademie der Künste Berlin, Isot-Kilian-Archiv, IKA 0018–0072

459 *Da haben Sie Geld für die Auslagen* – Bertolt Brecht, *Mutter Courage und ihre Kinder,* GBA 6, S. 85 f.

461 *Ich habe oft darüber klagen gehört* – im Original französisch

462 *Es war da kein Hass mehr von ihr oder Furcht* – Isot Kilian, *(Erinnerungen),* zitiert nach Ditte von Arnim, *Brechts letzte Liebe,* S. 136

465 *Also sind Sie praktisch wegen einer Lüge verurteilt worden.* – Erdmut Wizisla, *Einer der begabtesten unserer jungen Dichter. Gespräch mit Martin Pohl über Bert Brecht,* in: Brecht-Jahrbuch 22 (1997), S. 89

469 *Der Friede ist das A und O aller menschenfreundlichen Tätigkeiten* – Bertolt Brecht, *Rede anläßlich der Verleihung des Lenin-Preises ›für Frieden und Verständigung zwischen den Völkern‹ (Stalinpreis),* GBA 23, S. 345; 347

473 *Das große Carthago führte drei Kriege* – Bertolt Brecht, *Offener Brief an die deutschen Künstler und Schriftsteller,* GBA 23, S. 156

473 *Wir erkennen die Pariser Abmachungen* – Bertolt Brecht, *Erklärung,* GBA 23, S. 320.

474–478 *Stalin (…) ging (…) den Weg des Terrors* – aus *Die Geheimrede Chruschtschows. Über den Personenkult und seine Folgen. Rede des Ersten Sekretärs des ZK der KPdSU Gen. N. S. Chruschtschow auf dem XX. Parteitag der KPdSU über die Überwindung des Personenkults und seiner Folgen. 30. Juni 1956.* Berlin: Dietz 1990, S. 18f.; S. 25

475 *Auch der Ausbruch aus der Barbarei* – frei nach: *Der Ausbruch aus der Barbarei des Kapitalismus* – Bertolt Brecht, *Über die Kritik an Stalin,* GBA 23, S. 417

475f. *Den Namen Stalins trägt die neue Zeit* – Johannes R. Becher, *Der Ewiglebende,* in *Die Volkspolizei* Nr. 5/1953. Faksimile auf der Website der Bundeszentrale für politische Bildung http://www.17juni53.de/chronik/5303/bild_6.html (zuletzt aufgerufen 12.8.2018)

476 *Den Unterdrückten von fünf Erdteilen* – Bertolt Brecht, *(Zum Tod Stalins),* GBA 2, S. 225

476 *Bei Stalins Tod wohnte ich bei Brecht.* – Erwin Strittmatter, *SPIEGEL*-Interview vom 2.11.1992, Heft 45/1992

479 *… sprach zu ihnen mit Gewehr und Peitsche* – Bertolt Brecht, *Der Zar hat mit ihnen gesprochen,* GBA 15, S. 300

484 *Was du siehst, ist, dass es keinen Unterschied zwischen Himmel und Erde gibt* – Bertolt Brecht, *Leben des Galilei, Fassung 1955/56,* GBA 5, S. 206; 210; 281

485 *Laßt euch nicht verführen / Zu Fron und Ausgezehr!* – Bertolt Brecht, *Gegen Verführung,* GBA 11, S. 116

486 *›Die Arbeit bei Brecht ist ein Politikum, ein Bekenntnis für die andere Seite.‹* – »Ministerialrat Hilbert bat mich, vorläufig nicht im Osten zu arbeiten. […] Als politische Tätigkeit wird jetzt auch die Arbeit im Osten angesehen.« Brief Caspar Nehers an Bertolt Brecht vom 25.9.1952, zit. nach Claudia Blank, *Zerreiß-Proben. Eine deutsche Künstlerfreundschaft in den Jahren 1945 bis 1957,* in: de Ponte, Susanne: *Caspar Neher – Bertolt Brecht,* S. 132.

487 *Wir sind nicht genau das, was sie wollen* – nach Werner Hecht, *Helene Weigel,* S. 41

488 *Ludovico: Sie haben in Rom seinerzeit unterschrieben* – Bertolt Brecht, *Leben des Galilei, Fassung 1955/56,* GBA 5, S. 255

490 *Besser befleckt als leer* – Bertolt Brecht, *Leben des Galilei, Fassung 1955/56,* GBA 5, S. 281

491f. *I have formed the opinion, Sarti, that I was never in real danger.* – Bertolt Brecht, *Galileo,* GBA 5, S. 117–186, hier S. 180. Deutsche Fassung: *Leben des Galilei (1955/56),* GBA 5, S. 284

492 *… der Vorhang zu und alle Fragen offen* – Bertolt Brecht, *Der gute Mensch von Sezuan,* GBA 6, S. 278

492 *Wir sind Seiltänzer, wir brauchen das Seil, um darauf zu tanzen* – Max Frisch, *Erinnerungen an Brecht,* S. 9.

493 *›Im Trauerkleid und mit Asche bestreut‹ – ein alter Brauch auch beim Begräbnis von Freunden* – Caspar Neher, *Dem Gedächtnis meines Freundes,* in: Erdmut Wizisla (Hg.), *Begegnungen mit Bertolt Brecht,* S. 377

497 *nicht fußgängerisch spielen* – nach einem Aushang Brechts für das Berliner Ensemble vom 5.8.1956, GBA 30, S. 475

500 *Am 14. August traten vorübergehend Bewußtseinstrübungen auf* – Aus dem ärztlichen Abschlussbericht vom 15.8.1956, zitiert bei Werner Hecht, *Brechtchronik* S. 1253

502 *»Ich bitte Helli, folgendes zu veranlassen.«* – Bertolt Brecht an Helene Weigel, November 1953. In: Bertolt Brecht, Helene Weigel. *Briefe 1923 bis 1956,* S. 311

506 *Es bleibt rätselhaft, daß Brecht sich einen Stahlsarg verordnet hat* – Max Frisch, *Erinnerungen an Brecht,* S. 24

507 *920 km* – Walter Brecht, *(Tagebuchaufzeichnungen),* Familien-Nachlass Walter Brecht

511f. *Ein großer deutscher Dichter* – Walter Ulbricht im *Neuen Deutschland* vom 19.8.1953

513 *Drum links, zwei, drei!* – Bertolt Brecht, *»Einheitsfrontlied«,* GBA 12, S. 26f.

513 *Es ist noch immer Zeit, von dir zu lernen* – zit. bei Ernst Schumacher, *Mein Brecht,* S.477

513 *im Todesfall die Kränze nicht sehen zu können* – Karl Kleinschmidt, *Schreiben Sie, daß ich Ihnen unbequem war,* in: Erdmut Wizisla (Hg.), *Begegnungen mit Bertolt Brecht.* S. 370

Bücher

Brecht, Bertolt: *Werke. Große kommentierte Berliner und Frankfurter Ausgabe,* Hg. Werner Hecht, Jan Knopf, Werner Mittenzwei, Klaus Detlef Müller. Berlin, Weimar: Aufbau und Frankfurt am Main: Suhrkamp 1988–2000. (=GBA)

Brecht, Bertolt: *Werke. Eine Auswahl. Brecht inszeniert 2: Brecht probiert Stücke,* (Hörbuch) BMG Wort 1999

Brecht, Bertolt: *Briefe an Marianne Zoff und Hanne Hiob,* Hg. Hanne Hiob. Frankfurt am Main: Surkamp 1990.

Brecht, Bertolt: *Notizbücher. Bd. 1: 1918–1920; Bd. 3: 1921,* Hg. Martin Kölbl, Peter Vilwock. Berlin: Suhrkamp 2012; 2017.

Brecht, Bertolt/Helene Weigel: *»Ich lerne Gläser und Tassen spülen«. Briefe 1923–1954,* Hg. Erdmut Wizisla. Frankfurt am Main: Suhrkamp 2012.

Brecht, [Bertolt], Neher, [Caspar]: *Antigonemodell 1948.* Berlin: Gebrüder Weiss 1949.

Briefe an Bertolt Brecht im Exil 1933–1949, Bd. 3: 1946–1949. Hg. Hermann Haarmann und Christoph Hesse. Berlin: de Gruyter 2014.

Arnim, Ditte von: *Brechts letzte Liebe. Das Leben der Isot Kilian.* Berlin: Transit 2006.

Aufricht, Ernst Josef: *Erzähle, damit du dein Recht erweist.* Frankfurt am Main und Berlin: Propyläen 1966. (Neuausg. *Und der Haifisch, der hat Zähne. Aufzeichnungen eines Theaterdirektors.* Berlin: Alexander 1998.)

Banholzer, Paula: *So viel wie eine Liebe. Der unbekannte Brecht. Erinnerungen und Gespräche.* Hg. Axel Poldner, Willibald Eser. München: Universitas 1981.

Berlau, Ruth: *Brechts Lai-tu. Erinnerungen und Notate.* Hg. Hans Bunge. Darmstadt und Neuwied: Luchterhand 1985.

Bertolt-Brecht-Archiv, Akademie der Künste (Hg.): *Die Bibliothek Bertolt Brechts.* Frankfurt am Main: Suhrkamp 2007.

Bienert, Michael: *Mit Brecht durch Berlin.* Frankfurt am Main und Leipzig: Insel 1998.

Brecht, Walter: *Unser Leben in Augsburg, damals. Erinnerungen.* Frankfurt am Main: Insel 1984.

Bronnen, Arnolt: *Tage mit Bertolt Brecht. Geschichte einer unvollendeten Freundschaft.* Frankfurt am Main: Luchterhand 1990. (Zuerst 1976)

de Ponte, Susanne: *Caspar Neher – Bertolt Brecht. Eine Bühne für das epische Theater.* Berlin: Henschel 2006.

Dümling, Albrecht: *Laßt euch nicht verführen.* Brecht und die Musik. München: Kindler 1985.

Engelmann, Roger/Kowalczuk, Ilko-Sascha: *Volkserhebung gegen den SED-Staat. Eine Bestandsaufnahme zum 17. Juni 1953.* Göttingen: Vandenhoeck und Ruprecht 2005.

Feuchtwanger, Lion: *Moskau 1937.* Amsterdam: Querido 1937.

Frisch, Max: *Erinnerungen an Brecht.* Berlin: Friedenauer Presse 2009. (Zuerst 1966)

Frisch, Werner/K.W. Obermeier (Hg.): *Brecht in Augsburg. Erinnerungen, Dokumente, Fotos.* Berlin und Weimar: Aufbau 1997. (Zuerst 1975)

Fuegi, John: *Brecht & Co. Biographie. Autorisierte erw. u. berichtigte Fassung von Sebastian Wohlfeil.* Hamburg: Europäische Verlagsanstalt 1997.

Haentzschel, Hiltrud: *Brechts Frauen.* Reinbek: Rowohlt 2002.

Harich, Wolfgang: *Ahnenpass. Versuch einer Autobiographie,* Hg. Thomas Grimm. Berlin: Schwarzkopf und Schwarzkopf 1999.

Hartmann, Anne: *»Ich kam, ich sah, ich werde schreiben«: Lion Feuchtwanger in Moskau 1937.* Göttingen: Wallstein Verlag 2017.

Hecht, Werner (Hg.): *Bertolt Brecht. Sein Leben in Bildern und Texten.* Frankfurt am Main: Suhrkamp 1978.

Hecht, Werner: *Brecht-Chronik 1898–1956.* Frankfurt am Main: Suhrkamp 1997.

Hecht, Werner: *Brecht-Chronik 1898–1956. Ergänzungen.* Frankfurt am Main: Suhrkamp 2007.

Hecht, Werner (Hg.): *Brechts »Dreigroschenoper«.* Frankfurt am Main: Suhrkamp 1985.

Hecht, Werner: *Brechts Leben in schwierigen Zeiten. Geschichten.* Frankfurt am Main: Suhrkamp 2007.

Hecht, Werner: *Die Mühen der Ebenen. Brecht und die DDR.* Berlin: Aufbau 2013.

Hecht, Werner: *Helene Weigel. Eine große Frau des 20. Jahrhunderts.* Frankfurt am Main: Suhrkamp 2000.

Hennenberg, Fritz (Hg.): *Brecht-Liederbuch.* Frankfurt am Main: Suhrkamp 1984.

Hillesheim, Jürgen: *Augsburger Brecht-Lexikon. Personen – Institutionen – Schauplätze.* Würzburg: Königshausen und Neumann 2000

Hillesheim, Jürgen: *»Ich muß immer dichten«. Zur Ästhetik des jungen Brecht.* Würzburg: Königshausen und Neumann 2005

Jaretzky, Reinhold: *Bertolt Brecht.* Reinbek: Rowohlt Taschenbuch 2008. (Rowohlts Monographien Bd. 50602)

Jhering, Herbert: *Von Reinhardt bis Brecht.* Reinbek: Rowohlt 1967.
Katz, Pamela: *The Partnership. Brecht, Weill, Three Women, and Germany on the Brink.* New York: Anchor Books 2015.
Kebir, Sabine: *Abstieg in den Ruhm. Helene Weigel. Eine Biographie.* Berlin: Aufbau 2000.
Kebir, Sabine: *Ich fragte nicht nach meinem Anteil. Elisabeth Hauptmanns Arbeit mit Bertolt Brecht.* Berlin: Aufbau 1997.
Kebir, Sabine: *Mein Herz liegt neben der Schreibmaschine. Ruth Berlaus Leben vor, mit und nach Bertolt Brecht.* Algier: Editions Lalla Moulati 2006.
Kesting, Marianne: *Bertolt Brecht in Selbstzeugnissen und Bilddokumenten.* Reinbek: Rowohlt 1959. (Rowohlts Monographien 37)
Knopf, Jan: *Bertolt Brecht. Lebenskunst in finsteren Zeiten. Biografie.* München: Hanser 2012.
Knopf, Jan (Hg.): *Brecht-Handbuch in fünf Bänden.* Stuttgart, Weimar: Metzler 2001–2003.
Küchenmeister, Wera und Claus: *»Eine Begabung muss man entmutigen …«* Hg. Ditte Buchmann. Berlin: Henschelverlag 1986.
Lang, Joachim / Hillesheim, Jürgen (Hg.): *»Denken heißt verändern …«. Erinnerungen an Brecht.* Augsburg: Maro1998.
Lukács, Georg: *Die Säuberung: Moskau 1936. Stenogramm einer geschlossenen Parteiversammlung.* Hg. von Reinhard Müller. Reinbek: Rowohlt 1991
Lutz, Regine: Schauspieler – der schönste Beruf. Einblicke in die Theaterarbeit. München: Langen Müller 1993.
Lyon, James: *Brecht in den USA.* Frankfurt am Main: Suhrkamp 1994.
Mahl, Bernd: *Brechts und Monks Urfaust-Inszenierung mit dem Berliner Ensemble 1952/53. Materialien, Spielfassung, Szenenfotos, Wirkungsgeschichte.* Stuttgart und Zürich: Belser 1986.
Meyer, Grischa: *Ruth Berlau. Fotografin an Brechts Seite.* München: Propyläen 2003.
Mittenzwei, Werner: *Das Leben des Bertolt Brecht oder Der Umgang mit den Welträtseln.* Berlin: Aufbau 1986.
Monk, Egon: *Regie Egon Monk. Von Puntila zu den Bertinis.* Hg. Rainer Nitsche. Berlin: Transit 2007.
Müller, Reinhard: *Menschenfalle Moskau.* Hamburg: Hamburger Edition 2001
Münsterer, Hanns Otto: *Erinnerungen aus den Jahren 1917–1922.* Berlin und Weimar: Aufbau 1966.
Neher, Caspar: *Tagebücher 1917–1920.* In: Martin Kölbl, Peter Villwock (Hg.), *Bertolt Brecht. Notizbücher. Bd. 1: 1918–1920.* Berlin: Suhrkamp 2012. S. 423–459.
Neureuter, Hans-Peter: *Brecht in Finnland.* Frankfurt am Main: Suhrkamp 2007.
Parker, Stephen: *Bertolt Brecht. Eine Biographie.* Berlin: Suhrkamp 2018.
Pietzcker, Carl: *»Ich kommandiere mein Herz«. Brechts Herzneurose – ein Schlüssel zu seinem Leben und Schreiben.* Würzburg: Königshausen und Neumann 1988.
Pike, David: *Deutsche Schriftsteller im sowjetischen Exil.* Frankfurt am Main: Suhrkamp 1981.
Pohl, Martin: *Gedichte 1950–1995.* Berlin: UVA-Verlag 1995.
Raddatz, Fritz J.: *Unruhestifter. Erinnerungen.* München: Propyläen 2003.
Reiber, Hartmut: *Grüß den Brecht. Das Leben der Margarete Steffin.* Berlin: Eulenspiegel 2008.
Rülicke-Weiler, Käthe: *Die Dramaturgie Brechts.* Berlin: Henschelverlag 1968.
Schumacher, Ernst: *Mein Brecht. Erinnerungen 1943 bis 1956.* Berlin: Henschel 2006.
Schumacher, Ernst und Renate: *Leben Brechts in Wort und Bild.* Berlin: Henschelverlag 1979.
Sinn und Form: Zweites Sonderheft Bertolt Brecht. Berlin: Rütten & Löning 1957
Slevogt, Esther: *Wolfgang Langhoff – ein deutsches Künstlerleben im 20. Jahrhundert.* Köln: Kiepenheuer & Witsch 2011.
Steffin, Margarete: *Konfutse versteht nichts von Frauen. Nachgelassene Texte.* Hg. Inge Gellert. Berlin: Rowohlt 1991.
Sternberg, Fritz: *Der Dichter und die Ratio. Erinnerungen an Bertolt Brecht.* Göttingen: Sachse & Pohl 1963.
Theaterarbeit. Hg. Berliner Ensemble, Helene Weigel. Dresden: Dresdner Verlag 1952.
Tretow, Christine: *Caspar Neher. Graue Eminenz hinter der Brecht-Gardine und den Kulissen des modernen Musiktheaters. Eine Werkbiographie.* Trier: Wissenschaftlicher Verlag Trier 2003.
Völker, Klaus: *Bertolt Brecht: Eine Biographie.* München und Wien: Hanser 1976.
Weidauer, Heike: *Radwechsel.* Berlin: Rosa Luxemburg Stiftung 2010.
Wizisla, Erdmut (Hg.): *Begegnungen mit Bertolt Brecht.* Leipzig: Lehmstedt 2009.
Wüthrich, Werner: *Bertolt Brecht und die Schweiz. Zürich:* Chronos 2003.

Bildnachweis

Folgende Archive, Sammlungen und Institutionen haben Bildvorlagen für die mit entsprechenden Seitenzahlen versehenen Abbildungen als Originaldokument oder als Reproduktion zur Verfügung gestellt. Ihnen gilt der Dank des Autors und des Verlags Kiepenheuer & Witsch GmbH & Co. KG, Köln. Es konnten nicht in allen Fällen alle Rechteinhaber der Abbildungen in diesem Band ermittelt werden und wir bitten Inhaber, Erben oder Berechtigte, sich beim Verlag zu melden, falls sie hier nicht genannt sind.

© *Akademie der Künste, Berlin: Bertolt-Brecht-Archiv/Fotoarchiv* 19, 21, 23, 108, 112 Foto: Friedrich Fohrer, 113, 127, 175 Foto: Buchrucker, 185, 209, 237 Bertolt-Brecht-Erben, 266, 353 Foto: Zentralbild Sperling

© *Akademie der Künste, Berlin: Bertolt-Brecht-Archiv/Fotoarchiv. Copyright by Ruth Berlau/Hoffmann* 268, 307, 325, 327

© *Akademie der Künste, Berlin: Bertolt-Brecht-Archiv/Theaterdokumentation* 435 Foto: Gerda Goedhart, Bertolt-Brecht-Erben

© *Akademie der Künste, Berlin: Elisabeth-Hauptmann-Archiv* 187

© *Akademie der Künste, Berlin: Vera-Tenschert-Archiv/*14

© *Akademie der Künste, Berlin: Regine-Lutz-Archiv* 337 Foto: Willy Saeger

© *akg-images, Berlin* 122

© *Archiv der sozialen Demokratie der Friedrich-Ebert-Stiftung, Bonn* 391

© *Bavaria Art Department, Bavaria GmbH* 38

© *Bavaria Fiction GmbH* 39, 42 o., 42 m., 52, 63, 89, 91, 94 o., 98, 99, 103, 106, 115 o.u., 131, 137, 141, 142, 149, 166, 172 m., 207, 208, 223, 224, 234, 294, 318, 329 u., 334, 357 o.u., 380, 384, 395, 407 o.u., 420, 428, 438, 442, 454, 445, 464, 465, 473, 476 o.u., 477, 481, 494, 495, 506, 515

© *Bavaria Fiction GmbH/Jan Bethe* 362

© *Bavaria Fiction GmbH/Stefan Falke* 10, 12, 44, 45, 46, 54, 55 o.u., 68, 80, 85, 88, 94 2.v.u., 100, 104, 114, 119, 126, 138/139, 140 l., 157, 158/159, 160, 198, 199 o.u., 200/201, 211, 212, 217, 218, 219, 220, 329 o.m., 330, 331, 332, 342 o.m.u., 346, 347, 348/349, 351, 364/365, 366, 377, 381, 385, 403, 404 r.l., 405, 408, 412, 418/419, 421, 424, 437, 472, 482/483, 484

© *Bavaria Fiction GmbH/Nik Konietzny* 24/25, 26/27, 34/35, 42 u., 49, 51, 57, 59, 60/61, 62, 64, 71, 73, 78, 79, 110, 130, 133, 167, 168/169, 172 o.u., 181, 184, 193 l.r., 204, 231, 238/239, 292/293, 296, 450/451, 452, 479, 485, 489, 502 o.m.u.

© *Bavaria Fiction GmbH/Michael Praun* 18, 116, 120, 121, 147, 194, 195, 317, 436, 440, 443, 457, 462, 496

© *Bayerische Staatsbibliothek München/Bildarchiv,* Fotos: Heinrich Hoffmann 105 l., 176, 177

© *BETA Film, Oberhaching* 196 aus dem Film »Premiere« (Géza von Bolváry, 1937)

© *bpk – Bildarchiv Preußischer Kulturbesitz, Berlin* 125 Kunstbibliothek, SMB: Arthur Köster, 399 Foto: Benno Wundshammer, 1953

© *Françoise De La Cressonnière* 382, 413, 429 m., 456, 459 Filmaufnahmen: Gerda Goedhart

© *DEFA-Stiftung, Berlin* 319 aus dem Film »Mutter Courage und ihre Kinder« (Palitzsch/Wekwerth, 1960), 422 Erwin Anders, DEFA-Studio für Dokumentarfilme (Grandy/Ensink, 1953)

© *Deutsches Theatermuseum München, Archiv Willy Saeger* 337

© *Deutsches Literaturarchiv Marbach. Nachlass Arnolt Bronnen. Privatbesitz, Berlin* 146

© *DRA – Deutsches Rundfunk-Archiv* 225 aus der Dokumentation »Die Mit-Arbeiterin«, 1975; 509, 512 aus »Aktuelle Kamera: Trauerfeier für Bert Brecht 1956«

© *Chris Drinkwater, London,* Foto: Paul Hammann 247

© *Vasily Egorov/TASS, Moskau* 469

© *Filmarchiv Krasnogorsk* 468

© *Gerhard Gross, Augsburg* 47

© *Getty Images, München* 301 Ullstein Bild , 312 Foto: Fred Rampling, 1945

© *Christoph Kanter, Wien* 50

© *Landesarchiv Berlin,* Foto: Emil Leitner 243

© *Library of Congress, Washington D.C.* 283

© *Meschrabpom-Rus, Moskau* 229 aus dem Film: »Die Mutter« (Wsewolod Pudowkin, 1926)

© *Sebastian Monk, Burgfeld-Stegen* 314

© *NDR, Hamburg* 20, 136 aus dem Film »Bi und Bidi« (Heinrich Breloer, 1978)

© *Percy Paukschta, Berlin* 313

© *Eva Riehl, München/Deutsche Kinemathek, Berlin* 145 aus dem Film »Die Sinfonie der Großstadt« (Walter Ruttmann, 1927)

© *Sammlung Heinrich Breloer* 13, 17, 56, 135

© *Stadtarchiv Augsburg* 101

© *Stadtarchiv München* 105 r. aus dem Film »München während der letzten Revolution« (Martin Kopp 1919)

Mit Dank an

Akademie der Künste Berlin, Bertolt Brecht-Archiv Berlin, Bundesarchiv Berlin, Kinemathek Berlin, Gedenkstätte Berlin-Hohenschönhausen, Staats- und Stadtbibliothek Augsburg, Stadtarchiv München, Deutsches Theatermuseum München, Deutsches Theater Berlin, Deutsches Rundfunkarchiv

Für die Filmproduktion:
Redaktion: Bavaria Fiction Corinna Eich, WDR (federführend) Barbara Buhl, BR Cornelia Ackers, SWR Sandra Dujmovic, Martina Zöllner, NDR Christian Granderath, ARTE Andreas Schreitmüller.
Gefördert durch die FILM- UND MEDIENSTIFTUNG NRW GmbH, Petra Müller, und den TSCHECHISCHEN STAATSFOND FÜR KINEMATOGRAFIE

Die Fotos aus dem Film und vom Filmset zeigen die Maske von Silka Lisku, die Kostüme von Ute Paffendorf, die Ausstattung von Christoph Kanter, das Licht und die Kamera von Gernot Roll.

Besonderen Dank an
Uta Birnbaum-Schütz, Mathias Braun, Hans-Jürgen Drescher, Werner Frisch, Gerhard Gross, Helmut Gier, Werner Hecht, Jürgen Hillesheim, Hilda Hoffmann, Heinz Kahlau, Marianne Kesting, Gisela Knauf, Jan Knopf, Franka Köpp, Uta Köhl, Wera Koseleck, Claus Küchenmeister, Joachim Lang, Peter Lefold, Inge und Fritz Luhde, Regine Lutz, Ulla Monk, Hans Olink, Hans Pölkow, Käthe Reichel, Britta und Niels Roeder, Ilse Schubert, Hans Stetter, Ulrike Stoll-Neher, Helgried Streit, Lisa Schütz, Hans-Jürgen Syberberg, Vera Tenschert, Gerhard Thieme, Iliane Thiemann, B. K. Tragelehn, Christine Tretow, Peter Voigt, Carl M. Weber, Manfred Wekwerth, Erdmut Wizisla, Isot Wöltge, Werner Wüthrich